海外中国研究丛书

——到中国之外发现中国

曹操传

国之枭雄

Imperial Warlord

A Biography of Cao Cao 155-220 A.D.

[澳] 张磊夫 著

方笑天 译

江苏人民出版社

图书在版编目（CIP）数据

　　国之枭雄：曹操传/（澳）张磊夫著；方笑天译
. 一南京：江苏人民出版社，2018.9（2024.1 重印）
　　（海外中国研究丛书/刘东主编）
　　书名原文：Imperial Warlord：A Biography of Cao
Cao，155 - 220 A. D.
　　ISBN 978 - 7 - 214 - 21849 - 0

　　Ⅰ.①国… Ⅱ.①张…②方… Ⅲ.①曹操（155—
220）一传记 Ⅳ.①K827＝342

　　中国版本图书馆 CIP 数据核字（2018）第 050992 号

English text：Original English version of "Imperial Warlord：A Biography of Cao
Cao" by Rafe De Crespigny ©（2010）by Koninklijke Brill NV, Leiden, The Netherlands. Koninklijke Brill NV
incorporates the imprints Brill, Hotel Publishing, IDC Publishers, and Martinus Nijhoff Publishers.
The Chinese version of 'Imperial Warlord：A Biography of Cao Cao' is published with the
arrangement of Brill.
Chinese text：http://www. brillchina. cn
Simplified Chinese edition copyrights © 2018 by Jiangsu People's Publishing House
江苏省版权局著作权合同登记 图字：10 - 2014 - 403 号

书　　　名　国之枭雄：曹操传
著　　　者　[澳]张磊夫
译　　　者　方笑天
责 任 编 辑　王翔宇　康海源
装 帧 设 计　陈　婕
责 任 监 制　王　娟
出 版 发 行　江苏人民出版社
地　　　址　南京市湖南路 1 号 A 楼，邮编：210009
照　　　排　江苏凤凰制版有限公司
印　　　刷　江苏凤凰扬州鑫华印刷有限公司
开　　　本　652 毫米×960 毫米　1/16
印　　　张　30.25　插页 4
字　　　数　395 千字
版　　　次　2018 年 9 月第 1 版
印　　　次　2024 年 1 月第 5 次印刷
标 准 书 号　ISBN 978 - 7 - 214 - 21849 - 0
定　　　价　88.00 元

（江苏人民出版社图书凡印装错误可向承印厂调换）

序"海外中国研究丛书"

中国曾经遗忘过世界,但世界却并未因此而遗忘中国。令人嗟讶的是,20世纪60年代以后,就在中国越来越闭锁的同时,世界各国的中国研究却得到了越来越富于成果的发展。而到了中国门户重开的今天,这种发展就把国内学界逼到了如此的窘境:我们不仅必须放眼海外去认识世界,还必须放眼海外来重新认识中国;不仅必须向国内读者迻译海外的西学,还必须向他们系统地介绍海外的中学。

这个系列不可避免地会加深我们150年以来一直怀有的危机感和失落感,因为单是它的学术水准也足以提醒我们,中国文明在现时代所面对的绝不再是某个粗蛮不文的、很快就将被自己同化的、马背上的战胜者,而是一个高度发展了的、必将对自己的根本价值取向大大触动的文明。可正因为这样,借别人的眼光去获得自知之明,又正是摆在我们面前的紧迫历史使命,因为只要不跳出自家的文化圈子去透过强烈的反差反观自身,中华文明就找不到进入其现代形态的入口。

当然,既是本着这样的目的,我们就不能只从各家学说中筛选那些我们可以或者乐于接受的东西,否则我们的"筛子"本身就可能使读者失去选择、挑剔和批判的广阔天地。我们的译介毕竟还只是初步的尝试,而我们所努力去做的,毕竟也只是和读者一起去反复思索这些奉献给大家的东西。

刘　东

献给 Nicholas 和 Alexander

一些技术问题

除特别说明之处外，本书中的所有年代皆为公元后纪年。而中国农历年的年末相当于公历年次年的 1 月末或 2 月初，所以除了特别精确的日期外，我遵循惯例使用与中国农历年年份重合较多的公历年来记录①。

官职的使用皆采自拙著《东汉三国人物辞典》（*A Biographical Dictionary of Later Han to the Three Kingdoms*）。其以德效骞教授的翻译为基础，并经过毕汉思教授的完善。

《东汉三国人物辞典》中提供了本书中大多数人物的简要传记。

---

① 本书翻译中，中国传统的纪年皆用大写数字表示，西历纪年则用阿拉伯数字表示。中国传统的岁数（即虚岁）用大写数字表示，西方传统的岁数（即周岁）用阿拉伯数字表示。——译者注

致　谢

非常感谢众多学者对本书的建议与支持，特别是澳大利亚国立大学的柳存仁教授，他数十年来一直给予我建议与鼓励。也要感谢密歇根大学的董慕达（Miranda Brown），埃克德学院的戚安道（Andrew Chittick）、桀溺（Jean-Prierre Diény），汉中市博物馆冯岁平，古德曼（Howard L Goodman），奥斯陆大学的何莫邪（Christoph Harbsmeier），台湾"中央研究院"的邢义田，中央民族大学的黄义军，贾大韦（David Jupp），剑桥大学的鲁惟一（Michael Loewe），墨尔本大学的马兰安（Anne McLaren）、闵福德（John Minford），澳大利亚国立大学的梅约翰（John Makeham）、伊卡·萨维尼（Ilkka Syvänne）、克洛维尔（William G Crowell）。其他给我很大帮助的同僚还有：高德耀（Robert Joe Cutter）、狄宇宙（Nicola di Cosmo）、罗依国（Igor de Rachewiltz）、贝克（Burchard Mansvelt Beck）、戴梅可（Michael Nylan）、叶翰（Hans van Ess）等。我还要特别感谢澳大利亚国立大学孟希斯图书馆（Menzies Library）的工作人员，特别是达雷尔·多灵顿（Darrell Dorrington）和雷娜塔·奥斯本（Renata Osborne），感谢他们一直以来对我的帮助以及对丰富馆藏的维护。

本书的出版得到了蒋经国基金会的资助。本书中的插图由维尼佛雷德·芒福德（Winifred Mumford）绘制，参考书目及编辑工作由格雷戈·杨格(Greg Young)承担。博睿出版社(Brill)的帕特里夏·兰德尔(Patricia Radder)及其同僚从我有初步意向开始,就一直为拙作出版提供协助,在此一并致谢。

张磊夫(Rafe de Crespigny)

2010 年 6 月

目 录

曹操大事年表

198 年　击灭吕布于下邳

200 年　袁绍攻击曹操，但被击败于官渡

203—206 年　从袁氏手中夺得北方

207 年　于白狼山击败乌桓

208 年　担任丞相

　　　　占领荆州，但在长江流域的赤壁败于孙权、刘备联军

211 年　在华阴之战中击败西北军阀马超、韩遂

214 年　刘备占据益州

215 年　张鲁在汉中投降

216 年　获封魏王

219 年　刘备在定军山击斩曹操将军夏侯渊并占领汉中

　　　　刘备自称汉中王；刘备的将军关羽北伐荆州，被曹操的军队
击退并被吕蒙击杀

220 年　于洛阳去世

　　　　曹操之子曹丕继位，不久汉献帝禅位于魏；曹操被追谥为魏
武帝

图表目录

1

引　言

　　数百年以来，曹操以中国历史上最奸诈者的面目示人，他强力而有才，但却残忍、邪恶，最终难逃失败的命运。

　　而在另一方面，曹操生于秩序倾颓的汉末乱世，并成为内战中的将领。他凭借着高超谋略在战场上证明了自己，在一定程度上重建了中国北方大部分地区的政治秩序，他不仅自身是一位优秀的诗人，还引领了中国早期文学史上最为灿烂辉煌的时代。在任何文明中，都少有人能有如此才华、取得如此成就，能够在去世后仍如此受关注的更是凤毛麟角。

　　对于一个生活在距我们如此遥远时代的人来说，曹操在历史文献、考古材料以及他自己的作品中给我们留下了相当丰富的信息。陈寿编撰的官方正史《三国志》的成书时间离曹操很近，5世纪早期裴松之为其增添的注释中包含了许多重要的史料，其中的一些还出于曹操同时代人之手。因此，不同于一些传统的史书，《三国志》及其注释中呈现出事件的多重面相，以及丰富的细节和观点。其文本经过官方认可，流传有自，而其中与曹操有关的大量史料为我们提供了全面阐释曹操一生的可能①。

曹操生于汉代，终其一生都保持着自己汉臣的身份。虽然他声称自己拱卫皇室，但他的儿子曹丕终结了汉王朝，并追谥他为魏武帝，建立了与蜀汉、孙吴三分天下的政权。

曹操诞生于2世纪中叶，此时汉王朝已步履维艰。北部边疆常被侵扰，迫使民众向南迁徙，这进一步削弱了汉朝在这一地区的统治，并刺激了草原游牧部落南下抢夺。对游牧力量的战争耗费成为中央政府的沉重负担，而朝廷也因数位幼年帝王及摄政的外戚擅权而走向衰落。

159年，这种相互依赖的关系被年轻的桓帝打破，他在宦官的帮助下覆灭了外戚梁氏，但他对宦官的喜爱之情与信奉儒家的士大夫发生了冲突。168年，宦官成功推翻在灵帝朝摄政的窦氏，确立起自己的权威，而朝廷与地方士族——这一传统的中国核心统治联盟——之间产生了裂痕，又随着对反宦官的士大夫的党锢而愈演愈烈。

184年，这些互相争斗的群体同时面临更大的威胁：试图毁灭旧世界并创造新盛世的黄巾大起义。虽然起义在一年内就被镇压下去，但造成了大量的人员伤亡，并毁坏了以华北平原为主的中原腹心地区。与此同时，边疆地区持续的困境因西北爆发的战乱到达顶点，战事使部分地区脱离了国家掌控。最终，在189年，屠弱且奢靡的灵帝驾崩，导致京师洛阳一片混乱，年轻的士大夫屠杀了宦官，但却为边境军阀董卓创造了机会。董卓篡夺了政权并扶立新帝，关东联军起而反卓，不到一年时间，年

---

① 关于《三国志》及裴松之注释的编纂，见拙译《三国史》(*The Records of the Three Kingdoms*)，卡尔·雷班(Leban Carl)的博士论文《曹操及魏国的兴起：初期阶段》(*Ts'ao Ts'ao and the Rise of Wei：the early years*)，高德耀(Robert Joe Cutter)、克洛维尔(William Gordon Crowell)：《皇后与嫔妃：陈寿〈三国志〉选译》(*Empresses and Consorts：Selections from Chen Shou's Records of the Three States translated with annotations and introduction*)的前言部分，拙著《南方的将军：三国时吴国的建立及其早期历史》(*Generals of the South：the foundation and early history of the Three Kingdoms state of Wu*)第九章，其中讨论了关于吴国历史的现存文献。关于曹操的诗作的主要研究见桀溺(Jean-Pierre Diény)：《曹操的诗作》(*Les poèm de Cao Cao*)。

幼的献帝就在战火纷乱中被扶上皇位，成为名义上的天下之主。

这就是曹操诞生时的社会背景。他的父亲曹嵩是当权宦官曹腾的养子，并利用家财买来了国家最高的官职。曹氏家族不太被社会认可，但财富和权力足以掩盖他们非正统的家史，而社会和政治秩序的崩溃给了曹操一展长才的机会。他也幸运地拥有如此做的资本：父亲的钱财意味着他可以接受良好教育，并在二十出头的时候就进入国家基层官员的队伍；184年，他曾指挥军队镇压黄巾军；在三十岁前就被任命为高级地方官员。

189年，首都的政治形势溃败，曹操招募起一小支军队，并加入到反卓联军之中。他的资历虽不突出，却成功击败了一股游匪，并于192年成为兖州刺史，掌管黄河流域一块不小的富饶地区。曹操早年的境况可谓危难，也曾犯过一系列错误，但他幸存了下来，并从中吸取经验教训。196年，他控制了年轻的献帝，200年，通过艰难的官渡之战击败了主要对手袁绍。在数年之内，他就掌控了整个中国北方。

除了可以被视为经典性地运用《孙子兵法》的官渡之战，曹操还打赢了两场重要战争：207年对东北乌桓的战争、211年对西北军阀的战争；两者都是出奇制胜、激动人心的战例。但这些战役的光芒常常被他在长江中游赤壁之战的失利所掩盖，赤壁之战成为决定中国南北长达数世纪分立局面的大事件；但实际上，南北分立的根源是人口的变化——南方的人口现已足以与北方分庭抗礼。

虽然曹操因此没能重新统一中国，但他已在一片疮痍中重建起有活力的政府。他的政府，特别是其实行的屯田政策，给了民众在战火中重新生活的机会，他的都城——邺城也成为足以与之前的都城相匹敌的文化中心。他个人的诗作是最早表达个人情感、具有新式风格的作品之一，其子曹植更是中国历史上最伟大的文学家之一。

曹操的才华贯穿了他的一生：虽然财富和家族给了他最初的优势，但他取得了许多起点比他高的人不能达到的成就。他掌握了权力后求才若渴，并多次表达了自己对才能而非身份或德行的看重：

> 未闻无能之人，不斗之士，并受禄赏，而可以立功兴国者也。……治平尚德行，有事赏功能①。

他是一名对阶级或家族没有特别兴趣，而只关注个人能力的统治者——他有众多妻妾，却在其中选择曾经的歌女为正妻。

除了他人编纂的历史文献外，曹操还留下了许多诗歌、诏令，以及一封自辩书。自辩书《让县自明本志令》是一份政治文件，诗作也是公开流传的，但它们显示出作者坚强的个性、自信以及胆气②：

> 四时更逝去，昼夜以成岁。
>
> 大人先天而天弗违。
>
> 不戚年往，忧世不治。
>
> 存亡有命，虑之为蚩。
>
> 歌以言志，四时更逝去。

尽管曹操的大部分故事因敌人的诽谤以及数代后的浪漫主义热情而变得混乱不明，但其核心事实仍然可考；很少能有距我们如此遥远但事迹又如此清晰的人物了。本书即欲追寻传奇背后的历史，阐述这一中国历史上的伟人——一位杰出的战略家、政治家、改革家以及诗人。

3

---

① 《三国志》1：24 页裴松之注引《魏书》，也见本书第五章 212 页及注释 17。（这里的"本书"页码及注释顺序，均指原书。页码可参边码。下同。——译者注）

② 曹操的《让县自明本志令》发布于 211 年 1 月 1 日，见本书第八章 356 页。关于曹操的诗作，见第八章 349—356 页。下引文是《秋胡行》第二首中的几句，对其的进一步讨论及翻译见本书第八章 352 页。

第一章　宦官之孙　155—189 年

东汉的忧患①

9   2世纪中期，汉帝国是超级大国，其国力与规模只有处在欧亚大陆另一端的罗马帝国可相匹敌。它的疆域从朝鲜半岛一直延伸到越南沿岸，还控制着位于今天新疆的绿洲小国。除西域之外，汉朝的领土分为十三州，其下又分为百余郡。在郡下有将近1100个县，在籍人口总计约5000万。州、郡、县的行政长官为从首都洛阳任免的刺史、太守、县、令，整个帝国都处于庞大的官僚机构的控制下，在职文官的数量达到了7500名左右②。

这一官僚机构的架构非常成功，但是其影响却有限。各县拥有平均45000至50000左右的人口，一些还可能更大，然而却只有一名有任职期限的县令总领，本地的僚属则会对他施加影响。政府机构承担着收税、征发徭役、处理绝大多数犯罪问题的职责——通常是用残酷的手段，但

---

① 更多关于公元2世纪后半叶的材料与讨论可参见拙著《桓帝和灵帝：司马光〈资治通鉴〉卷54—59中记录的公元157—189年间事》(*Emperor Huan and Emperor Ling：being the chronicle of Later Han for the years 157 to 189 AD as recorded in chapters 54 to 59 of the Zizhi tongjian of Sima Guang*)、《建安年间：司马光〈资治通鉴〉卷59—69中记录的公元189—220年间事》(*To Establish Peace：being the chronicle of Later Han for the years 189 to 220 AD as recorded in chapters 59 to 69 of the Zizhi tongjian of Sima Guang*)，其中翻译了司马光《资治通鉴》及胡注中157—220年的部分。我也提供了关于东汉的简要概述，见拙著《东汉三国人物辞典》(*A Biographical Dictionary of Later Han to the Three Kingdoms (23—220 AD)*)中的导言部分，xvi—xxxi。

② 贝克(Mansvelt Beck)的《东汉的志：作者、材料、内容和在中国史学中的地位》(*The Treatises of Later Han：Their Author，Sources，Contents and Place in Chinese Historiography*)一书的196—226页讨论了《续汉书·百官志》。毕汉思(Bielenstein)的《汉代官僚组织》(*Bureaucracy of Han Times*)和拙著《东汉三国人物辞典》中的1216—1241页，都以《续汉书·百官志》和其他文献为基础讨论了东汉的行政结构。在职官员之下，还有145000位更低级的官吏，包括从高级的、可以信赖的文官到守卫、警察、衙役；拙作《再次应征：东汉任命的公务员》("Recruitment Revisited：the commissioned civil service of Later Han")5页，引《通典》36：205c。

《续汉书·郡国志》中列出了140年代早期汉代的州、郡、县及其人口。人口的记录以州、郡为单位，精确到了最后一位数字，总的人口数在一一三卷，3533页及注释引用的附加文献中。见毕汉思《公元2—742年间的中国人口统计》，贝克：《东汉的志》175—195页。

是除此之外,人民日常生活却很难受到官方的影响,且地方行政长官们还面临着来自各方的压力,特别是来自那些家族中有人做官或为地方长官提供出谋划策的助手的大族的。所以,在表面的平静下,地方上富人对穷人的剥削利用一直存在,而富人又因掌握了军事力量以及家族之间的互相吞并而变得更有势力。这一点,在今天见于墓葬的坞壁堡垒模型和建议地主保有武器以及训练兵士的文献中都能看到①。

10

然而,仅仅如此还不足以动摇汉朝的统治。一旦混乱或贼人的规模太大,政府就将集结军队对付他们,如果形势变得更为严峻,王朝仍可派出更大的军事力量进行镇压。这种威胁通常能够通过对地方豪强过大势力加以限制而得到充分镇压,而大量的成年农民因赋税和田租被束缚在他们的土地上,接受地方官员和百里之外的皇帝的统治。

这样的政府架构通常能够有效地控制人民,但是它却不能很好地应对形势的变化,而 150 年代早期的汉帝国面临着许多挑战:在北方边疆处于弱势;政府税收紧缺;连续的幼年皇帝当家;在首都掌握政权的力量此消彼长,特别是宫内的宦官集团和通过婚姻而获得权力的外戚集团。

公元 40 年代后期,东汉的建立者光武帝幸运地赶上了占领草原的游牧民族匈奴爆发继承权之争。匈奴的原继承人比逃至汉朝寻求庇护,被封为单于。他被允许居住在河套地区,并在中原的管理下建立王庭,他的军队辅助汉朝对抗控制着今蒙古乌兰巴托的北匈奴。其后的四十年,中国与匈奴处于长期战争和偶尔的修好中,但在 89 年,窦太后的哥哥、和帝时期控制着政权的窦宪率领军队远征匈奴,迫使北单于西迁,在草原建立起了名义上的霸权。受惠于此,都护班超在西域,即塔里木盆

---

① 《四民月令》是一本安排田庄活动的指南,其作者是士族崔寔,完成于 2 世纪中叶,其中确定了一年中维修和操练武器的时间:见许倬云:《汉代农业:早期中国农业经济的形成》(*Han Agriculture: the formation of early Chinese agrarian economy* (206 B. C. - A. D. 220)),215—228 页。汉代墓葬中出土的坞壁堡垒模型有很多件,其中一些有武装的男人在内。

11 　地和吐鲁番重建了中原政权的权威①。

　　然而，这种成功是短暂的，因为中原无法真正有效地控制距离如此远的领土，而南匈奴傀儡政权也因为旧部族和他们新投降的敌人之间的紧张关系而发生了分裂。北匈奴之前的大部分领地被起源于东方的松散部落联盟鲜卑占据，不久后，北单于的相对稳定的国被新来的好战的鲜卑人取代。汉朝的北部边疆比以前更危险了。

　　此外，107 年西北羌人对在凉州的汉人邻居发动了进攻。这场动乱直到 118 年才渐渐平息，而其带来的破坏不仅摧毁了凉州的经济，更迫使当地民众背井离乡，向更安全的内郡迁徙。东汉政府试图将他们遣返原籍，但是他们因对战争和动乱的恐惧而裹足不前，在 140 年，第二次大规模的羌乱又爆发了，匈奴也加入到了这次动乱中，他们迫使东汉政府撤回许多郡县以策安全。虽然东汉的行政疆界在形式上仍维持在黄河的河套地区，但实际的控制区域却大大缩小了。汉朝在这一地区通过军事的方式维持着存在感，并在五原驻扎常备军、偶尔举行预防性或惩罚性的操练以控制部落民众②。

　　然而，在 170 年代，鲜卑的军事领袖檀石槐建立了疆域广阔的鲜卑国家，其对中原边境的骚扰也变得频繁且激烈，并且在 177 年，以中原军队为主、匈奴为辅的队伍在辽阔的草原惨败。南单于在这次战斗中丧失了所有权威，汉朝也因此役被迫在与鲜卑的斗争中长期处于守势③。幸运的是，檀石槐在 180 年代早期去世了，他的子孙们远不及他，但边境仍是不稳固的，汉朝仍需要频繁征兵，并在地方军队的协助下处理鲜卑对

12 　边境的骚扰——这并不总是成功的。

---

① 关于公元 1 世纪汉政府与匈奴的情况，见拙著《北部边疆：东汉的政治和策略》（*Northern Frontier：the policies and strategy of the Later Han empire*），219—283 页。关于班超的成就，见拙著：《论东汉的西域》（"Some Notes on the Western Regions in Later Han"），12—16 页、23—24 页。
② 安置乌桓的度辽将军驻扎在今天的包头附近，见拙著《北部边疆》，252—253 页，关于皇甫规、张奂和段颎在 160 年代和 170 年代早期指挥的战争见拙著《北部边疆》，318—329 页。
③ 关于檀石槐、177 年的战争及其余波，见拙著《北部边疆》，331—342 页。

这段中原不断受到扰乱且节节败退的历史带来了两大影响。首先,中原民众饱受战乱、变化不定的政府政策以及恒久的兵役之苦,开始成规模地向南方迁徙。2 世纪中期,北方郡县的在籍人口从公元 2 年的 450 万骤降至 75 万,已经无法维持对少数族众的有效防御;与此同时,秦岭以南和长江中下游得到了巨大的发展,这对整个帝国未来的统一意义重大①。

更直接地,国家西部和西北部的残破导致了税收的严重减少。在整个东汉,国家耕地的准确丈量一直有问题;很多农民为逃避政府的赋税而成为地方大族的佃户或附庸者;西汉建立的对盐铁的垄断性控制在东汉已经转租给私人。所以,虽然整体而言帝国是繁荣兴旺的,但是王朝政府并不能充分利用它的资源获得足够的收益。在公元 1 世纪的大部分时候,国家的收入是充足的,但是窦宪远征匈奴掏空了国库,不久后居于安帝身后摄政的窦太后就采取了财政紧缩政策,减少典礼,削减官员,并且开始了卖官鬻爵。

边境的持续战事使情况变得更为糟糕。这不仅使朝廷面临着沉重的军事支出,也减少了被毁坏的郡县的税收,意味着朝廷只能从别的地方,特别是华北平原的那些富饶郡县,来寻找税收来源。汉朝政府开始与牢固的地方利益集团争利,这种尝试造成了愤恨的情绪,并埋下动乱的种子。大地主家族成功地抗拒了国家的要求,变得更为富有和强力,在 2 世纪的大部分时间里,东汉政府实际上是破产的,无法为饥荒或其他灾害提供有意义的援助,并且名誉扫地。

首都的政治形势与上述财政问题混杂在了一起。88 年,章帝驾崩,他继位的儿子和帝年仅 10 岁,按西方算法只有 9 岁,政权实际掌握在窦太后手中。此后的百年间,每一位皇帝继位时都尚未成年,并且每一朝开始都由太后及其亲属掌权。但外戚的掌权没有一次得以善终:窦氏在

---

① 关于民众从北方的撤离,见拙著《北部边疆》,143—146 页、243—246 页,以及 310 页的表 1、2 和地图 9。关于南方人口的增加,见拙著《南方的将军》,25—29、47—52 页,及本书第十章的 453—455 页。

91 年被和帝整垮；邓太后掌握政权直至 120 年去世[1]，但是安帝随即对她的亲族进行了报复；125 年，安帝皇后阎氏的执政生涯在代表着顺帝的宦官手中终结；虽然顺帝的皇后梁氏及其家族在顺帝时掌权近 20 年，但最后还是被桓帝及在皇宫内帮助他的宦官推翻。最后的这场政变发生于 159 年，此时曹操已 4 岁[2]。

官僚体系内的官员们在很大程度上是接受外戚通过婚姻获得的权力的，外戚也见容于那些服膺孔教的士族，很多外戚就是出自他们之中。大多数皇后和高级妃子的选拔会考虑出身背景，窦氏、邓氏、梁氏都是家传数代的大族。虽然桓帝可能不满于自己孱弱的地位，但是大多数官员是效忠于外戚的：当桓帝最终掌握了政权时，许多官员都因为他们曾与外戚勾结而被罢免，据说当时朝廷几无可用之人。

宦官集团曾两次在皇帝重建权威的过程中扮演了至关重要的角色，特别是在桓帝朝，因无法取得官员们的支持，迫使他只能秘密地寻求宦官们的协助。政变成功后，宦官集团和桓帝的支持者们在朝廷的地位大大提升，168 年桓帝驾崩后，窦氏取得了政权，两者的斗争日趋白热化。宦官们说服年轻的灵帝支持他们的行动，罢免了窦氏家族的领导者窦武。窦武和他的支持者试图集结军队，但是在一场短暂的交锋后被捕并被处死，在其后的 20 年里，宦官集团一直在政权中占有支配地位[3]。

对于忠诚的儒家官员来说，宦官是不被认可的：他们无法真正地传宗接代，他们天生恶毒并贪污腐化。此外，窦武和其党羽还是以清君侧和重建正确的帝国管理为目标的改革运动的支持者；他们的失败使情况变得更加糟糕。国内掀起了广泛的抗议，为表示对被迫害和放逐的反对宦官之人的呼应，很多人拒绝出仕，并以此为荣。朝廷和士族间一直彼

---

[1] 据《后汉书·安帝纪》载，邓太后去世于永宁二年，即西历 121 年。——译者注

[2] 梁氏家族的衰亡见载于《后汉书》的 34/24：1186—1187 页及 78/68：2520 页，其摘要可见《资治通鉴》54：1745—1746 页；拙著《桓帝和灵帝》，11—13 页，及毕汉思：《东汉时期的洛阳》(Lo-yang in Later Han Times)，91—95 页。

[3] 窦氏的衰亡见《后汉书》66/56：2169—2170，69/59：2241—2244 页，其摘要可见《资治通鉴》54：1808—1811 页；拙著《桓帝和灵帝》，95—101 页，毕汉思：《东汉时期的洛阳》，95—98 页。

此僵持，直到双方都面临了更大的威胁：184 年黄巾起义的爆发。

　　然而，这一问题影响深远，超出了首都权力斗争的范畴。宦官集团的首脑会受到宠幸，在公元 90 年代初期支持和帝反抗窦氏的宦官郑众还曾被封爵。他的养子被允许继承他的封地，135 年，顺帝正式确立了这一政策①。遵循郑众的先例，其他宦官们也被封爵，他们原先的或收养的亲属也共享尊荣誉。高等级宦官的亲属或党羽开始在地方置产，并运用关系扩展他们的特权。他们常常遭到世家大族和地方官僚的反对②，但还是据有了大量田地和财产，所以他们的财产与势力堪与他们的对手一比。

曹氏与宦官集团③

　　曹操的父亲曹嵩是朝中高级宦官曹腾的养子，曹腾是沛国谯县（今安徽北部的亳州，位于华北平原）人④。曹家在当地颇有资财，但曹嵩因为当官而大部分时间身处首都洛阳；所以我们仅仅知道曹操生于 155 年，但是并不能确定他究竟是生于谯县还是洛阳⑤。

---

① 关于郑众，见《后汉书》78/68：2512—2513 页；瞿同祖：《汉代社会结构》，463—464 页。关于顺帝的诏书，见《后汉书》6：264 页及 78/68：2518 页。

② 地方官员反对宦官及其同伙的例子，见拙著《中华帝国的政治逆流：167—184 年间东汉的党锢》（"Political Protest in Imperial China：the great proscription of Later Han 167 - 184"）。

③ 《三国志》的第一卷即为《武帝纪》，曹操生平的信息大部分来自于这一文献以及裴松之对其的注释。然而，210 年，曹操自己发布了《让县自明本志令》，其中记载的生涯与历史文献有些出入。在适当的情况下，我会指出这些不同指出并加以讨论。其他的材料，比如《后汉书》和《三国志》中的诸多传记，也同样会被分辨并进行比较。

④ 曹腾在《后汉书》中有传，见《后汉书》78/68：2519 页，其后附有他的养子曹嵩的传记。曹家的历史也见载于《三国志·武帝纪》的开头部分，《三国志》1：1—2 页。

　　光武帝与第一位皇后（郭圣通）所生的儿子刘辅于公元 44 年被封为沛王，王位一直传至 220 年汉朝灭亡。在东汉，王国与郡的差别从本质上来说只是形式上的：王国的首脑是相，而郡则是郡太守，但他们都是中央任命的，且王国也没有在其名义领土之内的行政权。

⑤ 曹操卒于 220 年，享年六十六岁：见《三国志》1：53 页。可能值得注意的是，没有任何文献中记载了他出生时伴随有异象或者他有什么特殊的生理特征。而文献中记载了汉献帝和后来的吴国皇帝孙权的母亲曾梦见太阳（《后汉书》10B：449 页，《三国志·吴书》5：1195 裴松之注释），后来蜀汉的君主刘备则被记载有格外长的耳朵，家中附近也有非凡的桑树（《三国志·蜀书》2：871—872 页）。虽然曹操将会被证明堪与他们相比，甚至更为出色，但却没有被赋予这种种超自然的现象。

　　《三国志·武帝纪》中记载曹腾是三百多年前汉高祖的从龙功臣——丞相曹参的后代[1]。中国的其他曹姓人士也有如此宣称的,甚至把世系追溯到了受到分封的传说中的周武王的兄弟;而更有甚者还把曹氏追溯至神话中的黄帝或舜,这种理想主义的追祖认宗在当时甚为流行[2]。虽然这种光荣的世系与被收养的曹嵩并无多少相干,但事实上曹腾与养子曹嵩之间却是有一些关联的。

　　曹腾的父亲可能叫做曹萌[3],似乎是一名农民。司马彪《续汉书》中记载,他的邻居丢了一头猪,并认为猪在他那里。曹萌是一位诚实且有礼的人,于是就毫无异议地把自己的猪给了邻居。不久邻居家的猪却回来了,邻居很不好意思地将猪还给他,并不住地道歉;他笑而受之。

　　《续汉书》中继续写道,曹萌有4个儿子,曹腾是第四子,他把曹腾送入宫中[4]。120年,安帝时执掌政权的邓太后命令宦官首领黄门令在宦官中挑选合适的人选服侍安帝唯一的儿子刘保。曹腾被选中,并且成为刘保的伴读。刘保当时只有5岁,曹腾可能比他大5—10岁。他一直随

---

① 《三国志》1:1页,《三国志集解》1:2b—3a。曹参的"参"字也可读为"cān";他的传记见《史记》五十四卷、《汉书》三十九卷;见鲁惟一(Loewe):《秦、西汉、新莽时期人物传记辞典(公元前221—公元24年)》(*A Biographical Dictionary of the Qin, Former Han and Xin Periods (221 BC-AD24)*),20—22页。

② 例子请见伊佩霞(Ebrey, Patricia):《东汉的石刻》("Later Han Stone Inscriptions"),325—353页。

③ 《三国志》1:1—2页注引《续汉书》,称曹腾的父亲是曹节,但《七家后汉书》中辑录的《续汉书》中的一条文献称曹腾的父亲名萌,5:11b。汉献帝的曹皇后是曹腾的重养孙女,她的名字就是节,以避长辈讳这一禁忌看,曹腾的父亲不可能以节为名。所以萌这个名字应该是正确的。

④ 关于东汉的宦官,见《后汉书》78/68:2510页,见尤格尔·乌里克(Jugel, Ulrike):《东汉时期宦官的政治功能与社会地位》(*Politische Funktion und Sociale Stellung der Eunuchen zur Späteren Hanzeit*),47页,其中涉及了在父母要求下的"志愿"阉割——可能是在青春期前——并考察了这一特别服务职业的生涯。

　　在1世纪后半期,阉割被用于代替死刑,妇女则是被单独幽禁:上引尤格尔·乌里克著作,62—63页。然而,阉割并不被认为是常规的刑罚,并且这一条款曾在120年左右在廷尉陈忠的建议下,被掌权的邓太后废止:见《后汉书》1:80页,46/36:1556页。曹腾此时被阉割,但并没有证据显示是因为犯罪;事实上,文献中没有任何关于宦官的被阉割是因为对犯罪加以惩罚的记录。

侍在未来的顺帝左右,所以即使他在顺帝时没有什么重要作为,但还是升到了中常侍之位,成为了最高级的宦官,相当于官僚体系中的九卿。

144 年,顺帝驾崩,政权掌握在皇太后梁氏和他的哥哥梁冀手中。顺帝唯一的儿子在其父去世后数月也死亡了,在这种环境下,梁太后对于在宗室中选择男性作为下一个继位者有着绝对的权力①。太后和梁冀选 17
择了 7 岁的刘缵为帝,但是刘缵不久即表现出对他们控制的厌恶之情,所以也很快病死了。很多大臣建议立成年的王室成员为帝,但曹腾支持梁冀和梁后保持他们的特权。因此 14 岁的刘志继位,即后来的汉桓帝,曹腾也被封为费亭侯②。总体来说,曹腾工作了 30 年而未曾犯过一次错误,并且因好进贤达而备受赞誉。

曹腾的成功和影响力为他的很多亲属带来了高官厚禄,曹氏在亳县附近的家族墓地曾在 20 世纪 70 年代中期被发掘,出土了令人叹为观止的随葬品和一些与郡守和王国相等地方高级官吏有关的铭文砖;一通立于 160 年的赞颂曹腾的石碑,也单独保存下来③。 18

墓葬的许多信息都是不完整的,但是曹氏似乎在某种程度上已与普

---

① 这一传统在西汉时就建立起来了,106 年,和帝的遗孀邓太后就选择了和帝最小的儿子继位,即后来的殇帝。殇帝继位几月后即驾崩,邓太后又越过了殇帝的兄长们,立了和帝的侄子为安帝:《后汉书》5:195—203、10A:421—423 页,拙著《东汉三国人物辞典》,1216—1217 页。

② 在现代汉语中,"费"读作"Fei"或"Bi"皆可。现在已不太可能确指其位置,但很可能位于曹氏家族所在的谯县附近。然而拥有爵位的人,在封地中并没有直接的权力,只享受以该地的税收为基础的津贴。

③《水经注》23:743 页中提及了曹氏墓群,发掘情况见《文物》1978 年 8 期,32—45 页,田昌五在同期的 46—50 页也讨论了这一发掘。赞颂曹腾的碑文见《隶释》15:3a—4b,另外 20:14b—15a 中也描述了其以及别的石碑。除了明器,墓葬中还出土了玉衣片,这是皇帝的特赐。一些砖铭表达了哀悼和纪念之情,但其中也有一些刻有非正式和可能是隐藏起来的内容,是由建造墓葬的工人们完成的;见下面的第 75 条注释。

包华石(Powers, Martin J.)《早期中国的艺术与政治表达》(*Art and Political Expression in Early China*)330—333 页中对曹氏墓群也有讨论,把它订为灵帝时期(虽然他错误的将曹腾碑认为是 170 年的,而非 160 年)。他注意到了墓葬被盗,并认为一些好的随葬品已流失,因此在 331 页断言最初的随葬品肯定是非凡的:"盗墓者可能认为[留下的东西]都不值得一拿!"

包华石进一步指出,墓葬的"装饰"体系展现出了暴发户宦官的品味,呈现出对传统士绅的"挑战和宣言":371—377 页,特别是其中的 375—376 页。

通的农民拉开了距离。他们与地方大族夏侯氏联姻，而且即使宦官们得不到大多数人的支持，但一旦有机会，在适当的情况下也会带来益处。曹腾最初受到顺帝的注意可能是因为他言语得体并受过一些教育。他的家庭也许是困苦的，但是他们有成为上流人士的抱负，曹腾碑中也对他在文学和学术上的修养引以为傲①。

男丁稀少的家庭收养孩子的最主要目的是出于供奉祭祀的需要②：所以曹操未来的对手袁绍曾被他无子嗣的伯父收养③。像应邵一样的保守学者将这种对男性继承人的收养看成是唯一适当和有效的办法，但是我们也有足够的证据指出在汉代"外部"收养也是可行的，因为这样可以延续男丁不继的家庭④，宦官们也因为相似的原因选择收养继子⑤。收养曹嵩并非不同寻常，他也继承了曹腾的爵位。

历史学家陈寿认为没有人知道曹嵩的出生本末，对这一问题也存在着许多讨论，特别是在曹嵩与夏侯氏的关系这一点上。作者无考的《曹

① 关于曹腾的文学和学识，见《文物》1978 年第 8 期，48 页，曹氏与夏侯氏的联姻在铭文中有所提及，见同期 48—49 页田昌五的讨论。夏侯氏自称是西汉高官夏侯婴的子孙：《三国志》9：267 页；鲁惟一：《秦、西汉、新莽时期人物传记辞典（公元前 221—公元 24 年）》，596—597 页。

② 这一问题的讨论见董慕达（Brown Miranda）与我的合著《中国汉代的收养》（"Adoption in Han China"），229—266 页。

③ 见《后汉书》74/64A：2373 页注引袁山松《后汉书》，及《三国志》6：188—189 页裴注第二条。这些材料都指出袁绍是袁逢与姜所生之子，被袁逢的兄长袁成收养以延续世系。这种过继制度在西汉公元前 51 年石渠阁会议中被批准，见曾祖森（Tjan Tjoe Som）：《白虎通义》（The comprehensive discussion in the White Tiger Hall），I，130 页。

袁绍的传记见《后汉书》74/64A、《三国志》6：188—201 页；关于他同父异母的弟弟袁术，见《后汉书》75/65：2438—2443 页、《三国志》6：207—210 页。

④ 比如孙吴的孙河就被过继到他姑姑的夫家俞氏中作为男性继承人［《三国志·吴书》6：1214页］，丹阳郡的朱治也收养了姐姐的儿子［《三国志·吴书》11：1305 页］，陈矫最初姓刘，但后来被收养了［《三国志》22：644 页，裴松之注引 4 世纪孙盛所著《魏氏春秋》。关于陈矫，请见注 32。

关于应劭的观点，见他的《风俗通义·佚文》591 页，前揭《中国汉代的收养》一文也对此进行了讨论，229—231 页。

⑤《后汉书》78/68：2521 页，其中记载了桓帝宠爱的宦官如何纳出身良好的女性为名义上的妾，并收养异姓甚至是奴隶的孩子以延续血脉和封号的。也有许多涉及到收养女儿的记载，她们显然并不重要。然而，这种桓帝和灵帝时的放肆行为可能是被历史学家夸张的。像曹腾一样的早期宦官大概更为保守。

表 1 曹氏、夏侯氏、丁氏世系

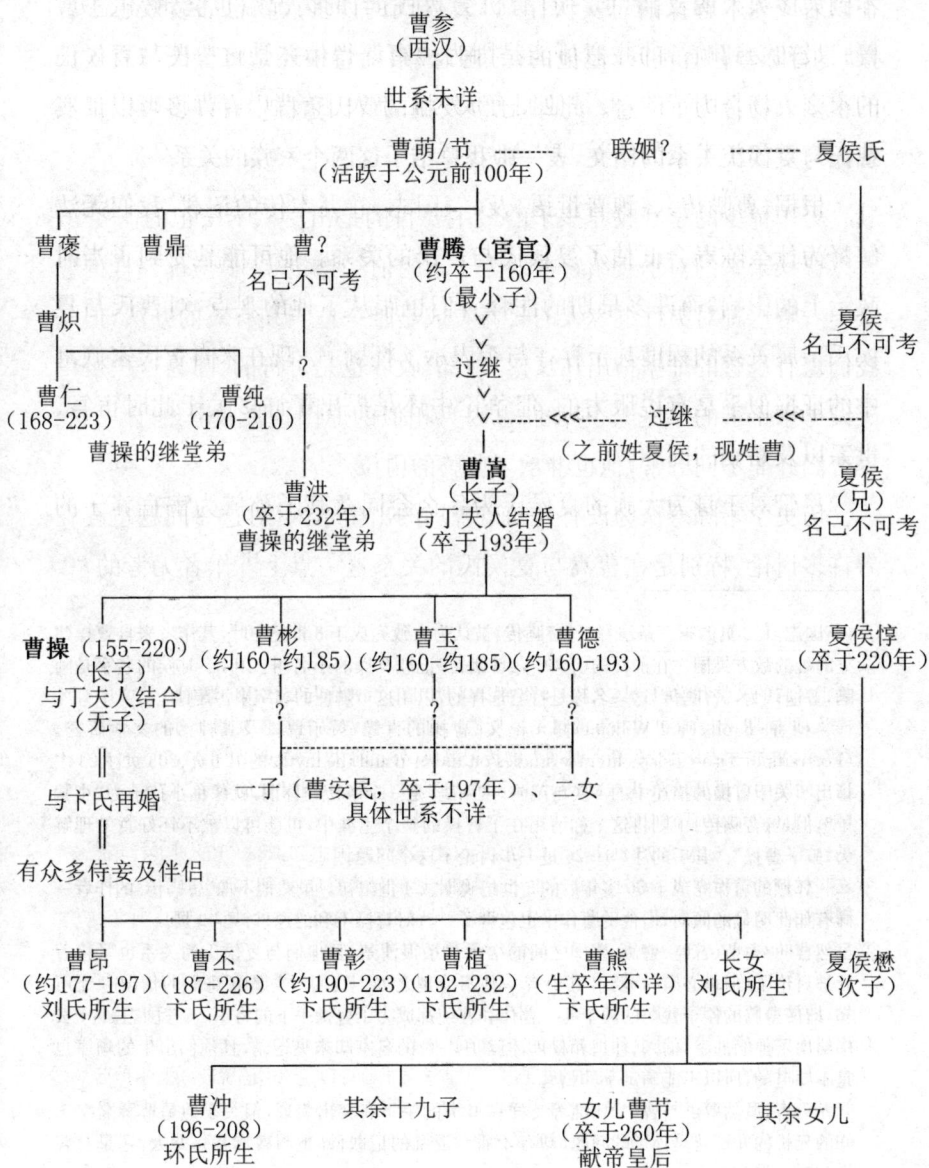

曹参
（西汉）

世系未详

曹萌/节 ---------- 联姻？ ---------- 夏侯氏
（活跃于公元前 100 年）

曹褒　　　曹鼎　　　曹？　　　**曹腾（宦官）**
　　　　　　　　　名已不可考　（约卒于 160 年）
　　　　　　　　　　　　　　　（最小子）
曹炽　　　　　　　　　　　　　　　ᐯ

　　　　　　　　　　　　　　　　过继
曹仁　　　　曹纯　　　　　　　　　ᐯ
（168-223）　（170-210）　　　　　ᐯ --------- <<< ----- 过继 ------- <<<
曹操的继堂弟　　　　　　　　　　　　（之前姓夏侯，现姓曹）

　　　　　　　　　？
　　　　　　　　曹洪　　　　**曹嵩**　　　　　　夏侯
　　　　　　（卒于 232 年）　（长子）　　　　　名已不可考
　　　　　　曹操的继堂弟　　与丁夫人结婚
　　　　　　　　　　　　　　（卒于 193 年）　　夏侯
　　　　　　　　　　　　　　　　　　　　　　　（兄）
　　　　　　　　　　　　　　　　　　　　　　　名已不可考

曹操（155-220）　曹彬　　　　曹玉　　　　曹德　　　　夏侯惇
（长子）　　　（约160-约185）（约160-约185）（约160-193）（卒于 220 年）
与丁夫人结婚　　？　　　　　？　　　　　？
（无子）
　　＝＝
与卞氏再婚　　　　一子（曹安民，卒于 197 年）、二女
　　＝＝　　　　　　具体世系不详
有众多侍妾及伴侣

曹昂　　　曹丕　　　曹彰　　　曹植　　　曹熊　　　长女　　　夏侯楙
（约177-197）（187-226）（约190-223）（192-232）（生卒年不详）刘氏所生　（次子）
刘氏所生　卞氏所生　卞氏所生　卞氏所生　卞氏所生

曹冲　　　　其余十九子　　　女儿曹节　　　其余女儿
（196-208）　　　　　　　　（卒于 260 年）
环氏所生　　　　　　　　　　献帝皇后

瞒传》与郭颁所著《魏晋世语》中都宣称曹嵩是夏侯惇的叔父，所以后者在以后成为了曹操的忠实伙伴①。夏侯氏的许多人物也陆续效忠于曹操，尽管陈寿存有疑问，但他的《三国志》第九卷中还是将曹氏与夏侯氏的很多人物合为了一卷。此外，已经发掘的曹氏墓群中有许多可以证实曹氏与夏侯氏关系的铭文，表一中我总结了这两个家族的关系②。

根据《曹瞒传》、《魏晋世语》及《三国志》卷九本传的记载，我们无法解释为什么陈寿会低估了夏侯氏与曹氏的关系。他可能是受到了当时政治上的影响，而许多早期的注释者们也跟从了他的观点，对曹氏与夏侯氏亲属关系的程度甚至存在与否表示了怀疑③。现在来自曹氏家族墓中的证据似乎是有说服力的，但争论中还是提出了许多关于此时宦官、世系以及婚姻的问题。

尽管对于身为大族的夏侯氏为什么会同意其子孙成为宦官养子的

---

① 《三国志》1：2 页的第三条注释。《曹瞒传》被认为大致完成于 3 世纪中叶，其作者来自曹操建立的魏的敌方吴国。在前面的引文中，《曹瞒传》记载曹操的小名叫吉利，小时候的名字是阿瞒，普遍认为，《曹瞒传》这一名称是特意选择的，以用这个随便的名字来污蔑他。

柯睿（Kroll, Paul William）博士论文《曹操的肖像：关于曹操及其神话的文学研究》（Portraits of Ts'ao Ts'ao: literary studies on the man and the myth）的 124 页、203 页注 23 中指出了关于曹操的描述中的不实与陷阱。"阿瞒"是一个亲密的称谓，就像称小孩子为"小骗子"，但是《曹瞒传》中则将这个称谓用在了曹操的整个生涯中，可能可以被不怀好意地理解为"骗子曹操"。其后的注 25—26 进一步讨论了这个问题。

郭颁的著作完成于 50 多年后的 3 世纪晚期或 4 世纪初。虽然他不像《曹瞒传》的作者一样有如此明显的倾向，但他的著作中也包含了一些对曹操不利的逸事：见 49 页。

② 虽然曹萌/曹节、曹腾、曹嵩、曹操之间的继承关系很清楚，且他们与夏侯氏的关系也紧接着就被讨论了，但也必须认识到，其中有一些不清楚之处。我们对曹腾哥哥们的情况一无所知，即使曹腾的侄子曹炽的两个儿子曹仁和曹纯都成为了曹操手下的将军。《三国志》1：1 页中给出了他们的字，伯兴、仲兴和叔兴，但其中一位的名字却未见记录，且他们出生的顺序也是不知道的，所以不能确定字的归属。

再者，虽然曹洪与曹仁、曹纯等一样在曹操的手下有突出表现，但关于他是曹腾名字未知的兄长的儿子还是孙子的问题，却有矛盾和混乱的记载；即他与曹嵩是一辈人，还是与曹操同辈。

拙著《东汉三国人物辞典》32—51 页中进一步讨论了这个问题；当然，这种问题相对于曹嵩与曹操及他们与夏侯氏的联系来说，是比较边缘的。

③ 卡尔·雷班的博士论文《曹操及魏国的兴起：初期阶段》48—52 页中对这些讨论做了很好的摘要，虽然他认为二者之间没有联系的结论似乎被之后发掘的曹氏家族墓推翻了。

问题至今尚存争议，但是对于夏侯氏与曹氏之间关系的极力否认态度实际上是更值得怀疑的。也许真正的儒家对宦官是极其厌恶的，他们在朝廷上也存在着对立，但我们现在的许多观点都来自于记载着由宦官扮演着重要甚至有决定性意义的角色的内朝，和由士人和学者组成的官僚外朝之间的政治冲突的史料。而由于后者是历史记载的主要负责者，所以宦官们常常会遭受比实际更多的诋毁。

尽管一些人把宦官想当然地当作是政治和社会的弄权者，然而像汝南袁氏和弘农杨氏，他们的成员在宦官控制政权时就在官僚体系中担任高官。他们并未因自己对宦官的阿谀逢迎而受到批评，反而因身居高位而被称羡。夏侯氏在地方上的声誉很高，可以称得上是高门大族，但是在几代内并没有成员居于显要的官位。曹腾声望甚佳，这使人们忽略了他被阉割的事实，与这样一种人搭上关系是有价值的事情。如果曹嵩出身于夏侯氏，又因被曹腾收养而获得了财富与地位，就可以拥有一个很成功的政治生涯。虽然他因奢侈腐败而被人批评，但史书中并没有留下任何他因出身背景而被厌恶的记录。

反对曹嵩出身夏侯氏的第二个主要证据是他的儿子曹操把女儿嫁给了夏侯惇的儿子夏侯楙。如果曹嵩是夏侯惇的叔父，那么曹操就与夏侯惇是堂兄弟，并且《曹瞒传》和《世语》都是出自敌对曹氏的势力之手，所以其中的记载被认为是通过改变曹氏的亲属关系而有意抹黑曹氏①。*22*

---

① 例如清代学者赵一清的评论，见《三国志集解》9：1a。

关于反对曹氏与夏侯氏之间有任何亲密关系的讨论，见前揭雷班《曹操及魏国的兴起：初期阶段》，51—52页，认为如果两家之间有血缘，就不需要再通过联姻来加强这种联系了：曹操这么做是在"浪费"与其他有势力的大族建立联系的机会。我不认为这是一个令人信服的观点，因为家族联姻最有效的作用是巩固家族间的联系，而非新创造一个；否则，像西方一样，就更可能会制造麻烦和尴尬。

此时军阀之间的联姻——或是尝试，可以举出许多例子：吕布和袁术（第三章101、109页），曹操和孙策（本章注43，第三章103页），曹操和袁谭（第五章214页），孙权和刘备237—238页（第七章290页）。所有的这些例子都没有凭借婚姻创造出实际的联盟。

《三国志集解》20：1a—b中收集了现存的关于曹操女儿及其婚姻的记录；这些会在第九章中进行讨论。除了进入献帝后宫的3位之外，似乎曹操把她们的婚姻用作表达对下属的重视，就像与他的高级谋士荀彧联姻，而不是试图与别人结盟。与此相比较的例子，见第三章注54。

在自然亲属关系并不密切的时候,远房堂兄妹或表兄妹之间的婚姻是被允许的,这与西方禁止血亲结婚的习俗大不相同。然而,汉代习俗是同姓不婚[①],甚至也有一个人不应该与他同宗的女子结婚的习俗,但是这种约束实际上并没有完全被贯彻执行[②]。

曹操一向不拘泥于这种小节。后来成为他正妻的卞夫人,曾是一位歌女,他也在秦宜禄还活着的时候就大肆准备纳其妻为妾[③]。除了将自己的女儿嫁给夏侯楙之外,他更曾为死去的孩子聘女:当他12岁的儿子曹冲在208年去世后,他向也有女儿早亡的官员邴原要求将两个孩子合葬。邴原以不合礼制为由拒绝了他,但是曹操最终还是为曹冲聘了甄氏的亡女合葬[④]。

---

① 瞿同祖《汉代社会结构》35—36 页引用的《白虎通义》9:12b;曾珠森《白虎通义》1,255 页。李贞德(Lee Jen-der)博士论文《魏晋南北朝时期中国的妇女和婚姻》(*Women and Marriage in China during the Period of Disunion*)33 页及后面几页中指出,虽然异姓结婚的主要原因是为了避免族内婚,但关于表兄妹之间是否可以结婚还是不确定和存在争议的:他们不同姓,但是却有着密切关系。她引用了 3 世纪的道德家袁准的《正论》(被《通典》60:346b 所引),他对此表示反对,但他严苛的观点很多时候是被忽视的。曹氏和夏侯氏之间的联姻可能冒犯了袁准及其支持者的原则,但并不意味着这是一起公共丑闻。

② 上面曾提到的陈矫是一个经常被引用的例子,他从刘氏被陈氏收养:见上面的注 25。《三国志·陈矫传》22:644 页的注释中引用了孙盛的《魏氏春秋》,其中记载陈矫与刘姓的妇女结婚,并因此面临非议,但是曹操下令说国家的骚乱使道德沦丧,公元 200 年以前的一切行为都不要再讨论了。《晋书》46:1308—1309 页中给出了更多的细节:陈矫的岳父叫刘颂,他被监察官员刘友参劾,但陈骞阻止了这个进程。

　　然而,《三国志集解》22:21a—b 中引用了清代姚范的观点,他注意到陈矫去世于 237 年,比他于 301 年去世的岳父刘颂早 60 年多离世,而《三国志集解》的编辑者卢弼又增添说,陈骞实际上是陈矫的儿子。综合来看,这个故事变得不合逻辑且不可信。

　　此外,清代的学者潘眉注意到了《太平御览》541:6a 中引用的《魏氏春秋》的一段话,记载魏国的高官王基也迎娶了同族的女子为妻。王基是一位著名的儒家学者,可以推测他是遵从当时公认的道德。

③ 《三国志》3:100 页。

　　与此相似,当曹操在 204 年俘虏了自己的敌人袁熙的妻子甄氏后,他的儿子曹丕娶了甄氏为妻,而此时袁熙仍在世上。甄氏的儿子曹睿被认为是曹丕的后嗣,并继承了魏国的大统,但他出生在 207 年袁熙去世之前;《三国志》5:160 页;高德耀、克洛维尔:《皇后与嫔妃:陈寿〈三国志〉选译》,97 页。

④ 《三国志》11:351、20:580 页。《资治通鉴》55:2096 页中记载了邴原的意见,但并没有提到曹操这种计划的最终成功:拙著《南方的将军》,401—402 页。

　　对于死后的丧葬,有两种主流看法。主流儒家尊信孟子的观点,强烈反对为墓主人陪葬人俑,更不用说是殉葬活人了①。但也存在着一种延续了很长时间的传统,甚至在今天还能看到,即认为将男女二人合葬,他们就可以在墓中为伴了,即使这两人生前毫无联系②。邴原持有第一种观点,而曹操和甄氏则赞同后一种。

　　那些以此批评曹操的人是原则性很强的人,但他们并不一定反映了普通人的观点,并且虽然曹操的敌人们可能对他的行为加以诋毁,但是我们没有理由相信曹操或他的同伴们会被他们的控告影响。换而言之,虽然曹嵩出于夏侯氏可能是曹氏的敌对势力进行的诋毁,但也可能是真实的,并且曹操不会因此而陷入窘境。他是遵循自己道德准则的人③。

　　即使考虑到上述两条主要不利文献,曹腾与夏侯氏的关系仍是可能存在的,夏侯氏被曹氏收养是有价值的行为,并且于双方都有益处。孙河与朱治的例子告诉我们,如果养子来自于家族之外,他通常会通过婚姻来取得家族的支持。如果曹氏没有多余的男丁,那么夏侯氏的幼子就

24

---

① 见《孟子》中众所周知的段落,Ⅳ:6;理雅各(Legge, James)《中国经书》Ⅱ《孟子》(*The Confucian Classics* Ⅱ:*The Works of Mencius*),133—134页。

　　杨树达的《汉代婚丧礼俗考》中指出了汉代存在合葬未到出嫁年龄的儿童(嫁殇)的习俗,虽然这是违反《周礼》4:12a中的记载的;毕欧(Biot, Edouard)《周礼》(*Le Tcheou-li ou Rites des Tcheou I*),307页。

② 《左传》文公六年中记载了秦穆公在公元前620年去世时,有3名高级官员殉葬,《诗经·黄鸟》也表达了对这一事件的哀悼;理雅各《中国经书》Ⅴ《春秋》244页、《中国经书》Ⅳ《诗经》198—200页。依循这一传统,秦始皇后宫中没有子嗣的妃嫔也都被杀死殉葬了:《史记》6:265页;倪豪士(Nienhauser, William H. Jr)《司马迁〈史记〉》第一卷《汉代以前的本纪》,155页。

　　一个近期的例子是,河北省的宋先生因"交易尸体"而被捕:被控谋杀6名妇女,并将她们的尸体卖给那些想要给死去的男人安排冥婚的家庭。案件牵连了许多人,这种习俗似乎在从陕西到广东的地区广泛存在。新华社报道,被华衷(Jonathan Watts)在2007年5月18日的《卫报》中引用。

③ 一个较晚的例子可以作为曹操这种不受正经礼俗拘束的态度的注脚,他的继子何晏(约190—249年)的母亲曾是曹操的妾,并为曹操生了一个女儿,即何晏同母异父的妹妹,而何晏与她结婚了:《三国志》9:292裴松之注引无名氏《魏末传》。何晏后来身居高位,在朝廷上很有影响力。《魏末传》中虽言"晏妇金乡公主,即晏同母妹",但其后紧接着又说"公主贤,谓其母沛王太妃曰……",前后矛盾。裴松之在注释中也辨析了此事,指出"沛王出自杜夫人所生。晏母姓尹,公主若与沛王同生,焉得言与晏同母?"——译者注)

是曹腾优秀的继承人人选①。

纨绔子弟

25   曹嵩 25 岁时,他的正妻丁氏为他生下长子②。这个孩子名操,字孟德,其字的意思是优良的德行。"操"字读作一声,意为"抓住"或"掌握";其读作四声时意为"坚持某事"或"品行"。在汉代,人的名与字之间往往有联系,因此曹操的名字就表明了他将坚定地遵循正确的道德准则③。然而,《曹瞒传》中却记载曹操的小名是"阿瞒",也曾叫"吉利";"利"这个字是被孟子强烈谴责的字眼;但是《曹瞒传》被认为出自曹操的敌对方之手,并不完全可信,并且"吉利"这个名字也没有在其他文献中出现过④。

曹操的养祖父曹腾约在 160 年去世,其时曹操年纪很小,曹嵩继承了养父的封邑。我们对于曹嵩的官宦生涯以及早期岁月的详细细节知之甚少,文献中仅仅记载他曾为司隶校尉,是首都行政和监察体系的首脑。在 170 年代和 180 年代早期宦官掌权下的灵帝朝,他官拜大司农、大鸿胪。187 年,为满足朝廷利益而建立的卖官鬻爵制度大行其道,曹嵩花费了 1 亿钱⑤成为了帝国的最高官员之一的太尉。这一巨大的数字并不仅仅证明了朝廷与官僚体系的崩塌,也证明了曹家的富有。他在这一位置上任职不满 6 个月⑥。

---

① 当然,曹嵩也可能真的出自曹氏家族,是曹腾的三位哥哥的儿子,就像袁绍一样被过继给了他没有子嗣的叔叔[见注 24]。但既然历史学家们知道一些曹萌/节的儿子们的信息,却不知道这种过继关系,这是很令人吃惊的,并且陈寿对曹嵩的最初来源也表达得不甚清楚,这表明这个问题很有些复杂。

② 我们能够知道曹操母亲的姓氏,是因为 220 年她的孙子曹丕命汉献帝封她为太王后:《三国志》2:59 页。她可能也出自沛国,与曹操的第一任夫人、她的儿媳妇丁氏同族。

③ 也见柯睿《曹操的肖像:关于曹操及其神话的文学研究》32 页的注 32,其中引用了宋郁文的《三国杂谈》241—242 页,及高本汉(Karlgren, Bernhard):《古汉语词典》(grammata serica recensa),1134m 条。

④ 关于《曹瞒传》,见上注 27。关于儒家反对利益的观点,见《孟子》IA;理雅各《中国经书》Ⅱ《孟子》,125—127 页。

⑤《后汉书》78/68:2519 页中记载曹嵩"灵帝时货赂中官及输西园钱一亿万"。——译者注

⑥ 关于灵帝时期的卖官鬻爵,见拙著《再次应征:东汉任命的公务员》,40—43 页。

　　曹嵩除曹操外，还有彬、玉、德三子，他们都比曹操小，而文献中没有提到他女儿的信息。关于曹操 3 个兄弟的记载出奇有限，我们知道的仅仅是他们育有 1 个儿子和至少 2 个女儿①。曹嵩和他最小的儿子曹德在 ²⁶ 193 年被杀害②，而有关曹彬和曹玉的记载只有他们的谥号。这可能是因为他们死于 190 年以前，若非如此，曹操几乎一定会在他的政治机构或军队中任用他们。任何人在卷入如火如荼的国内战争之际，都需要寻求到全部家族的支持。

　　虽然身居高位的曹嵩会对曹操的前途产生影响，但是两者间似乎并没有十分紧密的关系。除了曹嵩的官宦生涯——特别是他耗费巨资成为三公——以及他不幸地死于陶谦之手，曹操为此进行复仇之外，我们 ²⁷ 对他所知很少。

---

①《三国志》卷九中包含了曹氏和夏侯氏主要成员的传记，我们曾在 20 页对此进行过讨论，卷二十中则记录了另外一些人：

　　《三国志》20：588 页中记载，曹操的儿子均被过继到叔叔曹彬名下，曹彬谥蓟恭公，蓟位于广阳郡。[令人迷惑的是，曹操的一位远房侄子也叫曹彬：《三国志》9：282 页。]

　　《三国志》20：589 页中记载，曹操的儿子徽被过继到叔叔曹玉名下，曹玉谥郎陵哀侯，郎陵位于汝南郡。

　　关于曹操三位弟弟的儿女，即曹操的侄子或侄女，也散见于文献中：

　　《三国志》1：14 页中记载 197 年，曹操在南阳被张绣击败，他的侄子曹安民遇害。但没有记载曹安民的父亲是谁。

　　《三国志》9：272 页中记载了夏侯渊与曹操的内妹所生的儿子夏侯衡，他娶了曹操的弟弟海阳哀侯之女，海阳位于辽西郡。这一封号未见于别处，但是曹魏更换封地很频繁，且因为曹玉的谥号是哀，所以很可能是他的女儿嫁给了夏侯衡。可看看《三国志集解》9.9b。

　　此外，198 年，曹操通过将自己的侄女嫁给孙策的弟弟孙匡，与南方年轻的军阀孙策建立了联盟关系：《三国志·吴书》1：1104 页。其中没有指出她是谁的女儿。

②《后汉书》78/68：2519 页，《三国志》1：11 页注引《魏晋世语》，其中记载了曹嵩和他最小的儿子曹德于 193 年在徐州被杀害。曹德的名字有一些混乱：

　　《后汉书》七八/六八卷中记载曹嵩“乃与少子疾避乱琅邪”，可以把疾认为是曹嵩少子的名字，但“疾”在这里应该是“急忙”之意，是形容曹嵩及他儿子的避乱行为的；

　　《资治通鉴》60：1945 页中记录其名为德秋；但《魏晋世语》中的记载清楚表明“秋”字应为下句之首，意为“秋天”，见拙著《建安年间》，119 页。

　　这位年轻人的名字肯定是德，据记载曹操的儿子被过继给了曹彬和曹玉，但曹德并没有享受这种恩惠。所以他很可能留下了未知姓名的儿子。

同夏侯氏一样,曹嵩及其家庭也与沛国的丁氏联姻,曹嵩和曹操都曾娶丁氏为妻。180年代沛国人丁宫在南方任刺史,其后在朝廷任光禄勋,后为司空①。丁宫之后,同样出身沛国的丁冲成为曹操的党羽,于196年辅佐他处理了迎立献帝之事②。丁冲死于一场酒宴,他的两个儿子丁仪和丁廙是曹植的密友,他们在与曹植的哥哥曹丕争夺继承权的斗争中失利。

虽然沛国的面积很大,但曹氏、夏侯氏和丁氏似乎在其中通过多次的婚姻维持着非常密切的关系③,而曹嵩与丁宫在同一时间位至三公可能也并非完全出于巧合。虽然如此,他们组成的小团体与像弘农杨氏和汝南袁氏一样的真正的世家大族相比,并不显眼;并且在朝廷很快就失势了。因此,曹操虽有一定的家庭背景,但是他不得不依靠自己的个人能力闯荡出一番新天地。

我们可以推断曹操在谯县度过了他的大部分童年时光,还去洛阳游历过一段时间。他与家乡一直保持着联系,并且在这个国家的太学的质量下降之时,很可能找到了私人老师学习④。174年,虚岁二十的曹操被举孝廉为郎。

孝廉由郡国一级单位的首脑推荐,沛国相每年要向中央上报2个名

---

① 《后汉书》8:354—358页,《三国志·吴书》4:1191页;拙著《东汉三国人物辞典》,141页。

② 《后汉纪》28:336—337页,《后汉书》72/62:2342页,《三国志》19:561—562页;拙著《东汉三国人物辞典》,141页。虽然历史学家们没有记录两人之间的关系,但丁冲可能是丁宫的儿子或侄子。

③ 夏侯惇的远房堂弟夏侯渊,在以后成为了曹操手下大将之一,可能就是通过丁氏与曹操建立了姻亲关系。《三国志》9:272页中称夏侯渊的妻子是曹操的内妹。考虑到曹操和夏侯渊大致同龄,而丁氏直到190年代晚期都是曹操的正室,我们可以推测夏侯渊是娶了丁氏的姊妹;他与曹操的第二任妻子卞夫人发生联系的可能性要小的多。

④ 见拙著《学者和统治者:东汉的国家赞助》(Scholars and Rulers: imperial patronage under the Later Han dynasty),71页。太学在160年代晚期因卷入反对宦官的政治斗争而遭受了严重打击,172年又被清洗。太学的氛围和管理都进入了低潮,以致175年政府制作了刻有儒家经典的石碑,以防学生们遗忘它们;《后汉书》79/69A:2547页;拙著《桓帝和灵帝》,132及481—483页。

额①。孝廉在首都度过预备期后，会成为光禄勋下辖的 3 种郎官之一。理论上他们负担着保卫和侍奉皇帝的职责，但是这种职责更多是虚的；事实上他们已开始被评选以进入国家的行政机构。这段试用期没有固定期限，但通常为 3 年②。

作为一位有大量家族财产且父亲任要职的青年，郎官经历更多只是走个形式，但是这段时间使曹操有了在首都生活的机会，他似乎充分利用了这段时光。陈寿在《三国志》中记录了数条曹操此时的活动：

> 太祖少机警，有权数，而任侠放荡③，不治行业，故世人未之奇也。

当然，陈寿作为一位蜀汉的历史学家，属于曹魏的敌对方④，且后又任职于司马氏推翻曹魏政权而建立的西晋。因此，他不会维护曹操的声誉，他的记录也来自于许多对曹魏带有敌意的原始材料。例如《曹瞒传》中就记载了曹操少年时爱好飞鹰走狗，又讲述了他如何在父亲曹嵩那里败坏揭露他不端行为的叔父的名声⑤。4 世纪时孙盛的《异同杂语》记载曹操一次曾闯入权势很大的中常侍张让的宅中，张让发现了他，他挥舞

---

① 沛国的人口有 20 多万，根据 92 年颁布的公告，每 10 万人可举孝廉 1 人，整个帝国举孝廉的总数是 200 人；《后汉书》37/27：1268 页。
② 拙著《再次应征：东汉任命的公务员》，10 页。
③ 《三国志》1；2 页：“任侠放荡”一词带有贬义。“侠”通常被理解为“游侠骑士”或“劫富济贫的人”，与西方的骑士相似。然而其意义却并非如此：“侠”描述的是孔武有力的人，他们更可能制造混乱，而不是拯救妇女儿童。“侠”可以是士绅和家臣们的一种消遣；而出身更为低下的侠则很难与土匪区分开来。
④ 214 年，刘备占据了东汉的益州，即今天的四川，并发展到云南。他自称是公元前 2 世纪在位的西汉景帝的后代，并于 219 年称汉中王，汉中是汉代建立者高祖最初的封地。221 年，在曹操的儿子曹丕命汉献帝退位之后，刘备宣称自己的国家是汉代的延续，并称帝。因此，他的国家的正式名称是汉，但是被普遍称为蜀汉；蜀是他统治地区的古代称谓。我也采用这一约定俗成的叫法。
⑤ 《三国志》1；2 页裴注第 1 条。我们不知道他这位叔父的其他事迹，从“叔父”这个称谓判断，他是曹嵩的弟弟。似乎他不太可能也被曹腾收养，所以他可以保留本姓，可能是夏侯，但显然也来到了首都想要在新的环境下找点好处。

手戟于庭,接着翻墙而出①。孙盛接着写到,曹操的才略和勇武超过常
人,因而没有人能够伤害他,但是我们可以推测这其中他的家族关系也
对他起到了一定保护作用②。

30

另一桩关于曹操的奇闻保存在《世说新语》中,讲述了曹操和袁绍如
何搅乱一场婚礼的故事。曹操闯入一对新人的园中,持刃劫持了新娘。
随后他和袁绍逃跑,但是袁绍被困在荆棘丛中。曹操大喊"偷儿在此",
把追兵引向了袁绍的方向;袁绍在惶怖中勉强受伤逃出,而曹操则安然
逃脱。这种事情可能常常在年轻的恶棍身上发生,但是这则故事的象征
意义要大于实际意义,它是 190 年代晚期政治形势的一种映射。就像我
们即将看到的,曹操挟献帝以令诸侯,并指责袁绍不遵皇命且擅失职守。
献帝就像是故事里的新娘,现实中曹操对袁绍的指责之词也像故事里的
一样,虽并非无妄但至少曹操本人对此事也负有相同的责任,我们可以
认为《世说新语》保存了一个类似的寓言而非真实事件本身③。

①《三国志》1:3 页裴注第 2 条引《异同杂录》,也被《世说新语》刘峻注引,《世说新语》ⅩⅩⅦ;
马瑞志(Mather,Richard B)译《世说新语》(*Shih-shuo Hsin-yü: A New Account of Tales of the World*, *by Liu I-ch'ing with commentary by Liu Chün*),441—442 页。
孙盛(约 302—375 年),其传记见《晋书》82:2147—2148 页,与当时的陈寿、司马彪等历
史学家们合为一卷。太原人,在西晋败亡后逃到了南方,供职于东晋朝廷,因军功而被封爵,
不久后任秘书监。他完成了两部历史著作,即我们曾引用过的《魏氏春秋》和《晋阳秋》。
[《晋阳秋》中的"春"字因避东晋简文帝母亲郑阿春的讳而省略;许多类似著作的名称在后来
就被还原成原来的形式了,但这本书没有。]
孙盛对魏蜀吴三国都抱有偏见,除了两部正式的史书外,他还编辑了对事件的注释。它
们被裴松之和其他人以不同的名称引用:《异同杂语》《杂记》《异同评》(一些时候也简称为
《评》);这些不同的名称可能都指的是一本文集:见拙译《三国志》,74 页,《南方的将军:三国
时吴国的建立及其早期历史》,566 页。
②虽然曹操可能很敏捷且技艺娴熟,但他的块头似乎并不大。另一个他已成为魏王之后的故
事中记载,匈奴派使者前来,他感觉自己的体格太小,不足以震慑来访者,就选择了一个更为
壮硕的大臣假扮他。见本书第十一章 476 页。
此外,在《世说新语》ⅪⅤ:1 的注释中,刘峻引用了孙盛的《魏氏春秋》,其中记载虽然曹
操仪表堂堂,但身高却不高。但这并不妨碍他在年轻时候对战时的敏捷和熟练;他在 216 年
成为魏王时已年过六十。
③《世说新语》ⅩⅩⅦ:1,马瑞志译《世说新语》,441 页[假谲],也被 6 世纪殷芸编辑的《小说》
收录:《古小说钩沉》,75—76 页。我将其中的"劫"字翻译为"劫持(rape)",马瑞志则采用了
更为中性的"与她一起离开(made off with her)",但这种翻译并不很合被追赶着逃跑之义。
不管事实如何,这个故事可能是从发生在张让宅中的故事中发展出来的。

曹操在此时也有一些正面材料,大多是一些名士对他将来会取得成功的预言。曹操的朋友王儁评论说袁绍和袁术将为中国带来混乱,而曹操是唯一有能力重建秩序的人;像其他据称的私人谈话一样,这种记录的权威性是有限的①。更具代表性的品评是受人尊敬的太尉桥玄和官员何顒作出的,他们都看到了帝国的危机,并指出曹操是拯救这个危机的人选。桥玄更进一步建议曹操可以结交品评人物的专家许劭,许劭赞美他为"治世之能臣,乱世之奸雄"。曹操非常高兴,并凭借着这一评价而名声大噪②。

无论如何,曹操在青年时期接受了优秀的教育是一个事实。他在以后成为一位著名诗人,而在早年则对一些军事类的书籍表示了特别的兴趣。他摘抄诸家兵法,完成了《接要》一书,还注释了《孙子兵法》这一战国时期重要的军事著作。《接要》现已散失,但是《孙子兵法》一书今天仍广为流传,曹操的注释也成为了经典。虽然这些作品完成于这位最高统治者之手,但是它们是简略的,甚至含义模糊,并且基本不能体现出曹操的个人经验。

曹操的学术兴趣在《三国志·武帝纪》中是在讲述他少年的经历时被提及的,他可能从此时就已开始进行《接要》和《孙子兵法》注释的写作,但于什么时候完成了它们不得而知。其中的很大一部分可能写于170 年代晚期他被迫离职时,180 年代他也可能进行了写作,这些我们下

---

① 《三国志》1:31 页,裴松之注引皇甫谧(215—282 年)《逸士传》。王儁比曹操大 15 岁左右,他从未出仕,但他于 3 世纪初去世后,曹操表示了特殊的尊敬。

② 《三国志》1:2—3 页,以及裴松之在注释中引用的《魏书》。《魏书》自然偏向曹操,宣称桥玄对他印象深刻,并以自己的妻子相托,以期曹操在自己去世后可以在乱世中庇护他们。

　　然而,就像雷班观察到的,对曹操的评论及其归属存在混乱,并且也可能是后来编造出来的,以作为在战争中对曹操的宣传;氏著《曹操及魏国的兴起:初期阶段》,54—55 页。

　　更一般地说,我们可能会注意到清议在此时的流行,它常常以简练的隽语来表达,一些时候还是押韵的。能够进行品评的人是很受尊敬的,在圈子里很有影响力,160 年代晚期到170 年代早期,太学生们为也会自己支持的政治英雄唱诵赞歌。见拙著《中华帝国的政治逆流:167—184 年间东汉的党锢》,19—21 页,《159—168 年桓帝朝的政治和哲学》("Politics and Philosophy under the Government of Emperor Huan 159 - 168 AD"),57—58 页。

面将会讨论到。随后他积极地投入到了真正的战争中,大概就很少有时间研究理论了①。

175 年左右,曹操在做了一年多郎官后,被任命为洛阳北部尉。北部尉和南部尉是管理首都洛阳的重要官员,据说曹操还有可能成为洛阳的最高长官洛阳令。但是曹操想成为洛阳令这一野心很快就被负责这种任命的尚书梁鹄打击了,不得不甘居北部尉这个较低的位子②。无论如何,对于一个仅仅 20 岁的年轻人来说,北部尉已是非常不错的重用,况且虽然他可能因为家族的影响而缩短了担任郎官的时间,但洛阳令如此这般敏感的位置在那时还是超出了他的任职范围。

据《曹瞒传》记载,曹操在任职期间积极履行职责:他在县门左右树立了多根五色棒,任何违法的人皆棒打至死。曹操用这一办法杀死了违反宵禁的蹇硕的叔父,由此名声大噪。在这一残酷的办法下,所有规则都得到了最大程度的遵守,但是这也引起了灵帝宠臣可料想的愤怒。他们并不能直接伤害曹操,但是他们将他改任为东郡的顿丘令,其地在距洛阳东北 250 公里的黄河岸边③。

但这些记载很可能是不真实的。在首都,官员可以动用刑法,也有许多人死于他们的棍棒之下,但是像曹操一样的年轻之辈未必能随意地执掌生死大权。曹操是一位强力的统治者,但在来自敌方的《曹瞒传》中,则夸大了他的表现。

数年后的 214 年,曹操将他的儿子曹植留在首都主持政务,自己奔赴南方前线。曹植当时二十三岁,曹操鼓励他抓住机会锻炼能力,自己像他这么大的时候已经到顿丘去做县令了④。所以我们可以倒推出曹操

---

① 孙盛的《异同杂语》中提及了曹操对军事类书籍的兴趣,见《三国志》1:3 页裴松之注。关于更多他在这方面著作的细节讨论,请见本书第七章曹操和《孙子兵法》一节。

②《三国志》1:31 页裴松之注引卫恒《四体书势序》。梁鹄是一位著名的书法家,曾至荆州刘表处避乱。208 年,曹操占领荆州,梁鹄自缚双手请求曹操原谅他之前的行为。然而曹操非常欣赏他的书法,还把他收入自己帐下。

③《三国志》1:3 页裴松之注。

④《三国志》19:557 页。

任顿丘令时应是 177 年。然而,曹操在顿丘任职时的经历没有在史籍中留下记载,并且这段时间仅仅持续了一年。178 年冬,汉灵帝的宋皇后以巫蛊被废。这可能是诽谤,或是宋皇后试图用某些带有神秘色彩的方式重获丈夫欢心,最终,宋皇后在冷宫中"以忧死"①,而她的失宠也祸及了她的家庭。曹操的从妹嫁给了宋皇后的哥哥宋奇,宋奇被牵连致死,曹操也以此免官②。他似乎就此回到了他的家乡谯县。

曹操的感情生活是丰富多彩的。他曾拥有 2 位妻子和至少 13 位侍妾,还与许多人一度春风,他得到承认的儿子就有 25 个,以及至少 7 个女儿③。他第一位正妻是丁氏——很可能与曹操的母亲同族——但是他的长子曹昂是姜刘夫人在 177 年左右所生。刘夫人还生有儿子曹铄和清河公主,但是她在此后不久就去世了。丁氏收养了刘夫人的子女,并与曹昂特别亲近。曹操又娶了另一位侍妾——卞夫人④。

曹魏的官方史书《魏书》中,记载卞夫人生于 160 年冬,而《三国志》中记载她嫁给曹操时年方二十;所以曹操娶她时可能是 179 年,与刘夫人去世的年份相同。

卞夫人的家庭背景并不明确。《魏书》中记载她来自位于山东半岛的齐郡,但《三国志》中则记载她的出生地为琅琊郡的开阳县。这两个地方距离沛国谯县都有一定距离:开阳在谯县东北 300 公里,而齐郡更远,这意味着卞夫人的家庭未在原籍。《三国志》记载她是倡家,所以可能时

---

① "以忧死"这一短语经常在类似的情况下使用。这是一个旧有的套路,可能暗指当事人是自杀甚至是被谋杀的。

② 《三国志》1;3 页裴松之注 4。我们对曹操这位从妹的其他情况一无所知。她可能是试图责备曹操的那位叔父的女儿[见注 30、54],但曹氏中也有其他成员居于首都。

③ 《三国志》卷五中记载了曹操及其继任者的后妃,高德耀和克洛维尔在《皇后与嫔妃:陈寿〈三国志〉选译》中对其进行了翻译。《三国志》20;579 页中列出了曹操的儿子及其生母,《三国志》卷十九、二十中有他们的列传,这些材料我们将在第九章中进行讨论。

　　我们已在注 39 中指出,曹操的第一任妻子可能与曹操的母亲、曹嵩的妻子丁氏出自同一族。关于这第二位丁夫人的记录见于《三国志》5;156—157 页裴松之注引《魏略》;高德耀、克洛维尔:《皇后与嫔妃:陈寿〈三国志〉选译》,91—92 页。

④ 卞夫人的传记以及她家族的记录,见《三国志》5;156—159 页,高德耀和克洛维尔在《皇后与嫔妃:陈寿〈三国志〉选译》中翻译并对其中的细节进行了讨论,90—95 页。

34 常辗转卖艺。虽然"倡家"这一形容她职业的词汇有"唱歌的女子"这层意思,但也常常被用来委婉地指代妓女,而卞夫人可能是她们中等级较高的一个。她的职业类似于日本的艺伎或古希腊的高级妓女(hetaera),是精通音乐的表演者,同时也受过教育,颇有才智;她能迁徙多处这个事实正可表明她具备一定的才艺①。卞夫人是富有才华的,她在曹操的生命中扮演了坚定的和值得信赖的角色。然而,她在嫁给曹操 8 年之后的 187 年才生下了第一个儿子曹丕。

我们推测曹操的父亲曹嵩也因宋皇后一事受到牵连而离职。然而他很快就重回了朝廷,曹操也被拜为议郎,这一时间大概是 180 年左右:《魏书》记载曹操因为能明古学而被征拜议郎,而正是在 180 年的夏天,国家下令征召能通《诗经》《左传》《尚书》《春秋谷梁传》之人②。虽然议郎可以作为高官的候补位置,但仍是一个等级比较低的官位。因此在曹操任议郎期间,我们仅仅知道他曾上书两次,都是针对宦官乱政和官场腐败问题的。可预见地,它们没有被很好地采纳,曹操也并未再次上书。在以后的几年中,他在这一较低级的位置上再未得到升迁。

黄巾起义

汉代盛行黄老之学,宣称传说中的黄帝和哲人老子在每一代中都会转世。这一教派本身并不是反统治的,桓帝就曾信奉黄老,但是它激起

---

① 高德耀、克洛维尔:《皇后与嫔妃:陈寿〈三国志〉选译》,90 页,其中就特别陈述了卞夫人曾流连风月场所。而从另一方面说,歌艺本身就是值得欣赏的,并不代表一定要出卖色相。216 年,曹操赐给了夏侯惇一批伎乐名倡,在公告中,他把这种赏赐与晋国统治者对魏绛的赏赐相提并论:《三国志》9:268 页,对魏绛的赏赐见《史记》39:1682 页;沙畹(Chavannes)译:《史记》(*Les Mémoires Historiques de Se-ma Ts'ien:traduits et annotés par Édouard*)Ⅳ,329 页。在文本和宣传中,曹操对倡家的看法都是很清楚的,并不涉及什么不正当的事情。苏渊雷在他的白话版中将名倡翻译为倡优这一描述妓女的现代词汇,但他肯定是错误的。
② 《三国志》1:3 页裴松之第 4 条注释中引用《魏书》,及《后汉书》8:344 页。江耦在《曹操年表》189 页中也指出了这一联系;雷班《曹操及魏国的兴起:初期阶段》,57 页。

了很多起义①。儒家学者将这种起义者定名为"妖贼",但是这一术语仅 35
仅表示他们的信仰与国家和社会的正统思想有异,而并不代表这些教派
彼此之间有勾连。

　　然而在灵帝朝,许多学说都拥有了共同特征。《后汉书·灵帝纪》中
记载 171、173、179、182 和 185 年都爆发了大规模的疫情②。在此之前,
只有 38—39 年、119 年在东南方、125 年在洛阳爆发过疫情。桓帝时,
151 年洛阳和东南再次爆发了疫情,161 年发生了更大的疫情,文献中没
提到波及地区,但其似乎像在之后 2 世纪 70 年代和 80 年代的瘟疫一样,
在中国广泛的传播了开来。160 年代中期,所谓的安东尼(Antonine)瘟
疫也曾在罗马肆掠,持续了 15 年之久,这种传染病似乎很可能是在整个
欧亚大陆传播的。中文文献中没有记录 2 世纪这种传染病的具体情况,
但可以肯定的是,这种疫病是非常危险且致命的,以令人恐怖的频率在
人群中反复爆发③。

　　疫情所带来的结果是,信仰疗法大为盛行,据 3 世纪时鱼豢所著的
《典略》记载,从 170 年代到 180 年代早期,中国各地产生了许多教派,它
们都宣称疾病是人们错误行为的结果,病人们需要对自己的罪行进行忏
悔。宗教领袖张鲁不久后即在汉中建立起宗教政权,但是最为引人注目

---

① 见拙著《159—168 年桓帝朝的政治和哲学》73—80 页,也见石泰安(Stein, Rolf A.)《对公元 2
世纪道教政治宗教运动的论述》("Remarques sur les mouvements du Taoisme politico-
religieux au IIᵉ siècle ap. J.－C")、索安(Seidel Anna)《早期道教的完美统治者图像:老子和李
弘》("The Image of the Perfect Ruler in Early Taoist Messianism: Lao-tzu and Li Hung")。
② 文献中使用的词汇是"大疫"。
③ 拙著《东汉三国人物辞典》514 页对这一问题进行了进一步的讨论,其中引用了唐纳德·霍普
金斯(Hopkins, Donald R)的《王子与农民:历史上的天花》(*Princes and Peasants: smallpox
in history*),22 页,威廉·麦克尼尔(McNeill, William H.)的《瘟疫与人》(*Plagues and
Peoples*),103—104 页,其中讨论了 4 世纪时中国的葛洪和罗马的医生盖伦。这种灾病的病
毒性可能是由于"跨物种传播"这一事实,它是第一次从非人类转向人类,与现代的艾滋病相
似,对于它是天花还是麻疹存在着不同的看法,或者可能两者都有,只不过爆发的时间不同;
直到 16 世纪,西方的医生才认识到它们是不同的疾病:《瘟疫与人》,105 页。崔瑞德
(Twitchett, Denis)的《中国唐代的人口和瘟疫》("Population and Pestilence in T'ang
China"),62 页以及注 26 中指出了可被接受的天花出现的时间是 347 年,但这一问题尚存有
很多争论。

36 的教派是张角在河北的涿郡建立的太平道①。

与对黄老的崇拜一样,太平这一乌托邦的概念在西汉时就已出现,而《太平经》一书则在东汉顺帝时出现,大概在 130 年代②。虽然这部书和其学说都不是明确反政府的,但它广泛传播了汉朝统治将被"黄"取代的思想。从某一层面上讲,这种思想是从五行思想中而来:汉代的红色火德将被黄色的土德所取代③,它被进一步引申为:"黄"无疑是指黄帝的转世,而汉代的苍天也将被黄天这一新纪元、新秩序所取代。这些预言性的文字被张角利用,他预言这一启示将发生在下一个甲子年,即 184 年,一个新甲子的开始④。

自 170 年代开始,张角在华北平原和洛阳赢得了众多的拥护者,作为变革预言的标志的"甲子"二字也被广泛地写在了首都和地方的官署的城墙、大门上。然而,昏庸不明的地方官员却显得很乐观,并没有向中

---

① 《三国志》8:264 页注引《典略》。关于张角和他的太平道的主要文献是《后汉书》71/61:2299 页及后面几页的皇甫嵩传中,他是镇压这些起义的主要人物。另见拙著《桓帝和灵帝》,88—96 页。

《典略》中还提到了其他教派,包括之后被张鲁控制的五斗米道,我们在第七章的 291—294 页中会作进一步讨论。

② 见拙著《东汉党争的预兆:襄楷上桓帝书》(Portents of Protest in the Later Han Dynasty: the memorials of Hsiang K'ai to Emperor Huan),31—32 页,及《南方的将军》,201—202 页,关于《太平经》的年代和流传,见索安《早期道教的完美统治者图像:老子和李弘》、康德谟(Kaltenmark,Mark)《〈太平经〉的思想体系》("The Ideology of the T'ai-p'ing-ching")、贝克《太平经的年代》("The Date of the Taipin jing")、坎德尔(Kandel,Barbara)《太平经的起源和流传——一部非官方文献的历史》(Taiping Jing-the origin and transmission of the 'Scripture on General Welfare'—the history of an unofficial text)、彼得森(Petersen,Jensøstergard)《有关〈太平经〉在汉代传播的早期传统》("The Early Traditions Relating to the Han Dynasty Transmission of the Taiping jing")。

③ 鲁惟一在《主权的概念》("The Concept of Sovereignty")中讨论了五行学说中,认为其在汉代时影响了关于王朝兴替的观念,《剑桥中国秦汉史》,737—739 页。

④ 张角的这一口号记载于《后汉书》71/61:2299 页,为"苍天已死,黄天当立。岁在甲子,天下大吉。"早在 170 年,一位修建曹氏墓葬的工人就在砖上刻下了短语"仓天乃死":《文物》1978 年8 月:34、45 页[图 22.5]、50 页。

雷班《曹操及魏国的兴起:初期阶段》,79 页,及其他人也把苍天翻译为了"绿天"(Green Heaven),但表示"自然的颜色"的苍虽然可以与绿色的植物联系起来,在这一文献中还是被理解为蔚蓝色的天空更好。

央政府汇报这一潜在的敌人，许多当权的官员也将其仅仅看作是又一场平民运动。但事实是，包括皇宫内的宦官和洛阳的其他市民在内的一些信徒故意将其威胁伪装得很小，而另一些人可能真的没有什么坏意图。虽然也出现了一些单独的警告，但是它们都被忽视了。

37

然而，张角是下定决心要起义的。他在东方拥有大量的弟子，其忠实的信徒中很大一部分都是穷苦的民众，他也在为 184 年群起响应的起义积极准备。这次起义可能计划在春种之后的夏天发动，但是密谋被泄漏，所以起义时间不得不提前。作为新秩序替代旧秩序的标志，起义者们都佩戴着黄色的头巾，因此被称为"黄巾"①。

一旦起义被发现，帝国的邮传系统可以快速传递消息，这是黄巾军无法比拟的，所以许多起义者都被迅速集结起来的官军压制了。另一些人因对粮草的需求而被迫转移阵地，但是即使起义者们被镇压了一部分，但其数量仍然是巨大的，总数成千上万，他们造成的影响是毁灭性的。

起义的中心是张角占领的今河北地区、洛阳东部的颍川、汝南郡、位于今河南南部的南阳郡。然而，汉朝政府在各郡征兵至洛阳，在 184 年年中，颍川和汝南的黄巾军已被击败。随着起义中心的失陷，黄河流域的东郡成为了前线，随后政府对黄巾军的攻击向北方进发，在秋冬时，张角和他的兄弟兵败身死。然而在南方，南阳的郡治宛这个东汉重要的首府已被黄巾军攻占，政府军与黄巾军在那里进行了激烈的争夺，最后在冬天以政府军的胜利而告终。

---

① 将"黄巾"翻译为"Yellow Turban"并不太好，因为他们头戴的巾是一种简单的布条，其在现在中国和日本的宗教文献中还很常见，但绝非印度头巾那样复杂。

关于黄巾起义的文献，见拙著《桓帝和灵帝》，174—189 页，及贝克《汉代的灭亡》（The Fall of Han），338—340 页。雷班《曹操及魏国的兴起：初期阶段》的第三章中进行了更为具体的讨论，其中引用并评论了米肖·保罗（Michaud, Paul）的《黄巾起义》（"The Yellow Turbans"）及其他研究。他有力地证明了黄巾起义策划于仲夏，而他在 71—75 页中指出的黄巾军在某种程度上与反对派联合在一起这一结论并没有很好的史料支撑，甚至有一些文献还是否定这种观点的。

因为事出突然,官军最初的经费很成问题,并经受了一系列挫折,但

38 是他们奇迹般地迅速恢复了元气,张角及其追随者在 9 个月内就被消灭了。这次战争十分残忍,双方都有屠杀与大规模伤亡,起义发动的大量群众以及造成的破坏动摇并削弱了政府对国家中心地区的统治。起义与抢劫在各地肆虐,虽然黄巾军的核心地区被摧毁,但是还有相当一部分人被起义感染并打算继续起义。

曹操在战争初期被任命为骑都尉,加入了颍川的军队。骑都尉与校尉的地位相当,它在和平时期是一闲职,而在战争时期则拥有指挥军队的权力。曹操所统帅军队的规模我们并不清楚。北军的校尉通常拥有不足一千人的军队,但是在像黄巾起义这样的紧急情况下,曹操可能拥有两千甚至五千人的军队。然而,他的士兵征召自内郡:他们没有受过什么训练,并且毫无战争经验。

曹操率领他的军队加入到颍川的皇甫嵩和朱儁的队伍中,并在六月取得了决定性的胜利。朱儁随后向南阳进军,皇甫嵩转攻东郡,而曹操则被派到了顺黄河而下的更远的青州,成为济南相。这并不是一个完全的军职,但其等级提高了,这个位置也是一个不到 30 岁的年轻男人继续向上晋升的重要一步。曹操被选择担任这个易受黄巾军攻击的地方的长官,他在这里像在洛阳一样展示出了自己的雷霆手腕。

公元前 2 世纪早期,在青州境内的城阳国王刘章在推翻吕氏时扮演了重要角色,西汉政府因其功绩而对他大加封赏。他死后,整个青州都举行了纪念他的活动,并建立了许多祠庙,济南渐渐成为祭祀的中心,许多家庭也得利于因此产生的贸易。这种地方性的祭祀在桓帝时期被禁

39 止①,但是这项禁令并未被很好的实行,地方性的祭祀还在继续着。我们可以推断当地人已很长时间没有与王室有过真正的联系了,但是他们仍然保持着自己的权力,与国家争夺祭祀权。从黄巾起义带来的危机看,这种非正统的民间祭祀可以被看作是一种政治威胁。

---

① 见《后汉书》7:314 页。拙著《159—168 年桓帝朝的政治和哲学》,79 页。

因此，曹操一到济南，就禁绝了这种地方祭祀，强调儒家的正统地位，又清涤了属县的官僚。他自然也得罪了许多大族，不久后他宣称自己忠实地荐人为官的施政方案受到了一些与宫中宦官有关系的人的阻挠。一年后或更久，他意识到自己的行为会为家庭带来危险，就称病请辞了。

曹操的这段时期留下了一些文献记载。其中一条来自《三国志》正文，其他两条来自于裴松之注引《魏书》，第四条则来自曹操自己的《让县自明本志令》，可能成文于 215 或 216 年的冬季①。它们之间并不那么统一，或记载曹操直接辞去了济南相的职位（《让县自明本志令》）、或记载他被征拜为东郡太守却不受（《三国志》），或记载他曾短期返回首都并重任议郎之职（《魏书》）。但总之，曹操可能于 187 年离开了官场，并且他的卞夫人所生的长子、后来的魏国皇帝曹丕也在这一年诞生于谯县。曹操自称他计划在家乡的乡村赋闲生活，建起简单的家舍，在那里根据季节的变化或读书或狩猎，同时等待着帝国危机的解除。这似乎是一种政治上的战略撤退。

史书记载，当时冀州刺史王芬计划在灵帝北巡时发动叛乱，另立一位刘氏的远方亲族合肥侯为帝。反叛者还有沛国的周旌，他将此事告知了同乡曹操。曹操拒绝加入，灵帝不久后也根据天象预知了北方将有阴谋，所以取消了北行计划，谋反的行动也毫无意义了，王芬因此自杀。

这一事件被陈寿记载，司马彪的《续汉书》记录了更多细节②，《魏书》中则记载了曹操拒绝王芬时的说辞。然而，这些记载中有许多时代错误，甚至整个事件都是可疑的③。首先，灵帝被记载为计划北巡在河间的未即位时的旧宅，但是灵帝并不是一个爱好巡行的皇帝，而且在全国爆 *40*

---

① 《三国志》1:4 页裴松之的第 1、2 条注释，《三国志》1:32 页注引《魏武故事》。后者是值得注意的早期自传文章，我们会在第八章 356—363 页进行深入讨论。

② 原文如此，应为《九州春秋》。——译者注

③ 关于这件事的记录见《三国志》1:4 页以及裴松之注，是按年代顺序排列在 184 年之后的，也见《资治通鉴》59:1890 页，但却肯定弄错了年代；拙著《159—168 年桓帝朝的政治和哲学》，207—208 页，其中讨论了这一事件，但认为它发生在 188 年更为合理。

发起义时出行无疑会承担很大的风险。其次,刺史并不是非常高级的官僚,且虽然他可以在紧急时刻调动地方军队,但是王芬能够集结起足够多的人手来对抗皇帝的卫兵是非常令人惊讶的。再次,合肥位于遥远的淮河以南,合肥侯的名字都没有被记载下来,可见他来自皇室的远支,这样的身份很难被任何集团认同。如果存在这样一场图谋的话,它是非常草率的和注定要失败的。

一些人根据曹操后来的所作所为,批评他拒绝王芬之所言的"夫废立之事,天下之大不祥也",但是我们最好把它作为历史学家的文学修辞。另一方面,如果曹操参与这种谋反,他就处在了一个尴尬和危险的位置。一两年的赋闲生活是一个非常聪明的选择。

政权的瓦解

虽然国家的统治还没有动摇,但是灵帝政府在处理黄巾及随之而起的起义时已经显示出极其的不灵活和无能。尽管国家大部分繁荣的区域都被野蛮的暴乱和对其的镇压毁坏了,那里大批民众死亡,经济与社会也都遭到了巨大的破坏,但是统治者和他所宠爱的宦官们却继续着奢侈的享乐并且还加重了对官僚和人民的税收。185 年,洛阳南宫遭遇火灾,政府斥巨资对其进行重建。宫殿的毁坏确实很严重,但是负责工程的宦官甚至皇帝本人都把它看作了一次贪污和浪费的大好机会——宦官们在首都新建了巨大的宅邸,并大肆购买地方的土地,而灵帝则在西园嬉戏作乐①。

作为灵帝喜爱的游乐场所,西园不仅供他及妻妾们游戏,也储藏了他的财富。其中一些钱来自于国库,但一大部分来自卖官所得:像其他人一样,曹操的父亲曹嵩在 187 年成为太尉时向西园缴纳了很大一笔金钱。这种统治者个人的腐败是非常荒谬的,据记

---

① 《后汉书》8:351 页、78/68:2535 页,也见《资治通鉴》58:1876—1877 页;拙著《159—168 年桓帝朝的政治和哲学》,191—192 页。

载灵帝在幼年时非常贫穷,所以在他登基后仍未从这种对窘迫生活的恐惧中走出来。

贪污和腐败在洛阳继续着,更糟糕的是,地方上的骚乱进一步爆发,其中的一些非常严重。184 年末,虽然黄巾军的最后一轮反抗已被镇压,但在西北仍然爆发了大范围的动乱。乱军很快控制了凉州,切断了中央与中亚的联系,继而向东逼近汉王朝的旧都长安。虽然官军最终将他们击退,但是却并未能将其完全瓦解,汉政府在这一地区的控制和税收都几近丧失。同时,位于首都北方的太行山地区,松散的联盟——黑山贼迅速崛起,以至于他们的领袖张燕被承认为政府的官员,享有向朝廷举孝廉的权力①。另外,在从西方的益州到北方的西河郡的广大土地上,黄巾军的名号也被各种各样的起义者利用②。许多起义军都与张角没有什么接触,但是 188 年,在青徐地区如火如荼的黄巾军可能被认为是黄巾起义的延伸以及某种形式上是其在战败后的复苏③。另外,国家还面临着南方的起义、北方的匈奴和东北的乌桓带来的麻烦、北方草原的鲜卑部落对边境的频繁掠夺。凉州的起义军也仍在积极地寻找突围到渭河下游谷地的时机④。

42

在谯县赋闲 18 个月后,曹操于 188 年重新回到了国家首都。当年秋天,灵帝新建了西园军,曹操被任命为典军校尉,在军队的八个校尉中排名第四。袁绍在八校尉中排名第二,而灵帝身边以勇武和战略见长的宦官蹇硕成为了西园军的首领,其权力甚至在皇后的哥哥——大将军何

---

① 张燕也叫张飞燕,传记见《三国志》卷八。黑山是太行山东南的一座山脉,位于今天河南北部的淇县西部。这一地区在司隶的河内郡北部,可通向冀州、兖州、并州,因此这伙盗贼的掠夺地域很广泛。

② 拙著《159—168 年桓帝朝的政治和哲学》,192—208 页,关于凉州的起义,见拙著《北部边疆:东汉的政治和策略》,146—161 页。未来数年,曹操将会对付所有这些地区的义军和军阀。

③ 见本书第二章 63 页。

④ 关于此时的北方民族,见拙著《北部边疆:东汉的政治和策略》,146—162 页[羌等],346—348 页[匈奴],397—402 页[乌桓],342—345 页[鲜卑]。关于南方的起义,见拙著《南方的将军:三国时吴国的建立及其早期历史》,103—105 页。

进之上①。

灵帝为西园军抗击黄巾军提供了资金上的支持，而这支在八校尉领导下的军队显然是被作为一支比驻扎在首都的北军更为专业的新军队来培养的。在两个月后的冬天，招募的新兵都已被训练和装备好，灵帝对西园军进行了盛大的阅兵，并自封"无上将军"。我们不知道灵帝打算维持这样一支新型军队多久，因为不久以后，汉王朝的组织已彻底崩坏了。

灵帝有两个儿子。年长的叫刘辩，是何皇后所生，年幼的叫刘协，是在 181 年由王美人所生。然而妒忌的何皇后杀死了王美人，灵帝因此大发雷霆并打算废除何皇后，但是宫内的宦官们阻止了他。根据惯例，正妻所生的年长的孩子享有继承权，但是皇家的继承并不总是遵循这一惯例，灵帝显然更为看中刘协②。然而，189 年夏灵帝驾崩，并未留下遗诏指定继承人。他驾崩时年仅三十四岁，其去世是意料之外的，外界猜测这有利于何皇后及其家族的专权。

汉朝旧例，如果皇帝驾崩且没有指定继承人，则由他的皇后决定谁将即位；如果继承人尚未成年，则由皇后摄政。这一规则在西汉时期就已建立，在东汉也被多次执行：安帝、桓帝、灵帝这三位年轻且短命的统治者，无疑都是由皇后选择的，而这些皇后也都掌握了摄政权③。所以，何皇后毫不费力地将她的儿子刘辩立为皇帝，而由于他尚未成年，政府的控制权掌握在了何皇后手中。

灵帝可能计划着用蹇硕平衡何氏与她哥哥大将军何进的权力，但是他的暴毙没有能给蹇硕留下扮演这一角色的机会。数日后，蹇硕被捕身死，他的军队也被接管，大部分西园军可能都被解散了。灵帝的生母董

---

① 《后汉书》8：356 页，《三国志》1：5 页，《资治通鉴》59：1891 页；拙著《159—168 年桓帝朝的政治和哲学》，208、579—580 页。在《让县自明本志令》中，曹操说他先被任命为都尉，这很可能是对他在成为济南相之前担任的骑都尉的恢复：《三国志》1：32 页裴松之注。

② 可能因为对王夫人的感情，灵帝对她的儿子显示出了始终如一的喜爱，并亲自为他赐名"协"（类我）：《后汉书》9：267 页。

③ 见本书 17—18 页，注 9。

太后抚养了刘协,她也要寻求自己掌权,但是她的儿子董重马上被剥夺官位并自杀①,董太后被判流放,也选择了自杀。

何氏及其兄何进的势力现在已完全确立,但是他们的出身是不光彩的——据称他们出身屠夫家庭——何进因此感觉不安。他受到袁绍等士族出身的年轻人影响,他们劝说他将所有宦官都清理出朝廷。然而许多宦官也是何氏的支持者,何太后拒绝采取不利于他们的行动。袁绍以及其同僚的劝说和何太后的阻止让何进进退维谷。然而,他最终选择了从地方上调集军队,寄希望于来自外部的压力可以使何太后改变她的想法并使宦官们知难而退,其中最为有名的一支就是来自边境的董卓的军 44 队。这一计划并未奏效,却使宦官变得愈发忧虑和猜疑。

曹操此时仍在首都,但并未加入到争斗当中。他曾评论何进和他的盟友过于小题大作:宦官是管理后宫的必要职位,但是不应让他们掌握权力。全部问题都可通过惩罚宦官乱政的元凶来解决,且这并不需要引入外来的军队。这一明智的评论可能是伪作,事实上曹操似乎并没有明确表态支持哪一种做法,而他家庭的显赫与宦官相关这一事实也并非什么大事。当曹腾去世时,曹操年仅 5 岁,所以他与曹腾的私人联系其实很少,并且这也是很久以前发生的事情了。作为一位政府官员,当问题严峻时他会处理宦官,如同他对豪强大族的不吝情面一样,所以虽然像袁绍一样固守古礼的大族会轻视他的出身,但曹操本人却并不把其作为一种耻辱②。

189 年 9 月 22 日,何进进宫同何太后议事,宦官派一人隐藏在议事场所偷听谈话内容。他们知道了何进决定发起进攻,当何进离开之后,他们又托辞将其召回,并将之击杀。宦官任命了他们的同盟者身居要职

---

① 原文如此,董重实为董太后的侄子。——译者注

② 在袁绍于 200 年准备对曹操发动攻击之时,他发布了一篇檄文,其中谩骂曹操并提到他的宦官家世以攻击他:《后汉书》74/64A:2393—2398 页、《三国志》6:197—199 页裴松之注引《魏氏春秋》;雷班《曹操及魏国的兴起:初期阶段》,50 页、本书第三章 129 页。然而,这篇檄文带有宣传的目的,也应被看作如此。

以控制政府，当尚书质疑他们的权力时，他们将何进的头颅扔了出来。

宦官在过去发动过很多成功的政变，但是这次的形势与以前不同，他们并没有控制住皇帝并且也没有掌握住首都的军队。何进的后继者，以及袁绍及其追随者带领人烧毁南宫的大门，闯入皇宫并杀死了所有被他们找到的宦官。9月24日，他们向北宫发起进攻，并继续屠杀宦官，大约有2000名宦官死于非命。9月25日，剩余的宦官挟持了年轻的皇帝及其弟弟出逃，但是他们被追上且杀害。这两个孩子回到了洛阳，落入董卓手中①。

董卓是来自帝国西北的陇西的一位军事将领。他在镇压黄巾起义和凉州叛乱的战争中屡立战功，并于189年初被任命为位于北方边境的并州牧。然而，他拒绝离开他的军队，并进军洛阳以北的河东郡，虽然他受到了对于他抗命的谴责，但是仍然故我。然而，何进不久后就召他进入首都以威胁宦官，9月底，董卓驻扎在了距离洛阳西南20公里的地方。当他看到洛阳皇宫起火后，就率军向首都进发。

董卓本来没有资格进入洛阳，但是首都并没有足够的力量阻止他，并且袁绍集团也不得不接受他的力量。大臣们曾对董卓进行抗议，但董卓将使国家陷入一片混乱的责任推到了他们身上，堵上了他们的嘴，他也发布了一份带有良好愿望的公告，其中包括为过去反对宦官的大臣加以平反。然而，在几天后的9月28日，董卓废除了年轻的皇帝刘辩，并将他同父异母的兄弟刘协推上皇帝宝座。刘协谥号献帝，是东汉的最后一位皇帝②。

据说董卓并未被刘辩的忍让感动，反而因为刘协是被与董卓同姓的董太后养大的，对他表示了特别的喜爱。皇位的更替也是董卓确立起自己权威的标识，他清除了何太后的所有势力，后者于数日后去世，可能是

① 对何进的刺杀和宦官集团的毁灭在《资治通鉴》59：1894—1902页中有描述；见拙著《建安年间》，2—19页，毕汉思：《东汉时期的洛阳》，98—101页。

② 《后汉书》8：359页，72/62：2324页，《三国志》8：174—175页，《资治通鉴》59：1904页；拙著《建安年间》，22—24页。

死于毒药;她的儿子在第二年初遭受了同样的命运。董卓的篡位立即引起反对:袁绍在刘辩被废之前就逃离了洛阳,其后很多人也纷纷效法。董卓试图任命一批有贤名的大臣,但是很多被他任命到地方的人转而马上举起了反旗,189 年末,反对他的义兵在河南郡的东南方集结起来①。 46

虽然身在洛阳,但曹操在何进死后的这些混乱行动中并未留下记录。董卓在立刘协为帝后,任命曹操为骁骑校尉,大概想要他帮助自己在洛阳大肆劫掠的军队中建立秩序。然而因为董卓和他的追随者过于残暴和不可靠,曹操并不想卷入其中。于是他离开了洛阳并变易姓名,间行东归②。

在他东归的过程中发生了两个故事。第一个,董卓对于官员和大族对他的反对很愤怒,下达了逮捕曹操的命令。通过信使,这份命令的传达比曹操自己的行进速度快得多,据说途中的一位亭长对曹操起了疑,逮捕他并送到了县衙。一位地方官员认出了他,但是相信他可以解救国家于水火,并劝说县令释放了他③。

第二个故事在后世发展成为了代表曹操阴险奸诈本性的最著名材料。这个故事见于以下文献④:

《魏书》这本曹魏官方的史书中记载:

> 太祖以卓终必覆败,遂不就拜,逃归乡里。从数骑过故人成皋吕伯奢;伯奢不在,其子与宾客共劫太祖,取马及物,太祖手刃击杀数人。 48

---

① 义兵也被称为"山东"兵,指来自拱卫首都的关卡以东的士兵;在这一语境中其并不指今天的山东省。

② 《三国志》5:156 页,高德耀、克洛维尔《皇后与嫔妃:陈寿〈三国志〉选译》,90 页,其中记载曹操的主要妾侍卞夫人与他一起在洛阳,在他逃离后仍然滞留当地,在关于他被杀害的谣言四起时,安慰了他的朋友们。如果这是真的,就暗示了董卓并不想要逼迫曹操,因为他如果想威逼曹操的话,完全可以用卞夫人和曹丕做人质。另一方面,董卓听说袁绍和袁术率军反抗他后,很快就屠杀了所有可以抓到的袁氏族人[本书第二章 43 页],他并没有考虑要对曹操的家人进行类似的杀害。卞夫人的传记中没有记载她什么时候及如何逃离洛阳,以及逃离后落脚于何处。可能这个故事仅仅是未来皇后的圣人传。

③ 《三国志》1:5 页,裴松之注引《魏晋世语》。

④ 这三条文献都见于《三国志》1:5 页裴注中。

郭颁的成书于 4 世纪的《世语》中记载：

> 太祖过伯奢。伯奢出行，五子皆在，备宾主礼。太祖自以背卓命，疑其图己，手剑夜杀八人而去。

4 世纪的孙盛的《杂记》记述了更多细节：

> 太祖闻其食器声，以为图己，遂夜杀之。既而凄怆曰："宁我负人，毋人负我！"遂行。

在《魏书》的记载中，曹操是无辜的，但是在《世语》和《杂记》中他被描述成为一个暴力且猜忌的人，孙盛的记载中他所说的"宁我负人，毋人负我"一句成为了注解他性格的妙句。

《三国演义》为这个故事增添了更多的细节：吕伯奢为迎接曹操的到来而出门买酒，此时曹操听到了一些人在厨房中说："缚而杀之，何如？"曹操确信他们是要对他动手，于是就闯了进去杀死了所有人。然而其后曹操一行找到了两头猪，才知道之前听到的话是讨论如何对付猪的。最后，曹操在逃跑的途中遇到了吕伯奢，并也杀死了他，以防他向政府泄露自己的行踪①。

这个故事没有历史根据，但尽管此事的真实性有待考察，这些增加的细节反映出曹操在后世被认为是一个阴险的坏人，这一故事更是被后人大肆的添油加醋。

曹操成功地逃到了陈留郡反卓联军的营地中。文献中记载他虽然没有亲自返回自己在沛国的老家，但却变卖了家里的财产组建了军队。他还得到了当地大族卫兹在金钱上的帮助②，来自会稽的周氏三兄弟之

---

① 这个故事见于《三国演义》第五回（应为第四回——译者注）。戏剧《捉放曹》就是有关曹操从洛阳逃跑后的故事，其中也包含了吕伯奢之事。

② 《三国志》22：645 页中记载，卫兹有大节，拒绝了朝廷的任命。他是第一次见到曹操；两人惺惺相惜，卫兹也加入了反对董卓的大军中。（应为《三国志》22：647 页——译者注）

　　《三国志》1：6 页裴松之注引《魏晋世语》中暗示卫兹用自己的所有家财资助了曹操。这是不太可能的，因为曹操自己就很有钱，虽然从家乡沛运到这里来会花费一些时间。就像清代学者卢弼注意到的，卫兹对曹操的支持应被看作是对未来的投资；军阀刘备在起兵时也得到了一位富有族人的支持：《三国志·蜀书》2：871 页。卫兹并没有活到可以享受到他慷慨投资的成果，但是他的儿子卫臻在曹魏做到了很高等级的官。

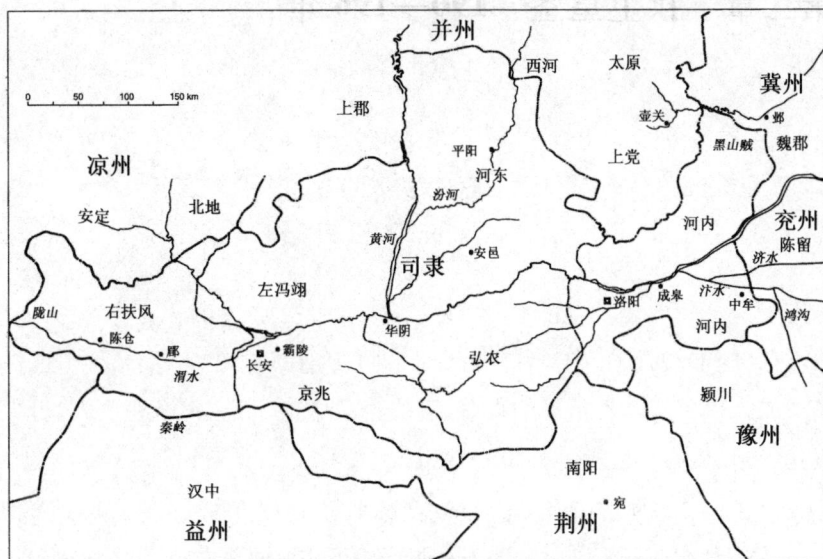

地图 1　司隶：首都地区

一的周喁也带领 2000 人加入了他的军队之中。现在我们已经无从知晓 ⁴⁹
他们是如何取得联系的，但是在某一时刻周氏三兄弟曾一起加入到曹操
的队伍中；然而他们从中获得的利益却非常有限①。

　　总而言之，在公元 189 年末至 190 年初的冬天，曹操召集了五千人
的军队，带领着这一小批力量加入到了反抗董卓的同盟中。

---

① 周氏三兄弟是周昕、周昂和周喁。关于他们的事业，文献中的记载是矛盾的，我选择了《吴
　录》和《会稽典录》中的记载，见《三国志·吴书》6：1100 页裴松之注。也见拙著《南方的将军：
　三国时吴国的建立及其早期历史》，131—132 页，注释 71。他们之后的经历我们会在下文讨
　论，但应注意到的是，周喁一定要与周瑜区别开来，后者是孙吴的将军，在 208 年取得了赤壁
　之战的胜利。他们的名字不同，并且周瑜是来自庐江的，而非会稽：参见拙著《东汉三国人物
　辞典》，1151—1152 页。

第二章　拱卫皇室　190—196年

年表

51

　　　　　秋:曹操和吕布共同从濮阳撤兵

195 年 春:曹操夺回山阳

　　　　夏:曹操攻陷济阴;*陶谦在徐州去世,刘备代之*

　　　　秋:曹操在山阳取得决定性胜利;吕布逃亡徐州

　　　　　　献帝从长安出逃

　　　　冬:曹操被献帝任命为兖州牧

　　　　　　献帝在河东郡的安邑建立临时政府

196 年 春:曹操控制陈郡、颍川郡和汝南郡;他被献帝任命为大将军,并封侯

　　　　夏:曹操建都于颍川郡的许,并在那里屯田

　　　　秋:*献帝返回洛阳*

　　　　　　曹操在许迎立献帝;他与袁绍产生矛盾并被任命为司空

执掌兖州　190—192 年

　　190 年初,反抗在洛阳篡位的董卓的义兵分为四路。袁绍屯兵黄河北部的河内郡,自封为河内太守的王匡是他的帮手,一些将领将他们的力量聚集于陈留郡的酸枣,北邻黄河。更南部的是董卓曾任命的豫州刺史孔伷,他在占据颍川后就背叛了董卓,袁术则率领自己的军队驻扎在南阳。不久之后,孔伷去世,袁术接管了他的地盘①。

　　联军大部分由世家大族及其跟随者组成,领导者并不具备过硬的军事技能。曹操和他的军队就是典型:一些人是家臣,其他人则是冲着军饷和战利品加入的。之前与黄巾军和扰乱国家秩序的地方起义军交战意味着很多人,即使是深处国家内陆的定居民众,都上过战场且做好了拿起武器追随可以提供给他们更好未来的首领的准备。然而,他们并不是像董卓率领的边军一样的战士,且虽然一些领导者拥有军衔,但是他

52

---

① 关于这场反对董卓的战争,主要材料来自于《后汉书》72/62:2327—2330 页和《三国志》6:172—179 页的董卓传;关于袁绍,见《后汉书》74/64A:2375—78 页;关于曹操,见《三国志》1:5—8 页,他的《让县自明本志令》中的记载是其补充。见本书第八章 358 页。

　　《资治通鉴》59:1908—17 页中按年代顺序排列了 190 年至 191 年初发生的事件;拙著《建安年间》36—61 页,雷班《曹操及魏国的兴起:初期阶段》151—172。然而,其中有一些不能确定的细节,我在下文中会给出对其的不同解释。

们也并不是富有经验的战斗指挥者。

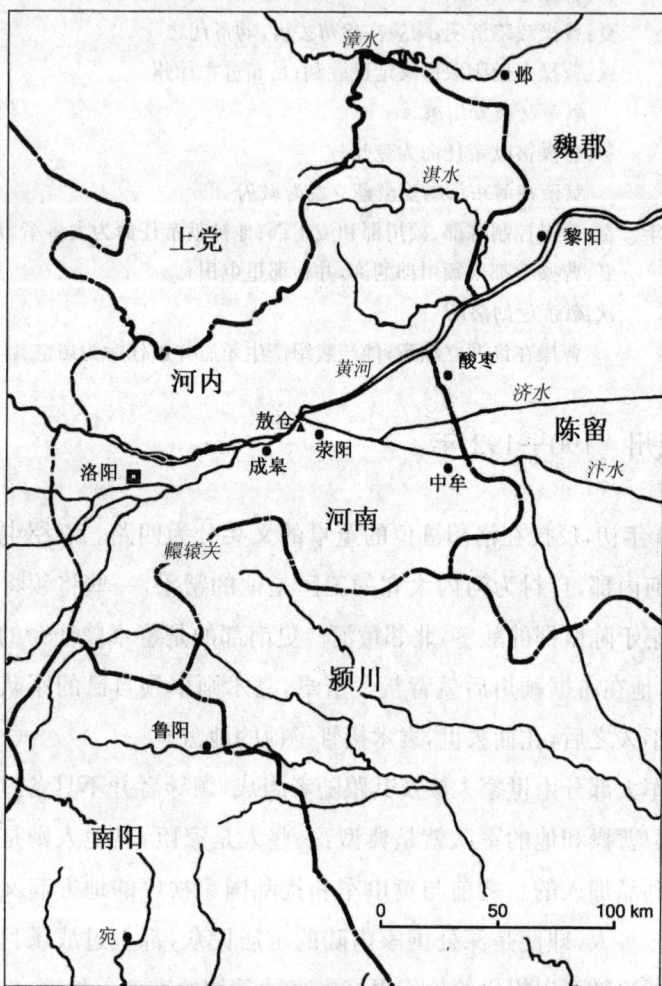

地图2　洛阳附近的道路

　　曹操在与黄巾军的战争中曾短期担任过都尉,但是很快就被任命为
济南相。在其他将领中,王匡、张邈、张邈的弟弟张超以礼贤下士而闻
名,他们也有过一些强硬的言论和暴力行动,而刘岱是以德行闻名的,孔
伷则因他的清谈广受赞美,这是一种在当时文化界非常流行的优雅且具
有哲学意味的巧辩。关于袁绍或袁术早期的军事才能没有留下什么记

载,特别是袁绍,在 180 年代早期的骚乱中,他有 6 年时间在服丧,首先是为他的母亲,然后则为他的养父①。尽管如此,袁绍仍被推为联盟的领袖,主持了盛大的结盟誓忠仪式。他将自己封为车骑将军,这是汉代将军的最高头衔之一,袁术成为后将军,他们的同僚同样被授予临时的委任以及华丽的头衔:曹操成为奋武将军。

董卓被袁绍和袁术发动的反对自己的战争激怒,屠杀了仍然留在西边的袁氏家族成员:前任太傅袁隗、九卿之一的袁基,以及袁氏上下五十余口,其中还包括尚在襁褓中的婴儿。同时,虽然董卓可能将自己的对手视为业余,但是他仍注意到他们的人数非常多,所以于 190 年春强迫献帝及朝廷从洛阳迁到洛阳以西 300 公里的西汉首都长安,即现在的陕西省西安市。在这场浩劫中,大量的物资被遗弃在路边,军人们将洛阳洗劫一空并焚之以火,又盗掘了帝王的陵墓。更严重的是,东方联军切断了来自大半个中国的物资供应,中央政府的税收急剧减少,以至于董卓下令强制性地熔掉了前代铸造的青铜塑像及珍宝以铸造更多的钱币。汉代五铢钱的面值等于它的实际重量,但是董卓铸造的新钱币并没有完整的郭和与其面值相同的重量。这造成了严重的通货膨胀②。

尽管如此,董卓自己仍然在洛阳坐镇,东方联军因此踯躅不前,在酸枣的大营与其说是在进行军事行为更不如说是在置酒高会。曹操对这种状态非常不耐,他认为董卓从首都洛阳迁都长安,是其处于劣势的明显标志,并开始筹备自己发动攻击。他率领自己的五千人以及张邈名义下的属下卫兹率领的军队跨过黄河,西进河南郡。他攻击了首都地区的重要供给地:位于鸿沟渠首的荥阳,但大败于董卓的军队,这证明了他盟友们

①《后汉书》74/64A:2373 页、《三国志》6:186 页(应为《三国志》6:188 页,译者注)裴松之注引《汉末英雄记》。

②《后汉书》72/62:2325 页;《资治通鉴》59:1916 页;拙著《建安年间》,54 页。汉代的铢仅重 2/3 克,"五铢"钱约重 3.25 克:西嶋定生《前汉的经济社会史》("The Economic and Social History of Former Han"),587—589 页。《晋书》26:794 页;杨联陞《中国制度史研究》(*Studies in Chinese institutional History*),157 页,其中指出,像铜像和其他青铜制品一样,董卓熔化了所有他能找到的五铢钱。

的政策是更为谨慎可靠的。卫兹在这场战争中被杀,曹操和他的战马也受了伤;他在从弟曹洪的救援下才得以逃脱。文献中记载董卓的将领徐荣对曹操以很少兵力进行的顽强抵抗印象深刻,但是曹操的野心显然在这场战争中遭受了打击。事实上,曹操率领的新组建的且相当业余的军队遇到的是专业的边境军主力,取得这样的结果也就是在预料之中的了。

被打败后,曹操返回酸枣,并提出了一个行军建议:袁绍率领军队部署在黄河北部;其他将领奋力向中原进军,以在荥阳附近控制住董卓的主要力量;袁术在南部形成威胁。曹操从他的失败中吸取了经验教训,强调联军的战略应该是避免正面与敌军冲突,要建立高壁深垒并形成防御阵线。这个计策的主要目的是诱敌并吸引更广泛的支持、挫败敌军的士气。但他的同盟者们却对这一建议不屑一顾。

然而,如果联军不准备战争,那么迎接他们的可能就是死亡。董卓在整个夏季多次派出使者议和。他们之中包括位列九卿的韩融、阴循以及较低级的官员吴循、王瑰、胡毋班。韩融、阴循和胡毋班都名声在外,其他两人的情况也大抵如此,但是袁绍打算处死他们。王匡亲手处决了吴循和王瑰,以及自己的同乡及妹夫胡毋班。袁术也同样处了阴循,只有韩融单独返回了长安。鉴于几个月前董卓才屠杀了袁氏一族,袁绍的这种反应实数必然,但是这次杀戮使得两个集团之间的裂痕变得更加不可弥合。

董卓对于袁绍行为的反击不久就开始了。他在一次闪袭中从洛阳北渡黄河,包围了王匡的军队,并且彻底摧毁了他们。王匡逃归泰山郡的老家,不久后就因为杀害了胡毋班而被后者的亲族们杀害①。

此时,曹操也从前线上撤退下来。他的军队在荥阳被打败后,就急需新兵力的补充。其实不仅驻扎在酸枣的联军不愿采取行动,甚至在联盟内部也产生了内讧和将要解散的迹象;在这种情况下,他的手下有越多人越好。他与堂弟夏侯惇到东南方的扬州募兵,那里的刺史陈温和丹阳郡太守周昕向他们提供了四千余人。陈温是曹氏旧交,周昕则是几个

---

① 曹操也牵涉其中,见注7。

月前加入曹操军队的周喁的兄长①。然而这支新的军队并不想离开他们　56
的故乡，所以发动了叛变。曹操的营帐被点燃，虽然一些忠诚的部下冲
出了营地，但是大部分人叛逃了，他的新军队只剩下五百人②。

　　曹操在返回自己家乡沛的路上，又收复了一千兵力。于是他率领比
当初的五千人略多的军队返回北方加入到袁绍的军队中③。他至少暂时
在联盟中是一名下级官员，在他之前的合伙人周喁直接隶属于袁绍后，
他的地位就更为降低了。

　　据文献记载，袁绍此时计划立皇室宗亲幽州牧刘虞为帝，与董卓控
制的傀儡皇帝分庭抗礼④。这一行动将为联盟确立一位挂名首领，但是
其他的将领们却表示了反对，特别是准备自立的袁术，这一提议也被刘
虞本人拒绝了。《三国志·魏书·武帝纪》中记载有曹操不同意这种会
造成混乱的行为，并且表示了对在长安的正统君主的忠诚：尽管献帝可
能归权于董卓，但是他仍是灵帝的儿子。我们可能对曹操是否能在这场
争论中发挥大的影响表示怀疑，因为当时他只是以临时将军的身份发表
言论，而只有很少的人处于他的直接领导之下。但这个言论似乎表明了　57
他对袁绍的野心起了怀疑，并表示了公然的反对，所以他与袁绍之间的
关系开始变得不那么和谐了⑤。

---

① 第一章 50 页，注 99。《三国志·吴书》6：1206 页裴松之注引《会稽典录》中周昕的传记里记载
　了他前后派遣过万余将士支援曹操。然而，这第一次的供兵却显然是不成功的，因此我们不
　能确定是否他在未来又为曹操提供了兵员，还是历史学家对他的功绩进行了夸张。
　　　夏侯惇与曹操的关系，在第一章 20—23 页中进行了讨论。
②《太平御览》467：12a 中保存下的《曹操别传》中记载，曹操伤到了脚部，一位村庄首领照顾了
　他数天，并借了一辆牛车才与寻找他的手下汇合：柯睿《曹操的肖像：关于曹操及其神话的文
　学研究》，280—281 页。
③ 在 210 年或 211 年的《让县自明本志令》中，曹操说他通过这次征募又获得了三千人。
　　　《三国志》1：6—7 页裴松之注引谢承《后汉书》中记载，胡毋班的亲族与曹操合兵，在泰山
　杀死了王匡［见上注 4］，但这一事件很难与曹操此时的其他行为契合。他可能到泰山寻找新
　的兵源，虽然这非常绕道。或者也可能王匡直到 192 年才被杀害，此时曹操已成为兖州刺
　史，会考虑消除对手的任何潜在资源［见下］。然而，这两种情况似乎都不太可能，更可能的
　是谢承的记载是错误的。
④ 刘虞传见《后汉书》73/63：2353—2357 页。
⑤《三国志》1：8 页。

无论如何，在 190 年末，反董卓联盟内部起了变化。驻扎在酸枣的军队解散了，一部分是因为供给不足，但也是由于将领们之间的争斗，比如兖州刺史刘岱杀了东郡太守桥瑁，并任命王肱领东郡太守之职。他们以及其他许多将领投靠了黄河北部的袁绍，所以虽然联盟解散，但是作为名义上盟主的袁绍的权力却变得更大。191 年夏，袁绍率领他看上去很精锐的兵力攻击冀州牧韩馥，以武力劝说并威吓他放弃这片繁荣的区域。韩馥很快就去世了，于是袁绍取得了华北平原的控制权，并在魏郡的邺城建立新都。

这种变化在很大程度上已与董卓无关，但是在南部前线却又与此不同。与北方联盟瓦解的同时，袁术的军队从南方开始进军。这与其说是袁术的主意，不如说更来自于他的将军孙坚，后者是一位在对黄巾军和凉州叛乱的斗争中积累了丰富经验的将领，也具有可与董卓和他的将领们匹敌的军事能力。191 年春，孙坚攻陷洛阳并逼董卓向西撤退。洛阳这座原来的都城现在已残破不堪，无法进行防守，所以孙坚在那里祭祀之后就撤离了，但是他的一位部下找到了藏在水井中的传国玺。这一神圣的代表物被送到了袁术那里①。

随着董卓在长安建立起自己的朝廷，河南的大部分就变成了一块无人之地。192 年，董卓在王允策划的一场阴谋中被他所信任的部下吕布杀害，但是数周之后，政权就被以李傕和郭汜为首的一批董卓旧部掌握，且在接下来的数年内，长安的政局都处于这一摇摆不定的集团的支配之下。他们对于国家的其他地方兴趣不大，而中央政府的崩塌意味着中原已成为军阀和土匪割据的战场。

---

① 孙坚的传记见于《三国志·吴书》1：1093—1101 页，翻译请见拙著《孙坚传》（*The Biography of Sun Chien*），关于他生涯的讨论见拙著《南方的将军》，70—145 页。

传国玺及其历史在拙著《南方的将军》138—145 页中有所讨论。《三国志·吴书》1：1100 页裴注中指出孙坚及其家族保留着传国玺（此为裴松之注引虞喜《志林》中的观点，非裴松之观点——译者注），但文献中则明确记录了袁术夺走了传国玺，随后又落入曹操手中。假使孙坚真的得到了传国玺，也可能在 3 世纪的战乱中又丢失了它。

地图 3　190 年代的华北平原

汉帝国的结构并没有完全被打破：作为行政单元的州和郡基本上保持着它们的边界，主要的政权争夺者都获得了相应的头衔，并且都在表面上听命于缺席的皇帝①。然而国家中也存在着为数不少的强盗和匪徒，他们不在乎这些门面上的事情，而即使是受过官方的礼仪训练的贵族，在对待他们的任何等级的敌人时也会毫不犹豫地采取暴力和血腥的手段。

袁术和袁绍是名门之后，他们的先辈曾在国家中身居最高地位。然而他们之间的关系却非常复杂：袁术是曾任三公的袁逢与正妻所生，而袁绍只是一个妾的孩子；但是袁绍被过继给袁逢的哥哥袁成，所以在辈分上长于他同父异母的弟弟袁术。他们两个很早之前就已敌对，袁术对

---

① 特别是，任何官员任命的标准程序都需要"表"于皇帝，即使皇帝没有权力批准它；即使皇帝与摄政者之间对立斗争时，这一准则仍是被执行的。

于袁绍当时在同盟军中风头正健非常嫉妒、怨恨①。191年,他们之间的敌意公开化,趁着袁术的将军孙坚正与董卓交战,袁绍便派周㬂攻击了袁术的大本营。孙坚在反攻中将周㬂打败,这场在如此有势力的两人之间的战争迫使东方的将领们对站在哪一边作出选择。

割据在中国北部边境的公孙瓒派遣了从弟公孙越援助孙坚,不久后公孙越战死沙场,公孙瓒发誓为他报仇并开始对袁绍发起进攻。袁术则派孙坚向南进攻位于今天湖北和湖南的荆州牧刘表。当孙坚在一次小战争中阵亡后,双方的战争态势转入胶着,但是公孙瓒对袁绍的战争在最初取得了成功。然而,在192年初,袁绍在位于清河北部的甘陵的界桥大败公孙瓒,公孙瓒试图在192年底再次发动进攻,却又一次在这个地区遭到了惨败。公孙瓒被迫采取防守战略,仍继续对袁绍形成威胁,但是他再也没有取得过主动权②。

与此同时,曹操接受了他的第一份领土任命。大量来自太行山的黑山贼进入魏郡和东郡进行掠夺,侵犯到了袁绍割据范围的南部。前几个月任命的东郡太守王肱无法处理他们,所以袁绍委任曹操到那里去协助他。曹操在东郡的治所濮阳击败了黑山贼的首领之一白绕,接着袁绍便任命他为东郡太守,取代了王肱的位置③。不管他们之间的争执如何,最终曹操取得了胜利;但是他将郡治迁到了黄河以北的东武阳,即今天的山东莘县,这一举措可能也是因为袁绍的要求,以对曹操进行一定掌控。在以后的几个月中,曹操清除了治内的匪寇并恢复了秩序。

在公元140年的人口统计中,沿黄河两岸向东西延伸的东郡拥有约

---

① 见第一章注24。有一次袁术曾称袁绍为"吾家奴",在给公孙瓒的书信中,他也称袁绍"非袁氏子":《后汉书》75/65:2439页。

②《后汉书》74/64A:2380—2381页;拙著《建安年间》,89,110页。

③ 我们在上面的注11中讨论过,任命要通过庄严的"表",但事实上袁绍完全掌握了决定权。

60万人口①,处于整个帝国的中等水平,曹操的太守职位是一个非常重要的位置。他曾经在180年代中期担任过济南相,统治地区要比东郡小,但是自从国内战争爆发后,他所率领的军队就都是自己募集的或像陈温、周氏兄弟一样受感召——其长期效果有限——而加入进来的。然而现在,他拥有了自己的政府,并有收税、征发徭役、以及最为重要的组织以千人计的地方军队的权力,这远远超过了他以前所拥有的。 *61*

　　另一方面,虽然曹操击败了白绕,但是黑山贼的威胁依然存在。曹操在他曾经任过官的顿丘设置了对黑山贼的防线,其地位于东郡最西端的黄河北岸,但是黑山贼的领袖于毒绕过了顿丘而直下东武阳②。曹操的官员都力劝他回救东武阳,但是他却选择直捣黑山贼在太行山的老巢。于毒立即放弃了对东武阳的攻击,但是在他到达之前,曹操又击败了另一黑山贼首领眭固,并在魏郡南部的内黄击败了匈奴首领於夫罗③。强盗们不得不暂时选择撤退。

　　几周后,东郡面临着来自相反方向的威胁。184年,以山东半岛为根据地的青州黄巾军还未成气候,但是随着时间的推移,在这一地区出现了一大群以黄巾为号的盗匪;我们已无法判断他们究竟是张角的旧部还是仅仅利用了黄巾军的名字和旗号却并未接受他们的教义。他们的势力已延伸至华北平原的东部,影响到了北部的冀州和南部的徐州。191

---

① 这次全国的人口统计数据见载于《后汉书·郡国志》,109/119—113/123。《后汉书·郡国志》最初是3世纪司马彪《续汉书》的一部分,是利用原始记录写成的,6世纪的刘昭将其与范晔的《后汉书》合并到了一起。关于它们的历史学和可靠性,见毕汉思《公元2—742年间的中国人口统计》("The Census of China during the period 2 - 742 A. D."),以及贝克《东汉的志:作者、材料、内容和在中国史学中的地位》,175—195页。140年这一纪年出现在《后汉书》109/19:3389页,但是贝克在187—189页论证了这些数据延伸到140年之后的数年。
　　兖州的统计数据见《后汉书》111/121:3447—3458页,东郡见111/121:3450页。下面提到的青州的济南国,见112/122:3471页,人口是453308。
② 黑山贼的许多领袖都以绰号被人们所知。白绕可能是真实的个人姓名,但是也可能象征着"白色的圆圈"之义;拙著《桓帝和灵帝》,567—568页。
③ 於夫罗与汉结盟的南单于的继承人,但188年他被本国内的大族赶出了匈奴。他现在试图成为雇佣兵,并与黑山贼建立了松散的联盟。《三国志》1:9页;拙著《北部边疆:东汉的政治和策略》,347—349页。

年冬，他们被徐州刺史陶谦打败后，突袭了兖州的泰山郡。被泰山太守应劭打败后，他们向北逃窜，而在渡过黄河后又在渤海被公孙瓒击败屠杀①。他们不得不退回到最初的据点，勉强应对公孙瓒的再次进攻，并沿路抢掠物资，192年夏，他们再次进入兖州。

东郡并不处于对战的前线，所以曹操初时并未卷入其中，而袁绍的盟友兖州刺史刘岱主要负责对付这些入侵者②。然而，刘岱不听旁人的劝阻，执意率众直击黄巾军。其结果是战败被杀。

在如此紧急的情况下，兖州急需一位新的领袖率领州内兵众。曹操因为刚刚击败黑山军而成为了具有竞争力的人选，曾与他一起供职于袁绍手下并交好的济北相鲍信也对他表示了支持。曹操自己的属下陈宫亦劝说兖州的别驾、治中这两位首脑支持曹操③。此时舆论已普遍支持曹操，鲍信遂与州吏迎接曹操领兖州牧。曹操欣然接受④。

在东汉的大部分时候，刺史是一州的实际负责人，但是其秩只有六百石，相比二千石的郡太守或王国相而言是很低的，也只拥有向皇帝检

---

① 应劭是一位著名的学者，著有许多法律和行政方面的论著，也写有《风俗通义》。见戴梅可（Nylan，Michael）《应劭的〈风俗通义〉：对汉代政治、哲学和社会团结问题的探索》（"Ying Shao's Feng su t'ung yi: an exploration of problems in Han dynasty political, philosophical and social unity"）。应劭传见《后汉书》48/38：1609—1615页，关于他率军击败入侵者、俘获人口及辎重的事情，见《后汉书》1610页。关于公孙瓒对黄巾军的屠杀，见《后汉书》73/63：2359页本传。也见《资治通鉴》60：1925页；拙著《建安年间》，76—77页。

② 出于国家安全的考虑，郡守不能离开他们管辖的区域，所以在紧急情况下，只有州刺史有权命令州内军队。关于刺史的各种权力与责任，见我在下面的讨论，或拙著《东汉三国人物辞典》中1228页的"监察"条，及毕汉思《汉代官僚组织》，92—93页。

③ 别驾从事是陪同刺史或州牧出巡的官员，而治中从事负责地方官吏的任命和推荐。主簿也是地方的高级官员；此时没有提到，可能是与刘岱一起送命了。

④ 曹操接任兖州牧见载于《三国志》1：9页，但《资治通鉴》60：1935页中描述他为刺史，其他被引用的文献中则两种名头都有，有时来自同一时间的文献：例如《后汉书》54/44：1788页及72/62：2342页，都记载的是196年时候的事。可能他最初是任刺史的，但在不久后就晋升到更高级的州牧了。

　　因为近期对战黄巾军的成功，应劭也可能成为这一位置的候选人，但是文献中并没有记载相关讨论。196年，曹操刚刚确立了献帝，袁绍就呈上了一封自辩书：《后汉书》74/64A：2386—2387。其中称他已经任命曹操为兖州牧，这样曹操就可以对付黄巾军了，他也凭着这一任命获得了一些影响力。

举不法的权力,不能对高官们直接采取行动。然而,在 188 年起义与动乱遍布全国之际,被任命的州牧往往具有在自己的全部统治区域内的行政权力。在内战期间,各地的军阀通常自封为州牧,并将其下属任命为在他控制下或想要控制的另一州的刺史:袁绍是冀州牧,他的下级盟友刘岱是兖州刺史。然而,当袁绍把注意力集中到与北方的公孙瓒对战时,曹操取得了一定程度的独立,他拥有兖州牧的头衔之后,就意味着已有能与袁绍平起平坐的地位。

曹操第一次对战青州黄巾的行动是很惨烈的,他仅带领千余兵侦查战地,但是竟然行到敌军主营之中。他被打败,伤亡众多,盟友鲍信也在战斗中死亡。据记载,曹操悬赏寻找鲍信的尸体,但是并未找到,所以他刻了一个模仿鲍信样子的木人,在木人前举行了丧礼。

在青州黄巾刚入侵兖州时,鲍信曾提醒刘岱不要正面进攻,认为:

> 今贼众百万,百姓皆震恐,士卒无斗志,不可敌也。观贼众群辈相随,军无辎重,唯以钞略为资,今不若畜士众之力,先为固守。彼欲战不得,攻又不能,其势必离散,后选精锐,据其要害,击之可破也①。

刘岱没有接受这一战略,但是曹操在最初的失败后似乎执行了它:

> 太祖旧兵少,新兵不习练,举军皆惧。太祖披甲婴胄,亲巡将士,明劝赏罚,众乃复奋,承间讨击,贼稍折退。……遂设奇伏,昼夜 *64*
> 会战,战辄禽获,贼乃退走②。

据记载,曹操追至济北,当年冬,即公元 192/193 年,他接受了三十余万战士和七十余万附属人民、妇女和儿童的投降,把其中最精锐的军队重新组建为青州兵③。

---

① 《三国志》1:9 页、《资治通鉴》60:1935 页;拙著《建安年间》,96—97 页。
② 《三国志》1:10 页裴松之注引《魏书》、《资治通鉴》60:1936 页;拙著《建安年间》,99 页。
③ 《三国志》1:9—10 页。

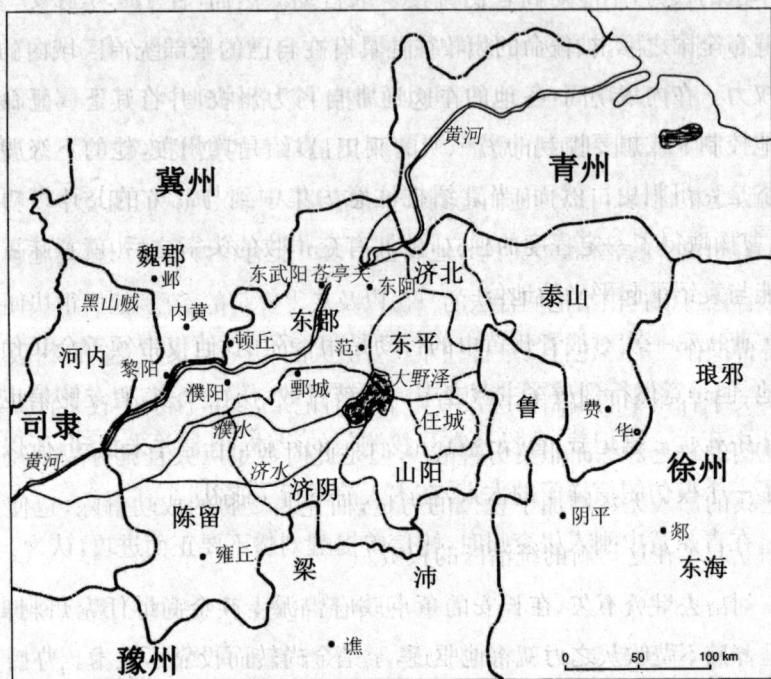

地图 4　曹操控治下的兖州

　　雷班对"降"字表示了疑问,质疑曹操是如何以有限的地方军队降服人多势众的黄巾军的。他认为曹操曾多次与敌军谈判,最终同意了他们在他的领导下自治和免除以前犯下的罪行等要求①。这一推断可能是真实的,汉代也有很多士族领袖欣然接受强盗归附的例子。例如,东汉的建立者光武帝刘秀反抗王莽的斗争就仰赖于成功地得到平民军队的支持,他接受了大批起义军的加入,其后还因此号称为"铜马帝"②。

---

① 雷班《曹操及魏国的兴起：初期阶段》,191—202 页。在 192—196 页中,他假设双方间存在着有效的通信,并引用了《三国志》1:10 页裴松之注引的《魏书》,其中记载了敌方曾给曹操写信讨论他在济南时毁坏神坛的问题。然而,这一仅仅涉及了宗教问题的信件无法证明他们在之后达成了某种协议。

② 关于在刘氏家族反抗王莽战争中多方军队的重要性,见毕汉思《汉朝的复兴》(*The Restoration of the Han Dynasty：with prolegomena on the historiography of the Hou Han Shu*),106—111 页,以及拙著《东汉三国人物辞典》,xvi 及之后的陈牧、王昌、王匡等条。关于刘秀的"铜马帝"称号,见《后汉书》1A:17 页;毕汉思《汉朝的复兴》II,82 页、I,106—110 页。

　　此外,尽管青州黄巾为数众多——这一数字实际上被夸大了①—— 67
他们的归降却事出有因。他们曾在徐州被陶谦击败,也在泰山败于应
劭,后又被公孙瓒屠杀②,他们在这些劫掠中没有得到什么好处。他们已
然耗尽了所占领区域中的资源,只要采用最基本的焦土政策③,在开放的
田间收走粮食,就可以让他们走到哪里都会陷入一无所获的困境中。我们
对于青州黄巾的领袖一无所知,他们也不太可能有很好的组织或是施政纲
领。曹操可以提供给他们合法的身份以及获得安全的希望,他们很快便认
为替曹操作战能够比自己单打独斗获得更大的收益,且又不会四面树敌。

　　关于青州军的编制情况没有留下任何记录,少量注引中较多涉及的
是他们的缺乏训练而非英勇善战④,但是此时数量巨大且具有战争经验
的士兵的加入无疑增加了曹操的力量,而兖州威胁的成功解除,也使曹
操确立起了在这一新的统治区的权威。

　　刘岱去世后不久,在长安的董卓政府曾派士族金尚继任兖州刺史,
但是曹操不费吹灰之力就将他驱逐,于是金尚转而投靠了袁术。曹操在
成功地化解了青州黄巾的危机后,绕过了自己名义上的领导者袁绍,直
接派遣王必前往长安寻求中央的认可。但是此时董卓已经被杀,朝政执
掌在李傕和郭汜手中。

　　王必去往长安的途中经过河内,河内郡太守张杨最初想要拒绝他通

---

① 《三国志》1:9 页中记载,进入兖州的黄巾众有百万:三十万士兵、七十万随军,但是在注 20 所
　　引的袁绍 196 年的上书中,提到他们只有十万:《后汉书》74/64A:2386 页。曹操的《让县自
　　明本志令》中则称归降自己的黄巾军为三十万。
　　　　在 50 年前的 2 世纪中期,青州拥有 370 万人口[《后汉书》112/22:3471—3476 页],而青
　　州位于山丘众多的山东半岛,所以很难相信黄巾军的数量可以达到总人数的 1/4。如果袁绍
　　所说的十万人是指可以上战场的人数,那么包括随军人员在内的人员总数约为三十万。
② 据记载公孙瓒俘虏了七万人,他们可能同样被追加入了他的势力。
③ scorched-earth policy,焦土政策,指在敌人进攻或撤退时破坏任何可能对敌人有用的东
　　西。——译者注
④ 194 年,他们在濮阳进行过战争,197 年曾进入南阳掠夺:见本书 78 页、第三章注 19。之后他
　　们再未见诸记载,直至 220 年曹操去世。此时青州军[推测应该是最初投降者的后代]抛弃
　　了自己的军营进行了一次混乱的抗议,政府以给他们无条件提供粮食和经费平息了这场
　　骚动。

67　过。然而张杨的谋士董昭劝说他曹操是大有可为之人，值得好好培养关系①。所以张杨签发了通关文书，并护送王必去往长安。李傕和郭汜在钟繇的建议下，对曹操作了有礼的答复。他们似乎并不认可曹操出任兖州牧②，但是他们大概认同了他作刺史。虽然来自长安的任命对于东部来说毫无影响，中国的未来也是取决于各地割据军阀的联合与战争的，但是曹操对汉帝国表达了自己的忠心，并且为自己的政治力量取得了合法的支持。

为生存而战　193—195 年③

　　现在中国最主要的冲突发生在袁绍以及他的兄弟袁术与北部将领公孙瓒结成的联盟之间。公孙瓒曾率领部队与边境上的乌桓、鲜卑作战，且虽然他曾两度败于袁绍手下，但是在对青州黄巾的战争中却取得了胜利。袁绍推举的皇位候选人幽州牧刘虞曾试图控制公孙瓒，但公孙瓒于 193 年打败了他，并且在不久后就以军事力量控制了华北平原北部④。他任命了自己的三个属下分别为冀州、青州、兖州刺史，极大地蔑视了在冀州的袁绍的权威，也威胁到曹操在兖州的权力。他的属下单经占领了位于兖州北部不远的平原郡，但是曹操成功击退了他。曹操的这一行为表明了此时他尚站在袁绍一边，且下一步目标是对袁术发起攻68　击，但毫无疑问的是，他在这些战争中也意图确立和发展自己的地位。

① 董昭的传记见《三国志》14：436—442 页。为避晋朝的建立者司马昭的讳，董昭的名字有时也被写作"照"或"曜"。

　　董昭来自于兖州的济阴。文献中没有关于他与曹操之前有过密切联系的记录，但其后他成为了曹操最为积极和有价值的支持者。

② 与上面的第 21 条注释参看。下文的 81 页涉及到了三年后曹操获得的正式任命。

③ 关于曹操在 193—195 年之间进行的战争的主要材料，见《三国志》1：10—13 页，及《后汉书》75/65：2445—2446 页及《三国志》7：219—222 页中吕布和张邈的传记，《后汉书》73/63：2367—2368 页及《三国志》8：248—250 页中陶谦的传记。《资治通鉴》60—61：1942—1975 页中按年代顺序列出了这些材料；拙著《建安年间》，113—179 页，雷班《曹操及魏国的兴起：初期阶段》207—248 页中也对此进行了讨论。

④《资治通鉴》60：1946 页；拙著《建安年间》，121—122 页。

地图 5 驱逐袁术 193 年

袁术在南阳的执政不很成功,且他最为得力的将领孙坚的死亡令他丧失了左膀右臂。193 年初,荆州牧刘表阻断了他的供给并迫使他向更北方移动。行至陈留,袁术与黑山贼和流亡的匈奴首领于夫罗取得了联系。袁术的主要目标是袁绍,但是陈留位于兖州境内,曹操对此做出了极其迅速的反应。他借助袁绍最初的帮助击败了袁术,并一直将其追至三百公里以南的扬州九江郡。曹操的旧友扬州刺史陈温在此前一年就已去世,所以袁术占领了九江,且自封为徐州伯。然而,他从此就再也没有争夺过黄河流域的领土了。

曹操此时已牢固控制兖州,但是不久以后他就发动了一场可能是他一生最为危险和错误的战斗①。

----

① 桀溺《曹操的一场战争:中国古代实战史学述评》("Une Guerre de Cao Cao:note sur la pratique historique dans la Chine ancienne")中研究了曹操 193 年及 194 年在徐州的战争。他具体分析了多种史料,而这些史料间的矛盾对我自己的研究具有重要价值。

　　为在越来越乱的局面中求生，曹操的父亲前太尉曹嵩东行避乱至琅琊，曹操安排了自己形式上的属下泰山太守应劭迎接他。富有的曹嵩随行有上百辆马车，而在应劭派出的护卫人员接到他之前，陶谦麾下的一队士兵就袭击了曹嵩一行。曹嵩和妻子、他们的儿子，也就是曹操的弟弟曹德都未能幸免于难①。

　　文献中在究竟是徐州牧陶谦的手下士兵背叛了他才杀害了曹嵩一行，还是陶谦由于个人的恩仇下达了这一命令这个问题上有所矛盾②：

　　《后汉书·陶谦传》中记载，谦别将守阴平，士卒利嵩财宝，遂袭杀之；

---

① 《资治通鉴》60：1945 页；拙著《建安年间》，118—119 页，其中描绘了这件事，并且认为曹嵩的遇害发生在 193 年。然而包华石在《早期中国的艺术与政治表达》332 页中认为，曹嵩于 191 年从沛出发，并于同一年被杀害，但曹操直到 193 年才找到了复仇之机。

　　《三国志》1：11 页中记载，曹嵩因董卓之乱离开谯去往琅琊，那么其时是 190 或 191 年。然而，裴松之在对这段文献的注释中所引的《魏晋世语》却记载，当曹操命令应劭护送他的时候，他身处泰山华县；曹操直到 192 年才被委以兖州，那么他在此之前也就没有权力给应劭下达命令。事实上，直到 193 年前，曹操都不太可能邀请曹嵩来投靠他，而如果曹嵩确于此时被杀，曹操的反应可谓是相当迅速的。

　　文献在地理方面也存在着一些混乱的地方，据记载，攻击曹嵩和其辎重的军队的基地在阴平，而曹本人在华县。《续汉书》中记载，阴平县隶属于东海国[《后汉书》112/21：3458 页]，但泰山郡的属县却没有华县[《后汉书》111/21：3453 页]。西汉时华县是县级行政单位；后来并入了泰山郡的费县，可能在 140 年之后又被恢复为县。“费”字的现代发音为 fei，而《资治通鉴》胡注中记载应读为 bi。这反映了其随时间发生了变化，我认同它的现代读音；它也应与费亭区别开来，后者是曹氏家族的封邑，大概位于沛国的谯县：第一章注 20。

　　陶谦曾在数月前占领了华县和费县[《三国志》1：10 页]，所以曹嵩可能在他的控制和保护下，但如果此时他在费县附近，他就距离南部的阴平一百多公里，肯定超过了驻扎在阴平的任何军队进行快速攻击的范围。

　　所以，曹嵩去世的时间和地点都是不确定的，具体过程也不能肯定。然而，他似乎是在 191 年左右离开了沛国西部边缘的谯县，向东北行进了近二百公里，到达东海郡西部的阴平和泰山郡南部的费县的范围内。他可能在那里停留了两年时间，其后再次出发前往兖州曹操那里，于此时被攻击并杀害。

② 桀溺《曹操的一场战争》，321—325 页。其中涉及到的史料有：《后汉书》73/63：2367 页；《三国志》1：11 页裴松之注引《吴书》；《三国志》8：249 页裴松之注引《吴书》；《三国志》1：11 页，《三国志》1：11 页裴松之注引《魏晋世语》；《后汉书》48/38：1610 页。

　　《魏晋世语》中记载了曹德被杀死在住处的门中，曹嵩和他的妾试图穿后墙而逃，但由于曹嵩的妾太胖而没法出去。曹嵩在厕所中躲避，但被找到并杀害。

　　似乎与曹嵩一起被杀的他的妻子不是曹操的母亲丁氏，因为曹操并没有特别提及她，所有他的愤怒都是针对曹嵩被杀的。可能丁氏早亡，曹嵩又续了弦。

裴松之在《三国志·武帝纪》的注释中所引用的《吴书》是孙权在不久后建立的吴国的官方史书,其中也倾向于同意《后汉书》的观点,记载:陶谦遣都尉张闿将骑二百卫送,闿于泰山华、费间杀嵩,取财物,因奔淮南。太祖归咎于陶谦,故伐之。

《三国志·陶谦传》注释部分也引用了吴书,记载较简略:曹公父于泰山被杀,归咎于谦;

《三国志·武帝纪》中则特别指出,曹嵩为陶谦所害,故太祖志在复仇东伐;

《世语》郭颁中记载陶谦密遣数千骑掩捕;

《后汉书·应劭传》中则指出徐州牧陶谦素怨嵩子操数击之,乃使轻骑追嵩、德,并杀之于郡界。

无论如何,虽然应劭由于曹操的反应而北奔袁绍,曹操的指责仍是直接对准陶谦的。学者们曾为他这种行为是否正当而辩论:陶谦究竟是派人保护了曹嵩一行,还是对他们进行了攻击? 正如桀溺所指出的,成书于曹氏的敌人之手的《吴书》中认为陶谦是无辜的,但是继承了魏国传统的陈寿和郭颁则力陈曹操行为的合法性。范晔所著的《后汉书》在不同的章节中呈现了两种观点,而司马光也保存了这种矛盾的记载[①]。

然而,三国志卷八裴注引用的《吴书》中附加了一段很长的诏书,它是曹操以献帝名义发布的,要求军阀们解除武装,而其真正目的是削弱陶谦的力量,但是陶谦识破了这一圈套,并拒绝执行诏命。就像裴松之评论的一样,这一记载不太可靠,因为曹操那时还没有控制远在长安的政权,桀溺也指出这一事件并没有在其他文献中提及[②]。

虽然桀溺并未对此做过多解释,但我认为这一附加的故事足以使

[①] 桀溺《曹操的一场战争》,324—325 页。关于范晔记载中的矛盾之处,见正文中引文的第一条和最后一条。

　　《资治通鉴》60/52:1945 页中记载为:"前太尉曹嵩避难在琅琊,其子操令泰山太守应劭迎之。嵩辎重百余两,陶谦别令守阴平,士卒利嵩财宝,掩袭嵩于华、费间,杀之,并少子德。"其中多引用的是《后汉书·陶谦传》及《吴书》中的记载。——译者注)

[②]《三国志》8:249 页裴松之注引《吴书》,桀溺《曹操的一场战争》,325 页。

《吴书》记载的真实性遭到质疑。此外,《吴书》是成书年代较早的为陶谦开脱的主要文献,但在诏书这个例子中显示出其目的是为了进行带有误导性的宣传,我们应该对其可靠性保持怀疑。陶谦很可能应该为曹嵩一行的出事负责,他派张闿是去攻击曹嵩而不是保护他们;《吴书》中记录的是他的虚假借口。

　　曹操与陶谦之间的敌意渊源有自。文献中记载陶谦曾与下邳阙宣的队伍一起攻下任城。不久后陶谦杀死阙宣,并接管他的军队,又占据了泰山郡的南部①,而泰山与任城都属于曹操的兖州所辖②。从更长远看,陶谦是与公孙瓒联盟对抗曹操的盟友袁绍的,也是曹操的潜在对手。所以,这种关系使得曹操一在兖州站稳脚跟就要把他的家庭迅速的从徐州迁过来。无论曹操是出于对未来的担忧,还是已经明确地谋划着对徐州发动攻击,从陶谦的辖区内迎回家人都是一个聪明的决定。

　　然而,对曹操亲人的屠杀立即使曹操的威名重挫,也将他的家族置于十分危险的境地。193年秋,曹操发动了对徐州陶谦的战争。

　　即使曹操已为进攻徐州谋划很久,此次战役的特性却暗示他此时正处于愤怒之中。他绕过了华县和费县,直穿东海郡的西部而进攻彭城。他暴风般地席卷了十余座城市,其中包括张闿率领军队护送或袭击曹嵩的阴平。陶谦固守彭城,但是很快被重创,不得不撤兵至州治东海国的郯,即今天的山东省郯城县。曹操继续沿泗水向东南方推进,进入下邳国,在那里他连下三县,并屠杀了那里的人民。

　　战争的死亡人数很多。据记载,成千上万的人死于彭城之战,泗水都被尸体填满而断流,在对下邳的攻击中,曹操屠杀平民,其中许多人都是像他的父亲一样从首都的混乱中逃出来的难民。曹操对途经的城市

－－－－－－－－－－－－－－－－

① 阙宣[在有的文献中也记载为阎宣]自称天子,所以司马光怀疑陶谦作为一名汉代的正式官员,是否会与他联合:《资治通鉴》60:1944页考异,桀溺《曹操的一场战争》,320—321页。

② 当曹嵩在华县附近受到攻击时,他已正式进入兖州边境上的泰山郡之中,但是据记载这一地区此时在陶谦的控制下。

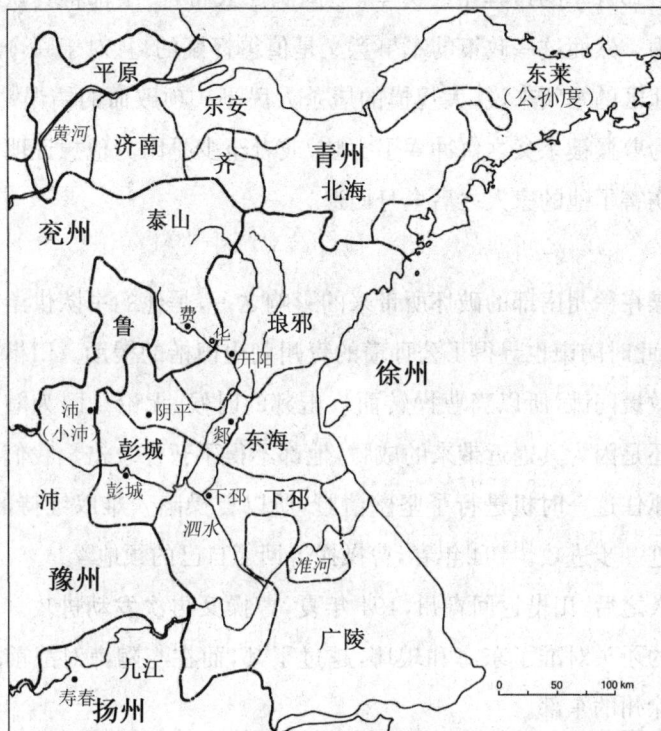

地图 6 徐州和青州

也都予以毁灭,文献中记载为"鸡犬亦尽,墟邑无复行人"①。

对彭城的大规模屠杀尚存在不同意见。残兵败将们在试图渡河时尤为不堪一击——前一年,公孙瓒就是在类似的情况下大败青州黄巾——所以彭城的溃败造成严重伤亡,而市民和避难者们也处于危机之中。带有污蔑性质的文献《曹瞒传》将对于平民和避难者的屠杀系于彭城之战,认为是曹操战胜陶谦后的余波,而《后汉书·陶谦传》中则将其

_74_

---

① 桀溺《曹操的一场战争》,328—329 页,其中讨论了关于这些屠杀的文献,包括《三国志》10:310 页裴松之注引《曹瞒传》、《后汉书》73/63:2367 页陶谦传,以及《水经注》25:814 页(《水经注疏》47b)中更为综合的记述。《水经注》中认为屠杀是在下邳城中发生的,并将其系于 194年,这可能是错误的:曹操对于这一地区的破坏是在 193 年;194 年他已转而攻击更北部的东海郡了,详见下文。

归为向下邳进军的过程中。甚至《三国志·武帝纪》中都将其认为是残暴的行为。然而这一政策的军事意义是值得怀疑的，且对于一个想要占据这一地区的军阀来说，大规模的屠杀人民是一项致命的错误①。这可能是因为曹操被杀父之仇冲昏了头脑，或者至少是因为他想证明没有人可以在伤害了他的家人之后全身而退。

曹操在徐州南部的破坏所带来的影响之一，是他的军队供给开始跟不上，而此时陶谦也寻得了公孙瓒的青州刺史田楷的援助。田楷率领一支军队救援陶谦，所以当曹操转而攻击郯的时候，无论是因为陶谦突增的强援还是因为其逼近带来的威胁，他都不得不暂停攻击。我们可以推测陶谦抓住这一时机进行了坚壁清野，所以曹操陷入难以维持的境地，更遑论进一步进攻。194 年春，曹操撤退回了自己的领地②。

75　　不久之后，田楷返回青州，194 年夏，曹操又再次发动进攻。这次他将进军的矛头对准了东海和琅琊，越过了郯，而在与陶谦对战前劫掠并屠杀了徐州的东部。

在与田楷等人一起为陶谦解围的将领中，有一人名叫刘备，当时为平原相，掌握着数千人的队伍。陶谦又拨给刘备几千人，刘备很快就将这些人收为己用。他与陶谦的将领曹豹试图截断曹操从东部回返的道路，但是大败于曹操。曹操继续向郯挺进，并准备发动进攻。

然而，在这一关键时刻，曹操曾经的亲密战友和坚固同盟者在后方给他带来了始料未及的麻烦：张邈和陈宫在兖州叛降了吕布。

吕布来自于西北，曾效命于同样是边境之人的丁原，丁原成为执金吾为摄政的何太后效力，吕布也跟随他一起来到洛阳。当董卓第一次入

---

① 见本书 79 页荀彧的评论。

② 就像桀溺在他著作的 327 页指出的，似乎可以肯定曹操止步于郯城外围。然而，桀溺倾向于认可《三国志》10：310 页裴注所引的《曹瞒传》中记载的事件发生顺序——《资治通鉴》60：1945 页中也采用了这一顺序；拙著《建安年间》，119—120 页。据此，曹操在取得彭城之战的胜利后，追击陶谦至郯，但并未获得成功。接着他向南占领了下邳。

京时,他把丁原目为自己的对手,所以在他的劝说下,吕布杀死了丁原,并成为董卓的随从和保镖。董卓对吕布信任非常,两人以父子相称。然而,192 年,吕布在司徒王允的劝说下又背叛了董卓,刺杀了他①。董卓死后不久,董卓的旧部李傕、郭汜等攻入长安,王允被杀,但吕布带着随从逃往了东方。吕布仗着自己为袁氏报了董卓残杀族人的仇,首先选择了归顺袁术,不久后又加入袁绍阵营。袁绍和袁术都对吕布抱有戒心,也认为他的军队纪律不严,袁绍甚至起了除之而后快之心。吕布发觉了袁绍的意图,逃往河内郡投靠张杨,李傕与郭汜在长安也封吕布为颍川太守。

　　背叛曹操的主谋是曾助他取得兖州牧的陈宫。而曹操在不久前由于陈留郡的著名退休官员、诗人边让②散播不恭言论,杀死了他。边让的言论可能涉及到了曹操的出身,曹操对其的处罚已使许多兖州士人不能自安,而他在徐州进行的屠杀更证明了这位兖州新统治者的残忍。以刚直壮烈著称的陈宫将这种焦虑表达了出来,并劝说曹操政府的其他人员也加入到背叛的行动中来。接着他们又说服了张邈。

　　190 年,张邈作为陈留太守曾派军支援曹操对抗董卓。现在张邈仍居本职,而曹操已成为他的上级兖州牧。曹操和张邈是很多年的朋友,曹操甚至告诉他的家人,如果他战死沙场,他们可以去投奔张邈。而另一方面,张邈与袁绍也是旧友,但因他曾经劝谏袁绍,袁绍曾命令曹操杀死他。曹操拒绝了这一要求,但是张邈此后就一直处于惴惴不安中。

　　此外,吕布从袁绍那里逃出后,曾在张邈处逗留了一段时间,两人的

①《三国志》7:219 页,《后汉书》75/65:2445 页中记载,董卓命吕布负责守卫自己的后宫,但吕布借机与董卓的侍婢私通。他恐怕东窗事发,因此加入了王允的计划中。
　　《三国演义》第八回对这个故事进行了敷衍,说那个侍婢叫貂蝉,她是王允之人,王允把她送给董卓以引诱董卓和吕布,挑拨离间。这些细节都是没有历史依据的。
②边让的传记见《后汉书》80/70B:2640—2647 页。他曾任九江太守,但没有在任上取得多少成绩,并在此时去官还家,这可能是为了躲避袁术。《后汉书》八十/七十卷下中记载他被杀的时间是建安中,即 196 年以后,但他死于 193 年可能是更符合实际的:请比较雷班《曹操及魏国的兴起:初期阶段》229—231 页中的论述。

相处非常愉快。然而这惹恼了袁绍，他再次命令曹操杀死张邈①。张邈因此变得十分忧虑，所以当陈宫劝说他背叛曹操迎吕布入兖州时，他选择了同意。曹操在东郡给了陈宫很大权力，所以他们毫不费力地获得了充足的兵力并召来吕布，当曹操在徐州大开杀戒之时，他曾经的盟友和部下们已经取得了兖州大部分地区的控制权。很快，就只有济阴的鄄城和东郡的范、东阿三县仍归曹操所有了。它们只是在黄河的东南岸形成了一小块飞地，但却保卫了兖州的东部。

反抗陈宫等人的主力是曹操的兄弟夏侯惇和谋士荀彧，他们派遣了程昱到范县和东阿鼓励守军的士气②。东阿县令枣祇已准备充分且态度坚决，而在范县，吕布俘虏了县令靳允的母亲及其他家庭成员。尽管如此，程昱还是说服了靳允放弃家人而反抗吕布；可预见的，这种违背孝道的行为将饱受诟病，而靳允除了此时以忠诚的形象出现在历史记载中之外，再没有在史料中出现过了③。

张邈仍据守陈留，而吕布则占领了东郡的濮阳。吕布对鄄城发动攻击，并以失败告终，且程昱也派人驻守在黄河上的仓亭津以抵御黄河西北岸的陈宫。此外，曹操从徐州回师必须经过泰山南部的山地，吕布应该可以毫无困难地穿越忠于曹操者的防线径直南下控制其间的通道。但他却并没有如此做，曹操评价其为"无能"。曹操率领军队从徐州返回，进军濮阳。

----

① 《三国志》7：221 页张邈传、《资治通鉴》61：1951 页中皆记载为"绍闻之，大恨"，并未记载袁绍再次命令曹操处决张邈。——译者注

② 荀彧传见《三国志》10：307—319 页，夏侯惇传见《三国志》9：267—268 页，东阿人程昱的传记见《三国志》14：25—29 页。

当吕布进行第一次进攻时，夏侯惇的一部分军队叛变，并劫持了夏侯惇，但他的官员韩浩救下了他（《三国志》9：267 页中记载："布退还，遂入濮阳，袭得惇军辎重。遣将伪降，共执持惇……"则是吕布的将士伪降劫持了夏侯惇，而不是夏侯军内部的叛变——译者注）。韩浩凭此赢得了曹操的信任，也在曹操的屯田政策中扮演了重要角色：见本章注 69。

③ 《三国志》1：16 页中记载了另一则故事，其中展现了曹操通情达理的一面。张邈背叛后，曹操的别驾毕谌手中领有军队，但张邈劫持了他的母亲、妻子和兄弟。曹操准许毕谌离开，并确信他即使在敌营中也对自己并无二心。数年后，当曹操在 198 年击败吕布时，毕谌也被俘虏。曹操宽恕了他的为敌效命，并任命他为鲁相。

虽然因对手在战略上的保守，曹操已将兖州东半部收回，但是敌军仍然控制着陈留郡，且吕布还进入了他名义上的领土颍川郡获取资源。大致位于兖州中部的濮阳成了至关重要的必争之地。

在曹操对濮阳发动的第一次进攻中，他突破了吕布的前阵，而濮阳大族田氏临阵倒戈，使曹军进入濮阳城中。曹操焚毁了濮阳的东门，以示自己没有撤退之意，但是随即他的青州兵在吕布骑兵的反击之下被击败，四散奔逃。曹操在战乱中坠马，手也受了伤，并且曾被吕布的士兵抓住，但士兵们不识得他，反而问他曹操往哪里去，他趁机诓骗他们追逐另外一个人去了。

这场战争持续了 3 个月，曹操亲自参战，战况十分激烈。直到秋末爆发蝗灾，双方才因为供给短缺而各自撤军。曹操撤退到鄄城，而吕布则向南到达济阴，这可能是为了寻找补给；吕布的军队此时已经疲弱，他被济阴的地方将领李进打败，被迫向东屯至山阳。

现在的曹操可谓粮草殆尽将士疲敝，所以当袁绍想要与他联合时，他已经准备接受联盟而放弃自己的独立性了。但此时程昱劝阻了他，认为曹操是比袁绍更为有能力的领导人，且尚有一万将士在手，未来还是充满希望的。曹操接受了他的建议。195 年初，曹操到达山阳郡，攻下郡治，趁吕布军队虚弱时打了个胜仗。195 年夏，吕布派两名将领镇守济阴北部，曹操将其击杀，并再次打败了率军救援的吕布。

此时，陶谦在徐州去世，曹操于是计划继续壮大军队、补充供给攻下徐州，而后再灭吕布。他的谋士荀彧提醒到，他之前在徐州的所作所为使徐州的人民不太可能支持他，而兖州是他的根本，未来的希望也全寄托于此。他现在的主要重心应是保持供给，则吕布便可轻易攻下。曹操接受了这一建议。

曹操在山阳大收秋粮进行补给后不久，陈宫与吕布合军，再次发动进攻。曹操的军队此时正分散在田野中收麦，但是他命令妇女和其他人员守营，把大部分兵力埋伏在树林中及堤坝后，让一些散兵诱敌深入，其后将之一举歼灭，取得大胜。吕布连夜仓皇奔逃。曹操乘胜追击，敌军连连败退,吕布也向东逃入徐州。

张邈在此情况下放弃了陈留郡。他留下弟弟张超和一些家属驻守在郡治附近的雍丘,即今天的河南杞县,自己则投奔袁术以求得帮助。然而,他还是被叛变的手下杀死了,4 个月后的 196 年,雍丘也被攻下。张超自杀,张邈的家人也被牵连至死。

于是曹操重新统治了兖州的大部分地区。幸运的是,他强有力的邻居袁绍没有在兖州的这次叛变中趁火打劫。袁绍此时正与北部的公孙瓒及西部的黑山贼交战,所以尚无余力搅动南部的战局。然而,他任命了刘备代替陶谦为徐州牧,这是对曹操控制徐州的野心的委婉回绝,他也任命了自己的官僚臧洪为东郡太守,治东武阳;东郡是兖州的一部分,所以此举是对于曹操领土,至少是黄河流域领土的公然侵犯。

然而,臧洪是张超以前的下属,当张超受到曹操攻击时,曾写信给臧洪求救。而袁绍没有允许臧洪出兵,当雍丘被攻陷后,臧洪满怀愧疚与怨恨,起兵反抗袁绍。袁绍进行反击,不顾一切地围攻了东武阳数月。袁绍并未预计到这场战争的艰巨,而臧洪坚持到了最后,虽然他最终不得不投降,他仍然对袁绍表示了轻蔑。袁绍下令杀死他,臧洪的同乡陈容为他鸣不平,也被杀害。袁绍的属下无不叹息惊恐,谓:"如何一日杀二烈士!"①

尽管发生了以上事件,袁绍依然在兖州的战争中保持着中立。黄河在此时成为了袁绍和曹操之间的边界,而两人都没有轻易地打破这种平衡。与此同时,195 年刘虞旧部获得了乌桓和鲜卑的支持,与袁绍的将军麹义的队伍一起,给公孙瓒以重击,公孙瓒对于袁绍的威胁大大减弱了。公孙瓒放弃了今天北京以北的所有区域,撤退到河间易京的大本营,此处位于幽冀二州交界之处,水网复杂。虽然公孙瓒并未再次找借口发动战争,但他仍拥有足够的力量以对袁绍造成威胁,也宣称自己退守的目

---

① 臧洪传见《后汉书》卷五八/四八、《三国志》7:231—237 页。这两篇传记中都用很大篇幅记录了臧洪为自己的背叛辩护的书信,这是因为袁绍拒绝了他对自己朋友尽忠;也见《资治通鉴》61:1976—1977 页;拙著《建安年间》,178—182 页。

的在于确保自己的安全并伺机而起①。

曹操方面,在 195 年冬取得雍丘之战的胜利前,就获得了西方的献帝的兖州牧的任命。这一任命基本上是毫无实际意义的,但是承认了曹操在兖州统治的合法性,也为曹操其后的一系列卓越政策铺平了道路。

定都于许 196 年②

曹操虽然几近失守兖州,但这也为他带来了难能可贵的经验。在内战开始的时候,像王匡、曹操一样的士人只能组织起微小的力量对抗董卓、吕布等来自边疆的军人。反卓联盟中可以与其抗衡的也许只有袁术的属下孙坚,他基本上一生都在与贼寇作战。一旦失去了孙坚,袁术集团在军事上可谓毫无作为,曹操在 193 年初对袁术取得的大胜证明了这一点。

曹操虽然重新在兖州站稳了脚跟,但却不得不面对并击败吕布,他在这些战役中都是亲自率军的。像袁绍和刘表一样的士族自矜身份,只是对军队发号施令,曹操则亲自加入军中与将士们一起浴血奋战;他曾吃过败仗也遇过挫折,但亦曾用自己的谋略和战术赢得胜利。与他的出身背景不同,战场上的经验将他训练成了足以与中国的任何武将一战的军人。 *81*

同时,曹操也被看作是士族中的一员。他的宦官养祖父已不太被注意,重要的是他的父亲曾是国家的最高官员,他自己也在形式上获

---

①《后汉书》73/63:2363 页;易京位于今天的河北省雄县附近。公孙瓒似乎是因为一首流行的童谣——其普遍被认为是一种预兆——而选择了易京,并挖了很长的壕沟以策安全。在壕沟围绕的中央建造了复杂的高塔,他与姬妾居住其上,拒绝任何官员接近,七岁以上的男人都不得入门。他的通讯方式是把文书拖上拖下,也训练妇女们一起开口大声喊话,这样官员们在一定距离外也可以听清他的命令。见《资治通鉴》61:1978 页;拙著《建安年间》,183—184 页,基于《三国志》8:244—245 页及裴松之注。

②曹操在 196 年进行的战争,以及他挟天子以令诸侯的过程,见《三国志》1:13 页。献帝从长安出逃东归的这段混乱历史,见《后汉书》72/62:2338—2343 页、《三国志》6:145—147 页、《资治通鉴》61—62:1959—1988 页按年代顺序进行了摘录;拙著《建安年间》,148—200 页,雷班《曹操及魏国的兴起:初期阶段》,248—261 页中也讨论了这段历史。

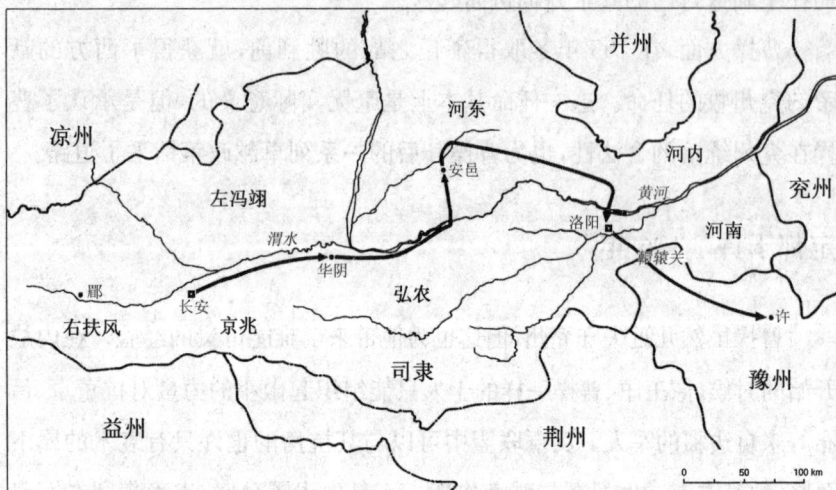

地图 7　献帝东归　195—196 年

得了高级官员的任命。在这方面,他与董卓、吕布、李傕以及其他在董卓死后控制了动荡的长安的军阀大不相同,更不用说黑山贼的领袖张燕或者许多黄巾起义中不知名的队伍首领了。总之,曹操已被众人接受。

　　值得注意的是,对曹操担任兖州牧的任命出自于具有短暂自主性的献帝。自从 192 年李傕和郭汜等人占领长安以来,他们之间战战停停,抢夺人民并将高官们作为人质,所以长安已饱受侵夺,人民也或饿死或逃亡。终于,在 195 年秋,年仅十五岁的献帝蒙混出城,逃往东部。献帝以前的护卫们对是否应将他带回去难以达成共识,而由少量的军人、土匪和地方领导者组成了不稳定的保护献帝的集团。历经 3 个月的且战且行,这支悲惨的队伍到达了弘农郡内的黄河岸边,驻扎在今天的三门峡附近。献帝和他的随从计划着北渡黄河,但大部分男女在这一当口被抛弃了,留下来任凭士兵摆布。在农历年的深冬,即公元 196 年初,献帝到达河东郡治安邑,其时属于河东太守王邑治下,并组建起临时朝廷:

　　　　乘舆居棘篱中,门户无关闭,天子与群臣会,兵士伏篱上观,互相镇压以为笑①。

而另一方面，为了通过仪式重建皇权，在新年的第一个月内，献帝祭祀了上帝，宣布大赦，并且改元为建安，讽刺的是这个寓意着建立平安的年号却充斥着长达二十五年的冲突②。

献帝也正是在这段出逃的时间中，任命曹操为兖州牧，并且也很可能以此方式与其他几位在东方的领袖建立了联系：我们知道袁绍也是在此时被封为右将军的③。献帝虽然从李傕和郭汜的魔掌下逃脱出来，但他仍然被一些觊觎权势的乌合之众所左右。河内郡太守张杨曾给临时朝廷以物资和人手④，虽然这些援助被献帝的守护者们拒绝，但可以清楚看到的是，此时正是在重建的王权中寻求地位的最好时机。

袁绍也派遣他的官员沮授前往安邑，考虑把献帝拉入自己的阵营中。沮授赞同袁绍的观点，他指出，对献帝表忠可以确定袁氏家族源远流长的与汉室的联系，并且也可以使他在与对手作战时师出有名。而袁绍的谋士郭图和淳于琼却提出了不同意见，他们认为汉王朝的力量现已式微，已到了新的领袖取而代之的时候，并且皇帝的存在将限制袁绍的行动自由："从之则权轻，违之则拒命。"袁绍接受了后者的建议，并没有

---

① 《资治通鉴》61：1969 页中引用《魏书》（原为《三国志》6：187 页裴松之注引《魏书》——译者注）；拙著《建安年间》，166 页。献帝出逃的故事见《资治通鉴》61：1965—1969 页；拙著《建安年间》，159—168 页，其中大部分是依据《后汉书》卷七二/六二、《三国志》卷六中的记载。

② 祭祀上帝是为了祈求丰年，祭祀也伴随有耕籍田的活动；两者都是皇室的特权：卜德（Bodde，derk）《古代中国的节日：汉代的新年和其他年度仪式》（*Festivals in Classical China：New Year and other annual observances during the Han dynasty 206 B. C. - A. D. 220*），225 页。

　　选择建安这一年号，可能是为了庆祝献帝在安邑获得了一定程度的安全，其"安"字也与安邑的"安"相同。这种年号有先例，如初平、兴平以及灵帝的最后一个年号中平，所以它也可以被看做是又一次在战乱中期盼和平的努力。无论如何，清楚的是，年轻的献帝并不希望在安邑久居，表现出对返回之前的首都洛阳的渴望：见拙著《建安年间》，187—189 页。

③ 《后汉书》74/64A：2382 页。献帝可能也与刘表和袁术建立了联系，但是对此没有留下记录。而就像我们将在后面看到的，袁术也有自己的想法。

④ 张杨传见《三国志》8：250—251 页。张杨最开始来自并州的云中郡，在河内漂泊了一段时间，直到他被董卓任命为河内太守。他是一位偶尔表现得目无法纪的军人，但也有关于他宽宏大量的记载，他最终死于手下的叛臣之手。

再采取进一步的行动①。

而在曹操方面,在重新占领了陈留后,他继续向豫州推进,这一地区在他三年前击败袁术后就再没有出现有力的统治者了。在中国的农历新年伊始,曹操南下陈国,袁术所置陈国相袁嗣投降②。更西南的颍川郡和汝南郡是一些自称黄巾军的团伙的地盘,他们与袁术保持着松散的联盟,二月,曹操开始进军讨伐他们。他杀死了他们的许多首领,并收编了其手下的队伍③。其后数月,他巩固了在这些新区域的统治,河内的献帝朝廷拜他为建德将军④;夏,又迁镇东将军,并继承了他父亲的爵位,获封费亭侯⑤。更引人注目的是,曹操现在控制着东汉首都洛阳地区东部和南部的许多繁荣城市,对洛阳渐成包围之势,并在颍川的许(即今天的河南省许昌市)建立了新的行政中心。

尽管,或恰恰是因为,曹操最近在军事上很成功并获得了许多封号,但他在直接与安邑朝廷的联系上还存在不少困难。据称曹操在首次攻入陈国时就有了将献帝置于保护之下的意思,但他的一些手下对此表示了忧虑,而他最得力的谋士荀彧与程昱则表示支持。然而,当他派遣堂弟曹洪率领军队实现这一想法时,他们却遭到了卫将军董承及其他人的

---

① 《后汉书》74/64A:2382—2383 页、《三国志》6:195 页裴松之注引《献帝传》[可能与时人刘艾的《献帝纪》是一种]。雷班《曹操及魏国的兴起:初期阶段》,251—252 页,其中注意到了《三国志》6:194 页的正文中记载了郭图是袁绍派出的使者,并建议袁绍接收献帝。然而,沮授在此之前已提出了相同的建议(《三国志》6:192 页),司马光采用了《献帝传》之中的说法:《资治通鉴》61:1969—1970 页;拙著《建安年间》,169—170 页。

② 袁嗣是被袁术任命的,除此之外没有更多关于他的记载;他可能不是袁氏宗族之人。

关于这一时期的陈国的记载有些混乱之处。《后汉书》50/40:1669—1670 页中记载了陈王刘宠及陈国相骆俊氏如何在汉末的战乱中保持着陈国的安全和繁荣,但袁术派遣手下刺杀了刘宠和骆俊,接管了陈国。《资治通鉴》62:1999 页;拙著《建安年间》222—223 页,其中将这件事系于 197 年,但《三国志》1:13 页中提到了袁术派出的陈国相袁嗣于 196 年投降曹操。袁术似乎在 196 年之前就接管了陈国,可能是在 193 年他第一次被曹操赶向南方时。

③ 《三国志》1:13 页;拙著《建安年间》,187 页。

④ 曹操作为反董卓联盟中的一员,拥有将军的头衔,但那已经是很久以前的事情了。这次的任命给了他在兖州之外的地方作战的权力。

⑤ 费亭侯最初是曹腾的封爵,他的养子曹嵩继承了这一爵位;《后汉书》78/68:2519 页。虽然爵位在正常情况下是传给嫡长子的,但仍需得到国家的批准。当然,在此时这种认可仅仅是一种礼节,爵位本身没有什么价值。

阻拦而无法前行①。

与张杨一样,曹操的第一次尝试可能太招摇了,但是在安邑的将领与长安的军阀一样各行其事,而献帝则在他们的争吵不休中寻得了些许机会。夏天,献帝派出董承负责洛阳的重建工作,在荆州的刘表与在河内的张杨都派遣了人员、运送了物资协助董承。秋初,年轻的献帝说动董承、杨奉和韩暹保护他前往洛阳。到达洛阳后,他谒太庙,又一次祭祀上帝,并宣布大赦。虽然形势仍然混乱不明,但是议郎董昭此时扮演了对曹操至关重要的角色②。

尽管此时董昭的地位还不算太高,但他已是一位富有经验和能力的官员。192 年,他曾为袁绍在钜鹿与公孙瓒对抗,也曾清除了在魏郡的流寇,但是不久后他与袁绍起了争执并且决定投靠长安的朝廷。张杨在半路拦截了他,并视他为非常信重的谋士。193 年,董昭建议张杨支持曹操的西使长安的使者。现在,他终于到了献帝身边,且在一众首领中具有一定的影响力。曾经的贼寇首领杨奉,在献帝从长安出逃的过程中一直伴随在献帝左右,并在洛阳拥有大量军队,但是他显然在同僚中感到了孤立和弱势。董昭假托曹操写信给杨奉,在信中赞颂杨奉的功绩并提出双方联盟。杨奉在得到了这种承认后非常高兴,于是劝说官员们举荐曹操为镇东将军,并继承父亲的爵位。与此同时,董承被他的同僚、也是贼寇出身的韩暹攻击,所以虽不是心甘情愿,但他也准备寻求曹操的支持。

曹操获得了这些人的支持,且没有人坚定的表示反对,于是他在八月前往了洛阳。其一行都被严密护送,他的久经考验的兵士们与护卫皇

_____

① 董承是协助献帝从长安出逃的武将之一。《三国志·蜀书》2:875 页中记载他是献帝的"舅",裴松之注释中又进一步说董承是灵帝的母亲董太后的侄子。然而《三国志集解·蜀书》2:8a 中却引用了清代赵一清的考证,指出董承最初与李傕和郭汜是一伙,"舅"这个词只是说明他的女儿是献帝后宫中的贵人;通过这种联系,他成为了献帝的岳父。卢弼认可这种说法,事实上董承似乎最初来自边疆,是董卓的宗族而非董太后的。

　　除了董承的阻挠之外,路上至少还有一个关卡被袁术的将领苌奴把守。袁术虽然已被赶到东南方,但苌奴似乎仍留守在西方。

② 董昭的传记见《三国志》14:436—442 页。他来自济阴,可能与董卓或董承没什么联系,也与董太后的家族董氏无关。

帝的下层流氓地痞们相比，占据了绝对优势。拥有司隶校尉头衔的韩暹出逃，向杨奉寻求庇护，曹操取代了他的位置，也获得了录尚书事的权力。

司隶校尉是首都的行政长官，而"录尚书事"则意味着掌握了政府的权力。这些头衔在近几年中很常见，其实际权力已大打折扣，但是曹操在军事上的地位足以使其名副其实。他迅速地处死了一批官员——这可能是有正当理由的，即使人们都怀疑肯定与派别斗争有一定关系——同时也升了一些人的官并给以封爵。接着他向董昭询问下一步应如何施政。

将朝廷继续留在洛阳是毫无可能了：这座城市已被彻底毁坏，对其的修缮能起到的作用非常有限。更重要的是，洛阳远离曹操的势力中心，其周围的山很容易阻挡与东部的交通，并且非常容易受到来自西方和北方的小军阀、强盗或其他武装力量的攻击。自然而然，曹操希望把皇帝带回自己的统治区域中，但是他也意识到现在洛阳东南驻扎的杨奉和韩暹很可能会横加阻拦。

在董昭的建议下，曹操给杨奉写了另一封饱含奉承的信，解释说他要将朝廷移到离食物和其他供给更近的地方，但是仍然会是在杨奉触手可及的范围内。杨奉被暂时蒙蔽，直到献帝一行经过辕辕关而直指许城时才认识到了自己的错误。他与韩暹一起追来，但是遭到一系列埋伏，而当他们试图在更南部发起突袭进行正面作战时，曹操对他们的大本营进行了一次毫无征兆的袭击。他们与原来的根据地的联系被切断，只能逃窜向东南投靠了袁术。

与此同时，在九月初，献帝已被带到许，在这座新的都城里，已经建好了社稷和宗庙，而这位东汉最后的皇帝则一直待在了这里，直到二十五年后将皇位禅让给曹丕。曹操在旧都洛阳仅仅停留了两周，也没有对其给予更多关注：这片曾经繁华的地区依然荒芜破败，混乱无序而被人遗忘。

虽然曹操聪明且成功的将朝廷转移到了自己的控制范围内，但他在其后采取的第一个行动却是在政治上轻率和潜藏危险的。他立即自封为大将军，并对袁绍发布了一条布告，指责他保护朝廷不力并趁机自立一党："树党"这一词汇是大一统君主的忌讳，它在这一时期常常被用来惩罚与谴责叛国之人①。可预见的，袁绍得书之后大怒，他向皇帝递交了一份详细的上书以替自己的行为辩护，其中特别提及了他之前对曹操担任兖州牧的支持。不久后袁绍被任命为太尉，是三公中的最高官职，封邺侯。然而袁绍却因太尉的官职比曹操的新职大将军低而非常愤怒，拒绝接受这一任命。

最终，曹操考虑到自己的行为太过，慌忙将大将军的任命让给袁绍，仅仅被拜为司空这一三公中最低的官职，并行车骑将军事，这一职位在东汉将军中同样仅仅排名第三。次年，九卿之一的孔融被派去授予袁绍大将军之职，督冀、青、幽、并四州，并赐弓矢节钺，以及虎贲百人为护卫：这些赏赐表示了朝廷对其的厚爱，其也是九锡中的几种，标志着袁绍成功地打击了他的对手曹操②。

袁绍和曹操的冲突无疑已到了一触即发的地步，但双方却都并未准备硬来。虽然公孙瓒已被逼退回易京固守，但袁绍仍要对他可能发起的攻击进行防备，并且在北部的危机完全解除前，他是不愿引发对南方的战争的。公孙瓒正在计划着等袁绍的力量耗尽后抓住时机东山再起，继续对袁绍发起进攻，并且虽然袁绍将长子袁谭派往青州攻击公孙瓒的属下田楷，但双方仍处于激烈的对峙中，而袁绍的将军麹义也并不能在公孙瓒的核心区域发动任何实质性的攻击。

就曹操方面而言，他认识到自己的实力相比于袁绍来说还是弱小的，并且他还有两件亟待完成的事情：在许都站稳脚跟、将势力向东方和

---

① 在汉代，"党"常常被用来指控政治对手。最具戏剧性的一系列事件发生在 160 年代晚期，其导致了一直持续到 184 年的党锢。关于党锢，以及参与到其中的反对灵帝朝廷被宦官把控的人物的传记，见《后汉书》卷六七/五七、《资治通鉴》55：1794—56：1822 页按年代顺序记述了此事；拙著《桓帝与灵帝》，78—115 页，及中华帝国的政治逆流。

②《后汉书》74/64A：2389 页。关于九锡，见本书第九章 387—388 页。

南方扩展。前者的完成有赖于在屯田制度的基础上发展农业和移民，"屯田"可以被翻译为"（军事上的）农业殖民"。

屯田制度的精髓是将人民控制在空闲的田地上，他们及家属既更耕种又进行武装，所以他们本质上在口粮和军事上都是自给自足的。与汉代令农民自己耕种土地并对其收税与征发劳役的旧制度不同，屯田民在供给和物资上都得到政府的援助，并将他们的部分劳动果实上交给官府的粮仓和国库。因为农民们与政府有了直接的关联，地主和其他私人的利益被极大地限制了，而潜在和极其复杂的贪污现象也得到了遏制，土地在质和量上都得到了最大限度的利用。

这种体制在以前也被使用过，自给自足的军士—农民这一概念曾是汉朝边防的一个重要元素①。在内地，公孙瓒在易京的要塞中就有许多这种类型的军民，在徐州的陶谦可能更早就这么做了②，在这一战乱时期应运而生的许多小型自卫武装也应该采用了相同的制度。曹操和他的谋士们的成就在于把这一简单的制度发展成为一种全面的体制，以控制和重新安置战乱中的人民和土地。与以前的本质上为了军事目的的殖民不同，这一新的体系是为了在获得军事防御力量的同时也获得更多的供给。屯田户们在紧急的战时可以保护自己，虽然他们有时也被命令去

---

① 一个著名的例子是西汉将军赵充国公元前 61—前 60 年在西宁谷地对羌作战时建立的屯田。他呈上了一份详细的上书，其中通过计算证明了他的政策的合理性，这一经典材料被许多学者翻译并讨论，特别是鲁惟一《公元前 104 年至公元 9 年汉代中国的危机和冲突》（*Crisis and Conflict in Han China 104 BC to AD 9*），226—227 页，许倬云《汉代农业：早期中国农业经济的形成》，236—237 页，拙著《北部边疆》，62—65 页。然而，爱德华·德雷耶（Dreyer, Edward L）在最近的文章中指出，赵充国的规划只是出于战略目的很小一部分地区，也并未想将他的屯田作为永久的殖民策略：爱德华·德雷耶《赵充国：西汉的杰出将领》（"Zhao Chongguo: a professional soldier of the Former Han dynasty"），693—699 页，特别是 694 页。

　　然而，赵充国短期的屯田，在西汉并非孤例，且两汉都运用了这一制度控制边疆和西域的领土。见鲁惟一《汉代行政记录》（*Records of Han Administration*），Ⅰ卷，56 页［河西的居延］，《后汉书》85/75：2815 页［在东南边疆］，《后汉书》88/78：2909 页，拙著《论东汉的西域》，10—11 页。

② 关于公孙瓒，见《后汉书》73/63：2363 页。陶谦任命了典农校尉，这一官职在之后曹操的屯田体系中也曾出现：《三国志》7：230 页裴松之注引《先贤行状》；拙著《建安年间》，143 页，见下注 70。

修建水坝或沟渠,但是他们并不同于征集来的士兵,也不同于被征发徭役的农户——他们的功能是生产对战争至关重要的粮食资源,并且他们也被很好的保护起来以执行这一任务而不被干扰①。

这一政策细节的确定经过了很大一番争论。因为政府为屯田户们提供土地以及包括耕牛在内的装备,所以这些人们是否应该缴纳固定数目的产品而不论收成好坏成为了一个需要讨论的问题。此时,之前曾奋力抵挡吕布入侵的东阿县令枣祗发挥了重要的作用。他认为征税应以产量为基础:这种分成制可以鼓励更多的生产,而即使建立了固定税制,如果适逢荒年,税收数量也必将减少甚至全无。他的建议被采纳,一般而言,政府收取屯田户 50% 的年产,而如果屯田户租用了政府提供的牛,则提高到 60%②。

曹操亲信的谋士典农中郎将任峻在许都建立了第一块屯田,其权责大概与一郡的长官相同——屯田本身是独立于郡县的③。屯田制不久后就在曹操控制的地区中广泛推行。

屯田制在重新安置人民的政治和物质意义上获得了显著的成功,它使曹操牢牢地控制住了土地,并且也重新安置了人民,无论是之前的贼

---

① 关于屯田制度的优秀讨论有:张维华《试论曹魏屯田与西晋占田上的某些问题》、克洛维尔《早期中国的土地管理政策和体系》(*Government Land Policies and Systems in Early Imperial China*),144—182 页。关于对农业产品的关注,见《三国志》15:481 页、28:761 页,唐长孺《魏晋南北朝史论丛》,41 页中引用了上述文献。《三国志》12:388—389 页中记录了 230 年左右司马芝的上书,其中对屯田民从事商业忽视农业表示了抗议:"[曹操]特开屯田之官,专以农桑为业。"许倬云《汉代农业:早期中国农业经济的形成》320 页,其中翻译了大部分文献。也见拙著《三国与西晋:3 世纪中国史》("The Three Kingdoms and Western Jin: a history of China in the third century AD"),Ⅰ,25—28 页。

② 《三国志》9:269 页裴注引《魏书》中的韩浩传记中涉及到至少一次正式讨论这一政策的集会,而曹操发布的对枣祗的悼词可以被认为是对这些讨论的回应,枣祗在屯田初有所成后不久就去世了:下文注释 71。

关于韩浩在 194 年吕布进攻时的行为,见上注 48。他之后成为了护军,负责军事训练,是一位深得曹操信任的高级官员。

③ 任峻传见《三国志》16:489—490 页。根据《后汉书》116/26:3591 页注释中引用的《魏志》[可能是《三国志》的变体],典农中郎将与郡守同级;典农校尉[见上注 67]在其之下;宜禾都尉则可与县令相较。关于屯田独立于地方政府,见《三国志》15:481 页。

寇、投降了的土匪还是单纯的难民，都按政府的承诺分得了土地①。从经济上说，屯田制平等地配置了土地和人民，这也为政府和军队提供了日常的供给，为曹操在与他的对手的竞争中带来了显著的优势②。事实上，曹操从军阀变成了他统治区域内最大的地主，田地就像是他的私人财产，而屯田户则成为了佃户和家仆③。以此为基础，虽然曹操仍面临着北部袁绍的威胁，但他已经有底气面对自己南部、东部和西部的邻居和对手了。

挟持天子④

在许建立了傀儡朝廷的少年天子已历尽沧桑。他的母亲王美人受宠于灵帝，并在 180 年怀有身孕。然而，何皇后向以怨毒著称，王氏甚至被吓得试图流产。所幸她没有成功，181 年 4 月 2 日，农历三月一日，她生下了献帝。七天后，她真的死于何皇后的毒手⑤。

灵帝后宫人数众多，但是他因为王氏之死而非常怨恨痛苦，然而宫内的太监们劝说他不要废除何后，灵帝只能为王氏作了纪念她功绩的诗

---

① 枣祗在《三国志》中没有独立的传记，但是《三国志》16:489 页的任峻传中记载："羽林监颍川枣祗建置屯田，太祖以峻为典农中郎将，数年中所在积粟，仓廪皆满"。《三国志》16:490 页裴松之注引的《魏武故事》片段中记载了曹操纪念枣祗的文字。许倬云《汉代农业》，319 页，《晋书》26:783—784 页；杨联陞《中国制度史研究》，163 页（原文如此，此条注释中关于枣祗的内容疑为对前文枣祗的注释——译者注）。

②《三国志》1:14 页及裴松之注引《魏书》。《魏书》中描述了在北方的袁绍的士兵因饥饿而以桑葚为食，淮河流域的袁术则靠牡蛎和蛤蜊维生，以此来强调曹操屯田制度的成功。《晋书》26:782 页中也记录了相似的对比；杨联陞《中国制度史研究》，158 页。根据《三国志》1:12 页，曹操两年前与吕布争夺兖州时，一斛粮食（约 20 公升）的价格达到了五十多万钱。

③ 陆威仪（Lewis, Mark E.）《帝国之间：南北朝》(China between Empires: the Northern and Southern Dgnasties)，55 页。

④《后汉书》的第九卷为献帝纪；他在 196 年的活动见载于 367—380 页。

⑤《后汉书》10B:450 页中有王美人的简短传记。她出自上层家庭，祖父曾任五官中郎将，她自己也能书善算。美人在皇帝的嫔妃中排名第二，位于皇后与贵人之下。

王美人怀孕的细节，以及她分娩的日期见载于《后汉书》10B:449 页、司马彪《续汉书》1:19a。据记载，在她服药堕胎未果后，曾多次梦见自己负日而行；后者是一个很普遍的比喻：例如《三国志·吴书》5:1195 页裴松之注。

文以慰相思。桓帝和灵帝都曾宠幸过很多女人，但是幸存的子嗣很少：据记载，桓帝有 3 个女儿，灵帝只有 2 子 1 女①。除去婴幼儿时期面临的自然风险，梁皇后和何皇后都有造成多起死亡的很大嫌疑。

王氏死后，她的儿子被交给祖母，即灵帝的生母董太后抚养。于是他被封为董侯，而他同父异母的哥哥何皇后的儿子刘辩则被道士史子眇教导长大，被封史侯②。

一些人相信灵帝想要将刘协立为继承人，但是他在 189 年驾崩时没有留下任何遗诏。按照西方的算法，刘协此时年仅 8 岁，而他的支持者并无与何后一族对抗的力量，何后在未成年的皇帝后面摄政已成定局。几周后，董太后被害，她的家人和党羽也同样被清除。

我们可以推想当何进被刺杀后，皇室的孩子们在一片混乱中的处境。皇宫在狂暴的士兵们的手下被焚毁，数以百计的宦官在他们眼前被屠杀，而当刘辩和刘协被挟持着从洛阳落荒而逃时，他们的队伍被一队叛兵追上，他们最后的高级侍从被迫自杀。在接下来的几天里，年轻的少帝和他的弟弟乘坐农车返回了首都——象征着这个耻辱的王朝——并被董卓和他的前锋部队迎接。三天后，刘辩被废，刘协成为皇帝；何太后在其后两天被毒死，刘辩在次年初也惨遭毒手。

据说董卓对刘协的行为和坚韧印象很深，他也抓住了他与董太后的联系：虽然他与董氏并无任何血缘关系，但是他们都有着相同的姓氏，这给了他一种被支持的感觉。董卓开始时对于献帝表现得很和蔼，但是他终究是一个反复无常且暴虐的人，而献帝也没有真正可信的同伴。190年初，献帝被迫迁往长安，并在军人们的控制下在那里滞留五年之久。董卓于 192 年被刺杀身亡，但是他以前的部下李傕和郭汜等人很快掌握了政权，他们比董卓更为残暴和好斗，政府和首都正一步步地走向灭亡。

93

---

① 被封为公主的皇帝的女儿会被列在皇后传的最后；桓帝和灵帝的公主见载于《后汉书》10B：462 页。可兹对比的是，桓帝的同胞弟弟东海王刘悝却拥有 7 个孩子：《后汉书》55/45：1798 页。

②《后汉书》10B：449 页章怀太子注，及 450 页。

刘协也曾取得过一些成绩。在十四岁举行冠礼时,他拒绝在几年前去世的生母王氏被追封为太后且根据礼仪与灵帝合葬在一起前建立后宫;次年初,一道特别命令被送往洛阳,在被掠夺一空的皇室墓葬中完成了他的愿望。而当救济粮出现缺斤少两的问题时,他惩罚了负责的官员并强制执行了实在的分配。这些行为体现了献帝的德行与良好的愿望,但是这位年轻的君主并没有对政府产生广泛的影响。

李傕和郭汜对彼此的猜疑与不信任渐渐加剧,195年初李傕劫持了献帝,而郭汜则绑架了许多官员,他们之间的矛盾终于达到顶点。即使年轻的献帝和他的官僚们尽力维护着和平,但士兵们已经涌入街道开战,皇宫也被洗劫和焚毁,流矢甚至射中了皇帝的住所。李傕试图为他的行动正名,在他的很多演说中都强调对皇帝的尊重,但是他的行为却是减少他们的口粮供给,许多蛮族士兵也来到了宫门口妄图劫掠女性。奇怪的是,献帝在如此混乱的情况下,立了伏寿为皇后;他的母亲此时也已获得相应的尊称。

这段充满了艰辛和威胁的日子持续了六个月,献帝以及他的臣僚们开始计划利用混乱逃离长安。文献中记载他坐在马车中与臣僚们从东北面的宣平门离开,李傕和郭汜的士兵们准备在半路中拦截,而献帝表明了身份并严辞职责了他们。李傕和郭汜的手下被献帝的天子威仪所折,纷纷撤退,献帝一行顺利通过,随从们山呼万岁①。

而献帝此行的护送者们的内部与李傕、郭汜一样矛盾重重:他们包括可能是董卓远亲的董承、高级将领杨定以及以前是流寇的杨奉;后二者并无关系。在渭水与黄河交汇处的华阴,当地军阀段煨支援了献帝,但他与董承等三人是宿敌,董承等想要对他发起攻击。虽然献帝不允许他们出兵,但杨定和他的部下无视这一命令并挑起了与段煨的战争。然而,李傕和郭汜看到献帝出逃后就停止了争斗,联合起来追回献帝,杨定

①《后汉书》72/62:2339页章怀太子注、《三国志》6:186页裴松之注,两者都引用了《献帝春秋》;拙著《建安年间》,159页。

被他们打败。

献帝一行中剩下的人向东穿过弘农。在此他们遭受了一次重大打击，但是很快就与韩暹和李乐率领的白波贼以及去卑领导的匈奴部队合兵，在这批非正式的援军的帮助下，他们摆脱了后面的追兵。然而，他们却再一次被追上且遭受重创。李乐将自己的马给了献帝，但是年轻的皇帝拒绝丢下臣民而自己逃跑，他们且行且战，直到到达了一处黄河的渡口。李傕和他的士兵们已将献帝一行打的溃不成军，而前方又是悬崖峭壁不能下去乘船，献帝凭借着丝绸系成的绳索被放到船上，而众多男女为争夺在船上的一席之地大打出手。许多人被留在了岸边，他们被俘虏、劫掠，女人们被脱去衣服强奸，许多人都在惊吓中去世了。

献帝和伏皇后与李乐、韩暹、董承以及很少一部分人到达了黄河北岸。献帝坐牛车——这是他第二次乘坐如此简陋的交通工具了——到达了河东郡的临时避难所中，在数月的争论和不确定中，他劝说矛盾重重的护送者们允许他返回荒废多年的洛阳。一到那里，他就接受了曹操于许都迎立他的建议，而这在本质上也是同样的囚禁。

196 年 10 月 16 日，献帝入许，此时他已 15 岁了，此前的一半时间他都生活在贫困和痛苦之中。他曾亲眼目睹了他最亲密的侍从被杀害，也曾被混乱的军队包围和袭击，他不得不依靠无组织的、没受过教育的、不可信的、非常不稳定的军人集团。在数年的颠沛流离后，许都为他提供了一个安定的庇护之地，相比于之前的统治者来说，曹操的霸权已经算是很大的改善了。 ⁹⁵

与此同时，虽然汉王朝的权威再无重建的可能，仍然有一些死忠于汉室并抱持着旧有理想的人，他们希望能够在一定程度上复兴汉室。刘协本人也偶尔想要独立，他的随从甚至曹操的一些官员都会为他出谋划策，所以虽然皇帝为他的新监护者提供了许多有利条件，但他们之间的关系仍然不是完全安全和稳定的。

第三章 官渡之战 197—200年

大事年表

97

200 年　春：董承的计划败露，参与其中的人都被处死；曹操对刘备发动进攻，并把他赶出徐州；袁绍进军魏郡黎阳

夏：曹操在白马和延津取得胜利

秋：刘备略汝南，曹操和袁绍两军在官渡对峙

冬：曹操击败淳于琼，并摧毁袁绍的粮草补给；张郃与高览袭取官渡不成，继而投降；袁绍的军队被打败，大势已去

麻烦的邻居　196—198 年[①]

当曹操与吕布激战并忙于安置献帝时，东方和南方的形势正在发生变化。194 年，田楷派属下刘备前往徐州帮助陶谦对抗曹操。刘备其后就在陶谦麾下作战，并被任命为豫州刺史，驻扎在小沛。不久后的 195 年夏，陶谦身患重病，他在死前留下遗命让刘备继承他的位子。陶谦死后，他的属下请刘备掌权，而刘备几度推辞后接受了这一任命。

刘备是三国历史上最受赞颂的人物之一，他的声名在《三国演义》中可与曹操相媲，甚至远远超过了他[②]。他自称是西汉景帝的后裔，出自中山靖王刘胜一支[③]。刘胜之子刘贞曾被封为涿郡的一个亭侯，他在公元前 112 年因酎金而失去侯位，而其一家则居于此地。刘备的祖父刘雄曾任东郡一个县的县令，刘备的父亲刘弘也曾担任过地方官员，但刘弘去世得早，他的遗孀在他去世后就陷入贫困，她和刘备靠卖鞋织席为生。刘备因汉室后裔的身份而受人尊敬，但是他追溯的血缘关系都是很久以前的事情了，当时还有许多其他刘姓子孙都可以作相似的追述[④]。

98

[①] 关于曹操在 196—198 年战事的主要材料见《三国志》1：13—17 页、《三国志》7：222—229 页《吕布传》，《后汉书》75/65：2441—2442 页及《三国志》6：209—210 页《袁绍传》，《三国志·蜀书》2：873—875 页。《资治通鉴》62：1979—2008 中按年代叙述了这些事件；拙著《建安年间》，187—239 页，雷班《曹操及魏国的兴起：初期阶段》，264—308 页。

[②] 刘备（161—223 年）的传记见《三国志·蜀书》卷二先主传。

[③] 刘胜于公元前 154 年封王，去世于公元前 112 年。1968 年在河北满城发掘了他与妻子的墓葬，出土了大量随葬品，其中包括第一具发掘出土的完整玉衣，象征了皇室的特权。（刘胜去世于元鼎四年二月，即公元前 113 年——译者注）

[④] 刘姓是中国最为普遍的姓氏之一，《汉书》55：2425 页刘胜的传记中记载他有 120 位子女；这种血统并不是什么只此一家的东西。（应为《汉书》53：2425 页——译者注）

尽管刘备看上去很贫困,但据记载他 14 岁时曾到洛阳的太学学习,其时公孙瓒也是他的同学之一。他在不久之后与同样也来自北方的关羽和张飞成了朋友,这两人也成为刘备以后最亲密的战友①。据说刘备身高七尺五寸(173 厘米),双手过膝,两耳宽大以至于当他转头时都可以看到它们;不管这是真实的还是有所夸张,但都象征了他未来会成为英雄。在太学的学习并没有将刘备塑造成学者,他反而对狩猎、音乐和华服产生了兴趣。他以礼贤下士而知名,所以很多人都乐于加入他的阵营,一些富有的人也为他提供财产以招揽更多追随者。他曾在东北部前线和长江南部的丹阳郡参加过镇压黄巾军的战争。

190 年内战爆发后,刘备加入公孙瓒的队伍中,并参加了第一次击败袁绍的战争。战后他被任命为平原相,但在 192 年袁绍击败公孙瓒后,刘备及其上司田楷就被赶往东方,田楷发兵援助徐州的陶谦,此时刘备看到了自己更好的机会。虽然陶谦表他为豫州刺史,他新的根据地也在豫州的沛,但这一职位并不太重要,因为其大部分领地已不在陶谦的实际控制中。而刘备仍然非常高兴地接受了这一任命,在以后的数年中,他都以"刘豫州"被人所知。

刘备接替陶谦的位子后,曹操已从徐州撤兵以专心对付吕布,而从那以后他的重心就转向献帝的西迁和许都的营建。与此同时,袁术在 193 年被曹操赶到九江后,就开始在扬州巩固自己的地位。他将首府定在寿春,西据庐江,他年轻的将军、孙坚的儿子孙策经营长江南部的丹阳郡②。袁术在之前就曾声明过对徐州的所有权,并在 196 年夏对徐州发动了进攻。

吕布在兖州被曹操击败后,逃往刘备的根据地避难。正如在袁绍、

---

① 《三国志·蜀书》卷六中有关羽和张飞的传记。张飞出身涿郡,与刘备同郡;关羽出身河东郡,但为躲避敌人到了涿郡,可能是牵涉到了仇杀。据说刘关张三人亲如手足,但关于《三国演义》第一回中记述的桃园三结义,则找不到史料证据。

② 孙策(175—200 年)的传记见《三国志·吴书》卷一。拙著《南方的将军》第三章中讨论了他的生涯。

袁术那里一样,吕布首先对刘备极尽迎合,攀起了他们都出身边疆的关系。刘备有点被他打动,但这并不表明吕布真正值得他信任,尽管如此,他们还是缔结了联盟。

刘备把张飞留在郡治下邳驻守,自己则前往淮河流域迎击袁术的军队。双方之间的第一场战斗是非决定性的,但是莽撞蛮横的张飞与下邳相曹豹发生了冲突,最终杀死了他①。于是下邳爆发暴乱,袁术写信劝说吕布趁机出兵,并承诺为他提供粮草。吕布接受了这个建议,发兵攻打张飞。与张飞不合的人打开了下邳城门,张飞落败,仓皇逃走,刘备的地位也因此岌岌可危。于是刘备撤兵至广陵,但却被袁术追上并打败。

此时,吕布却因袁术没有依约定为他提供粮草而勃然大怒,刘备趁机向他求和。形势滑稽地得到逆转,吕布和刘备又重新订立了联盟,刘备在联盟中居于下位,他们共同赶走了袁术。吕布自命为徐州牧,刘备则返回沛,自降为之前的豫州刺史。 *100*

袁术此时再次与吕布接洽,将自己的儿子与吕布的女儿结成一对,吕布表示同意,袁术立即出兵向刘备发动进攻。刘备向吕布求援,吕布又无视了之前对袁术的承诺,虽然他的谋士们认为这是除掉刘备这一对手的大好时机,但吕布则认为袁术消灭刘备后会变得过于强大。所以他选择了出兵救援,史籍和《三国演义》中对之后发生的事情记述相同②:

> (袁术的将军)灵等闻布至,皆敛兵不敢复攻。布于沛西南一里安屯,谴铃下请灵等,灵等亦请布共饮食。
>
> 布谓灵等曰:"玄德,布弟也③。弟为诸侯所困,故来救之。布性不喜合斗,但喜解斗耳。"
>
> 布令门候于营门中举一只戟,布言:"诸君观布射戟小支,一发

---

① 曹豹是陶谦的旧臣,也是刘备的同僚。他与曹操没有关系。

② 这个故事见载于《后汉书》75/65:2447—2448 页、《三国志》7:222—223 页的《吕布传》,也见于《资治通鉴》62:1991 页、拙著《建安年间》206 页,以及《三国演义》第十六回。

③ 玄德是刘备的字。吕布在这里所说的刘备是自己的弟弟只是为了表示两人关系亲密;两人并未结拜。

中者诸君当解去，不中可留决斗。"布举弓射戟，正中小支。

诸将皆惊，言"将军天威也！"明日复欢会，然后各罢。

这是一个绝妙的故事，但吕布的说合之所以能够奏效，很可能是因为他手中握有重兵以及自身的赫赫战功之故，虽然袁术当时的军队也号称有三万人之众。

然而，当刘备尚在积极增补兵员时，反复无常的吕布却对刘备实力的增强非常忧虑，并再次对他发起进攻。刘备大败，不得不放弃了他的领土而投奔曹操。目前，吕布占据了徐州，袁术仍然控制着扬州，双方基本以淮河为界。

当196年末刘备抵达曹操的大营时，曹操尚未想好如何处置他。许多谋士指出，刘备野心勃勃，很难相信他会安于人臣之位，他将是曹操未来道路上的一大威胁，应将他下狱或干脆杀死。而郭嘉则认为刘备已经具有了一定的名声，如果不加以优待将会影响到曹操自己的地位。曹操接受了郭嘉的建议：他将刘备再次任命为豫州牧，为他提供了一些军队和补给，并把他派回沛重新组织军队并对吕布进行牵制。

197年初，东南方的局势因袁术突然称帝而发生了变化。在某种程度上，袁术称帝似乎具有一定的合理性：他控制了扬州和豫州的一部分，并对徐州虎视眈眈；作为一个大官僚士族的代表，袁术有希望对整个中国产生一定影响力；他还散布了许多谶纬以支持称帝①。然而，尽管袁术很自负，但他既不是一个能干的统治者也不是一位优秀的军事家。他早

---

① 这些谶纬中最值得注意的是"代汉者，当涂高也"。袁术认为自己的名字"术"有"道路"或"街道"之义，而他的字"公路"也正是道路的一种。所以他就是谶纬中所言之人。《后汉书》75/65：2439页、《三国志》6：210页裴松之注引《典略》。

事实上，这条谶文可能是在九江郡当涂县活动的一群匪寇创作的，并把它传播开来以有助于自己起事：见《后汉书》6：276页、112/122：3486页，贝克《东汉的志：作者、材料、内容和在中国史学中的地位》，186页，拙著《南方的将军》，174页。此外，就像《后汉书》七五/六五卷的注释中指出的，事实上继承了汉的曹魏，也可以与"高"相联系。

191年，袁术的将军孙坚在洛阳找到了汉代的传国玺，现也掌握在袁术手中。我们不能确定有关发现玉玺的记载是否可靠，以及这个玉玺是否就是原来的那个[见本书第二章58页，特别是注释10]，但它成为了支持袁术称帝的材料。

年曾因统治不力而失去南阳,虽然他在江淮之间建立了直接的统治,但是并没有很好的发展这一地区,以作为自己的大后方。更重要的是,就像早年孙坚在洛阳的战役和近期纪灵对刘备的战争一样,他总是任命别人为他在战场上冲锋陷阵。

实际上,袁术的这个决定是他的灾难的开始。没有一位领袖想要接受他称帝,曾替他攻占了江南许多郡县的将军孙策立即举起反旗,封锁了长江的渡口,并发动他的亲属及旧友离开袁术投靠自己。袁术再一次请求与吕布联姻,但是吕布这一次表示了拒绝,并将袁术的使节送到许,以叛徒论处。袁术派兵攻打他,并与尚无归属的韩暹和杨奉联合[1],但是当袁术逼近下邳时,吕布依照谋士陈珪的建议,劝说韩暹和杨奉在战争中倒戈。袁术的军队被彻底击败,且随着盟军势力向淮河流域的进逼,他不得不退回了自己的都城寿春。

很快,韩暹和杨奉的队伍就被消灭了。他们没有一个安全可靠的根据地,饥饿的士兵们在淮河北部扫荡,吕布对他们发起了攻击。杨奉向在沛的刘备请求支援,但是刘备反而拘捕并杀死了他。势单力薄的韩暹试图向他北方的家乡撤退以寻求支援,但是却被一位地方领袖杀死。而随着军力的增强,吕布以下邳为据点控制了徐州的南部,并且还与一些泰山脚下的自卫武装或贼寇取得了联系,以向北进一步发展。

曹操对于袁术因自身傲慢行径而遭到的削弱十分高兴。利用汉献帝所赋予的权力,他任命了孙策为其家乡会稽郡的太守,并封为将军,袭父爵,同时,曹操与孙策也结成了儿女亲家[2]。然而,这些封授本身算不 *103*

---

[1] 韩暹和杨奉曾护送献帝至洛阳,但之后被曹操赶走了。

[2] 曹操与卞夫人所生的第二子曹彰与孙策的堂兄孙贲的女儿结为夫妻,曹操的弟弟或从弟的女儿婚配于孙策的弟弟孙匡:《三国志·吴书》1:1104 页。

    这种联姻究竟是实际的还是仅具有象征意义是很值得怀疑的。曹彰大概出生于 190 年[他的兄长曹丕生于 187 年,弟弟曹植生于 192 年],所以他此时仅有 7 或 8 岁,孙贲约出生于 174 年,此时仅 20 岁出头,所以他女儿的年纪也很小。与此类似,孙匡约出生于 185 年,还未成年;他不知名字的新娘也不太可能比他更大。

    这种所谓的联姻的承诺意味大于实际,最好理解为订婚:女子可能会留在家中,并且也没有证据显示他们在以后的数年间举行过仪式,甚至曹袁双方也再未会过面。

上优厚:孙策最初只被封为骑都尉,并且曹操同时也派遣了他的属下陈瑀为吴郡太守,成为孙策统治核心区域的一大劲敌。孙策不得不接受这一任命,但派出了一支军队击败陈瑀,将他赶走投靠袁绍。很显然,曹操与孙策两人之间的关系是错综复杂的①。

曹操也与吕布结了盟,但两人曾经的对立影响了他们之间的关系,双方都对彼此有一定程度的保留。吕布先前倾向于接受与袁术的联姻而非加入曹操阵营,但陈珪提醒他袁术在他第一次东征的时候是如何对待他的,也有人以应支持汉王朝为由对吕布进行劝说。随后,曹操给吕布写了一封亲笔信,任命他为左将军;吕布被曹操的礼貌取悦,随即以陈珪的儿子陈登为使者入许。

陈珪虽然很得吕布信任,但根本上还是致力于恢复国家和平的。他不认为吕布是统一中国的人选,而他也希望吕布与袁术闹僵。所以当陈登见到曹操后,他们就达成了协议,陈登和他的父亲成为吕布阵营内的探子。另一方面,虽然吕布想要成为徐州牧,但曹操拒绝给他这一头衔。这与他对待孙策的处理方式是一样的,但陈登在其中就处于非常尴尬的位置,当曹操任命他为广陵太守时,这种尴尬就更加严重了;他不得不用一些花言巧语来重新获得吕布的信任②。

丧失了淮河以北控制权的袁术,现在仅据有九江郡及部分庐江郡,但是他仍然继续维持着奢华的朝廷。此时这一区域爆发了饥荒,他再次向西北方进军,以获得豫州的陈国的物资;曹操迅速调集军队,保护他在这一地区的利益③。照例,袁术命他的下属迎敌,但是他们很快溃败,被俘虏或杀死,袁术也退回了淮河以南。他的形势持续恶化,以至于停止了任何对外的政治或军事活动。

返回许都,曹操再次关注于西面的南阳。离他最近的对手是从长安

---

① 曹操和孙策两人间的政治和军事动作,见拙著《南方的将军》,175—180 页。
② 陈登的详细传记附于吕布传中,《三国志》7:229—231 页。关于他与曹操的谈判,见拙著《建安年间》,217—219 页。
③ 曹操在 196 年初的时候从袁术手中夺得了陈国。

向东而来的边郡将领张绣。张绣曾是董卓手下,在李傕和郭汜于 192 年在长安掌权时与他们狼狈为奸。他被任命为将军,但却离开长安投奔了他在弘农郡的族叔张济。献帝出逃后不久,张济及其追随者就陷入了孤立和饥饿中。他带领他们向西南前进至南阳,但是自己却在一场小战斗中身亡。张绣继承了军队的领导权,并被荆州牧刘表盛情接纳,同意让他镇守南阳郡;刘表自身的防卫也因此延伸到了这一区域①。

197 年初,曹操在许建立起朝廷之后不久,就发动了对张绣的进攻。在他进逼南阳郡治宛时,张绣选择投降。迅速的胜利使曹操非常自负,而几乎没有思考为什么对手投降得如此轻而易举。不管怎样,他对待张绣的态度非常轻慢:把张济的寡妻据为己有,并赐给张绣最为信任的随从金子,可能是为了收买他②。张绣对此感到愤怒和焦虑,因此突然发动攻击,曹操的军队在一片混乱中溃退。曹操中了一箭,胯下坐骑也被杀死,长子曹昂、侄子曹安民,以及许多下属官员都死于此役③。曹操的卫队长典韦暂时阻住了敌人的攻势,使曹操得以重整起一批骑兵,抵挡住了敌人的推进,他的将军于禁建立起有鹿砦和壕沟的防卫营地,以重整旗鼓。典韦力战而亡,曹操非常哀伤,而于禁则被封授了爵位④。

这是一场彻底的失败。曹操撤退回许,张绣则继续效忠于刘表。张绣认为宛太过暴露,就将大营撤离到了宛西南 55 公里的穰。曹操一方在南阳仍保留有立足点,即曹洪驻守的位于宛东北 90 公里、许西南 70

①张绣的传记见《三国志》8:262—263 页,但《后汉书》74/64B:2421 页中记录了更多他早年的细节以及张济的事迹。

②傅玄的《傅子》中记录了这一事件,见《三国志》8:263 页裴松之注引,其中记载张绣的这名随从叫胡车儿。雷班《曹操及魏国的兴起:初期阶段》279 页中将这个名字解读为驾车的胡人,但是虽然他可能不是中国人,却肯定不是驾车的人,因为据记载他是张绣的军队中最勇敢之人。请比较《三国志》6:182 页(原文如此,应为 181 页,——译者注)中记载的胡赤儿,也见拙著《东汉三国人物辞典》。[我们应该注意到,在《三国演义》第十六回中,胡车儿被描述为孔武有力的成年男子。这种证据虽然不是决定性的,但却也可能具有象征意义。也见本书第十一章 498—499 页,其中讨论了戏剧"战宛城"]。

③《三国志》1:15 页裴松之注引《魏晋世语》记载,曹昂是因把自己的马给了曹操后才被杀害的。

④典韦传见《三国志》18:543—545 页;于禁传见《三国志》17:522—524 页。

公里的叶①。

曹操的溃退和显然的弱势是对袁绍的鼓励,他变得更加自信。然而,虽然袁绍发出了一封辱骂并激怒曹操的檄文,但他仍然集中注意力于北方的公孙瓒,而曹操的谋士郭嘉和荀彧则建议曹操在吕布、袁绍结盟形成两面夹击之势前,先下手对吕布进行打击。

曹操担心袁绍会与长安地区的势力结盟,从西方对自己形成包围,便任命钟繇为司隶校尉,负责处理混乱的长安地区的军阀。钟繇出身颍川大族,同时也是一位著名的书法家,他曾在长安任职,也在192年帮助过曹操获得东汉政府的承认②。他同汉献帝一起从长安出逃,现在则因之前建立起的人脉而又重回故地。他首先成功地说服了马腾和韩遂这两位主要领袖,他们同意将自己的儿子作为质子送入许,在这种安全的形势下,曹操得以在秋天率领军队直指淮河,将袁术击退,并稳固了他对豫州南部的领导权。

这一战役仅仅几周就结束了,曹操班师回许。张绣和刘表则继续对在叶的曹洪施压,这一威胁不可忽视。因此,曹操于冬天恢复了对他们的攻势。他攻下宛城,将刘表的军队压到汉水一线,随后在新年伊始返回许,这既是为了巩固自己的地位,也是为了召集更多的军队。2个月后的198年春,他再次南下,包围了张绣占据的穰。

曹操围城数周毫无功效,刘表也派出了军队支援张绣。虽然曹操派遣了军队保护后方,但他与许的联系一直处于敌方的威胁中,而此时他又收到了袁绍可能计划进攻许的报告③。于是他放弃了包围,开始撤退,张绣出兵追击,当曹操到达穰东面20公里的安众时,刘表的军队早已在

---

① "叶"字可以读作"she"或"ye"。我选择了前一种读法,以与魏郡的邺城的"邺"字区别开来,邺城位于黄河以北,曾一度是袁绍的都城所在。

② 见前文68页。钟繇(151—230年)的传记,见《三国志》13:391—399页。据说他的楷书曾启发了4世纪的书法大师王羲之。

③ 袁绍曾以许都地势低洼且多沼泽为由,建议将首都迁往东郡的邺城,其虽然也位于曹操的统治范围内,但更接近袁绍与曹操的边界。可预见的,曹操拒绝了这个建议,袁绍的谋士田丰因此建议对曹操发动攻击。然而袁绍此时尚未采取进一步的行动。

此恭候。敌军前后夹击,但曹操在夜里派遣了一部分军队进行埋伏,然后假装慌乱的溃退。敌军中了圈套,对这群处于劣势的人进行追击,却遭到了伏军突袭,损失惨重。在之后与荀彧讨论这次战役时,曹操解释说他故意将军队置于绝境之中,即所谓"死地",所以他们会更拼命地作战;这可能是他在事后为自己的行为进行的辩护①。 *107*

　　虽然在南阳的战争并不特别成功,也不具有决定性意义,但曹操毕竟在这一区域争夺到了一块地盘。他现在可以确定张绣将继续保持防守,刘表也没有表现出一点进攻的野心②。袁绍仍具有威胁,但他仍未处理完北方的公孙瓒。现在更急切的问题来自西南方③,吕布与袁术结成 *108*

---

① 关于这场在 198 年发生的战争,以及曹操与荀彧的对话,见《三国志》1:15—16 页,《资治通鉴》62:2003 页中也有相似的记载;拙著《建安年间》,231 页。然而,《三国志》10:322 页中记载荀彧的侄子荀攸曾提醒过曹操不要进军太远,曹操没有听他的建议,果真遇到了张绣和刘表的联合抵抗,对荀攸说:"不用君言至是"。

　　曹操战略的具体情况难以详查,但根据《三国志》中的记载,似乎他的军队位于一个相对狭窄的河谷中,他趁夜挖掘了一条地道隐藏起部分军队。在破晓时分,他把辎重率先运走,佯装急忙且慌乱的撤退,但当敌军快要追及时,伏兵突然出现,给敌以重击。据记载,曹操面临刘表和张绣的前后夹击,刘表还切断了他撤退的道路,但曹军的辎重和表现出来的慌乱过于有诱惑力,以至于敌军会放弃他们的有利位置,共同追击溃不成军的对手。

　　《资治通鉴》62 卷中省略了所有涉及了地道和辎重的材料——这简化了事实,也体现了司马光的编史手法。然而,胡三省的注释中却引用了《水经注》31:994 页(《水经注疏》23b),其中记载了在这一地区挖有深沟,从河流中截出了一条小溪环绕安众。曹操可能正是利用了这一条件隐藏了他的军队。见雷班《曹操及魏国的兴起:初期阶段》,297 页,及《三国演义》第十八回。

② 《三国志》10:329 页张绣的谋士贾诩的传记中记载,张绣追击曹操并很快大败而还。贾诩建议他再次出兵,这次就获得了成功。张绣问贾诩为何,贾诩解释说,这里没有明显的令曹操撤军的原因,那么他撤军必然是因为收到了来自许的消息(即袁绍即将出兵的警告)。因此,他的军队很有秩序,曹操本人也会亲自断后,并做好了应战的准备。然而第一次战胜之后,他必定会留下部下断后,自己在军前加快行军速度,所以此时他的军队并不如之前整齐,也更为脆弱。

　　《资治通鉴》62:2003—2004 页,拙著《建安年间》232 页,都将张绣的这次胜利紧接在安众之战后,胡三省的注释也显然同意这一顺序,但指出这仅仅是一次小规模的战斗。

　　这个故事是为了凸显贾诩的预见性,《三国志·武帝纪》关于整个战事的记载中并没有记载它;《资治通鉴》62 卷中引用它也并不一定是确指其发生于安众之战之后。雷班《曹操及魏国的兴起:初期阶段》296—297 页中指出,这一战争可能发生在安众之战前,这似乎很可能;安众之战的胜利足以使敌军难以进行再次追击。

③ 原文如此,似应为东南方。——译者注

了不稳定的同盟，并对在沛的刘备发动了进攻。曹操派出夏侯惇援助刘备，并准备亲自介入。一些人提醒到，卷入距离许很远的地方作战是危险的，但是荀攸认为在吕布势力壮大之前趁早出手非常重要。曹操对这一看法表示赞同。

在曹操出兵之前，吕布的军队已经对沛城和刘备展开了攻击，而在泰山的小军阀们也纷纷表示了对他的支持。然而，当曹操抵达后，吕布却仍屯在下邳，并不行动。他解释说他在等待长途行军的敌人疲惫不堪，将在泗水的河曲处困住敌军。因此曹操在行进的过程中并未受到任何阻碍。在与刘备及其残余势力会合后，曹操洗劫了彭城，并逮捕了吕布任命的彭城相，随后进入下邳郡，在那里来自东方广陵的陈登率军加入了曹操的队伍。与自己的希望和计划相悖，吕布屡次溃败，被迫退守到下邳城中。

曹操包围了下邳城，吕布向袁术求援。袁术答应得很勉强，吕布又希望凭借早就承诺的自己女儿与袁术儿子的婚姻来获得他更多的支持。他将女儿绑在马上，随他一起试图突围，但是却被曹操的队伍击退，返回了城中。袁术增派了军队以减轻吕布的压力，但是并没有起到什么作用，而吕布策划着切断曹操的供给线以突围，但他的妻子劝说到，他并没有可信任的守城人选：陈宫是不值得信赖的，因为虽然他在之前背叛了曹操，但可能仍然希望能够与他和解。所以吕布现在能做的只有等待。

在数周的平静后，曹操和他的军队显露疲态，但是荀攸和郭嘉鼓舞了士气，并且通过挖通泗水灌城，巩固了对吕布的围困。吕布越发沮丧，言及投降，但是陈宫考虑到自己落到曹操手上之后的结果，劝说吕布咬牙坚持。冬季的最后几天，吕布手下的一些官员为同僚侯成重新找回了丢失的马而举办了一场庆祝会。他们邀请吕布参加，然而，吕布却为他们违反了他的禁酒令而大发雷霆，并指责他们密谋反叛。惊恐的侯成和他的同僚真的发动了叛乱，并为曹军打开了城门①。

109

---

① 本书第七章 326 页中指出，曹操对《孙子兵法》的注释中提到了他在下邳俘获了吕布。然而奇怪的是，他宣称自己以压倒性的力量围困吕布，并夺得了下邳城；却并未提及是因为下邳城门是由城内人员打开的。

吕布后退到门楼中,劝说剩下的随从砍下他的首级以换取自由,他们拒绝了这一请求,随后吕布选择了投降。他被带到曹操面前,刘备此时也在场。

> 布见操曰:"今日已往,天下定矣。"
>
> 操曰:"何以言之?"
>
> 布曰:"明公之所患不过于布,今已服矣。令布将骑,明公将步,天下不足定也。"顾谓刘备曰:"玄德,卿为坐上客,我为降虏,绳缚我急,独不可一言邪?"
>
> 操笑曰:"缚虎不得不急。"乃命缓布缚。
>
> 刘备曰:"不可。明公不见吕布事丁建阳、董太师乎?"操颔之。
>
> 布目备曰:"大耳儿最叵信!"①

各版本的文献中对这一事件细节的记载有些许出入,但都记录了刘备如何反对吕布,而吕布又反过来评价刘备不值得信任。然而,刘备的话语是否起到了决定性的作用是值得怀疑的,因为曹操除去这样一个危险和不可靠的敌人是不需要依靠任何人的建议的;他的犹豫可能是对刘备的测试。

110

吕布、陈宫和他最优秀的将军高顺都被判处死刑,但策划了投降谈判的官员张辽则被赐予封地,并成为曹操的主要军事将领。大夫陈珪隐退,但是他的儿子陈登继续担任广陵太守,并被提拔为将军。曹操将吕布的官员秦宜禄的妻子据为己有,纳为妾②。

_____

① 这段文献的根据是《后汉书》75/65:2451 页、《三国志》7:227 以及 228 页裴注,《资治通鉴》62:2006—2007 页中也有记录;拙著《建安年间》237 页,雷班《曹操及魏国的兴起:初期阶段》,306—307 页,玄德是刘备的字,据说他耳朵很大;见本书 99 页。

189 年,吕布刺杀了他的主公丁原[字建阳]并成为董卓的心腹护卫。191 年,董卓在长安自命为太师;在下一年中,吕布就杀死了他:见前文 56、78 页。除此之外,吕布还总是在袁术和刘备之间摇摆不定;曹操信任他确实不是明智之举。

② 秦宜禄被吕布派往袁术处出使。下邳城陷时他并不在城中,袁术赐给了他一位出身刘姓皇室的妇女取代杜氏的位置。袁术在次年去世,而尽管秦宜禄的妻子被曹操占有,但他还是投奔了曹操:《三国志》3:100 页裴松之注引《魏氏春秋》。

吕布的失败确立了曹操在黄淮地区无可争辩的统治权。位于更南部的袁术实力较弱，无关痛痒，泰山军的领袖们也已投诚，被任命为所占领地区的太守：他们的首领臧霸似乎具有贵族血统，成为琅琊太守①。这不是一种直接的控制，但是这一区域地处边缘，而这种办法也维持了地区的和平和适当的安全。曹操此时已可以腾出手来集中处理帝国政府的事务和即将到来的与袁绍的对决。

朝堂之上

当195年献帝东归时，袁绍并未打算接收他，谋士们认为这将对他的行动自由产生制约。袁绍很快就认识到了这一决定是个错误，因为曹操就轻易利用了王朝正统的名义以达到自己的目的，并且虽然袁绍强迫曹操赐给了自己高官厚禄，但他反过来也不得不认可曹操的权威。即使现在皇帝已不具有任何真正的权力，但曹操对其的控制还是极大地加强了其在混乱的帝国中的地位。

111　　与此同时，一个有野心的军阀和有名无实的君主之间的关系几乎不可能是简单的，在帝国的官员和曹操的下属之间也明显潜存摩擦。对多数人来说，存在着忠诚的冲突：是为国家执行公务，还是成为一位控制着政府的军事领袖的私属？这一争论在东汉末期愈发升温，东汉帝国的弱点之一正是倾向于让儒生自己选择支持者——任命他们的人或他们的上级——而不是将自己投入到为整个国家服务的更为抽象的概念之中②。

因此，在朝廷实际上分成了三股力量：跟着献帝流亡到长安后又随他逃往洛阳的官员；效忠曹操的官员；抱有传统忠君报国理想但却准备

---

① 臧霸传见《三国志》18：536—538 页。他的父亲曾担任泰山郡下属县的官员，但冒犯了太守并被下狱。臧霸纠集起家里的宾客救下了父亲。无论是他父亲担任的地方官职，还是他家里的宾客，都暗示了这一家族在地方有一定地位。

② 见拙著《159—168 年桓帝朝的政治和哲学》52—55 页；《再次应征：东汉任命的公务员》，40 页。

侍奉当今真正的统治者的士人。

196 年,曹操一在许都控制住了皇帝,就设法罢免了太尉杨彪和司空张喜。他自己占据了司空的位子,并任命袁绍为太尉,司徒赵温则被保留原职①。原来的三公都是被李傕和郭汜一派任命的,但是并无实权,并且还会被当作军阀之间争论和冲突的牺牲品。现在三公的地位也没什么提高;具有决定性影响力的机构是尚书台,其控制了官方通讯以及诏书的发布,曹操直接任命了他忠实的谋士荀彧为尚书令②。

荀彧的祖父荀淑是颍川郡的地方大族,颍川荀氏在学问上有过人之处,且与中央政府也保持着联系。这一家族在之前并不特别著名,荀淑的官位也不算太高,但是在 163 年荀彧出生之时,荀氏已经获得了地方上的尊重,在朝廷中也有一定影响,荀彧的父亲荀绲也曾出任齐国相③。

在灵帝朝的党锢中,荀氏的一些成员扮演了对抗宦官的领袖角色;其中之一被处死,而其他人被从首都流放。在地方,这些激进分子因为他们的勇敢和对道义的坚持而被人敬仰。荀彧的许多族人都因为个人的学识而获得了好名声,他的叔叔荀爽在流放的路途中藏匿起来,也因为注释了儒家经典而被称赞。

184 年黄巾起义爆发,党锢的禁令解除,但是荀氏并未急着重回朝廷,荀爽拒绝了政府的任命。然而,189 年他不得不接受董卓的任命,成

112

① 关于曹操在此事上与袁绍的谈判,见本书第二章 88—89 页;197 年,袁绍领有了更高级的官位:大将军。

　　虽然张喜显然是出自官僚家庭,但关于他的生涯我们知之甚少。他的名字"喜"在一些时候也写作"嘉"。

　　赵温(137—208 年)的传记见《后汉书》27/17:949—950 页。桓帝时,他曾担任巴郡太守,颇有政绩。

　　关于杨彪,下文中会进一步讨论。

② 荀彧(163—212 年)的传记见《后汉书》70/60:2280—2290 页、《三国志》10:307—319 页,关于荀氏家族的讨论,见陈启云:《荀悦与中古儒学》(*Hsün Yüeh* (A. D. 148 - 209): *the life and reflections of an early medieval Confucian*),拙著《忠诚问题:荀彧、曹操和司马光》("A Question of Loyalty: Xun Yu, Cao Cao and Sima Guang"),35—37 页。尚书令这一官职我翻译为"Director of the Secretariat",也被译为"Prefect of the Masters of Writing"。

③《三国志》10:307 页记载,"彧父绲,济南相"。——译者注

为三公之一。他在 190 年卒于长安。

荀彧在梁国担任县令，但是当反对董卓的联盟组建起来时，他离开了任职之地返回家乡。他提醒家族这里会受到国内战争的破坏，很多人对此不以为意，但他还是北上加入了袁绍的阵营。他的兄长荀谌曾劝说韩馥放弃冀州，现在成为袁绍的谋士，虽然荀彧在袁绍处得到了很好的待遇，但他还是很快就投奔了曹操。此时董卓的军队刚刚攻击了颍川郡，荀氏的许多成员被杀害，他们的宅院也被毁坏。荀彧和他的亲族也像许多牵连进战争的贵族一样背井离乡，不得不依靠他们自己的能力谋生。

据记载，荀彧加入曹操阵营是因为他看到了更好的机会，并且他与曹操似乎在之前就过从甚密。194 年是一个决定性的时刻，此时吕布对兖州发动进攻，而荀彧在重重困难中指挥防守，一直坚持到曹操从徐州的战事中抽身回来。两年后，荀彧建议曹操将东汉朝廷置于自己的势力范围内，并被任命为侍中、守尚书令，出入于皇帝近侧。而文献中再未见到对荀彧的哥哥荀谌的记录，他可能继续效命于袁绍，但荀彧的另一位兄长荀衍，也被曹操收入帐下①，而他们还有一位更为博学的堂兄荀悦，被任命为秘书监，负责起草西汉的编年史②。献帝对学术很感兴趣，荀彧、荀悦以及孔融被允许随时出入禁中，以进行学术讨论③。

荀彧也举荐了同族荀攸。192 年，荀攸在长安参加了反对董卓的计谋，然而计划泄漏，他被逮捕，幸而董卓被刺杀，他也被释放。王允的新

①《三国志》10：316 页中记载了荀衍在 205 年为曹操驻守邺城，抵挡住了高幹的突袭。

② 荀悦（148—209 年）的传记见《后汉书》62/52：2058—2063 页。陈启云在《荀悦与中古儒学》、《东汉的儒家、法家和道家》（*Confucian, Legalist, and Taoist Thought in Later Han*），804—806 页中对他进行了详细的讨论。他的《汉纪》的大部分都流传至今：何四维（Hulsewé）《汉纪》（"Han chi"），113—114 页。关于他的著作《申鉴》，见陈启云《荀悦与东汉思想》（*Hsün Yüeh and the Mind of Late Han China: a translation of the Shen chien with introduction and annotations*）。

③ 孔融（153—208 年）的传记见《后汉书》70/60：2261—2279 页、《三国志》12：370—373 页，其中记载了许多关于他的聪明的故事。也见《世说新语》Ⅱ：3；马瑞志《世说新语》，26 页。下文116—117 页也会对他进一步讨论。

政府任命他为蜀郡太守,但是很快李傕和他的部下们就占领了长安,他也逃到了荆州。曹操写信邀请他出仕,先是任命他为汝南太守,后又任命为尚书。在私下的接触中,曹操对他的印象愈发深刻,并委任他为军师,成为官员首脑。当荀彧坐镇许都时,荀攸则亲随曹操出战①。

曹操此时的另一位谋士首脑是郭嘉,他也出身于颍川,最初在袁绍麾下,随后投奔了曹操。荀彧在早先曾向曹操举荐了戏志才,其很得曹操赏识,但是不久就去世了。曹操询问荀彧他是否知道还有谁可以取代戏志才,荀彧举荐了郭嘉。郭嘉在此以前只任过一些小职,但是他在面见曹操时给曹操留下了深刻印象,并被任命为司空军祭酒,这是一个与荀攸地位相当的职位②。

来自山阳郡的满宠担任了许令③,这一职位控制着新的帝国都城,因此很敏感。满宠很年轻,但已经担任过曹操的兖州从事,曹操位列三公后,又担任了西曹属。在他上任许令后,马上就逮捕了寻衅滋事的曹洪家臣,并且在曹洪劝说曹操对这些人网开一面之时,迅速将之处死。曹操对满宠的精神以及责任感大为赞赏。

与上述这些忠诚于曹操的人相比,那些与传统的汉朝廷联系紧密的臣子则有更多的问题。其中最著名的一位要属杨彪④。

杨氏世代为官,杨彪的父亲、祖父、曾祖父都曾位列三公。作为一位著名学者,杨彪曾编纂过《东观汉纪》这部东汉王朝的史书,他也担任过许多高级职务,并且在反对宦官的运动中获得了很大名声。他曾被董卓任命为三公,但因反对董卓迁都长安而被免职。李傕和郭汜当权时,他

①　荀攸(157—214 年)的传记见《三国志》10:321—325 页。军师一职在汉代并不常设,可能是此时的新发展,是高级军事参谋,可能具有副官的职能。
②　郭嘉的传记见《三国志》14:431—435 页。祭酒一职此前是高级文官;现在也出现在军队中,有参谋之责。
③　满宠的传记见《三国志》26:721—725 页。据记载,他在 2 世纪 80 年代晚期十八岁时曾任地方官员,所以此时他尚未满 30 岁;他去世于 242 年,曾担任魏国的三公。
④　杨彪(142—225 年)的传记见《后汉书》54/44:1786—1789 页。(应为《后汉书》1786—1790页。——译者注)

再次被征为三公,但是因进谏而几被杀害。

杨彪在195年协助献帝东逃,并于196年到达许,但他并不是曹操的朋友,且他的妻子还是袁术的姐妹。袁术于197年称帝,曹操因此将杨彪逮捕。满宠被委任审理此案,荀彧和孔融都劝他不要对杨彪进行太过严厉的审问,尤其是不要对他用刑。满宠没有对他特别关照,还是遵照了正常的程序进行审理,但向曹操汇报说杨彪称自己并未背叛,且在没有更好理由的情况下惩罚这样一个著名的人是错误的。因为满宠进行完了全部的程序,曹操只能接受了他的建议,将杨彪官复原职。然而,他及其党羽显然不再有权力,对任何准备和曹操唱反调的人来说,他也成了一个例子。

此外,在低级官员层面,献帝与外部的接触被严格限制。在曹操早期居住在许的时候,议郎赵彦曾定期面见献帝,并向他汇报近期的大事。曹操对此很反感,因此逮捕并处决了赵彦。这一举动无疑起到了效果,很少有官员敢于冒险建立起与皇宫的不正式或密切的联系了[1]。

然而,并不是所有人都对这种危险的信号足够重视,士大夫孔融就是这些持不同意见的人的代表。

孔融的家族声称自己源自孔子一脉,文献中留下了许多表现他小时候早熟的智慧的逸事。他具有超人的天赋和傲慢,更是在180年代因独立的精神和对宦官的反对而声名鹊起。他的名声非常大,以至于没有人乐意处罚他,而即使在董卓掌权时,他也准备与其唱反调。

190年,孔融被外放为北海相。这一地区正处于严重的混乱中,孔融按自己的理想建立学校、制定礼制、大力赞美学者。他的治所变成了文

---

[1] 赵彦的传记见《后汉书》82/72B:2732页,位于方术列传中;吴文学(Ngo Van Xuyet)《中国古代的占卜、魔法与政治》(*Divination, magie et politique dans la China anciemme*),71—72页。赵彦活跃于160年左右,所以此时应该已经很老了。《后汉书》中没有记载他被曹操处死,但袁绍200年的檄文中记载了此事。见下文132页,拙著《东汉三国人物辞典》,1110页,《建安年间》,480页。

化中心,但是他对于更为实际的手下不理不睬,并在剿灭黄巾贼和其他起义者时几无建树。另一方面,当他在 193 年被土匪围攻时,他向徐州的刘备求援。刘备对于孔融知道他的存在很是高兴,并派遣了军队救援他,其后不久又表请他为青州刺史。

孔融试图在曹操和袁绍两方间保持自己的独立性,但是 196 年袁绍的长子袁谭却对他发起了攻击。虽然这次冲突持续了数月,文献却记载孔融对其不甚重视,而宁可投入他的文学创作和清谈中,当敌人最终进入到他的首府时,他抛妻弃子,逃奔了曹操,傀儡的汉朝廷任命他为九卿。 116

凭借文学上的天赋,孔融在一些边缘事务上具有影响力,曾成功地反对恢复残害肢体的刑罚,但是他数次仗着自己的长处批评甚至讥讽曹操。像以前一样,众人劝说曹操孔融盛名在外,因此不应处罚他,但最终,在 208 年,孔融做得太过分了,他提出曹操应该离开首都回到自己的封邑;这是一项动摇曹操根基的严重攻击①。郗虑控告孔融有违法律,并罢免了他,曹操也给孔融写了一封私信予以警告。孔融却回以自以为是的挑衅,而虽然他已离职,但仍是批评和持异议者的中心人物,拥有大量的追随者。

郗虑同曹操的其他官员一起再次对孔融发动了攻击,宣称他在北海时曾策划叛国,与孙权的使者密谈,他与朋友祢衡还曾自比为孔子和其弟子颜回。这一控告被上升为大逆不道,孔融被逮捕,并家人一起被判处死刑。曹操发表了一份公告,谴责了孔融的行为,并力图证明处死他的合法性,但这并没有给他的政府赢回良好的声誉。

虽然孔融的死亡有损于曹操的声名,但曹操对此是无法太过宽容的。从根本上说,军阀的权力来源于别人对他的尊敬和恐惧,曹操并不能被别人看出对采取暴力手段有任何的怯懦或准备不足。而在另一方面,宽宏大量也是同样重要的,因为它可以保证潜在的追随者不会被吓

---

① 《后汉书》70/60:2271 页中记载,"又尝奏宜准古王畿之制,千里寰内,不以封建诸侯"。本书似是对这句文献错误理解。——译者注

跑。这两者之间维持着微妙的平衡：文献中记载了在以后成为高级官员的何夔，听说曹操很严厉，有些时候还会暴打他的属下。所以他一直随身携带毒药，以免遭受这种羞辱，但幸运的是他从未被如此对待过[1]。

孔融的朋友祢衡也是一位有才气的人，但很多人都遭他鄙视，他古怪的行为在有些时候已经接近疯癫。他除了文采斐然，同时也是一位击鼓专家。有一次他被邀请在宴会上演奏，竟穿着破旧的衣服出席，并且在被人批评后干脆脱了衣服，赤身裸体。曹操最初很赞赏祢衡的能力，但是后来祢衡的无礼行为渐增，曹操就被他的古怪惹恼了。曹操没有采取什么直接的行动，只是说：

> 祢衡竖子，孤杀之犹雀鼠耳。顾此人素有虚名，远近将谓孤不能容之。

曹操于 198 年把祢衡送给了荆州的刘表，而祢衡在刘表那里同样四处树敌。刘表的官员们劝说他将祢衡送到将军黄祖那里去。黄祖的儿子黄射非常钦佩祢衡，但是这时他恰巧不在军中，祢衡又在一次宴会上辱骂了黄祖；于是黄祖处死了他。曹操让祢衡在别处自掘了坟墓，也因而避免了背负舆论的骂名，而刘表则因为将这个令人为难的天才送到了残忍的军人那里而饱受批评[2]。对于孔融来说，他没有从这件事中体会到曹操的暗示，不久也就被处死了。

---

[1] 何夔的传记，见《三国志》12：378—381 页。虽然他是袁术的远房姻亲，但却拒绝加入袁术的朝廷中。

[2] 祢衡的传记见《后汉书》80/70B：2652—2658 页，《三国志》10：311—312 页裴松之注引《文士传》、《傅子》及其他文献：拙著《建安年间》，209—210 页。他死于 199 年左右，时年 26 岁，留下了许多关于他异常行止的逸事。他的大部分文学作品都已散佚，但《鹦鹉赋》留存了下来，他在其中表达了对黄射的感激以及对自己被孤立及实际上的囚禁的陈述，就像被关在笼子里的鹦鹉一样。见《世说新语》Ⅱ：8；马瑞志：《世说新语》，30—31 页，葛兰（Graham William）：《祢衡的〈鹦鹉赋〉》（"Mi Heng's 'Rhapsody on a Parrot'"）。

关于《文士传》，在裴松之的注中，记录了 3 名不同的作者：《三国志》9：280 页裴松之注引了张隐《文士传》；10：312 页则注引了张衡的《文士传》[这可能是错误的]，21：598 页中注引了张骘《文士传》。张隐和张骘都是 3 世纪末 4 世纪初之人，关于这一文献的作者到底是谁尚存争论。见《三国志集解》9：23a；也许存在有两部同名的著作，且作者的名字很相似的可能性，尽管这不太可能发生。

除了这些政见不同的官员和学者,曹操还必须处理好与献帝及其近臣的关系。虽然献帝拥有的权力很少,但是他对现在所处的形势是心怀 *118* 怨恨的,也并未放弃重建帝王权力的希望。为达到目的,他不得不翦除曹操或至少翦除很大一部分曹操的党羽,虽然献帝并不经常为了撵走不中意的侍从们而煽动阴谋,但他的存在本身就是对那些不满现状者的鼓舞。当然,这种情况是一体两面的:曹操为达到自己的目的,需要献帝来维持帝国表面上的正统,而这个典范自身又成为一个潜在的威胁。

我们所知的献帝发动的第一次阴谋是由董承领衔的,他是护送献帝从长安东逃的武将之一。当献帝一行到达洛阳,董承最开始是阻止曹操接近的,但随后改变了观点与曹操结盟,当献帝到达许之后,他也因此而被封爵。董承的一位女儿成为了献帝的嫔妃,199 年夏,董承任车骑将军,并有权开府①。

199 年的某日,献帝对董承下达了一道诏书,令他杀死曹操。董承接受了诏书,并试图拉拢偏将军王服、校尉种辑和更为著名的刘备。王服和种辑官职相对较低②,但是刘备曾任右将军,虽然曹操的谋士们都认为他并不值得信任,但曹操还是将其当作正式的同僚。文献中如此记载:

> 曹公从容谓先主曰:"今天下英雄,唯使君与操耳。本初之徒, *119*
> 不足数也。"先主方食,失匕箸。于时正当雷震,备因谓操曰:"圣人

---

① 《后汉书》9:381 页、72/62:2343 页。董夫人进入后宫的具体日期并不清楚,很可能在董承升为车骑将军时,她也被封为贵人。她在下一年即有孕在身[《后汉书》10B:453 页,及下文],所以她进宫时很可能是在前一年夏天。

　　开府是一种特权,在过去曾被赐给像何进一样的大将军、皇后的兄弟,李傕、郭汜等军阀也享有这种特权。开府的官员在一定程度上脱离了政府的行政控制,有权任命官员。董承的这种权利,可能仅仅是一种荣誉。

② 这一阴谋的细节见载于刘备的传记中,《三国志·蜀书》2:875 页;拙著《建安年间》,267—268 页。关于王服,我们知之甚少,但种辑曾在长安任侍中,并于 192 年参加了荀攸和其他人反对董卓的密谋。他伴随着献帝东逃,并被封爵。(《三国志》正文中记载为王子服,但裴注引《献帝起居注》中只称其名为"服"而非"子服"。——译者注)

云'迅雷风烈必变',良有以也。"①

此时,曹操听闻袁术正准备放弃九江北奔袁绍,于是他派刘备前去阻截他,而荀彧、郭嘉、董昭都提醒曹操不要这么做。刘备立即再次占领了徐州,并与袁绍结盟。

刘备选择了一个很好的时机逃离曹操,在下一年初,董承的计划就败露了,谋反者们都被处决。曹操坚决地根除了他们,派人去宫中逮捕了董贵人;而即使她此时有孕在身,献帝恳求放她一马的提议也没有成功。董承的所有亲属和同伙都被杀死了②。

献帝似乎给了董承一道手诏——可能他凭借着这个证明接近了可能的同谋者——所以曹操肯定意识到了献帝是牵连其中的,对于董贵人的粗暴追捕也是对献帝的一种惩罚。剩下再没有什么事情可以做了,年轻的献帝尚无子嗣,而如果曹操用其他远支的皇室成员代替献帝,他就处于与之前的董卓相同的境地,并可能因此丢掉所有政治信用。所以虽然曹操和献帝都对彼此的关系不满意,但他们还是捆在一根绳子上的蚂蚱。

董贵人的死使伏皇后很惊恐,她意识到自己的命运也处在飘摇之中,她力劝父亲伏完策划另一场针对曹操的阴谋。伏完是一个更为理智的人。当196年献帝一行到达许时,伏完被任命为将军、仪同三司,但是他对身居高位表示担忧,自请为校尉这一更低的官职。他此后同政局保持了距离,但是虽然他劝阻了女儿的冒险行为,但伏后的阴谋还是留下了一些证据,并于209年他去世后被发现了。她的结局已是可以预见的了。

然而,在董承的阴谋败露之后,并且在忠实护卫的保护下,曹操暂时

---

① 后一句引自《三国志·蜀书》2:875页裴松之注引《华阳国志》,这是一本记载四川4世纪时历史的地方史书。本初是袁绍的字。刘备引用的孔子的话出自《论语》X.16.5;理雅各《中国经书》I《论语》:236页。关于这个阴谋的故事以及刘备的尴尬,被戏剧化地呈现在了《三国演义》第二十一回中。

② 《后汉书》10B:453页,9:381页。

能够确保自己在各种阴谋中的安全①。他的最大的敌人是袁绍，其最终去除了公孙瓒的威胁，并正对南方虎视眈眈。

逼近官渡　199—200 年②

袁绍与公孙瓒的争斗持续了相当长时间。战争最初爆发于 191 年，其时袁绍刚刚占领冀州不久，192 年末，公孙瓒吃了两次大败仗，并被迫陷入守势。然而在下一年中，他击败了名义上的上级幽州牧刘虞，暂时在北部已没有对手。幽州的东部是今天的东北地区和北朝鲜，那里被军阀公孙度占据——他跟公孙瓒没有亲属关系——而公孙瓒占据了从他的首府广阳郡的蓟，即今天的北京，到南部的渤海沿岸的地区，他的属下田楷则据有位于山东半岛的青州。

从 195 年开始，在刘虞以前属下们的反抗和袁绍的将军麴义的打击下，公孙瓒丢掉了大部分领土。广阳郡已难以立足，他不得不退到河间的易京防守，此时仅占有冀州北部和幽州南部的很小一块地带。与此同时，田楷与袁绍的长子袁谭进行了一次倾尽全力的战争，他丢掉了青州的领土，196 年左右，他也放弃了自己的领地。

虽然现在敌人显露出弱势，但是袁绍并没有对他展开坚定的行动，也没有对曹操采取直接攻击。在 190 年代早期，袁绍刚刚占领冀州的时候，曾对西部山区的黑山贼发起了一次主动的攻击，招降了很多人，并任命外甥高干为并州牧，同时派袁谭到了青州。虽然袁绍令公孙瓒陷入孤立无援的防守境地，并保持着对其的压力，但他却延缓了致命一击的时间，并且有一段时间甚至想保持和平。公孙瓒可能比历史学家笔下的更为有力，或者是袁绍的实力有限，但袁绍的这种行为与曹操形成了鲜明

①《三国志》18：542 页中记载，曹操在军中时，徐他曾试图率领人进行刺杀。然而，当他们接近曹操的军帐时，曹操的护卫许褚认为他们行止可疑，杀死了他们。他们的谋反被与董承及献帝联系起来，但其更可能是受到了袁绍的唆使。

② 199—200 年的编年史见《资治通鉴》63：2002—2040 页；拙著《建安年间》，247—298 页。

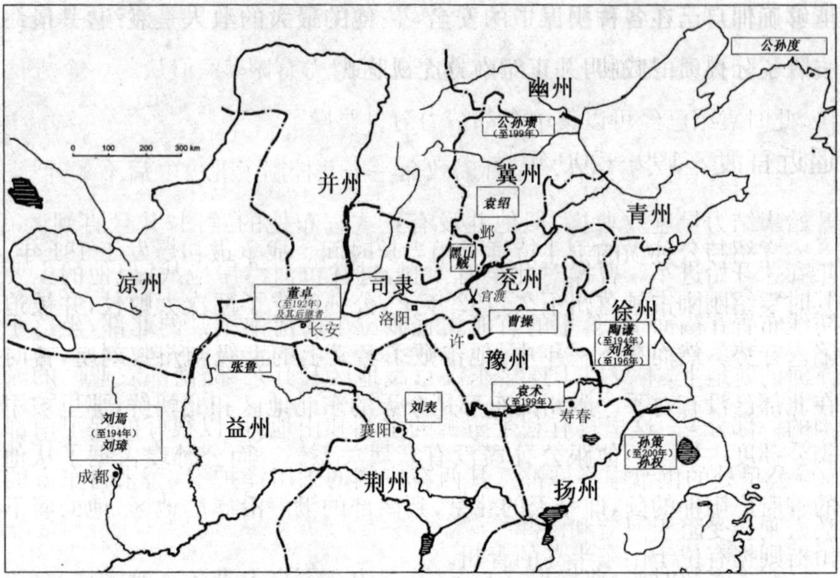

地图 8　对立的军阀　190—200 年间

对比，后者屡次在战争中亲自在前线冲杀。此外，当曹操在许建立了屯田以确保军队物资供应时，袁绍在他的领土内也并没有采取任何特别的发展经济资源的尝试。

　　然而，在 198 年，袁绍最终还是发动了一次重大的攻击。公孙瓒的前线防御很快被摧毁，这归因于他拒绝增援远方的政策——他相信如果进行增援，他的属下们将总是期待救援而不能坚守；但事实上，感到孤立无援使得将士们更快的投降了——在本年末，袁绍的军队就包围了易京。黑山贼派兵支援公孙瓒，他试图突围，但是军队中了埋伏，他也被迫退回到自己最后的大本营之中。袁绍的士兵在公孙瓒的城楼地下挖了隧道，其间用木头支撑起来，最后烧掉这些柱子，于是上面的城墙就都坍塌了。公孙瓒的主要官员都死在了这次战役中，他将女眷全部杀死，随后自己也引火自焚。

　　虽然袁绍消灭了他的敌人，但他并没有从胜利中获得更多的好处。他在北方建立起了不甚牢固的领导权，为许多乌桓首领授以官职，但是许多地方的汉人领袖依然保持着他们的独立，占据了渔阳的刘虞的前属下鲜于辅甚至还向曹操派遣了使者，并被任命都督幽州六郡；这一任命没有实际权力，却说明了袁绍在这个地区权力有限①。但从另一个方面讲，此时袁绍已经可以集中全部精力对付曹操了。

199 年年中，袁绍在给公孙瓒致命一击并控制了北方之后不久，似乎开始集结力量进攻曹操，但他并没有正式宣布他的意图，并且直到 200 年春才开始进军。曹操对此早有预料，进驻黄河沿岸应战，但他的主要防线布置在南面 70 公里的官渡。官渡位于河南中牟县的北部，坐落于汴河的阶地上，本身属于连接东汉京畿地区和其东部、南部农业区的鸿沟的一部分②。这里具有利于防御的水利和山地，可以很好的保卫南部 100 公里处的供给中心许都。其西有广阔的圃田泽护卫，而来自东方的敌人则会受阻于河流和沼泽。

在大多数时候，曹操得一心二用，一边在军事上准备官渡之战，一边在许维持政局，虽然他的主要注意力集中于北部的战事，但也必须处理好同东部、南部和西部的关系，他们可能加入袁绍而从侧翼或背后对他发起进攻。因此在几个月的战备阶段中，充斥着外交和小规模冲突。

在淮河以南，袁术自立的朝廷已经垮台。他不得不放弃九江郡，随着旧部揭竿而起，他最终写信向哥哥/堂兄袁绍求援。然而在袁术北上的路上，曹操阻截了他的部队，使他不得不返回淮河流域，199 年夏，他在前都城寿春东边一个村镇中的简陋住所去世。而据说将军孙坚在洛阳找到的传国玺被袁术的随从送到了许③。

---

① 东汉末年，常授予军事将领"督"这一头衔。有这一头衔的人有些是高级参谋，但"都督"一词在后来成为在前线拥有广泛权力的高级官员的头衔。此时对鲜于辅的这个任命是这种用法的比较早的例子，我将它翻译为 Area Commander；《晋书》24：729 页；《东汉三国人物辞典》1235 页。

② 汴河及其支流，包括我们在下文 133 页会提到的济水在内，位于今天黄河的主要流域内。此时的黄河则在更北部：见下注 82。

③ 传国玺一直掌握在朝廷手中，直到 4 世纪初西晋灭亡，虽然我们无法确定它是否已在乱世中被偷梁换柱了。

　　一些袁术的官员和将领向西投奔了袁术任命的庐江太守刘勋，随后，年轻的将军孙策对刘勋发动了攻击，把他逼得投靠了曹操，并接管了他的军民。孙策原本虽是袁术的属下，现在却在长江南部建立起了自己的政权。虽然他名义上与曹操结盟，但他的地盘位置偏远，又被地方事务缠身，因而无法对北方的事务发表什么意见①，且江淮之间的很多郡县还被地方的头领和小规模武装占据着。

　　在淮河以北，刘备虽阻挡了袁术的北逃，但接着就公然对曹操宣战，并与袁绍结盟。曹操派遣了长史刘岱和中郎将王忠这两位低级将领讨伐他，但是刘备的声望很快为他赢得了东部沿海地区武装力量的支持，曹操的部下举步维艰。虽然曹操的主要敌人是在北方的袁绍，但后方的刘备也使他心烦意乱，于是在 200 年初，他对东南方发动了一次闪击。曹操在沛县击败刘备，扫荡了下邳，并俘虏刘备的大将关羽。刘备逃奔袁绍，曹操也带着关羽返回了北方。像对待刘备那样，曹操也很看重关羽，并许他以军权。

　　一些文献中记载，袁绍的许多谋士都建议他趁曹操与刘备争夺而不及北返时发动进攻，但他不愿如此。而在曹操的将军于禁的传记中记载，于禁此时在黄河的延津驻扎，并且还成功地发动了一次对北面敌人的骚扰战②。无论如何，这一可能为袁绍带来胜利的机会稍纵即逝。目前，刘备已到达袁绍军中，却并未受到重用，而他重要的同伴关羽，则成

---

① 关于孙策占领庐江，见拙著《南方的将军》，188—189 页。

　　一些材料中记载，此时孙策谋划着偷袭许，坐收曹操与袁绍之争的渔翁之利，并将献帝置于自己的控制之下：《三国志·吴书》1：1111—1112 页及裴松之注。然而这一事件是不太可能发生的。孙策此时正忙于确立在长江下游的统治及发动对黄祖的战争。即使他有穿过曹操南部领地而偷袭之特别机会并挟持献帝，他的个人背景及权力也太微小，不足以在偷袭中捞到好处。袁术已为前车之鉴，这种自立会导致迅速的崩溃。见《南方的将军》，208—211 页。

② 《三国志》1：18 页、《后汉书》74/64A：2392 页、《资治通鉴》64：2024 页；拙著《建安年间》271 页中，将袁绍推迟进攻的原因简单地归结为其自身的拖延，但《三国志》17：523 页于禁传中则记载他曾进行主动进攻。

　　在这一地区，那时黄河的位置要比今天的更北，那时的延津也在今天河南省延津县的北方；延津这个现代的城市保存了古老渡口的名字。

　　在我们下面将会讨论的袁绍的讨曹檄文中，袁绍宣称曹操曾在他与公孙瓒对战时计划发动进攻，也曾准备好渡过黄河的浮桥。在其他文献中，对曹操的这次进犯没有记载，这可能是袁绍对于禁上述行动的抗议。

为了曹操手中有效的人质。

在西面，夏侯惇似乎控制了河南地区，而钟繇仍制衡着长安的众多军阀[1]；无论是益州牧刘璋，还是汉中的宗教领袖张鲁，都离这些地区尚有一定距离。曹操最为巨大的潜在威胁来自于西南的近邻：荆州牧刘表名义上与袁绍结盟，他的盟友张绣占据了南阳，曾在 197、198 年成功地对抗了曹操。

然而，刘表不愿离开他自己的地盘出击，他也有许多其他事情需要处理：长沙太守张羡独立，并控制了长沙郡的南部，而长江下游的孙策也可能顺江而上，对抗刘表的地方将领黄祖。据记载，刘表虽然承诺了支持袁绍，但并未派出实质性的力量，且除了他们之间的联盟之外，刘表并没有什么好的理由否定曹操把持下的帝国正统。

更具戏剧性的是，刘表的下属张绣向他之前的敌人表了忠。袁绍请求张绣的支持，但张绣的谋士贾诩认为控制着皇帝的曹操拥有权力，更 126 为重要的是，他会为他们在危机时刻提供的支持感恩戴德。因此，张绣在 199 年冬正式服从曹操的号令，并立即受到曹操的封赏：设宴接风，并被任命为将军，他的女儿也嫁给了曹操的儿子曹均[2]。贾诩被任命为执金吾，并被赐爵[3]。

---

[1] 夏侯惇后来成为了河南尹，雷班《曹操及魏国的兴起：初期阶段》341 页中认为他此时已担任此职。

关于 197 年钟繇被任命为司隶校尉，见本书 106 页。与此同时，侍御史卫觊也被派出使刘璋。他注意到钟繇在重使民众定居上面临的困境，就向曹操建议恢复国家对盐的垄断，以作为招徕人民的基础；他的传记见《三国志》21：610—612 页。

[2] 曹均是曹操的周姬所生，其名字与他同父异母的兄弟、秦夫人所生的曹峻发音相近。与我们在第一章注 30 中所举的例子不同，曹操与张绣的联姻成功地确立了两方的联盟关系。然而，这并不是平等的联盟关系，而是张绣仆从于曹操。

[3] 张绣为曹操的官渡之战提供了战力，并在随后的 207 年与曹操一起对抗了乌桓。他也没于此役。

贾诩（147—223 年）的传记见《三国志》10：326—331 页。贾诩出生于西北的武威，据说出身于刚刚迁到那里的官僚家庭，而他与其说是一名武官，不如说是一位政治家。在 192 年董卓被刺后，贾诩鼓动李傕及其同伙对长安发动进攻，而他仍扮演着谋士的角色，试图在矛盾四出的军阀之中维持某种表面上的秩序。在献帝东归之后，贾诩也向东归顺了张绣，并成为了深得信任的谋士。

贾诩对曹操既尊敬又小心防范，后来归顺了他，在 220 年代初成为了曹丕建立的新王朝的太尉。

在此前的 198 年,河内太守张杨在一次叛乱中被杀。张杨的手下、曾经的黑山贼首领眭固控制了这一地区,并与袁绍结盟,但是在 199 年夏,曹操派出史涣和从弟曹仁北渡黄河,击败了眭固①。曹操任命魏种为河内太守,接着把军队调回了官渡防线。

这次任用显示了曹操对魏种相当大的信任,而魏种曾经有过背叛曹操的记录。魏种是兖州人,很可能来自东郡,曾在曹操任太守时被举孝廉,也很得曹操的信任。然而当 194 年张邈背叛曹操迎吕布时,魏种却叛逃到了河内郡。曹操闻此暴怒,并且发誓一定要报复,但是当他抓住了魏种后,对魏种的欣赏和喜爱又回来了:原谅了他之前的过失并委以黄河西北的全部军权。这一地区在当时并不是前线,但却保障着曹操对战袁绍的左翼的安全,此后关于魏种的事迹并未留存下来——他可能在次年的决战中战死了——看来他坚守住了这一位置,曹操确实已不需要对这个方向给以关注了②。

在东面的一侧,是以琅琊郡北部和泰山地区为根据地的土匪首领臧霸的地盘,他曾与吕布结盟,但 198 年吕布倒台之后,他和众多同党归顺了曹操。臧霸保持着一定程度上的独立自主③,但他在 199 年并未支持刘备,曹操现在将黄河下游的军权委托给他,并支持他进攻被袁绍的长子袁谭控制了大半的青州。臧霸十分乐于将袁氏家族从他的势力范围内清除出去。他对齐和北海发动了进攻,吸引了敌军的一定力量,因此保证了曹操在这一方向上不受威胁④。

因此,在 199 年末,曹操已做好了应对袁绍直接进攻的准备,并确保了其他方向发起进攻时自己的安全。而在他腹背的汝南郡是袁氏的家乡,袁氏的追随者遍及全郡。曹操任命了得力的许令满宠为汝南太守。

① 曹仁的传记见《三国志》9:274—276 页。
② 关于魏种的文献仅见于《三国志》1:17 页;见拙著《建安年间》,249 页。
③ 臧霸正式归顺曹操后不久,曹操即要求他交出一些背叛者,处死他们。臧霸辩解称他们现在是自己的手下,并拒绝了这一要求。曹操接受了他的做法,并表示了自己对臧霸的赞赏之意,不管怎样,他没有强制臧霸接受自己的意志。
④《三国志》1:17、18:537 页。

据记载,满宠仅率领 500 人就攻下了 20 多个壁垒,接着邀请了许多地方首领赴会,诱杀了他们。因为这种严厉的手段,汝南在潜在的破坏中保存了下来,但其中仍有许多心怀不满的反抗势力。

袁绍的檄文

200 年初,袁绍为了寻求联盟与支持,命臣僚陈琳作了一篇檄文,表 *128* 达对曹操的不满,并对曹操的声名、继承权及过去的行为进行抹黑。曹操不久后抓获了陈琳,但原谅了他如此冒犯的文章,并任用他在自己的属官中担任敏感之职。然而,陈琳所作的这篇檄文却流传至今,并成为了以后的故事和观点的素材①。

文章的开头追溯了懦弱愚蠢的秦二世宠幸诡计多端的宦官赵高,导致国家灭亡;周勃和刘章从弄权的吕氏手中拯救了汉王朝并恢复正统扶立文帝的故事。周勃和刘章是忠臣的典型,就像查赫指出的,袁绍将自己与他们相比,而将曹操比之于赵高以及篡位的吕氏②。

接着文章说到了曹操:

> 司空曹操,祖父腾,故中常侍,与左悺、徐璜并作妖孽,饕餮放横,伤化虐民。父嵩,乞匄携养,因赃假位,舆金辇璧,输货权门,窃盗鼎司,倾覆重器。

---

① 《后汉书》74/64A:2393—2399 页(应为 2393—2398 页——译者)、《三国志》6:197—199 页裴松之注引《魏氏春秋》中都收录了这篇檄文,裴松之指出这是陈琳所著。《文选》中的版本则更长,也以陈琳为作者:《文选》44:2b‑7a;查赫(von Zach,Erwin):《中国文选:〈昭明文选〉译文》(*Die Chinesische Anthologie:Übersetzungen aus dem Wen hsüan*),Ⅱ,811—818 页。〈关于曹操之后对陈琳的处理,见本书第八章 339—340 页〉。

　《后汉书》卷 74/64A 及《魏氏春秋》中将檄文描述为一般的公告,但《文选》中则指出是特别寄送给刘备的,名为《为袁绍檄豫州》,关于刘备被称为豫州之事,见前文第 100 页。

② 关于赵高,见鲁惟一《秦、西汉、新莽人物传记辞典》,705 页。袁绍/陈琳可能将想将赵高的行为与曹操对献帝的挟持联系起来,因为曹操是宦官的养孙。但实际上赵高很可能仅仅被视为一个不忠和背叛的臣子。

　周勃和城阳王刘章的事迹,见《秦、西汉、新莽人物传记辞典》,729—731 页、405—406 页。

129　　　操赘阉遗丑①，本无令德，僄狡锋侠，好乱乐祸。

　　[与此相比]，幕府[袁绍]②昔统鹰扬，扫夷凶逆③。续遇董卓侵官暴国，于是提剑挥鼓，发命东夏。方收罗英雄，弃瑕录用，故遂与操参咨策略，谓其鹰犬之才，爪牙可任。

　　至乃愚佻短虑，轻进易退，伤夷折衄，数丧师徒④。幕府辄复分兵命锐，修完补辑，表行东郡太守、兖州刺史。

　　被以虎文⑤，授以偏师，奖蹙威柄，冀获秦师一克之报[在之前的失败之后]⑥。而操遂承资跋扈，肆行酷烈，割剥元元，残贤害善。

　　故九江太守边让，英才俊逸，天下知名，以直言正色，论不阿谄，身[首]被枭悬之戮，妻孥受灰灭之咎。

130　　自是士林愤痛，民怨弥重，一夫奋臂，举州同声⑦，故躬破于徐方，地夺于吕布，彷徨东裔，蹈据无所。

　　幕府惟强干弱枝之义，且不登叛人之党⑧，故复援旌擐甲，席卷赴征，金鼓响振，布众破沮，拯其死亡之患，复其方伯之任，是则幕府无德于兖土之民，而有大造于操也⑨。

　　后会銮驾东返，群虏乱政。时冀州方有北鄙之警，匪遑离局，故

---

①《后汉书》74/64A：2393 页，《三国志》6：197 页，《文选》44：5a。

② 袁绍在这里将自己称为"幕府"，即军队的首脑。这一词汇在汉代的其他文献中也曾出现，现代也仍在使用，翻译为 bakufu，为德川时代日本的政府。

③ 指在灵帝去世、何进被杀后对宦官的杀戮。就像我们在第二章 54 页指出的，袁绍并未参与镇压黄巾起义的战争。

④ 指曹操在荥阳的败仗。

⑤ 这是一句谚语，指披着虎皮伪装的羊。

⑥《左传》僖公二十三年、文公三年；理雅各：《中国经书》V《春秋》，225、235 页，其中记载了秦穆公如何派遣将军孟明视攻击晋国。进军失败了，孟明视也被俘虏。晋国送还了他，希望秦国会因他的失利而处决他，但秦穆公再命令他出征，此役大获全胜。

⑦ 查赫可能是受到了曹操之后在徐州进行的战役的影响，认为这里的"一夫"是指陶谦。然而，我认为这是一种一般性的表述。没有证据证明陶谦曾试图煽动整个兖州与曹操对抗，袁绍也没有宣称他如此做了。

⑧ 这句引用了《左传》襄公元年中记载的典故，见理雅各《中国经书》V《春秋》，412—413 页。

⑨ 在记载了曹操与吕布之争的其他文献中，并没有提及袁绍，袁绍没有对这场战争起到什么决定性作用，见本书第二章 77—80 页。

使从事中郎徐勋就发遣操，使缮修郊庙[洛阳]，翼卫幼主①，而便放志专行，胁迁省禁[许]，卑侮王官，败法乱纪，坐召三台，专制朝政②，爵赏由心，刑戮在口，所爱光五宗，所恶灭三族，群谈者蒙显诛，腹议者蒙隐戮，道路以目，百僚钳口③，尚书记朝会，公卿充员品而已④。

其后提到曹操逮捕并拷问前太尉杨彪，还杀死献帝的议郎赵彦，再次控告了曹操通过密探和峻法对人民的控制，因此造成人民生活痛苦，人口锐减：历史上从未有如此滥用权力的时期。与此同时，曹操还发掘已故人士的墓冢，尤其是汉文帝的儿子、景帝的兄弟刘武的墓葬，并且也设置了专门负责管理这种掠夺的官职⑤："身处三公之官，而行桀虏之态，殄国虐民，毒流人鬼"。

袁绍为自己辩解说，他因为被北方的公孙瓒牵扯了太多精力，而不能妥善地处理曹操问题，并且还因寄望曹操的行为可以改善而给他留有后路。"而操豺狼野心"，执迷不悟，并且明确地图谋颠覆汉室，瓦解国家。此外，甚至正当袁绍给公孙瓒最后一击之时，曹操竟与敌人联系，假装力图援救王师，实际上是准备着暗箭伤人：

---

① 冀州的"北鄙之警"指袁绍与公孙瓒之间的持续冲突，后者虽然被驱逐至易京固守，但仍具有潜在威胁。另一方面，据记载袁绍也拒绝了将献帝置于自己保护下的机会；所以公孙瓒所制造的紧张情势仅仅是袁绍失败行为的一个借口。

徐勋没有在别处见到记载。他的官职是从事中郎，秩六百石，是将军的顾问人员：毕汉思《汉代官僚组织》，124 页。

② 三台都是政府机构，包括尚书、御史、谒者：见拙著《东汉三国人物辞典》，1226—1227 页。通过控制尚书台，曹操直接获取了政府的全部职能：见本书 87 页。

③ 这是形容没有人敢于公开发表意见的不得人心的政府的常见表述。

④ 尚书、三公以及其他高级官员拥有议政权，但没有人敢于如此做。

⑤《后汉书》74/64A：2396 页、《三国志》6：198 页、《文选》44：5a；查赫《中国文选：〈昭明文选〉译文》Ⅱ，815 页，见何恩之(Howard Angela Falco)等人的《中国雕塑》(Chinese Sculpture)中所引，60 页。刘武是梁王，去世于公元前 2 世纪 40 年代中期。他因奢侈浮夸的生活方式而著名，见鲁惟一《秦、西汉、新莽人物辞典》，367—369 页。他的墓葬应在梁国都城附近，其地在东汉时属于豫州北部，接近兖州。袁绍宣称刘武的墓葬上有封土，且种有树木，那么很难想象它在西汉到东汉末的 3 个半世纪中一直没有被盗。曹操这次特别的掠夺也没有见于其他记载。

袁绍宣称曹操任命了发丘中郎将和摸金校尉来负责盗墓活动。虽然曹操将这种活动制度化了，但他并非是唯一的发掘古墓以获取军队资源的将领。

132   故引兵造河，方舟北济。会其行人发露，瓒亦枭夷，故使锋芒挫缩，厥图不果①。

尔乃大军过荡西山，屠各左校，皆束手奉质，争为前登，犬羊残丑，消沦山谷②。

于是操师震慑，晨夜逋遁③，屯据敖仓，阻河为固④，乃欲以螳螂之斧，御隆车之隧。

幕府奉汉威灵，折冲宇宙，长戟百万，胡骑千群，奋中黄、育、获之材，骋良弓劲弩之势，并州越太行，青州涉济、漯⑤，大军汎黄河以

133   角其前，荆州下宛、叶而掎其后⑥，雷震虎步，并集虏庭，若举炎火以焫飞蓬，覆沧海而沃漂炭，有何不消灭者哉？

《后汉书》和《魏氏春秋》中所引用的檄文，在这段文字之后接了一段简短的文字作为结束，指出曹操以七百人侍卫献帝，名为保护，实际上是囚禁，且此时汉室衰微，正是忠臣奋起对抗篡位者之时。怎么能不响应这种号召呢？

---

① 曹操的这次计划没有见于其他文献记载，虽然他确实希望在袁绍独占的北方分一杯羹。而就像我们在本书125—126页以及注释52讨论的，这可能指的只是于禁向黄河以北发动的扰袭。

② 这一段文字见于《文选》，但不见于其他版本。

　　屠各是2世纪受活跃于鄂尔多斯地区的匈奴的影响而出现的族群，一般而言是与汉朝对立的：见拙著《北部边疆》，351页，关于这一名字的发音及不同的写法，见该书529—531页的注释3（作者在本书中将其拼为"Chuge"——译者注）。

　　2世纪80年代黑山贼的一位首领也曾以"左校"为名。这一名称可能来自于将作少府手下负责掌管服役罪犯的官员；毕汉思《汉代的官僚结构》，81页。见《后汉书》71/61：2310页；拙著《桓帝与灵帝》，566页注12。

③ 从"尔乃"至此引自《文选》，其余檄文引自《三国志》注引《魏氏春秋》。——译者注

④ 敖仓在荥阳附近，运河的汴水与黄河的交汇处。这是曹操针对官渡所布置的防御阵线的最西端。

⑤ 济水与漯水（"漯"在其他地方读作"luo"，作者在文中将其读作"ta"）是华北的两条河流，大致与黄河平行；济水是向南流的，而漯水向北：见《中国历史地图集》，第二册44—45页。从这一方向进攻会威胁到曹操在兖州的济北和东郡。

⑥ 宛是南阳郡治所，叶在其东北百余公里。这是从南方向曹操发动进攻的天然位置，但没有有力证据显示刘表有此意图，而他的地方将领张绣还倒戈向了曹操一方。

然而,《文选》中的版本有一些不同。首先,在上述最后一段之前,有一段文字论述了曹操力量的孱弱和混乱。他的许多部下来自北部的幽、冀,或者是袁绍的故吏:他们一有机会就会很快的转变到以前的阵营中。曹操其余的部队来自兖州和豫州,其中很多是吕布的遗众,所以他们的忠心也是很可怀疑的,而跟随了曹操很久的部下已经连续多年征战,损耗严重,旧病缠身。这样的乌合之众将在战争的第一个号角吹响时就会土崩瓦解。

在论及曹操对献帝的掌控之后,袁绍表达了对曹操矫命称制的关注,认为这种行为会欺骗一些对真正的形势一无所知的独立力量。而檄文中适时提供的真相可能挽救献帝于悲惨的地位中,并且推翻反叛。

现在是北方的军队进军之时了,而这封檄文一到达荆州,刘表和张绣就会加入到进攻中来。胜利是可以预期的,国家也将得到守护。取得曹操首级的人将被封侯,并赏钱五千万,而其他投降的曹操属下可不受惩罚。

> 广宣恩信,班扬符赏,布告天下,咸使知圣朝有拘逼之难。如律令。

这篇檄文是一篇感人且优秀的文言文。它从曹操不体面的出身和无魅力的性格到他对权力的篡夺和滥用,形成了对曹操的有力攻势。袁绍扮演了守护神以及真正的救世主的角色,他没有较早对付曹操这个过失也被解释为首先是因为他错误的仁慈,其次是他对处理其他叛乱的崇高责任感。现在,曹操这个在战斗中成就很小、军队也不堪一击的大反贼,将遭受所有真正忠诚于汉室之人的联手攻击。这一战争的结果是可以预期的。 *134*

我们暂且不提袁绍对于曹操以前过往的自编自演,但现在的军事形势也并不像他所宣称的那么确定。与檄文一开始宣称来自四面八方的压倒性反对曹操的力量不同,檄文的最后则透露了虽然袁绍的命令已经下达,但并未被大家承认,更不用说是贯彻执行了。刘表没有行动,而张绣已与曹操结盟。文中确实呼吁了大家云起响应,只不过南方的力量并不为所动。

　　根据《文选》中的版本,檄文最可能发布于 200 年初,此时刘备还正在东南方与曹操激战,而这篇文采斐然的文章很可能不仅是为了得到刘表的支持,更是为了在豫州的众多人士而设计。袁氏家族出自汝南,那里可能有着成为袁绍的第二前线的美好可能,也可以对曹操的后方造成威胁。

　　虽然这篇檄文发布后,刘备被曹操击败,刘表和张绣也忽略或拒绝了袁绍的号召,但其本身流传甚广,并且,虽然对于战局的影响有限,但其与众不同的、敌对的对曹操的评价影响了历史学家和作家们数个世纪之久。我们将在第十一章中再次对此进行讨论。

决定性的胜利　公元 200 年[①]

　　官渡之战在整个国内战争中是具有决定性意义的,它决定了华北平原以及衰败的汉王朝大部分区域的控制权。虽然 8 年后的赤壁之战,因三国军队会聚一堂而引起了文学家的更多关注,但是官渡之战的重要性意味着对于这次交战的记录同样存在着夸张和陷入某种套路的倾向。所以对这段历史的阅读必须非常谨慎。

　　在袁绍谋划发动进攻时,他的谋士并不同意这一政策。他地位最高的谋士沮授和田丰都劝告他要拖延时间:应该扩大当前自己的地盘,使军队对曹操形成远距离威慑,但派遣奇兵进行偷袭,在进退之中拖垮对方;如此一来,就可以不费大力而使曹操攻守失衡、力量减弱。然而,沮授的对头审配和郭图却建议立即发起攻势,袁绍认同这种意见,并且还把坚持自己意见的田丰逮捕入狱。沮授原来拥有的军权现在也被分为了三部分,其中的两部分被郭图和淳于琼掌握,他们都是乐观的支持积

[①] 关于官渡之战的记录见《资治通鉴》63:2025—2040 页;拙著《建安年间》,272—298 页。雷班《曹操及魏国的兴起》,316—381 页。

极出兵的①。

据说曹操非常尊敬田丰:当他听说田丰没有随军出战时,就预测到袁绍必然会失败,并且他在后来还评论说,如果袁绍当时采纳了田丰的策略,孰胜孰败还尚未可知②。虽然曹操眼下设法保障了他的两翼和后方的安全,并做好了迎接正面突袭的准备,但袁绍拥有更多的兵力和潜在资源还是一个普遍的认识。如果袁绍依照田丰的建议,着力于发展经济基础并维持黄河流域的兵力,同时对曹操的地盘发动突袭并向其同盟和保持中立者施加压力,他可能就能制造出对于曹操来说非常严重的事态。而他却选择了没有什么策略性可言的冒险长途深入敌方地区。 *136*

农历二月,袁绍率军到达了魏郡的黎阳③。

在东汉的大部分时间里,黎阳都设有军营,用以训练华北的士兵以防守北部边境,这里现在成为了袁绍统治区域南部的主要基地④。与黎阳隔黄河相对的是白马,曹操的东郡太守刘延驻扎在那里,在其东部的是同属东郡的鄄城,守城的将领是曹操的老部下程昱。鄄城的守军只有700 人,但是当曹操想要增派军队时,程昱却劝说这里的军队少,本不足以吸引袁绍的注意,但如果增兵,反而会易于受到攻击,而且一定会被攻

① 田丰的建议见载于《后汉书》74/64A:2392—2393 页,《三国志》7:200 页,沮授的提议见《后汉书》74/64A:2390—2391 页、《三国志》7:196—197 页;《资治通鉴》63:2015、2025 页。关于这次显然持续了数月之久的争论的细节及时间,文献记载中有一些混乱,但其主旨及主要人物的派别却很清楚。

此前,在献帝东行时,沮授曾建议袁绍迎立献帝,但郭图和淳于琼成功地阻止了这一计划。历史学家还记载了其他官员对沮授的嫉妒,并形成了反对他的小团体。

沮授、郭图和淳于琼分领袁绍的军队,都被授以都督之职,可以翻译为 Chief Controllers,可与前注 51 参看。

② 《三国志》6:201 页裴松之注引《先贤行状》。

③ 这次战役见《资治通鉴》63:2025—2036 页,其中引用了许多文献,包括《三国志》1:19—22 页、《后汉书》74/64A:2392—2401 页、《三国志》6:199—201 页,《三国志》10:323—324 页、《三国志·蜀书》2:876 页。雷班也曾讨论过,见《曹操及魏国的兴起》,316—381 页,及拙著《建安年间》273—290 页,我在《早期中国的国内战争:曹操的官渡之战》(Civil War in Early China)中对此进行了初步的讨论,艾江山(Eikenberry, Karl W)的《曹操的战争》("The Campaigns of Cao Cao")58—59 页中有所涉及。

④ 黎阳是度辽将军的征兵及训练中心,见拙著《北部边疆》,253 页。关于度辽将军,见下文注释94。

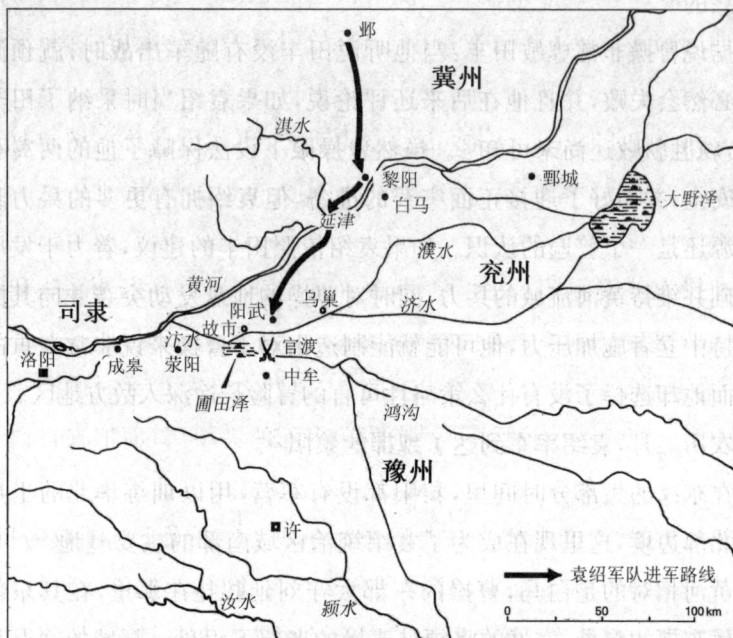

地图9 官渡之战 199—200 年

破;让敌人从这里经过而不攻击是更好的选择。曹操很赞赏他的谋略和胆识,接受了他的建议①。

　　袁绍的首次出击派遣了将军颜良越过黄河攻击白马,曹操也在夏初率军增援白马。然而,援军并未直接到达白马,而是到了西面 25 公里可以北渡黄河的延津。在那里他派人渡过黄河,假装要从侧翼攻击袁绍,然后派遣轻装军队直奔白马。袁绍果然分兵对抗了曹军的佯攻,而曹操则出现在了敌军主力之前,使颜良大惊②。张辽和关羽领兵进攻,敌军被击破,颜良也被关羽斩杀③。

---

① 鄄城是否值得攻击是存疑的;袁绍的真正目标是在官渡的曹操,而鄄城距离官渡一线很远。占领这一城市会分散他的一部分军队,也并不能对曹操形成包抄。

②《三国志》1;19 页将这一计策归功于曹操的谋士荀攸。

③《三国志·蜀书》6;939 页,记载关羽策马刺颜良于万军之中。他因此被封为汉寿亭侯。封邑的具体位置已不可考,但关羽在之后的多个场合中都被以这一封号称呼。

在颜良败亡之后，袁绍放弃了对白马的包围，率领军队逆黄河而上到达西南的延津。沮授再次重申了自己谨慎的建议：保留主力，派遣先头部队前往官渡，因为如果主力军队进行大战，将再难集结起来进行撤退。袁绍对此不屑一顾，命令部队全力进攻，沮授因此称病请辞。袁绍拒绝了他的请求，并命令他留在军中，但剥去了他的军权，他的兵力被归并于郭图①。

曹操为避免袁绍在白马得利，放弃了坚守白马，并率领军队和民众西迁。像现在一样，为保护黄河流域的广阔平原，黄河旁修建有许多堤坝，而为了给季节性的洪水留出空间，主要的大坝距离平时的河流都有一定距离。曹操下令骑兵下马，掩藏在南面的大坝后，而把来自白马的辎重堆在军队前的开阔地上。刘备和文丑率领的先头部队此时已渡过黄河逼近曹操，他们中的一些人就去掠夺辎重。曹操下达了攻击指令，他的战士们纷纷上马出战。曹操只有 600 名骑兵，远远不及袁绍，但是他们的攻击出其不意，再次击败了袁绍的军队。文丑被杀，他与颜良都是袁绍最为出色的将领，他们的败亡对袁绍军队的士气打击很大。

然而，尽管赢得了这些小战役的胜利，但曹操并未能阻止袁绍渡过黄河，他现在已撤回了自己的主要防守地官渡。据说袁绍的军队超过十万，且他似乎显然占据了地理优势。尽管双方都试图对敌人的后方发动突袭，但到了秋天，战线还是已经逼近了官渡。

文献中记载，当袁绍进逼官渡时，幽州的主要领袖之一阎柔向曹操遣使，鲜于辅也亲自拜见了曹操；他们大概是横穿太行山向西而行的。鲜于辅在之前已与曹操有所接触，现在被任命为度辽将军。阎柔曾在与公孙瓒的对战中为护乌桓校尉，并得到了袁绍的承认；他现在转而对曹

---

① 《三国志》6：200 页裴松之注，《后汉书》74/64A：2399 页；上文 136 页曾提及袁绍的军队分为了三部分，每部分都由都督统帅。除沮授之外的其他两名都督的情况是，淳于琼似乎后来负责运输与补给，郭图则是进攻曹操的主力，因此大概淳于琼的任务是负责交通与补给线，而郭图负责指挥袁绍的前线军队。

操效忠。然而，他们被授予的职位在当时都不具有实际权力①，并且似乎袁绍并没有被任何北方的事务分散注意力。换句话说，曹操的严峻威胁已近在咫尺。

关羽在击杀颜良之后，认为他已经还清了曹操对他的恩情，并毫不掩饰自己想要返回刘备身边的意图。曹操似乎宽容的接受了他的决定，所以关羽的逃离进行得不费力气②。他可能在白马之战的数日后重新加入了刘备军中，因为如果关羽仍在曹操手中，刘备向延津派遣骑兵先锋的可行性就值得怀疑了。不久刘备就被袁绍派出对曹操的后方进行骚扰。

一股自称是黄巾军的势力在汝南郡对曹操发起了进攻，刘备率领军队支援他们。他走的路线可能是穿过他以前占据过的徐州，而随着起义军的愈演愈烈，南部对许的威胁也变得更大。曹操很为此忧心，但曹仁却认为刘备及其同伙对于彼此还不熟悉，他可以率领一支骑兵平定叛乱。刘备的确被击败了，逃奔袁绍，而曹仁和其军队则作为机动力量以处理将来的叛乱③。

汝南是袁氏的故乡，许多地方领袖都对袁绍表示了支持，而袁绍派遣了远在北方的、之前从未与这一地区有过联系的刘备来充当他在这一地区的代理人，是很令人吃惊的。可能这是刘备自己的要求，并且尽管第一次行动失败了，他还是说动了袁绍再次派他外出，这一次他的任务

---

① 《三国志》8：247 页，东汉时，护乌桓校尉负责处理幽州边境的非汉族的乌桓和鲜卑事务。阎柔儿时在其中长大，深得其信任，曾在 195 年率领部众支援公孙瓒的反对者们。

　　虽然辽河流经了东北平原，辽东、辽西郡的名字也都与之有关，但东汉的度辽将军是驻扎在并州前线的，位于河套以北，今天的包头附近，负责控制匈奴。然而，自 2 世纪中期始，随着匈奴的分裂，这一地区的形势变得更为混乱。170 年代中期，度辽将军已无以为继：例如见拙著《北部边疆》321—324 及 341 页。其许多年后才随着东北方的再次归化而于 237 年复置《三国志》28：762 页；方志彤（Fang Achilles）：《三国编年（220—265 年）：司马光（1019—1086 年）〈资治通鉴〉第 69—78 章》（*The Chronicle of the Three Kingdoms*（*220 - 265*）：*chapters 69 - 78 from the Tzu chih t'ung chien of Ssu-ma Kuang*（*1019 - 1086*））I，546 页，而对鲜于辅此时的任命，与阎柔一样，仅仅是礼节性的。

② 这与小说中对他逃跑的描述形成了对比，见本书第十一章 486 页。

③ 《三国志·蜀书》2：876 页，《三国志》9：274 页；拙著《建安年间》，280、282 页。

是联系荆州的刘表。虽然刘备返回了汝南,并且联合了其他的武装,但这次曹操并没把他当作很大的威胁。他派遣了一位低级官员,刘备击败并杀死了他,但是并未采取进一步的行动。

刘表继续袖手旁观,无论如何他是独立于战局之外的:他的前手下张绣现在支持曹操,而曹操的手下李通控制着汝南郡西南的地区,这两块区域将刘表与刘备隔离了开来①。总之,袁绍的"南部政策"似乎主要是因刘备想要自立门户而被煽动出台的;刘备计划着脱离袁绍独立,而袁绍自身则集中精力于对官渡的直接攻击。

初秋,袁绍在阳武设立大营,这个地方离现在河南省的原阳县很近,位于延津西南 55 公里,距离曹操驻扎的官渡 20 多公里。沮授再次建议 *141* 袁绍暂停进军,并保持对南方的压力,迫使曹操在等待攻击中耗尽精力和物资;但是袁绍依然坚持进攻。在农历八月仲秋,他率领军队抵达了曹操的防守线。两军对峙了 2 个月,战争的前线东西向绵延了 100 公里之远②。曹操在开始时试着进行了一次突袭,但是失败而归,从此以后就一直保持着守势。

虽然袁绍在兵力上拥有绝对优势,但也并未从两侧对曹操形成包抄之势,所以必须在全线都配置充足的兵力对敌③。沮授建议袁绍建立起应对曹操未来发动攻击的机动力量,谋士许攸提出应派遣轻骑对许发动夜间突袭。袁绍派遣了将领韩苟向西绕行莆田泽到达许,但是曹操在这

---

① 李通的传记见《三国志》18:534—536 页,他的谋士赵俨的传记见《三国志》23:668—671 页。李通曾任阳安都尉,掌管着颍川与荆州交界的两县。他忠心耿耿,袁绍和刘表都曾试图拉拢他,但他都予以拒绝,并杀了袁绍的使者。

② 这一数字是以故市和乌巢这两个已知的袁军的供给点为基础的,这两个地点将在下文中进一步讨论。两地距离 60 公里,可以供给相当广阔的前线。然而就像我们之前注意到的,圃田泽以西的地形限制了向西的交通,其间的很多地区也因小水道和沼泽而很复杂。

③ 关于军队的数量及特点,见下节"重新评估"。雷班:《曹操及魏国的兴起:初期阶段》,381 页,其中公正地强调了"少"这一词汇应被理解为相对的而不具有绝对意义:曹操可能没有袁绍那么多的战士,但他的军队并不一定很少。

一地区安排了曹仁驻守以防不测，韩荀被他击退①。袁绍对这一计谋并未再有动作，把自己和主要军队都投入到了直接的进攻中。

曹操的防线已准备了数月之久，他可能修建了夯土墙，也可能树立了栅栏，因为官渡坐落在汴水渠道旁的山丘上，我们可以推测他的防御工事是建造在高地上的，并以水渠为自然的护城河；任何进攻者的前进都必须爬坡。袁绍的士兵堆土为山，建造木塔，以能够瞄准曹操的防御工事，他们还挖掘沟渠以接近并破坏曹操的壁垒。文献中记载，在弓箭的密集射击下，防守的士兵不得不一进入开阔地区就举起盾牌保护自己的头部，但是他们也建造了塔楼和防守的沟渠，并用"霹雳车"投石摧毁了袁绍修建起来的地上设施②。防御进入了拉锯期，虽然此时供给尚无问题，但曹操仍忧心于他们还能坚持多久。文献中记载他曾一度考虑未来撤退到许都作最后抵抗的可能，但荀彧写信劝说他坚持下去：

> 公以十分居一之众，画地而守之，扼其喉而不得进，已半年矣。情见势竭，必将有变，此用奇之时，不可失也③。

这当然是夸大之词，袁绍的兵力并没有达到曹操的十倍，且虽然战争是从年初开始的，但双方在官渡的直接对峙还未到两月。尽管如此，我们还是可以确定如果放弃如此慎重准备的防线，曹军的士气将大受挫折，而他也不太可能在许都重新组织起成功的防御。

从另一方面说，正如荀彧指出的，袁绍仍然面临着不小的困难。他的攻击并未能令军队向前推进，并且他的战线已延伸到黄河东北的黎

① 《三国志》9：274 页，其中记载韩荀为先遣队的领导，但他并不是将军，而是别将。
② 双方在官渡的争斗，见《后汉书》74/64A：2400—2401 页袁绍传、《三国志》6：199 页、《三国志》1：20—21 页武帝纪；概要请见《资治通鉴》63：2032—2035 页；拙著《建安年间》，284—289 页。在其中有许多套路性的以及矛盾的记载：例如，既然曹操的手下需要盾牌举过头顶以防御地方的攻击，那么他们又如何能在这种情况下使用投石器呢？
　　"霹雳车"可能是移动的投石器：本书第四章 177 页。据记载，这一称呼是袁绍的军队想出来的，可能反映了石头落地的声音。
　　《水经注》22：720 页记载，两军对峙留下的遗迹，包括曹操防御工事中的塔或平台，在 3 世纪后仍存在于地表上。
③ 《三国志》10：314 页荀彧传。

阳,长达百里。我们可以推测曹操在撤退到官渡时并未给敌人留下什么有价值的东西,就像他放弃白马时带走了民众和物资一样。无论如何,袁绍的主力军队将很快耗尽当地资源,不得不依靠很长的供给线。

为袁绍的前锋部队提供粮食和装备补给的主要有两个地点:一个位于西部的故市,即今天的河南郑州北部;另一个是乌巢泽,在今天的延津东南。它们相距 60 公里,在前线后方靠黄河运输送物资,并通过鸿沟的分支济水东西相连。我们知道淳于琼率领着部分袁绍军队,而后面的一些事件表明他负责保障供给,运输以及物资的储存得到了很好的防御。看来,袁绍对自己的防御很是自得意满。

在激战了几周之后,荀攸建议曹操派偏将军徐晃去攻击敌人后方的故市。故市的守将是袁绍的属下韩荀,他被描述为勇而少谋之人。这次袭击大获成功,韩荀败走,辎重被付之一炬①。

这次获胜打击了袁绍,但他的形势并未大坏。初冬,袁绍的谋士许攸投奔曹操,表面上的原因是他攻击曹操后方的建议没有被正确的执行。据说他自己很贪财,并曾因家人犯法被捕而大怒。他告诉曹操袁绍在乌巢附近还有更大的供给,由淳于琼护送,并鼓励曹操对那里发动攻击②。《曹瞒传》中记录了这次进攻:

---

① 荀攸传见《三国志》10:323 页,其中提到了烧其辎重,但《三国志》17:528 页的徐晃传中却记载了他是直接攻击故市的。

　　《三国志》卷十中袁绍手下的这位将军名韩猛,但他可能与曹仁不久前击败的是一个人:本书 142 页、《三国志》9:274 页。更多请见拙著《东汉三国人物辞典》,303 页。《三国志》9:274 页中记载曹仁与史涣也参加了这次突袭。

② 《三国志》1:21—22 页裴松之注引《曹瞒传》,其中记载许攸询问曹操现在的供给情况,在反复给曹操压力后,曹操终于承认只能维持一个月。他的情况已相当危急。

　　另一方面,文献中也记载此时曹操迎接了一支供给队伍,说:"却十五日为汝破绍。"《三国志》1:21 页,《资治通鉴》63:2033 页;拙著《建安年间》,285 页。这听上去不像一位担心粮草的统帅,或是对胜利缺乏信心的将领能说出来的话。

　　我猜测,就像两军的人数一样,曹操在供给上的问题也是被夸张的,用以增加他的成就。我们应该注意到,曹操与许攸的对话可能不是直接记述下来的,很难相信一位将领会当众讨论粮草问题。这可能是一份虚假的文献。

公大喜,乃留曹洪守,选精锐步骑[五千],皆用袁军旗帜,衔枚缚马口,夜从间道出,人抱束薪,所历道有问者,语之曰:"袁公恐曹操钞略后军,遣兵以益备。"问者信以为然,皆自若①。

显然,这次突袭是秘密并伪装执行的。捆住马口是为了确保他们的行动无声,抱着束薪则是为了使战士们看上去像是在进行打扫。很难想像这样一大群沉默的抱着一捆木头的人是如何向站岗的士兵解释他们是援军的。这段历史是经过夸张了的套路,但是清楚的是,这次出人意料的袭击取得了成功。曹操及其军队火烧了敌人的营地,使敌人陷入一团混乱之中,虽然淳于琼在黎明时发起了进攻,但是他很快就被击退回营中。

袁绍肯定已经认识到许攸的投敌意味着他的许多部署都已被敌人知晓,现在的疑问只是不知道曹操会选择哪一处发动进攻罢了。然而,当淳于琼被袭击的消息传来,袁绍却选择了让他自己防守,自己则利用曹操不在营中的劣势,对官渡再次发动攻势。他仅仅派遣了轻骑去支援乌巢,而令将军张郃、高览率大军进逼曹军大营。张郃认为这种行为太过冒险,因为淳于琼护卫的物资是非常重要的,但是郭图反对他的意见,而袁绍采纳了郭图的建议。正当曹洪和荀攸在官渡迎战时,曹操也激励他的军士,拿下了淳于琼和来增援的袁军。

尽燔其粮谷宝货,斩督将眭元进等,割得将军淳于仲简鼻,杀士卒千余人,皆取鼻,牛马割唇舌,以示绍军。将士皆惶惧。②

《曹瞒传》中的记载肯定又是夸张的:如此残忍的行为并非闻所未闻,但不太可能在当时那种情况下发生。曹操的军队孤军深入敌后,与此同时他的大本营还遭受着猛烈的攻击,尽管这种行为可能起到威慑敌人的效果,但是他也几乎没有时间亵渎尸体。

①《曹瞒传》中没有记载人数,但《三国志》6:199 页中记载为五千人。
②《后汉书》74/64A 卷章怀太子注引《曹瞒传》,《资治通鉴》63:2034 页;拙著《建安年间》,288 页。

无论如何,张郃等人的直接进军并未成功,消息传来后,郭图将责任推到了前线将领身上。张郃与高览害怕承担这一后果,命令他们的士兵烧毁了攻城的器具,向曹洪和荀攸投诚①。袁绍的军队前后受敌,供给被摧毁,将领也投了降,士兵们纷纷溃退。他们放弃了营地,逃向黄河以北,被他们获胜的对手追赶。袁绍、袁谭和他们的随从得以逃走,但是许多士兵被杀死或俘虏,他们所有的物资、地图和文献都到了曹操手中;他没有阅读就当众焚烧了其中的通信。

在给献帝的正式报告中,曹操称他斩杀了 7 万余袁绍的士兵②,但这个数据十分不可信:即使袁绍的军队有十万之众,70％的死亡人数也是不可信的③。此外,文献中还记载,袁绍败逃时仅有八百骑兵护卫他,但等到他在黎阳重整旗鼓,许多士兵就都前来归附他了④。同样,虽然冀 ¹⁴⁶ 州的许多城镇都已反叛,但他很快就不费什么力气的重新获得了这些地区的控制权⑤。袁绍确实吃了个大败仗,也不太可能再向南方发起类似的战争了,但是这场战役并不像文献中指出的那样具有直接的毁灭性。

另外,就像战争的结果可能被夸大了一样,失败一方的过失也同样如此。曹操和他的谋士们在官渡之战中的形象很好:他们灵活、有创造力、且能够快速意识到并抓住机会。而袁绍则被描述为思想守旧、不听

---

① 张郃传见《三国志》17:524—527 页,他后来成为了曹操的突骑的将军,并因战功身居高位。高览在后面的文献中并未再出现。

② 《三国志》1:22 页裴松之注引《献帝春秋》;《资治通鉴》63:2035 页也复用了这段文献;拙著《建安年间》,289 页。

　　《献帝春秋》是传统地记录帝王及朝廷每一日活动的史书,是以后的本纪及王朝史的其他段落的素材来源:何四维:《汉代的史学编纂》("Notes on the Historiography of the Han period"),41 页。因此,这段文献应反映了曹操报告中的真实词汇;但文字在传抄中会出现问题,曹操及其文书人员也不需要保证数字的准确性。

③ 虽然战败和逃跑造成很大伤亡,但在公元前 216 年的坎尼之战被汉尼拔围困并屠杀的 13 万罗马军队中,仅仅有 5 万人死亡。

④ 《后汉书》74/64:2401 页;拙著:《建安年间》,290 页。

⑤ 《后汉书》74/64:2401、2403 页;拙著:《建安年间》,290、292 页。

沮授和田丰那样谨慎的谋士的建议,很少尝试攻击曹操的后方,将重兵用在直面对敌上,最终导致了灾难性的结果。一些证据似乎可以纠正这些评论:在坚持对战曹操主力的同时,派遣刘备和其他人骚扰他的核心地带,确实不失为另一种选择。在这次战争中,袁绍在官渡的失利并不必然是致命的,但它削弱了袁绍的力量,在几年之后,围绕继承权展开的争斗使他的家族迈向毁灭。

官渡之战:重新评估

上文提供了很多历史学家关于官渡之战的记录,总体而言,我们认为这些记录是正确的。袁绍调集了大量军队,径直越过黄河,抵达了曹操位于官渡的防线。虽然他的士兵大大多于曹操,但是并未能突破曹操的防线,当曹操摧毁了他的供给点和运粮车时,士兵们乱作一团。他的一些谋士曾建议保持主力军队对曹操的威胁,同时派遣奇兵向敌人易受攻击的两侧和后方进攻,但是袁绍基本上忽视了这种可能性:他仅仅派遣了低级将领韩荀和不可靠的刘备来执行这些行动。

这个故事的核心部分,是依靠袁绍拥有强大的力量却没有正确使用它、并且发动了毫不灵活的错误进攻这一假设的。然而,问题在于我们并不能确定袁绍是否比曹操拥有更多的军队。

这一疑问首先是裴松之自己提出的,他在为武帝纪所做注释中写了一段重要的评论[1]。他注意到曹操在之前的许多战役中都取得了胜利,他能从中接管敌人的军队,把他们收为己用;著名的例子就是他把 30 万黄巾军择其精锐,编为了青州兵。他还指出曹操能够维持住一条延伸的防御线,并且他更进一步的怀疑曹操是如何依靠如此少的士兵来杀掉了 7 万甚至 8 万敌军的。"绍之大众皆拱手就戮,何缘力能制之?"他推测双

①《三国志》1:20 页,裴松之注释,翻译见雷班:《曹操及魏国的兴起:初期阶段》,331—332 页。

方之间的差距被夸大了，以突出曹操的胜利。

正如雷班指出的，裴松之的观点只得到了少数评论者的认同，而即使是这些赞同他看法的人，也认为袁绍的军队在数量上占优，并掌握了主动权①。因此，袁绍的进攻计划被看作是自负的典型例子，在此指导下的官渡之战也成为对他的固执和傲慢的惩罚。然而，如果我们仔细考虑一下双方所控制的人力资源，以及当时的全部战略形势，也许这幅图画就会发生转变。

据《续汉书·郡国志》记载，公元 2 世纪中叶，以后会被袁绍占据的冀州拥有 908005 户、5440340 口，而以后会被曹操控制的兖州有 799302 户、3394597 口，曹操权力中心颍川郡则有 263440 户、1436513 口。双方在人口上的差距仅仅是 50 多万②。

148

袁绍确实自称东拥青州西握并州，他之后也击败公孙瓒并名义上控制了华北平原北部。然而，幽州的大部分地区仍在像鲜于辅和阎柔那样的地方首领手中，他们更倾向于曹操一方。同样，虽然袁绍击垮了太行山地区的许多黑山贼，并任命外甥高干为并州牧，但这并不意味着这一地区已太平无事，同时黑山贼的前领袖、公孙瓒旧部张燕还维持着常山郡的独立。至于青州，袁绍虽任命了长子袁谭为刺史，但其地大部分人口在早年间都加入了曹操的队伍，又被袁谭和公孙瓒的手下田楷之间的战争毁坏严重，现在也还处在与曹操联盟的臧霸的攻击中。袁谭自

---

① 雷班：《曹操及魏国的兴起：初期阶段》，333—335 页。在 335 页，雷班接受了裴松之的论断，认为双方的力量是相近的，虽然他指出"防御一方的人员较少、供给线短，这与长距离奔袭的、人数较多的进攻一方是（概念性的）平等的"。雷班接受了一般意见，即认为袁绍的军队人数远超曹操，并强调了袁绍对于四州的控制（冀、青、幽、并）；关于此，我们下文将会讨论。
② 关于《续汉书·郡国志》及其中的人口统计，见本书第二章注释 15。冀州的数据见《后汉书》110/20：3431—3437 页，兖州的数据见《后汉书》110/20：3447—3458 页，豫州的颍川郡的数据见《后汉书》110/20：3421—3422 页。我下面仅仅引用了人口的数据。
　　雷班：《曹操及魏国的兴起：初期阶段》319—320 页中指出，一些像颍川一样的地区在战争中已荒毁，经济产品也急剧减少了。然而，曹操曾在许进行过多年的屯田，且虽然军队的通行以及强盗的破坏影响了许多地区，但这种破坏并不是一直持续的，好的收成也会给当地带来起色。繁荣和丰收不会像和平时期那样，但不同地区的资源却会根据他们之前的生产能力而有所不同。

己也加入了对抗曹操的战争,但很难相信他能够为自己征集到许多军队①。

而曹操一方,虽然汝南的形势比较麻烦,但他近来刚刚击败了徐州的吕布,并控制了豫州东南与他的大本营颍川相连的部分;在东汉的统计数据中,包括曹操家乡沛在内的此地区的人口总计250万,这还没有算上徐州。吕布的败亡、袁术的失利以及对刘备的成功驱除,意味着曹操在淮河北部再无重要敌手,并且虽然他需要派遣军队和防卫以保障秩序,但这一地区的资源都是可以利用的。

因此,虽然199年袁绍最终消灭了公孙瓒,但他仍面临着来自南部的不断增加的威胁。他可能希望争取家乡汝南郡的力量,但是似乎曹操在那里的代表满宠消灭了袁绍的追随者,或是逼迫他们隐居,袁绍名义上的盟友荆州刘表也并未显示出介入的意图:他必须要处理南部的叛乱者张羡,而他的将军黄祖也正陷入与长江下游的孙策的对战中②。与此相反,张绣199年加入了曹操的队伍,为他带来了大郡南阳的许多潜在物资,这个郡光人口就有200万。

与此同时,袁绍花了很大的努力才赢得对公孙瓒的最终胜利,也没有在曹操早期还未做足准备和零星的失败时赢得有利先机,这意味着他的军事力量并没有普遍所言的那么强。200年初,他面对着来自曹操的两方面的压力:在西面,黄河北岸的河东郡在曹操的控制之下,而在东面,曹操的代理人和联盟者臧霸正在向青州进军。袁绍远没有控制中国的北方,他实际上仅仅占有冀州,并且曹操还开始在那里展开或明或暗的反袁行动。

如此看来,袁绍的攻击与其说是对劣势对手的进攻,不如说是在为

---

① 雷班:《曹操及魏国的兴起:初期阶段》,318页,指出袁绍"稳固地守卫着"冀、并、幽、青四州。我并不同意这一观点。

② 张羡于200年去世,刘表才能控制他的地盘,但这肯定需要一段时间;《三国志》6;211—212页、《后汉书》74/64B;2421页。另一方面,199年末,孙策取得了对黄祖的关键性胜利,刘表不得不增派大量援军;《三国志》46/吴书1;1108页;拙著《南方的将军》,190—192页。孙策在次年去世,但他的弟弟孙权保持着来自长江下游的压力。

时未晚时发起的向对手核心地带的攻势,以期给予对手重击。当然,发
动如此深入敌方的战斗、建立长线供给、把胜负压在单独的一场战役中,
都是有很大风险的行为。然而,这不是因为袁绍的骄傲和自满,而是因 _150_
为这场战争是他在绝境之中发动的,在此前他已经被曹操不断扩张的力
量挤压了。

　　在这种情况下,袁绍的确集结了大批军队,他的长子袁谭这位名义
上的青州刺史也伴随在他身边,这也证明了除在其他要塞的防守士兵之
外,他已经动员了能够动员的所有力量。同样,刘备这个本不属于袁绍
的将领被派往汝南,而被曹仁击败的突袭许都的队伍的将领是韩荀,他
甚至不是真正的将军。这意味着袁绍并非放走了机会,而是他实在无法
从与曹操对峙的大军中再分拨出将领了。

　　袁绍的孤注一掷是有成功的机会的,因为他集结了强大的力量攻击
曹操的中路。曹操对此非常忧心,因为一旦袁绍突破了防御,曹军的士
气将会严重受挫,他的防线也将被从后部瓦解。然而,曹操通过从黄河
的战略撤退,将敌人引入了他准备充分的本土,在那里,袁绍的长供给线
和后方供给点都明显是易受攻击的。此外,曹操并非一般认为的在士兵
数量上处于劣势,相反,在最后的战役中他在官渡留下了足够数量的守
军以防御张郃与高览的持续进攻,同时还能率领精锐骑兵攻击乌巢的淳
于琼。

　　以此观之,官渡之战看上去就有所不同了。无论是因为军事力量不
足、运气不佳还是主动性的缺乏,袁绍在从韩馥手中取得冀州之后的十
年中,除了取得了一些胜利之外,并没有很好的发展。而与此同时,曹操
则在黄淮之间取得了非凡的胜利。而 199 年,袁绍虽然处置了公孙瓒,
他仍面临着来自曹操及其盟友的稳健侵犯。在最后一搏中,他试图通过
直接的和集中的进攻来压垮对手,但是曹操的准备很充分,计划周详地
将他的战线拉长,并且摧毁了他的供给线。袁绍失败了,但是他的临场
战略并不像历史学家和评论家们所说的那么愚不可及,并且他所面对的
是一个最为经验丰富和才能卓著的对手。曹操的战略是古代军事家孙 _151_

子理论的典型运用:他引诱敌人进行错误的行动,迫使对方按照他的选择进行战斗,并最终通过攻击地方的弱点、打击军队的士气而击败了他①。

---

① 关于曹操与《孙子兵法》,见本书第七章 324—332 页。

第四章 内战之道

官渡之战的胜利使曹操成为中国北方最强的人物。但袁绍仍然是需要对付的势力，在未来也可能出现其他的竞争对手，所以曹操将来还有更多的仗要打。然而，官渡之战标志着从董卓篡权开始的、最为混乱的国内战争第一阶段的结束。因此，现在值得我们探讨的是这些战争的特征，即各路豪杰如何获得军队、如何使用人口及物质资源。

本章中，我们仅仅分析陆战。水战中呈现出来的许多问题都与陆战不同，并且曹操直到208年占据荆州以前，都没有进行过水战；这些战争将在本书的其他章节中讨论[①]。

东汉的遗产

东汉军事结构的核心是北军五营，每一营中都有近九百将士及其他人员，由校尉统领。五营分别是一个步兵营：步兵，一个弓兵营：射声，和

---

① 关于水战，见本书第六章278—286页。

153 三个骑兵营：越骑、屯骑、长水；长水营由来自东北的乌桓兵组成①。像许多现代军队中的近卫营一样，北军的训练严格且专业；他们保卫着朝廷和首都，也被用来增援对边境外异族或帝国内反叛者的征伐。

在首都之外，北方边境的守将是度辽将军，其大营设在今天包头附近的鄂尔多斯黄河拐弯处，在甘肃走廊的武威、敦煌、居延沿线的长城地带也有驻防军队。这些军队的力量都不算特别强：估计在长城沿线的军队可能有五千人，而度辽将军的部下不会比之更多。这些士兵中包括志愿兵、短期的应征士兵以及被判充军减刑的罪犯，但是他们的比例并不清楚，并且肯定是随时间变化的②。

根据这种估计，东汉的常规军可能有一万五千人，而欧亚大陆另一端的罗马帝国在 2 世纪时拥有 30 个公民军团，每一军团有六千名士兵。罗马的常规军是汉朝的十多倍，并且这些军队背后还有相同数量的非公民辅助人员的支持③。

在西汉时，国家奉行征兵制度：到了服役年龄的男子被召集起来训练或服务，接着加入地方军队，每一年国家都会进行检查或调动，他们也
154 可能应召为更长期的现役兵。然而，在公元 30 年，东汉的开国皇帝光武帝废除了这一制度。从此以后，国内的男丁可以作为地方武装进行剿匪，在紧急情况下他们可以被国家征召，但不再接受官方的培训或常规

---

① 《续汉书·百官志》中对北军有所记载，《后汉书》117/127：3612—3613 页。关于长水营中的乌桓兵，见拙著：《北部边疆》387 页，其中引用了《后汉书》117/127：3612—3613 页，及刘昭注释引用 2 世纪晚期蔡质的说法。

② 西北长城建立起来后所需的将士数量见鲁惟一：《汉代行政记录》Ⅰ，90—91 页，他在 77—79 页讨论了征兵的形式和制度。在拙著《北部边疆》50—52 页中，我指出北部边郡人口的减少，意味着长城北段和东段的守卫力量也随之减少，如果真是这样的话，那么度辽将军营的力量就取代了之前的防御线。（关于度辽将军这一名称，见第三章注 90。）

③ 勒特韦克（Luttwak, Edwerd）：《罗马帝国的大战略：从公元一世纪到三世纪》（The Grand Strategy of the Roman Empire from the first centnry A. D. to the third），16 页，其中总结了这一广泛的学术争论的结论。更多细节，见法农（Farnum, Jerome H）：《罗马帝国军队的配置》（The Positioning of the Roman Imperial Legions）。

　　另外值得注意的是，罗马的禁卫军人数并不比洛阳的北军少；而禁卫军并不计入罗马的常规军队中。

训练。当时存在更赋,这种制度既有利于国家税收,又支持了小规模的职业军,而在边郡的男子则必须像前朝一样服兵役。这种新的政策减少了国内叛乱的危险——没有经过军事训练的起义者的威胁大大降低了——但是这也意味着国内的军队逐渐变得不具价值[1]。

尽管如此,也尽管东汉二百年间北方边境的人口急剧减少,但政府仍然能够投入大量的军力到重要战役中:窦宪在 89 年率领四万人对北匈奴发动攻击;段颎在 168、169 年指挥五千骑兵、一万步兵摧毁了在今天陕西活动的羌族部落;在 177 年败于鲜卑的军队有三万人之众[2]。

这些武装的数量不少,但是中国的部队非常依赖乌桓、南匈奴以及其他少数民族的支持,并且边疆的防卫,特别是在 177 年的失利之后,变得更为不可靠。184 年,凉州爆发的叛乱和起义是北方这些问题的一次体现,而现在这些军队虽然在表面上效忠,但是否真正听命却成了问题。160 年代,虽然段颎和他的同伴控制住了局势,但是在边境军人和中央政府之间的联系却很少。此外,他们建立的军队长期效忠于一位领袖的模式,在此后一直被沿用,于是,在 180 年代,像董卓一样的人就建立了一支依靠他的队伍,其成员既有中国人,也有非中国人,他们效忠的人是自己的领袖,而不是抽象的王朝或是距离遥远的皇帝[3]。

155

---

[1] 毕汉思:《汉代官僚组织》,114、191 页及注释 2,其中认为,此时常规的征兵只是临时被取消了,但我在《北部边疆》48—50 页中表达了不同的意见,陆威仪在《汉代对普遍兵役的废除》一文中,提供了更多证据及结论。《后汉书》118/128;3622 页刘昭引了公元 2 世纪的学者、官员应劭的著作,在提及 110 年左右召集军队对抗羌人时,说"不教而战,是谓弃之。"

[2] 本书第一章 8 页曾提到过 89 年、177 年的战役,拙著《北部边疆》269—273 页、340—341 页也曾有所讨论。对这些军队数量的可靠性应保持怀疑,但段颎带兵的数字是记录在他 167 年给桓帝的信件中的,168 年的另一封信则涉及到了财务和时间表:《后汉书》65/55;2148—2151 页;《资治通鉴》56;1803—1807 页、1816—1817 页;拙著《桓帝与灵帝》89—94 页、107—109 页。

[3] 关于首都和地方将领在政治上的分离,见拙著《北部边疆》,425—426 页,及《东汉的军事文化》("The Military Culture of Later Han"),104 页、106 页。陆威仪《早期中华帝国:秦与汉》(*The Early Chinese Empires：Qin and Han*),262—263 页,讨论了北部军队的实际独立性。

　　例如,189 年正月,朝廷曾两次命董卓交出兵权:一次是命他回长安任少府,第二次则拜他为另一处边境的高级将领。他每次都拒绝了,宣称他的军队忠于、信任自己。朝廷无法继续施加压力,几个月后,董卓就篡取了政权:《后汉书》72/62;2322 页、71/61;2306 页;拙著《建安年间》9—10 页。

189年,随着中央政府的垮台,边疆问题与中国本身致命的问题相比,变得不甚重要。幸运的是,草原上的鲜卑部落也陷入了混乱和争斗之中,而鄂尔多斯地区的匈奴也很虚弱,不能从中国的内乱中捞到什么好处。然而,汉代的职业军结构被大大摧毁,这意味着战争不得不采取一种不同于传统的模式。

州、郡、县的长官管理辖区内的事务,并被指望着可以率领军队对抗地方的起义、反叛,在边郡,还包括非中国势力的突袭;然而,他们本质上是文官。与罗马共和国和早期罗马帝国不同,中国的年轻男子在开始政治生涯之前,并不被要求服兵役,也很少有高级官员具备战争经验。虽然他们肯定会从更有经验的下级官员那里得到有益的建议,但仍有相当数量的郡守战死沙场。

另一方面,尽管普遍的征兵制度已被破坏,但帝国中还有很多具有战争经验的男子。他们中有些是从北军或边境军队中退役下来的,但更多人是曾经与地方反叛者进行过一次或者多次战斗的。后者可能没有受过正式的训练,但是他们上过战场,并且是未来战役的有生力量。这种内部的征兵可以被用于对付中国之内的麻烦制造者,然而,来自边疆的战士,特别是那些有经验的老兵,更有能力且也被认为应该如此。在内战的开始阶段,来自北方的将士要优于内地郡县的,曹操190年在荥阳大败于徐荣之战中,就显示出了这种不同。然而,几年以后,长安的军阀混战彻底摧毁了军纪,西北军简直和土匪没有两样了①。

当然,大家族和自称"侠"的土霸们也拥有自己的武装②。一些这种非正式的武士也受过武装训练,但是许多还是依靠他们数量的庞大以及

---

① 除了董卓及其后来者带到长安的部队之外,曾经是精锐、储备军的北军也在长安的混战及献帝的东逃中丧失殆尽。献帝在许的傀儡朝廷中保留了北军的名号,但其已不再具有任何军事上的重要性了。

② 见本书第一章注释51。

对手的弱小。他们中的一些人在内战中上升成为领导者,但大多数人在直面正式军队的时候还是不堪一击的。然而,内战打响后,他们可以被雇佣:将军朱儁在181年就曾率领家兵在南方作战[1],当曹操第一次组织军队对抗董卓时他依靠的就是这些地方豪杰。

政府官方地征发士兵对付地方暴动或帝国境内贼党的过程,并没有很多细节留下,但是我们能够找到一个特殊的例子:孙坚,他的儿子孙策和孙权建立了三国之一的吴国。因为其家族后来的重要性,孙坚被光荣地纪颂,这成为了《三国志·吴书》中第一卷的开头部分[2]。其中有将孙坚圣人化的成分,但也描述了这位年轻人在家乡会稽(今天的杭州西南[3])成为一名地方官员的过程。他从一群土匪中脱颖而出,被任命为临时的郡尉,负责维持基本的治安和安全,以及前线地区的征兵。

172年,会稽的宗教领袖许昌发动叛乱[4],会稽郡守任命孙坚为司马,有权募集军队。通过强制的征兵,孙坚很快就拥有了一千士兵,其中的大多数人都具有对付地方反叛者的经验。当许昌的叛乱发展到会稽郡边境时,扬州刺史臧旻亲自过问战况。许昌在两年后终于被打败,州政府对孙坚进行了表彰,并委任他为地方的副手。

孙坚历任了黄淮之间三个县的县丞。据记载,他在每一个地方都干得不错,且"乡里知旧,好事少年,往来者常数百人,坚接抚待养,有若子

157

---

[1]《后汉书》71/61:2308页;拙著《桓帝与灵帝》,167、537页及注释3,陆威仪《早期中华帝国:秦与汉》261页,引用了这一材料。

[2] 见拙著《南方的将军》,548页,其中引用了关于200年左右张紘编纂孙坚、孙策纪颂的内容:《三国志·吴书》8:1244页注释2裴松之注引吴国的官方史书《吴书》。

　　孙坚、孙策的早年事迹见拙著《南方的将军》,79—88页,根据《三国志·吴书》1:1093—1094页;拙著《孙坚传》(The Biography of an Chien),29—37页。孙坚生于155年左右,与曹操差不多同年。

[3] 东汉时会稽郡治山阴,位于今天的绍兴,在杭州东南,而孙坚是吴郡富春人,他制服妖徒脱颖而出之地是钱唐,二者都在今天的杭州市西南。——译者注

[4] 当时有一种流行的说法,认为汉代将终结在许昌手上。这一预言很可能就是这位发动叛乱的许昌创造并传播的,但许多年后,当曹操的儿子曹丕从献帝手中夺得皇位后,他将许的名字改为了许昌。

弟焉"①。所以，这位初级官员身边聚集了一群追随者，可以在他未来遇到麻烦时给以支持。

184 年黄巾起义爆发，朱儁被任命为中郎将，对抗颍川、汝南和南阳的起义者②。他本身是会稽人，就委任孙坚为司马，令他召集军队，孙坚于是再次组织起了一千人，加入到国家的军队之中。他的军士中包括曾经在和平时期受过他庇护的人，但同时他也召集了地方的适龄男子，以及旅行商贩——商贩们在农业社会是只具有很少合法权力的。然而，他似乎没有征集家族军队；这些人可能只愿集合在他们自己的贵族首领身边。

孙坚再次从南阳的宛城之战中脱颖而出，随后成了对抗西北凉州的叛乱中的一员，在不久后又被任命为长沙太守，对付长江中游的起义。在内战开始之时，他成为袁术手下的主要将领，他之前的事迹证明了国家征集军队的方式，即通过被特别任命和赋予了强制征兵责任的官员来召集人马。

黄巾起义继续发展，人数越来越多，政府军和他们从极北的幽州到首都以南的南阳进行了一场又一场的战争。自反对王莽的赤眉军之后③，还没有什么起义能达到这种规模，而虽然主要的战斗持续了还不到一年的时间，但大范围的冲突意味着大量的男人从战争中获得了经验，同时也造成了许多人流离失所。

在 189 年反对董卓战争的早期，文献中记载了曹操是如何凭借家族的财产和其他人的支持组建起自己的武装的，并且在之后吸引了扬州刺史陈温和丹阳的周昕加入。然而，因为不愿意被发配到北方，这一新的联盟中产生了兵变并被瓦解，他们虽然可以被政府的官员收编，却并不

---

① 《三国志·吴书》1；1094 页，裴松之注引《江表传》；拙著《南方的将军》，87—88 页。
② 朱儁传见《后汉书》71/61；2308—2313 页，其余部分来自司马彪的《续汉书》，见《三国志·吴书》1；1094—1095 页裴松之注引。
③ 见毕汉思：《汉朝的复兴Ⅰ、Ⅱ》、《王莽，汉之中兴，后汉》（"Wang Mang, the Restoration of the Han Dynasty, and Later Han"），也见拙著《东汉三国人物辞典》，王匡条等。

能简单的为任何想要这只力量的人所用。曹操此时并不具有官方身份——他的将军是自称的——并且他在东南方没有任何正式的权力。

直到曹操在汉王朝中取得了正式的位置,先是东郡太守后是掌管兖州,才有权使用他统治区内的资源以组建真正的军队。在很大程度上他拥有的机会仅仅来自于袁绍的任命,但是他从对黑山贼的胜利中建立了声望,并且通过战胜青州黄巾巩固了这一点;所以他在地方的权力被普遍接受了。 *159*

叛军、匪徒、贵族和自卫团:世袭军队的发展

虽然张角的起义在 184 年被国家军队击败了,但黄巾军的名号还是在以后的许多年中不停出现。青州黄巾很可能真的是一群信仰张角教义的人,但他们最开始却并没有参与起义。颖川和汝南的黄巾于 196 年被曹操击败后与袁术结盟,在 200 年官渡之战的时候,汝南的另一群黄巾在刘备的支持下反叛了。

颖川和汝南是 184 年张角起义的中心,所以最初战争中有许多人幸存了下来,隐入南阳和荆州交界地区的深山中。然而,虽然《后汉书》本纪中记载,207 年一群黄巾贼杀死了济南王刘赟,且济北属于青州,但我们相信张角对他们的影响是很薄弱的[1]。

在更远处的战场,188 年益州有一群起义军自称黄巾并占领了三郡。这拨骚乱被地方军队镇压,他们可能同样是利用了黄巾军的名头,这个名号只是反叛者的标志而已。此时这一地区有许多宗教领袖,其中最著名的当属张鲁,他是汉中政教合一的领袖,并被现代道教尊为祖师。张鲁的家庭最初在东方,他的一些教义,特别是通过告解自己的罪恶而获得治疗的信仰疗法,与张角的理论很相似,但是两者似乎并没有非常密切的关联,张鲁也没有参加 188 年的叛乱[2]。

---

[1]《后汉书》9:384 页(应为 385 页——译者注);拙著《建安年间》,361 页。
[2] 关于张鲁以及他的五斗米道,见本书第七章 291—294 页。

《后汉书》本纪中记录了188年的另一群"黄巾余贼",他们来自西河郡的白波谷,攻击了太原和河东①。他们似乎也与张角影响的中心区域涿郡相去甚远,不足以与他的教义和暴乱有任何密切的联系;这群人简单的被称为白波贼。他们的领袖,特别是韩暹和杨奉,在190年代早期卷入到了长安的争斗中,并护送献帝东行。

除了这些或与张角有关系,或并无关系的群体之外,还有在太行山区活动的黑山贼值得注意。他们崛起于180年代中期,否认与黄巾军的任何联系,在华北平原西部进行抢夺。汉廷曾接受过他们名义上的投降,并正式承认了他们的领袖张燕,但189年政府的崩溃使得这一群体又像之前一样活跃了起来。

191年,黑山贼袭击东郡,但最终被曹操击退。193年初,黑山贼与匈奴首领於夫罗以及袁术联合,在陈留出现;但曹操击败了他们,并把袁术赶往南方。不久后,黑山贼又袭击魏郡,冲向郡治邺城,杀死了郡守。袁绍组织起镇压他们的战役,摧毁了许多营地并杀死不少领军人物。接着,他直面张燕,而匈奴和乌桓对张燕给予支持,在鏖战数天之后,双方都选择了撤兵。

这次反击恢复了这个动荡不安地区的秩序,但是张燕现在仍在常山休养自己及部队。198年,当袁绍对公孙瓒发动最后攻击时,张燕率领部队援助了公孙瓒;然而,在他的援军尚未到达之时,公孙瓒就被袁绍击败了。张燕再次撤退到山中,但是当204年曹操进入冀州时,他与曹操取得了联系,并于下一年归降。

黑山之众被描述为盗贼,他们也确实抢劫了四邻。然而,在乱世之中,还有一些非正式的团体,仅仅寻求自我防御以及在危机四伏的环境中创造出一个避难之所。

---

① 《后汉书》8:355页。白波谷位于西河郡南部,在今天的山西汾阳附近。在山西的汾城东南有白波垒:这一地区汉代时属于河东郡北部,这些堡垒可能是起义军的大本营。

右北平的田畴就是经常被引用的例子。田畴是被免职的州牧刘虞的忠实支持者，他因反对公孙瓒而知名，曾当面顶撞过公孙瓒，但逃过了惩罚，返回家乡并自己在山中建立了基地。他的族人和其他民众纷纷归附，他在征得他们的同意后，在帝国衰败的州郡间建立起了独立的社区：

> 畴谓其父老曰："诸君不以畴不肖，远来相就。众成都邑，而莫相统一，恐非久安之道……畴有愚计，愿与诸君共施之，可乎?"皆曰："可。"
>
> 畴乃为约束相杀伤、犯盗、诤讼之法，法重者至死，其次抵罪，二十余条。又制为婚姻嫁娶之礼，兴举学校讲授之业。
>
> 班行其众，众皆便之，至道不拾遗①。

这是单纯的、理想化的制度，避世且依靠常识进行统治，但还是有其他的团体也依据这个模型来组织，无论是在自己的家乡独立还是撤离到一些与世隔绝的区域并做了防御设施。许多类似的群体的领袖都是大族成员，他们在家臣和亲信的帮助下确立起权力，现在已不再受任何中央委派的代理人的约束。一些团体仅仅维持着他们传统的对于弱小邻居的侵占，但是其他的，比如田畴，则积极拓展权力，寻求至少在一段时间内在周围的动荡中保护人员的安全。

这些地方群体虽然不如大的起义军和盗贼力量强大，但也在乱世中扮演着重要的角色。194 年，濮阳田氏对曹操的支持就至少在一段时间内成为了他与吕布对战中的助力；这一年的晚些时候，当吕布在曹操进攻之前撤退时，被济阴的地方领袖击败；197 年，曾任将军的韩暹在沛被一名县级长官杀死。在其他情况下，地方团体和宗族可能引起后方的瓦解，比如袁绍在汝南的潜在联盟，其在 200 年被满宠镇压。

以上例子表明，这种团体有一定的组织，不管其领袖是地方大族还

---

① 《资治通鉴》60：1947 页；拙著《建安年间》，124 页。田畴传见《三国志》11：340—344 页；关于他的行为对地方领导的垂范作用，见伊佩霞的举例：《东汉的石刻》，630 页。道不拾遗是描述一个优秀政府的常见套路。（本段文献引自《三国志》11：341 页——译者注。）

是非正式的各种首领。然而，此时还有许多家背井离乡的人民，仅仅形成了一些不受控制的阵营，没有计划和目的，等待着秩序的回复。

例如，200 年在长江的沼泽地区，扬州和荆州的边境上，有麻和保二屯。其中的居民被描述为盗贼或"山贼"，但是他们很可能是因袁术、刘备、吕布和曹操在江淮流域的混战而产生的难民。他们似乎没有采取过什么攻击行动，也不想卷入内战中，但是还是被孙策攻击了，并最终被孙策的弟弟及继承者孙权收服，他把他们迁徙到更靠近自己的地方，作为他正在发展的国家的人力资源①。在现代世界，我们目睹了二次大战后中东的难民营和非洲的穷困百姓被迁移到欧洲，所以也就不难想象人们如何背井离乡，被迫以杂乱无章的形式聚集到一起，直到某种政府结构可以再次保护他们为止了。

这种混乱局面也为那些人数众多且似乎更有实力的叛匪集团提供了联合起来以形成半合法政权的机会。如文献中记载，黑山贼在 180 年代接受了汉朝廷授予的官方头衔，白波贼的前首脑在献帝从长安东逃时曾施以援手，青州黄巾也准备同曹操进行谈判。依此类推，可能是更高级的，我们找到了像鲜于辅和阎柔那样的北方首领，他们与曹操建立起联系，并在不久后加入了他的阵营。这种人可能在一段时间内保持独立，他们要提防着自己可能归附的人，并试图以最高的代价售出自己的支持，但是他们有着归附强力领袖的准备。在东汉的开国战争中，强大的马援曾告诉光武帝："当今之世，非独君择臣也，臣亦择君矣。"②这一规则在东汉末依然适用，在《三国志》中，描述了难民和流离失所的人"布在州郡，宾旅寄寓之士以安危去就为意，未有君臣之固。"③

悲哀的是，190 年代的混乱摧毁了任何传统的政府。人们正在为寻求安全而战，但这并不是件容易的事情。

---

① 拙著《南方的将军》，237—239、327 页。
② 《后汉书》24/14：830 页；毕汉思：《汉朝的复兴》Ⅱ，165 页。
③ 《三国志·吴书》2：1115—1116 页（此处引文见于《三国志·吴书》2：1116 页。——译者注）。

对像曹操或孙权一样的军阀、统治者来说,大量的独立群体是对良好秩序的威胁;但是如果他们被置于统治之下,就可以加强自己的实力。我们已看到曹操是如何建立起屯田这种农业殖民的,并把其作为发展许都基础的手段。这是一项经过深思熟虑的安排无家可归之人的政策,它也表现出特别的价值,但是曹操还必须对付更为强大的军队,无论他们是像青州黄巾一样的没有充分发展起来的民众、率领着家臣和追随者的世家大族或其他地方领袖,还是对立军阀的军队。

曹操第一次对战董卓依靠的是半私人的征兵,他的许多官员也是带着军队过来的。例如在战乱之初,来自曹操家乡沛国的许褚就聚集了很多宗族之人和其他兵士,组成了自卫力量以抵抗贼匪,并且在 197 年曹操占领到自己那里的时候归降了他;他和他的部下成为了曹操的私人警卫。与此类似,当像田畴一样的地方领袖接受了曹操的统辖,他们也就带来了追随自己的人民,更引人注目的是,当曹操之前的敌人张绣于 199 *164* 年加入他的时候,随他而来的还有全部的武装。这种人员的增加通常可以被毫不费力地吸纳,因为士兵是对他们的领袖效忠的,而现在他们则将自己的忠诚转献给了曹操。

此外我们应该注意到的是,张绣的许多将士最初出身西北:他们的第一个领袖是董卓的前手下张济,他出身武威,手下的军队可能也是从那里招募来的。张济的军队顺利地被张绣接管,而张绣南阳的新基地离兵士们的家乡很远。无论将士们有妻子相伴,还是在路途中结识了新伴,南阳对于他们来说都是一个孤立的环境,军营成为了他们唯一的家。这种情况也曾出现在东汉驻守边境的军队中,在那里将领们承担了对兵士及其家庭的责任,而在动乱的国内战争时期,这种公共的认同感则成为了中国的普遍现象。

就这一点而言,无论军队是在最初被将领私募,还是接受了像张绣一样的领袖的领导,我们都能够看到半封建制(quasi-feudal)的发展,即使是像张燕率领的黑山贼一样的匪寇,也具有同样的结构。当张燕在 205 年投降曹操之时,他被赐予爵位,我相信他的手下都被合并到了曹军中。青州黄巾于192年被劝降归顺曹操，编为青州军，并保有了这一名号三十年。207年曹操击败白狼山的乌桓部落，他们中的许多人投降并归于曹操帐下；他们按照汉代长水校尉营的编制被收编，成为了中国最好的骑兵①。

此外，像这些兵士一样，他们的领袖也几乎变成了世袭的。这一体系在战争早期就建立起来了，每一位领袖组织起自己的兵力，如果他去世或被杀害，他的一位男性亲属就会获得士兵们的效忠，取得军队的指挥权。除了张绣继承了张济的军队之外，文献中还记载了为袁术冲锋陷阵的孙坚在191年被杀害，两年后，他的儿子孙策得到了一些父亲的旧部②。同样，曹操的属下李典在他堂兄李整于195年死后③，继承了他的军队，当将军孙河于204年在叛乱中被杀死时，他17岁的侄子孙韶宣誓了自己的领导权，并得到了孙权的认可④。

当然，这种继承不是必然的——新的领袖必须确实赢得忠心，并具有军事能力，孙韶还必须证明自己的能力——但至少在底层军官那里萌生了一种普遍的期望，即领导权应该为同一家族的人所掌握，晋朝的部曲一词，最开始就是指汉代的这种部队，后来才变为描述对地方大族效忠并为之作战的家庭⑤。事实上，一旦军队认可了其首领，对于士兵和他们的家庭来说，就会倾向于将其变成制度性的形式。

然而，除了这些效忠于特定领袖的军队，曹操也建立了"士家"制

---

① 《三国志》30；835页；拙著《北部边疆》，415页，见本章注释2。关于白狼山，见本书第五章。
② 《三国志·吴书》1；1101页；拙著《南方的将军》，151—154页。其部下被称为"部曲"（详见下）。
③ 《三国志》18；533页。
④ 《三国志·吴书》6；1216页；拙著《建安年间》，336页。
⑤ 关于汉代的部曲，见《后汉书》114/24；3564页。其后来的发展，见杨中一：《家属结构的演变》（"Evolution of the Status of Dependents"），王仲荦：《魏晋南北朝史》，164页，霍尔库姆（Holcombe）：《在汉代的阴影下：南朝初期的文士思想与社会》（*In the Shadow of Han: Literati thought and society at the beginning of the Southern Dynasties*），57页。

度[1]。这一制度与农业殖民的屯田制有相似之处,中央政府直接控制了士兵和他们的家属[2]。对于逃跑的惩罚是非常严苛的,逃兵的家庭也会被牵连[3],最后,作为农奴制(serfdom)的一种,这些士兵的后代同样也会服兵役。

166

有时候,士家的成员会参加主动作战,但是他们更经常被用于进行戍卫或警戒。208 年,当曹操将他的王都定为邺城这一曾经属于袁绍且最近刚刚攻占下来的城市时,他从其他区域中迁移了许多居民到此以加强自己的控制。例如,他的官员李典就从山阳率领着族人和跟随者而来[4],而曹操在并州的代表梁习也把成百上千的人从地方大族的手中调出,送往了邺城[5]。十二年后,曹操的儿子和继承者曹丕打算从邺城迁徙十万士家到洛阳以加强防卫;他最终被说服只迁徙了五万人,但是涉及到的人数很多这一点是确定的,并且他们——至少在理论上——是真实可用的[6]。此时的罗马帝国,政府通过组织卫戍部队来确保被占领地区一定程度上的安全,这些卫戍部队都不是本地人:他们远离家乡,不会在家乡地区制造麻烦,而他们也不会对被守卫的人民产生天生的同情。

士家制度是伴随着屯田和更为常规的农业居民而逐步发展的,屯田

---

[1] "士家"其后发展为"世兵",见何兹全:《读史记》,285—287 页,高敏:《曹魏士家制度的形成与演变》,《历史研究》1989 年第 5 期。

[2] 在许多士兵与其单位紧密联系在一起的例子中,值得注意的是,195 年曹操让男人们去进攻吕布和陈宫,而命女人留下保护营地:《三国志》1;12 页裴松之注引《魏书》。后来成为吴太子孙和妻子的何氏,就是一位骑士的女儿。孙权在一次巡营中注意到了她,并把她带回宫中。《三国志·吴书》5;1210 页(原文如此,应为《三国志·吴书》5;1201 页。——译者注);高德耀、克洛维尔等:《皇后与嫔妃:陈寿〈三国志〉裴松之注选译》,131 页。

[3] 《亡士法》。例如,215 年一位合肥营的士兵逃亡,他的妻子、孩子以及其他亲戚都被逮捕:《三国志》24;684 页,《资治通鉴》67;2134 页;拙著《建安年间》,482 页,本书第八章 376—377 页。在与此同时的另一个例子中,一名逃兵的妻子则因刚刚结婚,且还未与丈夫生活在一起而被宽恕。

[4] 《三国志》18;534 页;其中涉及到了三千余户宗族和部曲。

[5] 《三国志》15;469 页;拙著《建安年间》,348 页。

[6] 《三国志》15;482 页裴松之注引《魏略》(原文如此,似应为《三国志》25;696—697 页。——译者注);方志彤:《三国编年(220—265 年)》Ⅰ,2 页。

和农民可以提供税收、力役和兵役。在战争早期,最初的士家和他们的首领是不确定、不稳定的,但是当曹操去世之时,这支军队已经经验丰富,非常专业了。但另一方面,虽然曹魏和他的对手蜀汉、吴都处于战备阶段,但是他们都不能建立起一个像汉政府一样的强力中央,他们对于人民的控制是弱的,而这就为大族和私兵在政府表面上的控制下操控权力提供了空间。

武器和策略

167   在战争初期,大部分应召的成年男子既没有受过训练,也没有穿着武装的经验。吕蒙年轻时的轶事说明了这一点,这位后来成为了孙权手下大将的年轻人时任别部司马,但是却面临着丢官的危险:

> 权统事,料诸小将兵少而用薄者,欲并合之。
>
> 蒙阴赊贳,为兵作绛衣行縢,及简日,陈列赫然,兵人练习,权见之大悦,增其兵①。

如果吕蒙仅仅凭借新的衣服就足以得到晋升,那么我们就可以想象其他部队的窘迫情况了。

我们从秦始皇陵兵马俑中可以看到,许多步兵穿着盔甲,可能是由皮片组成,用同样是皮质的绳子连结到一起。然而,铁器在西汉已经常见,2世纪早期的《说文解字》中,记载了"金"字旁的词汇"铠"取代了传统的"甲"②。东汉末年,出现了关于玄铠的文献,其时最好的装备可能是用钢制成的,以其被磨光的程度不同而被称为黑光或明光铠。但即使是这

---

① 吕蒙传见《三国志·吴书》9:1273—1281页;这则逸事载于1273页。

    其后,210年前后,吕蒙因军队的继承问题与孙权产生了争论。当时吕蒙的三位同僚亡故,孙权想要将他们的军队交由驻军位置很近的吕蒙统帅。然而,吕蒙拒绝了,他声称三位将军于国有功,他们的军队应由各自的继承人继承,即使这些后继者还都年轻。孙权最终同意了他的看法,吕蒙还派出官员辅佐这三位继承者:《三国志·吴书》9:1275页。

② 丁爱博(Dien, Albert E.):《古代中国盔甲研究》("A Study of Early Chinese Armor"),其中比较了从早期直至隋唐的盔甲;关于汉代,请见其中11—20页。

些高级铠甲,也是由皮革系结的金属板组成的,而此时罗马军团穿着的
则是完整的胸甲,内部为用铆钉连结的皮革[1]。

168

汉代驻守在长城的军士穿着的是铁制的护甲和头盔[2],但是在三国
时这种装备并非人人都能拥有。据记载,曹操在官渡之战后宣称袁绍的
军队有一万套护甲;而袁绍拥兵十万,可见只有十分之一的人能配备装
备[3]。其他士兵只能自我满足于皮制的简装或棉衣,虽然其中一些人可
能拿有竹木制的盾牌,但在接战装备优良的敌人时,他们还是不堪一
击的。

他们使用的基本武器与 4 个世纪前秦始皇兵马俑所持基本一样:
矛、戟和剑,但为了适应近战和自卫而做的更小[4]。有时也会使用竹制或
木制的弓,但是最有效的是复合材料的弓,由角、骨、筋和木头粘合而成,
致死射程可以达到 150 米[5]。然而,经过训练才能使用它们,需要技巧;

---

[1]《考古》1975 年第 4 期中报道了一件出自内蒙古的西汉铁铠甲,由铁片缝合在一起,见《中国
考古学摘要》(*Chinese Archaeological Abstracts*)3,1349—1358 页,狄宇宙《古代中国与其强
邻》,234 页中也引用了这一材料。丁爱博:《中国古代盔甲研究》,16—17 页,引用了曹操的
儿子曹植的悼词及亡于 217 年的陈琳的《武军赋》;《武军赋》见《太平御览》356:5a,其中特别
提到了缝制铠甲。关于罗马的装备,见皮特·康奈利(Connelly, Peter):《希腊和罗马的战
争》(*Greece and Rome at War*),228—238 页。

[2] 见毕汉思:《汉朝的复兴 I》,86 页;《汉朝的复兴Ⅱ》,163 页。

[3] 丁爱博:《中国古代盔甲研究》,36—37 页引用《太平御览》356:5b。见下注 44。

[4] 192 年初,即使董卓与吕布的义父子关系尚未破裂,但在一次争吵中董卓也仍愤怒地向吕布
掷出手戟。吕布虽然躲开了攻击,但这也使他更想要接受王允提出的刺杀董卓的建议:《后
汉书》75/65:2445 页、《三国志》7:219—220 页;拙著《建安年间》,92 页。

[5] 李约瑟:《中国科学技术史》第五卷第六分册,102—106 页,其中讨论了汉代常用的复合弓,并
配有插图及截面的原理图解,以及爱德华·勒特韦克(Luttwak, Edward N.)的《罗马帝国的
大战略:从公元一世纪到三世纪》(*The Grand Strategy of the Roman Empire from the first
century A. D. to the third*),22—28 页,其中深入地讨论了公元 4、5 世纪匈奴人在欧洲使用
这种弓的情况。他讨论了箭是如何在长距离下还能够穿透盔甲的,这一点在西方人眼中至
今也很不可思议,所以只装备有投枪、投石器或简单弓箭的步兵团相比之下就没什么用武之
地了。
　　勒特韦克在 24 页中指出,"经过恰当地加工,从兽皮或筋腱中提炼出的胶几乎要比所有
同时代的粘合剂都要强固,但它易受潮,它会吸收空气中的水分……"《四民月令》中总结到,
材料中含有角的弓弩在潮湿的夏季无法使用,而简单的竹木弓不受此影响。当秋季复合弓
又投入使用时,其他形式的弓就可以入库了:《四民月令》E1、H6;许倬云:《汉代农业:早期中
国农业经济的形成》,221、225 页。

吕布在 196 年救援刘备时展露的箭术是最著名的壮举，他使用的肯定是
合成弓。另外，至少从公元前 4 世纪开始，中国就掌握了弩机的原理，它
的射程可达 200 米，在实战中可以很好地防御步兵，甚至是配备复合弓
的骑兵①。

我们进一步与罗马进行对比：一些经过训练的罗马军士会在适当的
时候使用简单的弓和弹弓，特别是在进行围攻和海战时。然而，在激战
中，第一波攻势是投掷标枪，接着是剑和盾牌；远程武器则留给了轻装的
辅助队伍和游击军②。在中国，北军五营之一就由弓箭手组成——可能
是弩手——长水校尉属下的乌桓兵也很可能配备复合弓。

因为草原上的游牧联盟匈奴或鲜卑是中原王朝的主要对手，所以汉
朝对骑兵和战马特别关注就丝毫不值得奇怪了。汉武帝寻找大宛马的
探险活动众所周知，东汉北军中的三营就都配备有这种战马。

在内战时，虽然东方的军阀们没有西部那样的广阔养马场，但他们

---

① 关于弩，见李约瑟：《中国科学技术史》第五卷第六分册，120—144 页，陆威仪：《战国政治史》
（*Warring States*: *political history*），622—623 页，狄宇宙：《古代中国与其强邻》，203、234—
235 页。

　　汉代弩机的强度从三石到十石。鲁惟一：《汉代行政记录》I，126 页，其中引用了一位监
军关于装备的报告：4.25 石的弓可以射至 185 步（255 米）；我们可以推断三石的弓可以射到
200 米。

② 奥康奈尔（O'Connell, Robert L.）：《武器与男人：战争、武器及侵略史》（*Of Arms and Men*: *a
history of war*, *weapons and aggression*），74 页。步兵的标枪的有效射程为 20—30 米。即
使没有一击致命，它们也能限制住对方的盾牌，使他们更易于伤亡于剑下。然而，从公元前 2
世纪后半期开始，罗马也开始训练 1/4 或 1/3 的军士使用弓，而标枪和投石则是士兵们必备
的技能[韦格蒂乌斯（Vegetius）：《罗马军制论》（*De Re Militari*）1.15—16]，而至少哈德良治
下的士兵及骑兵在常规的装备外，都还会使用弓箭、标枪（例见《罗马军制论》2.14）。（非常
感谢芬兰的伊卡·萨维尼教授（Syvänne, Ilkka）就此对我的指导）

　　罗马人及其盟友使用过短小的"塞西亚"（Seythian）弓，但其在射程及穿透力上远比不上
东亚的合成长弓，在我与萨维尼教授的私下交流中，他指出公元前 53 年罗马在卡雷
（Carrhae）战役中的大败，很大程度上就是因为帕提亚人，特别是其萨卡同盟，装备了东亚的
弓。勒特韦克：《拜占庭帝国的大战略》（*The Grand Strategy of the Byzantine Empire*），27
页，其中在关于 4、5 世纪西欧的匈奴人上，持有相同观点。也见奥康奈尔：《武器与男人：战
争、武器及侵略史》，85 页。

拥有大量的骑兵分队,他们的战马可能来自于与北部边疆的贸易。据称 *170* 袁绍在官渡之战时拥有十万步卒、一万骑兵,虽然这一数据可能被夸大了,但也许可以反映出符合当时预期的兵种比例。像吕布、公孙瓒、刘备、关羽一样的边境之人自然是经验丰富的骑士,而袁绍也会骑马,曹操亦是骑兵的优秀领袖。会骑马是军队将领的一项优势,他可以借此获得更好的视角观察战场形势,马匹的灵活性也可以让他在队伍各部之间穿梭。即使是在南方,孙策和孙权也都配备有战马,并可以熟练驾驭①。

一些墓葬中的壁画和人物图像表现了东汉骑兵的穿着和装备。甘肃武威 1969 年发掘的墓葬中出土了一队战车和护卫俑,其中包括 17 件青铜骑士俑,他们着帽、长袍、裤子,手握长矛和不同形状的戟。这是正式的着装,骑士和马匹身上都穿着铠甲;虽然这种装备同步兵的情况一样,绝不是普遍的②。而武器是为突袭设计的,对于白马之战时的关羽和延津之战时的曹操的记载证实了这种解释。

参加这种战斗的士兵必须依靠他们的马鞍以及在膝盖位置的系带来保持他们的位置:此时还没有马镫,最早的可靠的马镫证据的年代是公元 4 世纪③。确实,马镫是完全掌握马匹所必须的,但一副有着坚固框架的好鞍,可能包括腿部两侧的支撑,也可以为进攻提供足够的支持,有 *171*

---

① 例如,据记载孙策在与太史慈的一次战斗中就骑着马(《三国志·吴书》4:1188 页;拙著《建安年间》172 页),孙权在 209 年的合肥之战时也想要一马当先,但因太过冒险而被劝阻了(《三国志·吴书》8:1244—1245 页;拙著《建安年间》404 页)。

② 丁爱博:《古代中国盔甲研究》,是讨论这一问题的主要文献,特别是其中的 36—37 页。170 年左右蔡邕的一篇悼文中提到了"铠马"(《后汉书》60/50B:1990 页),发掘于 50 年代的沂南画像石墓中的一条横梁中雕刻了有护颈和护胸的马,该墓的年代是 3 世纪。时学颜:《沂南地区墓葬》("I-nan and Related Tombs"),287 页图 5;丁爱博:《古代中国盔甲研究》55 页图 37。

　　丁爱博还引用了《太平御览》356:5b 中曹操对于官渡之战的评论,说自己的军队只有 20 套护甲、10 匹马,而袁绍有 1 万套护甲、300 匹马(见前文 169 页);这一数字显然是被夸张了,就像关于这场战役的其他数据一样。

　　文中提到的武威的墓葬为武威雷台墓,发掘报告见《考古学报》1974 年第 2 期。——译者注

③ 丁爱博:《马镫及其对中国历史的影响》("The Stirrup and its Effect on Chinese History"),33 页,顾传习(Goodrich, Chauncey S):《中国古代的马镫和马鞍》("Riding Astride and the Saddle in Ancient China"),302—303 页。

经验的骑士能够在使用剑或长矛时在坐骑上保持平衡①。马镫是一项对马具的重要改善,使得骑士能将更多的重量和力量放在武器上,但是这对于轻装的军队却非必需②。

中国人确实已经用上了类似马镫的东西。他们在马鞍的一侧附加了立脚点,这样骑士就可以快速的上马,曹操在延津命令他的士兵们在大坝后隐藏自己,一旦机会来临时他们就可以一起上马。

据说曹操在这场战斗中只统帅有六百人,虽然双方力量的不均等可能是被夸大的,但是如此小规模的、由单一将领率领的士兵,在这种战争中是很普遍的。在一群并不比松散组织起来的群众强多少、穿着各种装备和经过不同训练的军队中,将领需要一个可靠的群体支持他,服从他的命令。文献中记载了许多这种“亲近”,提到了他们的技能和对领袖的自我牺牲式的忠诚。自然,至少在战争初期,他们中的许多人是领袖的同族,这些人既承担了个人警卫的职责,同时也是军队和训练的核心。

典韦就是一例,他身材魁梧,以前是地方一霸,曾用主动而血腥的手段进行复仇。他因胃口巨大、千杯不醉以及最喜爱的重达八十斤的双戟而知名。195年,在与吕布在濮阳进行的苦战中,典韦率领敢死队,穿着双层盔甲,冲破了敌军的防线,使曹操获得了喘息之机,顺利撤退③。他因此被升迁为校尉,率领被称为虎士的曹操警卫部队,也继续在每一次战争中身先士卒,197年对战张绣时,他为了保护曹操力战而亡。

_172_

①《三国志·蜀书》2:876 页裴松之注引《九州春秋》中,记载了刘备 3 世纪初在避难荆州时的相
　　关逸事(拙著《建安年间》304 页):
　　　　备住荆州数年,尝于表坐起至厕,见髀里肉生,慨然流涕。还坐,表怪问备,备曰:“吾常
　　身不离鞍,髀肉皆消。今不复骑,髀里肉生。日月若驰,老将至矣,而功业不建,是以悲耳。”
② 亚历山大大帝曾在公元前 334 年命骑兵突袭格拉尼库斯河的波斯防线,并于次年又突破了
　　伊苏斯。《高卢战记》Ⅳ.4 中记载,恺撒大帝注意到他的日耳曼对手们并不使用马鞍,却仍可
　　得心应手;他自己的骑兵中有很多高卢兵,可能已经装备有马鞍。
③《三国志》18:544 页。《三国志·吴书》10:1291 页中记录了 208 年孙权的军队在长江流域对
　　一处实力甚壮的营垒的关键性进攻,其中也提到了“两铠”。

在"亲近"这一核心之外,军队结构的基础是在个人领导下的军团。吕蒙武装自己的部下并安排他们进行训练的故事,显示出一些将领对于着装和训练自有主张,现在也传世有一些记录军队实践和战备的文献,但我们没有任何关于常规的大规模训练的证据。根据西汉的体系,每个郡都在秋季将士兵聚集起来进行检阅,但是这需要一定程度的组织,已远超出战乱时代军阀国家的能力。在有力且有想法的官员领导下的独立群体可能训练优良,文献中就有一些关于精英突击部队的记载[①],但是大量军队还仍然仅仅是:多种多样的、互不相干的士兵的松散集合,他们的训练水平、装备和领导者各不相同,不适于进行编队作战,也无法配合更高层领袖的调动命令。

在这种条件下,战争的胜败仅仅取决于士兵之间的肢体冲突,体重和力量简单地决定了优劣。当人数足够多的时候,战争变得更为混乱,队列就会陷入这样一种近战——有侵略性的、可怕的且常常是精疲力尽的——更易于被破坏和冲散。受制于命令的传播和执行,任何一位将领都要找到一种方法迷惑和恐吓住尚未近前的对手,影响他们战斗的意愿。

一种方法是突破或破坏敌军的防线。勇敢的将领和他的近卫在敌方队列面前充当前锋的角色,如果顺利的话,他们后面的大军会紧跟他们,从两侧逐渐深入到敌军后方。这种策略曾在许多地方被多次使用,随大流这种行为是训练不足的士兵的自然技巧。然而,这要求军队的领袖有巨大的勇气和个人威信,以吸引他的追随者们。

进攻者一旦突破了敌方的大军,即使不能直接取得胜利,接下来也可以在敌军中自我防守,同时将他们已经造成的混乱扩大开来。"敢死队"(forlorn hope)——其字面意为"孤立的军队"——是一种策略,虽然

173

---

① 我们在上面提到的典韦就为曹操率领着这样一支队伍,据记载,吕布手下的高顺率领七百人,常能取得战争中的胜利,称为"陷阵营":《后汉书》75/65:2450 页章怀太子注引《汉末英雄记》。

代价高昂,但可以造成敌军更大的损失①。

这是直接的攻击,敌军可以目睹对方的接近,但是更多的胜利可能是突袭带来的,无论是伏击还是突然发动的进攻;所以一小队人马就可以挑战并击溃比他们更强大的敌人②。例如,在 192 年的界桥之战中:

> (公孙)瓒步兵三万余人为方陈……绍令麴义以八百兵为先登,强弩千张夹承之,绍自以步兵数万结陈于后。……瓒见其兵少,便放骑欲陵蹈之。义兵皆伏楯下不动,未至数十步,乃同时俱起,扬尘大叫,直前冲突,强弩雷发,所中必倒。

> 临陈斩瓒所署冀州刺史严纲甲首千余级。瓒军败绩,步骑奔走,不复还营。义追至界桥;瓒殿兵还战桥上,义复破之,遂到瓒营,拔其牙门,营中余众皆复散走③。

174　与此相似,曹操在 197 年攻打汉中时,也运用了埋伏:

> 公乃夜凿险为地道,悉过辎重,设奇兵。会明,贼谓公为遁也,悉军来追。乃纵奇兵步骑夹攻,大破之④。

200 年,他在延津用骑兵对抗袁绍时,也同样是依靠了隐藏和突袭的战略。

就像公孙瓒在界桥一战中的败绩一样,许多其他将领在不同的战役中也是如此,一旦恐慌开始出现,他们将仓皇逃散的士兵重新控制

---

① 敢死队这一词汇是荷兰词汇 verloen hoop(孤立的军队)的讹误,这一讹误可能发生在公元 6、7 世纪,但这种战略却常常被使用。1591 年瓦解了西班牙战舰的格兰威尔爵士(Sir Richard Grenville)及其复仇号战舰就是这种战略的一个代表,而 1944 年登陆诺曼底的英军则是另一个例子,虽然其并非完全成功。

② 见本书第七章 329 页,其中讨论了正与奇的概念。

③《三国志》6:193 页裴松之注引《汉末英雄记》;《资治通鉴》60:1931 页;拙著《建安年间》,89 页。

④《三国志》1:15—16 页;《资治通鉴》62:2003 页;拙著《建安年间》,231 页。曹操还曾指出,只有将他的士兵们置之"死地",才会激发出他们更为坚定的战斗意志。也见本书第七章 329—330 页。

起来并重回战场几乎就不可能了。在现代战争中,完全穿越敌军是很困难的,但在那时,由单独将领率领的小团队构成的没有什么组织的军队却是特别脆弱和不稳定的。当进攻失败,或是防线被打开了危险的缺口,或是领军人物被击败或杀死时,混乱和恐惧就会迅速地摧毁整个队伍。

与此类似,士兵们是否会战斗、是否会保持他们的忠诚都是不那么确定的。曹操在早年就曾遭受背叛,197 年袁术对吕布的攻击遭遇惨败,也是因为两位他名义上的伙伴临阵倒戈。这大部分取决于当时的环境和自利倾向,士兵们没有宗教、文化、帝国或国家这些可以将人团结在一起的核心概念,几乎没有个人或团体能够被完全信任,也没有军阀会完全确信他手下的忠诚。在被敌人围困的城市中,很可能会发生有叛意的人为敌军打开城门的情况,比如 197 年吕布的属下侯成打开了下邳的城门,而吕布放弃了早先想要突围的想法,就是因为被人说服,认为没有值得信赖的人可以在他出击的时候确保城池不失。

在《中国科学技术史》中,李约瑟和叶山花了不少笔墨来叙述攻城器械和用来防卫城池的诸多器具的历史①。汉代使用的最著名的投掷武器要属装在架上的巨弩,它可能使用于中原西北部的长城地带②,投掷器当中还包括"墨弩",这是一种抛石器:其横梁长达十米,用位于尾部的吊索作为支点,以保持平衡,人在反方向一起用力拉。横梁用长木捆绑在一起制成,在某些情况下,其支点随目标的不同而变化。虽然李约瑟认为这些大器械的平衡力可能已经能够将数百公斤的弹体投射将近两百米

----

① 李约瑟:《中国科学技术史》第五卷第六分册。其中 184—203 页讨论了大弩,203—218 页讨论了砲,在 216—217 页列有表格。207—209 页,讨论了《墨子》第十四章中提到的器械,并引用他的助手叶山(Yates,Robin D. S.)的分析及假设复原。

　　398 页及其后,李约瑟介绍了很多种守城方法,包括在城墙外障设可移动的屏风或帷幕,以减小投石的作用,以及用棍子向下挥动点燃的火把,攻击攻城者及他们的器械。
② 鲁惟一:《汉代行政记录》Ⅰ,86 页。

远,这足以造成巨大伤害,但在当时究竟有没有如此巨大的弹体,还无法肯定①。

在公元 200 年的官渡之战中,袁绍对曹操的进攻很像一次围城战:曹操已经准备了防御工事,袁绍的军队则堆起高土山并建立高塔以便能够使弓箭和强弩射到城墙之内。这些高塔可能已经装配有轮子或滚筒,这样就可以移动到城墙下,但是他们毁于曹操的"霹雳车"——它可能像李约瑟认为的那样,是一种可移动的投石车②。

在对《孙子兵法》的注释中,曹操列举了很多种攻城用的装备,其中包括云梯和有保护措施的马车,进攻者可以凭借它们接近目标。还有可以拆除城墙的钩子、积土成坡以进入城内的长时工程,以及筑起土山从远处向城墙进攻的方法③。撞车或纵火装置则是用于攻破城门的工具——189 年洛阳的暴乱中就出现了它们的身影——并且,守城者有时实力不强、组织混乱,以至于根本无法坚守:孙坚 191 年攻击洛阳时,主要的战争发生在东南方的帝陵附近,而董卓的守城将士很快撤退了,洛阳城轻而易举落入孙坚手中;王允和吕布在 192 年也没有在长安成功地防御住李傕和其他董卓手下的进攻。

---

① 李约瑟:《中国科学技术史》第五卷第六分册,187 页、217 页表 4,其中引用了 1044 年宋代官方编纂的《武经总要》。非配重式的器械的射程只有 80 米左右,就像傅海波(Franke Herbert)在《中国中古的城市攻防》("Siege and Defense of Towns in Medieval China")167 页指出的,他们必须被放置在距离城墙很近的地方,但这样就会成为很大的攻击目标。因此,这种射程有限的武器,在突袭中没什么用处;另一方面,防守者可以用它在城墙的掩护下发射弹体,通过城墙上的瞭望口来监测其方向。

　　该书 168 页,傅海波引用了 12 世纪陈规的《守城录》,其中记载优秀的将领可以通过使用弓弩来守城。他推测这种武器装备了配重,在我们下面马上提到的对官渡之战的记载中,描述了曹操的守城用投掷类武器摧毁了袁绍的土山,其可能就是在堡垒的掩护下进行的。其中没有记载进攻者用了投掷类武器,他们是用弓、弩由高往下射击的。

　　167 页,傅海波惊奇地注意到,中国人没有发明利用扭矩的投射器,而这种投射器需要的操作人员很少。罗马人因其与驴踢人类似而称之为"野驴"(the wild ass):皮特·康奈利:《希腊和罗马的战争》,302 页。根据 4 世纪韦格提乌斯《罗马军制论》2.25,每一个军团都有 10 架这种投石器以及 55 架弩,它们都既可用于进攻也可用于防守。

② 李约瑟《中国科学技术史》第五卷第六分册,210 页。

③《孙子》3:6a;闵福德(Minford, John):《孙子兵法》(The Art of War: Sun-tzu (Sunzi)),137 页。

一种可能的攻击方式是直接发动进攻。当黄巾在 184 年坚守南阳的宛城时，

> 坚身当一面，登城先入，众乃蚁附，遂大破之①。

214 年，孙权的将领围攻被曹军占领的庐江郡治皖的成功战例则提供了更多的细节：

> 诸将皆劝作土山，添攻具，蒙趋进曰："治攻具及土山，必历日乃成，城备既修，外救必至，不可图也。且乘雨水以入，若留经日，水必向尽，还道艰难，蒙窃危之。今观此城，不能甚固，以三军锐气，四面并攻，不移时可拔……"
>
> 权从之。蒙荐甘宁为升城督，宁手持练，身缘城，为士卒先；蒙以精锐继之，手执枹鼓，士卒皆腾踊。侵晨进攻，食时破之②。

177

皖城位于今天安徽省的潜江流域，其防守凭借的无疑是护城河或湖，但是吕蒙的建议中似乎显示，孙权的士兵们控制了城墙外的水路，可以通过舟船接近城中。

城墙通常是用夯土筑造的，有的城墙外面包砖，它们的高度、宽度和建造质量自然各不相同。据说一些城墙高达五丈，即五十尺，11.5 米，上面还有高 1.5 米的女墙。因为这种造墙材料的坚固性问题，墙基的宽度可能与高度相同，顶部的宽度则是墙基的一半左右：5 米的宽度可以使防

---

① 《三国志·吴书》1：1094 页；拙著《孙坚传》，32 页、《南方的将军》，95 页。罗马军队会将第一个登上敌方城楼的士兵授予"金城冠"。而《孙子》中却不赞成这种"蚁附"，认为其显示出将领的焦躁，并提醒道，这种做法会带来很高的伤亡率，约为 1/3：《孙子》3：8a；闵福德：《孙子兵法》，137—138 页。

② 《三国志·吴书》9：1276 页；《资治通鉴》67：2126—2127 页；拙著《建安年间》，464—465 页。甘宁以夸张的衣着而著名（《三国志·吴书》10：1292 裴松之注引《吴书》），故可推测他登城使用的"练"并不是当时的一般装备。

御者易于在各部分之间移动，也适于安装防御装置①。

河间的易京是此时非常卓越的要塞，公孙瓒于 195 年布置了复杂的防御工事，虽然它的数据可能有些夸大：

> 为围堑十重，于堑里筑京，皆高五六丈，为楼其上；中堑为京，特
> 高十丈，自居焉。以铁为门②。

178

然而，这一工事是创新的，但防御性的楼却会在其地基被挖时变得特别脆弱。当公孙瓒于 198 年遭受最后攻击时，

> 袁绍分部攻者掘地为道，穿穴其楼下，稍稍施木柱之，度足达
> 半，便烧所施之柱，楼辄倾倒③。

护城壕沟可以阻碍敌方地道的挖掘，但是袁绍的士兵们可能穿越了这一障碍，并且他们的地道挖到了楼的地基部分。在别的战役中，也有反挖掘的战略，我们已经知道了袁绍和曹操是如何在官渡的地下展开争夺的。

水也是一种进攻和防守双方都可以利用的武器：193 年，曹操在陈留对袁术发起进攻，敌军试图在小城泰寿坚守，但是曹操破坏了附近水渠的堤坝，引水强迫他们撤退④。更普遍的做法是用水将守军与外面的援军和供给隔离开来。当曹操在 204 年春第一次对邺城发动攻击时，他建造了与城墙一样高的土山，并挖掘地道以破坏防御工事，但是他不久就

---

① 李约瑟《中国科学技术史》第五卷第六分册，301—308 页，其中引用了很多考古材料以及文献。《中国科学技术史》第四卷第三分册，38 页及其后也讨论了建造技术，45 页则讨论了秦和汉长安的城墙：15 余米高，其顶端宽度也几乎与此相同。毕汉思：《东汉时期的洛阳》12 页指出，1954 年对东汉洛阳城遗址的勘测表明，现存城墙遗址高 10 米。当然，长安和洛阳作为王朝的首都，其规制都是超乎寻常的。
包括曹氏家乡谯县（今亳州）在内的许多城市，都有复杂的隧道以利于内部通讯或是应对突袭：中国现代将其称为"地下长城"。
②《三国志》8：243 页；《资治通鉴》61：1978 页；拙著《建安年间》I，183—184 页。
③《三国志》8：247 页裴松之注引《汉末英雄记》，《资治通鉴》63：2012；拙著《建安年间》I，247 页。
④《三国志》1：10 页。

改变了策略：

> 五月，操毁土山、地道，凿堑围城，周回四十里，初令浅，示若可
> 越。配望见，笑之，不出争利。操一夜浚之，广深二丈，引漳水以灌
> 之；城中饿死者过半①。

数周后，审配的官员向曹操打开了邺城的大门。

邺城周长 24 里，漳水在城西 10 里，有城墙，所以曹操凿堑的周长至少有 40 里。这似乎是快速工程的一项离奇的壮举，但没有一位中国的注释者质疑这个故事，所以我们必须假定这项工作在如此有限的时间内完成了，它可能利用了流经邺城东部和北部的现在的洹水，以及邺城南部的晏陂沼。198 年，曹操在下邳同样用水围困了吕布，这次也是吕布自己的属下出卖了其他守城者。 *179*

即使没有水的助力，强固的包围也会使城市因饥荒而投降，如果没有投诚者让敌方进城，那么长期的影响可能是毁灭性的。袁绍的属下臧洪于195 年背叛了他，袁绍包围了东武阳城。那里的人民很支持他们的首领：

> 初尚掘鼠煮筋角，后无可复食者。主簿启内厨米三斗，请中分
> 稍以为糜粥，洪叹曰："独食此为何！"使作薄粥，众分饮之，杀其爱妾
> 以食将士。将士咸流涕，无能仰视者。男女七八千人相枕而死，莫
> 有离叛。城陷……②

奇怪的是，一座城市陷落后，中国的文献中记载的主要是守城者的命运，比如臧洪或吕布，但却很少提及其中的居民。然而，屠杀和劫掠这些在西方众所周知的暴行，无疑也会被遵纪守法性很值得怀疑的中国军队钟爱。

---

① 《三国志》1：25 页、6：202 页，《资治通鉴》64：2053 页中将这两段记载融合了，本书引用的是
《资治通鉴》中的记载；拙著《建安年间》，326 页。也见《后汉书》74/64：2416 页、《水经注》10：
349 页（《水经注疏》19b），其中将这个故事认为是袁晔《献帝春秋》中记载的。
② 《后汉书》58/48：1891 页、《三国志》7：236 页，《资治通鉴》61：1976 页融合了两者（本书中引自
《三国志》7：236 页——译者注）；拙著《建安年间》，181 页。

上面提到的许多建筑工事，无论是运输渠、防线、壕沟还是地道，都是非常可观的，但有时可以被非常快速的建成。198 年，文献中记载曹操在安众一夜间挖了很多地道。在我们上面讨论过的 204 年曹操对邺城的进攻中，他首先在淇水上建造了大坝，以保障自己水路上的供给，接着通过截断漳水而使邺城陷入孤地；这一行为也是在一夜之间完成的。

这些工事要求大量的劳动力。平民百姓可以被调集起来完成长期的工程，但在安众的例子中，我们可以清楚地看到征用了军队，此外，一位能够使手下又快又好的进行工作的领袖也是很令人羡慕的。就像在罗马的军队中一样，铲子或挖掘用的工具几乎是像剑、矛、戟一样有效的工具。

最后，在有关武器的问题中，我们应该注意到火的普遍运用，它在有利的条件下可以破坏或粉碎军队或船队。我们将会看到在 208 年的赤壁之战中，火船在对曹操的打击中发挥了很大作用，而火也可以在陆地上应用，对付那些木制的营地围栏或城市建筑，以及城墙附近的围攻器械，一些时候也被用在开阔地上。193 年，公孙瓒进攻刘虞时就用了火攻，并赢得胜利①；曹操在 200 年的官渡之战中用火并吓唬迷惑了淳于琼的军士；219 年，刘备在定军山用火攻打败了曹操的将军夏侯渊②；222 年，刘备的军队被孙权的将军陆逊击败，陆逊采取的战略就是让士兵们携带成捆的灯心草，在敌军内部纵火③。

---

① 《后汉书》73/63：2357 页；《资治通鉴》60：1946 页；拙著《建安年间》121 页。
② 夏侯渊建设了一道"鹿角"防线，由树枝和灌木组成以御敌：《三国志》9：272 页。这可谓是铁丝网的早期形态，但在火攻下却是非常脆弱的。
③ 《三国志·吴书》13：1347 页；方志彤：《三国编年（220—265 年）》Ⅰ，102 页。
　　180 年，零陵太守杨璇曾使用着火的车子击退叛贼，也曾将烧着的布绑在马尾巴上，并将惊恐万状的动物赶向敌人：《后汉书》38/28：1288 页；《资治通鉴》57：1858 页；拙著《桓帝与灵帝》，165 页。杨璇还使用过石灰，将其扬洒在空中，顺风势迷瞎敌人的眼睛；这种战略在任何地方都很常见。

兵力、补给和管理

对现代历史学家来说，评估历史文献中给出的数字的准确性是一个众所周知的难题。即使是现在的信息——比如示威者的规模——在组织者和警方之间仍存在争论，并且对其的判断会因想要夸张或降低事件的意义而受到影响。更何况那些早先时候的、二手的或经历了更多手的、时常会根据某种动机进行夸张的记录呢？

这方面的著名例子包括 192 年归降曹操的青州黄巾——无论他们有百万或仅有几十万——也包括在官渡之战中曹军和袁绍军队在规模上的对比。在罗马历史中，很多时候我们可以根据军团的数量以及官方 *181* 的兵力来对军队的规模做出公正的评估，而对于中国汉代来说，在正史的百官志中存在一些数据，也有一些更具普遍意义的人口统计，其中最重要的是公元 2 年和 140 年代早期的两次。就像我们曾注意到的，东汉的边境军队，除了很多非中国的辅助军之外，还有大致 3 或 4 万人，而西汉和王莽时，则投放了更多的人到战场上①。

汉末战争不仅使常规的军事机构和命令结构分崩瓦解了，也使参加战斗的人数剧增，不管他们是成为了军人还是为了抢夺食物和争取安全而落草为寇。在两种情况中，他们的规模都会因为从属者的加入而膨胀：随军流动的平民、随男人流离的妇女和儿童。192 年投降了曹操的青州黄巾可能并没有宣称的 30 万战士及 70 万家属那么多，但是其中的比例似乎是可靠的，而即使家属的数量与战士的数量相等，那也是双倍的

---

① 鲁惟一：《汉武帝的征战》（"The Campaigns of Han Wu-ti"），92 页，其中列出了见于文献记载的西汉时期的主要军力：许多次都是 20 万左右，最多的一次是公元前 133 年，据记载有 30 万人；然而最常见的兵力是 10 万到 5 万之间。

　　王莽时期，文献中记载有 30 万人驻守边疆以防御匈奴：《汉书》99B，4121 页；德效骞：《汉书》Ⅲ，306 页；毕汉思：《汉朝的复兴Ⅲ：人民》（*The Restoration of the Han Dynasty: volume Ⅲ, the people*），96 页。然而，如此庞大的数字给国家的经济带来了很大压力，成为了导致王莽执政失败的原因：拙著《北部边疆》，205—209 页、215—216 页。

增大了军队的规模。我们无法确定什么时候这种编外人员是被计算在
文献中的数字中的。

在2世纪中期,中国的人口接近五千万人,所以大规模的军队是可
能存在的,鉴于像曹操和袁绍一样的领袖能够在动乱中维持安全稳定这
样的事实,他们可能统帅有10万可投入战争的军队[1]。

尽管如此,我们仍然要小心这一数据是否被夸张了,无论是为了使
阵容变得更加壮观,还是在战争后为了赞美胜利者而强调其与对手的差
距。我在上文已指出,袁绍可能在官渡占据地利,但曹操却拥有更多的
军事资源。不管袁绍是如何向对手宣称的,他不可能拥有十倍于曹操的
兵力。

其后,曹操在208年过荆州向南方进军,他宣称拥有80万武装部
队。一些人相信了他,但是孙权和他的将军周瑜讨论了曹操可以投入战
场的真正兵力。据记载这一对话是私下进行的,所以并没有被直接记录
下来,但可能呈现了一种被普遍接受的评估:

> 瑜请见曰:"诸人徒见操书,言水步八十万,而各恐慑,不复料其
> 虚实,便开此议,甚无谓也。
>
> 今以实校之,彼所将中国人,不过十五六万,且军已久疲,所得
> 表众,亦极七八万耳,尚怀狐疑。
>
> 夫以疲病之卒,御狐疑之众,众数虽多,甚未足畏。得精兵五
> 万,自足制之,愿将军勿虑。"

---

[1] 西方古代的军队规模与此相似:据估计,在公元前480年入侵希腊的薛西斯的波斯军队可能
有25万之众。其后,雅典人在伯罗奔尼撒战争中,于公元前415—前413年对遥远的西西里
岛的锡拉库萨(Syracuse)发动的失败战争,有5万人参战;公元前334年亚历山大大帝率领3
万步兵、5千骑兵对波斯发动了战争,他的敌人的兵力远胜于他。关于锡拉库萨战役,见维克
托·戴维斯·汉森(Hanson, Victor Davis):《独一无二的战争:雅典人和斯巴达人怎样打伯
罗奔尼撒战争》(*A War Like No Other: how the Athenians and Spartans fought the
Peloponnesian War*),217页;关于薛西斯和亚历山大大帝,见皮特·康奈利:《希腊和罗马的
战争》,12、66页。

与此形成对比的是,百年战争中的参战人数令人惊奇地少:阿金库尔战役中的"大"法兰
西军团大概只有1或1.5万人,而此时其他军队的数量是以千计甚至以百计的。

> 权抚背曰:"公瑾,卿言至此,甚合孤心。子布、文表诸人,各顾
> 妻子,挟持私虑,深失所望⋯⋯
>
> 五万兵难卒合,已选三万人,船粮战具俱办,卿与子敬、程公便
> 在前发,孤当续发人众,多载资粮,为卿后援。
>
> 卿能办之者诚决,邂逅不如意,便还就孤,孤当与孟德决之。"①   183

孙权的战略我们将在第六章中详细讨论,但这段对话展现出了对战
争双方军力的认真评估:曹操号称有 80 万大军,但是事实上只有 20 万
左右,而孙权手头有 3 万人,但是计划着在未来可以再增加 2 万。

从上面的讨论中来看,文献中记载的数字可能可以作为计算军队规
模的基础;且军队的兵力是通过万甚至十万来计数的。没有一个简单的
公式可以对这些数字进行换算或校正,因为在哪一方都存在着夸张的可
能——抬高或降低——并且我们也不总是能却确定这些人中有多少是
前锋战士,有多少仅仅是随军的平民或从属者——这些人可能可以支援
军队,但是也会成为调动的阻碍,以及撤退或溃逃时的混乱源头。

而军队的大规模正是其弱点所在,军队内部就已包含了毁灭的种
子。大量的士兵可以组成骄人的阵队,但是这些人也会不听号令,自酿
苦果②,而大量的人员也面临着疾病的威胁、有着沉重的供给和运输需
求、对他们的组织和控制也是重大问题③。

---

① 《三国志·吴书》9:1262 页注引《江表传》;公瑾是周瑜的字,子敬是鲁肃的字;程公是对程普
的尊称。

② 戴维·瓦森(Wason,David):《战场密探》(*Battlefield Detectives*),73—75 页,其中指出 1415
年阿金库尔战役中法兰西失利的主要原因,是太多的人试图在很小的前线中攻击英军;他们
尝到了人员密集带来的后果,就像在现代的足球场中发生的骚乱一样,人与人互相推操挤压
而造成了伤亡。约翰·基根(Keegan,John):《战争的一面》(*The Face of Battle*),97 页及其
后,其中持有相似的观点,谈到了在混乱的人群中的涟漪或"跌倒效应"。

③ 阿德里安(Goldsworthy,Adrian):《完美的罗马军队》(*The Complete Roman Army*),168 页,
其中指出两个军团的"领事力量"(consular force)——包括辅助人员在内 2、3 万人——是最
佳规模。很少有军队超过 4 万人,即使有此规模以上的军队,他们会因太难于控制而不会有
什么佳绩。这一专业的、经过训练的、有凝聚力的罗马军队的规模数据很重要,对汉朝军队,
甚至是国内战争的竞争者来说,他们是无力控制同等规模的军士的。

按照汉代常规军队的配给标准，一万士兵每月需要三万石（60万公升）的粮食和三百石的盐。运输这些物资需要差不多一千五百辆马车，而饲养一万匹马大概也需要相同的运输量①。

我们可以就此考量一下袁绍在官渡的据说有十万步卒、一万骑兵的军队。我认为他的三大分队之一是运输部队，可能还大概有一万人马被分拨到侧翼以侦查敌军的进攻或防守。如果我们假设军队中可以直接对敌的士兵有7万人，那么单单是步兵每月就需要至少一万辆马车来运输食物，平均每天350多辆。并且，我们还省略了可能的损耗——这也许是非常高的②——且运输的军队本身，包括拉车的牲畜在内也需要口粮，这些充足的供给可能被集中到像距离黄河160公里的黎阳那样的后方仓库中。雷班"惊异于令人吃惊的强加于后方的运输压力、以及人力和运输资源"③，所以曹操对故市和乌巢泽的仓库发动的进攻不仅切断了袁绍的直接供给，摧毁了他数周的努力运输，而且造成了破坏和恐慌，最终带来了决定性的胜利。

官渡之战是一个特例，因为双方的供给都是通过在陆路上的马车进行的，黄河反而是对袁绍运粮的阻碍。而更为普遍的运粮手段则是水运：船可以比车装载的更多，也不需要太大的拉力④。长江、汉水、淮河和它们的众多支流提供了很多进入南方地区的通道；在西方的渭水和其他河流也是如此。此外，华北平原上有多条运河，特别是连通了南方和东方的鸿沟，而当运河不足时，人们常常会进行挖掘：就像曹操204年挺进

① 这一数据来自鲁惟一：《汉武帝的征战》，97页，其根据是汉代将军赵充国的著名的纪功碑，其中记载了公元前60年左右对西北羌人的战争所需要的供给（《汉书》69：2985页），以及中国西北出土的汉简中关于供给的记载（鲁惟一：《汉代行政记录》Ⅱ，69页）；但这两者之间的数据有一些不同。鲁惟一推算一辆车的运载量是25石：《汉武帝的征战》，331页注释134。

② 鲁惟一：《汉武帝的征战》，97页，其中引用了《汉书》24B：1158页，记载了在向遥远的东南运送物资时，损耗了90%。然而，这是因为运输路途过长，也很难走，而且还可能有所夸张。

③ 雷班：《曹操及魏国的兴起：初期阶段》，326页注释10；雷班更进一步计算了达到这种储备所需要的农产品数量。

④ 虽然袁绍和曹操都曾从南或北直接向官渡运送补给，但在交战地区中也曾存在有用于水路运输的沟渠。

冀州时,就利用黄河旧道建造了白沟作为运输通道;207年进攻东北乌桓时,也准备了2条大壕沟以保障供给。

　　根据文献中记载的将军、校尉,及其他低级军职,可知此时军队的正式结构沿袭了汉代,但这种等级制度却遮蔽了真正的对抗、冲突和混乱。我们已经看到了军队是如何被组织在单一领袖周围的,但是这种在战争中自然形成的现象意味着领导者们不仅要精通于近战、具有个人魅力;也还是有闯劲儿的、自负的、时常有暴力倾向,甚至有时候还有点疯狂:什么样的人可以在不确定是否胜利或得到支援的情况下,能够从容面对蜂拥而至的对手?

　　这种勇猛却无益于贯彻主将一以贯之的命令,文献中有许多将领们古怪的行为和激烈争吵的例子。比如196年张飞刺杀下邳相致使刘备丢失了这一地区,以及198年在曹操围攻下的吕布,因为错误的命令而使自己的手下投敌。与此类似,曹操208年攻击荆州刘表的3名先锋将军之间也起了争执,使他不得不任命了一位更高级的将领赵彦协调并控制他们[1]。驾驭这种喜怒无常的将领,需要高级领袖具备很高的个人权威和控制力,以确保他们能够将注意力集中在对手身上,而不是个人的野心和情感。

　　此外,野蛮的勇气并不代表着对战争有深刻理解,且不是所有鲁莽的前线英雄都具有纵览全局或与敌人斗智斗勇的耐心和想象力[2]。就此 *186*

---

[1] 《三国志》23:668页赵彦传;《资治通鉴》65:2080页;拙著《建安年间》,372页。

[2] 在1400多年后的明代,我们仍可以看到同样的战争技术以及关于命令将领的问题。黄仁宇在《隆庆及万历朝,1567—1620年》("The Lung-ching and Wan-li Reigns, 1567—1620"),580页中,讨论了1616年明朝对后金的一次战争,指出战争的基础是作战人数,但军队"需要由富有经验的战士组成的精锐部队打开攻击道路,以便大批士兵在他们后面蜂拥而进,扩大战争优势。这些作战兵团需由勇敢的人指挥,他们本人既要精通作战技巧,也要亲自带领他们的士兵冲锋。"另一方面,"这些将领中几乎没有足智多谋之人,更不用说达到战略家水平的了……当次一级的将军们只是一个率军冲锋的人之时,那些高级的指示的贯彻性就要大打折扣了"。(本段的翻译参考了《剑桥中国明代史》的中译本,北京:中国社会科学出版社,1992年——译者注)

同样的倾向也出现在19世纪,甚至是清朝对英国的鸦片战争中:魏斐德(Wakeman Frederick Jr):《广州贸易与鸦片战争》("The Canton Trade and the Opium War"),193页;这一时期的军事选拔仅仅关心个人身体技能:艾特尼·资(Zi Etienne):《中国武举制度》(*Pratique des examens militaires en Chine*)。

看来,军阀必须依靠那些可能在真枪实战中没有很多经验或能力,但却擅长于谋略的属下。

在东汉的体系中,战场上的将军由长史协助,一些长史拥有独立的权力①。汉末出现了都督,正式负责军队的管理和训练。吕范传中为我们展现了都督的职能,195年,他是年轻的将领孙策的手下:

> 范曰:"今将军事业日大,士众日盛,范在远,闻纲纪犹有不整者,范愿暂领都督,佐将军部分之。"

> 策曰:"子衡,卿既士大夫,加手下已有大众,立功于外,岂宜复屈小职,知军中细碎事乎!"

> 范曰:"不然。今舍本土而讬将军者,非为妻子也,欲济世务。犹同舟涉海,一事不牢,即俱受其败。此亦范计,非但将军也。"策笑,无以答。

187

> 范出,更释裈,著袴褶,执鞭,诣阁下启事,自称领都督,策乃授传,委以众事。由是军中肃睦,威禁大行②。

都督这一职位的重要性是随时间地点变迁的。例如,在199—200年,曹操曾将它授予远方的盟友、在北方控制大片领土的鲜于辅,而袁绍则任命了自己的谋士沮授、郭图和淳于琼为都督,三人分领他的大军。随后的几年中,这一高级官位成为了标准配备,三国中都有都督一职,是在广阔的前线拥有权力的高级军事将领;因此,我把它翻译为地方统帅

---

① 例如,公元1世纪末重建了中国在西域权威的班超,很长时间的官职就是长史:拙著《论东汉的西域》,13—15页(一些高官的助手以及边郡长官有时也会用"长史"这一官名:毕汉思:《汉代官僚组织》,239页)。

② 吕范字子衡,其传记见《三国志·吴书》11:1309—1311页;引文见1309—1310页裴松之注引《江表传》;《资治通鉴》61:1972—1973页,拙著《建安年间》173—174页。与此类似,当曹操204年围攻邺城时,袁尚的官员李孚伪装成都督穿越了敌军(《三国志》15:485页裴松之注引《魏略》、《资治通鉴》64:2054;拙著《建安年间》326—327页):

> 自著平上帻,将三骑,投暮诣邺下……步步呵责守围将士,随轻重行其罚。遂历太祖营前,径南过,当章门,复责怒守围者,收缚之。因开其围,驰到城下,呼城上人,城上人以绳引,孚得人。

(Area Commander)。

曹操主要的谋士是荀彧,任汉朝的尚书令,掌握许都的傀儡汉政府;荀彧的侄子荀攸①,任军师;郭嘉任司空军祭酒这一有些不恰当的职位。在低一点的层级上,有参军事这个官职,这也是这一时期的新发展,其最初是对谋士或文职人员的通称,但是后来成为了正式的官职。军人及未来的将军孙坚就曾在186年对抗西北叛贼的战争中任参军事,但这个职位后来也曾被曹操授予华歆,他是一位学者而非军人,曾在孙策对他的辖区豫章郡发动进攻时轻易地选择了投降②。这一体系是不拘一格的,但是荀氏叔侄及郭嘉的地位是很重要的。

188

与此相似,我们还发现在谋士中有像贾诩那样规劝张绣投降曹操的人,像张昭一样成为孙策的知己并在以后成为孙权时掌权大臣的学者,吕布也曾——错误地——听取了陈珪和陈登建议。这些谋士中最著名的要属刘备的左膀右臂诸葛亮,他在3世纪初从荆州投靠了刘备。拜《三国演义》所赐,他可能成了中国历史上最著名的政治家和军事领袖,他有不可思议的能力以及机械方面的天才,独轮推车、连弩的发明都被归到了他的名下,他还具有操控风和山间雾霭的能力;这些我们都会在下面加以讨论③。虽然在历史学家中自然而然地存在着强调这种学者的成就的倾向,但是显然曹操确实得到了他们有力的辅佐,以及忠诚且有价值的建议。随着他的地盘在几年后逐步扩张,他需要一个有效的国内行政体系——"居马上得之,宁可以马上治之乎?"④——但是暂时,他在许的大本营是安全的,新的屯田积累了大量的军队供给,所差的就是场军事上的胜利了。

---

① 原文为"荀彧的堂弟荀攸"有误。——译者注
② 关于孙坚曾任参军事,见《三国志·吴书》1;1095页;拙著《孙坚传》,64页。华歆的传记见《三国志》13;401—406页,他在之后成为了魏国的高级文官,位至三公。
③ 关于《三国演义》中的蜀汉及刘备、诸葛亮传统,见本书第十一章481—484页。
④ 陆贾对汉高祖所言:《史记》97;2699页。

鉴于军队的血性,以及那些率领着不守规矩部下的独立将领、不稳定的等级制度、突发事件造成的混乱和分裂,任何一名将领的主要职责都是在适当的秩序中保持领导位置。通常将领失败了,就像我们多次看到的,对阵中的一方是如何陷入恐慌和溃退的那样,他属下的大部分军队可能变得混乱和脆弱。如果发生这种情况,对一名优秀的将领最后的考验就是如何快速且有效的重组起自己的军队,并使他们重回战场①。

因此实战策略常常很有风险,即使士兵们经过了多年在战场的打拼,增加了经验和训练水平,但是在对敌时施展复杂的编队和精致的战术的空间往往很有限。在曾经失传但是在近来重新出土的,被认为是公元前4世纪的孙膑所作的文献中,描述了许多种不同的对敌战术,似乎汉代时其中的许多种都被应用到了实践中,无论是对强势敌人的全面防御还是在开阔地进行的排兵布阵。其中最普遍的一种是"八阵",它事实上是将军队分成九个部分,排列成一个 3 * 3 的方阵,主帅位于阵的中央。这种阵型灵活多变,后面的两排可以为第一排前锋提供支持和储备,也具有延展开来包抄敌军的能力②。

《孙子》及其他军事理论文献都将主帅放到了军队的核心和灵魂位置,但是他在实际战争中的作用是有局限的。除了别的问题,在混乱——通常是尘土飞扬——的战场中,传达命令是相当困难的。信号旗、号、钟、鼓都被用在战争中,但是它们的传播范围和表达的意思都有限,而人声在一片喧闹中很难被听清,用士兵传递消息则容易丢失、造成

---

① 约翰·基根:《战争的一面》,173 页,其中指出"任何军队都是一伙狼奔豸突之人,而将领最大的恐惧——比对兵败甚至兵变的恐惧更甚,是他错误的指令使军队重回到了最初的散乱状态。这种状态是军队的对立面,士兵们是依靠情绪而非纪律集合到一起的,一旦人们多变且易互相传染的情绪散布开来,对将领而言就是致命的。"这段引文来自他对于滑铁卢之战的讨论;而曹操及其对手统率的则是远远不及威灵顿及拿破仑手下那些集团军队训练有素的士兵。

② 李约瑟:《中国科学技术史》第五卷第六分册,58 页及以下讨论了实战中的这种阵型。有人说八阵是蜀汉的诸葛亮创制的,不同的部分具有象征性意义及力量。以八阵及其他神秘力量的阵型为基础,还可变化出更复杂的阵法,但这种排兵布阵能否真能实施值得怀疑。关于对《孙膑兵法》的注解,见伊卡·萨维尼(Syvànne Ilkka):《孙膑和汉代的战术》("Sun Bin/Pin and the Han Battle Tactics c. 140 – 118 BCE/BC")。

混乱或违抗①。解决这一问题最好的办法是制定清晰的进攻计划,确保
相关将领完全理解,并期望他们能够将其执行好。应安排有单独的部队
和预备队以备不时之需,但一旦计划安排好,其修正的空间就很小了。
曹操对《孙子》的注释中记录了聪明的将领应如何在加入战争前在庙堂
之上谋划计策②。

　　无论是准备立即作战,还是筹谋一场大战役,将领手中通常都会掌
握有效的地图,但是他们也同样使用当地的向导。191年,孙坚在洛阳攻
击董卓时,他的主公袁术对他的忠诚产生了怀疑,并且切断了供给:孙坚
急忙赶回了袁术的总部为自己辩白,并且在地上画出了自己的计划③。
207年,当曹操在东北对阵乌桓时,地方首领田畴为他提供了一条奇袭的
路线;在211年对抗西北军阀联军之时,他使用了类似的战略,从侧翼突
破了敌军的防御。这些策略都需要优秀的才智以及对于远方地形的
了解。

　　就像《孙子》中指出的,相较于提升及维持军队,进行侦查和在当地
培植间者的投入很低,而结果却有很大的价值④。除了像田畴提供的那
样的当地信息,探子和逃兵也可以带来关于敌方军队和甚至计划的消
息。需要小心的是,有的自称是逃兵的人事实上仍是为他最初的主子卖
力的,但在官渡之战时,许攸为曹操带来的消息则至关重要⑤。

----

① 《通典》149:779c—780a 页引用了曹操的军令集《魏武军令》,杨晨《三国会要》298—300 页中
　 也承袭了《通典》的记载;曹操的军令也见载于他的许多文集中:如《曹操集》55—57 页、《曹操
　 全书》248—256 页。这些军令中包括击鼓前进、鸣金收兵、使用旗子指挥军队向左或向右。
　 其中也记载有对不服从命令或拒绝进攻者的处罚规定——常常是处死。
　　 关于战争中信息的传递问题,可举一个近代战争中的例子:1854 年在巴拉克拉瓦战役中
　 的英国轻骑兵。指挥官卢肯勋爵(Lord Lucan)看到了一队敌军,但重骑兵的指挥官卡迪根勋
　 爵(Lord Cardigan)却没有看到他们;而在他们之间传令的诺兰(Captain Nolan)把卡迪根指
　 到了完全错误的方向。
② 《孙子》1:1a;闵福德:《孙子兵法》,99 页;也见本书第七章 328 页。
③ 《三国志·吴书》1:1097 页;拙著《孙坚传》,43 页。
④ 《孙子》13;塞缪尔·格里菲斯(Griffith,Samuel B):《孙子兵法》(*Sun Tzu: the Art of War*),
　 144 页及以下,闵福德:《孙子兵法》,315 页及以下。
⑤ 按照孙武的说法,许攸就是"内间者":《孙子》13:5a;塞缪尔·格里菲斯:《孙子兵法》,145 页;
　 闵福德:《孙子兵法》,319 页。

自然,将领会使用任何手段欺骗敌方。211年,曹操在西北的华阴扎营之时,就利用了他与敌方将领韩遂的私人关系,令敌方内部产生怀疑与不信任,而209年孙权围攻合肥之战,则是一个故意制造假情报的好例子①:

> 时大军征荆州,遇疾疫,唯遣将军张喜单将千骑,过领汝南兵以解围,颇复疾疫。济乃密白刺史伪得喜书,云步骑四万已到雩娄,遣主簿迎喜。
>
> 三部使赍书语城中守将,一部得入城,二部为贼所得。权信之,遽烧围走,城用得全。

因为蒋济欺骗了自己的上级官员刺史,所以他的计谋取得了更大的效果②。

最后,在谋略中,可以与火攻以及围城使城内弹尽粮绝相提并论的,是被迫进行防御的将领采取的坚壁清野政策,他们毁坏庄稼并处理掉在乡间的任何有益于敌方的东西。曹操在官渡之战时肯定采取了类似的方法,192年青州黄巾的投降很可能也有这个战略的功劳③。这种政策并不总是最合适的方式,特别是在双方势均力敌并且都希望取得胜利的情况下,而也有人因为不肯实施这种策略而错过了取胜的机会:在213年刘备与益州牧刘璋的对战中,刘璋的一名谋士建议他:

> (刘备)县军袭我,兵不满万,士众未附,野谷是资,军无辎重。
>
> 其计莫若尽驱巴西、梓潼民内涪水以西,其仓廪野谷,一皆烧除,高垒深沟,静以待之。彼至,请战,勿许。
>
> 久无所资,不过百日,必将自走。走而击之,则必禽耳。

---

① 《三国志》14:450页,《资治通鉴》66:2097—2098页;拙著《建安年间》,404—405页。

② 孙武将被抓住的通信人员称为"死间者":《孙子》13:8b;塞缪尔·格里菲斯:《孙子兵法》,146页,闵福德《孙子兵法》,320页。

③ 同样,195年曹操想要进攻徐州而非攻击在兖州的吕布时,他的谋士荀彧提醒他,徐州人民刚刚经历过他残暴的攻击,"必坚壁清野以待将军,将军攻之不拔,略之无获,不出十日,则十万之众未战而自困尔"。《三国志》10:309页;《资治通鉴》61:1963页;拙著《建安年间》,156页。

然而,刘璋并不想如此残忍的对待自己的子民,所以他在战役中失败了①。善良的将领很少能够成事,就像曹操在注释《孙子兵法》时所言,"礼不可以治兵"②。

曹操的谋略可能要比对手们更多,值得注意的是在许多战役中,他会采用间接的手段攻击敌人,常常出其不意,而像公孙瓒、刘备及袁绍等一样的将领则更常直接进攻对手。即使是在官渡之战的大战术中,我认为曹操也试图从东西两面包抄袁绍,并且几乎迫使袁绍径直对他发动进攻。几年后,他在政治上也应用了这种战略,使袁绍的儿子和继承者们反目为仇,最终走向毁灭,211 年,他对付西北的军阀时也采用了类似方法。这种迷惑性手段的最大一次失败是 208 年穿过荆州向南进军,导致了在赤壁的失利;然而,就像我们之后将会讨论到的,这在当时也并不意外。

伤亡人员、犯人、人质和士族的行为

在开阔地上作战的军队是极度脆弱的,而那些试图逃命的军队将自己的后背留给敌人,会造成最大的伤亡。追击是残忍且致命的,此时的死亡人数远远大于被俘人数。这最主要是因为看守因犯的困难:武器是为近战——就弓弩而言,是为了单独发射——而设计的,这样不管有多少俘虏,都要求同样数量的兵力看守他们。此外,在枪林弹雨的战场上,投降的人可能捡拾被丢弃的剑或长矛再次武装起来造成危险。在现代,193 一个持有机关枪或手榴弹的人就可以控制许多人,但在那个时候,胜利

①《三国志·蜀书》7;958 页;《资治通鉴》66;2120 页;拙著《建安年间》,450 页。
②《孙子》3:18a;塞缪尔·格里菲斯(Griffith Samuel B):《孙子兵法》(*Sun Tzu: the Art of War*),81 页;闵福德:《孙子兵法》,144 页。

者很少能分出足够的看守者;最安全的囚犯是已死的人①。

尽管如此,我们仍有理由相信死亡人数通常是被夸大的,在下面的一段讨论 211 年镇压河间郡叛乱的文字中,明确指出了:

> 破贼文书,旧以一为十,及渊上首级,如其实数。太祖问其故,渊曰:"夫征讨外寇,多其斩获之数者,欲以大武功,且示民听也。河间在封域之内,银等叛逆,虽克捷有功,渊窃耻之。"②

通常在涉及伤亡人数的记载中,评估死亡人数和受伤人数的比例是困难的,也没有什么好的方法来评判有多少伤员死亡或永久的失去了战斗力,多少人复元了并重新回到部队中。曹操在 2 世纪末至少受过 4 次伤:190 年对战徐荣时;不久后的一次叛乱中;194 年在濮阳对战吕布时被烧伤;197 年张绣的奇袭中。每次受伤,他都能继续进行有效的指挥,似乎没有一处伤口在之后溃烂或引发严重的发热。他很幸运。

对于伤员的处理很少见于记载,似乎在没有现代医疗的古代,人们只需使用一些外用药,显示了出非凡的从重创中复元的能力。1415 年在阿金库尔战役中受伤的士兵们有着相似的命运,约翰·基根认为,撕裂伤——甚至更深的伤口——可以被比较干净地清洁,如果经过简单的包扎会痊愈的很快;而断肢可以被成功的固定。然而穿透伤,无论是被箭还是矛造成的,常常是致命的:在腹部穿透肠子,引起腹膜炎;在上身的伤口,因为可能穿着脏衣服,将会引起败血症③。

然而,相比训练一名没有经验的新兵,在可能的情况下给久经沙场的老兵疗伤是更明智的选择,并且伤员得到有效的治疗,也有助于增加

194

---

① 正因如此,公元前 216 年的坎尼会战中,8 万多罗马军队死亡了 5 万,1415 年阿尔库金战役中英格兰的亨利五世因恐惧法兰西反攻,杀死了所有战俘。

据称,在官渡之战后,袁绍的一些士兵假降,并试图逃往北方,曹操将他们活埋了。这个故事可能是真实的,但涉及到的人数无法确知:《三国志》6;199 页。

②《三国志》11;339 页,国渊传,《资治通鉴》66;2112 页,拙著《建安年间》,435 页。国渊是一名文官,但负责汇报在他管辖地区内的军事情况。

③ 约翰·基根:《战争的一面》,112—113 页。虽然阿尔库金战役距离东汉 1200 多年,但我们可以相信期间的医疗技术并没有多大的发展。

士气。罗马军队中有医疗人员，也有收治重伤员的医院①。类似的体系也适用于汉帝国的军队，但是我们可以确定在混乱的汉末战争早期是没有这种支持的：战士们必须依靠自己的同伴或随军的民众，他们中的一些人可能有治疗伤病的经验②。在曹操和其他有自己地盘的领袖们那里，可能发展有更专业的医疗系统，但是我们对这些一无所知。然而，似乎一些不再适合直接战斗的人可以在曹操的屯田系统中找到营生。

美国内战期间首次对这种数据进行了收集，其显示有 15% 的伤员最终去世，死亡原因包括创伤直接致死、并发的休克、发热。内森·罗森斯坦讨论了这些数据，承认其很难与其他数据进行比较，但也指出因剑、长矛、箭造成的创伤的死亡要比子弹和炮弹造成的死亡少，而就在有组织的军队中接受治疗而言，19 世纪并不比古代的条件更好。他进一步指出，因疾病而造成的死亡要比敌军直接造成的高 2 倍③。

195

军队及其随行人员是在小范围内集中的大量人口，所以存在着传染病的潜在危险。然而奇怪的是，虽然 184 年黄巾起义之前就已在全国爆发过较多疫情，在 217 年瘟疫也曾再次流行，但却很少有材料提到此时军队中的相关情况。赤壁之战中，曹操的许多将士都生了病，这部分是

---

① 例如，见坎贝尔（Campbell，J. B.）：《罗马帝国的战争和社会，公元前 31 年—公元 284 年》（*War and Society in Imperial Rome*，*31 BC‑AD 284*），65—68 页，克里斯汀·萨拉查（Salazar，Christine F.）：《希腊化罗马文物中所见对战伤的处理方法》（*The Treatment of War Wounds in Graeco‑Roman Antiquity*），书的第一部分是对于医药和外科手术的调查。

② 乔森纳（Sumption，Jonathan）：《百年战争Ⅲ：分裂》（*The Hundred Years War Ⅲ：divided houses*），761—764 页，其中举出了许多成功治疗创伤的例子，许多时候仅仅是战友对伤口简单的清理和包扎，有些时候辅以适当的饮食和休息。

③ 内森·罗森斯坦（Rosenstein，Nathan）：《战争中的罗马：共和中期的家庭、农业和死亡》（*Rome at War：farms，familily and death in the middle Republic*），24 页，其中指出因伤而亡的概率是 17%，但在唐纳德（Trunkey，Donald D.）在《创伤护理中的新兴危机：历史和定义的问题》（"The Emerging Crisis in Trauma Care：a history and definition of the problem"）的表格 32.1 及 201 页中指出，在 1846—1848 年对墨西哥的战争中，美国伤兵的死亡率是 15%，在南北战争中则是 14%。罗森斯坦上引著作中还讨论了布尔战役中影响英军的疾病及敌方行动。

因为从干燥的北方来到了湿润的长江流域①，而 215 年孙权军队在合肥的尴尬失败，则可能是由于疾病造成的②。然而，考虑到这种战役所聚集的人数，以及他们的生存条件，像这样大的疫病还是不算多的。其他例子并没有被记录下来，一些疾病可能是水土不服，因此没有得到注意，也可能有经水传播的传染病，这在不注意卫生的大群体中是很常见的，但因为中国的煮茶和蒸粮食的做法，无论是大米、小米还是小麦，这种疾病并不是很严重③。

虽然普通的士兵可能被杀、受伤、俘虏或迫降，但将领们又与他们不同。许多高级将领战死沙场，但是一些也被俘或被迫投降，他们此后的待遇取决于敌方对他们的兴趣和自己的价值或忠诚度。公孙瓒在他的大本营被攻破时自焚，但刘备被吕布击败时，却能够重新与他联盟，而当曹操俘虏了吕布时，他试图在曹操手下卖命；但他之前摇摆不定的行为最终将他送上了绝路。

士人的情况则或好或坏。曹操饶恕了变节的魏种，并让他掌管河内郡；他对其他人也展现出了类似的宽容：他任命敌方的文人陈琳为自己的私人秘书，还任用了旧敌梁鹄。当然，后二者与其说是军人，不如说是文士，优待他们有助于增加曹操自己的声望；而他对敌人刘备手下大将关羽的超乎寻常的宽宏大量，则可以推测同样是因为要展现对常人眼中

---

① 周瑜就曾向孙权提到过这一点，后来曹操也提到过：《三国志·吴书》9：1265 页裴松之注引《江表传》。其他关于这次战争的文献中也同样提到了军中的疫病：《三国志·吴书》9：1262 页、《三国志》1：31 页裴松之注引《山阳公载记》。

② 《三国志·吴书》10：1295 页、本书第七章 316—317 页。

③ 关于汉代食物的常识，见张光直编《中国文化中的饮食》（*Food in Chinese Culture：anthropological and historical perspectives*）中余英时执笔的汉代部分，在 79 页讨论了烹饪，70 页中讨论了茶的广泛流行。饮茶始于汉以前的四川，公元前 1 世纪中期王褒的《僮约》中提到了为客人准备茶水：韦慕庭（Wilbur，Clarence Martin）：《中国西汉的奴隶制》（*Slavery in China during the Former Han dynasty 206 BC–AD 25*），385 页，以及 391 页的注释 19。食用热食物及煮熟的水的重要性在于避免了许多流行病，见《中国文化中的饮食》中牟复礼（Mote，Frederick W）执笔的元、明部分，199 页。

英雄的尊重。

袁绍在官渡的失利使他麾下的许多高级官员落入曹操手中。其中只有很少人幸存下来,但曹操并未总是因此受到责备:

> 《曹瞒传》中记载,"割得将军淳于仲简鼻,未死……时有夜得仲简,将以诣麾下……公意欲不杀。许攸曰:明旦鉴于镜,此益不忘人。乃杀之。"①

最关键的问题常常是被俘的人员是否能够弃暗投明,以及俘虏他的人是否相信他。

> 沮授不及绍渡,为人所执,诣太祖……授大呼曰:"授不降也,为军所执耳!"
>
> 太祖与之有旧……曰:"本初无谋,不用君计,今丧乱过纪,国家未定,当相与图之。"
>
> 授曰:"叔父、母、弟,县命袁氏,若蒙公灵,速死为福。"
>
> 太祖叹曰:"孤早相得,天下不足虑。"太祖厚待之。后谋还袁氏,见杀②。

还有一种形式是赎回俘虏。在中世纪的欧洲,那时战争带来的混乱可以与汉末的情况相提并论,赎回俘虏不仅是司空见惯的事情,也是战争或俘虏别人的原因;从这方面说,战争表现为商业的交易。此外,无论俘虏是否被赎回,许多人都在狱中或被俘状态下长达数月甚至数年。与此相比,中国此时的文献中没有关于支付代价以赎回俘虏或长期监禁的人的记录;如果一个人成为了无用之人,他就应被快速

¹⁹⁷

---

① 《三国志》1:21—22 页裴松之注;《资治通鉴》63:2035 页;拙著《建安年间》,290 页。
② 《三国志》6:199、200 页正文及裴松之注引《献帝传》;《资治通鉴》63:2035 页;拙著《建安年间》,289—290 页。

的处决①。

人质这种方法也会被使用，虽然并不总是能取得很大效果。杨联陞讨论了帝国政府如何控制北方部族和中亚城邦的人质，以及在公元第一个世纪里西汉政府如何运用"质子"来确保将领和诸侯王的忠诚②。公元200 年左右，军阀马腾和韩遂被劝服将儿子送往许都为质，以确保他们在曹操对战袁绍时对曹操的支持③，208 年，马腾带着自己的家人前往邺城，以保障他儿子马超的行为恰当。马腾被任命为卫尉，但是在马超211 年加入了反对曹操的西北军队联盟后，下一年曹操就处决了他及家属④。

马超因为不孝而饱受批评⑤，抛弃父亲的行为确实异常，但是通过威胁家人的生命来强迫一个人的行为是有难度的。曹操在官渡俘虏了审配的两个儿子，许多谋士都提醒袁绍，审配的忠诚很可怀疑。然而，

> 护军逢纪与配不睦，绍以问之，纪对曰："配天性烈直，每所言行，慕古人之节，不以二子在南为不义也，公勿疑之。"
>
> 绍曰："君不恶之邪？"
>
> 纪曰："先所争者私情，今所陈者国事。"
>
> 绍曰："善"。乃不发配，配、纪由是更协。

---

① 例见乔森纳《百年战争Ⅱ：火器决斗》(*The Hundred Years War Ⅱ: trial by fire*)，244 页中描述了英国 1367 年在普瓦捷(Poitiers)击败了法兰西之后"疯狂的赎身竞赛"，555 页则记载了 1367 年在西班牙的纳赫拉(Najera)战役打完后，"俘虏们被交易，并讨价还价了数年才终被赎回"。关于关押和赎回的更多基本原则，比如允许僵持几年，但可以允许有条件的自由等，见基恩(Keen, M. H.)：《中世纪晚期的战争法则》(*The Laws of War in the Later Middle Ages*)，156—185 页。

也许有人反驳说英法百年战争与一千多年前汉代的内战不具有可比性，但我认为欧洲的冲突是带有封建性的，也是国家主义的，在每次冲突中人们都展现出了对彼此的尊重，也有一系列共同的行为准则：这一准则与汉代的区别是值得注意的事情。

② 杨联陞：《中国历史上的人质》("Hostages in Chinese History")，45—46、51—52 页。在 52—53 页中，杨联陞指出三国时期也都有质子；但曹操及其对手都没有完全建立起一个系统。

③《三国志》13：392 页。

④《三国志》15：472 页、《三国志》6：187 页。

⑤ 例见《三国志·蜀书》6：946 页裴松之注引《典略》、《三国志》25：701 页。

　　我们不知道审配的两个儿子最后结局如何,但是审配是尽忠至死的①。

　　妻儿常被当作可任意处理的物品。196年,当直言不讳的卫道士孔融在北海被袁谭攻击时,他抛弃自己的妻子儿女逃跑了②。当203年袁谭陷入困境中时,属下管统前往支援他,把自己的家庭抛诸身后;以致他们被强盗杀害。213年,马超俘虏了曹操官员赵昂的儿子赵月作为威胁他的人质。赵昂准备参加反对马超之战,当他将这一情况向妻子表明时,他的妻子让他放心,说"忠义立于身,雪君父之大耻,丧元不足为重,况一子哉?"③尽管在儒家传统中家庭是很重要的,但个人的忠心和荣耀却更为优先④。

　　即使是在这种环境中,刘备的表现也显得更加突出:他至少3次放弃了自己的妻儿:在196年、198年曾2次把他们置于吕布掌中,虽然每次他们都被归还了;第3次是在199年,他离开曹操并随后在徐州反抗他。没有记录显示刘备寻找过他们——女人可能被分配给了曹操的下属——但是甘夫人在战场上随侍刘备左右,之后随他到了荆州,并且在那里生下了他的儿子和继承人刘禅⑤。如果说关羽在曹操手中时受到的 [199] 优待意味着他是一个有效的人质,可以牵制刘备不为袁绍卖命的话⑥,那么可见刘备的将领们是比他的女人更为重要的。

---

①《后汉书》74/64A:2402—2403页;《资治通鉴》63:2036—2037页;拙著《建安年间》,291—292页。逄纪和审配后来形成了支持袁绍之子袁尚的集团。

②《后汉书》70/60:2264页;拙著《建安年间》,203—204页。

③《三国志》25:703页裴松之注;《资治通鉴》66:2133页;拙著《建安年间》,455页。

④ 我在《东汉三国人物辞典》1302—1306页,简要列出了东汉时期与妇女有关的事件清单;此时有许多表明妻妾及家庭与男人们的更为公众的事务相比处于次位的例子。

⑤《三国志·蜀书》2:873—875页中记载了刘备的妻妾;高德耀、克洛维尔:《皇后与嫔妃:陈寿〈三国志〉裴松之注选译》,48—49页,拙著《南方的将军》,294—295页。但关于她们的记述,是概括甚至模糊不清的。

　　《三国志·蜀书》卷四中记载甘夫人在刘备与妻子分离时"常摄内事";她可能在战时承担着为刘备纾解欲望之责。她于207年生下了刘禅,但刘备在208年逃离曹操时将她们母子一并抛下了。而在这第四次抛弃妻子中,赵云保全了刘备的家庭。

⑥ 本书第三章140页。

以下的一个亲属优先的例子让人眼前一亮:

> 在曹操于 208 年赤壁战败的前夕,刘备的谋士徐庶的母亲被曹操所执。庶辞先主而指其心曰:"本欲与将军共图王霸之业者,以此方寸之地也。今已失老母,方寸乱矣,无益于事,请从此别。"

徐庶因此加入了曹操阵营,之后成为了魏国的高级官吏①。

我们还应提及的是两个家庭重聚的特别例子。诸葛亮和他的兄长诸葛瑾在童年时就因战乱分隔两地,诸葛亮成为刘备的谋士,而诸葛瑾则加入孙权麾下。他们两人偶尔会相遇,但是总是小心地保持着适当的距离,并从未在私下交流过②。

庞林和妻子习氏的故事则是浪漫的。208 年,庞林随刘备逃往荆州,被迫和妻子分离,但是在 15 年后他被魏军俘虏,因此和妻子重又团聚③。

在一定程度上,战争行为可说是关乎计策、谋略以及对军队和臣下的控制和使用。在国内战争之时,没有任何一个军阀可以占据正式的或可被接受的正统:曹操挟持献帝的行为给他带来了一些威望上的优势,但是袁绍轻而易举地对他的合法性发起了挑战;残暴的董卓毕竟也曾登上过相位。因此,成功是有赖于个人才能,或至少是别人认为的才能的,取决于一个人是坚定还是懦弱,残忍还是仁慈,能干还是不堪。就此而言,像曹操这样的领袖就要总是考虑到他如何对待下属、对手,特别是那些因为良好的愿望或是被强迫来归顺他的人。

197 年,当曹操在南阳被张绣出其不意的进攻击退时,袁绍幸灾乐祸地给他写了一封信,他的谋士荀彧和郭嘉试图通过条陈他优于袁绍并最终可以战胜他之处来鼓励他。这些优点都指向了他谋划战争的能力以

---

① 《三国志·蜀书》5:914 页;《资治通鉴》65:2084 页;拙著《建安年间》,382 页。
② 《三国志·吴书》7:1231—1232 页;《资治通鉴》67:2138 页;拙著《建安年间》,488 页。208 年,鲁肃出使刘备,他对诸葛亮说自己是诸葛瑾的朋友,并立即受到了最大的礼遇及喜爱:《三国志·吴书》9:1269 页。
③ 《三国志·蜀书》7:956—957 页。

及识人之明，他们也指出袁绍有优秀的血统、重视礼节，而曹操则用坦诚对待手下，也能够同情一般人遭受的苦难。贾诩、杨阜在不同的时间也表达了类似的意见，虽然我们可能怀疑其中有多少是真实的，这些意见是否会受到质疑，但是显然这些才能是人们期望领袖拥有的，曹操也被相信拥有它们①。

在后面，我们将讨论曹操的施政和管理方针——他在取得了战争的胜利后如何使用和加强自己的权威。普遍认为，曹操是谋略计策上的天才，他就像用精神在作战（神武）；现在仍有一条谚语流传下来："说曹操，曹操就到"②。

201

---

① 见本书第八章 364—365 页。
② "说曹操，曹操就到"的英文说法是"Speak/Talk of the Devil and he is sure to appear"，其在 16 世纪晚期有许多种不同的形式。

第五章 在北方的胜利 201—207 年

大事年表

袁氏的败落　201—204 年[①]

曹操击败袁绍的官渡之战具有决定性意义,其确保了袁绍在可预见的将来不再具有威胁曹操的能力,但是争斗的最终结果仍悬于一线,且双方在这次战役中都已精疲力竭。曹操派遣了突骑渡过东平郡内的黄河,同时也在东郡的仓亭津向袁绍发起了进攻,但他仍把主力驻扎在黄河以南,并未大规模乘胜追击。就袁绍一方而言,他似乎能够重聚大部分军队,即使一些城市叛离,但也很快就被重新夺回。在荡气回肠的公元 200 年后,是相对和平的一年,双方都在重新部署己方力量。

秋天曹操返许,不久后处理了刘备在汝南制造的麻烦。刘备似乎没有在曹操的后方取得任何实质性的胜利,还被曹操的分遣队弄得缚手缚脚。在曹操着手对付他后,刘备穿过山丘逃往了荆州刘表处。他以前的盟友,特别是地方首领龚都领导下的一批土匪很快就选择了投降,曹操此时在汝南和颍川这块繁华地区已没有什么特别挂心的事情。

在更东方,曹操的将领夏侯渊和张辽占领了徐州的东海郡。地方军阀昌豨先与吕布结盟,后又联合刘备,他虽然曾被击败,但仍在之前陶谦的首府郯城聚集起了力量。夏侯渊的军队包围了郯城,但是因为供给的短缺考虑撤兵。此时,张辽进行了外交活动:

> 辽谓渊曰:"数日已来,每行诸围,豨辄属目视辽。又其射矢更稀,此必豨计犹豫,故不力战。辽欲挑与语,傥可诱也?"
>
> 乃使谓豨曰:"公有命,使辽传之。"[②]
>
> 豨果下与辽语,辽为说"太祖神武,方以德怀四方,先附者受大

---

① 曹操在 201 至 204 年间的活动主要见《三国志》1:22—26 页、《后汉书》74/64A:2403 页、74/64B:2409—2416 页及《三国志》6:201—206 页袁绍传及附传。《资治通鉴》64:2041—2056 页中按时间顺序记叙了这些事:拙著《建安年间》,303—330 页。

② 曹操此时仍为公:本书第二章 89 页。

赏"。豨乃许降。

辽遂单身上三公山，入豨家，拜妻子。豨欢喜，随诣太祖。太祖遣豨还①。

204

张辽是曹操最富传奇色彩的将领之一。他出身于北部边疆雁门郡，为避仇而改换了姓氏，在不久后成为了郡中的地方官吏。他因在作战时的强力和技巧而闻名，被任命为并州的从事，并在 189 年随并州刺史丁原前往洛阳。丁原被吕布杀害后，张辽归于吕布麾下。192 年，他与吕布一起东逃，曾败于曹操，当 198 年吕布被击败后，他被迫投降，赐爵关内侯，拜中郎将。他说服昌豨投降的行为是数一数二的奇谋。

202 年，当曹操的南部和东部安全无虞之后，他率领主力军向西南到达了自己的家乡沛国。回来的途中经过梁，他拜祭了曾经支持过自己的桥玄的陵墓，也安排修复了睢阳渠：睢阳渠是鸿沟的一部分，是沟通东南的重要通道，可以凭借它把这些区域的谷物和必需品运送到许。

在内战刚开始的 190 年，曹操在沛国时没有去看看他在谯县的旧宅，而此时他对这个地方感到了陌生，家族的陵墓在连年的战争中已被洗劫毁坏②。满目疮痍唤起了他对在战争中追随他但却牺牲了的人的回忆，发令曰③：

205

吾起义兵，为天下除暴乱。旧土人民，死丧略尽，国中终日行，不见所识，使吾凄怆伤怀。

其举义兵以来，将士绝无后者，求其亲戚以后之，授土田，官给

---

① 《三国志》17，517 页张辽传；拙著《建安年间》，304—305 页。

② 包华石：《早期中国的艺术与政治表达》，332 页，认为这些墓葬毁于 184 年的黄巾起义，虽然他也探讨了这些毁坏发生在 190 年左右的可能性。但后者的可能性似乎更高，因为没有文献记载黄巾起义影响了沛，而那时谯县的曹氏家族势力还很强，因为曹操曾于 180 年代退居于此，也曾在 190 年在此募集军队。似乎曹嵩一直到 191 年才离开那里，这些墓葬可能是在此之后荒毁的。

③ 《三国志》1，22—23 页。传统上，"令"是一种国家公告，比"诏"的权威性略低，常常用于颁布新的法律：何四维：《秦汉法律》（"Ch'in and Han Law"），《剑桥中国秦汉史》526 页。

根据《三国志》记载，曹操用这种形式公布法律、政策，或是在某种场合中向臣民解释自己的行为。在这些情况中，我将其翻译为"proclamation"。

耕牛,置学师以教之。为存者立庙,使祀其先人。

魂而有灵,吾百年之后何恨哉[1]!

曹操不仅为他们提供了现实的农业基础和教育,也给以了精神上的恪守孝道的责任。授予耕牛是屯田的特色,多年前任峻就已在许建立了这种制度,但现在的计划与其说是为安置流民,不如说是恢复被战争毁坏的地方乡里以及减少的人口。沛国,特别是谯县,自然在曹操心中占据着重要位置,并且在此地发表这种诏令也很合适。我们相信他也为其他自己控制的地区提供了类似的支持,这种重建工作,以及其提供的希望,成为了对付短视对手的有力武器。

202 年夏,当曹操从东南方返回官渡的军事基地后,他的对手袁绍在邺城去世。袁绍可能比曹操年长一些,此时大概有 50 岁左右,所以他的死亡并没有特别引起怀疑。传统的看法认为他的死因是因失败而感到羞愧与愤怒,但更实际地看,他身患疾病,呕吐鲜血;这可能是肺部的某种病症。

206

袁绍有三子,袁谭、袁熙和袁尚,我们不知道他们的生母是否相同,也不知道他们是否是袁绍的正妻所生。然而,与其他两个大一点的儿子相比,袁绍偏爱幼子袁尚。据记载,他受到了自己后来迎娶的妻子刘氏的影响,她虽不是袁尚的亲生母亲,但常在袁绍面前夸奖他[2]。

---

[1] 非常感谢密歇根大学的董慕达教授为我翻译最后一句提出了很好的建议。董慕达教授及我在《中国汉代的收养》一文中也讨论了此令,注意到曹操在其中是用"亲戚"而非"宗族"来表示一般意义上的亲属的,后者是更严格的男性亲属关系,242—243 页。以此观之,曹操认为后人需维持对不同姓氏祖先的祭祀,而像应劭一样的保守学者则不同意这种观点,上引文 229—231 页,本书第一章 19 页,注释 25。

[2] 关于袁绍儿子间的继承权之争,见《后汉书》74/64A:2383 页、2403 页、74/64B:2409 页、《三国志》6:201 页。《三国志》6:203 页裴松之注引 3 世纪鱼豢的《典略》中记载,袁谭很仁慈,而袁尚姿容甚美。

（《三国志》6:203 页裴松之注引为《典论》,而非《典略》。——译者注）

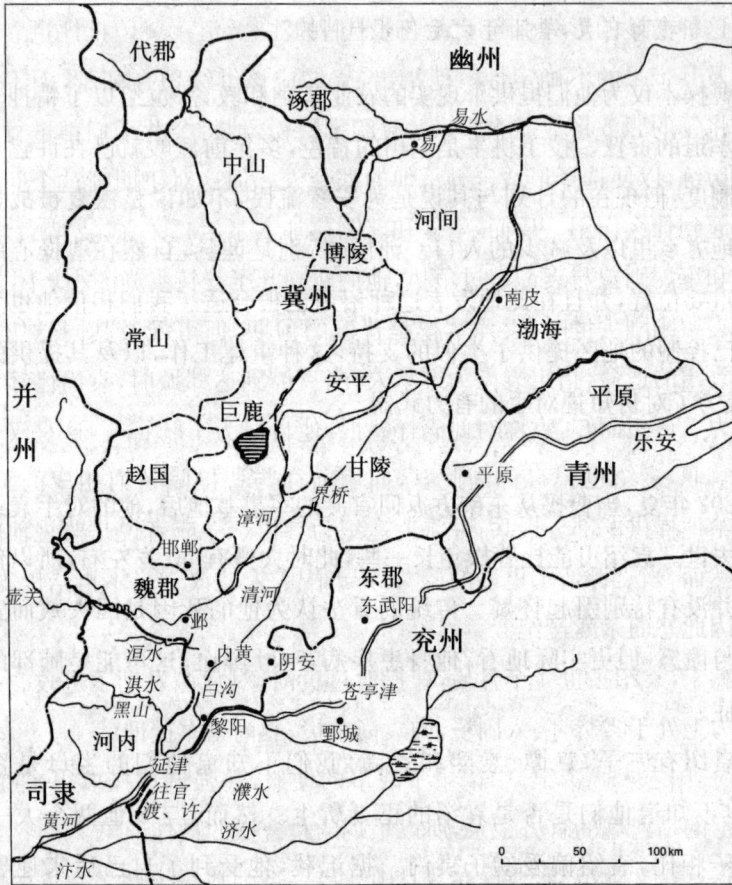

地图 10　袁氏控制下的冀州　191—205 年

袁绍在去世前没有正式指定继承人,但是袁熙被派往北方担任幽州刺史很多年,并未参与这场争夺。而袁谭早在 193 年就被任命为青州刺史,他在这一地区与公孙瓒争夺,也参加了官渡之战。

袁谭曾被过继到袁绍的哥哥名下以维系血统;袁绍哥哥的名字没有被记录下来,但他可能是袁绍的养父袁成的亲儿子,虽然我们不知道他的名字,但是他去世的很早,袁绍才能过继过来填补这个空缺。无论如何,正式地讲袁谭已经不再是袁绍的儿子,而是他的侄子,所以继承权可能会被袁尚获得①。

这种微妙的形势引起了袁绍谋士们的注意,沮授就曾批评过袁绍的政策及其带来的不确定性。他指出,袁谭应该继续留在朝堂,而不应用中级将领的职务将他孤立起来。袁绍回答说,他将令儿子们都进行行政上的历练,以便选择最适合继承他的那个人。但这对于明晰这个问题并没有起到什么作用。反而,辛评和郭图也加入了沮授一派,支持袁谭,而逢纪和审配则曾与袁谭有过争执,他们建立起了支持袁尚的小集团。

袁绍刚刚去世时,袁谭掌权是普遍的预期,但审配及其同党伪造了一份袁绍的遗命,指定袁尚为继承人,当袁谭到达邺城时,袁尚已经掌握了权力。可想而知,袁谭对此满怀怨恨,他自号为车骑将军,这是汉代的 *208* 高级官职,袁绍也曾自称为此官,向南前往与曹操隔黄河相望的黎阳。袁尚给他提供了部分援兵,并派遣逢纪为参谋——或者说是监视他的行为。然而,当袁谭请求更多的援军时,审配等人建议袁尚不再给以支持。袁谭因此怒而杀死逢纪。

秋末,袁绍去世 4 个月后,曹操渡过黄河,对袁谭发动了进攻。袁谭在兵力上处于劣势,陷入困境,向袁尚求援,袁尚率军援助。

《三国志·武帝纪》中记录了战事的梗概,并强调曹操取得了胜利。其根据的是曹魏的官方记录,所以呈现的是曹操的最佳形象②。

据这一文献记载,曹操在数月中凭借一系列战役击败了敌人的联合力量,迫使他们败退并处于守势。203 年三月,曹操大举进攻,袁谭和袁尚被重创。他们不得不趁夜色逃跑,四月夏初,曹操进军邺城。然而,五月他又返回了许,留下贾信守卫黎阳。

然而,《后汉书》和《三国志》的袁绍传后,有不同的记载。《三国志》中记载,最早发生在黎阳的战争从 202 年九月一直持续到了次年二月,

---

① 《后汉书》74/64A:2383 页。
② 《三国志》1:23 页。《资治通鉴》64:2029 页中也概要了这一战事(应为《资治通鉴》64:2051—2052 页。——译者注);拙著《建安年间》,317 页。《建安年间》对文献翻译的注释 2,以及《三国志集解》1:54a 卢弼的评论,对这些记载提出了一些问题,我们会在下文进行讨论。

在曹操准备围攻时，袁氏兄弟趁夜返回了邺城。曹操随后攻占阴安，收了当地的粮食，撤退回许①。

《后汉书》中记载的第一次战役的情况大体上与《三国志》相同，并描述了袁氏兄弟是怎么被迫撤回邺城的。然而，其中记载了曹操试图乘胜追击，但是袁尚在一次反击中击败了他；曹操因此率军返许②。

曹魏的文献中隐瞒了真相，显然曹操花了六个月的时间才迫使袁氏兄弟放弃黎阳，还让他们成功撤回到了邺城。《后汉书》中还增添了对曹操在邺城外被击败的记载，并且所有文献中都确实记载有他从前线的撤军。

黎阳紧靠黄河北岸，攻占这里花费了如此长的时间，意味着战争双方势均力敌。其他文献中证实了曹操在这次战役中遇到了问题：诸葛亮作于228年的《后出师表》中，记载曹操在黎阳之战中处于困境③；刘表于几个月后写给袁谭的一封书信中也提到了袁氏兄弟"摧严敌于邺都"④。

因此，似乎曹操渡过黄河后曾战胜过袁谭，随后袁尚加入战局，双方僵持了数月，直到最终曹操将敌人逼回黎阳。在那里，曹操对城外的防御工事发起进攻，但在他对主城形成包围前，袁尚和袁谭就撤退到了黎阳以北70公里的邺城。曹操率军追击，但他的战线显然拉得过长，因此被击败并撤退了。他成功攻占了黎阳东北60公里的阴安，此时正值夏季，曹军可以在魏郡南部获得大量粮食。然而，整个战事经历了激烈的反抗以及实际的失败，而虽然阴安已被占领，但却没有据守的必要。最

---

① 《三国志》6：201—202页。
② 《后汉书》74/64A：2409页。其中的正文并没有特别指出袁氏兄弟在黎阳进行防御，但章怀太子注引晋代郭缘生的《述征记》中，记载了曹操和袁氏兄弟防御工事的遗迹那时仍然矗立在黎阳城的西面和南面。
③ 《后出师表》见《三国志·蜀书》5：923页裴松之注引4世纪习凿齿《汉晋春秋》；方志彤：《三国编年（220—265年）》I，258页。胡三省在《资治通鉴》64：2048页的注释中也引用了这段文字，亦见拙著《建安年间》，317页注释2。
④ 《后汉书》74/64B：2411页。关于刘表的书信，本书下文213页还将进行讨论。

后,虽然曹操占领了黎阳这一有用的据点,但它也只不过是黄河北岸的一座桥头堡罢了。

210

此外,在曹操攻占黄河以北的时候,他的属下必须处理两件次要的干扰。其一来自于刘备,他控制了刘表的北部边境南阳,并试图突袭汝南。曹操派遣夏侯惇、于禁和其他将领对付他,虽然他们在刘备的埋伏中有所伤亡,但是刘备还是被迫撤退了①。

另一个麻烦来自河东。南匈奴的於夫罗单于在 180 年代末被不满的宗族从自己的领地中赶了出来,作为雇佣军辗转流徙多地,后在今天山西的平阳建立起大本营,这是一个在河东郡中部、汾河流域的城市。於夫罗死于 195 年,他的弟弟呼厨泉继位为单于。呼厨泉单于或许试图独立自守,或许采取了积极进攻之姿,总之都已被认为处于了曹操的对立面,202 年末,负责河东郡的高级官吏司隶校尉钟繇准备对他发动进攻。然而,此时袁尚任命了属下郭援为河东太守,并派他支援匈奴。郭援得到袁绍的外甥、并州刺史高幹的援助,他在西北军阀马腾的共谋默许下,取得了胜利,占领了河东郡的大部分领土。

虽然郭援是钟繇的外甥,但他们之间的亲缘纽带并没什么用。钟繇进军平阳,并派下属张既出使马腾②。张既劝说马腾,指出在这个关键时刻,支持曹操要好于维持不确定的中立状态,后者将两边不讨好。马腾被说动了,派出由儿子马超率领的军队,与钟繇在郭援渡汾河以解平阳之围时,阻截了他的军队。郭援被杀,马超的属下庞德将他的头送给了钟繇。庞德为杀死了钟繇的外甥而向他致歉,但钟繇答复到:"援虽我 *211*

---

① 《三国志》18:524 页(应为《三国志》15:534 页——译者注);拙著《建安年间》,315 页。
② 张既出身于左冯翊,传记见《三国志》15:471—477 页,其与武威郡的张济同音,而张济曾于 190 年代协同李傕和郭汜祸乱长安,并于 196 年在对战刘表时战死。
　张既曾是左冯翊的地方官员,与马腾关系密切。205 年,他劝说马腾再次对抗高幹,208 年,在他的安排下马腾归顺了曹操。

甥,乃国贼也。卿何谢之?"①

呼厨泉单于投降,这一地区在以后的许多年中再无麻烦。

河东之战可能扰乱了曹操的侧翼,也许减弱了他最初在冀州对袁氏兄弟的进攻,但是钟繇似乎在年末就解决了这一地区的问题,也就没有明显的借口来解释曹军 203 年夏在邺城外围的撤退。曹操发布了一条明显带有愤怒情绪的命令,规定对战败或失利的将士的惩罚或降级,其后又颁布了一条更普遍适用的诏令:任命和奖赏将不会给予那些不能证明自己功劳的人②。

事实上,曹操返回许的原因很可能不仅是需要处理官方的公务,也是因为他需要强调自己的在场,以免持不同政见的人试图在他进军北方时在背后发动攻击。他在许停留数月③,发布了一道内政令,要求统治范围内的所有郡县建立学校④。

然而,偶然或是设计好的,曹操的撤退成为了一个有用的政治策略。212 据记载,曹操正准备再次发动进攻,而郭嘉劝谏他应该暂时不管袁氏兄弟:

> 袁绍爱此二子,莫适立也。有郭图、逢纪为之谋臣,必交斗其间,还相离也。急之则相持,缓之而后争心生。不如南向荆州若征刘表者,以待其变;变成而后击之,可一举定也⑤。

曹操接受了这一建议——他可能自己也对这个计划有过深思熟虑。

———————————

①《三国志》13;393 页钟繇传,及 393—394 页裴松之注引 4 世纪司马彪所著《战略》;《三国志》18;545 页庞德传记、546 页裴松之注引《魏略》(文中引文出自《魏略》——译者注)。《资治通鉴》64;2045—2046 页;拙著《建安年间》,310—314 页。

②《三国志》1;23 页及 24 页裴松之注引《魏书》。第一道令颁布于五月己酉,即公元 203 年 6 月22 日。第二道令颁布于六月庚申,即 7 月 3 日。在后一道令中,曹操指出如果官员无能将士不战,那么就没有一个国家可以成功;也见本书引言第 4 页。《资治通鉴》六十四卷中并没有记载这两道令。

③ 曹操于五月返许,八月发动对刘表的战争。而本年有一个闰六月,所以他在许停留了数月。

④《三国志》1;24 页,其中将这道令系于七月;《资治通鉴》中没有记载此令。也见本书第八章377 页。

⑤《三国志》14;434 页郭嘉传;拙著《建安年间》,317 页。

无论如何,这一新策略取得了很好的效果。

八月,曹操在汝南和南阳交界处对刘表发动了攻击,刘备在去年也曾突袭过这一区域,而正在此时他接到了来自袁谭的使者求见。

当曹操从黄河流域撤退时,袁谭向袁尚请求更多的装备和更好的军队,宣称他能够依靠援军奇袭并战胜敌军。然而袁尚已经对袁谭的权力产生不安,无疑也想起了袁谭对于逄纪的杀害,所以拒绝了他的请求。袁谭很愤怒,转而攻击在邺的袁尚,但是反被重创并撤退到东北三百公里之外的渤海郡,占领郡治南皮,即今天的河北南皮。这一地区位于青州北部,袁谭始终拥有青州刺史的名号,并且在那里得到了一些兵力,但是他仍然面临着群盗的威胁,位置岌岌可危。当袁尚引军来攻时,袁谭躲避到了黄河北岸的平原城中,即今天的平原县,向曹操请求援助。

刘表为避免局势进一步恶化下去,给袁尚和袁谭都写了信,怂恿他们先一同对抗曹操,其后再着手解决他们之间的继承权问题。然而,他的规劝并未起到作用,袁氏兄弟继续着他们的继承权之争①。

辛评曾是袁谭的支持者,但他及家眷都滞留在邺,处于袁尚的控制之下。他病倒了,大概在这一时期离开了人世,但是他的兄弟辛毗随袁谭而东,袁谭派他出使曹操。曹操阵营中产生了一些争论,很可能是曹操自导自演的,讨论了他应该继续攻击刘表还是在袁氏兄弟内讧的时候趁虚而入。最终,曹操会见了辛毗,并直截了当地问他:"谭可信,尚必可克否?"

辛毗此时才说出了他真正的观点,告诉曹操现在二袁暂停了互相攻击,并且都非常脆弱。直取邺城将迫使袁尚回师;袁谭会步其后尘,这样曹操就可以将双方一举拿下。从另一方面讲,如果曹操现在没有出击,待袁氏兄弟缓过劲儿来后,就会失去进攻他们的良机。曹操接受了这一建议,辛毗则成功地转换了阵营,成为了曹操的高级谋士。

冬,曹操率军再次渡过黄河来到黎阳,并安排了自己的儿子曹整与

213

---

① 也见本书 210 页。书信可能是王粲起草的:《后汉书》74/64B:2414 页章怀太子注;拙著《建安年间》319 页。

袁谭的女儿结姻。袁尚立即放弃了对平原的围攻，回军防守自己的大本营。他的一些属下转投到曹操麾下；他们得到了封爵，但是袁谭为他们提供印绶，试图劝说他们加入自己的阵营。虽然曹操将这种行为视为对联盟的背叛，但他并没有在此时表现出愤怒。

204 年春，曹操准备进军邺城。他用木材在黄河的支流淇水上搭建大坝，将一部分水分流到了上游的向东北流经黎阳的清河中。其后清河流进了河北南部的黄河故道中。在流经数公里后，它经过了邺城东南 50 公里的内黄，在这里这条新的白沟与洹水的南部支流汇合。洹水从西部的太行山流出，在今天的安阳附近分为两支：北支流经邺城，汇入漳水，而南支则向东流往内黄。曹操现在可以通过水路来运输补给了，首先走白沟和清河，随后顺着洹河的南支而上，最终通过洹河的北支到达邺城[1]。

尽管面临着严重的威胁，但袁尚似乎被对袁谭的敌意冲昏了头脑。他没有试图修补他们之间的关系，反而留下了审配驻守邺城，自己却再次向袁谭所在的平原发动进攻。

---

[1] 关于这个地区的水路，见《水经注》9：306 页（《水经注疏》17a）、《水经注》9：323 页（《水经注疏》48a）、《水经注》9：338 页（《水经注疏》76b—82b）。华北平原中包含很多黄河流域的三角洲、许多曲流，所以水道及沟渠在过去的 2000 年间常常变动——或是因为人为的干预——而《水经注》的成书已距汉末三百年之久了。对比《中国历史地图集》Ⅱ，47—48 页及Ⅲ，11—12，35—36 页，可以看到许多曹操工程的效果。

淇水和清河之间的联络不需要太多新的工作，因为清河上游的支流占据的是黄河故道，黄河已在西汉和王莽时改道。其与淇水上的大坝使清河的水流量大大增多。即使内黄东北的河流现在被称为白沟，但严格来讲，它与过去的清河走的是一条道路。

奇怪的是，《中国历史地图集》中并没有绘出洹水的流经邺城的北支，但事实上邺城基本上是被水流环绕的。漳河从西南流入，转而向北；洹河的北支从南部流入，经城东后，——很可能是通过人工沟渠——经北墙向西流去。其在城的西北与漳河汇合；此地就是曹操以后建造玄武湖的地方。此外，在城南有晏陂泽，曹操曾扩大了它，而它肯定在此之前就已经存在了。

《水经注》卷九，《水经注》10：347—353 页（《水经注疏》15b—28b）中记载了邺城的水道。杨守敬在《水经注疏》中绘图表现出了这种复杂的工程，宫川尚志在《六朝史研究》539 页复制了这幅图；也见康达维（Knechtges，David R）：《萧统（501—531）〈文选〉卷一京都》（Wen xuan or Selections of Refined Literature：volume one，rhapsodies on metropolised and capitals；by Xiao Tong（501 - 531）），434—436 页中对第 113—114 行的注释，及本书第八章336—337 页、图 8。

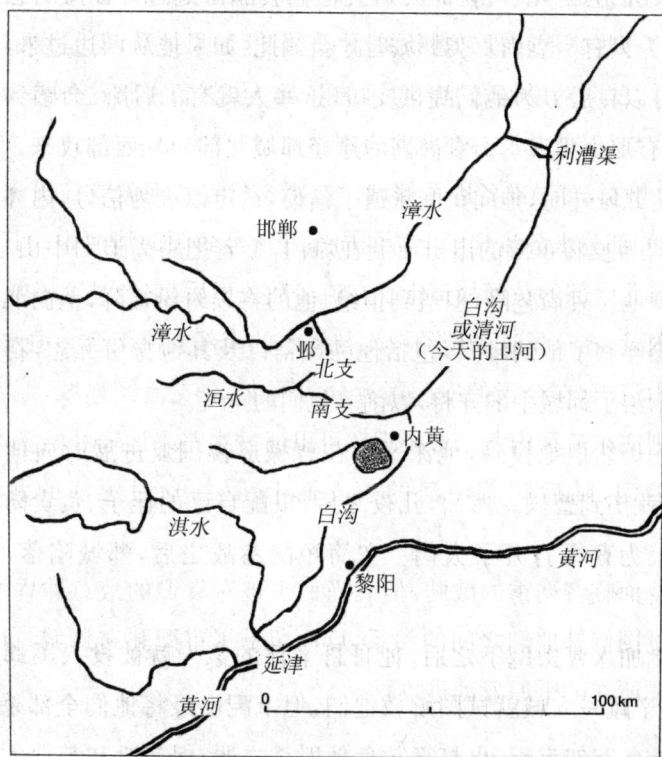

地图 11 邺城附近的水路 204—220 年

这种行为看上去是自寻死路：他与袁谭联合起来尚可在黄河北部的主场与曹操一战，但在他们共同的敌人迫近大本营门口时，他却仍然继续着与袁谭的内斗。一些人看到了不祥之兆已经降临，随着曹军的推进，一部分地方的官员已然变节，黑山贼的首领张燕与曹操结盟，甚至审配的高级同僚苏由也计划着反叛；他的计划被识破，并逃归曹操。

夏初，曹操阻截了从西部的并州东进的通道，并包围邺城。最初，他营建土山和地道以攻击、削弱城墙，但几周后他改变了策略，挖了一条大沟，趁夜从漳河引水灌入了沟中。邺城陷入了孤立无援之境，秋初，城中的防守者已开始被饥饿折磨。

袁尚最后终于回师，队伍大概有一万人。许多人认为由于袁谭在后

216 面追击,他们会拼死一搏,此时对抗他们会非常危险。曹操同意这种观点,但认为只有当袁尚直袭邺城时才会如此:如果他从西边过来,在并州的高幹可以在后方为他们提供支援,这些人就有了后路,会感到更加安全,就没有那么勇猛了。袁尚真的途经邺城北部而从西部攻来。当他的军队到达邺城外时,他向审配派遣了信使,约定以火为信号,内外合击曹操①,但是曹操将审配的出击压制在城内,接着把袁尚迫回中山,并包围了他的营地。袁尚乞降,但遭到拒绝,他的将领纷纷叛降,他向北逃往中山。曹操俘获了他的辎重,包括他的印信以及其他身份标志,将这些战利品展示给了邺城中的守将,以削弱他们的士气。

审配仍然拒绝投降,他派弩手在曹操巡视围攻进展时向他投射火箭;差点就伤到曹操。然而,几夜之后,审配自己的侄子、负责防守邺城门的审荣为曹军打开了大门。在简短的巷战之后,邺城陷落,审配被活捉。

辛毗加入曹操麾下之后,他哥哥辛评的家人就被投入了邺城的监牢,虽然辛毗一入城就试图解救他们,但审配已经将他们全部杀害。据说曹操准备宽恕审配,也打算赦免他射杀之罪,但辛毗和其他人则要求处死他,审配也非常忠于袁氏,自请一死。他临刑时虽跪在刽子手面前,但仍坚持面朝北方,那里是他的主人袁尚避难之处。

解决北方 204—206 年②

此时袁谭仍在东部,他的表弟高幹掌握着西部的并州,袁尚也守在
217 中山,但是邺城的陷落标志着袁氏在冀州权力的终结。袁绍的遗孀刘夫人及袁熙的妻子甄氏都被俘虏;袁熙身在幽州,但他的妻子却留在邺城

---

① 关于袁尚的信使李孚如何凭借谎言穿越了曹军的包围,见本书第四章注释82。
② 记载曹操204—206年活动的主要文献是《三国志》1:26—27页,《后汉书》74/64B:2416—2418页、《三国志》6:206—207页袁绍诸子传,以及下文提到的主要人物的传记。《资治通鉴》64—65:2056—2069页中按年代顺序排列了这些事件;拙著《建安年间》,330—352页。

陪伴婆婆。甄氏出身于富有的官僚家庭，非常貌美且有德行，据说——并不一定可靠——曹操对她青眼有加。然而，曹操的儿子曹丕却捷足先登，无视礼法将丈夫袁熙仍在世的甄氏纳为正妻，与她在邺城缔结了姻缘①。

曹操则显得比曹丕更为知礼，谒拜了袁绍之墓，为这位旧敌哀哭。他向刘夫人表示了慰问，归还了袁家的财物，并赏赐丝绸衣物，及政府发放的粮食。

朝廷令曹操领冀州牧之职，用以彪炳他的胜利，但是他谢绝了这一赏赐，并仍维持着原来的地盘略小的兖州牧之职。鉴于朝廷处于曹操的掌控之下，这一番往来可能是出于献帝要拍马屁的需求，也可能是曹操为显示自己谦逊而制造的机会；或者两方面的考虑都有。并州的高幹正式投降，曹操批准他为并州刺史。然而，没有人相信这种情况会维持很久。

另外，曹操任用了袁氏朝廷中的许多大族，包括博陵崔氏的崔琰。据记载，崔琰向曹操提议重建那些在袁氏兄弟的争斗中被毁坏的城市，曹操或许是因为这一提议，或许是根据自己的判断，发布了如下命令："河北罹袁氏之难，其令无出今年租赋"，这一举措使他大得民心②。与此 ²¹⁸ 同时，并州的梁习派出了兵士及其家属迁徙到邺城，这些外来的军队负

---

① 甄氏的传记见《三国志》5；159—164 页；高德耀、克洛维尔：《皇后与嫔妃：陈寿〈三国志〉裴松之注选译》，95—106 页。她育有一子曹叡，但曹丕于 221 年登基后不久，就以善妒为名将她赐死。曹叡登基后，才追封她为后。

　　曹操对于甄氏的兴趣见载于《世说新语》ⅩⅩⅩⅤ：1；马瑞志译本 484 页，虽然这并不是一条很可信的资料；本书第十一章 478 页。

② 崔琰的传记见《三国志》12；367—374 页，他对曹操的建议见 367—368 页；拙著《建安年间》，330—331 页。崔氏家族的历史绵延数年，见拙著《东汉三国人物辞典》，99—105 页，特别是 105 页崔篆条。

　　曹操关于免一年租税的简短诏令见《三国志》1；26 页。裴松之注引的《魏书》中保存了另一份诏令，其中记录了更多的关于家庭债务的细节，以及对豪族欺凌穷人以积累及利用财富的严格限制。这可能是在"免税期"后执行的一项更为普遍的政策。我们将在第六章 251 页进一步讨论。

责保卫新都不受来自当地的袁氏旧党复仇的威胁①。

袁谭不再处于袁尚的进攻压力中，继续向东方及北方行进。他以青州的平原为大本营，控制了甘陵，并立即渡过黄河进入冀州，将势力向河间、安平、渤海扩展，最终将袁尚赶出了中山。袁尚向北加入涿郡袁熙的队伍，袁谭则接管了大部分他的军队。

然而，袁谭没有在曹操进攻邺城时提供任何帮助。像之前一样，他试图招募那些已经投降了曹操的官员以为己用，想要利用曹军直接战斗的胜利，不费力气地获取自己能够得到的最大收益。然而曹操现在开始谴责他破坏了联盟：取消了曹整的联姻，送回袁谭的女儿；十二月，即公历205年初，率军西进甘陵。袁谭没有反抗之力，曹操占领了平原，他再次撤退到渤海郡的南皮。

对曹操和袁谭之间关系的描述出自曹方视角，但似乎袁谭试图在华北平原东部巩固自己的地位，他大概也希望保持一些独立性，以及和他名义上的同伙、现在已经掌握了曾经属于袁氏的大部分领土的曹操交涉未来的地盘问题。因此，他需要忽略在他们达成的一致认同下自己的义务——他无疑被预期应该在围攻邺城时出一份力——但是曹操也未必希望这种联盟关系维持长久。他仅仅需要一个进攻袁谭的借口，所以他现在显示出了对袁谭的义愤。

袁谭近期的战果并未能确保他的安全。他从青州的大本营撤离后，仅仅控制了渤海郡及冀州北部的其余地区几周，而袁绍留下的美誉与声望已在他与袁尚两兄弟之争中被毁坏殆尽。205年正月，曹操进军南皮。袁谭率军出击，战争最开始时双方大致势均力敌，死伤都很惨重。曹操一方讨论过是否要撤退，但骑兵统领曹纯重整军队，发起了最后一次攻

---

① 见下文 225—226 页中梁习在并州的政策。周一良在《魏晋南北朝史论集》中指出，此时派往邺城的军士及其家属（即"士家"）有一万户之众，220 年曹丕曾计划将他们再由邺城迁往洛阳。关于士家或兵家，见本书第四章 166—167 页。

击,并取得了胜利①。袁谭乔装逃走,但从马上摔下被杀。他的主要谋士郭图被捕并处死,郭图及其他将领的家人,可能也包括袁谭的,皆遭屠戮②。在另一方面,据说曹操被地方官员李孚说服,没有对城市进行洗劫③。

袁谭的败亡巩固了曹操在华北平原的威信。黑山贼首领张燕之前已与曹操结盟,现在则完全臣服,而冀州和青州的地方官员也望风而降。曹操采用了曾在冀州袁绍手下一段时间的郭嘉的建议,邀请世家大族入 *220* 仕,并展示出了对以前敌人的宽容。他也下令抑制私下争斗和仇杀,并首次尝试颁布了禁奢令,禁止奢侈的丧葬礼仪及陵墓营建,以及建造石碑④。

学者及袁谭的高级谋士王修此前被派到位于黄河口的乐安筹措来自青州的粮食供给。当他听说曹操攻击南皮时,试图援助袁谭,但是在到达之前袁谭就被击败身死。他乞求埋葬袁谭的尸体,曹操不仅批准了这一请求,还把他也纳入自己麾下。他被再次派往乐安,像以前一样负责粮食运输,另外也肩负着杀死负隅顽抗的太守管统的任务。然而,王修感到管统对袁氏表现出了值得尊敬的忠诚,所以将他送到曹操那里自辩。曹操首肯了:他同意管统退隐,并将王修调任自己身边⑤。

曹操的胜利在远在北部的幽州得到了响应。袁尚投奔了以广阳郡

---

① 曹纯是曹操的堂弟。他的祖父曹褒是宦官曹腾的哥哥,而曹腾收养了曹操的父亲曹嵩。曹褒的儿子曹炽生曹纯及其同胞兄曹仁,兄弟二人都任职于曹操手下。见本书第一章表 1 及注释 28。

② 郭图之死及其家族的覆灭见《后汉书》74/64B:2417 页,而《三国志》6:206 页中记载曹操杀袁谭、郭图及其他人。《三国志》1:27 页中则记载曹操斩袁谭并诛其妻子。"诛"通常意味着杀死,即使我们会想曹操是否真的杀死了他的前儿媳,但她及其亲族此后再未见于记载。

③ 《三国志》15:485 页裴松之注引《魏略》。李孚之前是袁尚手下的主簿,曾机智地为他将消息送入被重重包围的邺城中:本书第四章注释 82。他之后在曹操手下做到司隶校尉。

④ 《三国志》1:27 页。关于曹操的禁奢令,见本书第八章 373 页。《三国志》卷一记载的诏令并没有提及石碑,但《宋书》15:507 页中提到了"禁立碑",见丁爱博:《六朝文明》(*Six Dynasties Civilization*),205、461 页。

⑤ 《三国志》11:346—347 页王修传。两年前,管统曾辞去东海太守一职,其地位于山东半岛的尖端,前来协助袁谭。他的妻子儿女被留在东海郡,为盗匪所杀;他此时肯定思考过自己的忠心是否值得。

的蓟为大本营的袁熙,然而,袁熙的下属焦触反叛,将袁氏兄弟赶到东北方,他们只得在乌桓所在的辽西郡寻求庇护。焦触自封刺史,并迫使许多地方首领加入了自己的阵营,一起对曹操誓忠①。

然而,幽州的绝大部分还是控制在独立的军阀和首领手中,其中的一些人,比如占据渔阳郡北部的鲜于辅,已表明了对曹操的支持。曹操给其他的地方首领去信,诸如控制了渔阳郡和涿郡南部一些县的王松等人也献出了自己的地盘②。当然也存在反对者:涿郡的地方首领赵犊和霍奴就明显同情袁氏,攻击并杀死刺史——可能是焦触③——以及当地的太守,乌桓的部众也对鲜于辅发动攻击。经历了一段时间的反复和混乱后,曹操在秋天确立了自己在冀州的地位,进攻并摧毁了赵犊与霍奴。他接着解除了鲜于辅的危机,将乌桓赶出边境。

虽然乌桓仍然是一个潜在的麻烦,但曹操不能在北方停留太久,205年初冬,他返回了邺城。并州的高干在表兄弟袁尚溃逃后已经正式投降,但是十一月,他又看到了获得乌桓支持的袁氏家族复兴的希望,于是再次宣布独立。他擒获了曹操的上党太守,驻守在壶关,控制从太行山进入华北平原的主要通路。曹操派军坚守防线,但主要的问题来自南方和西方的河东郡。

199年,曹操留下了魏种管理河内郡,这一地区位于黄河的河曲、太行山南部。那时这里比较太平,也是高干从上党郡南下的一大障碍。然而,除了魏种的势力外,随二十年前黄巾之乱而起的土匪张晟仍在这一

---

① 《三国志》1:27 页、6:206 页。

② 《三国志》14:456—457 页刘放传中记载,他劝说王松效忠曹操,并拟定了称臣的书信。曹操读其文辞典雅,因此把刘放招入自己麾下。

③ 然而,古德曼(Goodman, Howard L)在《非凡的曹丕》(*Ts'ao P'i Transcendent: the political culture of dynasty-founding in China at the end of the Han*)197 页中指出,被封为乡侯且名"触"的将军也见于 220 年纪念曹丕称帝的碑铭上。他认为这个人就是焦触,其后曾任刺史。

地区活跃。他因常骑白马而被称为张白骑,据称拥众一万①。虽然他最²²²初起势于河内,并且以黄河以北为根据地,但劫掠到了位于黄河南部、洛阳以西的弘农郡,那里的地方首领张琰也被他收服②。

195 年,当献帝从长安出逃时,来自北地郡曾担任河东太守的王邑协助献帝返洛,因而被封爵并任命为将军。他在十年后仍然在河东,但是跟曹操没有什么密切联系,他虽致力于镇压土匪和抢劫,但仅是为了保持自己作为一个地方强力人物的地位。曹操运用国家权力将他召回,并用西平太守杜畿取代了他的位置。

杜畿出身京兆,此时年届四十五岁左右。他在内战爆发前担任地方官员,也曾有段时间避乱荆州,后来回到了北方,加入曹操一方。他得到了荀彧的称赞和举荐,被任命为西北的护羌校尉、新设立的西平郡太守,其地位于金城以西的西宁河谷。他是否真的去到了距离曹操直接控制区域如此远的地方是很值得怀疑的,但是他在西北边境赢得了声誉,荀彧又再次举荐他出仕河东郡这一敏感的位子。

王邑不愿离开自己的地盘,但又不得不遵守国家的命令,即使它们是由曹操颁布的。他故意引起了争端,拒绝将自己的印绶交给曹操的司隶校尉钟繇,而是直接前往许将它们交给了献帝的朝廷。此外,河东郡的大族对这次改变也有怨气,并准备反抗新的任命。他们的领头人物是地方官员卫固和中郎将范先,他们与高干通了气,当杜畿到达黄河的陕津时,率数千兵士阻挡了通路。

在双方僵持数月之后,曹操变得不耐烦,命令夏侯惇率领军队前往河东。然而,杜畿坚持认为进攻在顽固的防守面前可能再次失败,即便成功了,也可能引起重大的伤亡并损害这一地区的价值。在另一方面,²²³卫固和他的手下宣称他们只是反对王邑的调离,并无正式造反之心。因此,在一小队人的陪同下,杜畿通过其他的道路到达了河东郡治安邑。

---

① 《后汉书》71/61:2311 页;拙著《桓帝和灵帝》,192、567 页;关于张晟以白骑或白马为号,见《三国志》14:472 页、18:545 页;拙著《建安年间》,343 页注释 22。
② 张琰的拼音文字与黑山贼的首领张燕一致,后者之后投降了曹操。

卫固和范先试图威胁杜畿,在他的住宅门前杀死了许多地方官员,但杜畿保持了他引以为傲的沉着和仪态。卫固和范先仍然信心满满,在杜畿的劝说下,他们先将一些手下遣散回家。至于杜畿,则私下联系了在郊县的地方官员和其他将领反对卫固等人。

年末,事态发展到了紧要关头,张晟对河东郡的东部发动攻击,高幹也从上党发兵。杜畿离开处在卫固威胁下的安邑,在城外建立起防御工事,河东郡的大部分县都对他表示支持。卫固和他的部下加入了张晟和高幹的队伍发动攻击,但是他们毫无进展,而曹操的官员张既率领着马腾和其他军阀赶来支援杜畿。高幹被赶了回去,叛乱者和强盗也被击败,卫固、范先、张晟、张琰都被杀死。杜畿稳固了自己的地位,并在接下来的十六年中成功地管理了河东郡①。

曹操现在控制了高幹南面的地盘,206年初,他发兵意图翦除高幹。曹军推进到邺城西部的山区,不费吹灰之力通过了壶关,并包围了前方的壶关城。三月,壶关投降,高幹的抵抗瓦解。他与一些骑兵向西逃往河东郡的平阳寻求匈奴的援助,但是呼厨泉单于鉴于202年失败的教训,选择了拒绝。高幹转而向南逃往荆州,寻求刘表的庇护,但却在途经京兆时死于一名县都尉之手。

《三国志·武帝本纪》中宣称,并州全境平定,但这有所夸张。虽然高幹领有并州刺史的头衔,但似乎除了上党、太原和可能的雁门和西河东部外,他并没有真正控制其他地方,在上党的一场败仗就耗尽了他的所有资源并不得不向匈奴求援。

同样,虽然现在杜畿在河东立稳了脚跟,但显然呼厨泉单于在平阳仍是有一些自主权的,可能杜畿仅仅控制了汾河以南的半个河东郡。汾河以北大部分属于东汉的边境地带,超出了任何人的控制范围,中国分散的移民、匈奴、羌同处于不稳定的关系和农牧混合经济中。无论是匈

---

① 杜畿有勇有谋的行为,见《资治通鉴》64;2062—2064页;拙著《建安年间》,340—344页,杜畿的传记见《三国志》16:494—495页,张既的传记见《三国志》15:472页及13:394页裴松之注引《魏略》。

奴的单于还是这一地区的地方长官,在自己的大本营之外都是不被承认的①。

然而,重要的是,暂时不会有来自于这里的威胁。杜畿能够恢复当地的经济,曹操也任命了梁习作为并州刺史。

梁习来自陈郡,曾任过地方官员以及多任县令,随后加入了曹操的中央政府。他的经验使自己在新位置上得心应手,也被授予了别部司马之职,这样他不需要宣布进入紧急状态就可以处理军事上的事务。

> 时承高幹荒乱之余,胡狄在界,张雄跋扈,吏民亡叛,入其部落,兵家拥众,作为寇害,更相扇动,往往棊跱②。

梁习到官后,鼓励流民回还,尊重大族领袖,并为他们提供官位;大族们一旦答应,他就将他们推荐到邺城的曹操那里。他们走后,梁习就 225 运用自己的军权将他们的随从组建成志愿军队,当郡中的军队出征时,这些志愿军就可以在诸将的命令下随行。用这种方法,他将私人军队从他们的前领袖手中分离了出来,并训练他们,又把其他人及家属一起送到了邺城,在那里作为人质并可以为曹操的新首都提供一些防卫③。这些新兵中的大部分都是通过手段招来的,而向外迁移数千口人肯定会造成本地汉人势力的下降,但是我们大概可以相信留下的那些人会满足于在一个目标明确的男人领导下的实在政府中供职。

拥有了这些有效力量,梁习已足够强力,可以威慑或镇压地方的反抗力量,且越来越多的人返回到了他的统治下。他的统治可能限制在桑干河南部及太行山西部地区:雁门、太原、上党和一部分西河郡,但是这里有适当的定居人口,梁习也鼓励农业的发展,据记载他得到了当地长者的称咏,被认为是他们前所未见的仁慈和有效率的地方长官。

---

① 关于这一地区的分散的权力,见拙著《北部边疆》,352—353 页;214—216 年曹操对此地重新布局,见本书第七章 317 页。
② 见《三国志》15:469 页梁习传。《资治通鉴》65:2066—2067 页也有记载;拙著《建安年间》,348 页,其中改编了这些文献。
③ 见下文 219 页。

因此，206 年年中，曹操的西部边疆已经安全：梁习开拓了并州的剩余部分，杜畿在河东立稳了脚，钟繇和其他人在从京畿到弘农的地区待命。荆州的刘表及其盟友刘备并未表现出未来会发动攻击的样子，局势对曹操来说已足够安全，可以集中力量对付北方了，那里的幽州像并州一样混乱，但更具有潜在的威胁性。

幽州有许多军阀和地方首领，效忠于不同的势力。其中一些在 205 年袁氏家族崩溃后曹操第一次征伐幽州时就被解决了：例如鲜于辅，他从很早就已开始支持曹操的行动；王松于近期投降；曾接受了袁绍官方任命的阎柔也转而投向曹操的怀抱。然而，那些有强力的乌桓人造成了这一地区的普遍混乱，他们在首领蹋顿的领导下形成了松散的联盟，袁尚和袁熙在北逃时就是向他寻求庇护的。

在更东北的地方，今天的东北南部，军阀公孙度建立了独立的政权，其统治地区延伸到今天的朝鲜，在某一时期甚至跨过渤海湾达到了山东半岛的北部海滨。204 年，曹操封他为侯，并授予将军封号，但公孙度不屑于这一任命，虽然他很快去世了，但他的儿子公孙康继承了乃父的权力及独立态度。他的地盘远远超出了曹操所及，也并不怎么受到注意①，但乌桓所带来的问题亟需立即行动。

在汉代，乌桓生活在幽州边境的山区中，劫掠南部的中国和北部生活在森林及草原地带的日益强大的鲜卑。他们的习俗与鲜卑相似，但是不如鲜卑强壮及具有攻击性，虽然他们被描述为好战的，但在组织方面

---

① 公孙度及其子公孙康的传记见《三国志》8：252—253 页。他们建立的政权一直延续到 238 年曹魏时期，其历史见加德纳（Gardiner, K. H. J）：《辽东公孙氏（189—238 年）》（"The Kung-sun Warlords of Liao-tung（189—238）"）。

汉帝国在朝鲜半岛的西北部建立了郡县，最远可至今天的平壤，但幽州东部的这部分边疆却很容易受到非汉人的攻击，特别是当时以今天的东北平原为根据地的高句丽。关于他们的记载，见《后汉书》85/75：2815 页，《三国志》30：844—845 页，对其的讨论见加德纳《朝鲜的早期历史：4 世纪佛教传入前朝鲜半岛的历史》（*The Early History of Korea: the historical development of the peninsula up to the introduction of Buddhism in the fourth century A. D.*），18—25 页。而公孙度建立的国家是这些棘手问题的缓冲地区，使曹操不用处理它们。

却缺乏技巧。公元前 3 世纪末,他们被匈奴冒顿单于重创而亡国,但是在西汉末,他们又与中国有诸多联系,虽然偶尔也会难以控制①。王莽不识时务的攻击行为使他们再次与匈奴联合起来,但是匈奴在 1 世纪 40 年代的分裂使乌桓在光武帝时归附了恢复生机的汉朝。约从公元 50 年开始,由护乌桓校尉管理乌桓、鲜卑与幽州北部的贸易及其他事务,而洛阳的北军长水校尉就是由乌桓骑兵组成的②。

乌桓的内附引起了边境汉人居民的撤离,但是相对于几无中断的长期平静,以及有效的军事兵源和援助来说,这一代价并不算大。乌桓军队除了负有保卫首都的重要责任外,分布在各地的部族也帮助汉对抗北方的匈奴和西方的羌。

然而,2 世纪初,羌人在 107 到 118 年发动的大起义使政府财力吃紧,也为乌桓与汉的联盟带来了紧张气氛。一部分乌桓人趁火打劫,虽然最终乌桓的主力还是回到了联盟关系之内,并且帮助汉与逐渐强大的鲜卑作战,但他们首鼠两端,偶尔也会站在汉朝的敌人一方。

177 年,包括乌桓兵在内的汉军被鲜卑领袖檀石槐在草原击败,局势显著恶化,184 年黄巾起义爆发,更是证实了汉朝的软弱。乌桓并没有直接牵涉到黄巾起义的战局中,但是在 184 年末凉州爆发的动乱中,乌桓骑兵被召集起来协助政府镇压西部。一些乌桓兵抱怨作战距离太远,在到达广阳之后又没有得到食物或报酬,于是许多人逃跑回了家乡。政府的处置无力更激发了他们的反抗,187 年,由叛徒张纯和张举领头的起义爆发,他们洗劫了右北平、辽西、广阳,还杀死了护乌桓校尉龚䂮稠。188

---

① 汉及三国时期乌桓的文献见《后汉书》90/80:2979—2984 页、《三国志》30:831—835 页,特别是 832—833 页裴松之注引《魏书》。拙著《北部边疆》367—372 页中讨论了公元前 1 至 2 世纪乌桓的历史。

《后汉书》中的乌桓在《三国志》中被称为乌丸。在汉代"桓"和"丸"的发音相同;高本汉:《古汉语词典》,163a、164f,他也指出在现代汉语中"丸"是非正规的说法,应使用"桓"。
② 王莽时对乌桓的政策以及他们在光武时的归附,见拙著《北部边疆》,372—385 页。

匈奴分裂为南北两部,北单于仍留在草原,而南单于南迁鄂尔多斯地区,从属中国,见拙著《北部边疆》,227—242 页。

年，新任命的幽州牧刘虞和具有攻击性的军人公孙瓒之间持续了一段时间的对战，但是在公孙瓒于193年击败刘虞、并又在195年被反对者攻击后，汉人在这一地区的控制彻底崩坏，许多乌桓首领建立了自己的政权①。

早在168年灵帝执政初期，文献中就记载了一些乌桓地方领袖获得了一定程度的独立。他们都比较年轻，以中原为中心来看，他们是根据与他们联合的郡加以区分的。据说上谷郡的难楼控制着九千落，约有五万人，辽西的丘力居控制有五千多落，辽东属国的苏仆延及右北平的乌延手下也有一些小势力②。

丘力居在190年代初去世后，他的儿子楼班太年轻，难以继任为军事领袖，所以丘力居的侄子蹋顿掌握了权力。辽东属国和右北平的部落都认可蹋顿，在袁绍199年与公孙瓒最终决战时，他可能率领了一支乌桓小队支援袁绍。袁绍为对这次支援表示感激并坚定他们的忠心，册封包括蹋顿在内的众多乌桓部落首领为单于，并与他们联姻：他宣称会在袁氏家族内挑选女性，但其实她们只是一些官员的女儿。蹋顿不久后支持楼班为单于，而自己放弃了这一头衔，成为低一级的王，但他对政权仍保持有掌控力，并且是联盟的重要首脑。205年袁尚和袁熙被曹操逼退北方，蹋顿庇护了他们。

传言蹋顿计划创造一个乌桓与其他北方部族的广大联盟，但是除了直接的邻居外，还有什么人可能支持他是值得怀疑的，那些现在统治着

① 东汉时期乌桓的历史，以及180、190年代的纷扰，见拙著《北部边疆》，386—404页。
② 拙著《北部边疆》，397页。"落"在此处指的是营帐，也即蒙语中的阿寅勒（ayil），是游牧社会中的基本结构。见《北部边疆》，177页，弗拉基米尔佐夫（Vladimirtsov B.）：《蒙古社会制度史》（Le régime sociale des Mongols），44页。

就像乌桓在史籍中有不同的名称一样，乌桓的首领苏仆延也有不同的名字，我采用的是《后汉书》90/80：2984页、《资治通鉴》63：2013页中的记载；拙著《建安年间》，248页。而《三国志》30：835页及65：2072页中记为"速附丸"，而《三国志》1：29页记载为"速仆丸"，《资治通鉴》65：2072页中也沿袭了这个记载；拙著《建安年间》，359页。这些名字的发音都很近似：《北部边疆》549页注释79。

苏仆延也自封为峭王，乌延则有时被称为汗鲁，可能是乌桓的单于或汗的转写。

草原的鲜卑部落尤为不可能接受他的领导。但另一方面，袁氏兄弟及其支持者的到来加强了蹋顿的实力，虽然二十或三十万兵力的估计确实是过高的，但是他确实拥有一支强力的军队并有山水的天然屏障。有了袁氏兄弟的支持，他开始发动一系列对南方的劫掠。

这种行为并不能给曹操的统治带来任何真正的威胁，袁氏也不可能凭借蹋顿的支持东山再起，但是只有解决了乌桓，才可能实现向华北平原北部移民。曹操迅速且坚决地下了处理这个问题的决心。

白狼山之战　207 年[①]

对乌桓的战争是有风险的，毕竟这一边境地区距许 700 公里之远，且许还面临着在荆州的刘表和刘备的威胁。然而，虽然曹操的许多谋士表达了对南方发动突袭的担心，但他们并未有什么行动，郭嘉指出，刘表会尽力阻止刘备采取任何行动：因为如果刘备成功了，那么就将很快转而对刘表自己下手了。曹操认同这一意见，忽视了这一方面的威胁[②]，而他最近在并州的胜利，以及钟繇和杜畿在前京畿地区建立起来的统治，意味着他不用担忧西北地区了。 *230*

其他在他名义下的地区则没那么平静，但是曹操之前驱逐了在山东半岛沿岸附近及黄河河口南部的北海附近活动的管承，已经确立起了自己在东部地区的权威；管承被迫逃往近海处的海岛上。在更东部的东海郡，昌豨曾于 201 年归附，但不久后又再次反叛；他被击败后身死。这次战役发生在 206 年的仲秋，曹操手下乐进、李典、于禁率领的队伍击败了

---

① 记载 206 年—207 年间曹操对乌桓战争的主要文献是《三国志》1：27—30 页，而关于乌桓的记载见《后汉书》90/80：2984 页、《三国志》30：834—835 页。《资治通鉴》64：2056—2074 页中编年了这些事件；拙著《建安年间》，330—361 页。拙著《北部边疆》403—413 页中也讨论了这次战争。

② 郭嘉的建议见《三国志》14：434 页本传中，《三国志》1：29 页中则记录了更多这次争论的细节。考虑到益州的刘璋试图利用刘备而导致的后果（本书第七章 307—309 页），郭嘉对形势的解读是非常精准的。

所有敌人，显示出曹军的强大实力。似乎曹操在名义上控制的地区，会委派很多小部队维持秩序——而如果他们被打败，他仍然可以依靠自己控制的主力军造成强大威胁。

以此为基础，曹操谨慎地做着攻击乌桓的准备。他此时将总部设在易京，位于幽州和冀州交界之处，曾是公孙瓒的大本营，曹操于206年下半年修建了一系列渠道以从华北平原的南部向北运送军需补给。我们并不确定水运的具体路线，可能是通过平房渠沟通了易京南部的滹沱河与泒水，而通过与今天天津附近的海岸线平行的泉州渠，沟通了易水与鲍丘水。此外，更进一步，后来被称为新河的渠道向东穿过渤海湾北部沿岸，到达滦河——即濡水——并可能再向前延伸。通过这种方法，装备及食物就可以用水路运输，首先到达曹操的总部易京，接着顺泒水而下到达易水，运输到海岸边，再向北方或东北方运输。泉州城，即今天的天津武清，是进一步的分配点①。

231

水运的速度虽缓，但却并不比牛车慢，且可以承载更大重量和体积的货物。虽然修建运河的工程在冬初开始，这时挖土已经变困难了，但好在大部分工程是在原有运河及河流基础上进行的拓宽和挖深。这是一项巨大的沟通工程，而到了207年夏，曹操就已做好出击的准备了。

---

① 《三国志》1：28 页及《三国志集解》64b 中描述了这些沟渠，而《三国志》14：439 页董昭传（《三国志集解》17b）中记载了他负责这一工程，并在后来因此获封。拙著《北部边疆》407—408 页及 552—555 页的注释 100 也对此进行了讨论。

虽然对这一平原地区的古代水路的复原是困难的，而甚至在 5 世纪《水经注》成书时它们就有了变更，但大体上泉州渠与今天的大运河基本重合；其得名来自于渔阳郡下辖的泉州县。《水经注》14：463—471 页（《水经注疏》23b）中有所记载、拙著《北部边疆》552 页注释 100；新河则见于《水经注》14：474 页（《水经注疏》44b）、拙著《北部边疆》552—553 页注释 100。

不幸的是，《水经注》中记载平房渠的部分已散佚。《中国历史地图集》第三册 11—12 页中认为它也与大运河的路线一致，只是在更南部。然而，我认为它位于更西，因为那里两河之间的距离更短，渠道本身也更利于曹操的保护：拙著《北部边疆》553—555 页注释 100。

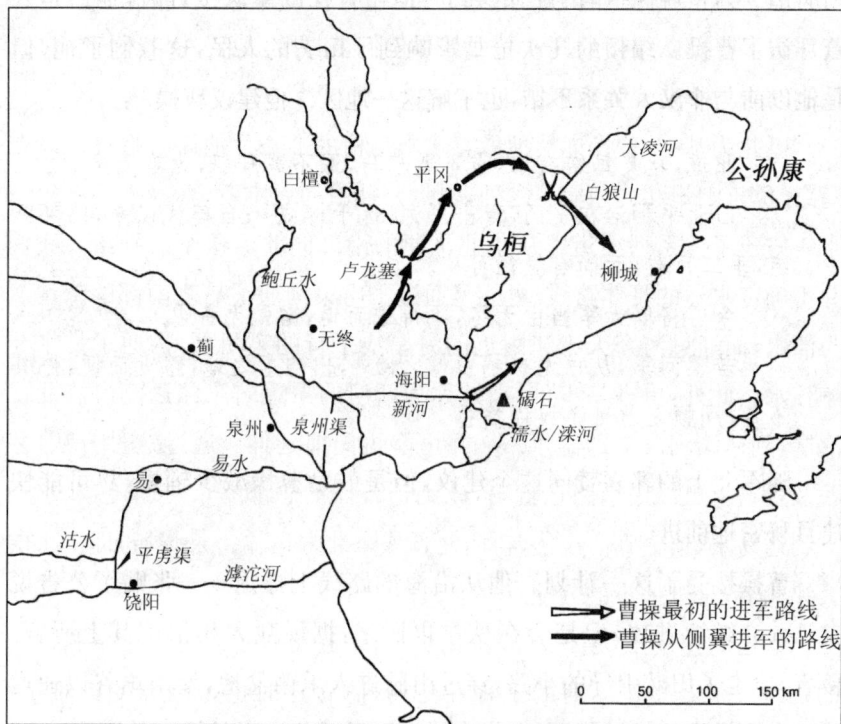

地图 12 曹操对东北的战争 206—207 年

蹋顿的大本营在松岭山脉的山城中,大凌河流经附近,连接了现在的北京地区与东北平原的海岸的内陆地区。这里属辽东属国①。其东部的海岸是天然的交通孔道,延伸到了新河一线,但是当曹操率军走这条道路的时候,天公却没有作美:大雨和洪涝阻断了道路,且乌桓还派兵把守在了每一处要塞。

此时曹操与控制了右北平北部的地方领袖田畴取得了联系。虽然

---

① 这里我也不同意《中国历史地图集》中的意见,其中第二册 61—62 页将辽东属国比定于辽东湾北部,辽东、辽西二郡环其北部,将之与帝国的北部边疆间隔开来。然而,属国是为了管理控制半归顺的蛮族而设的,应置于国家的边疆上,更可能的情况是,辽西郡控制了辽东湾的西北部,而辽东属国向辽东郡西部、辽西郡北部延伸,占领了大凌河谷地区:拙著《北部边疆》,39—40 页,及 460—465 页注释 53。如果这一推断可以被接受,那么曹操这次战役在中国历史上会更有意义。

田畴迄今为止还保持着自己的独立，但当曹操的军队接近时，他还是入营拜访了曹操。蹋顿的几次抢劫影响到了田畴的人民，这惹恼了他，但是他以前与非汉人关系不错，也了解这一地区。他建议曹操①：

> 此道，秋夏每常有水，浅不通车马，深不载舟船，为难久矣。
>
> 旧北平郡治在平冈，道出卢龙，达于柳城②；自建武以来，陷坏断绝，垂二百载，而尚有微径可从。
>
> 今虏将以大军当由无终，不得进而退，懈弛无备③。
>
> 若嘿回军，从卢龙口越白檀之险④，出空虚之地，路近而便，掩其不备，蹋顿之首可不战而擒也。

随军北上的郭嘉赞同这个建议，但是鼓励曹操减少辎重，尽可能快速且秘密地前进。

曹操接受了这一计划。他从沿海的路线上撤退——张贴了公告说自己放弃继续进攻，但是会在秋季再回来：据说敌人相信了其上所言。接着，他走了田畴引导的小路，穿过山脉进入承德盆地，凿山填谷以通道路。大军沿平冈旧城行军，东指大凌河以及通往海岸的柳城的道路。

---

① 《三国志》11：342 页田畴传，也见《资治通鉴》65：2071—2072 页；拙著《建安年间》，357—358 页。

② 这句话涉及的是西汉时，右北平和其他边郡疆域的向外扩展。下面提及的"建武"是东汉光武帝的年号，建武元年为公元 25 年。平冈是西汉时右北平的郡治，位于今天的内蒙古宁城附近；此时已在边境之外；《汉书》28B：1624 页、《中国历史地图集》第二册图 27—28。

　　卢龙被认为位于今天河北滦水的长城脚下的西峰关；上文已述，滦水在此时称为濡水。《三国志》1：29 页中记为"卢龙塞"，所以可以肯定它是光武帝时期帝国的边境。

　　柳城是西汉的一个县，但在东汉时被废除了。《中国历史地图集》第二册图 27—28，将它标注在大凌河谷地，但我认为它是在辽西郡的海岸线上，在今天的辽宁省金溪县西南；拙著《北部边疆》462—464 页注释 53。

　　因此，田畴建议曹操的进军路线是先向北入山，接着绕行大岭山，随后进入白狼河，最终到达柳城，抵达已被洪水阻截的辽东湾沿岸的道路。

③ 无终县属右北平，是田畴的据点，但此处他是以这一词汇代指整个郡；这一直接进攻的路线曹操已经尝试过，但无法通行。

④ 白檀在西汉时是渔阳郡下的一县，但东汉时放弃了这一地区。古代的白檀县位于今天承德的西部，但田畴在这里是用以指代整个盆地；"白檀之险"是指濡水/滦水的上游谷地，是一条穿越山区以达到东汉曾控制的边区的困难道路。

八月，他们来到了大凌河谷上的白狼山，此时蹋顿及其属下发现了他们的行踪，慌忙且混乱地迎战。据说蹋顿的兵力比曹操多，曹军也因为数甚众的敌人而畏惧。然而，曹操登上高处，看到了敌军阵容的缺陷，命张辽为先锋发动袭击。敌军被击溃，蹋顿和许多将领以及部落首领，包括右北平的乌延在内，都战死沙场。袁尚和袁熙再次逃走，这次是去寻求公孙康的保护。他们剩下的随从及几千在辽东属国的苏仆延和辽西的青年将领楼班率领下的乌桓兵与他们同行①，而剩下的袁军及蛮族，据称有二十万之众，全部投降。

曹操的大敌已清除，他继续挺进柳城及海边，其后又顺利从海岸返回右北平，于九月抵达。他对攻击公孙康不感兴趣，就像几年前处理袁氏兄弟一样，他故意减少对潜在或实际的敌人的压力，以期他们之间会发生冲突。这确实发生了，文献中记载袁尚可能有过推翻公孙康统治而自己掌权的想法。无论怎样，在袁氏兄弟抵达后，公孙康很快就逮捕并处决了他们。他将袁尚、袁谭和苏仆延的头颅送到了曹操那里。 *235*

总体而言，白狼山之胜的效果令人满意。不仅袁氏终于退出历史舞台，而且乌桓联盟也被摧毁在萌芽状态，剩下的首领，特别是代郡的普富庐和上谷郡②的那楼，都已归附。曹操没有袁绍那么慷慨，只赐给了他们行单于的封号，而非真正的单于。北部边疆至少暂时稳定下来了。

然而，这场战役是十分冒险的。对距离权力中心许以及邺如此远的地方发动战事很有难度，而率主力军长途奔袭边疆之外的未知地区则极端危险。虽然这是一次绝妙的谋划，且被成功地执行了，但一旦失败，就会带来灾难性的后果。此外，冬季的提前到来也加大了失败的可能性，此时已进入无雨的干燥季节，所以必须挖掘数百尺的井以寻找水源，而且军队的食

---

① 对许多乌桓首领命运的记载是混乱的。《三国志》1：29 页中记载蹋顿和乌延殁于白狼山之战，但同书 30：835 页中又记载他们避难于公孙康，不久后即死于公孙康之手。《后汉书》90/80：2984 页记载楼班逃往公孙康处，并也于之后被杀。见后文中的讨论。
② 应为上郡。——译者注

物已很短缺,以至于他们必须杀死许多有价值的战马。曹操回来后列了一个所有谨慎的反对这一计划的人员名单;他的谋士们担心自己是否会因为消极的提议而被惩罚,但曹操反而慷慨的奖励了他们:

> 孤前行,乘危以侥幸,虽得之,天所佐也,故不可以为常。诸君之谏,万安之计,是以相赏,后勿难言之①。

这是一种超乎大家预期的表态,也出色地维持了君臣关系。

本年末,曹操返回邺城,在将注意力转移到南方之前让自己和军队休息了数月。可能就是在这个时候,他完成了《碣石》诗,碣石是他在第一次沿海岸行军攻击蹋顿及其联盟时,登上的高大悬崖。然而,诗歌并不仅仅涉及此时的情况,在前言和四个段落中他表达了在严酷的季节中作战条件的苛刻,也表达了对帝国的希望以及生命的无常②:

---

① 《三国志》1:30 裴松之注引《曹瞒传》。

② 碣石诗的正式名字是《步出夏门行》。这是乐府的一个主题,并伴有配乐。此时的这种诗歌的特性,以及曹操其他作品的特点,见本书第八章 344—345 页的讨论。洛阳有夏门,但曹操诗作中涉及的似乎不是此门;然而桀溺在《曹操的诗作》130 页中指出,中国早期诗歌中描写的步出城门——就像走在罗马的亚壁古道一样——常常是为了拜谒在城外的墓葬。

桀溺《曹操的诗作》130—156 页中将集注版的诗歌翻译为法语,并详细的评论了诗歌的前言及正文。傅汉思(Frankel, Hans H)《汉魏时期作为高雅的文学类型的乐府诗的发展》("The Development of Han and Wei Yüeh-fu as a High Literary Genre")一文中也翻译了此诗,并给出了早期的翻译列表,265—268 页。

柯睿:《曹操的肖像:关于曹操及其传说的文学研究》93—95 页也有译本,公正地指出"自《诗经》到曹操之前的所有诗人,都没有将四言诗作到像曹操的这首诗一样的效果",而前三首可以被视作中国山水诗的前身。侯思孟(Holzman, Donald):《中国上古与中古早期的山水欣赏:山水诗的产生》(Landscape Apprecianon in Ancient and Early Medieval China: the birth of landscape poetry)75—84 页,翻译并讨论了前言及第一首诗,但认为虽然诗中的景色浓烈且壮观,但曹操对其的观察很少是出于纯自然之妙,而更多的是把其当做自己思想及雄心的反映。我将碣石翻译为"Towering Rock"就是得益于侯思孟先生。

作品前言的韵律古怪,先后是四、六、四、五,后跟三个五言。其后的诗句则是整齐的四言。

碣石是今天秦皇岛附近山脉的一部分。而就像桀溺在《曹操的诗作》133—134 页中讨论的,对曹操具体所指的是哪一部分,至今尚有争论,但它肯定矗立在海、陆相接之处,就像泰山连接了天与地一样。秦始皇及其后的统治者都曾登过碣石,曹操的诗作也是对这一传统的回应。我们也要指出,我们有理由相信曹操在之前未曾见过大海;所以这种场景给他留下了深刻印象。

艳

云行雨步,超越九江之皋①。临观异同,心意怀游豫,不知当复
何从。经过至我碣石,心惆怅我东海。

观沧海

东临碣石,以观沧海。

水何澹澹,山岛竦峙。

树木丛生,百草丰茂。

秋风萧瑟,洪波涌起。

日月之行,若出其中;

星汉灿烂,若出其里。

幸甚至哉,歌以咏志。

冬十月

孟冬十月,北风徘徊,

天气肃清,繁霜霏霏。

鹍鸡晨鸣②,鸿雁南飞,

鸷鸟潜藏,熊罴窟栖。

钱镈停置,农收积场。

逆旅整设,以通贾商。

幸甚至哉!歌以咏志。

---

① "九江"常被用来指代长江,也有郡名九江,位于今天的安徽。然而,这一词语可能指的是别
的地方,可能也是泛指中国的所有河流。

② 桀溺在《曹操的诗作》148 页注释 5 中,讨论了"鹍鸡"的多种解释,可以被解读为鹤、大公鸡或
是凤凰。它生活在沿海地带,可高飞,鸣叫声很独特,象征着分离以及对北方严寒的秋冬的
悲伤。

河朔寒

（也有题为：土不同）①

乡土不同，河朔隆寒。

流澌浮漂，舟船行难。

锥不入地，蘴藾深奥。

水竭不流，冰坚可蹈。

士隐者贫，勇侠轻非②。

心常叹怨，戚戚多悲。

幸甚至哉，歌以咏志。

龟虽寿

神龟虽寿，犹有竟时③。

腾蛇乘雾，终为土灰。

老骥伏枥，志在千里。

烈士暮年，壮心不已。

盈缩之期，不但在天；

养怡之福，可得永年④。

幸甚至哉，歌以咏志。

生于 155 年，曹操现在已经 52 岁。在征战了 15 年后，他取得了引人注目的成功，但是他将很快面临他最大的挑战以及最严重的失败。

---

① 桀溺在《曹操的诗作》150 页中指出，土不同是中国古诗的常见主题，但他认为曹操是用这一普通的主题来强调他在统一幅员辽阔的中国时所面临的困难。

② 桀溺《曹操的诗作》149 页，认为此句的首字应为"土"而非"士"；这两字都有不同的文献依据。他将"勇侠"翻译为"valiant knights"，比我的译本（bullies）要更为正面，我的见解见本书第一章注释 51。而另一方面，他在 151 页中又指出，曹操面临着那些不法分子的威胁。

③ 这可能指的是古代楚国的神龟：《庄子》17 页。

④ 此句之前的句子是描述老当益壮的战马和勇士，他们的精神都是不会被岁月和疾病摧折的；这是对许多作品中的主题的回应。桀溺在《曹操的诗作》153 页中指出，这首诗更为深刻：曹操在诗中并不认为自己是一名战士或有壮志雄心的人，却追求避世及内心的平静。

202

第六章　赤壁之战　208 年

大事年表[①]

　　208 年　孙权击败刘表的将军黄祖,挺进长江中游

　　　　　　夏:曹操为汉丞相

　　　　　　秋:曹操前往荆州征伐刘表;处死孔融

　　　　　　　　刘表去世;其子刘琮投降曹操

　　　　　　　　刘备南逃,孙权派军支援

　　　　　　冬:孙权的将军周瑜率联军在赤壁战胜曹操;曹操撤退到北方

　　　　　　　　周瑜在江陵攻击曹仁;孙权进攻合肥;刘备接管长江中游南部诸郡

帝国政府

　　曹操刚刚在北方取得胜利,就于 208 年正月返回了他的核心领地邺城。虽然献帝继续维持着在许的傀儡朝廷,并且这里也还被认为是国家首都,但曹操现在的军事大本营和权力中心皆位于邺城。他的主要军队

---

① 涉及本年大事的主要文献见《三国志》1:30—31 页、《后汉书》74/64B:2423—2424 页、《三国志》6:213—216 页刘表及其子传,《三国志·蜀书》2:877—879 页先主传,《三国志·吴书》2:1117—1118 页吴主传。《资治通鉴》65:2076—2096 页中按年代排列了这些材料;拙著《建安年间》,368—403 页。关于赤壁之战的材料见下文 266—275 页的注释。

241 驻扎在此,并在此时建立了玄武湖以训练军士们操纵战船及水战①。虽然北方的战争既久且艰,但曹操已经做好了对长江流域发起进攻的准备。

然而,这次进攻并不是因为有什么紧急的事态,且在 208 年上半年中,曹操的注意力主要集中于巩固和组织自己的政府上,做了一系列改革,将新的体系落实下来。这些改革的精确日期并不总见于记载,因为其中的许多是要经过一段时间才能建立起来,并且常常会根据环境和效果进行修订。所以用专题的方式讨论它们要比依照时间顺序更好。

在第四章中,我们讨论了这一时期战争的特征,以及非正式结构下的原始军队。当然,曹操的权力核心是他的主力军,这支军队在多年的战争中逐步发展,成为了强力且有经验的作战力量,听命于曹操私人,也是他保持或扩展自己权力的工具,用于对付袁氏家族、讨伐乌桓、打击刘表及其他的反叛者。

这支精锐之师自然会得到常规军和卫戍部队的协助,而像汉水流域的曹仁、淮河流域的张辽一样的将领则必须处理来自南方的猛烈攻势。这些次要将领的责任是保护自己负责的区域及其内的重要资源,但如果需要,曹操也会率全军前来对付敌人。

就这一点而言,虽然称曹操不信任他的属下是不公平的——事实上许多属下都显示出了对他的非凡忠诚和作战勇气——但他很难将重任

---

① 《水经注》9:338—339 页(《水经注疏》79a—80a)中记载,洇水分为两支,其北的一支流经邺城东部,随后西流,经邺城北墙汇入漳河;曹操营建的玄武湖很接近这一汇流处。

约 70 年后,左思在他的《魏都赋》中,描述了玄武湖已成为游乐的中心,李善注释到其位于邺城的西部:《文选》6:1345—1346 页;康达维(Knechtges, David):《萧统(501—531)〈文选〉:卷一京都(Wen xuan or Selections of Refined Literature : volume one , rhapsodies on metropolised and capitals)》,447 页。进一步的讨论见本书第八章 336 页。

左思没有提及玄武湖是用来训练水军的,他那时的玄武湖似乎已经仅仅是城市的点缀。但曹操在此湖建成后不久,就要进入荆州的汉水流域及其东南方淮河流域的湖沼地带,玄武湖的修建无疑有利于他这一军事行动。

委以他人,自然也不愿允许其他人掌握可能反叛他的军事力量①。这一 *242*
政策存在缺陷,因为曹操本人无法立即抵达所有地方,但这种情况在战
乱的国家中无法避免,且曹操的权力是来自于他军阀的身份,仅仅在表
面上拥有行政权威和荣誉。

然而数年间,随着领土的不断向外拓展及自己权力的巩固,曹操的
安排部署也变得更有组织性。他仍掌握着主要军权,但却开始运用行政
和军事的双重权力来巩固自己在地方的地位。

在那些比较稳定的占领区,汉朝的行政机构被保留下来,其拥有传
统的对付叛党或起义军的能力,在必要时邻近地区或中央的军队会给予
支援。就像汉代一样,太守和刺史既拥有行政权也拥有军权,而一些边
疆地区新建立的小郡,常常只辖有一或二县,有时首脑是掌握着军权的
都尉而非太守;这些郡的废立随需求而定②。

屯田是巩固防守的一种有效手段,也能为当地提供常规的资源供
给。屯田曾于190年代在许都实行,3世纪初,扬州刺史刘馥在淮河流域
的前线也使用了这一方法③,在这种混合的单元中,农民拥有自卫能力,
曹操的统治区域内还建有其他屯田,以安置难民及投降的敌军,或巩固
对地方的控制。这些屯田在国家的疆域之内形成了一种与郡县制平行 *243*
的体系,但是地方政府的基础单元仍然是传统的郡及其下属的县。

208年六月,曹操对最高层官僚进行了重新安排。西汉的大部分时
间,君主拥有最高权力,并将其委之于丞相,比丞相稍稍低一些的御史大

---

① 《三国志》1:55 页裴松之注引《曹瞒传》,记载曹操嫉妒任何比自己有能力的下属,见本书第十
  章 448 页。
② 例如 190 年代后期,李通被任命为阳安都尉,阳安是从汝南郡分出二县成立的,以加强对荆
  州刘表的防卫:《三国志》15:535 页。曹操占领荆州后至 208 年前,又在州西部与益州的边界
  地区建立了一些类似的小郡,特别是在汉中与南阳之间的汉水谷地:例见本书第七章 295
  页、第十章 429、437 页。
③ 刘馥的传记见《三国志》15:463 页。

夫掌监察之职;不常设置的大司马一职位列第三。然而公元前 8 年西汉末,汉哀帝对这一结构作出了相当大的调整,创造了三公这种三人执政的体系:大司马(东汉初改为太尉)、司徒、司空。他们名义上拥有同等的地位和薪资,共同管理帝国政府①。

王莽略微修正了这一体系,东汉光武帝仍沿用,整个东汉也维持了这一体系,而此时大将军这个通常被摄政皇太后家族中地位较高的外戚把持的官位,拥有可以匹敌甚至超越三公的权力②。曹操恢复了单一的丞相制,这有利于他在朝中巩固自己的权威,但实际政府仍是靠武力维持的,汉代的高级行政结构在很大程度上已被摧毁。

这种转变是自然而然的,但其导火索可能是牵涉到曹丕的一起棘手事件。208 年初,194 年在长安被任命为司徒,并且在政权的多次兴替中维持其位长达十五年之久的赵温,运用自己掌握的名义上的权力辟曹丕为秀才,而此时年轻的曹丕可能还未及 20 岁,但秀才是一个很高的候选资格。三公拥有做出这一任命的权力,且被任命者将不经过试用就可以在政府中供职。然而,对曹操来说,这是对他家族事务的恶劣干涉:如果有人给曹丕安排官职,那么这个人必须是他自己。他对此非常愤怒,并向献帝进言赵温此举显示出低下的判断力,坚持将他免职。献帝照此办理,赵温在几个月后就去世了③。

无论这个失败的任命是试图拍曹操的马屁,还是傀儡朝廷中独立意识的闪现,形势并未因作为司徒的赵温,官职略微超过了身为司空的曹操而有所改善。这正是一个澄清究竟是谁负责政府的好时机,随着曹操

---

① 关于西汉的中央行政体系,见毕汉思:《汉代的官僚机构》,7—12 页及以下。关于哀帝改制的概述,见拙著《东汉三国人物辞典》,1221 页。虽然三公号称秩万石,但实际上被任命为三公只是一种层级上的提升,其中太尉最高,司徒次之,司空最末。

② 本书第二章 89 页中指出,196 年曹操与袁绍曾为各自的官位相争。曹操被迫屈居下位,自降为三公中最低的司空,次年则安排袁绍接受了大将军印绶。然而,这两个任命都不具有实际意义。

③ 赵温的传记见《后汉书》27/17:949—950 页。对曹丕的任命及曹操的反应见《三国志》2:57 页裴松之注引《献帝起居注》,赵温被免职的日期见《后汉书》9:385 页。《资治通鉴》65:2076 页讨论了赵温被免职的时间;拙著《建安年间》,366 页。

被任命为丞相,对此时的形势我们再无怀疑。

曹操任命郗虑为御史大夫①。郗虑曾经是著名学者郑玄的学生②,他于 190 年代后期来到许,并得到荀彧的举荐。他与孔融互不对盘,曾动用影响力将孔融免职,不久后又致其死亡,但他并不是特别有名望的人物,我们推测他是凭借着自己的顺从而非个人能力爬到高位的。

在重新安排国家高层的同时,曹操还试图建立起选拔低级官员的有效途径。这一计划的核心是他的两名文官,传统上处理中央官员任命的西曹崔琰,和主要负责地方官任命的东曹毛玠③。据称,他们对个人的忠诚和职业上的廉正有很严格的要求,会直接拒绝那些他们认为不称职的人选,在他们的监督下,即使是最高级的官员都要保持行为、衣着简朴。虽然曹操最初对这种做法表示支持,但不久后则对个人的习惯多有容忍④。

大概正是此时,来自河内的司马朗和司马懿兄弟加入了曹操的政府。司马朗生于 171 年,曾任魏郡的县令,现在是丞相府主簿。司马懿比他年少 8 岁,曾担任地方官员,在 202 年因担任上计吏入京⑤。曹操此时想任命司马懿,但他称病不出。208 年,他再次被征召,又试图逃避出仕,但这次曹操威胁要逮捕他入狱,所以他不得不接受任命,成为文学掾。

司马懿是后来司马氏王朝的创始人,265 年底,他的孙子司马炎将曹

---

① 郗是一个不常见的姓氏,也读作 Xi。

② 郑玄(127—200 年)的传记见《后汉书》35/25:1207—1212 页。他注释了多部儒家经典,并在晚年接受了曹操控制下的汉廷的任命。郗虑可能是在那时陪伴他入许的。

③ 关于东曹、西曹,见《后汉书》114/24:3559 页;毕汉思《汉代官僚组织》13 页,其中指出东曹是处理财政事务的机构,西曹则处理人事,但《后汉书·百官志》并不支持这种说法。

④《三国志》12:375 页毛玠传,及裴松之注引《先贤行状》;《资治通鉴》65:2079 页;拙著《建安年间》,371 页。

⑤ 汉代一郡的首脑要在新年前到朝廷上计。进行这项任务的地方官称为上计吏,在 2 世纪的大多数时候,上计吏都是国家高级官员的候选人:拙著《再次应征:东汉任命的公务员》,第19 页。

魏的最后一名统治者赶下皇位，并宣布自己为晋帝，司马懿也被追封为这个新王朝的宣帝①。《晋书·宣帝纪》中记载，他聪明并有野心，曾被崔琰夸赞为拥有远远超过兄长司马朗的能力。他不愿出仕的行为，被解释

246 为是因为对汉朝的忠心以及不愿意将自己与可能推翻前朝的一伙人联系在一起。但这肯定是历史学家在成规下的观点：将要拥有最高权力的人不应对其表示出贪婪和渴望②。文学掾并不是很大的官，但它将司马懿引入了朝廷，也使他成为曹丕的亲密且有影响力的朋友。

除了崔琰和毛玠的监察工作外，曹操还创建了新的选举和晋升体系。

迄今为止，多数东汉高级官僚，在最开始都要以郡为单位被举孝廉，或是被州或中央的高级官署选为秀才。理论上，一个人是否能胜任官僚工作，取决于他在地方的声誉和成就，而被举孝廉后，需要在首都进行一段时间的试用。然而，试用逐渐变成了一种形式，此外孝廉与同样出身的政府官员有天然的联盟关系，这意味着选举在很大程度上被地方的大族控制了：无论如何，人需要有充足的空闲和机会才能达到文官的核心要求，而最可能拥有这些的是世家大族。2世纪晚期，传统的选举体系成为了大族们扩展自己恩惠的方法，而非有效地选拔为国家尽忠的人才的手段③。

---

① 司马懿的传记见《晋书》卷一。他去世于251年，此时他已掌握了曹魏政府，他的儿子司马师和司马昭以及司马昭之子司马炎继承了这一权力。见本书第十章及拙著《三国与西晋：3世纪中国史》，32—35页。

② 关于司马懿的不愿出仕有一则奇特的故事。《晋书》31：948页，司马懿的夫人张春华的传记中记载，202年，他第一次被曹操征召，以风湿不良为行为借口拒绝出仕。然而，在一场突来的暴雨中，他在抢救暴露在外的书籍时忘记装病了。此时家中只有一名女侍在场，但司马懿的行为已被她目睹。张夫人害怕女侍将此事说出去给自己的家庭带来灾祸，所以虽然她才十几岁，却亲手杀害了女侍，随后亲自去厨房做饭。司马懿很受震撼——虽然文献中没有记载究竟是张夫人迅速杀了女侍，还是她亲自下厨更为打动自己的丈夫。

265年底，张氏的孙子司马炎称帝后，将她追尊为皇太后。

③ 关于后汉的选官体系，见拙著《再次应征：东汉任命的公务员》。

　　连年的战争打破了旧政府的许多行政体系，其中也包括选官制度，曹操必须找到一种其他的方法选拔人才为自己服务。这一制度就是九品中正制①。

　　约 208 年，曾在东方成功的担任过太守、现在是曹操手下的文官何夔上书，建议对官员的最初任命要根据他们在郡中的名声，并且他的表现应该被上级监督，而不需要有试用期。曹操对此深表赞同，似乎此时新的制度就已经开始制定了②③。 *247*

　　在完整的程序中，每郡会任命一名中正，对所有官僚候选人进行评价，将他们根据才能划分为九品。在汉代，这一责任由郡太守承担，他的判断将会在中央的试用期内得到检验。作为人物评价补充体系的试用现已被弃用，所以中正拥有了很大权力，并且虽然他们名义上由中央政府任命，但却在自己家乡工作；而郡守则通常是来自别的地区的外乡人。

　　这一政策希望国家的任命会鼓励中正扮演一位见多识广的国家代理人，而不是地方利益的代表，但长期看来，这种体系不可避免地会被每

---

① 关于九品中正制，见侯思孟：《九品中正考》（"Les débuts du système médiéval de choix et de classement des fonctionnaires：les neuf catégories et l'Impartial et Juste"）；拙著《三国与西晋：3 世纪中国史》I，27—28 页；丹尼斯·格拉夫林（Grafflin, Dennis）：《中国的革新：南朝早期的伪官僚主义》（"Reinventing China：pseudobureaucracy in the early Southern Dynasties"）中的"九品制度"一节，145—148 页；阎步克《品位与职位》。以及日本学者的重要研究：宫崎市定：《九品官人法研究：科举前史》；宫川尚志：《六朝史研究·政治社会篇》263—314 页；川胜义雄：《曹操的军事国家的建立》《曹操军国的构成について》）。

② 《三国志》12：381 页。"乡举里选"这一词汇见于汉武帝时，是大儒董仲舒提出的。

　　侯思孟在《竹林七贤和他们所处时代的社会》（"Les sept sages de la forêt des bambous et la société de leur temps"）一文 324 页注释 1 中，格拉夫林在《中国的革新：南朝早期的伪官僚主义》147 页中都引用了宫川尚志：《六朝史研究·政治社会篇》264—265 页的内容，认为 208 年是九品中正制草创的重要年份。他也强调，其最初的意图是选拔合适的人才，并非确立地方大族的地位。

③ 侯思孟《九品中正考》，399—401 页。九品有上上、上中、下下等；例见《汉书》20：863 页，国家的所有官员都被划分为九等，虽然这一品级与实际的官位之间没有必然联系。品只是一种潜在的判断，获得最高品的人被认为是有条件被任命为最高官员的。

　　曾经流行的、作为官方选官程序补充的品评成为了中正评价人物的方式：见本书第一章注释 58。

248 个地方的大族控制，甚至比汉末更严重。尽管中正对中央政府负有抽象的责任，但还是会自然地受到庞大的地方势力影响，在后来，对中正徇私行为的控告频繁出现，其中的许多证据确凿。

尽管如此，这一体系还是成为了魏国政府的特色之一，并被后来的若干王朝继承。其仅仅在曹操去世之后的 220 年被正式提到过，据记载高级官僚陈群负责建立九品官人法，但是我们可以推测关于地方评估及推荐的基本原则——不用再次试用——在更早的时候就已建立起来，陈群的工作只是将何夔首创的这个方法制度化①。

曹操除这个计划外别无选择。无论是汉代的傀儡朝廷——他无论如何都不会信任的——还是他自己的本质是军事的丞相府，都没有能力对候选官员进行任何真正意义上的试用。在过去，郡太守掌管选举和任命，而这一事务通常由太守亲近的和值得信任的地方官员郡功曹主管②。因此，在某种意义上，对中正的任命可能仅仅是中央直接对之前担任过功曹的地方官员的任命，并且提高了他的等级。候选人们被举荐给政府，伴随着赞美以及一定的品级。此后不再有试用期，但是否胜任及成就都将被在任上评估。

长远看来，这一体系除了试图保持一定程度的中央权力外，允许大族们运用比在东汉时更大的影响力。3 世纪中期，官员刘毅在一份著名的奏疏中指出："上品无寒门，下品无士族"③，后来的学者们也注意到九

---

① 陈群的传记见《三国志》22：625 页（应为《三国志》22：635—638 页——译者注），其中记载他负责建立了九品中正制，而这一条记录的位置则暗示了其实施是在曹操去世之后。也见《太平御览》265：15b，其中引用了傅玄（217—278 年）的说法，但该书 212：5b、214：4a 中则暗示了九品中正制的建立另有时间。就像侯思孟、宫川尚志、格拉夫林指出的，文献之间存在矛盾意味着其很可能是一个逐渐发展的过程。

对于这一制度的权威概要见《资治通鉴》69：2178 页、《三国志》23：661 页裴松之注引《魏略》中的清介传；其中将其建立时间含混地称为"先时"；方志彤：《三国编年（220—265 年）》Ⅰ，5，25 页。
② 关于东汉时的功曹，见毕汉思：《汉代官僚组织》93 页、拙著《东汉三国人物辞典》，1229 页。
③《晋书》45：1273—1277 页；侯思孟：《九品中正考》，413 页。

品中正制成为了大族确立自己权力的途径①。 *249*

　　然而，曹操首要的考虑是他现在控制了大部分汉帝国及其人口。管理如此广大的地区和人民将不能再依靠他个人的手下、军事将领及单纯的战士。所以确保能够可靠地补充有效率且忠诚的官员非常必要。在210年春发布的著名公告中，他明确了要寻求有能力之士，而非德高之人，并欢迎人们推荐适合的人来为官②。同样的，他也从务实的角度，准备给地方首脑赋予权力，以期他们能够为政府提供必需的合适官员。最后，情况达到了心照不宣的平衡：曹操及其继承者为地方首脑赋予等级和影响力；作为交换，大族们提供对新政权的效忠，以及政府运转所需的大量行政人员③。

　　曹操也试图恢复他逐渐强大起来的国家中的财税秩序。屯田这种特殊方法虽然在重新安置人民和防御上取得了显著成效，但是并不适用于曹操控制的全部领土。经济的中心依旧是小农农业，其中大族占有大量田地。许多造成东汉税收障碍的大地主们，都在战乱中生存了下来，但税收体系被大幅破坏了，争斗的军阀们依靠半官方的征税或是简单的 *250* 抢夺来保障自己。曹操在190年代屯田政策的成功，与袁绍和袁术军队不顾一切的收缴形成明显对比，袁绍的冀州此时还是一片凋敝。204年曹操攻占邺城之时，颁行了一份公告，严厉批评了袁氏政权的贪心和不

① 查尔斯·霍尔库姆（Holcombe, Charles）：《在汉代的阴影下：南朝初期的文士思想与社会》75—81页，其中讨论了九品中正制在晋及其后继的南朝时，对于确立文人的权力的重要意义，79—80页中，他引用了矢野主税的研究："曹魏的九品中正制是真正关注于提高中央集权的官僚体系的效率的"，但3世纪时，"中央封建集权专制对于行政实践的关注逐渐被忽略"。谷川道雄：《中国中世社会共同体》112页中也有相似的论述："六朝的贵族阶层……使自己成为了统治阶级"，"这种制度最为具体、结构化的表现就是官僚机构中的九品中正制"。
② 《三国志》1；32页；《资治通鉴》66；2100页，拙著《建安年间》，410页，以及本书第八章367—368页。大约1800年后，邓小平也提出："不管黑猫白猫，能捉老鼠的就是好猫。"
③ 格拉夫林：《中国的革新：南朝早期的伪官僚主义》，147页，其中指出"必须给强大且有雄心的地方领袖提供为魏国服务以提高自己地位的机会，以免他们成为匪徒。"在该书148页，又指出"品评乡品的任务立即吸引了产生地方精英的大族的注意"。

正当性，特别是袁尚的主要大臣审配①：

> 袁氏之治也，使豪强擅恣，亲戚兼并；下民贫弱，代出租赋，炫鬻家财，不足应命。审配宗族，至乃藏匿罪人，为逋逃主。欲望百姓亲附，甲兵强盛，岂可得邪！
>
> 其收田租亩四升②，户出绢二匹、绵二斤而已③，他不得擅兴发。
>
> 郡国守相明检察之，无令强民有所隐藏，而弱民兼赋也。

裴松之在《三国志》中记载曹操领冀州牧的正文后，注释了此条政令，将之与占领冀州联系到了一起，但是在《晋书·食货志》中，却暗示了

251 这是曹操统治区域内的通行政策，这是很可能的。

公元30年，光武帝施行三十税一的田租，与西汉末相同④。东汉末，本身是大地主的仲长统估计每亩地的平均收成是三斛⑤，按照光武时的税率，每亩地要交的租就是十升。实际中，这种税收变成了以土地面积

---

① 《三国志》1：26页裴松之注引《魏书》。《晋书》68：782页中也有相似的简要文献；杨联陞：《晋代经济史注解》（"Notes on the Economic History of the Chin Dynasty"），159页。

《三国志》卷一的正文中，记载此时曹操颁布诏书，免除了袁氏治下所有人民本年的租税。如果裴注中《魏书》记载的这一段诏令的位置没有放错的话，我们就必须推测其涉及到了政府未来的职责，也是一种对政策的阐述，可能适用于所有曹操统治下的地区。本书第五章218页，注释26。

② "升"大约为1/5公升。十升为一斗，十斗为一斛或石，为不足二十公升；斛和石是两个相同的容积单位：鲁惟一：《汉代粮食的测量》（"The Measurement of Grain during the Han period"）64页。《魏书》中的诏令并没有记载田租是上交何种谷物，但《晋书》二十六卷中记载其为粟，这是租税的通用货品。

③ 绢是薄丝绸，一匹为四十尺，约等于9.5米或10.5码。绵是丝绵，一斤约225克或0.5磅。

④ 《后汉书》1B：50页；许倬云：《汉代农业：早期中国农业经济的形成》，72页；《晋书》26：781页中也引用了这一文献；杨联陞：《晋代经济史注解》，154页。关于光武帝的政策及东汉的财税制度见毕汉思：《汉朝的复兴Ⅳ：政府》，157—159页。

⑤ 《后汉书》49/39：1656页；许倬云：《汉代农业：早期中国农业经济的形成》，239页。关于仲长统对税率的建议，见下文；关于他的哲学思想，见本书第八章348页。

公元前178年，西汉的晁错对田产也做了相似的估计：《汉书》24A：1132页。其根据的是早期的、更小一些的亩，而实际的产量比此略少，大约是2.4斛每亩。见许倬云：《汉代农业：早期中国农业经济的形成》，160—163页，毕汉思：《汉朝的复兴Ⅳ：政府》，147—148页。

为基础的固定金额,东汉实际的田租似乎是每亩五升①。

以田地为基础的税收免去了每年对产量的评估,但却使土地登记变得极端重要,尽管东汉政府似乎做了最大努力,但还是并未得到满意的登记数据②。此外,虽然农田可以根据质量和产量分为三个等级,但这好像不能反映在税收体系中,且——除了数次公开宣布的饥荒外——没有文献记录每一年的收成变化③。

仲长统建议曹操每斛粮食收取一斗的税,按照他计算的产量每一亩地就要交三十升,这是汉代官方数据的 3 倍,远远超过了汉代折算后的五升及曹操之前的四升每亩。仲长统批评了轻徭薄赋的政策,这会导致政府运行所需资金的缩减,但是他以特立独行和不随波逐流而闻名,我们可能会对他建议的税率能否被毫无阻力和反抗地执行表示怀疑④。就像杨联陞指出的,曹操奉行的低税率政策很适用于在战争困难时期减少人民的负担⑤。

252

---

① 许倬云:《汉代农业:早期中国农业经济的形成》74 页中对此进行了详细的讨论,认为汉代的田租逐渐以产量为基础变为以土地数量为基础,这是官僚机构试图寻找固定的计算方法的结果。同书 75 页,许倬云引用了记载着公元 87 年五亩收税一升的文献,并认为这是普遍情况。(《后汉书》7:315 页记载,165 年诏令用货币缴税,唐代的注释中解释为每亩十钱;然而我们不知道这种改变是仅仅涉及了支付的方式,还是也有税率本身的改变。)

② 许倬云:《汉代农业:早期中国农业经济的形成》73 页,指出光武帝在公元 39 年曾进行过一次成功的土地测量,但毕汉思:《汉朝的复兴 IV:政府》136—137 页中则说光武帝遇到了很强的反对、腐败和隐瞒。据记载,山阳太守秦彭在公元 80 年左右曾建立土地登记的优秀范本,向全国推行,但其本身就暗示着通常的统计存在着很多不足。

③ 秦彭对土地的等级作了改革,而西汉的文献,特别是约公元前 31 年的居延汉简中,也有一些相关记录。然而,行政过程的复杂性,以及即使是最基础的土地统计数据的困难,都使得这种分等级是否广泛曾被使用值得怀疑。

　　与此相似,桓宽的记录了公元前 81 年昭帝召开的经济会议的《盐铁论》中,记载了文学对于荒年时不减租税的抱怨;许倬云:《汉代农业:早期中国农业经济的形成》238—239 页。除此之外,同样的政策在两汉时期一直沿用。

　　最可能的是,汉代的田租是取平均数,可能是根据流通中的情况得出的。我们知道政府会对收成不好或其他自然灾害减税、实施援助,而地方官可能有一些自己裁量的权限,以免积怨过重而产生暴动和贼匪;谢宇、董慕达:《天地之间:汉代官员的双重责任》。

④ 仲长统关于土地和税收的建议见《后汉书》49/39:1656 页;许倬云:《汉代农业:早期中国农业经济的形成》239 页。许倬云也在该书 55—56、65 页讨论了仲长统。

⑤ 杨联陞:《晋代经济史注解》,140 页。

除田租之外，汉代的人民还需要承担其他税收：算复，基本税率是每个成年人 120 钱；算租；以及向渔民、樵夫、商人、手工业者征收的多种多样的税收，需要他们将每年收入的一定比例上缴①。西汉保持着对盐铁的垄断，但是东汉将这一权力下放到了地方，它们也逐渐变得不太奏效②。此外，因为汉末战争的影响，所有这些安排都被完全打破了，而在这些税收中，曹操对户调尤为关注③。

曹操在公元 200 年前就已在自己治下区域推行户调，据记载，他在与袁绍的官渡之战前曾发动过紧急的征收④。在冀州，户调是每户绢二匹绵二斤，这一标准也成为了固定的政策。不幸的是，我们无法估计出这两种类型的丝织品与作为田租的谷物之间的兑换比率，因为其在不同时期的差距很大⑤，但是 13 世纪的学者马端临曾评论说，户调与田租相反，在魏晋时期变得更重了，杨联陞就此指出了两点：混乱的土地测量问题在此时几乎是无法克服的，而减轻田租可以鼓励人们耕作，特别是在不如此做农田就会被抛荒的时期⑥。统计人口比统计土地容易，户调或人头税会鼓励人们下地干活，以履行他们的义务。

汉朝也要求人民服徭役和兵役——后来通常被更复替代——此时这一悠久的徭役传统应不会被抛弃，在这种紧急状态时强制兵役也仍应

---

① 西嶋定生：《前汉的社会经济史》598—599 页，毕汉思：《汉朝的复兴Ⅳ：政府》157—158 页。

② 《后汉书》43/33：1460 页；西嶋定生：《前汉的社会经济史》606 页，拙著《东汉三国人物辞典》1065 页张林，毕汉思：《汉朝的复兴Ⅳ：政府》155—156 页、229 页注释 53。200 年左右在长安地区盐业垄断又复兴了，但其局限于一个地区，似乎也并没有广泛推广：《三国志》21：610 页；拙著《建安年间》，257—258 页。

③ 西嶋定生：《前汉的社会经济史》601 页，其中指出户调是曹操的创新，后继的王朝多有继承，在唐代取得了进一步发展。

④ 《三国志》23：668 页赵俨传，记载阳安都尉李通（上文 198 页注释 2）为了扩大税收而向每一户征税。然而，赵俨和荀彧都劝说曹操要放松税政：《资治通鉴》63：2030 页；拙著《建安年间》，281 页。

《三国志》12：380 页何夔传中记载了曹操施行重税，但也被劝说要在新占领的地区内减少租税：《资治通鉴》63：2030—2031 页；拙著《建安年间》，281—282 页。

⑤ 杨联陞：《晋代经济史注解》，145 页注释 197，其中引用了唐代的一系列税率，据记载，780 年时一匹丝绸相当于二石粮食，810 年时相当于四石，820 年时则是 1.6 石。

⑥ 《文献通考》3：48b；杨联陞：《晋代经济史注解》，147、148 页。

施行。虽然曹操发布了命令，规定除指定的田租和户调之外，再无强加到人民身上的税赋，但我们最好还是假定他限制的是用金钱或实物缴纳的税种，但并未免除健康人为公共服务的义务。在他的坚持下，富有的人家应该履行责任，他们趁战乱强占了大量土地，应很容易完成这项任务，但是仍有足够的理由相信，徇私与腐败阻止了曹操命令的完全贯彻，这种税赋是打了折扣的。这是一次对公平以及恢复了效率的政府和财政的勇敢尝试，但是时机并不合适。

然而，新的税赋体系鼓励了人民的定居及经济的重新恢复，而曹操也继续享受着屯田制度带来的巨大收益。屯田由官方控制，所以农产品和收益直接供给了曹操的政府。评估它们在整个经济中所占的份额是不太可能的，但是其确实为国家的收入和供给提供了安全无虞及容易获得的资源，并且转移了一部分因州郡中政府机构过度扩张而带来的潜在压力。

西汉政府在尝试多次后，铸造了五铢钱作为官方的交换货币；值得注意的是，与其他曾经尝试过的货币不同，五铢钱的面值与其重量相符。偏爱将理想理论实际化的王莽创造了一种新的复杂货币体系，在他失败后数年的战乱中，丝绸、粮食和其他商品都具备了交换的意义。东汉在公元 40 年恢复了五铢钱，官方的薪水是以半粮食半货币的形式发放的，现金支付的方式已经在很大范围内使用，以至于衡量财富的手段也以其为标准，而非土地、动物或奴仆①。

西汉早年还允许私铸钱币，但是公元前 113 年铸币就被政府垄断了，唯一管理铸币的机构设在首都。东汉政府延续了这一政策，国家的铸造机构在洛阳，隶属于大司农。根据《汉书·食货志》中的记载，公元前 1 世纪铸造了 280 亿五铢钱，虽然东汉时期并没有类似数据流传下

---

① 关于西汉的货币制度，见西嶋定生：《前汉的社会经济史》586—590 页，毕汉思：《汉朝的复兴Ⅳ：政府》，153 页。一铢约 2/3 克，五铢钱大约重 3.25 克。

　　关于货币的价值属性，见鲁惟一：《汉代行政记录》Ⅰ，71—72 页，其中分析了居延汉简中的 24.1 以及 37.5。我们可以回想起曹操的父亲曹嵩在 187 年用一亿钱买到了太尉之职。

255　来，但我们可以推测其与西汉相当甚至更高①。

190 年，被忠于汉室之臣孤立的董卓废弃了五铢钱，熔掉许多青铜雕像以铸造自己的更轻的货币②。这一举措造成了惊人的通货膨胀，自从董卓和他的继承者先在洛阳后在长安控制了政府仅有的铸造，整个帝国的货币都受到了至少是间接的影响。在很短的时间内，曹操和他的对手们就要求所有的税收以实物缴纳：如上面提到的田租和户调，现在就是明确以粮食和丝绸形式缴纳的。

《晋书·食货志》中记载，当曹操在 208 年担任丞相时，废除了董卓小钱，恢复了五铢钱的铸造③。曹操的儿子曹丕的本纪中记载，221 年三月，在他刚刚成为曹魏皇帝后不久，就恢复了五铢钱，却在十月因为粮食价格飞涨又废除④。227 年，曹丕的儿子，后来继承了王位的魏明帝曹叡又恢复了货币系统⑤，其后至少在南方的数个王朝中，五铢钱仍然流通，直到唐代⑥。

除了董卓的小钱，大量的五铢钱仍在流通。然而，由于没有常规的新币以及统一的执行体系，伪造品横行，其价值和重量都要低于真正的五铢。即使一些强力的政府会对假币处以重罚，但其还是广泛流通，190 年代的混乱已使人民不再相信货币了。曹操的"恢复"五铢钱取得的成效有限：没有文献记载他的政策被正式推翻，但曹丕第二次恢复五铢钱的行为已表明曹操政策的失败。就像王莽失败后的混乱时期一样，此时256　粮食或丝绸成为了交换物，我们可以推测税收也是以此实行的。

当然，以这些实物进行交换带来了问题，它为不择手段的赢利提供

---

① 西嶋定生：《前汉的社会经济史》589 页、毕汉思：《汉朝的复兴Ⅳ：政府》153 页。毕汉思将大司农翻译为 Grand Minister of Agriculture，德效骞也采用了这个译法。关于西汉的货币铸造，见《汉书》24B：1177 页。

② 《后汉书》72/62：2325 页；《资治通鉴》59：1916 页；拙著《建安年间》，54—55 页；也见《晋书》26：794 页，及本书第二章 55 页。《后汉书》72/62 中记载，董卓"坏"五铢。

③ 《晋书》26：794 页；杨联陞：《晋代经济史注解》，191 页。

④ 《三国志》2：78 页；方志彤：《三国编年（220—265 年）》，44、56 页。

⑤ 《三国志》3：92 页，《晋书》26：794—795 页；杨联陞：《晋代经济史注解》，191—192 页。

⑥ 西嶋定生：《前汉的社会经济史》587 页。

了更大的机会，并且虽然曹丕因为考虑到粮食价格的问题而放弃了重铸五铢钱的政策，曹睿却仍接受了使用五铢钱，因为形势更为严峻了：供应者们将粮食弄湿以增加重量，将用于交换的丝绸制得极度的薄①。相比之下，精铸的钱币显然更为可控。

近年，许多考古遗址中出土了被认为是曹魏五铢的货币，它们多被推测为是在曹睿及以后铸造的，曹丕在 221 年短暂恢复的五铢钱不太可能流传下来②。与此类似，因为曹操货币改革明显的弱点和有限的效用，他是不太可能在许或邺城建立起官方的铸币机构的：他依靠的是之前留存下来的货币，承认它们可以在官方税收及一般贸易中使用③。

官方需求的谷物田租和丝绸户调受制于正式或非正式的这两种商品和五铢钱的交换。西嶋定生在对于汉代经济的讨论中指出，运输和储存的问题使货币相比于像粮食或丝绸一样的商品而言，对于政府来说更为方便。他提出了农民如何用现金交纳税收的问题，认为一些人通过在市场上卖出产品或打工赚钱，其他人则允许用实物交租，但是一些人被迫与地主或商人兑换或者借贷，通常售价会打折，或是会背负高额的利息。就这一点而言，他认为曹操采用丝绸户调，就是为了解决这个问题④。事实上，像以前一样，政府的苛捐杂税仍然通过谷物、丝绸或其他商品间的交换——有时候也会涉及现金。

257

---

① 《晋书》26：974—975 页；杨联陞：《晋代经济史注解》，191—192 页，《资治通鉴》70：2238 页；方志彤：《三国编年（220—265 年）》Ⅰ，229，239 页。其中记录了由司马朗和司马懿的远房侄子、大司农司马芝主导的讨论，其传记见《三国志》12：386—389 页。

② 焦智勤、谢世平：《曹魏五铢考》中提供了近年出土曹魏五铢的概要，《中国钱币》1997、1998 年中刊登了一组关于曹魏五铢的文章，包括邹志谅讨论私铸五铢可能被获准通行的文章（非常感谢台湾中央研究院史语所邢义田教授在此领域给我的建议与指导）。

③ 正如丁爱博在《六朝文明》217 页中指出的，"可以推断，许多汉代的旧钱仍在六朝时继续流通"。

④ 西嶋定生：《前汉的社会经济史》600—601 页。

荆州失利

在军事方面，曹操的北方边疆是安全的，他的官员刘馥建立的屯田也稳定了对东南方淮河流域的统治。西部在钟繇和杜畿的努力下亦很平静①，随着 208 年上半年马腾的东来，西部在未来会更为稳固。

献帝东归后，长安在李傕、郭汜及其随从的统治下十分混乱，西北继续保持着军阀林立的局面，其中前凉州军的领袖马腾、韩遂是最为强大的势力。虽然他们名义上结为兄弟，但又因属下们的争斗而分道扬镳，曹操派遣钟繇和凉州刺史韦端②在两者之间居中调停。马腾在长安以西安营，此时张既再次充当使者，劝说他前往在曹操控制下的朝廷享受尊荣。

马腾最初表示同意，但后来又变得紧张不安。然而，张既已经命令在马腾预计的路线上的所有县衙都准备了欢迎宴会和仪式，马腾感到自己除了遵循大家的预期之外已别无选择。他留下儿子马超负责家族势力，自己前往许并被任命为九卿之一。马超被任命为偏将军，但马家的其他成员都到了许；他们，包括马腾在内，现在都成了保证马超举动正确的人质。

在紧邻南方的荆州，形势比较稳定。刘表从未试图发动大攻，尽管他的下属张绣以及刘备曾先后会威胁到许。张绣在官渡之战前加入曹操一方，接着在 206 年随军北上，并战死在对乌桓的战役中。刘备在南阳接替了张绣之位，有些引人注意，可能会发动突袭，但是大家都认为刘表不会希望刘备坐大，因此不太可能支持这一冒险。刘备确实没有采取行动，因此在 208 年上半年，曹操可以将自己的精力放在行政上。

258

---

① 钟繇是曹操的司隶校尉，是以洛阳为中心的首都地区的首脑。杜畿是河东太守。见本书第五章 106 页、224 页。
② 韦端出京兆，于 190 年代自命为凉州牧，但随后就归顺了曹操，而曹操似乎仅任命他为凉州刺史。

然而年中夏末，荆州的形势发生了变化。这可能会成为危险的开始，但同时也是一个机会，需要立即并认真关注。

第一个新因素是现已 60 多岁的刘表得了重病。曹操肯定在襄阳安插了间谍，他旧敌可能的死亡激励了他利用其可能引起的任何混乱捞一点好处之心。第二，刘表的继承问题像之前袁氏家族的一样：两兄弟争权，而刘表受妻子的影响喜爱自己的小儿子。第三，刘表对长江流域及以南的控制受到了东部孙权的进攻的威胁。

当对付董卓的战争于 190 年打响，担任长沙太守的军人孙坚率军北上，加入袁术的队伍。途中他杀死了曾与自己有争端的荆州刺史王叡，并接收了其军队。董卓则派出刘表填补荆州刺史的空缺。

刘表生于 142 年，曾参与 160 年代后期反对宦官的斗争，他也与许多人一样，在灵帝朝的大部分时间被禁止为官①。184 年黄巾起义爆发，党锢也随之结束，刘表在大将军何进府中任掾属，接着成为北军中候。这些职位都不太高，且从严格意义上讲也与刺史之位相距甚远，但是董卓此时无疑需要寻找一位有身份且受尊敬的人，可以在一定程度上控制这一地区，刘表正是合适的人选。

东汉的荆州包括今天的湖北和湖南省内的长江中游盆地，北部是繁荣的位于今天河南省西南部的南阳郡。然而此时南阳被袁术控制，刘表不得不偷偷前往南部。一到那里，他就得到了地方领袖蒯越和其他人的支持，在他们的帮助下，他杀死或威慑住其他地方首领，成功地在汉水流域的襄阳建立了自己的政府，即今天的湖北襄樊附近。191 年末，刘表遭到袁术手下孙坚的攻击，但孙坚在一场小战争中死于他的将军黄祖箭下，刘表因此控制了南阳郡的南部。另一方面，在长江南部，虽然众多地方官员都在表面上服从刘表的命令，但他并没有多少直接的权威，在几

259

① 刘表及其子的传记见《后汉书》74/64B，2419—2425 页、《三国志》6，210—216 页。他是山阳人，曾与同乡人交好，但被宦官以营党为名告发，并引发了 169 年党锢之祸；拙著《中华帝国的政治逆流：167—184 年间的东汉党锢》，28—33 页；《159—168 年桓帝朝的政治和哲学》，59—60 页。

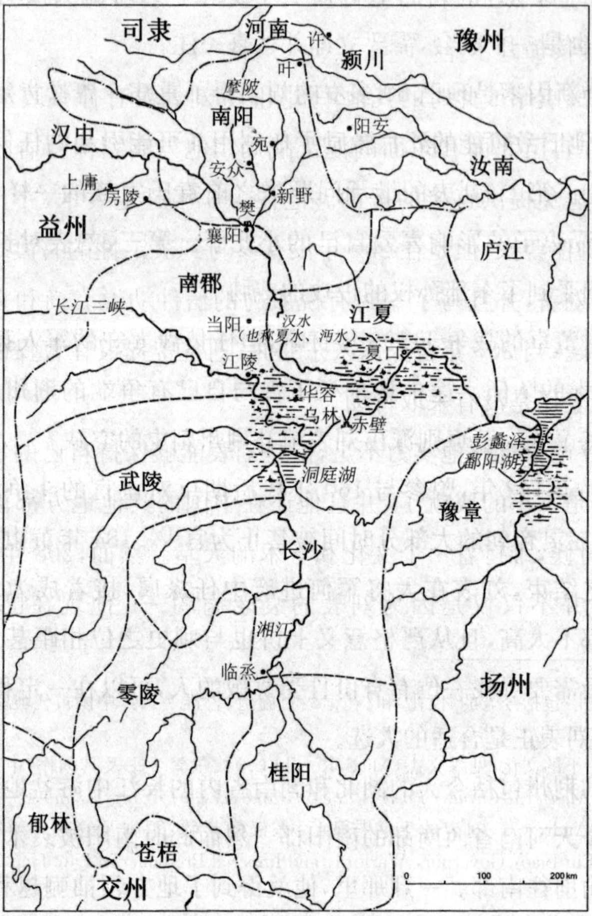

地图 13　荆州

年后的 190 年代晚期,他还遭到了长沙郡太守张羡的反抗①。

192 年,李傕控制的朝廷任命刘表为将军、荆州牧,并封他为侯;但是这些封授纯粹是形式上的,刘表手中真正握着的是他统治地区的军权。一些人批评他过于自负,例如使用了皇室规格的马车,但是他的荆州成为了北方大族和学者们的避难所,他自身也是学问和文学的重要支持

---

① 关于张羡的反抗,见本书第三章 101、119 页。张先于 200 年去世,此后南部的叛乱很快被镇压下去。

者。他注释了《易》和《礼》①，在他的支持下，一套新的、权威的对经典的编注完成并传播开来②。

　　与曹操、袁绍或此时的其他军阀相比，刘表没有什么政治野心③，也 *261* 不想参与在自己北面和东面的混乱战局。他与袁绍保持着松散的联盟关系，但却避免提供直接的援助。他在 193 年赶走袁术，并且在张绣的援助下防御住曹操，但是在 200 年没有参与到决定性的官渡之战中。后来，他收留刘备，并且写了一封有说服力的信件劝说袁尚和袁谭联合起来对抗曹操。当 207 年曹操深入东北时，刘备曾提议在曹操的后方发动攻击，但刘表还是没有采取行动。

　　一些评论家批评他实力不足，但是刘表能够保持自己的领土完整平静，这已经是不小的成就了，并且他还在中国的其他地方都被军阀和土匪毁坏的时候，维持着一个文化和学术的天堂。然而，208 年，形势变得更加困难：并不仅仅是因为刘表的衰老病弱——他现在已经超过 65

---

① 东汉时的《礼》包括今天的《仪礼》和《礼记》：石施道、鲁惟一编：《中国古代典籍导读》，234—241、293—297 页。

② 关于刘表治下的文化，见缪文杰（Miao, Ronald C.）：《王粲生平及其创作：中国中古诗歌研究》（*Early Medieval Chinese Poetry：the life and verse of Wang Ts'an*），69—72 页，戚安道（Chittick, Andrew）：《刘表的生前与死后：东汉的州牧、军阀及篡位者》（"The Life and Legacy of Liu Biao：Governor, Warlord, and Imperial Pretender in Late Han China"），168—169 页。

③ 戚安道：《刘表的生前与死后：东汉的州牧、军阀及篡位者》166—168 页，指出刘表像袁术一样称帝，但我没有找到可信的证据。其他军阀，比如益州的刘璋以及东北的公孙度，都曾使用皇家仪仗及权力，但没有证据表明他们曾自己称帝。这种行为是放肆且无礼的，但却并不全是谋反之意。关于刘璋，见《三国志·蜀书》1：867 页；拙著《建安年间》，84 页。关于公孙度，见《三国志》8：252 页；拙著《建安年间》，59 页。

　　此外，戚安道在该文 168 页引用了《三国志》6：216 页裴松之注引《零陵先贤传》，其中刘表的手下刘羡向曹操解释，当汉室衰微且联系无途时，刘表"郊天祀地，昭告赤诚"。就像戚安道所言，这条文献比较可疑，这次讨论也是诡辩的，但它呈现出了刘表行为的正当性，这也阻止他有任何更大的野心。

　　戚安道在 167 页还引用了杜夔的例子：他以前是王室的乐官，刘表命他作汉朝廷的雅乐。而当刘表要求他当庭演奏时，杜夔因为其只能为天子奏而拒绝了这个要求，刘表也放弃了自己的念头：《三国志》23：665 页（应为《三国志》29：806 页——译者注）；拙著《建安年间》，209 页，戚安道：《刘表的生前与死后：东汉的州牧、军阀及篡位者》，167 页。刘表的克制与曹操形成了某种对比：本书第八章 339 页。

岁——还因为他困惑于儿子们的继承权问题,并且还要面对长江下游吴国强劲的陆军和水军的迫近。

对抗入侵者的前线地区是江夏郡,刘表的将军黄祖任江夏郡太守,191年他曾率军在襄阳城外杀死孙坚。190年代后期,孙坚的儿子孙策在长江下游站稳了脚跟,199—200年间,他将力量向西扩展到长江以北的庐江,并占领了豫章郡鄱阳地区的彭蠡泽,即今天长江南部的鄱阳湖。正是此时,孙策与试图染指豫章郡的黄祖交战。黄祖被击败,而孙策身死,很快他的弟弟孙权接掌了还处在初期的国家。但即便如此,他们沿长江而上的攻势依然继续,但因为在这次战役中,刘表正式成为了孙氏家族的敌人,所以他们进攻的强度大大增加了。

然而,战争的进程相对减慢下来,且直到206年,孙权才巩固了自己在鄱阳地区的控制,并在荆州边境站稳脚跟。随后及来年,孙权的将军周瑜发动了一系列进攻,把黄祖击退到位于汉水和长江汇流处的大本营夏口,即今天的武汉①。208年春的一次总攻摧毁了黄祖的防线,包括他在汉水河口修建的防御工事,他的军队也溃不成军。黄祖在逃跑时被杀②。孙权不想在如此远的上游地区维持暴露的前哨,便将力量撤回到州界,却没有受到西方敌人的立即反扑。

黄祖的失败对刘表来说自然是一大挫折,但荆州尚未达到生死攸关的时刻。沟通荆州南北的主要通路位于西部的南郡和武陵,它仍然维持在刘表手中,且他在长江沿岸的总部是南郡郡治江陵。无论怎样,刘表首府襄阳的政治斗争都吸引了更多注意。

刘表有二子,刘琦和刘琮;不知道他们是否是一母所生。刘琦是哥哥,长得像刘表,最初深受父亲喜爱。然而,刘表后来被他第二任妻子蔡

---

① 汉水下游的支流被称为夏水(江夏郡的名称就是长江与夏水的结合)。它也被称为沔水,所以其汇入长江的地方被称为夏口或沔口。而夏口这座城市可能位于汉水及长江北岸,即今天的汉口:拙著《建安年间》366—367页注释5,《南方的将军》。
② 拙著《南方的将军》,239—241页。

夫人影响，蔡夫人的家族在刘表初入荆州时给予了支持，她的侄女嫁给了刘琮；刘表的喜好开始发生改变。刘琦开始注意到这一局势，他向从琅琊避乱来的学者诸葛亮寻求建议，诸葛亮此时已在这方面颇具声望了①。诸葛亮最初并未回应，但是一次在二人一起攀登高塔时，而刘琦撤走了梯子。他说："现在我们已经高可达到天堂，却离地面很远。您说的任何话都只有我能听到；您可以说了么？" 263

诸葛亮拿公子重耳的故事作比，重耳离开了他父亲的朝廷但后来返回并成为周朝的一方霸主②，诸葛亮鼓励刘琦在襄阳之外寻求任命。黄祖刚刚被杀，所以刘琦请求代替他在江夏的位子；他的计划被批准，并离开了襄阳。

虽然诸葛亮被认为是中国最具智慧的人物之一，但我们并不能说他的建议对于刘琦来说有很大价值。刘琦的新职位显然是危险的，他的外请也给对手腾出了场地，特别是蔡夫人的弟弟蔡瑁和刘表的外甥张允。因刘表命不久矣，刘琦从南方返回了襄阳，试图在他临终时服侍左右，但蔡瑁和张允唯恐刘表会再次中意于他。他们以刘琦擅离职守为由，将他拒之门外，刘琦被迫离开。八月，刘表去世，刘琮获得了继承权。他给哥哥送去诸侯的印绶作为补偿，但是可预见地，刘琦愤而将印掷于地。他计划着返回襄阳参加葬礼，并捍卫自己的继承权，但是 208 年九月，曹操率主力向南来到了荆州边境。

初看之下，曹操似乎没有强烈的原因采取如此快速的进军。刘琮和刘琦之争与几年前的袁尚和袁谭之争类似，曹操在那时选择了向后退缩，让二人在自己介入之前先消耗得差不多。然而，荆州的形势与那时

---

① 诸葛亮(181—234 年)的传记见《三国志》5：911—937 页。他不久后成为了刘备的主要谋士，223 年刘备之子刘禅继位，他成为蜀国的摄政大臣。

② 重耳是春秋时期晋献公的儿子，被污蔑密谋杀父。他去国流亡，在外多年，最终回国夺得了王位。重耳的谥号为晋文公，统治晋国的时间为公元前 636—前 628 年。关于他流亡及受难的故事见《左传》，特别是僖公四年、六年、二十三年、二十四年(理雅各：《中国经书》Ⅴ《春秋》，141—145 页、186—192 页)，《史记》39：1656—1669 页中也记载了他的一生及统治；沙畹：《史记》Ⅳ，283—308 页。

有一个主要的不同:刘备的存在。刘备号称是刘表和刘氏家族的宗亲,他是一位具有野心的军人,也非常重视自己与汉室之间很疏远的血缘联系。他及部下七年前进入荆州,从那时起就开始培植自己的势力。如果刘琮和刘琦之间产生了严重的冲突,那么刘备就很可能以调停人的身份介入其中,接着就会成为一个多方妥协之下的候选人,很可能被大家接受。在这种情况下,曹操将会面对的就是一个具有攻击性和经验的敌人,其掌握着实质的资源,并且离他的权力中心非常近。

占领荆州的机会显而易见,且来自刘备的威胁也要慎重考虑。曹操早在七月就集结了自己的军队,此时距离刘表去世尚还有几周,九月,刘琮取得继承权,曹操进军到了双方的边界新野。

刘表的旧部下,特别是从北方的北地避难来的蒯越和傅巽劝说刘琮投降。刘琮接受了他们的建议,前往新野与曹操会面。

据记载,刘琮的谋士王威建议他伏击曹操并接管曹军,而曹操一方起先也对刘琮如此迅速的投降表示怀疑;但谋士娄圭认为刘琮持节而来,因此是真的要投降①。王威的计划无论如何都是荒唐的:即使曹操被抓住或杀害,他的部下们也会很快进行反抗,最终不会为刘琮带来任何好处。

事实上,投降是一个极好的选择。曹操明显是中原和北方的霸主,而刘琮东有孙权,长江流域有不服的兄弟,刘备的忠心也很值得怀疑,面临着非常严峻的形势。他显然同他的父亲一样缺乏向外征伐的野心,就算是刘表,在曹操全力压境时是否会进行抵抗都是值得怀疑的。刘琮被有礼且盛大地接待:曹操任命他为青州刺史,离他之前的领地较远,并封了爵位。刘琮再也没有见于记载,在当时的环境中这可能是一个好的结果。

---

① 娄圭是南阳的地方大族,手下纠集了从长安来的避难之人,最初曾与刘表结盟。后又归顺曹操,他与曹操是旧识,并随他参加了讨伐袁氏的战争。他的传记见《三国志》12:373—374 页裴松之注引《魏略》。

刘备已经在樊城扎营,与刘表及刘琮的首府襄阳隔汉水相望。据说他已经为抵抗入侵者做好了准备,且直到曹操进驻南阳的宛之前,都不曾得知刘琮的投降计划。他为刘琮的胆怯感到愤怒,曾想对襄阳发起进攻,但仅仅痛骂了刘琮一通,祭拜了刘表的陵墓,就开始向南撤退。虽然他获得了广泛的支持,但仍岌岌可危:即使他成功地推翻了刘琮,凭借新获得的领土也没有防御已经到了边境的曹操的可能①。

仓促整合在一起的军队拖累了刘备的行军,一些人建议抛弃他们,只率领少部分随从逃跑。然而,如果他这样抛弃了信任他的人们,将会在全国都失去信任,所以只能继续率领着笨拙的队伍前行。许多人是因无目标的恐慌而参加战斗的,而非出于对曹操的有缘由的害怕,但与历史上的其他类似情况一样,这两种情绪都会传染,并使混乱的人群更加脆弱。

曹操仅仅在新野停留了一小段时间,在接受了刘琮及其部分部下的投降之后,很快就轻装前往襄阳。刘备在他到达之前就已离开,关羽在汉水流域征兵并带兵前往汉水与长江的交汇处夏口。然而,荆州的水军基地在长江流域的江陵,即今天的荆州(沙市)位于洞庭湖上游,其路上通路大概与今天的铁路线相当。曹操率领五千骑兵赶往江陵,用 24 小时就行进了 120 公里,在长坂坡困住了刘备及其随从,这一地点位于今天的湖北当阳附近。

虽然曹操及其军队肯定都很疲惫了,但刘备的乌合之众还是没有做出一致的抵抗。刘备再次抛妻弃子,在一些随从和一小支骑兵的陪同下落荒而逃。虽然他的同伴张飞拖住了敌人足够长的时间,以使他们可以毁坏桥梁并获得短暂喘息之机,而忠实的部下赵云营救了他的甘夫人和儿子刘禅,但他的大部分随从和所有辎重还是都落入了曹操手中②。刘 *266*

---

① 刘备的行军路线见《三国志·蜀书》2;877—878 页;《资治通鉴》68;2083—2084 页;拙著《建安年间》,377—382 页。

② 张飞英勇的行为见《三国志·蜀书》6;943 页。赵云的传记见《三国志·蜀书》6;948—950 页。《三国志·蜀书》4;905 页、高德耀、克洛维尔《皇后与嫔妃:陈寿〈三国志〉裴松之注选译》115 页,都描述了他营救甘夫人和刘禅的行为。

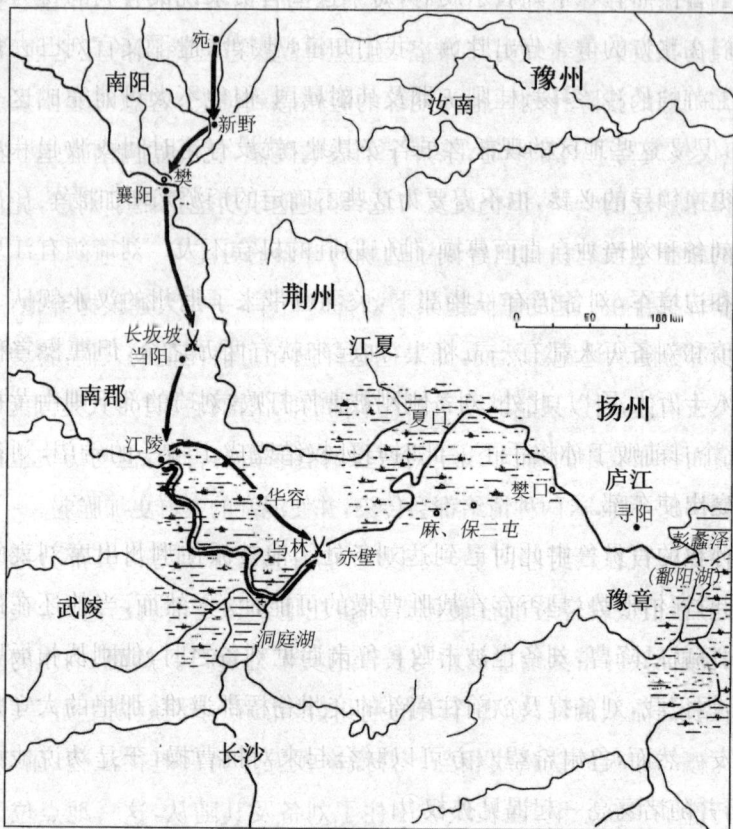

地图 14 赤壁之战 208 年

备剩下的队伍现在放弃了去江陵，转而向东，在关羽及其舰队的帮助下渡过汉水，进入江夏。曹操继续向南进军，并占领江陵，而刘备则加入刘琦阵营；他们将大本营设在樊口，即今天的鄂城附近，距离上游的长江和汉水交汇处的夏口 75 公里。

曹操在长坂坡击败刘备，意味着他的军队控制住了汉水以西的地区，他在江陵得到的荆州水军令他取得了直至夏口的长江流域的控制权。他的行动因此从向南的快攻变为了向东方下游地区的推进，矛头对准了在江夏的刘备和刘琦。长江南部的长沙、武陵及其他地区没有发挥什么作用：它们的太守虽效忠于刘表，但现在刘表的继承权被分割了，一个儿子接受了曹操而另一个则表示反对,对于这些官员来说最有利的行为是静待他们在北方的争斗分出胜负。我们知道,曹操派遣了文官刘巴去管理湘江上游的长沙、零陵、桂阳三郡及其附属国,但他不太可能完成这一任务①。只要这些地区的现任官员各安其地,就没有花时间或激起麻烦来强制更换领导的必要,也不需要为这些不确定的资源来增加援军。

刘备和刘琦独自直面曹操,他们取胜的机会不大。刘琦领有江夏的郡军和边境军,刘备仍有一些部下,关羽也带来了荆州的汉水舰队。据说刘琦和刘备每人都有一万将士,加起来就有两万之众,但曹操宣称自己有八十万大军②。此外,刘备刚刚被曹操打败,刘琦的部下则由黄祖率领,几个月前败于孙权手下。此时与孙权结盟成了唯一的希望,刘备派诸葛亮出使东部。

孙权的官员鲁肃此时已到达刘备处。他被派往荆州出席刘表的葬礼,同时评估形势:是否存在战胜曹操的可能性?③ 然而,当他还在途中时,刘琮就已降曹,刘备也被击败。鲁肃遇见刘备之时,他刚从长坂坡逃出来,据记载,刘备提及欲前往南部的交州苍梧郡避难,那里的太守是他的旧友。然而,鲁肃希望双方可以联合起来对抗曹操,于是劝说他再战一次,并随诸葛亮一起谒见孙权④。

孙权已经来到柴桑,此地位于长江沿岸的彭蠡湖之滨,接近荆州边

268

---

① 《三国志·蜀书》9:980 页及裴松之注引《零陵先贤传》。刘巴来自零陵,颇有声望。他拒绝了刘表的任命,却在曹操到达荆州后接受了曹操。

② 刘备和刘琦的军队数量是诸葛亮出使孙权时透露的:《三国志·蜀书》5:915 页;《资治通鉴》65:2089 页;拙著《建安年间》,389 页。与此同时,曹操号称自己有八十万大军,但据周瑜所言这一数字有很大水分:《三国志·吴书》9:1261 页裴松之注引《江表传》;《资治通鉴》65:2091 页;拙著《建安年间》,394 页,以及本书第四章 183 页。

③ 鲁肃的传记见《三国志·吴书》9:1267—1272 页。鲁肃出身于长江以北的下邳大族,凭借自己的智慧与谋略被孙权赏识,并成为了他信任的手下。他后来掌管了吴国的荆州:拙著《南方的将军》,303—310 页、373—375 页。

④ 他们在孙权廷上的辩论见《资治通鉴》65:2088—2092 页;拙著《建安年间》388—395 页、《三国志·蜀书》5:915 页、《三国志·吴书》2:1118 页,9:1261、1269—1270 页,裴松之的注释中有更多相关文献。也见拙著《南方的将军》255—260 页。其中的很多记录比较相似,可以得出一个精确的概要;下文注释 72。

境,他在此会见了鲁肃和诸葛亮。孙权的行动已暗示出他对事态非常关心,而诸葛亮最初的外交表现不佳,他强调了刘备宣称的宗室正统,己方的作战能力以及广泛的声誉。可以预见,孙权对这样一种他应该很乐意为如此完美的人物提供支持的暗示表示了愤怒:

> 吾不能举全吴之地,十万之众,受制于人。吾计决矣!非豫州莫可以当曹操者,然豫州新败之后,安能抗此难乎?

诸葛亮很快意识到自己的错误,改换了陈述方式,称刘备和刘琦举领的两万人只是足以自卫。而虽然曹操部下众多,但他自己的军队已经在战斗和行军中劳顿,并且没有在水上和沼泽中作战的经验,来自荆州的将士们也并不会为他的事业尽忠。诸葛亮引用了"强弩之末,势不能穿鲁缟"这一著名的例子,指出此时是孙权罕有的机会:如果他能够派出三万人,他们就可以联手把曹操赶走,且与之保持长期的平衡。

正当孙权考虑这一建议时,他收到了来自曹操词藻优美又带有恐吓的信函:

> 近者奉辞伐罪,旌麾南指,刘琮束手。今治水军八十万众,方与将军会猎于吴。

在中国传统中,秋冬是狩猎的季节,也借此检阅训练军队,所以曹操的意图展现得非常清晰。据记载,当孙权将这封信给他的谋士阅览之时,他们吓得脸色苍白,一些人甚至建议赶紧接受曹操的条件[1]。

然而,鲁肃坚持要联盟对抗曹操,据说他在孙权去如厕时跟在了后面,并劝说他等待大将周瑜的看法。周瑜到达后,也强调了曹军的弱点和来源混杂:给他三万人,加上刘备和刘琦的支持,可以击败曹军。孙权

---

[1]《三国志·吴书》2:1118页裴松之注引《江表传》。据记载,高级官员张昭是这一建议的领衔者:拙著《建安年间》391页注释77。

接受了他的建议,对曹操宣战①。他联合任命了周瑜和老将程普,并 *270*
在十月冬初,即西历 11 月末或 12 月初时率船只和士兵沿长江而
上与刘备和刘琦会合。联军继续向上游行进,到达汉水与长江的
交汇处。

各方领导者的战略和预期相当不同。曹操大概将对刘备和刘琮②。
的进军视为一次试探性的攻击,不是很有侵略性。他刚刚击败了刘备,
刘琮的军队也没有在几个月前对孙权的战争中讨得好去。如果他能够
渡过长江立稳脚跟,他们很可能就想要投降了;那么他就即可完全控制
荆州,也能够腾出手来处理孙权。

就孙权一方而言,他曾向周瑜解释自己的计划:

> 卿能办之者诚决,邂逅不如意,便还就孤,孤当与孟德决之③。

像曹操一样,孙权也把即将到来的战斗视为预备赛。他虽然支持结
盟,但战争发生在他统治地区之外,并且如果周瑜的远征失败了,他还可
以在自己的家乡御敌,或是为投降谈下一些有利的条款。

对曹操的军队和舰船的认识存在着潜在的分歧,然而对于刘备和刘
琮的力量评价却比较一致。刘琮率领的江夏郡兵、关羽率领的汉水水军
会直面江陵水军,这支队伍也是他们以前试图寻求的帮助和支援。刘备
的士兵和将领都寄希望于得到吴军的援救,而吴军却是他们后来最凶猛
的敌人。这不是一个简单的联盟。

虽然曹操宣称自己有八十万大军,我们应该更现实地接受周瑜呈现
给孙权的数字:15 或 16 万曹操自己的军队,7、8 万来自荆州的军队,总 *271*
计大概 25 万,是 8 年前袁绍在官渡之战中宣称兵力的 2 倍多。曹操的资

---

① 鲁肃与孙权在厕间的对话,显然是私人且不会被记录下来的,孙权在对谋士们正式公布自己
的态度前,与周瑜的谋划也是私人的:《三国志·吴书》9:1269—1270 页、1261 页裴松之注引
《江表传》。关于其后的讨论特别是军队数量方面的问题,见本书第四章 183—184 页。
② 原文如此,应为刘琦,下同。——译者注。
③ 《三国志》裴松之注引《江表传》《三国志·吴书》9:1262 页。——译者注

源现在确实增加了，但是我们不能说出其中有多少人能够在前线进行战斗，又有多少人是支援部队或包括妇女儿童在内的简单的随营者。尽管如此，这仍是一支骄人的队伍，其数量远远超过对手：刘备、刘琮各只有 1 万人，孙权的将领周瑜和程普率领着 3 万人。

曹操拥此大军，推进时铺开的很广，在长江以北的一条流经今天武汉的支流处与江陵水军会合。因沼泽所限，从江陵出发的陆路要穿过华容县，曹操的主力到达了乌林附近的长江岸边，位于今天的湖北省嘉鱼和新堤之间①。敌军的进攻路线已足够清晰，周瑜、刘备和其他将领将力量集中到东南方迎敌，阻截任何通过的可能。

曹操的士兵建起联营，其不仅延伸到长江边，也包括一些有距离的岛上，而来自江陵的舰船被系在河岸上。整个布置占据了相当大的区域，涉及长江沿线及后面的村落，供给可以从江陵顺流而下，也可以凭借华容附近更小的支流和渠道。然而，曹操没有想要长期停留在这个地方：这与在袁绍固守官渡时他发动的进攻不同，但是却试图乘自己近期的胜利之势进行一次速攻。

虽然曹操在邺城的玄武湖内安排过训练，但长江流域的水土自然与北方战士们经历过的任何情况都不同，且虽然现在是冬季，但潮湿的空气还是滋长了水土不服的病症。此外，许多战士已经在长途的行军中精

---

① 这一地区的水路、曲流、湖泊和沼泽历经变迁，因此关于赤壁之战的地点的争论持续了数世纪。我在《南方的将军》265—266 页注释 78 中从细节上讨论了这个问题。

根据《三国志》及其注释中的记载，可以肯定的排除 2 个地点。苏轼《前赤壁赋》中认为曹操曾顺长江的支流而上，到达了其与汉水的交汇处；然而其地是敌军的后方，曹操从未深入过这么远的地方。同样，属于今天的武汉的武昌，古称夏口，也是联军推进直面曹操后的后方。（关于苏轼的《赤壁赋》及《赤壁怀古》，见本书第十一章 482—483 页）。

对赤壁之战的描述中，有许多文献都涉及了乌林（如《三国志·蜀书》9：990 页裴松之注引《零陵先贤传》、《三国志·吴书》10：1283 页），现在的长江北部还有相同的地名，可能就是汉代的乌林。《水经注》35：1093 页中也提到了乌林，称其位于长江左岸，黄盖曾在此出击，其后的 1095 页中又记载了赤壁位于右岸，是两军交战之地。这一地区长江以南的山石上被题刻了"赤壁"，其旁的城市，也于 1998 年从之前的蒲圻改为赤壁，以推动地方旅游。因为对战的双方都要占据长江附近的很大一片地方，所以以为赤壁找到一个精确的位置是没有意义的，但我们可以相信双方的对战确实是在这一地区发生的。

疲力竭,刘备的士兵也是如此,但刘琦的江夏军和吴国的援军却相对精力充沛。据说曹操的营中爆发了疾病,在历史中有许多疾病在军中迅速传播,并造成了毁灭性效果的例子①。

双方的交战相对简短。曹操试图渡过长江建立桥头堡,但是他的舰队和士兵被联军拖延住了,双方都各自撤退回自己的大营,曹操将船拴在岸边。很快周瑜的属下黄盖率领着一支舰队诈降曹操。曹操表示接受,他就将一队船用干芦苇和木材填满,把它们浸泡在油里,并扬帆启航渡河。曹操的人准备迎接他,但是当他渡了一半时点燃了船只,并乘坐小船把烧着的船拖在后面,曹操的水上和路上都火光冲天:

> 时风盛猛,悉延烧岸上营落。顷之,烟炎张天,人马烧溺死者甚众。
>
> 瑜等率轻锐寻继其后,雷鼓大进,北军大坏,曹公退走②。

文献中也记载了曹军的奋力撤退:

> (公)引军从华容道步归,遇泥泞,道不通,天又大风,悉使羸兵负草填之,骑乃得过。羸兵为人马所蹈藉,陷泥中,死者甚众。

文献中继续记载了曹操逃出后,因刘备没有在他撤退的线路上纵火而感到高兴③。

战争结束后,关于赤壁之战的故事很快就开始流传了:整个事件成

① 关于曹军的疫病,见《三国志》1:31 页、《三国志·吴书》9:1262 页。关于疾病的宿主,可见秦瑟(Zinsser, Hans):《老鼠、虱子与历史》(*Rats, Lice and History*),154—165 页,其中引用了许多因痢疾、坏血病、伤寒、天花、斑疹伤寒及瘟疫而造成的灾祸。也见本书第四章 196 页。

    一些人认为曹操的军队是因晕船而降低了战力,但虽然他们可能觉得在船上接战很笨拙,且一些人也会被这种奇怪的环境影响,但疫病造成的影响可能是更为深远的。

② 《三国志·吴书》9:1263 页。这段文献及本书下面所引一段出自《山阳公载记》的文献,也见于《资治通鉴》65:2093 页;拙著《建安年间》396 页。

③ 《三国志》1:31 裴松之注引《山阳公载记》。这段文献中也记载了刘备火烧敌军的计划,但黄盖的故事似乎更为可信。

    戏剧《华容道》记载了关羽被派遣拦截曹操,但却因曹操之前对他的礼遇而放走了他。这个故事也出现在《三国演义》第五十回,但它也是没有历史依据的,见本书第十一章 498 页。

273

为了一个经典主题，许多戏剧都以此为蓝本，也是名著《三国演义》中的中心事件。现在在层累的或真或假的故事中识别出真正的事实已经很困难了，评估盟军这次胜利的性质和规模也是同样困难的①。曹操在之后亲自写信给孙权，抗议了对周瑜本领的夸张，指出：

274

　　赤壁之役，值有疾病，孤烧船自退，横使周瑜虚获此名②。

　　当然，这是曹操的一面之词；但是他的意见向我们呈现出对此战的另一种看法。

　　曹操被迫向汉水上游撤退，留下从弟曹仁驻守在长江流域的江陵——此处现在成为了前哨，而非控制这一地区的大本营——周瑜率领着孙吴军队逆流而上攻击江陵。荆州刺史刘琦仍然在江夏，但是在几个月之后就去世了，江夏郡被孙权接管，他因此取得了一些地区的控制权。然而，周瑜在江陵被曹军牵制住，也因此让刘备成为此战中的最大受益者。

　　刘备离开在北部的刘琦以及关注于江陵的孙权，占领了洞庭湖和南部的湘江谷地。因为曹操派出的代理人刘巴已经越过南岭逃往交州，刘备就控制了武陵、长沙、桂阳、零陵郡。他委南部三郡于诸葛亮，以长沙郡的临蒸为总部，而自己到达武陵。虽然周瑜对江陵的攻势就发生在他的北面，但他并没有提供任何援助。

　　在更南方，是一些仍维持现状的联盟。190年代，地方首领士燮在从

----

① 《三国演义》中大力描写了曹操的失败及撤退，占据了四十五回到五十回，是小说的中心。一些传统戏剧也以此为主题，许多剧目是以《群英会》为总题的：见阿灵敦、艾克敦：《中国著名戏剧编译》，201—210页，在中国还有以此为主题的两部电影：见本书第十一章498、503页。

　　尽管如此，我们还是必须考虑到在赤壁什么都没发生过这种可能性。迈克尔·罗杰斯（Rogers, Michael c.）在《淝水之战的神话》（"The Myth of the Battle of the Fei River"）中，指出记载383年伟大的淝水之战的文献是很夸张的，这场战争事实上甚至可能没有发生（虽然侯思孟对这个观点表示了质疑）。然而，我相信208/209年之间，确实在赤壁发生了战争。

② 《三国志·吴书》9：1265页裴松之注引《江表传》。

珠江到红河三角洲的家乡交趾郡(即今天的越南)建立起了松散的领导权①。刘表在这一地区的影响早在张羡起义时就显得勉强了,但是 200 年后的一段时间内,随着曹操在官渡的胜利,他安排汉廷委派自己的属下张津为交州刺史,后来又改称交州牧。然而这是一个无险可守且孤立无援的地方,虽然张津试图发展军事力量以对付他的邻居刘表、士燮以及许多地方起义军和贼匪,但他在 203 或 204 年就被杀死了,凶手是少数民族或自己的手下②。刘表派遣官员到这个地方,但曹操已与士燮达成协议,任命他为交趾太守,州内其他七郡也归他负责;士燮向许进贡,并被封为将军,授予爵位。

　　赤壁之战后,虽然刘备接管了荆州南部,孙权还是派他的官员步骘前往交州,担任刺史。步骘很快消除了刘表的势力,占领广州湾东部的南海和苍梧,与士燮达成临时协议,让他转而与孙权正式结盟,并在 217 年派出儿子作为人质。曹操现在在长江南部已无一席之地。

　　正当周瑜攻打江陵时,孙权又在淮河流域开辟了第二战场。凭借着赤壁之战的胜利,他现在召集起来的军队已经可以直接进取北方,并寄希望于曹操的失利会影响其他地方士兵的士气。

　　孙权的主要目标是九江郡的合肥,位于巢湖北侧、江淮之间,而孙权旗下的将军张昭则率军攻击距此一百公里的当涂作为补充。这一长途奔袭可能是为了迷惑在合肥和其他城市的防守者以及吸引他们的注意,但是并没有产生影响,当张昭被迫撤退时,孙权仍还陷于对合肥的

275

---

① 士燮的传记见《三国志·吴书》4:1191—1194 页;拙著《南方的将军》,340—353 页。

② 关于张津的多条文献,见拙著《南方的将军》348 页,以及《东汉三国人物辞典》1057 页。

　　根据《晋书》15:464—465 页的记载,张津首先被任命为刺史,但随后被进阶为州牧,这可能是为了增加他的威信。可能也是在此时,这一地区的名称由交趾变为了交州。交趾这一名称至那时还代表着两个不同的单位:刺史治所,控制着南岭以南地区,以及红河平原的郡治,长官是太守,是士燮的大本营。虽然这个地名有些混乱之处,但也并非独一份:西南的益州中也包含有一个称为益州的郡。对此的进一步讨论,见拙著《南方的将军》31—32 页及注释 75。

276 围攻中①。曹操的扬州刺史刘馥已于数月前去世,但是他建立起来的由淮河流域的屯田及合肥的军事要塞组成的防线现在证实了自身的价值。

与此同时,曹操返回了他在许和邺的大本营。在遭受大败后,他需要通过自己的出席来确认权威,杜绝献帝或其他人制造麻烦的念头。在这多事的一年之末,曹操稳固了自己在南阳的统治,并夺取了南郡北部,但是他在长江的前哨江陵岌岌可危,一年后的209年末210年初,曹仁被迫放弃了江陵并向北撤退。

这与曹操在最初进军及接受刘琮投降时的期望相去甚远。现在他在荆州的权力中心是刘表的前首府襄阳,真正的控制线是此城南部50到100公里,在这里狭窄的汉水谷地变得开阔,接近长江中游平原的边缘。他的位置是相对安全的,因为他控制了淮河流域,在接下来的七年里,南北方各有一些突袭和消长变化,这一地区也成为了双方的前线地带。赤壁之战的失利可能并不像一些历史学家宣称的那样是一种战略失误,但却确实是举足轻重的。曹操对荆州大部分地区的短暂控制被打破,他不得不面对两位正在壮大的对手,长江下游的孙权和长江中游野心勃勃的刘备。他将不可能像控制北方那样支配中国南方,魏国的武装部队也再未渡过长江。

从另一种观点看,最值得关注的一点是:208年孙权支持刘备时的魄力。回顾往事,这一政策的出现是自然合理的,但也必定会承担风险。我们比较一下曹操面对过的其他联盟,比如几年前袁氏和乌桓的联盟,或是211年西北军阀联盟,就知道刘备和周瑜的联盟与它们不同,理应取得胜利。然而,从根本上讲这是孙权个人的确定,他反对了大多数谋士的建议,将很大一部分军队和船舰派往自己的统治地区外,与来自荆州的反复无常

①《三国志·吴书》2:1118页孙权传。《三国志》1:31页正文中将孙权对合肥的攻击置于十二月下,这肯定是正确的,但其后紧接着记载了赤壁之战。就像裴松之指出的,这是错误的;《三国志·吴书》卷二中将赤壁之战放在了合肥之战的前面。

《三国志》卷一中记载,"孙权为备攻合肥",但这似乎是错误的,因为孙权此时在联盟中处于较高的位置。他肯定不会受刘备支配;他从未在任何场合按照刘备的命令行事过。

的刘备和其军队联合作战,而后者是没什么理由对吴人友善的。更为传统的统治者可能会坚守自己的边境,无视刘备的死活,不管诸葛亮多么舌灿莲花——他实际上也没有他的仰慕者们宣称的那么有影响力。而孙权虽 277 然听从了鲁肃的建议,也获得了周瑜的支持,但是这个挑战仍是他自己的;他的反应决定了中国以后几个世纪的历史走向。

水战:武器、计策和谋略①

从军事的角度看,水是一种矛盾的因素,亦敌亦友。一方面,它提供了出色的运输能力,船只可以通过河流和沟渠进行运输——所以曹操在对战乌桓时重新修建了运河;但它也是障碍和危险,可以阻挡进军的路线,或使军队在渡河时易受攻击——许多一方被半路阻截的战役都变成了屠杀。当建立城市或堡垒时,水可以作为防御性的护城河;但是它也可以被用作敌人接近城墙的工具,以及被进攻者用来将城市与外界隔绝,导致城内饥困。此外,在很多地方,特别是气候温暖的长江流域及更南的地区,湿地成为了疾病的滋生地——无论是本地产生的还是因为高地下水位而导致的人们胡乱取用饮用水导致的。

这些因素都在曹操与南方对手进行的战争中发挥了作用,在孙权、刘备和其他人的对抗中也是如此。在许多情况下,特别是与运输有关的时候,每一季节的水位形势都是不同的,也可能取决于降水条件。214年,吕蒙建议在洪水来临之前快速对皖城发动攻击,因为洪水有助于敌军撤退②,淮河和长江之间的地区似乎总是变化多端的。 278

---

① 拙著《南方的将军》,275—286 页,其中"论船只和战争"一节是本节的补充。
②《三国志·吴书》9;1276 页;本书第四章 177 页。

　　与此类似,还有关于干吉(在一些文献中也记载为于吉)被年轻的孙策杀害的并不可信的故事。孙策北伐曹操,却发现正值旱季,阻碍了自己船只的行进。干吉在孙策的威胁下求了雨,但孙策看到自己的将士盛赞干吉,于是杀死了他:《三国志·吴书》1;1110—1111 页裴松之注引 4 世纪早期干宝《搜神记》。然而,就像我们在第三章注释 51 中讨论的,孙策似乎并没有任何北伐的企图,而即使他真的处决了干吉,这整个事件的真实性也因记录于搜集神怪故事的《搜神记》中而受到影响:拙著《南方的将军》205—206 页。

长江及其支流,特别是中游的汉水和湘江,以及下游源头的鄱阳湖,通常是可通航的。最大的问题是由宽阔的水面——今天武汉长江大桥长1100多米,南京长江大桥则有1500多米,这还是在相对狭窄的河段——以及强力的涌流和可能带来很大危险的江风引起的。在这种条件下驾驶仅仅用桨辅助的木船航行,或对抗自然的力量而行,都是需要经验和技术的。

西汉在庐江郡设有楼船官,显然是一处拥有建造、维修船只的造船厂的水军总部。虽然完整的征兵制度在东汉中断了,但我们可以推测以前的水军设施还在继续使用,那里训练士兵对付在河流中活动的盗贼[①]。庐江基地可能不是东汉的唯一水军基地,因为就我们所知,刘表在长江中游的江陵培养着一支舰队,在汉水流域的襄阳也有类似布置。他可能自主创立了它们,但也可能是继承了前人的遗产,如果是这样的话,那么之前扬州也就可能在长江流域拥有一个或更多的基地。

在更一般的层面上,依靠河流进行贸易有着悠久的传统,长江口与南部的广州湾以及今天的越南之间也存在着沿海交通;山东半岛与东北和韩国之间也是如此[②]。我们注意到在219年,当吕蒙率吴军奇袭在荆州的关羽时,他命令士兵们在甲板上穿着平民服装,而三万军队的重头

[①]《汉书》28A:1567页。其中记载只有庐江郡设有楼船官,但严耕望在《中国地方行政制度考》 I ,204页中引用了《汉书》64A:2787页的记载,证明在接近荆州边境的浔阳也设有楼船官;其控制的范围可能是长江中下游:进一步的讨论见下文。

关于楼船官的造船功能,见西嶋定生《前汉的社会经济史》,582页。西汉时服兵役的一种方式就是成为楼船官下的士兵或水军:见鲁惟一《汉代行政记录》 I ,162—163页,其中讨论了《汉书》23:1090页、2世纪应劭《汉官仪》及其他文献中的材料。

[②] 位于闽江入海口处的东冶和东部侯官,即今天的福州附近,是南方贸易通道的中转站,196年,孙策为追逐逃亡的会稽太守王朗而航行至此:《三国志》13:407页;拙著《南方的将军》,169—170页。

北方的海路则更为危险,也不太常用。230年代孙权试图与辽东的军阀公孙渊联盟,但却在路途中遭遇了很大困难,232年,他派出的一位使节曾在山东半岛附近失事:《三国志》26:728页;方志彤《三国编年(220—265年)》 II ,151—152页,加德纳《辽东公孙氏(189—238年)》 II ,151—152页。文献中还记载孙权试图占领夷洲和亶洲,可能是今天的台湾和琉球群岛,但其付出要远远大于回报:拙著《南方的将军》,480—481页,方志彤《三国编年(220—265年),》 I :323页。

藏身其后①，这暗示了长江自身的通航规模。如果名义上的商队中可以隐藏如此多的人，那么也就是说河流中船的数量也很多。

这段对吕蒙战力的描述同样也表明商船和战船的设计比较相似。在地中海，战船的种类是很容易区分的，比如古典的三列桨战船和后来的桨帆船，就有帆和桨，也具有撞击的能力②，而较慢的大货船，则只主要装备帆。根据文献和考古材料，我们对西方船只的了解要比中国汉代船只更多，特别是在材料分散流传了数个世纪、文献需要进行解释——并不总是可靠时。

此时指代战舰的一个共同词汇是"蒙冲斗舰"：例如，它被用来描述曹操在赤壁之战时的战舰，也用来代表黄盖毁灭了曹操舰队的火船③。斗舰可以依照字面上的意思被翻译为"战船"，但是蒙冲却很难直译。

唐代李筌的《太白阴经》中列举了当时的六种船，这段话也经常被在注释更早的文献时引用。这六种船，从大到小分别是楼船、战舰或斗舰、海鹘、蒙冲、走舸、游艇④。楼船在汉代就已经出现，并且似乎被用来表示 *280* 各种有多层的或有高起的船头和船尾的战船；海鹘、走舸和游艇在东汉末三国的文献中没有提到。

李筌将蒙冲排在了更轻型的船只中间，李约瑟据此将这一等级的船翻译为"快速驱逐舰"，并解释这个名字为"被掩护着的俯冲"；将"冲"这

---

① 《三国志·吴书》9：1278 页；《资治通鉴》69：2168 页；拙著《建安年间》，546 页，本书第十章 435 页。

② 关于三列桨战船的发展、结构和战斗技术有许多文献，见奥康奈尔：《武器与男人：战争、武器及侵略史》，56—59 页、维克托·戴维斯·汉森：《独一无二的战争：雅典人和斯巴达人怎样打伯罗奔尼撒战争》，236—264 页。

③ 《三国志·吴书》9：1261，1262 页。

④ 太白星即金星；在中国古代的天文学中代表了战争。

　　杜佑《通典》160：848c—849a 中引用了《太白阴经》，《资治通鉴》65：2089—2090 页的胡注中也有引用。李约瑟《中国科学技术史》第四卷第三分册，424—425 页，与其他材料一起讨论了这条文献，并在 685—686 页中翻译了它。除了上文中提到的蒙冲之外，我都遵从了他的翻译。

个字解为"猛冲、剧烈运动"。然而，在208年黄祖被孙权击败之战的形象描述中，蒙冲的形象更为具体①：

> 祖横两蒙冲挟守沔口，以枻间大绁系石为矴，上有千人，以弩交射，飞矢雨下，军不得前。

> 袭与凌统俱为前部，各将敢死百人，人被两铠②，乘大舸船，突入蒙冲里。袭身以刀断两绁，蒙冲乃横流，大兵遂进。

这段话清楚的表明了蒙冲是可以被用作浮动堡垒的人船；它们不是突袭的轻型船。

蒙冲的性质可能在从汉到唐的几个世纪中发生了变化，而"冲"字的意义也同样变化了。李约瑟解释的"冲击"之意可能反应了唐代蒙冲的功能，但是在早期这个字则代表了更为基础的意思："突破敌方防线"。蒙冲是一艘强力战舰，外表用生牛皮或其他相似的材料加以保护，也可能装备有某些撞击装置，可以撕开敌人的阵型。

李约瑟在《中国科学技术史》的另一章节中，注意到了刘熙在2世纪编辑的《释名》一书中描述蒙冲为长而窄的船，就像冲车一样可以给敌方船只重击，而18世纪的学者王念孙讨论了3世纪的《广雅》中列出的船只类型（不幸的是其中没有对于这些类型的船给出描述），确信蒙冲与冲车类似，并将"蒙"字解释为与"冒"字同义，有覆盖之义，在这里是"冲撞"的意思；"冲"则具有"突"的意思。因此李约瑟称"蒙"最初是指船具有冲撞的功能，但是在唐代被误解为防御性的覆盖物了③。我相信他是正确的，但蒙冲在3世纪时就已具有防护装备；我倾向于将它解读为"有防护的驱逐舰"。

尽管蒙冲被与冲车及"冲撞"之义进行了对照，但冲撞是否是战争中

---

① 《三国志·吴书》10：1291页；《资治通鉴》65：2078页；拙著《建安年间》368—369页。

② "敢死"一词字面上的意思是"敢于死亡"，常被用于指代志愿从事危险很大之事的人。

③ 《中国科学技术史》第四卷第三分册，680页。《后汉书》17/7：660页中记载了公元33年光武帝的将军岑彭使用了冒突攻击巴蜀的公孙述；与黄祖在208年的战役一样，防守一方声势浩大，以浮桥和高塔进行防守。章怀太子注中指出冒突可以"触"敌人。

的重要技术是值得怀疑的。与西方不同,传统的中国船只缺乏独立且强壮的龙骨,是由分离的区间组成的。因此,冒突或蒙冲之类的大船可以弄翻或压碎比较小的船只,但在水中的致命一击却不太可能完成。而在古希腊和罗马,三列桨座的战船是灵活机动的撞击舰,战争的策略是围绕操纵这种舰船进入打击位置设计的,没有明确的证据表明中国舰船进行过这种遭遇战①。

282

同样,对于安装在船上对付敌人的弓弩或投石机也没有什么记载。就像我们已经讨论过的,此时中国似乎还没有扭力投石机②,且投石机是在平稳的条件下用来破坏城墙的,即使可以被带上船,在船上瞄准会变得困难,投射物的射程和重量也会受到限制,这意味着其在开放水域对付其他船只时是行不通的③。一般而言,此时的中国舰船没有有效的撞击手段和大量炮火,通常是不能互相摧毁的。

当然,水战中最大的例外是火,黄盖在赤壁之战时就是如此对付曹操的,但这需要特殊的风向条件以及突然袭击。另外还有火箭,虽然它

----

① 古代中国水战中的冲击进攻是一个很难讨论的问题,因为很难分辨船只究竟是为在水下击穿敌船而精心地从船头到船尾都加固,还是仅仅是因为偶然地调转方向而取得了战争优势。李约瑟讨论过这个问题,《中国科学技术史》第四卷第三分册,678—680页,也见拙著《南方的将军》,282页及注释104。

　　同样,爱德华·德雷耶在他对于1363年鄱阳湖之战的精彩讨论中,指出"战争的记录清楚表明,作战策略不依赖于冲撞,因此战船只能通过射箭或是其他投射武器而造成伤害"。见氏著《1363年鄱阳之战:明朝建立时的内陆海战》("The Po-yang Campaign, 1363: inland naval warfare in the founding of the Ming dynasty"),209页。这已经是三国时代的一千多年后了,但战船的类型及能力还是大致相同的。

　　薛爱华(Schafer, Edward H)在《朱雀:唐代的南方意像》(*The Vermilion Bird : T'ang images of the south*)242页中引用了《通典》160页,指出蒙冲或艨艟是唐代对犀鸟的称呼,而艨艟是描述船的。薛爱华认为这种船用船头来进行冲击:这可能是对的,但艨艟仅仅是用来描述它的快速以及易于操纵以冲击敌人的。薛海华还指出,这种船舰是在赤壁之战中第一次出现在历史记载中的。当然,严格来说这种说法并不正确,赤壁之战发生在208年末,比黄祖在下口的战役要晚几个月。

② 本书第四章注释55,引用的傅海波:《中国中古的城市攻防》,167页。

③ 李约瑟《中国科学技术史》第五卷第六分册,227页,其中有四层甲板的、装备有许多投石机的船的插图,但这些投石机与船只相比是非常小的。此外,他也在前一页指出,"即使是在轻微晃动的海面上,这些装备的瞄准都是成问题的"。

通常会被相对容易地处理掉;更重要的是,汉代似乎没有使用任何类似于希腊火药的带有推力的易燃材料①。

因为正常的战船一般不被期望能够摧毁其他船只,那么舰船主要是战斗的平台,战斗发生在人与人之间,无论是徒手还是通过弓弩或投掷长矛。蒙冲大概是用兽皮做保护措施的,能够抵挡对手制造的物理干扰,而斗舰则更灵活。唐代文献中将斗舰描述为大型的开放式船,有两排竖起的上有孔洞的舱板。令人混乱的是,据记载它们是为了"战斗"而设计的,而蒙冲不是,这似乎很奇怪。李约瑟认为"这可能是为了使那些习惯于陆地作战的人接受"②,指出斗舰是为近战设计,携带有投射物或直接在船上作战。合成词汇蒙冲斗舰可以被理解为是描述了两种不同的船只:重型船蒙冲,可以进行船对船的作战;轻型的斗舰,携带着战士进行登陆作战;两者联合在一起构成了舰船的一般词汇。并且,除了这些主要的分类,当然还存在着大量更小的船,比如轻型帆船和独木舟;任何船只都可以用来进行攻击或冲突。

相比于军事行为,天气是此时对舰船的最大威胁。海洋的危险显而易见,我们可以注意下 232 年吴国的护卫船队是如何在从辽东到山东半

① 关于希腊火药的两篇很有用的研究是爱德华·勒特韦克:《拜占庭帝国的大战略》(*The Grand Strategy of the Byzantine Empire*)323—326 页,以及李约瑟《中国科学技术史》第五卷第七分册,73—80 页。

汉代与地中海东部一样,曾接触过自然渗透出的石油,也有证据表明其进入了 3 世纪晚期的兵工厂中。然而,石油似乎只被当做一种普通的易燃物,直到 10 世纪的"猛火油"才表明接受了希腊火药的用法,其可以装在罐中向敌人投掷。

希腊火药的成份至今仍未确定:有研究认为是树脂和硝石的混合物,也有的认为是蒸馏过的石油,与今天的可挥发的汽油类似,也可能混合了松木树脂以助于其可以黏着在目标上,类似于今天的凝固汽油弹。有几分不同寻常的是,其在战争中的使用过程中,地中海地区要领先于中国:希腊火药大约在 7 世纪晚期用于地中海地区,而阿拉伯军队使用以原油为基础的燃烧弹的时间也大致在这个时候。

然而,以上这些在三国时期都是不存在的,黄盖在赤壁之战中使用的油被简单地描述为"膏油",可能是来自于动物或鱼。

②《中国科学技术史》第四卷第三分册,687 页。

岛的路途中失事的①。这一事故在政治上和军事上都有重要意义,但同样的事情在中国的沿海地区肯定很常见。长江大湖都不太安全,在这种辽阔的水域上航行的船只会被狂风攻击。多层的船只更易倾倒,敞篷的小型船则容易沉没,这是对船只来说最大的危险,特别是那些为安全或是装载更多的人和武器而建造得很高的船只。

一则可能是虚构的或被夸张了的故事表明了船只的脆弱:

> 权乘大船来观军,公使弓弩乱发,箭着其船,船偏重将覆,权因 *284*
> 迴船,复以一面受箭,箭均船平,乃还②。

文献中也记载了很多更现实的航难:217 年孙权的将军董袭的旗舰被暴风掀翻,他英勇地与船只共亡③,222 年,孙权的一些舰船在长江因遇到暴风雨而失事、沉没、数千人丧生④。223 年,之前是曹操的官员、现供职于曹丕的杜畿,在一次黄河上的试航中丧生⑤。

一般而言,水战是陆战的延伸,许多同样的情况在两者中都适用。与西方的容易使船只迷失的深海相比⑥,中国的河流和湖泊是相对容易巡航的,水军将领对敌军的位置知之甚详。就像我们见到的,在即时战略中,战争通常由在船上的士兵进行,使用投射性武器或上船肉搏;船与船之间很少会直接对战。船只常仅仅用于运输,士兵们被卸下来在岸边

---

① 上文注释 85。

②《三国志·吴书》2:1119 页裴松之注引《魏略》。这则记载可与众所周知却是虚构的诸葛亮草船借箭相比较:见《三国演义》四十六回,以及戏剧《草船借箭》,本书第十一章 488 页及注释 78。《三国演义》塑造的这一故事在其他作品中成为了典型,虽然它将孙权或周瑜的功劳移接到了诸葛亮身上。

③《三国志·吴书》10:1291 页。(其中记载董袭战死于"曹公出濡须"时。曹操曾两次攻打濡须,第一次为建安十八年(213 年)。第二次为建安二十二年(217 年)。作者显然认为董袭死于建安二十二年之战。——译者注)

④《三国志·吴书》11:1311 页。

⑤《三国志》16:497 页。

⑥ 例如,1588 年西班牙无敌舰队就需要在西班牙出发的一支舰队和从荷兰出发的穿越海峡的驳船队伍之间进行协调,但却没有实现。而在 1805 年的特拉法加之战中,一支英国舰队追踪法、西舰队穿越大西洋前往西印度群岛,并在最终交战之前及时返回,因此英国得以大获全胜。

作战。212年,吕蒙建议孙权在长江北岸的濡须建造防御工事,以应对曹操的进攻。许多保守的官员批评了这个计划:

285

> 上岸击贼,洗足入船,何用坞为?
>
> 吕蒙曰:"兵有利钝,战无百胜,如有邂逅,敌步骑蹙入,不暇及水,其得入船乎?"

孙权表示赞成,这一防御工事也在多次战争中证明了自己的价值,但是吕蒙的反对者们在这次对话中却表述出了水战的基本原则①。

尽管南方水军的船只会发生不幸,在近战中也会偶尔吃败仗,但他们在对战来自北方的侵略者时还是很占优势。这并不仅仅因为他们航行在熟悉的水域中,而对手则不得不临时登陆作战,更因为他们具有更多的在开放水域操作船只的经验——陆地作战的军队可以靠数量取得压倒性的胜利,但从萨拉米斯(Salamis)到斯鲁伊斯(Sluys)的水战都证明了可控性强的小船可以摧毁更大的船只。

所以曹操及其后人的军队总是被长江下游阻挡,它成了孙权统治地区宽阔的护城河,而在长江中游盆地,沼泽、湖泊和溪流也发挥了同样的作用。曹操在赤壁之战的挫折,以及一年后从江陵的撤退,意味着他争夺南方的失败,虽然这一点在当时看来尚不明朗。最初占领江陵给了他很好的机会与敌人一较高下,但一旦船队启航,无论北方的士兵们经过了多少训练,他们都既没有资源,也没有专门的技术来对长江及其南部

286 地区进行争夺②。

---

① 《三国志·吴书》9:1275 页裴松之注引《吴录》。这一工事建造在濡须口上,位于巢湖南 55 公里,在今天的安徽芜湖附近。这里是应对来自北方的进攻的自然防线。

② 也见本书第十章 454—455 页关于人口变化的讨论。

第七章 军事事务 209—217 年

军事年表①

209 年　孙权袭击合肥，未获成功；曹操建立屯田
　　　　冬：孙权的力量控制江陵和南郡
　　　　　　刘备占领荆州南部
210 年　周瑜去世；孙权将荆州大部分领土割让给刘备
211 年　秋：曹操在华阴击败凉州军阀
　　　　　　刘璋邀刘备入益州
212 年　冬：曹操在长江流域对孙权发起进攻
　　　　　　刘备与刘璋翻脸
213 年　夏：曹操返回邺城，淮河南部无人防守
　　　　　　马超从凉州投奔张鲁
214 年　夏侯渊摧毁凉州军阀
　　　　夏：孙权的军队占领庐江郡皖城
　　　　　　刘璋向刘备投降，刘备接管益州
　　　　秋：曹操进攻孙权，失利
215 年　孙权在荆州向刘备发起进攻；刘备放弃荆州
　　　　曹操进攻张鲁，在汉中接受了他的投降

287

---

① 关于曹操在 209 至 217 年军事行动的主要材料，见《三国志》1：32—49 页。《资治通鉴》66—
　67：2097—2148 页中以编年的形式记载了这些事件；拙著《建安年间》，404—509 页。

216 年　曹操将匈奴安置于并州
217 年　曹操进攻孙权，孙权正式投降

　　曹操在 208 年对荆州部分地区的征服以及随后在赤壁的失利之后，进入了一个持续多年的紧张并丰富多彩的时期，他率领军队在西部和南部冲锋陷阵，与此同时还试图通过推行有效的民政和组织出色的朝廷，来提高自己的权力。现在，他已年过五十，但仍在复杂的政治形势中投入着旺盛的精力，他暧昧不明的终极野心使得一些人臣对他谄媚，而另一些人则转向了反对。

　　月复一月，曹操必须处理政府不同方面的问题，而他南方的对手们则重新划分了地盘。虽然这一复杂时期发生的事件的脉络足够清晰，但是对其的理解最好是根据主题，而非简单的按照时间顺序。因此，本章会论述曹操与其对手的军事较量；下一章则讨论曹操对于献帝、国内政局的处理，以及他在自己的作品和朝堂记录中展现出来的个人想法与感觉。

西北和东南　209—214 年

　　209 年农历年初，曹操身处自己的大本营许和邺城，他在南方的两支军队处于守势：曹仁在长江中游的江陵被包围，合肥则被孙权发动强攻。孙权派张昭率领一支队伍向淮河进军，但很快就被击回，孙权的主要力量直指合肥。孙权的攻势已持续了整个正月，曹操对此也日渐关心，率领军队前往东南方；曹仁则不得不暂时放弃了在江陵的防守。

　　三月，曹操及主力军队到达了沛国的谯，距合肥仍有不短的距离，但是孙权被错误的报告迷惑，认为敌军已触手可及，并被劝说着选择了撤退[①]。曹操最直接的威胁已解除，所以他移动得更慢了，顺淮河而下，接着沿其支流肥水进军合肥。为了加强此地的军事防御，他在寿春南部芍

288

[①] 本书第四章 192—193 页。

陂的刘馥屯田基础上，建立了新的屯田。合肥虽然在淮河流域的寿春以南八公里，但是这些新的屯田使它成为了固若金汤的基地，也成为了未来对付孙权的优势基础①。本年末，当曹操的军队撤退到谯县时，庐江爆发骚乱，但很快被将军张辽镇压。曹操返回了他的大本营，留下张辽、乐进和李典防守合肥。

在更西的长江中游地区，形势不容乐观，孙权的将军周瑜在江陵附近设障，他的进攻使江陵城的防守变得艰难。面对远远超过自己兵力的对手，曹仁英勇地坚持防守了数月，因此虽然他最终被迫放弃江陵，但还是被封授了爵位。曹操的前线因此收缩到了襄阳南部，同时，在汉水的另一边，曹操的江夏太守文聘坚守江夏郡北部，对抗孙权的将军程普的进攻②。

孙权现在已经控制了一直到三峡的长江一线，但是他在荆州的战略位置被更南方的刘备严重压缩。诸葛亮控制了长沙、桂阳、零陵以及自己的大本营武陵，刘备掌控了襄阳盆地；孙权发现自己被置于了北方的曹操和南方他名义上的盟军刘备这两股势力之间。正在此时，刘表的长 *289* 子刘琦去世，刘备说服了孙权任命自己为荆州刺史，接替刘琦的位子。虽然因曹操掌握着国家的任免权，这一任命是没有意义的，但孙权这种对刘备地位的承认却还是引起了周瑜的强烈反对。然而，因为刘备实际上已控制了荆州的许多地区，孙权此举也属无可奈何。他试图通过将妹

---

① 对于"芍陂"的翻译，我遵循了一般的发音（Shaobei）。然而，如果按传统的、地方的发音，其应该读作"Quebei"。

    在多年后的233年，满宠认为合肥相对孤立，以及要面对来自孙吴的常年威胁，不如移城内之兵至其西三十里为新城，曹睿听从了这一建议，新城也成为了防御核心：《三国志》26：724页。

② 文聘传见《三国志》18：539—540页。他之前是刘表手下，在刘琮率众投降时，比别人归顺的都要晚，尽管如此，曹操却很钦佩他的忠心，并任命其镇守江夏，一任就是三十年。

    《三国志》18：540页裴注引《魏略》中记载，一次孙权攻击文聘，城市的防御设施被大雨冲毁，人民业已被冲散。文聘命令手下隐藏起来，接着自己安然卧于府中。孙权见此果然怀疑有埋伏，率军撤退了。219年，刘备的将军赵云在汉中也曾施展类似的空城计，而其最为著名但却并不十分可信的，是诸葛亮的使用：《三国演义》第九十五回。见闵福德《孙子兵法》xii—xiv。

妹嫁给刘备而稳固结盟关系，但他们夫妇之间似乎没有任何爱情，甚至是信任①。

次年，即 210 年，周瑜去世，孙权手下已没有能与刘备抗衡的将领。周瑜在临终之时举荐了鲁肃作为他的继任者，但是鲁肃缺乏周瑜的声望和权威，他只关注于己方在长江流域的狭窄领土。他说服孙权将南郡赠予或"租借"给刘备，孙权此时的控制地只剩江夏郡南部了——这只是周瑜在赤壁和江陵胜利的很小成果。虽然曹操的旧敌刘备在处理这片地方时并非轻而易举，并且在未来还会产生争端，但他还是成为了曹操在长江中游的主要对手②。

在一开始时，无论是刘备还是孙权都没有马上表现出威胁，曹操的注意力集中在西方的旧都长安和洛阳地区。他在这一地区的主要负责人司隶校尉钟繇维持着当地一定程度上的稳定。200 年官渡之战时，他曾为曹操增援，202 年在河东击败了高幹，205 年他又帮助杜畿在河东郡立稳了脚跟。而在另一方面，虽然马腾与他建立了联盟，并在 208 年同意前往许都任职，但包括马腾的儿子马超在内的长安的地方军阀和首领仍然不安于此，并且要求钟繇撤退到东方。钟繇的根据地现在是在洛阳，而虽然弘农和河东相对安全，但渭河谷地和长安实际上并不在他的掌控之中。

---

① 孙夫人是孙坚和吴夫人的女儿，是孙权的同父同母妹。她很有性格，养有一批女性武装护卫。她虽然是刘备的第一位夫人，但据说刘备对她很是害怕：《三国志·蜀书》7:960 页。

211 年，孙夫人在刘备前往益州时返回了吴国。她想要带着刘备的儿子刘禅一起回去，但被赵云和张飞阻止了：《三国志·蜀书》6:949 页裴松之注引《赵云别传》，上文 309 页。

② 孙权和刘备似乎在这一时期达成了两项协议。其一是在 209 年，认可刘备为荆州牧，并承认了他在长江中游以南的地位。其二是在周瑜去世后的 210 年，允许刘备进入长江以北。特别是，鲁肃将自己的大营从江陵向下游移动到了今天的武汉附近。这使得刘备实际控制了荆州的整个西部。

吴宣称这一地区是"借"给刘备的，孙权应在适当的时候拿回这块地方。实际上，在周瑜去世后，江陵这一向西凸出的根据地几乎就难以为继了，鲁肃的建议仅仅是对实际情况的承认："借"是一种保全面子的说法，刘备并没有真的将其认为是应该偿还的债务。

211年，曹操的南部前线比较安定，于是他决定对汉中的宗教领袖张鲁宣战。

虽然张鲁被认为是现代道教的奠基人之一，也是第三任"教主"，但我们对于他的出身及所建国家的了解都是模糊不清的。据记载，张鲁的家族最早来自于沛，张鲁的祖父张陵，也称张道陵，西迁到益州，并在今天四川成都的西部山区建立起教派。他用自己编纂的文本来教导大众，并要求他的追随者们供奉大米：他的团体被称为"五斗米道"，或者简称米道①。 *291*

《典略》中记载了170年代到180年代早期存在的许多宗教首领和团体。其中包括黄巾起义的首领张角，他的主要教义是太平道；也包括汉中的张修，他被描述为五斗米道的首脑；还包括骆曜，他活跃在长安地区，传授缅匿法。我们不知道关于他们的更多细节，但是据记载五斗米道的理论与张角的很相似，特别是在通过符咒和告解治疗疾病上，我认为这种教义的普及可能是对中国此时疾病频发的反映②。

从另一方面看，虽然他们的一些教义可能有共同的源头，且有意思的是，张鲁的家族来自东方的沛，但显然他们与张角和他的黄巾众之间没有正式的联系或结盟关系。他们这种非正统的教派通常被称为"妖

---

① 张鲁的传记见《三国志》8：263—266页、《后汉书》75/65：2435—2437页，这篇文献的最开始记载了张（道）陵的事迹。这两书的注释中都引用了3世纪早期鱼豢的《典略》，其中相对详细地记载了五斗米道的组织、信仰及其实践。

　　汉代的"斗"相当于不到2升。一些学者认为这一词汇涉及到了中国的星象北斗，即西方的北斗七星（Big Dipper）或大熊座（Great Bear Ursa Major），其中包含有北极星。张鲁及其信众也被轻蔑地称作"米贼"，然而，对粮食的称量似乎是他们的一项重要活动。

　　《三国志》卷八及《后汉书》卷七五/六五中记载的这一教派早期的活动是概括且矛盾的，关于张鲁、他的先辈以及对手也存在很多争论。我曾讨论过这些事情，见《南方的将军》356—361页、《建安年间》83—84页，索安《早期道教的完美统治者图像：老子和李弘》、唯慈（Welch, Holmes）《道之分歧：老子和道教运动》（*The Parting of the Way: Lao Tzu and the Taoist movement*）、艾士宏（Eichhorn, Werner）《张角和张鲁》（"Bemerkungen zum Aufstand des Chang Chio und zum Staate des Cháng Lu"）中也曾专门讨论过这些问题。其他重要的分析还包括马伯乐（Maspero）、福井康顺（Fukui）、宫川尚志（Miyakawa）等人的文章，特别值得注意的是米肖·保罗和李豪伟（Levy）的研究。

② 本书第一章36页。如上所述，《典略》引自《三国志》卷八及《后汉书》七五/六五卷的注释。

贼",但是这个词汇仅仅意味着他们的信仰和教义与传统的官方儒家思想有差异。在中国有许多这样的群体,他们可能有共同的信条,但是对权威和信徒并没有很强烈的争夺。拥有大量信徒的他们长久以来被人们遗忘,若不是张陵的后继者张鲁经营成功,张陵和他的米道也仍会保持在无人问津的位置①。

《后汉书》本纪中记载,184 年秋,张角在东方发动了大规模的黄巾起义时,张修在巴郡也组织了短暂的起义。他的叛乱被轻而易举地平定了,张修也与政府握手言和②。这段记载的注释中援引了同时代学者及政治家刘艾的《灵帝纪》,其中认为张修是五斗米道的领袖,这与《典略》中记载的相同。在不久后的 188 年,其他团体在四川发动了更大的起义,他们自称为黄巾军,以响应张角失败了的起义。他们杀死了益州刺史、巴郡太守,但是后来被地方上效忠朝廷的人士镇压。然而,他们似乎与张修或者米道没有什么联系,当刘焉出任益州牧时,他任命张修为地方官员。刘焉也是张鲁母亲的支持者,曾多次接见她,可能就是在她的影响下,张鲁才第一次展露了头角。

汉中太守苏固不愿意接受新州牧刘焉的领导,190 年左右,刘焉派遣张修和张鲁率军讨伐苏固。这次出征取得了成功,但是随后张鲁杀死了张修,继任为教主,建立了自己的神权③。

---

① 例如见索安:《早期道教的完美统治者图像:老子和李弘》,222—227 页,其中讨论了敦煌卷子《老子变化经》(斯坦因 2295 号),以及艾士宏《张角起义和张鲁建立的国家考察》317—318 页。

②《后汉书》8;349 页。

③ 关于张鲁和张修之间关系的史料间充满矛盾。其中对于张鲁五斗米道领袖的身份是没什么异议的,但《三国志》8;263 页及《后汉书》75/65;2435 页中记载他的祖父张道陵传位给他的父亲张衡,他又从张衡手中得到了权柄,而《典略》中却记载是张修建立了五斗米道。

对于这一明显的矛盾,早在裴松之那里就开始了讨论,他认为张衡是张修的误写。但这似乎不太可能,因为据记载张鲁杀了张修,而弑父行为并不利于一个成功宗教的发展。福井康顺认为参加过 184 年黄巾起义的张修和刘焉的官员张修是不同的两个人;艾士宏在《张角起义和张鲁建立的国家考察》的 317 页和注释 81 中则并不同意这一观点。

可能张修和张鲁是宗教权上的对手,或是有竞争关系的群体的领导,张鲁宣称是从他的父亲和祖父手中继承的权力。他对张修的杀害使他将两个群体统一到了一起,并建立了自己无可质疑的权威,很可能接受或吸收了许多他之前的同盟的思想。

张鲁据有汉水上游谷地，这使他能够扼住穿越秦岭山脉的通道，刘焉正是利用这一通道以巩固他在益州其他地区的权威，并使自己能够远离北部的动荡。此外，尽管张鲁在名义上发动了叛乱，但是他与刘焉仍然保持着联系，在 194 年刘焉去世后，则与刘焉之子及继承者刘璋关系密切：张鲁的母亲和其他亲戚留在了益州的朝廷中，可能是作为左右张鲁行动的人质。然而，200 年左右，他们之间的关系破裂了，似乎是因为张鲁对于刘璋表现出了不尊敬之意。不管怎样，刘璋杀死了张鲁的母亲和许多亲属，而张鲁则在汉中宣布独立，并试图进一步占领南方的巴郡。在刘璋派出军队驻扎在北部防御之后，他们的边境局势趋于和平，并保持了 15 年之久①。 *293*

张鲁把自己的领土称为"汉宁"，他的政府也相对保守。他主要的官员称为祭酒，这一官职在汉代属于文职人员，但在此则与宗庙中的仪式相关。他使用了传统的汉代儒家历法文献《月令》，在春季和夏季禁止实行死刑，也禁止饮酒。米道也像其他的教义一样，把生病与错误的行为联系起来——犯罪者要三次祈求宽恕，大概这种宽恕首先需要他们自己上交罚金。另外，被定为小错误的罪过需要铺设百步道路以赎罪；还在路旁建立"义舍"，其中储备有米和肉，以供给需要的旅客②。

张鲁为来自北方战乱地区的难民提供了避难的天堂，他们也被劝说接受他的管理体制，他的统治地区变得兴旺起来。张鲁像其他脱离了中央政府掌控的反叛者一样，被政府任命为中郎将、汉宁太守，他也断断续续地向中央进贡。但另一方面，当有人宣称自己发现了玉印，并建议张鲁称王时，张鲁的官员阎圃却认为，这种表露野心的行为是危险的，张鲁实际上的独立性已足以令他在没有危险的地方观察全国局势。张鲁接

---

① 这次争端见《三国志·蜀书》1：868 页、《后汉书》75/65：2431—2432 页。

② 《典略》记载张修建立了"静室"，供病人在其中思过。这种信仰疗法我们已在张角和黄巾军的教义中注意过：本书第一章 36 页。这种方法在东南方也很流行，那里的宗教领袖是于吉，建立了精舍，可能与张修的静室有同样功能［但要与曹操后来使用的同一词汇区别开来：本书第八章注释 71］。张鲁的义舍似乎是简单的行者休息处，但我认为这些都是张修、张鲁、张角和于吉对一个相似的信仰及实践做出的有细微不同的选择。

受了这一谨慎的建议。

294 此时曹操对张鲁发动的战争既不具有什么可行性，也不在他的既定计划中。虽然张鲁在汉水上游的领土有一小部分与东部的荆州接壤，而曹操也将汉中郡的房陵县新设为郡，郡治在汉水南面的支流沿岸，然而房陵距离张鲁的首府南郑 300 公里之远，从房陵西进还必须首先对付其西部紧邻的以上庸县为据点的地方将领申耽。这一战线也很长，沿途有许多据点可守，将会遇到很多困难，并且推进缓慢①。最好且短的路线是更西面的一条，途径长安，转而向南通过秦岭山区的通道。然而，走这条道路需要渭河谷地的众多军事力量为曹军提供通道，而他们是否愿意这么做尚存有疑问。

事实上，曹操此时对张鲁的攻击仅仅是一个借口。虽然西北的马超及其追随者口头上支持曹操控制的中央政府，但他们还是把钟繇赶回了洛阳，并在很大程度上重建了他们混乱的独立割据。如果曹操直接向他们发动进攻，那么将是对名义上归顺的下属的不正义侵犯。然而，借着攻击张鲁的名义，曹操逼迫他们在同意并协助曹军通过自己地盘或是公开反叛之间做出选择。他们最终决定选择战斗，而曹操早已做好了准备②。

曹操于农历三月对张鲁宣战，几周后军阀们就宣布抗命并开始准备防御。尽管曹仁丢失了江陵，但曹操仍然信任他，派他处理西部的问题，但到了秋初，曹操亲自上阵，把自己 24 岁的长子曹丕留在邺城主持政局。这是曹操首次对自己的儿子委以如此重任，而老臣程昱则被任命为
295 曹丕的首席谋臣及护卫。

---

① 关于东汉的房陵与上庸县，见《后汉书》113/123：3506 页，《中国历史地图集》第二册，53—54 页，本书图 13。

② 光武帝在公元 30 年同控制了渭水谷地的隗嚣之间也面临着相似的对抗。光武帝准备对在益州自立为帝的公孙述发动进攻，要求隗嚣让他的军队通过，并提供支援。隗嚣拒绝了这一最后通牒，光武帝因此发动攻击并以胜利告终。见毕汉思：《汉朝的复兴Ⅱ》，169 页。

曹操沿黄河进军,经过弘农郡,途中钟繇率领的地方部队及夏侯渊在河东率领的分遣队加入了大部队中。八月,他们到达位于渭水和黄河交汇处南部的潼关,在那里遭到地方军阀联军的拦截。

这个地方的山脊距离黄河很近,地形易守难攻。曹操不打算直接进攻,而是命大部分军队在关前安营扎寨,以吸引敌军的注意力,同时派徐晃和朱灵率领四千人的小分队在蒲坂搭建渡过黄河的桥梁。

在与渭河的交汇处,黄河形成了一个直角,在这里南北向的水流转变为东西向。因此徐晃和朱灵需要首先从渭河河口顺流而下,由南向北渡河,再向北行进 20 公里到达蒲坂渡,即今天位于涑水与黄河交汇处的山西蒲州。闰八月,他们由东至西渡过了黄河,进入左冯翊,在确保这一位置安全的情况下,曹操也率军向他们移动。

这是一条另辟蹊径的简洁策略,但是并不是太成功。当主力军队向北第一次渡黄河时,曹操与数百名虎贲留在黄河南岸殿后。然而,敌人比预期的来得既快且多,曹操陷入了孤立,并且人数上也处于大劣势。虽然他在赤壁退兵时也遇到了一些危险,但这次大概是自十余年前对战吕布后,自己面临的最为危险的局面。他计算严重失误,但即使弓箭弩箭四面而至,他仍表面泰然地坐于胡床之上①。最后他的护卫首领许褚终于找到一条船,并协助他登船。船夫被乱箭射死,但是许褚用马鞍护住曹操,并操纵小船渡河,他的手下丁斐放出了一群牛马;敌军选择了围捕这些战利品,而没有急于进攻。

曹操现在踏上了向北前往蒲坂的道路,随后在黄河西岸站稳了脚跟。接着他向南进军,左面是黄河,而右面是包括由运输武器的马车组成的移动防御线在内的强力侧翼。在如此的防卫下,曹军九月到达渭水

___

① 胡床在此时刚刚出现。它是一种轻便的架子,可以把使用者架起来,便于战时使用。中国古代的坐式,同现在日本的传统一样,是在垫子上盘腿而坐,而胡床可能最初也是如此使用的。然而,胡床有腿,就可以令使用者同西方那样将脚放到地上,也成为了中国的椅子的先驱:费兹杰罗(Fitzgerald),C. P.,《蛮夷之床:中国座椅起源》(*Barbarian Beds: the origin of the chair in China*)。

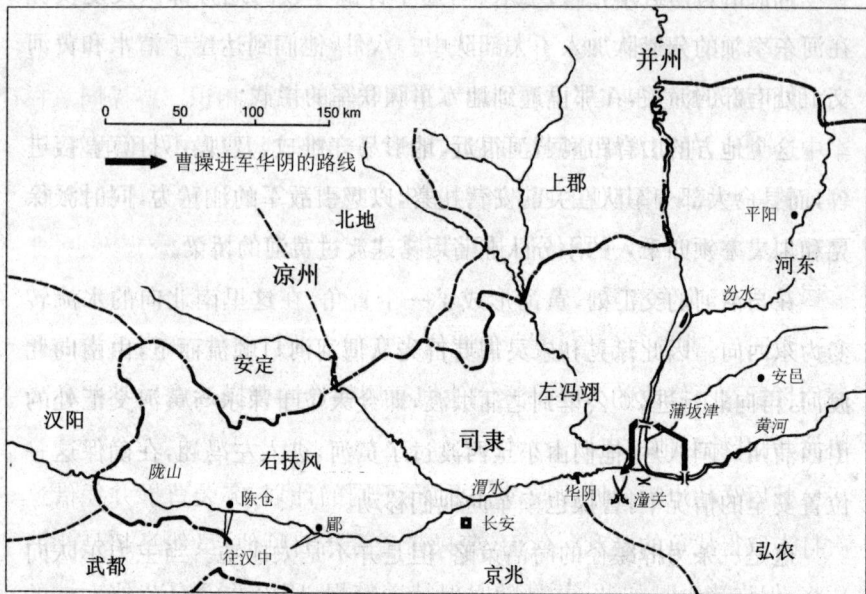

地图 15　渭水下游及华阴之战　211 年

北部,并修筑了防御性的营帐。马超在从潼关撤回后,向西进入华阴县,试图在渭水岸边阻截住曹军。

　　开始时双方尚势均力敌,但曹操制造了一系列佯攻转移敌军的注意力,并在晚上用船搭建起浮桥,命令士兵渡河在南岸埋伏。马超发起进攻,但是曹操早已埋伏好伏兵,敌军在黑暗中乱成一团,被一举击败[1]。

　　现在,双方都扎营于渭水以南,其后他们进入了谈判期,双方都声称自己具有良好的愿望,但是并未取得实质性进展。军阀们提出割地同时派遣人质,但是虽然曹操表达了一些谈判的意愿,他对重新回到战前的状态却并不感兴趣,已下定了彻底占领这一地区的决心。据记载,当他看到敌军的旗帜时,对于越来越多人加入敌军表现得很满意:这意味着

---

[1] 根据《三国志》1:36 页裴松之注引的《曹瞒传》,曹操最开始的渡河行动都被敌军的突骑打退,而当地又多沙,难以立营防守。然而,最终他根据手下娄子伯的建议,让士兵带着驻水的缣囊:现在的天气已开始变冷,所以他们用沙子堆城的同时加入水,这两者就冻在了一起,建成了坚固的墙。

自己的胜利将更具决定性意义。

曾参加凉州军在 180 年代中期叛乱的老将韩遂,曾想要跟曹操对话;他们两人似乎很多年前在凉州军进入洛阳前就已相识。曹操同意在 298 军中会见他,他们友好地回忆了以前的日子,并未谈及现在发生的对峙。韩遂的一些属下和其他的西部将领站出来想要看看他们传说中的对手,曹操似乎并不介意,并跟他们开玩笑说:"汝欲观曹公邪? 亦犹人也,非有四目两口,但多智耳!"①

数天后,曹操写信给韩遂,但此信多有他人改订之处,所以韩遂的同僚们怀疑这个修改的人是韩遂。他们猜测韩遂同曹操达成了某些私人协议,并开始对他的忠诚表示怀疑。

其后马超也想会见曹操,据说他有不同的计划:突袭曹操并凭借这次打击取得战争的胜利。然而,曹操带着许褚召见他,虽然马超是一名猛将,但许褚也是如此,并且随时保持着警惕;所以并没有节外生枝的情况②。

最终双方还是决定择一日开战。曹操先派遣轻装的散兵吸引敌方注意,接着派出精锐的虎骑对侧翼发动进攻。对方完全不是对手,被击败溃退,许多将领被杀,马超和韩遂放弃了长安并向西逃归在凉州的余部。曹操起初并没有追击他们,而是出兵征讨了安定的地方首脑杨秋,迫使他投降。曹操留下他负责管理当地,他很感念曹操的仁慈,并成为了一名忠诚的地方官。

曹操现在更直接地控制了长安,当他在冬季从安定回来时,任命了自己的外交官员张既为京兆尹,复建这一古都的政府。夏侯渊被委以军政,进一步处理马超、韩遂及其他西部的军阀。在后方的河东太守杜畿不仅派出军队参战,还维持了军队稳定且大量的供给线;但因为调动他的代价过于巨大,他仍被留在了当地,但得以加官晋爵。

---

① 《三国志》1:36 页裴松之注引《魏书》。——译者注
② 《三国志》18:542—43 页,《许褚传》。

212年春正月，曹操返回邺城。

华阴之战是曹操亲自参战的最后一场重要战争。他早年与董卓、黑山贼、黄巾军进行了小规模战斗，193—194年发动了对徐州的猛烈进攻，紧接着绝望地陷入了与吕布争夺兖州的作战、与南阳的张绣进行的棘手战斗。200年对袁绍的官渡之战是他第一次作为一个成熟的军事将领而取得的大胜，这次胜利肇始于一次对敌军后方的突袭。同样，207年白狼山之战的胜利也是剑走偏锋，而华阴之战亦因进击对手侧翼的奇谋而得胜。只有在赤壁之战时曹操采用了直接进攻的方式，但不习水战与突然被火攻共同导致了他的失败。

在其他更小的场合，比如他对付袁氏兄弟的战役，以及与袁术、吕布和刘备错综复杂的争斗中，曹操都做好了运用任何适宜的计策、欺诈，以及直接压倒性的进攻的准备，而我们在华阴之战前夕也见识到了他对自己战略的解释。

《三国志》中记载，一些手下问他："最初，虽然敌人控制了潼关，但通往渭河以北的路线是开放的。而你却没有立即通过河东郡进攻左冯翊，反而停在了潼关前，但不久后你又向北方进军了。这是为什么？"曹操详细地答道：

> 贼守潼关，若吾入河东，贼必引守诸津，则西河未可渡。
>
> 吾故盛兵向潼关；贼悉众南守，西河之备虚，故二将得擅取西河；然后引军北渡，贼不能与吾争西河者，以有二将之军也。

> 连车树栅，为甬道而南，既为不可胜，且以示弱。渡渭为坚垒，虏至不出，所以骄之也；故贼不为营垒而求割地。吾顺言许之，所以从其意，使自安而不为备，因畜士卒之力，一旦击之，所谓疾雷不及掩耳。
>
> 兵之变化，固非一道也[1]。

---

[1]《三国志》1：35 页。人们可能总是会对历史记载中的直接引文产生怀疑，但虽然曹操的陈述并不是一份官方的正式文件，但其很可能是在一些半正式的机会上宣之于口的，那时正有记录人员在场，或是稍后通过参与人员的转述而被记录了下来。

这次出征最卓越之事,可能要数曹操在试图使敌军确信他们真的有获胜机会时使用的方法了。他通过在军事上和欺骗性的谈判中的示弱,让敌方保持了联盟关系,以期能够击败他,同时也在他们的领导者之中埋下了怀疑的种子。这是一种被很好维持的微妙平衡;并且一举消灭了西北的大部分对手。

一年后,在212年十月,曹操率军再次向孙权发动进攻。据记载,他号称拥兵四十万,但是这一数字肯定是被夸张了的。大军经过寿春、合肥以及南部的巢湖,在213年初到达长江沿岸,击溃了孙权的防御并在濡须俘虏了他的前锋。然而,孙权率领七万人发起了对入侵者的反击,曹操在长江流域的控制无法与之匹敌。曹操发动了一次对长江南岸岛屿的夜袭,派人乘坐用皮做成的小船渡江,但孙权包围了他们,俘虏三千人,其他人则因为试图逃跑而被淹死①。

春末,孙权修书一封给曹操,警告他季节性降雨和洪涝的威胁,后又附加道:"足下不死,孤不得安"。曹操接受了孙权这封书信中的建议,并 ³⁰¹ 且表示了对孙权的船只和士兵质量的羡慕,他对随侍们评价说,"生子当如孙仲谋,刘景升儿子若豚犬耳"②。曹操撤退到了北方,在三月抵达许都,并在数周后返回邺城③。

此时,在气氛低迷的讨论中,曹操建议将靠近长江的所有人口迁移到淮河以北的更安全地区。这个主意表面上是为了避免孙权势力的袭击,但也保证了对农户这一经济资源的控制,并意图利用他们开拓荒地。

---

① 223年,曹仁也进行过一次相似的尝试,试图占领这些岛屿,但同样没有成功:《三国志·吴书》11:1313页。《资治通鉴》70:2236页上也记载了这一事件,胡三省的注释中将"油船"解释为以牛皮制作、外涂油以防水的船。(应为《资治通鉴》70:2211页。——译者注)

②《三国志·吴书》2:1118页、及1119页裴松之注引作者不详的《吴历》。

③ 曹操曾在巢湖南部建立堡垒,作为自己对战孙权的前哨,但当进攻没有成功时,他又将其命名为"无为"。这是一个有趣的故事,但却并不见载于《三国志》或《水经注》中,而无为作为一个行政区划的名字,是直到八百多年后的宋代才出现的(1070年置无为县);它在今天也还是叫无为县。也见本书第十一章注释59。(隋开皇元年即公元581年即已设立"无为镇"——译者注)

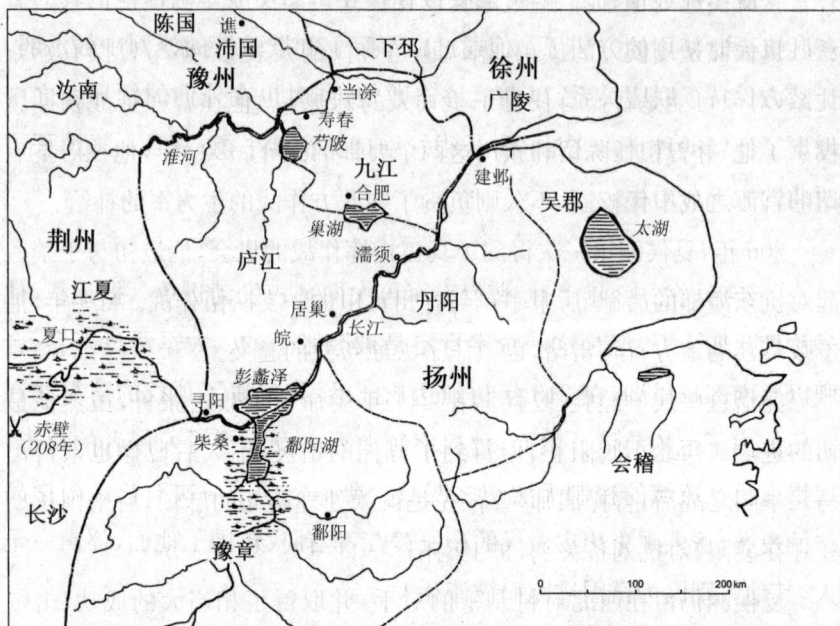

地图 16　长江下游及淮河

当地谋士蒋济提醒他人民会抵制这一计划,尽管如此,曹操还是力图推行它,这使得十万人流窜到长江以南加入孙权阵营之中[①]。庐江郡几近荒废,尽管曹操试图通过新的移民来稳定郡治皖,但在 214 年夏,它还是被孙权攻陷[②]。数周后,曹操率军再次返回东南,但是他并没有扳回局面,并且很快就返回了北方。合肥现在是他在淮河以南的唯一据点,但是淮河以南地区在很大程度上是中立的,只要能固守住合肥,孙权向北进攻的机会就会被限制住。

当曹操着力于对付孙权时,将西北方的问题交于夏侯渊继续与行政

[①]《三国志》14:450 页蒋济传。其中记载曹操后来曾调侃自己的这次失误,并拜蒋济为丹阳太守。丹阳郡在长江以南,是被牢固地掌握在孙权手中的,因此我们不能确定这一任命是否仅是场面话。

[②] 这次攻击在本书第四章 177—178 页讨论过。

长官张既一起处理,他们的大本营设在长安。

夏侯渊是夏侯惇的族弟,据说也是曹操的亲表弟,还与曹操有姻亲关系,对象可能是曹操首任妻子丁夫人的妹妹①。他在曹操征战初期就投靠了他,并曾担任陈留和颍川这两个要郡的太守。200 年,他在对抗袁绍的官渡之战中任校尉,不久则负责了在北方作战的主力军的补给。

206 年,夏侯渊第一次得到了真正指挥作战的机会,他最初与于禁一起对抗东海郡的昌豨,后来率军与青州黄巾的一支队伍作战。209 年,他击败庐江的地方首领雷绪,也镇压了太原叛党的起义。

凭借这些战争经验,夏侯渊在 211 年受命负责攻击张鲁,虽然他最初的进攻被西北军阀阻止,但得到了曹仁的增援,不久后曹操也亲自出马。华阴之战后,曹操回师,曹仁先是被派处理西北的麻烦,后来则长期驻守在襄阳,对抗刘备关羽,护卫南阳。

夏侯渊仍留在西北对付剩下的对手,并取得了相当大的成功,击败了韩遂的军队且征服了在汉阳、安定的汉人、羌人、匈奴的各种队伍。年中,他对付了渭河谷地的大部分军阀,击败或是迫使他们投降,而韩遂则渡过黄河,撤退到位于金城西部的西宁谷地②。

212 年夏,在从西北回来后不久,曹操就处决了马超的父亲、有名无实的卫尉马腾及其家人:在东部的他们并不能保证马超的正确行为,因此作为无用的人质,他们的生命也走到了尽头。虽然马超已被驱逐至陇西,但他仍藏有恢复之前地位的野心,他的营地也成为了任何想要逃离夏侯渊的汉人或非汉人的聚集地。213 年初,马超率领由汉人和羌人组成的军队发动了攻击③,而张鲁自然关心是否能将曹操的势力限制在秦岭以北,因此派出了一万人支援。

马超率军很快取得胜利,侵占了陇山西部的全部渭河谷地。汉阳郡

---

① 关于夏侯氏与曹氏的关系,见本书第一章 19—25 页,关于夏侯渊的婚姻,见本章注释 47。
② 西宁位于青海,湟水流经了青海在今天的兰州附近汇入黄河。
③ 马腾的母亲、马超的祖母是羌人,所以马超与羌有着特别的联系:《三国志·蜀书》6:945 页裴松之注引《典略》、《后汉书》72/62:2335 页章怀太子注引《献帝传》。

治冀坚守了数月,但夏侯渊未能解围,秋天,冀城沦陷。马超杀死了曹操的凉州刺史及汉阳太守,自称统领凉、并二州。更多的非汉人投靠了他,夏侯渊被迫撤退,但是地方大族杨阜、姜叙和赵昂得到了他们勇敢的女眷的支持,集合起地方军队对入侵者发起了攻击。马超的家人在冀被捕杀,他自己也向南逃入汉中①。

张鲁以殊荣接待了马超,并在 214 年初以援军支持他再次对凉州出兵。马超推进到了秦岭北部的祁山,就在冀的南部,但是在这里被夏侯渊击败,向南撤退。张鲁此时不想第三次支援马超赢回凉州失去的领土了,许多谋士也劝说张鲁马超缺乏家庭感情——他抛弃了自己的父亲和亲人,任曹操报复——支持他是不值得的。张鲁和马超的关系趋于紧张,马超在汉中捞不到什么好处这一事实已显而易见。马超率领着剩下的士兵向西进入武都山区,并向刘备发出了消息。对刘备来说,马超的到来正是时候,我们将会在下面谈及,此时他正在与刘璋争夺益州。他邀请马超加入自己,并派给他额外的军队,于是马超决定动身向南。

随着马超的撤离,夏侯渊没有受到进一步的强烈抵抗,在 214 年末推进到了黄河上游,摧毁了宋建的独立政权,并说服那一地区的羌人正式投降②。次年初,西宁谷地的一批叛贼杀死了韩遂,并把他的首级送到夏侯渊面前示好。而在更远的西北方,通过今天的甘肃河西走廊前往中亚的道路仍然在曹操掌控之外,且对于凉州的控制在某种程度上还是表面的,但是当他再次返回这里挂帅征讨张鲁时,他在渭河谷地中没有受到任何挑战,也没有来自他侧翼或后方的威胁。

---

① 这次起义见杨阜传,《三国志》25:701—702 页,及裴松之注引 3 世纪皇甫谧所著《列女传》,《资治通鉴》66:452—456 页概括了这次战事(应为《资治通鉴》66:2121—2123 页——译者注)。这是当时的英雄故事,包括阎温的勇猛,赵昂在儿子被马超作为人质时的牺牲、姜叙母亲的抵抗及牺牲。为了表彰他们的英勇行为,11 人被封爵。

② 184 年凉州叛乱爆发时,宋建趁机建立了自己的小国家,以陇西郡的枹罕为中心,位于今天黄河上游的甘肃省临夏市。他自称河首平汉王,维持了政权达 30 年之久:拙著《北部边疆》,161、165 页。

刘备和孙权 209—214 年

虽然 214 年对孙权的主要进攻失败了,江陵和荆州也已于 209 年失守,但曹操在长江中下游的边境还是相对平静和安全的。然而,孙权和刘备的关系却起了相当大的转变。

在 208 年刘备和孙权于赤壁之战胜利后的第一次非正式部署中,刘备关注于在荆州南部确保自己的安全,而孙权的将军周瑜此时正在对江陵的曹仁发动进攻。209 年末江陵被攻陷,孙权已控制了长江中游的主要流域。他们讨论了是否要经过三峡进入益州,攻击那里的军阀牧守刘璋,但是刘备反对这一计划,因为他是汉代宗室的一员——虽然实际上他与汉室的关系非常远——刘璋也是宗室,所以他不允许刘璋被无缘无故地攻击。刘备的位置正处于孙权力量进行推进的南侧翼,所以他的反对具有效力,而 210 年周瑜的去世也结束了这一远征计划。与周瑜相反,就像我们曾在上文提及的,周瑜的继任者鲁肃劝说孙权从南郡撤退,将长江中游的大部分地区留给刘备,而刘备已将自己的总部移到了公安,在江陵下游不远①。

然而次年,刘璋亲自询问刘备是否要加入他的阵营。刘璋在益州大部分地区的统治虽然表面上没有遭到反对,但他似乎缺乏个人威信,并且对曹操在华阴之战中对西北军阀的胜利十分忧虑。曹操发动这次战争的官方原因是进攻张鲁,并且如果他继续向前推进的话,很可能会夺得汉中。在这种情况下,刘璋将会迎来一个比张鲁强大得多的具有侵略性的邻居,自己的地位将岌岌可危。刘璋知道刘备作为一名将领的声誉,并相信他自称的宗室血缘,所以邀请他协助自己以预防张鲁的动作。

---

① 见本书 290 页。
　在《三国演义》的五十六、五十七回中,周瑜真的通过三峡进军益州了,但诸葛亮挫败了他,他也因此成为笑柄。然而,我在《南方的将军》一书的 297—298 页,讨论了刘备的反对足以使这一计划搁浅,在周瑜去世前,这一计划也基本没有可能实现。

刘璋的计划是利用刘备的军力和技能击败张鲁，并先曹操一步占领汉中。接着他们就可以守住秦岭通道以对付入侵者，并合益州和荆州之力对抗北方。理论上，这个计划是明智的，但是其基础是刘备能够接受刘璋的领导地位——在这方面，刘璋却显然太过天真。在他首次接近刘备之前，他的许多谋士就与这位预期的盟友建立了秘密联系，并鼓励刘备将这一邀请视为接管西方的第一步。尽管刘备对这一提议表示了诚挚的拒绝，但毫无疑问他是会接受邀请的。刘备留下诸葛亮和关羽驻守荆州，率领数千人向西穿过三峡；当他受到刘璋的欢迎时，已经计划好取代他的位置了①。

307

刘备暂时表现出了善意和宽宏以获得人们的支持，他和刘璋举行了结盟仪式，设宴并相互称赞恭维。刘璋接着返回首府成都，而刘备则率自己的旧部北上，同时拥有了指挥刘璋军队以迎击张鲁的权力。

在接下来的 212 年中，刘备在位于嘉陵江上游的广汉郡葭萌县维持着自己的基地，即今天的四川省剑阁。然而，他对张鲁的军事行动并没有比之前增加多少，很明显仅仅关注于巩固自己的地位和兵力，等待着时机对他名义上的领导发动反抗。本年末，他的机会来了，曹操此时在长江下游发动了对孙权的攻击。据说，孙权曾向他们求援，但这是不太可能的：孙权据江为险，足以抵挡曹操的进攻，最为不可能的是，他不是刘璋，不会欢迎不确定的联盟军介入。正与此相反，事实上曹操渡过淮河的进攻意味着来自西北和长江中游的威胁太少了。关羽在汉水流域没有做出什么可能从淮河吸引曹操注意力的事情。

然而，刘备写信给刘璋寻求对他东返加入防守的支持，也要求增派人手和供给。刘璋这次却学会了防备他这位强力的下属，仅仅提供了一

---

① 关于刘备入益州及后来从刘璋手中夺得权柄的文献，见《资治通鉴》66：2109—67：2129 页；拙著《建安年间》428—473 页，其中引用了《三国志·蜀书》1：869—870 页刘璋的传记，及《三国志·蜀书》7：955—956 页、957—959 页刘备的传记，《三国志·蜀书》7：955—956、957—959 页庞统及法正的传记，以及裴松之的注释。（庞统在对刘璋的战争中身死，而刘璋的前手下法正成为了刘备的高级谋士。）

部分刘备要求的东西。与此同时,他手下谋士们的背叛被揭露,刘备在成都的主要盟友张松被处决。刘备表现得很愤怒,作了一篇表示忠心和尊敬的长文,逮捕并杀死了军队中已知的忠于刘璋的高级官员,接管了他们的军队,南向成都发起进攻。

除了依靠背叛和奇袭取得的优势外,这一政变和战争并没有立即获得成功。刘备手上只有一万兵力,很少的供给,刘璋被建议采取坚壁清野的政策对付他,在他攻过来之前将人民撤离,并且带走田野中可供补给的东西。但刘璋认为这样做会给他的人民带来痛苦,所以拒绝了这个计策,而刘备仍继续着他的进攻。刘璋的一些手下投靠了敌军,但即使如此,在经历了一年的战争后,成都依然坚守不破。 *308*

然而,214 年刘备等到了诸葛亮和张飞从荆州逆长江而上的关键性支援,而曾向南投靠了张鲁、后来又想在刘备这里淘金的西北军阀马超,也加入了对成都的进攻中。刘璋仍有大量的兵力和充足的供给,但是他已经失去了益州的大部分地区,也不想让人民继续忍受战争之苦。夏末,他出城投降;被允许保留将军头衔,但是被送往东部囚禁。刘备自封为益州牧,大摆筵席以庆祝掌权——他也打开了国库奖赏自己的手下,放任军队抢掠城市:如此看来他并未决定自己是正宗的汉室继承人还是强盗头目。

孙权可能感到自己被刘备欺骗了,对刘备的政治和军事部署深觉失望。209 年刘备还反对他们采取任何对益州的行动,但两年后他自己却到了那里,现在又举起反对刘璋的大旗,并接管了其地盘。此外,210 年孙权曾不得不将整个南郡的控制权交到刘备手上,在此之后他在长江下游面对了三次曹操的进攻,但刘备和他的将领关羽没有做出任何北上以减轻下游压力的行动。

211 年刘备经三峡入蜀后,他的妻子孙夫人放弃了这段婚姻,返回哥哥孙权身边。她试图带走刘备唯一亲生的儿子刘禅,无疑希望刘禅可以成为约束他父亲的人质。但是她没有成功,被诸葛亮和赵云在半途拦

截,刘禅被带了回去。事实上,孙权现在在联盟中处于劣势:他仅仅控制

309 了长江以南的扬州,以及荆州的一小部分;而刘备控制了长江中游的大部分地区、湘江流域的全部、益州的大部。

　　孙权在更南方得到了一些附加的领土,他的属下步骘在广州湾的南海郡站住了脚,并且与地方首领士燮建立了和平的贸易关系,后者的大本营在今天越南河内附近的红河三角洲。士燮及其家族之前控制了整个远南,汉代的交趾郡,但是他们家族向西撤离了,满足于在东南亚贸易中获得的财富。通过步骘,孙权现在在这一繁荣的事业中分了一杯羹①。

　　214 年刘备自命为益州牧,孙权决定向这位名义上的盟友要求一点补偿。随着夺得庐江郡的皖城,及曹操向北的撤退,孙权长江下游的边境地区一定程度上稳定了,可以将注意力移回西部。因此,在 215 年初,在与刘备的正式照会中,他要求刘备归还五年前"借"的领土。就像我们注意到的,210 年签的协议中是否真的有这一条款是值得怀疑的,但根据孙权的利益,他肯定会宣称是有的。刘备搪塞道:他必须首先处理好凉州的问题,再对荆州做出调整。可预见的,孙权认为这是拒绝之辞,并命令军队开始进攻。在一次短暂的对战中,鲁肃拖住了关羽,此时他年轻的同僚吕蒙推进到湘江流域并攻占了长沙、桂阳和零陵。双方在对彼此言而无信的互相指责中进行了谈判,而此时因为曹操对汉中的威胁,刘备的地位在一定程度上变弱了。零陵重回到他的手中,但是湘江被认可为新的边界,因此可见孙权得到了桂阳和长沙的大部分地区,他在南方

310 的控制面积增加了②。

　　局势处于动荡之中,但是孙权和刘备还都必须关注于来自曹操的威胁:攻击会来自三个方向:通过益州北部的汉中;沿汉水而下进入长江中

---

① 关于此时远南的历史,见拙著《南方的将军》,340—353 页。士燮传见《三国志·吴书》4;1191—1193 页;步骘传见《三国志·吴书》7;1236—1240 页。关于对这一地区的命名,见第六章注释 80。

② 这次战争以及其后的移民,见《资治通鉴》67;2136—2138 页;拙著《建安年间》485—488 页。拙著《南方的将军》,370—375 页中也有讨论。

游;渡过淮河进入长江下游的扬州。清楚的是,如果南方的两位军阀争斗的太激烈,其中一方或者双方就都会被毁灭。荆州特别易受攻击,因为在那里的冲突将无疑且快速的被利用。外交家鲁肃在这一地区担任孙权的将领,虽然他已经做好了面对关羽的准备,但更知道要避免将来的争斗。至少暂时双方都将注意力集中到了在南阳的敌人身上,在那里曹仁领曹操之命指挥战斗。

两位投降者:张鲁和孙权 215—217 年

然而,在 215 年春,曹操开始继续向西部推进。马超已经被赶到益州,韩遂死于自己属下或盟友之手,在渭河谷地及黄河附近的军阀和少数族部落也被夏侯渊对付了大部分,所以现在曹操可以集中全部精力对付张鲁①。

然而接近汉中并非易事。可以穿越秦岭的道路有许多条,但是它们都狭窄且多风,所以人们在一些狭窄的峡谷中建造了卓越的栈桥②。子午道几乎从长安直接通向南部:它是王莽修建的,在公元 1 世纪的东汉曾被使用,但是路途中有陡峭的山脊,且直接通到了张鲁的首府南郑。更西面的一条是褒斜道,从右扶风的郿县经过渭水的斜谷并穿过山脉进入汉水北部的褒谷。这是一条更为实用和受欢迎的道路,但也非常易于 *311* 防守。因此,曹操选择了更侧面的连云道,它穿过汉中西部武都县境内的山脉,沿着今天的宝成铁路到达汉水上游,接着经过阳平关到达汉中。当他进入武都境内时,遭到了当地氐人的抵抗,最开始只是数个部落阻住了不同的关口,后来他们在窦茂的领导下形成了协作。但到了仲夏,

---

① 曹操对汉中的攻克,见《资治通鉴》67:2135 页、2138—2140 页;拙著《建安年间》483 页、490—493 页。

② 关于这一地区的道路,见李约瑟《中国科学技术史》第四卷第三分册,19—22 页,及 13 页上的图 711、表 61,也见拙著《建安年间》,490 页,贾大韦(Jupp,David)等:《3S 技术在历史栈道研究中的应用国际会议论文集》(*The Collected Papers of the International Symposium on Historical Research of Plank Roads and Applications of 3S Technology*)。

曹操的军队到达河池，在今天的甘肃徽县附近，氐人也在一次激战中被屠杀。秋初，曹军进抵阳平关，在今天的勉县境内，位于陕西省的西南。

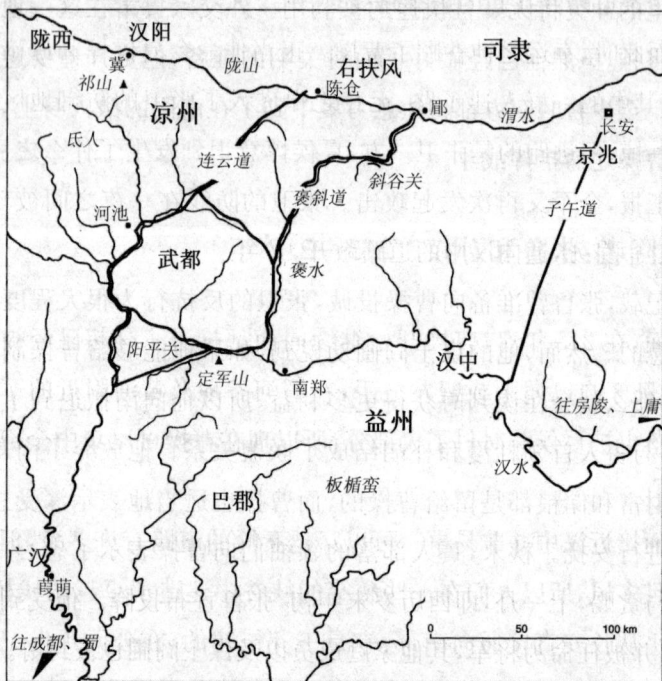

地图 17　汉中地区　215—219 年

从今天的略阳到达汉中有两条路可走。最直接的一条就是今天的公路，向东南经过勉县和南郑。另一条要更远一些，经过阳平关从南部到达勉县。曹操选择了这条更长更迂回的道路，但是他随后就发现自己被误导了：

> 武皇帝承凉州从事及武都降人之辞，说张鲁易攻，阳平城下南北山相远，不可守也，信以为然。及往临履，不如所闻，乃叹曰："他人商度，少如人意。"①

---

① 《三国志》1：45 页；拙著《建安年间》490 页。（引文载于《三国志》8：265 页裴松之注引《魏名臣奏》。——译者注）

此外,张鲁的弟弟张卫在山上修建城墙设立哨所加固了这一天然屏障,并有一万人驻守在此。曹操的第一次进攻被击退,损失惨重,他已准备放弃这条道路寻找新的进军路线。

然而此时,幸运之神眷顾了曹操。正当他命令夏侯惇和许褚从前线撤退时,其中的一群人迷了路,无意之中进入了张卫的防御地区。双方都大吃一惊,但逃跑的是张卫一方,夏侯惇意识到发生了什么之后,马上向曹操汇报,全军又再次发起攻击。张卫的防线在一夜之间被攻破,张卫在逃亡中身死,通向汉中的道路敞开。

据记载,张鲁曾准备向曹操投诚,张卫的反抗行为很大程度上是违反他意愿的。然而,他的谋士阎圃劝说到,如果他能够给曹操制造出一些阻碍,那么就会在谈判时获得更多利益,所以他向南撤退到了巴郡的山中,并与賨人首领杜濩和朴胡结成了联盟关系。他放弃了南郑,坚称其中的财富和储粮都是留给曹操的,而曹操也适当地表示深受感动,给他去信进行安抚。秋末,賨人部落的领袖们向曹操表示了忠心,并被赐予封号与赏赐,十一月,即西历岁末年初,张鲁宣布投降。他受到了热情的欢迎,并被任命为将军,其他家庭成员以及谋士阎圃也被封爵。

与曹操取得阳平关大捷同时,刘备的军队在关羽的领导下与孙权在荆州对峙,曹操手下的司马懿认为他应该立即向南进军。虽然刘备在一年前占领了益州,但人民还没有习惯他的新政权,并且曹操刚打了胜仗,士气正高,长江中游的情况也牵扯了刘备的注意力,很可能可以推翻刘备。然而,曹操却陷入了拖延,形容司马懿是"得陇望蜀"①。事实上曹操在四川派遣有间谍,虽然最开始的报告鼓励他出兵,但很快刘备的人民就恢复了对他的信心并接受了统治。因此曹操满足于自己夺得了汉中

① "陇"此处是指在凉州以及司隶边境的陇山。"蜀"是指今天的四川,汉代的益州,这一地区后来的名称也被加入了刘备政权的常用名称中:蜀汉。

　"得陇望蜀"也在东汉光武帝身上使用过,可相比较,见《后汉书》17/7:660 页。这一词汇可能已经或是从此就变成了一个成语。

这个群山环绕的据点。

关于司马懿的建议见载于《晋书》本纪，历史学家们肯定不会放过这一点①，即曹操没有抓住这个机会，这造成了司马懿会费很多年时间率领魏军在秦岭前线与蜀汉进行争夺。这个故事好得令人难以置信，而事实上深入今天的四川中心地区的征战是充满危险的：如果曹操没有迅速取得胜利，他和他的主力军就会陷于西部，远离他的大本营和其他前线，他将会很难以很小的代价脱困撤退。攻击四川是一个很有诱惑的"可能性"，但赤壁之战的例子已经显示出好高骛远的战略会带来什么结果，而如果此时在益州战败，将会造成更糟糕的灾难。

结果是，曹操选择了向北方撤退，于 216 年二月抵达邺城。然而，他在前线的位置难以为继：215 年底前，刘备的将军黄权击败了杜濩和朴胡及其他加入曹操阵营的少数族领袖，张飞在巴西郡突袭了张郃，并把他赶回南郑。虽然曹操的军队仍然能够在汉中坚守，但刘备已经恢复了他之前与张鲁的边界线。

对于这种新获得地区的控制是复杂的，并不总是轻而易举。除了任命夏侯渊在汉中负责军事事务外，曹操还任命了文官杜袭负责行政，杜袭安排了约 8 万人离开那里前往中原人口锐减的洛阳和邺；这种农业移民是来自敌对国家的主要资源。

另一方面，被迫投降的人们并不一定可靠，也不总是想按照政府的需求迁徙。曹操曾担任过右扶风太守的官员赵俨的传记中，记载了他和将军殷署在试图迁徙人民去防御汉中时遇到的问题。

曹操命令殷署率领五千马超、韩遂以及其他西北将领麾下的士兵，并任命赵俨为护军。其中一千二百人被要求前往汉中，但是在到达穿越秦岭的褒斜道的斜谷口时，他们拒绝前进，而赵俨率领的这些反抗者的同胞们，也变得骚动不安起来。赵俨设法镇压了这次叛乱，但劝曹操说

---

① 《晋书》1：2 页。

这批人不可靠,也无法在南方的前线起到作用。他首先把他们分割开来,接着利用忠心的援军重新掌握了控制权,把他们送到东方,在那里他们被打散到不同的队伍当中。最后,这包括妇女和儿童在内的 2 万多人被从敏感的前线调到了更为安全的地区①。

像这种带有不情愿和潜在不满情绪的军队的复杂情况,是普遍且有代表性的。这些近来辗转于多个军阀之手的士兵及其家庭,即使在正式投降后也有他们自己的利益,不能被仅仅当做爪牙。

215 年秋,曹操仍然身处西北,孙权试图再次攻破合肥防线。据说他率军十万,但张辽、李典和乐进的守城军队只有七千人。然而,曹操给护军薛悌留下的在紧急关口才能打开的命令却是:"若孙权至者,张、李将军出战;乐将军守护军,勿得与战。"

合肥的将领在进行了一番讨论后执行了这一计划,张辽率领着一队八百人的志愿兵冲破了敌军,并向在军中的孙权叫板。虽然张辽撤退了,但孙权的士气遭到了严重打击,在围城十天后,孙权下令撤退。当魏军追击时,孙权再次被困于一个渡口,他的随行人员牺牲了自己才救下他。

格里菲斯(Griffith)在他《孙子兵法》的译本中,讨论了这场战役,并对曹操的预见性大表钦佩。然而,这个故事可能是被夸张了的,《三国志》中记载,此时吴军中爆发了疾病,这可能是导致他们崩溃的原因②。但无论如何,孙权和他的军队的士气还是很低落、感到屈辱,且在此以后 *316* 孙权再也没有个人指挥过重要战役。他的身材勇猛,也能很好地掌握谋略和政治,但他不像对手曹操和刘备那样,他是依靠其他人进行实战的。

---

① 《三国志》23:668—669 页;《资治通鉴》67:2143—2144 页;拙著《建安年间》499—501 页。曹操在淮河流域对战孙权的前线也遇到了相似的问题:见前文 303 页。

② 寒缪尔·格里菲斯,《孙子兵法》,93—94 页。这次胜利见载于张辽传、李典传中,《三国志》17:518—519 页、18:534 页,也见《资治通鉴》67:2141—2142 页;拙著《建安年间》493—495 页,《南方的将军》377—382 页。《三国志·吴书》10:1295 页中记载了军中的疫病。

216 年夏,曹操被封为魏王,但在军事上此年却颇为平静。代郡乌桓在北方制造了点麻烦,但被曹操的手下裴潜镇压,秋天,南单于呼厨泉入朝,并留在邺城,把国家交给了他的下属右贤王去卑管理,并任命汉人的司马来监察国家。南匈奴现在分为五部,从西部的北地郡穿过鄂尔多斯地区,又延伸到东北方的代郡,包括了全部的今天陕西和山西北部地区。这个傀儡政权的首府在河东郡汾河流域的平阳,其下的四部沿河谷地带分布,北方的一部理论上负责其余部分。

213 年,曹操曾将并州合并入冀州,在 215 年又宣布废除了并州以前的所有郡,代之以一个单独的单位,乐观的把其命名为新兴。通过这一做法,他承认了现实:从 2 世纪中叶以来,国家就失去了对这一地区的控制,其后又面临着少数民族频繁的抢掠和汉族定居者的南迁。行政区划已经仅仅存在于地图上了,216 年匈奴对此地的占据是符合逻辑发展的。事实上,北方地区的居民是脱离了中国和他们名义上的君主单于的控制的,而呼厨泉的单于封号随着他的去世也废弃了①。

216 年末,曹操再次发动对孙权的战争。这次进军的速度相对缓慢,军队十月离开邺城,十一月经过曹操的家乡谯县,217 年正月,到达了庐江的居巢,位于皖城东北方。孙权在长江西岸的濡须防守,他命吕蒙直接指挥军队,蒋钦率领舰队,后者是一位经验丰富的将领,曾在十八个月前的合肥之战中奋勇战斗。

二月,曹操发起攻击。他在对濡须的陆战中没有得到什么好处,而虽然吴国的舰队被长江的风浪重创,他也没能抓住这一机会占到敌人的便宜。事实上,进攻没有持续几周,因为三月曹操就率领他的主力离

---

① 关于匈奴对北方的占领,见拙著《北部边疆》352—354 年,其中引用了《后汉书》89/79:2965 页、《三国志》1:47 页、《晋书》97:2548 页,也见内田吟风(Uchida Gimpu):《东汉末年至五胡乱华时期的匈奴五部》"On the Five Tribes of Hsiung—nu in the Third Century A·D." ("Five Tribes"),及卜弼德(Boodberg):《关于中国边疆的两点看法》("Two Notes on the History of the Chinese Frontier"),292 页。

开了。

然而,曹操这次撤退不同于他之前几次的全部撤退,他在合肥和其他地方留下了一些士兵形成防线,并留下夏侯惇指挥 26 个军团,这些军团的将领包括曹仁和张辽等,以对孙权造成长期威胁。这是一种新战略,可能形成于对凉州的胜利以及对其他边境地区的占领中,并且很快就对孙权产生了影响。孙权控制了长江以及江北岸的前哨濡须和皖城,不怕来自北方的直接侵略;但将如此大量且位于防御精良的阵地中的敌军驱逐出去是困难的。此外,他们的存在迫使孙权保持自卫,他的行动自由就被严重限制了:比如向西边的鄱阳湖或荆州的任何大规模行动,都可能使他易于被突袭或拦截。

在这种情况下,孙权向曹操派出了使节谈判。这一举动显然是意料之中的,并得到了欢迎,双方迅速达成了保持友好关系的一致意见,也重新缔结了近 20 年前孙策缔结的联姻关系。为表信任,曹操撤军,仅仅留下了之前一样的驻守部队。

事实上,孙权"投降"的形式大于内容。它没有对双方的地位带来实质改变,在根本上与真正投降的张鲁没有可比性。孙权没有进入曹操的朝廷,也没有派遣人质——似乎他也没有被要求这么做。他感到有点丢脸,但仍宣称他只不过将曹操视为了汉献帝的代表,才会与他讲和。此外值得注意的是,他承认了曹操的魏王地位,因此他也将不能再宣称自己是为了衰微的汉室来对抗篡位者。然而,这也不再是一个可行的问题,与曹操的正式结盟有利于对付野心勃勃的刘备和他有力的将领关羽。曹操和孙权都有理由对他们的新关系表示满意①。

318

---

① 关于这次间断的战役以及其后的处理,见《资治通鉴》68:2148—2149 页;拙著《建安年间》,508—509 页,其中引用了魏武本纪,《三国志》1:49 页,夏侯惇传,《三国志》9:268 页,以及孙权的传记,《三国志·吴书》2:1120 页。关于孙权投降的重要性,见拙著《南方的将军》383—384 页,《建安年间》509 页注释 3。

曹操与《孙子兵法》①

　　曹操早年,可能是在 170 年代晚期家族失势后被迫临时退隐的那段时间,曾准备进行两项军事方面的研究。其一是《接要》,是战争著作的一般性综览;另一是《孙子兵法》的注释,《孙子兵法》也称《孙子》,被认为是战国时期孙武的作品,曹操对其的注释被认为是他的主要著作之一。《孙子兵法》注释流传至今,但虽然《隋书》和《旧唐书》的经籍志中都著录319　有国家收藏的《接要》一书,但其在很久以前就已散佚②。

　　官方的《魏书》里在对曹操的赞中写到,他也完成了十余万字的《新书》,成为了将军们的指南。但后来的目录中没有出现这本书,此书似乎是

———————————

① 在下面的讨论中,我特别使用了叶山《古代中国兵书新论》("Ancient Chinese Military Texts")及李约瑟、叶山、石施道(Gawlikowski)《中国科学技术史》第五卷第六分册。

　《孙子兵法》的主要译本是格里菲斯以及安乐哲(Ames,Roger T)、苏炀悟(Sawyer Ralph D.)的著作,最近新出且很有价值的闵福德的译本。这些学者也讨论了文本的历史,石施道和鲁惟一在鲁惟一编辑的《中国古代典籍导读》中也讨论了这一问题。相关参考文献见《四部备要》,其中收录了宋代吉天保编辑的版本、18 世纪的学者孙星衍、吴人骥对其进行了增补。吉天保汇集了 10 家对《孙子兵法》的注释,以曹操的注释为起始:他编辑的版本常被称为《孙子十家注》或类似的名称。现代比较好的版本是郭化若及魏汝霖的版本。

　就像我们下面讨论的,曹操的注释主要是技术层面的,所以西方的翻译者们往往只译出了部分段落。中华书局出版的《曹操集》及张海雨的《曹操全书》中,都摘出并汇集了这些独立的注释。

② 《隋书》34:1012 页,其中记录了魏武帝(即曹操)注释《孙子兵法》的两个版本,1013—1014 页,列举了很多其他的军事著作,如《兵法接要》十卷、《兵法接要》三卷、《略要》九卷、《兵法》一卷;这些可能都是《接要》的不同复本。

　《旧唐书》47:1039—1040 页、《新唐书》59:1549 页也记载有相似题名的书籍;包括《兵法要略》,可能被错误的归为魏文帝曹丕所著。但自此以后,书籍目录中就再也没有见过曹操单独的著作。

　顾櫰三《补后汉书艺文志》、姚振宗《三国艺文志》中列出了见于其他文献中的曹操所著书目,见《二十五史补编》Ⅱ,2260 页、Ⅲ,3260—3261 页。也见《曹操著作考》,《曹操集》212—218 页。

　一些学者对曹操的注释是否能原封不动地流传至今表示怀疑。而闵福德教授在与我的一次私下交流中,认为这些注释是完整的。

《接要》和《孙子注释》的概要①。也有一条有点意外的关于他禁止《孙子兵法》类图书的记载——这可能是为了防止众多的理论迷惑他的将领②。

我们现在难以判断曹操在《接要》中讨论了哪些文献。在《汉书·艺文志》的开篇,班固解释了他的目录是以公元前 1 世纪末的国家藏书为基础的③,在关于军事类图书的讨论中,他说西汉早期张良和韩信曾负责收集此类著作:他们汇集了一百八十二家文献,并把他们删减到三十五家④。它们在西汉有所散佚,特别是在吕后时期,公元 1 世纪末⑤,成帝曾组织收集了珍贵图书,并准备编出目录。虽然刘向是主要的编辑者,但其他学者也参与其中,关于军事著作的部分是由北军校尉任宏完成的。公元前 8 年刘向死后⑥,他的儿子刘歆向哀帝呈上了以《七略》为名的最终版目录。其中的一略即为兵书略,其完成者是任宏,刘向和刘歆提供了一些编辑意见⑦。

320

---

① 关于赞文,见本书第十章,365 页。
　　宋代的《武经七书》中(见注释 52),有一种是《唐太宗李卫公问对》,记载了李世民和李靖之间的对话,被认为是 7 世纪时的事情,但却可能是更晚一些的作品,可能是宋代的:李约瑟《中国科学技术史》第五卷第六分册,21 页。苏炀悟:《武经七书》(*The Seven Military Classics of Ancient China : translation and commentary*)321—360 页。曹操的《新书》在这段对话中被数次提及,但其中引用的文献却是他对《孙子兵法》的注释。
② 《三国志》23:660 页裴松之注引吉茂的传记;也见第八章注释 54。
③ 《汉书》30:1701 页,也见鲁惟一《秦、西汉、新莽时期人物辞典(公元前 221—公元 24 年)》,374—375,459 页。
④ 《汉书》30:1762—1763 页。韩信是汉高祖手下的主要将领,他所著的书也出现在《汉书·艺文志》中,1757 页;他的传记见《史记》九二卷、《汉书》三四卷(鲁惟一《秦、西汉、新莽时期人物辞典(公元前 221—公元 24 年)》,147—149 页)。张良这位很得刘邦信任的文官,见《史记》五五卷、《汉书》四十卷[鲁惟一《秦、西汉、新莽时期人物辞典(公元前 221—公元 24 年)》,683—686 页];他的名字也被与《黄石公三略》联系在一起,见下文注释 53。
⑤ 原文如此,应为公元前 1 世纪末——译者注
⑥ 刘向的卒年史无明言,历来有建平元年(公元前 6 年)、绥和元年(公元前 8 年)、绥和二年(公元前 7 年)、元延四年(公元前 9 年)等多种说法,其中以钱大昕、钱穆等人所持的公元前 8 年说最被广泛接受。——译者注
⑦ 关于任宏,见鲁惟一《秦、西汉、新莽时期人物辞典(公元前 221—公元 24 年)》,459 页。叶山《中国古代兵书新论》中详细地讨论了汉代的目录以及流传至今天的文献,以及考古新发掘出土的文献。

兵书略中包含了 53 本著作,分为 4 类。第一类是权谋,被解释为正当的政府保卫国家的手段(正),但要以奇谋用兵(奇);我们可以将其理解为大战略的艺术,战争被认为是另一种意义上的外交活动①。另外三类更为特殊:"形势"中收录了关于作战计策的著作②;"阴阳"中包含了五行和其他超自然的力量,而"技巧"类的书则是关于身体训练和装备的,比如弩机和箭术、剑术、徒手战及其他军事技巧,甚至包括足球,这可能并非不恰当的。

321 然而,与战争有关的书籍并不仅仅限于任宏的目录中列出的那些。比如归入"礼"类下的《司马法》:其现存的内容中主要是关于军事组织和训练的,而非战场上的实战,因此更接近于儒家,强调统治者的善心和德行③。与此类似,被归为齐太公吕尚所著的《太公》中包含有谋、言、兵篇,

---

① 《汉书》30:1758 页。"正"、"奇"之间的二分对立是古代中国谋略中的核心概念之一,这两个词汇在不同的环境中,也具有不同的意义。我们在 329 页还会对此进行进一步讨论。

　克劳塞维茨(Carl von Clausewitz):《战争论》(*Vom kriege*)Ⅰ.24,"可见,战争不仅是一种政治行为,而且是政治交往的继续,是一种真正的政治工具,是政治交往通过另一种手段的实现"。

② "形"、"势"是《孙子兵法》第四章和第五章的题目,和"正"与"奇"一样,是《孙子兵法》中的核心概念。闵福德《孙子兵法》,将其翻译为"Forms and Dispositions"、"Potential Energy",并在 148—149、161—162 页的注释中讨论了它们的多种意义。叶山:《中国古代兵书新论》,215 页,其中将这两个词翻译为"military form and positional advantage"。

③ 《汉书》30:1710 页。苏炀悟的《武经七书》(*The seven military Classis of Ancient China: translation and commantary*)111—143、410—420 页中翻译了《司马法》。它的作者被认为是齐国的将领田穰苴,约公元前 6 世纪时人,曾被赐姓司马;他的传记见《史记》六十四卷。然而,普遍认为这一作品成书于 4 世纪。

　11 世纪,宋神宗(1067—1085 年在位)选定武经七书。其中的 6 部都被认为在汉代就已存在:《孙子》《司马法》《六韬》《吴子兵法》《尉缭子》《黄石公三略》;我们将会在下面的文章及注释中简要的对它们加以讨论,更多见李约瑟《中国科学技术史》第五卷第六分册,20—21页、苏炀悟《武经七书》、闵福德《孙子兵法》,xli—xlii。第 7 部书是《唐太宗李卫公问对》,在上文注释 45 讨论过。

却被放在了道家中①,道家中也包含了《孙子》,可能是《孙子兵法》的另一个版本②。此外,墨家也很关注城镇的防御——因此《墨子》一书成为了关于计策和装备的重要文献③;纵横家也自然会关注战争的可能性④;而虽然商鞅所著的《商君书》是法家的著作,但《公孙鞅》一书被收入了兵权谋家中——公孙鞅是商鞅的另一个名字⑤。像《孙子》一样,这种重复可能反映出同一种书有很多不同的版本、副本,也可能是因刘向和任宏这两位编辑者间出现了重复⑥。

　　1972 年,山东省临沂县银雀山发掘了一座公元前 2 世纪的墓葬,出土了一批古文献,其中一些可验证传世古籍,另有一些是失传已久的文献⑦。2000 年间,书籍的幸存率并不理想:叶山计算出《汉书·艺文志》

322

---

① 《汉书》30:1729 页。吕尚是武王克商时的传奇谋臣,后被分封于齐国。他的传记见《史记》32:1477—1481 页;沙畹:《史记》Ⅳ,34—40 页。当周武王的父亲文王初遇吕尚时,就说他就是自己的父亲太公一直想找的谋士。吕尚因此又被称为"太公望",后来"望"也就成为了他自己的名字。

　　《六韬》流传至今。虽然《汉书》卷三十艺文志中并没有记载有这本书,但其被认为是根据太公所创的材料编辑而成的。银雀山汉墓中发现了此书的部分文本,虽然对于整本书的讨论很多,但现在对其片段的讨论暂时将之定为公元前 4 世纪末或 3 世纪初的作品:李约瑟《中国科学技术史》第五卷第六分册,21 页。

　　《黄石公三略》也被认为是太公望的作品,还被与公元前 3 世纪末汉高祖的重要谋臣张良联系了起来,《史记》55:2034—2035 页;华兹生(Watson, Burton):《汉朝大历史学家的记述:司马迁〈史记〉译本》Ⅰ(*Records of the Grand Historian: Han Dynasty; translated from the Shih chi of Ssu—ma Ch'ien*),135—136 页、《汉书》40:2024 页。现在认为它是汉代以后的伪著。

② 吉天保编辑的《十家注孙子》,也被《道藏》收录:石施道、鲁惟一《孙子兵法》("Sun tzu ping fa"),450 页。

③ 《汉书》30:1738 页。傅海波:《中国中古的城市攻防》,152 页,其中指出,"《墨子》中的 51—71 章中记载了高超的技术,其与《孙子》或《吴子》等古代军事手册中的更为理论化的攻防手段形成了鲜明对比……"

④ 《汉书》30:1739 页、《史记》34:1560 页;沙畹《史记》Ⅳ,149 页。

⑤ 《汉书》30:1735 页(《商君》二十九卷)、30:1757 页(《公孙鞅》二十七卷)。

⑥ 关于其他不见于《汉书》卷 30 的军事著作,见叶山《中国古代兵书新论》,214—215 页。

⑦ 其中包括《孙子》中增加的章节、《六韬》、《尉缭子》及《孙膑兵法》(在本章注释 53、62、64 中都涉及到了这些书)。吴九龙:《银雀山汉墓释文》,安乐哲:《孙子兵法》13—16 页,李约瑟:《中国科学技术史》第五卷第六分册,18 页。1978 年,在青海的上孙家寨墓葬中出土了另一份《孙子》和其他军事文献的断篇:《文物》1981 年第 2 期。

中记载的 95% 的军事书籍已经散佚，而西汉时肯定也沙汰及丢失了一部
分①。除了《孙子》，以某种方式保存下来的兵书还有吴起的《吴子兵法》，
其可能成书于公元前 4 世纪②，成书于公元前 2 或 3 世纪的《尉缭子》③，
不能确定是否可靠的《六韬》④以及遗失了很久的《孙膑》⑤。然而关于这
些书的历史细节已不可确定，其中可能包含了许多与著名人物联系起来
的军事警句，无论其名义上的作者是否真的存在⑥。

　　东汉建国前经历了多年的战争，后来马援在南方以及班超在中亚也
取得了很大战果，但奇怪的是整个东汉都没有什么军事著作⑦。因此，曹

---

① 《中国古代兵书新论》，215 页，见前文 320 页。
② 吴起的传记见《史记》六十五卷，本卷也包含有孙武及其后代孙膑的传记。吴起曾在鲁国、
　魏/梁国、楚国担任将领，于前 381 年被刺身亡。《吴子兵法》采用了吴起与魏文侯的问答形
　式，可能是吴起本人或他的弟子编辑而成的。其中谈及的兵法比《孙子兵法》中的更文雅，但
　这两种著作在很早的时候就被人联系到一起了，而流传至今的《吴子》似乎更为可靠。
　　　吴起传记的英译本见倪豪士：《司马迁〈史记〉》第七卷《汉代以前的列传》，41—45 页，苏
　炀悟：《武经七书》，193—196 页。《吴子》的译本见格里菲斯《孙子兵法》，150—168 页，苏炀
　悟：《武经七书》206—224 页。也见李约瑟《中国科学技术史》第五卷第六分册，20 页。
③ 《汉书》30：1740、1758 页分别记载了《尉缭》、《尉缭子》：其一在杂家下，其一在兵家下。这可
　能是有两个同姓名之人，今本《尉缭子》中记载尉缭面见魏/梁惠王，后者于公元前 4 世纪后
　半叶在位，而《史记》6：230 页（沙畹《史记》Ⅱ，114—115 页，倪豪士《司马迁〈史记〉》第一卷
　131 页）中记载，尉缭是一百余年后秦王嬴政的高级军事谋士，官至“尉”；他可能就以此为姓
　了。其中可能存在着年代错误和混乱，而就像叶山在《中国古代兵书新论》中指出的，“我们
　不能确定流传下来的以《尉缭子》为名称的文献是否与《汉书》中记载的是否是同一种”。
④ 见本章注释 53。
⑤ 孙膑传见《史记》六十五卷，译本见倪豪士《司马迁〈史记〉》第七卷，39—41 页。据说他是孙武
　的后代，生活于孙武之后一百余年的公元前 4 世纪，他最初供职于魏惠王手下，但被对手庞
　涓毁谤下狱并施以膑刑和黥刑，膑刑是剜去腿部的一部分；膑不是他的本名。孙膑后来成为
　齐国的主要谋士，歼灭了魏国军队及庞涓（自杀）。
　　　被归为孙膑所著的《孙膑》的流传历史很复杂。《汉书》30：1757 页将它列于兵权谋之下，
　但却不见于隋或唐的目录中，它似乎在很早就散佚了。然而，银雀山汉墓中出土了其中的十
　六章，安乐哲和刘殿爵将其译成了英文。这部书最初是在什么时候散佚的不能确定：安乐哲
　认为，因为曹操在对《孙子》的注释中没有提到《孙膑兵法》，所以它在东汉末年以前就已经不
　见了。然而，曹操本身就很少引用相似的文献，这一论述论据不足，因此不是决定性的。
⑥ 甚至是否有孙武其人都是存在怀疑的：他在《史记》卷六五中的传记并不令人信服，《左传》等
　历史文献中并不见对他的记载。见闵福德：《孙子兵法》xix，安乐哲：《孙子兵法》，20、21 页：
　“《孙子兵法》等著作的形成可能是一个过程，而不是一次著成的，其作者可能是跨越了几代
　的许多人。”
⑦ 顾櫰三：《补后汉书艺文志》2259—2260 页、姚振宗：《后汉艺文志》2388 页。

操的《接要》可能利用了以往的材料，特别是汉代以前的，而他同时编纂的《孙子注》则反映出对于经典军事理论的偏爱。

虽然《孙子》在汉代很著名，也流传很广，但曹操似乎是最早为其作注的人之一，对于东汉那些冗长繁芜的经典注释来说，曹操的著述有点惊世骇俗。且大多数这种章句类型的著作，对象都是儒家文献①。   324

此时还有另外两家对《孙子》的注释。其一是贾诩所作，他之前是张绣的谋士，之后成为了曹操的亲近谋臣；《隋书》中记载他注释了《孙子》和《吴子兵法》，但这些著作都没有再见于记载。贾诩年长曹操八岁，但可能直到晚年才完成了他的著作。另一位是吴国的沈攸，但他比曹操年轻，其著作也可以确定比较晚出；它现在也已散佚②。在 3 世纪早期，王凌也注释了《孙子》，他属于曹操的魏国；其一时很受推崇，但现在也仅剩了片段③。宋代时出现了《孙子》的权威版本：在其中的众多注释中，只有曹操一家是 6 世纪以前的④。

曹操在他的简短序言中似乎暗示自己对《孙子》的文本进行了编辑，因此一些人相信他做了大量编辑工作，以至于就像创造了一个新版本，接着他增加了自己的注释。然而，银雀山简中明确了曹操使用的是传世文献，尽管它们有不同的版本：他的主要兴趣在于注释，而非编辑⑤。   325

不幸的是，虽然一位伟大的中国军事将领留下了这样一种著作，是

---

① 关于此时章句之学的细节，见曾珠森（Tjan Tjoe Som）：《白虎通：白虎观中的全面讨论》（*Po hu t'ung：the comprehensive discussion in the White Tiger Hall*）Ⅰ，147—149 页。

② 贾诩（147—223 年）的传记见《三国志》10；326—331 页，沈攸（175—204 年）的传记见《三国志·吴书》2：1117 页。在顾櫰三和姚振宗补编的艺文志中，曹操之外注释《孙子兵法》的仅有这两人。当时可能还有其他人做了注释，但是都没有留下记录。

③ 在一些文本中，王凌的注释被称为"王子"注。

④ 除了吉天宝编纂的十家注本之外（见上注 43），宋代还有一种十一家注本，增加了唐代学者、《通典》的编纂者杜佑的注释；石施道、鲁惟一：《孙子兵法》，450—451 页。

⑤ 《汉书》卷三十中记载有《孙子》八十九篇，但曹操的序言中仅涉及了十三篇；这与《汉书》中的记载不合，而现代的文本则将《孙子》分为了 3 卷；石施道、鲁惟一：《孙子兵法》，447—448 页。安乐哲在《孙子兵法》38—39 页中指出，那些被舍弃的材料是补充性质的"外篇"或伪篇，而《曹操》的十三篇是核心的"内篇"。一些外篇在银雀山被发现了，并被安乐哲翻译成了英文。

非常有意思的事情，但是它并没有体现多少曹操的个人意志，或者反映他自己的经验。他注释中的大部分都很标准，解释了字词或提供了释义，但却是非常模棱两可的。就像其早期翻译者贾尔斯抱怨的那样：

"他的注释通常是含义模糊的；它提供了某些启示，但并没有更充分的对意义进行解释。它们是典型的短小精干的注释。一些时候由于极端的精炼，它们简直没法理解，与原文一样也需要进行注解。"

事实上宋代的张预——《孙子兵法》的十或十一家注释者之一，就对许多曹操的注释进行了解释或补充。正如贾尔斯更进一步指出的：

"如果没有张预，可以肯定的说曹操的大部分注释都仍会因其精炼与模糊而无法被人理解，因此变得没有价值①。"

在曹操的注释中，只有两处与他自己的经验有关，其中之一还是存有疑问的：

在《孙子注》的第八卷"城有所不攻"条下，曹操注释到："城小而固，粮饶，不可攻也。操所以置华费而深入徐州，得十四县也。"

这条注释涉及到了193年他对陶谦的第一次攻击，也被其他记载和实践中的战略所验证。华和费地处他与陶谦的边界，其力量虽然足以自卫，却不足以在曹操经过后威胁到曹军后方。所以他忽略了它们，直接向陶谦的腹心地区发动攻势②。

在《孙子注》的第三卷"十则围之"条下，曹操注释到："操所以倍兵围下邳生擒吕布也"。

然而，在《三国志·武帝纪》以及曹操谋士荀攸的传记中，都记载了虽然198年曹操围困了下邳并水淹其四周，但直到吕布的属下叛变投

---

① 贾尔斯(Giles, Lionel)：《孙子兵法》(Sun Tzu on the Art of War)，xxxvi、xl 页，引自闵福德：《孙子兵法》，xlix、li 页。

② 《孙子》8：4b；闵福德：《孙子兵法》，217 页。见本书第二章 74 页。关于这次战争的讨论，见桀溺：《曹操的一场战争》，325—326 页，其中注意到了曹操后来选择了包抄陶谦的都城郯城，而非直接围城或猛攻。

敌,下邳城才被攻下①。曹操确实拥有大规模的军队,但这并不意味着是 *326*
这条注释中所暗示的直截了当的围攻。

以这种方式怀疑曹操仅有的两条引用了自己经验的注释中的一条,
是令人遗憾的。这条文献看上去很像是后来伪造进去的——相似的疑
问后来又被与更早的、似是而非的轶事联系了起来。198 年对下邳的进
攻本可以为我们提供曹操完成这一注释的年代上限,但是在此情况下也
就并不意味着可以说明这一工作是什么时候完成的了。曹操可能在 170
年代到 180 年代之间、开始自己卓越的军事生涯之前就完成了它。

所以,尽管他的注释本身很重要,但其并非他自己战争经验的
阐释②。

然而,却有另一种方式理解他的注释,即考虑他在战争时使用的方
法,以及他的指挥是如何与孙子的教义符合或违背的。换句话说,曹操
从自己对《孙子兵法》的学习中,收获了什么呢?

我们必须认识到,经典中有很多好的军事训练和统御部下的方法。
纪律松弛的军队时时存在瓦解的可能,因而这些方法确实是重要且必须
的。我们在第四章中讨论过这个问题,似乎在私人接触和他的诸次胜绩
中,曹操都能够驾驭他迥然不同的手下,无论是官员还是士兵——有时
候只是简单的因为他们在营中没有真正的选择机会。《孙子兵法》中强
调了训练的重要性,曹操也在"礼不可以治兵也"条下做了评论③,但是他
也特别注意用充足的补给保持士兵良好状态的重要性,无论是他自己可 *327*

---

① 《孙子》3:11b;闵福德:《孙子兵法》,140 页。然而,闵福德、苏炀悟和格里菲斯的译本中,都没
有包含曹操的这条注释。
　　关于曹操与吕布的最终对决,见本书第三章 109—110 页、《资治通鉴》62:2006 页;拙著
《建安年间》,235—236 页,本自《三国志》1:16、10:313 页。
② 鉴于 208 年火烧赤壁的巨大影响,人们期望曹操应在《孙子》的相关章节中加入自己的注释,
然而,曹操的注释却不如这些学院派的想法一样。同样,其中也没有关于 200 年官渡之
战、207 年白狼山之战或是 211 年华阴之战这三场曹操最主要的胜仗的记录。
③ 《孙子》3:18a;闵福德:《孙子兵法》,144 页;本书第四章 192—193 页。

以提供的或是劫掠敌军地区得来的①。他主要的注意力集中在这方面上，反而不太关注军队组织方面的问题，但他也同样强调计策和谋略：他的排兵布阵方式。

《孙子兵法》的第一篇名为"计篇"，曹操对其非常强调。他的第一条注释就写道：

> 计者，选将、量敌、度地、料卒，计于庙堂也②。

做好适当的准备，即使在战争开始前也能奠定胜局：

> 不与敌战而必完全得之，立胜于天下，则不顿兵血刃也③。

《孙子兵法》中始终强调要蒙蔽敌人、以智取胜，被归为曹操所作的一条不完整的文献中也称，"良将思计如饥，所以战必胜，攻必取也。"④

215 年的一次著名战役中，曹操留下军队驻守合肥，并留下了只能在孙权来攻时才可以打开的命令。孙权真的发动了进攻，曹操的手下遵照指示先发制人，将敌人在战场上打的狼狈不堪⑤。

在制定计划方面，《孙子兵法》的中心概念是关于"正"和"奇"的关系，这两个词可以被粗略的理解为"正规"和"例外"。在第五篇势篇中，孙子指出：

> 凡战者，以正合，以奇胜⑥。

---

① 例如，《孙子》2：7a；闵福德：《孙子兵法》，125 页。

② 《孙子》1：1a；闵福德：《孙子兵法》，99 页；本书第四章 191 页。闵福德在译本的 117—118 页对《孙子》1：25a 的翻译中，指出这种"计"并不仅仅是计算，也包括了模拟战争的游戏。

③ 《孙子》3：2b；闵福德：《孙子兵法》，132 页。

④ 顾櫰三：《补后汉书艺文志》，2260b，其中转引了《通典》中引用的《兵法接要》。但是，这句话实际上并不是《通典》中的，而是见于成书于 6 世纪的《北堂书钞》115：4a，其中记载的出处为《孙子兵法秘要》，作者不详。虽然顾櫰三在文献来源上是错误的，但他将这句文献认为是曹操《接要》中的这一观点却可能是正确的。但《秘要》也可能是另一种文献，是伪作或无名氏的作品；《曹操集》中没有收录这句话。

⑤ 前文 316—317 页。格里菲斯的《孙子》中复述了这一故事，93—94 页。然而，孙权的军队大败的原因可能是他们在此时被严重的疫情困扰。

⑥ 《孙子》5：4a；闵福德：《孙子兵法》，166 页；也见闵福德在 164、165 对这两个词语的注释。

二者的变化是无穷的，但是可能可以简单的认为，"正"是正常且大部分可以被预料中的，而"奇"则是出乎意料的。在战争中，"正"可能是主要的力量或威胁，吸引敌方的注意，而"奇"则是意想不到的伏击、侧翼进攻、后翼包抄或突袭。"间接路线"在现代已经众所周知且被普遍使用——它已成为基本策略——但是在军队和将领常常不能胜任、沟通通常很困难的时代，大规模的使用这一战略就需要很好的计划、高度的想象力以及快速的行动和有效的领导了。曹操在这一方面可谓专家。

在 200 年的官渡之战中，曹军向袁绍发起了直接进攻，接着亲自率领轻骑在敌军防线后摧毁了他们的供给并使他们被动防守。在 207 年对乌桓的战争中，曹操首先尝试沿海岸进行直接攻击，但是不久后就带领着军队穿过在边境的山区出现在了敌人侧翼的白狼山。在 211 年对西北军阀的战争中，他在潼关吸引住敌方的注意，但是其后转而向北，两渡黄河，一渡渭水，接战敌人于华阴。用经典的方法，他扰乱并破坏敌方，在交战之时，他利用散兵将敌人的兵力吸引到前方，然后从侧翼把敌军撕碎。这三次战役可堪被任何将领作为典范案例。

在许多场战役中，曹操都表现出对重要的"死地"的敏感，即当军队被迫限于防守且退路和外援都被切断时：因为士兵们都是为自己的性命 *329* 而战，所以他们会成为非常危险的对手。《孙子兵法》中两次提到了"死地则战"①。

198 年，曹操在第二次与刘表的手下张绣之战中撤退，被两支敌军追击。他凭借假装仓皇撤退和设伏的方法逃脱——这两点都是《孙子兵法》中提到过的——但他也注意到了，他已将自己的军队置于死地，他们会更为猛烈的战斗。与此类似，当 194 年在濮阳攻击吕布时，他烧毁了后方的城门，以示绝无撤退之心，并给士兵们施加压力；但这次，这一计谋没有奏效。

204 年，当他围困邺城、袁尚带兵来援时，一些官员对处于敌后的盟

---

① 《孙子》8：2a—b、11：12b；闵福德：《孙子兵法》，215—216 页、277 页。

友袁谭表示担忧，认为他们身处死地。然而曹操指出，这只有在袁尚继续从东方进军时才可能发生；如果他向西北方移动了，后方会比较稳妥，他的军队也就比较好对付了。事实证明正是如此。

也有一个反面的例子：206 年曹操围困壶关，他下令说一旦城被攻陷，就会杀死守城者。可预见的，壶关城的抵抗非常猛烈，坚持了数月，直到曹操的从弟曹仁劝说他放弃这一政策；其后这个地方很快就投降了。然而，考虑到曹操的政策是不要给敌人太大压力，这则故事是很令人吃惊的，也很值得怀疑①。

当然，赤壁之战是曹操的一次大败，除去其立即产生的影响，它也是汉末的一次主要战役。刘备和孙权的胜利为自己提供了喘息之机，此外，也给了他们在长江以南站稳脚跟的机会，并导致了中国南北方持续了数世纪的分裂。一些人批评曹操对刘备的追击操之过急，并引用了《孙子兵法》和曹操自己的注释：

330

> 三十里而争利，则擒上将。

然而我猜测，曹操此举是试图利用刘琮投降的优势，并延续自己在长坂坡对刘备取得的胜利——而在他第一阶段追击成功后，并没有强烈的证据显示他曾过度的急行军。我们也可以在《孙子兵法》中找到多少有点相反的意见：

> 故兵闻拙速，未睹巧之久也②。

长江中游奇异的沼泽环境肯定会带来问题，曹操也没有把自己有经验的军队和从荆州新得来的军队整合到一起，但是他在此时做出向前逼

---

① 《三国志》9：275 页，《曹仁传》，引用自闵福德：《孙子兵法》212 页。可与本书第五章 224 页参看。
② 这两段文献见《孙子》7：5b；闵福德：《孙子兵法》，199—200 页，其中曹操的注释在 200 页、《孙子》2：4b；闵福德：《孙子兵法》，123 页翻译了其正文。

近的选择并不是没有原因的①。他已经设法渡过长江建立了桥头堡，可以使敌军陷入混乱，他也很可能正在就此进行谈判。孙权和刘备以前从未有过密切的联系，而荆州的人民对他们长期的敌人孙氏家族也没有什么好感；有理由认为这一不稳定的联盟可能会产生分歧②。在赤壁之战中，曹军中流行的疫病以及黄盖火船计这一出乎意料的奇策——这可能是令曹操败退的更令人信服的原因——摧毁了他的计划。但是，曹操行为的前提却并不一定有差错。

　　《孙子兵法》中的许多术语单独来看都是明智且正确的，但放在一起却似乎前后矛盾，这为据其进行的实践带来了困难。速度是重要的；但是军队行进太快就会精疲力尽、组织松散。大胆可以取得决定性的胜利；但是仓促行事以致中了埋伏却是错误的。可以绕过城镇和要塞直接深入敌区，这会打击敌人的士气，但是你必须保障可以在需要的时候撤退。归根结底，双方都可以欺骗对方。

　　总之，曹操作为军事领袖的成就来自于他善于搜集信息、制定计划、其后又能随机应变。《孙子兵法》中多次提到要熟知参战的对手及地形；后者可以通过地图获取，但也可以通过向导和间谍③。曹操谙熟这些要点，并且在实战中灵活的运用了它们，能做出快速的反应，出奇制胜。对袁绍辎重的攻击；从侧翼包抄乌桓；从北面绕行攻击在渭河谷地的军阀；

---

① 《孙子》7：6a（闵福德《孙子兵法》，200 页）中，唐代的注家李筌注释到，曹操令军队在一日之内追了刘备三百里开外（150 公里/100 英里）。其后又引用了诸葛亮对孙权评价的话："强弩之末不能穿鲁缟"；《三国志·蜀书》5：915 页、本书第六章 270 页。

　　然而，虽然曹操在攻克襄阳后急追刘备，在长坂坡取得了一定胜利，但其后他的行动速度就减慢了。他继续进军江陵以占领长江的渡口，接着东向赤壁与刘备孙权对峙；现在一般认为他在那里也建立了营地。此时已没有急行军的必要了，也没有特别的原因使我们相信他的士兵们因为行军而疲惫不堪。诸葛亮正确地强调了曹操的军士们远离故土，但强行军这一事实基本上是他在孙权堂前巧舌辩论的华丽词藻。就此而言，李筌的注释可能是不恰当的；曹操的急行军事实上是取得了最初胜利的。

② 例如《孙子》3：4b；闵福德《孙子兵法》，135 页。

③ 例如，《孙子》4：10b—11a；闵福德《孙子兵法》，157—158 页、《孙子》7：3a；闵福德《孙子兵法》，197—198 页、《孙子》7：9a—b；闵福德《孙子兵法》，295—296 页。田畴对于地方的熟悉是曹操 207 年接近白狼山的重要因素；而我们可能也会注意到 215 年，他意识到谋士们通过阳平关进军汉中的路线的错误时的愤怒。

所有的这些都是出自于现场的计划,利用了变化发展的形势,但是也都基于对地形以及敌军力量的认识。就像他在对西北军阀的战争后对大臣们说的:"兵之变化固非一道也"[1];或孙子所言"兵无常势,水无常形"[2]。

332

---

[1]《三国志》1:35 页;拙著《建安年间》,427 页。

[2] 例如《孙子》6:25b;闵福德:《孙子兵法》,193 页。

第八章　朝廷与首都

　　早在 208 年，曹操就已官居丞相，并着手开始进行了一些机构和行政改革，虽然在赤壁之战中受到了严重的——最终是非常关键的——挫折，也很快就恢复了自己的权威。从淮河流域到帝国边疆，他在华北平原的统治不可挑战。孙权、刘备和刘璋仍保持着自己的独立，但没有表现出什么即刻的威胁，占据渭河上游谷地及凉州的军阀也已在 211 年就被处理得差不多了。

　　在上一章中，我讨论了这些年中曹操的战争行为。本章则关注于他的朝廷、个人的诗作和告令，以及他为重建毁坏的汉帝国的中央政权而施行的诸多方面的内政①。

雅致的邺城和建安时期的执政者

　　在 204 年占领邺城后不久，曹操就开始以此为主要驻地。献帝和他的傀儡朝廷仍然在许，许继续作为国家的正式首都，而曹操虽常在北方、南方和西方征战，但邺城及其周围的魏郡其他地区，成为了他权力的中

---

① 这段时间国内大事的年表见第九章。

333 心。216 年,他被封为魏王,之后的曹魏采用的国名也是来源于此①。

战国时期,邺就是魏国的主要城市,在西汉时成为魏郡的首府。东汉时期,魏郡规模中等,冀州的州治设在常山,所以邺城并不太重要。然而,190 年,在反抗董卓之时,冀州牧韩馥移居邺城,次年袁绍取而代之,也选择了居住在邺。

邺城有城墙,东西七里,南北五里,规模约为 1.6—2.3 公里②,面积 3.7 平方公里。城有七门,南面三门,北面二门,东西各一门。我们应注意到,与之相比,首都洛阳的城内面积有 10 平方公里之大。洛阳的人口大概有 50 万,城墙之外都散布着居住在郊区的人口,而汉代邺城的人口则连城内都尚未填满③。

在早期占领阶段,曹操带来了一些移民发展这一地区,与他曾在许建立屯田时相似。这些人口为他在新首都建立建筑、高塔、园林、水利设施提供了最初的劳动力,其后文官、将领、军队及其家属也都络绎而来。可以推测,许多人志愿前来的目的是在新的权力和经济中心寻找机会④。

曹操一到邺城就开始建造文昌殿,其后成为了占据了城市北部大半的宫殿区的核心。而周围的区域成为了宗室、高官和其他贵姓的居住

334 区,宫殿由正门、门道、庭院、房间组成;后来左思的《魏都赋》中描绘了其壮丽⑤:

---

① 据《水经注》10:352 页(《水经注疏》10:24b—25a)记载,魏有五都:汉献帝所在的许都,曹丕将其改名为许昌(第四章注释 12);东汉的都城洛阳,曹操 220 年即在此去世;西汉的都城长安;曹氏的家乡谯;邺城,也称北都。

②《水经注》中记载邺城"东西七里、南北五里",而考古勘探和发掘证明城东西 2400 米,南北 1700 米,实际范围小于文献记载的范围。见中国社会科学院考古研究所、河北省文物考古研究所邺城工作队:《河北临漳邺北城遗址勘探发掘简报》,《考古》1990 年 7 期。——译者注。

③《水经注》10:351 页(《水经注疏》23b—24b);关于洛阳,见毕汉思《东汉时期的洛阳》,10—13、17—21 页。

④ 例如,田畴在 207 年归顺曹操后,带着三百多户居住在了邺城,《三国志》11:343 页。

⑤ 左思《魏都赋》作于 3 世纪晚期,载于《文选》6:1259—1482 页;康达维:《萧统(501—531)〈文选〉卷一京都》,429—471 页。本书中的译文采自康达维的优秀翻译,载《文选》6:1316—1318 页,在康文中为 439—441 页,第 181—194 行。

宫川尚志在《六朝史研究》中的一篇文章中,用翔实的材料讨论了邺城,537 页。

瑰材巨世,堵埌参差。枌橑复结,栾栌叠施。丹梁虹申以并亘,
朱楯森布而支离。绮井列疏以悬蒂,华莲重葩而倒披。齐龙首而涌
霤,时梗概於滮池。旅楹闲列,晖鉴抶振。榱题黮黮,阶盾嶙峋。

曹操重新安排了排水系统,在漳河上修建水坝,引水入长明沟、将水
沿西墙下一直送入城中心,途经宫殿的主要大门。水道两岸有石、上有
石桥,在流经城东墙进入洹水之前分为两路①。

漳河更远的上游有新建的天平渠,它改变了水流的方向以灌溉邺城
南二十里的农田,那里还有十二条大型的间隔三百步(400 多米)的水渠: ³³⁵
其涉的区域被称为晏陂泽,绵延超过 45 平方公里②。

曹操也发展了新都的交通。邺城可以通过南流的洹水与 204 年为
对战袁氏而修建的白沟连通,但在 213 年,利漕渠开通,位于邺城东北 70
公里处,将漳河与清河连通,自身也吸纳了来自白沟的水源。通过这条
路线,加上更早的洹水的补充,供给和装备就能够被向东运往华北平原
的中心,接着顺清河而北上,或沿白沟而向南③。

---

① 《水经注》10:349 页(《水经注疏》10:20a—b)。《水经注》将这条水记载为湟水,但《水经注疏》
中指出其应为洹水的误写。在本书第五章注释 22 及第六章注释 2 中已经指出,洹水的北支
流经了邺城东部,接着转向西流经了北墙,最终在城的东北角与漳河汇流。见下面即将提到
的玄武湖内容。
　　《魏都赋》的注者李善指出,漳河上的大坝距离邺城十里。其必须有一定高差,可能不大
却很重要,以使水从中流出、穿过邺城进入洹水,并在此流回漳河。
② 《水经注》10:348—349 页(《水经注疏》10:18b);康达维:《萧统(501—531)〈文选〉:卷一京
都》,448 页中对第 337 行的注释,也见本书第四章 179—180 页。
　　《水经注》卷十中记载,流出的水经悬水门调节。李约瑟在《中国科学技术史》第四卷第
三分册,347—349 页中将其描述为叠梁门(stop-log),由互相插入形成框架的木头构成障碍;
与之形成对比的是水闸门(flash-lock),用于可航行的水路,以使船通过。《中国科学技术史》
第四卷第三分册,345—347 页。
　　就像康达维指出的,公元前 4 世纪的魏国就已建立了相似的灌溉系统:《史记》29:1408
页,《汉书》29:1677 页。《水经注》10:348 页,其中将魏国的成果视为曹操工程的前身。
③ 《三国志》1:42 页、《三国志集解》1:100b 页,《水经注》9:326 页(《水经注疏》23a 页);《水经
注》中的记载证明了此渠始于汉代时钜鹿的斥漳县,即今河北的曲周。《中国历史地图集》第
三册:11—12 页也标记了这条渠。

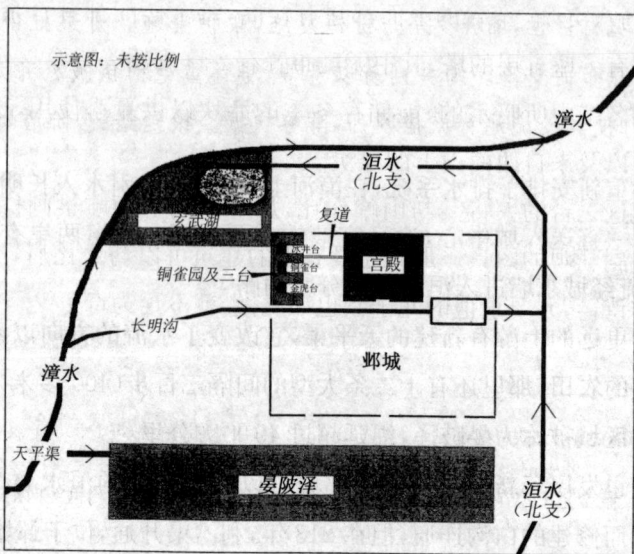

地图 18　邺城　210—220 年

除了这些在建筑、灌溉、排水和运输上进行的动作外,曹操还在西城墙附近建造了玄武湖和三台。

玄武湖位于邺城西北角的洹水与漳河汇流处,最初形成于 208 年,被用作训练水军之地,以应对来自荆州的攻击①。虽然曹操和将士们不久后就经历了赤壁之战的失利,但他们那时已可以用汉水和淮河的河湖来进行训练了,所以玄武湖就成为了游乐的中心,以繁茂的草木、丰富的鸟类、野兽和鱼而著名。在 3 世纪晚期,左思赞美过玄武湖,但是 2 个世纪之后的《水经注》中却悲伤的记录了它几乎消失殆尽,不留痕迹②。

三台位于玄武湖之南,接近长明沟入城之处。位于中间的铜雀台是最大的一座。它与邺城西墙之间有飞桥相连,建筑用土可能来源于曹操之前修建的水利工程,台高十丈,即一百尺、23 米。铜雀台完工于 210 年,后来又增设了铜雀园,其北部是冰井台,南部是金虎台,它们比铜雀

---

① 本书第六章 241—242 页。

② 《文选》6:1345—1346 页;康达维:《萧统(501—531)〈文选〉:卷一京都》,447—449 页,《水经注》9:339 页(《水经注疏》79b—80a 页)。

台略矮,高八丈①。三台的上面都建有楼阁,每个楼阁都有百余间房,铜雀台上还有一座五层的塔,其中无疑布置有一尊或数尊塑像②。冰井台 *338* 就像它的名字中所暗示的,能储存冬季的冰块以供夏季使用,也储藏有粮食、盐,以及来自西面山上的煤炭③。

描绘这三台的人将其与山峰作比,加上它们上面雕梁画栋的层楼,形成了一副壮观的图景。那时还没有别的建筑可以与之比肩,因此曹操为其创作诗篇,并要求他的儿子们也如此做,就不足为奇了④。

---

① 对三台的描述见于左思《魏都赋》:《文选》6:1332 页(康达伟《萧统(501—531)〈文选〉:卷一京都》,445 页)、《邺中记》3a—4a 页、《水经注》10:350—351 页(《水经注疏》21b—23b 页)。然而,这些文献都是出现在后世编纂的集子中的,后两种被认为反映了 4 世纪时后赵的统治者石虎(334—349 年执政)对邺城的修筑情况。

这些文献中都没有明确记载三台是在城墙内还是墙外,但《魏都赋》中暗示了它们与宫殿中的花园很近,而玄武湖在其中被描述为位于另一个独立的位置(《文选》6:1332 页;康达维:《萧统(501—531)〈文选〉:卷一京都》,447 页)。此外,李善注中指出,铜雀园——可能就是铜雀台的所在,在宫殿以西,也提到了它与宫殿以阁道相连,《魏都赋》中则称其为"飞陛"。三台及其附近的园林可能与宫殿的主体建筑通过高架的走廊相连,穿过了四分之一个城市,与洛阳南宫和北宫中的复道相似:毕汉思:《东汉时期的洛阳》,22 页;拙著《建安年间》,16 页。

铜雀台建立于 210 年,见载于《三国志》1:32 页(《三国志集解》78a—b 页),金虎台建于 213 年,见载于《三国志》1:42 页(《三国志集解》100b 页)。《三国志》卷一中并没有记载冰井台的建造日期;《邺中记》3a 页中记载它也建于 213 年,但也有另一种版本,《文选》61:336 页的注释中记载其于 214 年建成。

《水经注》卷十中将"金虎"记载为"金雀"。《邺中记》3a 中则记为"金凤",这应是避石虎之讳。《水经注》卷十的记载中反映了这一变化,也或许是铜雀的错误复写。

清代学者潘眉认为,金虎台的命名是为庆祝曹操在受命九锡时被赐的虎符:《三国志集解》1:110b 页。

②《邺中记》3b 页。其中包含了三台的许多细节,但是都很难理解,我们也无法确定在三台建成的一个半世纪后又进行了哪些重建、复原工作。

三台所在的位置常年遭漳河泛滥之祸,但现代研究者们还是能辨认出其中的两座,铜雀台和金虎/凤台,后者南北 122 米、东西 70 米,现高 12 米。对这一区域的调查发表于《考古》1963 年第 1 期,其中含有地图及对现存遗迹的描述(遗迹接近今天的三台村),图见 http://gj. yuanlin. com/Html/Detail/2007－11/4692. html(2008 年 12 月 31 日),黄永年对这一遗址的变迁做过历史学的研究。

特别感谢中央民族大学的黄义军教授对我了解此项研究提供的协助。

③ 关于煤炭,见李约瑟《中国技术史》第五卷第一分册,239、242 页。

④《水经注》10:349 页(《水经注疏》20a—b 页)中引用了曹操《登台赋》的片段,其中称颂了横穿邺城的长明渠。这段文献并不见于其他书籍,现在也已散佚。关于曹植与曹丕的作品,见本书第九章 408—409 页及注释 69。

曹操在改造自己都城的同时,也建立起了一个与在许的献帝朝廷相匹配的朝廷。在以前服侍过灵帝、后来在刘表处避难的杜夔的指导下,曹操复原了许多皇室音乐,并为自己的仪式增添了适当的音乐和表演者①。他也网罗了许多文人,其中的许多成为了很有名望的人。曹操自身也是一名优秀的诗人,因此能够赞赏其他人的才华,虽然他对那些被视为对手的人出手狠绝,但也有礼貌和容忍的一面。

陈琳就是一个例子。陈琳出生于长江口的广陵,是大学者蔡邕的学生,在180年代是曾是大将军何进的手下。他对何进招揽董卓入京发出过提醒,其后投奔了冀州的袁绍。他是一名出色的文人,在200年袁绍进攻曹操时操刀写过讨伐檄文,其中包括对曹操及其亲属的攻击:曹腾是贪婪的,曹嵩曾恳求被他收养,并在不久后用钱买到了高官厚爵,曹操本身也是"赘阉遗丑"②。

205年曹操击败袁尚时俘虏了陈琳,并指责他:

> 卿昔为本初移书,但可罪状孤而已,恶恶止其身,何乃上及父祖邪?琳谢罪,太祖爱其才而不咎。③

曹操很能抓住人的优点,因此接受了陈琳的道歉,并任命他为自己的秘书,与书法家阮瑀——也是蔡邕的学生——一起起草公文和命令。新兴的魏国的很多文件都出自陈琳之手④。

与此类似,曹操也招募了王粲至自己麾下,但对他更为友善⑤。王粲生于177年,出身于山阳的大族:他的祖父和曾祖父都曾位列三公。180年代晚期,王粲随父亲王谦来到洛阳,并在190年随朝廷前往长安。虽然此

---

① 杜夔传见《三国志》29:806—807页。他曾拒绝为刘表演奏皇室音乐:第六章注释59。我们不知道他在面对曹操时是否放弃了自己的原则。

② 关于讨伐曹操的檄文,见本书第三章129页(特别是注释62)。

③ 引文出自《三国志·魏书》21:600页。——译者注

④ 陈琳(去世于217年)和阮瑀(去世于212年;籍贯陈留)的传记见《三国志》21:599—602页。关于阮瑀,也见侯思孟:《诗歌与政治:阮籍的生平与作品》(*Poetry and Politics: the life and works of Juan Chi A.D. 210-263*),2—5页。

⑤ 王粲(177—217年)的传记见《三国志》597—599页。

时他只有十几岁,但已成为了蔡邕的爱徒,蔡邕把自己的大量藏书都赠予了他,他还曾受到董卓征辟。然而,192 年董卓被王允和吕布刺杀,蔡邕被当做董卓一派而处死,王粲也逃往了荆州。尽管王粲满腹才学、颇具声望,但他还是因其貌不扬而不被军阀刘表看重。他在文学方面的才能为自己赢得了一些机会,也曾在袁谭和袁尚争斗不休时为刘表起草了给他们的书信,提醒他们应防范来自曹操的危险①。然而,他在朝廷中没有实质性的位置,并在当阳游荡了数年,即今天的湖北省当阳市附近。这一阶段他有两篇作品流传很广,其一是《七哀诗》,另一是《登楼赋》。 *340*

许多人都做过《七哀诗》,表达因汉朝衰亡而产生的悲伤、愤怒、失望之感②。王粲有三首诗都以此为题,第一首描绘了从长安的出逃③:

> 西京乱无象,豺虎方遘患。
>
> 复弃中国去,委身适荆蛮。
>
> 亲戚对我悲,朋友相追攀。
>
> 出门无所见,白骨蔽平原……

第二首和第三首都哀叹了自己的流亡,他在当阳完成的《登楼赋》中也表达了这一主题④:

---

① 这些书信都被收录在《王粲集》中;《后汉书》74/64B;2414 页;拙著《建安年间》,319 页。也见缪文杰:《王粲生平及其创作:中国中古诗歌研究》,66—67 页;本书第五章 213 页、注释 21。

② 唐代的注家吕向解释过七哀为哪七种。这是一类题材,王粲、阮瑀及其他人都用以表达时代的悲哀,而曹植的七哀诗则反映了夫妻分离等更为个人的情感;关于后者,见桀溺:《七哀诗:对曹植诗作两个版本的研究》("Les sept tristesses(Qi ai):à propos des deux versions d'un 'poème à chanter' de Cao Zhi")。

③ 缪文杰翻译并解释了这首诗:《王粲生平及其创作:中国中古诗歌研究》,xiii—xiv、126—132 页,傅德山(Frodsham,John):《中国汉魏晋南北朝诗选》(*An Anthology of Chinese Verse: Han Wei Chin and the Northern and Southern Dynasties*),26—27 页,华兹生:《中国抒情诗:从 2 世纪到 12 世纪》(*Chinese Lyricism: shi poetry from the second to the twelfth century, with translations*),35—36 页。桀溺:《王粲的文学》("Lecture de Wang Can(177 - 217)"),这是关于缪文杰《王粲生平及其创作:中国中古诗歌研究》的一篇评论文章,在 289 页讨论了这首诗,并在 294—299 页进行了翻译及详解。诗中的"豺虎"描述的是蹂躏故都的军阀。

④ 对整首《登楼赋》的翻译及讨论,见缪文杰在《王粲生平及其创作:中国中古诗歌研究》,271—280 页、康达维:《萧统(501—531)〈文选〉:卷二郊祀、耕籍、田猎》(*Wen xuan or Selection of Refined Literature: volume two, rhapIsodies on sacrifices, hunting, travel, sighteeing, palaces and halls, rivers and seas; by Xiao Tong (501 - 531), translated with annotations*),236—241 页。

登兹楼以四望兮，聊暇日以销忧。

览斯宇之所处兮，实显敞而寡仇。

挟清漳之通浦兮，倚曲沮之长洲。

背坟衍之广陆兮，临皋隰之沃流。

北弥陶牧，西接昭邱。华实蔽野，黍稷盈畴。

341　　虽信美而非吾土兮，曾何足以少留！

尽管王粲在刘表手不太得志，但还是在 208 年加入了刘表之子刘琮的政府，也成为劝刘琮向曹操投降的谋士之一。曹操考虑到他的调停之功及声望，封他为关内侯①，并担任丞相府的高级文官。王粲成为了一群学者和文人的核心，他们大多三十来岁，曹操也因对他们艺术的鼎力支持而声名日著。

曹操晚年，他的儿子曹丕编撰了《论文》这一中国最早的文论之一，并在其中将七人推为建安七子②。建安七子中除了王粲、陈琳和阮瑀，还有刘桢、徐幹、应玚和孔融③。他们与竹林七贤不同，竹林七贤是 3 世纪中叶的杰出人物，代表人物是诗人阮籍和嵇康④，而建安七子并不是一个独特的小团体，而是曹丕个人选出来的：据说曹丕深爱孔融的作品，并积极将他推上七子之首的位子，但比其他人都年长的孔融，却在公元 208 年于曹操进击荆州和王粲被征召之前被处死。

---

① "关内"一词通常翻译为 Land Within the Passes，指西汉的京畿地区。传统上，国民是不能拥有君主领地内的采邑的，所以"关内侯"并不拥有任何特定的采邑，也不必定世袭。其排位在真正拥有采邑的侯之下。

　　我将关内侯翻译为 secondary marquis，而德效骞将其译为 Imperial Domain，毕汉思译为 Passes，鲁惟一译为 Nobility of the Interior，《剑桥中国秦汉史》中则译为 Lesser Marquisate。

② 《论文》是曹丕编纂的巨著《典论》中的一部分，现见《昭明文选》。

③ 刘桢(217 年去世；籍贯东平)、徐幹(170—217 年；籍贯北海)、应玚(217 年去世；籍贯汝南)的传记见《三国志》21：599—602 页；孔融(153—208 年；籍贯鲁)的传记见《后汉书》70/60：2261—2279 页。关于孔融之死，见本书第三章 117 页。

④ 关于竹林七贤，见白乐日(Balazs, Etienne)：《虚无主义的反抗或神秘主义的逃避：公元三世纪的中国思想激流》(*Nihilistic Revolt or Mystical Escapism：currents of thought in China during the Third Century A. D.*)，236—242 页，侯思孟：《嵇康的生平和思想》(*La vie et la pensée de Hi Kang*)、《诗歌与政治：阮籍的生平与作品》(*Poetry and Politics：the life and works of Juan Chi A. D. 210 - 263*)。

尽管孔融死于非命,天资卓异的祢衡也被放逐并在公元 198 年在南方被杀①,但 3 世纪初仍然被视作是一个文学和学术异常繁盛的时期。在邺城朝廷,除了这几位之外,还有杨修和丁仪、丁廙兄弟——尽管他们三人是曹丕的政治对手,并且死在他手里②——但曹操确立的这种尚文的传统在儿子曹丕和曹植那里得以维持,而曹植仍然被看成是中国语言文学中最伟大的诗人之一③。

汉末的非散文写作有两种形式。一种是赋,有时也被称为"散文诗",篇幅很长,韵律繁复,使用大量的词汇和典故。这类作品可以追溯到《离骚》,它被认为是公元前 4 世纪的传奇人物屈原的作品,并被收入《楚辞》诗集④,赋的地位在西汉得到了确立,尤其是在公元前 2 世纪的司

343

---

① 本书第三章 117—118 页曾讨论到祢衡;他去世于 198 年。

② 丁氏兄弟的名字分别是仪和廙,二者的汉语拼音都是 yi。他们的郡望是沛,很可能与曹氏有联姻关系(本书第一章,28 页),曹丕于 220 年赐死了他们。他们的传记见《三国志》19:561—562 页,而杨修出自弘农郡,于 219 年被曹操杀害,传记见《三国志》19:558—560 页。他们的事迹也见本书第九章 413—416 页,关于杨修,见本书十一章 475、478、486、503 页。

③ 还有一位是蔡琰,她的传记见《后汉书》84/74:2800—2803 页。她是蔡邕的女儿,一生跌宕起伏,并至今仍具有传奇色彩。

蔡琰饱读诗书,能言善辩,精于音律,她于 194 年落入匈奴手中,并成为了匈奴统治者后宫中的一员。她在匈奴十二年之久,并育有二子,但 206 年左右曹操用金钱把她赎了回来。曹操将她嫁给屯田校尉董祀。不久后董祀获罪被判死刑,在蔡琰的劝说下,曹操撤消了这一命令。

此外,大概在此时曹操向蔡琰询问了蔡邕藏书的情况,她回答说蔡邕留下了四千余卷书,但其中的大部分都已被毁,她只能复述出四百余卷的内容。应曹操的要求,她将记忆中的内容写了出来,这些文稿被收藏于官方图书机构。蔡邕将自己的大半藏书赠给了王粲,王粲可能带着它们流亡到南方,并于 208 年北上,所以蔡琰回忆出的这部分显然是对其的补充。

据称蔡琰也曾作诗抒发自己的不幸,《后汉书·列女传》中她的传记部分收录了三首;前两首名为《悲愤诗》,是后来诸多此题材诗的先driver声河。然而,对于此有很多讨论,如它们是否确实是蔡琰的作品,而傅汉思在《蔡琰及其诗作》("Cai Yan and the Poems Attributed to Her")一文中,从细节指出没有一首真正是蔡琰的作品,它们都是模仿的作品——是此时一种流行的诗歌形式。在 154 页他引用了丁廙的《蔡伯喈女赋》(《艺文类聚》30:26b),其中有一部分就是以蔡琰为第一人称叙述的。在 156 页他总结到:

"对历史上的蔡琰,我们知之甚少。我们也不知道她是否在文学上具有天分。流传至今的散文或诗篇,都不是她的单独作品。"

傅德山《中国汉魏晋南北朝诗选》一书的 9—13 页,翻译了她的第一首诗,并在前言中承认了对其作者存在争议,但也指出"可以肯定的是,它在中国文学史上是最为深刻的一首诗之一。"

关于后来的小说作品中曹操和蔡琰的关系,见本书第十一章 502 页。

④ 霍克思(Hawkes, David):《楚辞》(Ch'u Tz'u),其中的 22—34 页讨论了《离骚》。

马相如的作品中①。东汉时期,班固和张衡分别撰写了著名的描述两京的赋②,而这种繁复的格式在祢衡、王粲和其他人那里延续了下来。

与此相反,格律诗则来自一种简单的传统,是《诗经》这一可以追溯到公元前一千年的儒家诗歌经典的回响。赋需要靠高度繁复的文学格式来写作,而诗歌则声称要反映普通民众的心声,它的词汇是简单平实的,段落也常常与音律相合,有时候甚至会在诗句长度和韵律节奏方面契合音律。在儒家观念的指导下,西汉乐府被认为应采集民歌,以作为向统治者传达民间疾苦的渠道,而实际上,乐府更多地是在朝廷中扮演角色,也负责为皇室娱乐准备时下流行的歌辞③。桀溺很好地讨论了赋是如何影响与约束了诗歌文学的发展的,但繁缛复杂的赋带来了对更简单的、易理解的诗句的需求;乐府诗和其他遵循这种传统的作品填补了这一空白:

344

"自乐府诗诞生以来,宫廷的伶人、歌手开始细心雕琢这种新的文字形式,其以简洁、直白、精炼为特点,有一种幼稚的风格,有时甚至会冒犯人,但是这种文字特点,对于繁复的赋而言是一股清风,很容易受

---

① 司马相如(约前 179—前 118 年)的传记及他的赋见《史记》一一七卷,翻译见吴德明 (Hervouet,Yves):《史记 117 卷(司马相如列传)》(Le chapitre 117 du Che-ki(Biographie de Sseu-ma Siang-jou);也见氏著《宫廷诗人司马相如》(Un poéte de cour sous les Han:Sseu-ma Siang-jou)。

② 班固(32—92 年)是《汉书》的主要编纂者,其传记见《后汉书》四十/三十卷。他的《两都赋》译文见康达维《萧统(501—531)〈文选〉:卷一京都》,93—180 页。
　　著名学者、科学家张衡(78—139 年)的传记见《后汉书》五九/四九卷。他的《西京赋》和《东京赋》译文见康达维《萧统(501—531)〈文选〉:卷一京都》,181—310 页。更多汉赋的译文,见华兹生:《汉魏六朝赋选》(Chinese Rhyme-Prose:poems in the fu form from the Han and Six Dynastiesperiods)。

③ 关于西汉时乐府的职能和影响,见桀溺:《中国古典诗歌的起源:对汉朝抒情诗的研究》(Aux origines de la poésie classique en China:étude sur la poésie lyrique à l'époque des Han)、白安妮(Birrell,Anne):《中国汉代的歌谣》(Popular Songs and Ballads of Han China)。关于乐府的政治情况,见鲁惟一:《公元前 104 年至公元 9 年汉代中国的危机和冲突》(Crisis and Conflict in Han China 104 BC to AD 9),193—210 页。乐府分为许多部分,一些直接是直接采集的民间歌谣,一些是佚名的作品,但这些作品很明显是出自官员之手,也有一些是后世模仿者的作品。然而这一名称,在后世也被运用,其与"诗"的界限常常是模糊的。

到欢迎。"[1]

此外，东汉产生了另一种诗歌形式，其代表作品是《古诗十九首》。这种诗歌都是五言的，虽然它们的作者肯定都是受过教育并且技巧娴熟的人，但表现的主题——特别是关于分离和死亡的——是来自于乐府的平民传统。桀溺认为这些古诗代表了一种革命，是对《诗经》和《楚辞》的回应，但却在形式和哲学思想上都开拓出了一种新的类型[2]，其也是东汉末作家们发展出的个人化诗歌的基础。这些新歌很多都符合五言诗的韵以及《古诗十九首》的普遍格律，但是也有一些在韵律和主题上是乐府诗的回响，采取了四言或长短句的形式。然而，最主要的是，诗歌在文学性上开始与赋并驾齐驱了，并且像王粲一样的诗人可以用这两种形式同样进行创作。

这种新诗中的一些是非常个人化的，但其中的许多首，即便是带有丰富感情，也不需要直接描述自己的经验。在《七哀诗》的第一首中，王粲对离开长安的描述未必完全契合自己在老师蔡邕去世后逃离长安的真实情况，其中言及的城门外的凄凉景象更多是象征性的，而非真实的[3]。他的《登楼赋》也是如此，虽然其表达了他对被放逐到当阳灰心丧气，并描述了当阳城的情况，但这些都是具有暗示性和程式化的元素，其文学性胜于个人性。正如桀溺指出的，任何诗或赋都能且也应该与作者 345 的生活直接关联起来的观点，虽然在评论界很有影响，但这种"传记谬误"(the biographical fallacy)有时反而会掩盖了作品的重要性，而非阐

---

① 桀溺：《中国古典诗歌的起源：对汉朝抒情诗的研究》，64—67 页。

② 桀溺：《古诗十九首》，特别是其中的 161—162 页。

③ 桀溺：《王粲的文学》，297 页，其中注意到墓葬常在城门之外（就像现在仍能在罗马的亚壁古道旁看到的墓葬一样），而这一主题可以追溯到《诗经》和《乐府》之中。此时的许多作品都受其影响，特别是曹操的《碣石》诗，就是以"步出夏门行"为题，本书第 5 章末尾翻译了它。也见桀溺：《曹操的诗作》，130 页及以下。

发了它。①

曹操手下的诗人创作了大量题名相同的作品。其中一些主题的灵感是源自乐府和《古诗十九首》中对平凡生活的描述：夫妻离别或是无依无靠的痛苦。例如，陈琳的《饮马长城窟行》描述了丈夫因征兵而离开妻子的痛苦②；徐幹在《室思》和《情诗》中都表达了孤独的女子的相思之情③；阮瑀的《驾出北郭门行》则抒写了孤儿的哀苦④。其他作品的题材也都是常见的，而诗人们对其有多种多样的理解和处理方法：如阮瑀、王粲和曹植就都创作过关于为秦穆公陪葬的三良的诗作⑤。表达和想像在作者之间流传，因此曹植描写自己返回洛阳——很可能是虚构的——的诗歌，可以被看做是我们在上面引用过的王粲描述自己离开长安的作品
的回应：

> 步登北邙阪，遥望洛阳山。
>
> 洛阳何寂寞，宫室尽烧焚。
>
> 垣墙皆顿擗，荆棘上参天。

346

① 桀溺：《王粲的文学》，305 页；关于《登楼赋》，见其中 293—294 页，傅汉思：《曹植诗作十五首：以新的方法进行分析》，2 页，其中引用了许多西方评论，同样指出了其中的"意图谬误"（intentional fallacy）：应以诗自身的意思为基础，判断诗人的想法和感受，而非根据其他的附加证据。

② 《饮马长城窟行》：白安妮《玉台新咏：中国早期爱情诗选集》（*New Songs from a Jade Terrace : an anthology of early Chinese love poetry, translated with annotations and an introduction*），48—49 页。这首诗是以长期劳役在长城边关的人为视角，而另一首与其题名相同的诗作，则是以一位丈夫同样远行的妇人为主角：白安妮：《玉台新咏：中国早期爱情诗选集》，47—48 页，傅德山：《中国汉魏晋南北朝诗选》，1—2 页（白安妮认为，后一首可能出自蔡邕之手；傅德山则署其为佚名）。此时长城本身已淡出人们的视线，但"饮马"却成为了表现分离的诗歌主题。

③ 白安妮《玉台新咏：中国早期爱情诗选集》，49—50 页，51 页。

④ 傅德山：《中国汉魏晋南北朝诗选》，32 页。

⑤ 桀溺《王粲的文学》，299 页及以下、高德耀：《读曹植〈三良诗〉》（"On Reading Cao Zhi's 'Three Good Men'"）。三良的陪葬第一次出现在《诗经·黄鸟》中：理雅各：《中国经书》IV 诗经，198—200 页，也见本书第一章注释 36。高德耀认为，这首诗完成于 211 或 212 年，曹植和阮瑀随曹操大军征战西北之时：他在第 8 页引用了曹植的《离思赋》以证明这一点。

不见旧耆老,但睹新少年①。

曹植和他的哥哥曹丕分别出生于 192 年和 187 年,他们比王粲及其同僚们小十多岁,但身为曹操之子,地位特殊,且他们的文学修养也赢得了世人的尊敬。他们传世的信件和诗作中涉及到友好欢乐的聚会、宴饮及户外集会,在那里多才多艺的人聚集到一起各展其能,并交换关于哲学和诗歌的想法②。

虽然陈琳和阮瑀也有诗歌存世,但他们主攻散文——包括纪录、信件、公文——而尽管曹丕很欣赏应场、刘桢和徐幹的诗赋,但它们留存下来的很少③。然而,应场却因编辑了有关围棋的论述而著名④,徐幹的《中论》则收集了数篇哲学文章,其中强调了儒家理念与现实的名实之符,流传至今⑤。

除此以外,约 206 年,年约二十五岁的哲学家仲长统被荀彧引荐给曹操。他成为尚书郎,是曹操手下的核心文官,并在不久后完成了《昌言》。

---

① 这首著名的诗歌是曹植的两首《赠应氏》中的第一首,其中的应氏可能是应场或他的弟弟应璩。曹植早年的许多诗作都有这种受赠者,这反映出他与邺城文学圈的紧密联系。这首诗有英译本,傅汉思:《曹植诗作十五首:以新的方法进行分析》,8 页,华兹生:《中国抒情诗:从 2 世纪到 12 世纪》,39—40 页。

就像上一个注释中提到的,这首诗也被认为是作于 211 或 212 年的,此时曹植可能与应氏兄弟在洛阳相遇。然而,曹植本人却没有生活在东汉晚期的首都洛阳的经验,因为董卓于 190 年就弃洛阳西奔了,而此时曹植尚未出生,虽然他可能在笔下与应氏兄弟有同情之感,但我们无需以此来验证这首诗就是缅怀旧日之作。它更值得注意的是闲逛者这一概念,他登高望远,满目荒芜,城郭尽毁,与王粲对长安的哀歌异曲同工。

② 特别见高德耀:《曹植(192－232 年)的宴饮诗》("Cao Zhi's(192－232) Symposium Poems"),3—6 页,其中引用了曹丕和曹植与吴质的书信。曹丕的《与吴质书》中写到:

每至觞酌流行,丝竹并奏,酒酣耳热,仰而赋诗……

③ 徐幹传世的两首诗作见本书 346 页的引用,而应场和刘桢所作的宴饮诗见本书第九章 413 页。傅德山:《中国汉魏晋南北朝诗选》30—31 页中翻译了刘桢的其它三首诗作,但评论到,虽然他的排名仅仅在曹植之后,但其传世的十四首诗并没有特别令人印象深刻之处。

④ 《弈势》,见姚振宗:《后汉艺文志》,108b,其中引用了《太平御览》753:8b。"弈"是围棋的另一个名称,也即日语中的"Go"。这一游戏在东汉、曹操时期很流行,据说也出世了著名的国手:《三国志》1:54 页裴松之注引 3 世纪晚期张华的《博物志》。

⑤ 梅约翰(Makeham, John):《早期中国思想中的名实论》(*Name and Actuality in Early Chinese Thought*)。徐幹的两首诗上面引用过,英译本见白安妮:《玉台新咏:中国早期爱情诗选集》,注释 39。

仲长统出身富贵,但却指出私有财产的集中以及大地主的贪婪最终足以动摇任何国家。他义愤地描述了当皇亲贵戚的子孙的才能和道德一代不如一代时,王朝走向毁灭的过程,也主张限制私有财产,资助必要的农业和教育——这一工程需要强有力的行政以及不断增加的税收,谨慎地选择官员是其保障。与徐幹类似,仲长统关注名实之间的关系,但他论述的内容则主要是衰落的汉政府所失去的良好秩序只能被强有力的政府重建。他的建议反映了时局的艰辛,侯思孟注意到,"他的思想也标志着长久以来的儒家政治哲学传统的结束……传统认为有德行的统治者将会带来世界的和平与繁荣。"曹操无疑很欢迎仲长统这种对自己超常规权力的支持①。

348

诗歌和自辩文

集聚在邺城的文人雅士们使许多士族对曹操青眼有加,他通过战争得来的权力取得了在文化上的正统性。此外,曹操本人对音乐也颇有修养,并且是一位很好的诗人,是改编乐府及古诗的形式以抒发自己情感的先驱之一②。其他人,比如孔融,也可以写出类似的具有个人风格的作品,但曹操将诗歌的文学性和复杂性都大大提高了,而比他年轻一些的同时代人如王粲及他杰出的儿子曹植等人则继续将之发扬光大。

---

① 侯思孟:《中国上古与中古早期的山水欣赏:山水诗的产生》,70—74 页,特别是 71 页。仲长统(180—220 年;籍贯山阳)的传记见《后汉书》49/39:1634—1659 页,白乐日也讨论了他的理论:《汉末的政治哲学与社会危机》(*La crise sociale et la philosophie politique à la fin des Han*),116—131 页;英译本(*Political Philosophy and Social Crisis at the end of the Han dynasty*)的 213—225 页。仲长统的传记后附有一篇他关于美好的庄园生活的短文,见《后汉书》49/39:1644 页;伊佩霞:《东汉经济社会史》(*The Economic and Social History of Later Han*),624 页,海陶玮(Hightower, James Robert)《陶潜的赋》("The Fu of T'ao Ch'ien"),216—218 页。也见《资治通鉴》65:2067 页;拙著《建安年间》,349—350 页。在这一时期的其他文学家中,我们还讨论了颍川荀悦,见下文 300 页。

② 曹植在为父亲所做的悼词中描述了他是如何创作诗篇并使之与琴瑟相合的:《曹集诠评》,168—170 页,特别是 169 页。王沈《魏书》中记载的曹操的官方悼词中也有相似的段落:"登高必赋,及造新诗,被之管弦,皆成乐章。"《三国志》1:54 页裴松之注;本书第十章 446 页。这些文献桀溺在《曹操的诗作》一文中都引用过,198 页。

　　登高赋诗是此时的流行,悼词中的描述可能有所夸大了,但曹操对用音乐配诗的兴趣是确实存在的。

我们已经在第五章最后翻译了曹操的乐府诗《步出夏门行》,其也常被称为《碣石》诗,而桀溺以"政治、逃离和抒情"为主题,讨论了曹操的全部诗作,包括不完整的片段①。在她认为与政治有关的六首诗中,涉及了东汉政府的衰亡、混乱的时局、过去和未来的英雄及典范;其中自然也包含有用于宣传的元素,比如对战争带来的不幸表现出的同情和愤怒。例如,《蒿里行》描述了讨卓联军的首领内部的争执后及后来的相互攻伐,其结尾的最后四句读起来与王粲及其他人的作品风格很像:

349

> 白骨露于野,千里无鸡鸣。
> 生民百遗一,念之断人肠②。

与之相较,主题是逃离的七首诗则上承自屈原《离骚》以及《楚辞》里的其他诗歌的传统,描绘了不可思议的旅行以及神交:

> 驾虹霓,乘赤云,登彼九疑历玉门。
> 济天汉,至昆仑,见西王母谒东君③。

---

① 《曹操的诗作》一书中的"政治、逃离和抒情"一章。桀溺翻译和注释了这些诗作,还提供了各种版本的中文原文。曹操诗作的其它译本,包括白乐日:《曹操诗二首》(Ts'ao Ts'ao, Zwei Lieder)、石坦安(von den Steinen, Diether)《曹操诗集》("Poems of Ts'ao Ts'ao")、傅汉思:《汉魏时期作为高雅的文学类型的乐府诗的发展》、柯睿:《曹操的肖像:关于曹操及其传说的文学研究》。

② 译文见桀溺:《曹操的诗作》,32—40 页,柯睿和傅德山也翻译了此诗:《曹操的肖像:关于曹操及其传说的文学研究》,68—69 页,傅德山:《中国汉魏晋南北朝诗选》,28—29 页。
　高里山是泰山南坡的一座山峰,被认为是死后的居所。"高"也写作"蒿",所以"蒿里"一词成为了陵墓的象征,这一主题用于葬礼上的挽歌:沙畹:《泰山:中国祭祀专论》(Le T'ai chan : essai de monographie d'un culte chinois),104—107 页。此诗为五言,隔句押韵。

③ 引自《陌上桑》:桀溺:《曹操的诗作》,73—77 页,柯睿也翻译了本诗:《曹操的肖像:关于曹操及其传说的文学研究》,77—78 页。这首诗的格式是三、三、七言,但传统的乐府诗《陌上桑》是普通的五言,主题也与曹操的大不一样:一位地方官与一名年轻的女子搭话,但女子嘲笑了他的主动,并称自己的丈夫在位阶和品性上都远胜于他:白安妮《中国汉代的歌谣》,169—173 页,《玉台新咏:中国早期爱情诗选集》,33—34 页。
　描述马车神奇的最常用方式就是称其拉车者为龙,但龙可能是彩虹的形式:柯睿:《曹操的肖像:关于曹操及其传说的文学研究》,111 页注释 95。九嶷山是今天湖南省内的南岭山脉;玉门是通往西域和中亚的门户玉门关。天汉在此处指"河汉":桀溺:《古诗十九首》,27、105 页,鲁惟一:《天堂之路:中国长生之道研究》(Ways to Paradise : the Chinese quest for immortality),111—115 页。昆仑山被相信是西王母的所在,她是中国古代的一位神祇,有使人长生的权力。她的伴侣东王公或简称东君,有时会前往西方与她会合:鲁惟一:《天堂之路:中国长生之道研究》,111、121—123 页。

297

除了神奇的相遇和宴席外,旅行还会带来长生之机,桀溺据这些诗作认为曹操对此深信不移①。他观察到诗中用相当大的篇幅来描述神奇的想象,并疑惑于曹操为什么想要描写它们。他也注意到,曹操在晚年信用了一批像郝孟节、甘始以及左慈一样的方士,所以他可能真的对他们所宣称的长生不老的境界很感兴趣②。然而,大约与此同时,曹操却禁止了所有此类书籍,以及与《孙子兵法》相关的著作——他可能希望垄断这种知识,但是其中的矛盾之处似乎是无法解释通的③。

曹操的儿子曹植认为父亲支持这种非正统的人士,仅仅是为了控制他们及限制他们的能力,以防他们在轻信的群众中激起什么麻烦,他和他的家族都不相信方士们宣称的自己所具有的能力④。桀溺引用了另一条文献,其中记载曹植称曹操测试了甘始和左慈,他们通过了测试,所以曹氏父子可能改变了之前的观点;然而,这一晚出的文献是值得怀疑的⑤。也许曹操对他们的怀疑是政治上的,而他在私下是他们的信徒,但我们没有很好的方法确定此事⑥。曹操的这些作品可能仅仅是这一时期的潮流的反应,他也乐于创作此类主题的作品。这种文学技艺与一个人

---

① 桀溺:《曹操的诗作》,68—72 页。

② 《后汉书》82/72B:2750 页;吴文学:《中国古代的占卜、魔法与政治》,142 页。《博物志》的作者张华也持此观点,见《三国志》1:54 页裴松之注。

③ 对内学和兵法的禁止,见《三国志》23:660 页裴松之注,其中引用了学者吉茂的传记,他在217 年因被怀疑参与亲族的逆谋而险些被杀(本书第 10 章 424—425 页),但也因为有以上的藏书而陷入危险。

④ 《辩道论》,载《三国志》29:805—806 页裴松之注;侯思孟翻译并讨论了相关的段落:《曹植与洛神》("Ts'ao Chih and the Immortals"),19—21 页。

⑤ 文献名为《释疑论》,见载于 4 世纪的葛洪《抱朴子》,侯思孟翻译、讨论了这条文献:《曹植与洛神》,25—28 页。

　　然而,这篇文章无法肯定出自曹植之手。桀溺:《曹操的诗作》,72 页,其中引用了侯思孟的说法(27 页):"此文似乎不是伪作,但仅仅向我们展示了曹植变得更为成熟",但紧接着(28页)就指出"事实上,除了这篇文章以外,曹植似乎并不相信此类学说。"高德耀:《司马门事件:曹植、继位和文学声誉》("The Incident at the Gate: Cao Zhi, the succession, and literary fame"),240 页注释 51,也怀疑《释疑论》一文的真伪。

⑥ 就此而言,引起我们注意的是一种通过与许多妇女交欢而不射精来增强生命力的著名方法。上引《博物志》中记载,曹操是此术的信徒,但似乎他更精于第一步而非第二步。他与许多妇女有染,当他于 65 岁去世时,至少拥有 25 个儿子、7 个女儿。

真正的观点或是他在其他环境中的行为没有联系。

在其他诗作中,曹操是认同人生短暂的;但他拒绝因此陷入绝望或干脆及时行乐。《秋胡行》的第二首开头这么写道:

> 愿登泰华山,神人共远游。

其结尾是:

> 戚戚欲何念! 欢笑意所之。
>
> 壮盛智愚,殊不再来。
>
> 爱时进趣,将以惠谁?
>
> 泛泛放逸,亦同何为!
>
> 歌以言志,戚戚欲何念![1]

在此,就像在曹操的其他诗歌中一样,我们可以听到一位赋有活力、权威和自信的男人的声音[2]。

被桀溺分类为抒情类别的六首作品中,包括《碣石》四首,其显然与207年在北方对乌桓及袁氏兄弟的战争相关。另一首是《苦寒行》,被归为206年对战高幹时创作[3]:

352

---

[1] 桀溺:《曹操的诗作》,97—103页,白乐日:《曹操诗二首》,185—186页,柯睿:《曹操的肖像:关于曹操及其传说的文学研究》,262—264页。

　　秋胡的故事讲述的是他在离家五年为官后返回家里发生的事情。他快到家门时试图调戏一名采桑的妇女,但她拒绝了他。当他到家后,才发现那位女子正是自己的妻子;妻子感到非常羞愧,竟选择了自杀。虽然曹操的这首诗与这个故事没有直接联系,但桀溺认为故事悲伤的基调反映到了曹操的诗歌之中。

[2] 桀溺:《曹操的诗作》,81页。

[3] 桀溺:《曹操的诗作》,118—129页,柯睿:《曹操的肖像:关于曹操及其传说的文学研究》,59—66页,查赫:《中国文选:〈昭明文选〉译文》II,479—480页。曹操对高幹的战争,见本书第5章224页。

　　这首诗有两个版本。其一见载于《文选》,也即本书中引用的版本,五言,而另一个版本更长,在每节的中间采用的是二、二、五言的形式。后者可能是为与音乐相和的;桀溺认为这首诗在最初就是一首歌曲。

　　柯睿:《曹操的肖像:关于曹操及其传说的文学研究》,61—62页,指出虽然在汉代就已有五言诗,但其标准形式是四言。他注意到,诗句中有很多感叹词;可能是为了达到口语的效果,但也存在"一点技术上的不确定性",并指出"虽然曹操时已流行五言,但他仍常常用旧体的四言来表达自己的思想"。

299

北上太行山,艰哉何巍巍!

羊肠坂诘屈,车轮为之摧。

树木何萧瑟,北风声正悲。

熊罴对我蹲,虎豹夹路啼。

溪谷少人民,雪落何霏霏!

延颈长叹息,远行多所怀。

我心何怫郁,思欲一东归。

水深桥梁绝,中路正徘徊。

迷惑失故路,薄暮无宿栖。

行行日已远,人马同时饥。

担囊行取薪,斧冰持作糜。

悲彼《东山》诗,悠悠使我哀。

然而桀溺指出,这首诗并非作于 206 年曹操率军西出邺城攻击高干之时,而是涉及到了向北方的进军。事实上,这首诗的主题要比描述在山间的艰难情况更深刻,行军中的困难象征了曹操在努力重建国家秩序时,面临的生理和心理上的重重困难、以及对手下听命的战士的同情。同时,《诗经》中据说是辅佐帝王的周公所作的《东山》中,也描绘了战士们常年征战的困境;而周公是曹操宣称想要扮演的角色①。

大概曹操最著名的一首诗是《短歌行》的第二首②。它与上面的《苦寒行》是曹操被《文选》收录的唯二作品,也出现在《三国演义》中,据说曹

353

---

① 《东山颂》见理雅各:《中国经书》Ⅳ《诗经》,235—238 页。诗中的每一小节都以此开始:"我徂东山,慆慆不归;我来自东,零雨其濛。"这首诗华兹生也有译本,载梅维恒(Mair,Victor H)编辑:《哥伦比亚中国古典文学选集》(*The Columbia Anthology of Traditional Chinese Literature*),456—457 页。
② 应为第一首。——译者注

操在赤壁之战前吟诵了它①：

> 对酒当歌，人生几何！譬如朝露，去日苦多。
>
> 慨当以慷，忧思难忘。何以解忧？唯有杜康②。
>
> 青青子衿，悠悠我心③。但为君故，沉吟至今。
>
> 呦呦鹿鸣，食野之苹。我有嘉宾，鼓瑟吹笙④。
>
> 明明如月，何时可掇？忧从中来，不可断绝。
>
> 越陌度阡，枉用相存。契阔谈䜩，心念旧恩。
>
> 月明星稀，乌鹊南飞。绕树三匝，何枝可依⑤？
>
> 山不厌高，海不厌深。周公吐哺，天下归心⑥。

354

　　这是一首四言诗，还引用了《诗经》中的两句，曹操采用了最为传统的形式，但是变换了主题和感情。前两节主要表达了及时行乐的意思，用饮酒高歌克服生命中的无常和悲伤。接下来的两节将作者对同伴的渴望与聚集在一起志得意满的鹿群以及伟大统治者的宴席作比，而第五、六节则以更强烈的感情重复了这一主题。最后，表达了学者及其他高人就像孤独的鸟儿一样，寻找着不确定的栖息之处，曹

---

① 《文选》27：11b—12a；查赫：《中国文选：〈昭明文选〉译文》Ⅱ，478—479 页，《三国演义》第四十八回，邓罗（Brewitt-Taylor，C. H）：《三国演义》(*Lo Kuan-chung's Romance of the Three Kingdoms "San kuo chih yeni"*)，503 页。苏轼在《前赤壁赋》中也引用过此诗，可见认为它与赤壁之战有关的看法在 11 世纪就已经产生了：见本书第六章注释 73、第十一章 482—483 页。

　　邓罗的译本差强人意，但桀溺翻译了此诗：《曹操的诗作》，108—117 页，附加了注释及评论，柯睿：《曹操的肖像：关于曹操及其传说的文学研究》，87—92 页。本书对这首诗的翻译大部分据桀溺译本。

② 杜康是传说中周代的酿酒者，以酿造酒的质量闻名；他的名字也常被用来指代酒本身。

③ 这两句直接引用了《诗经·子衿》，指的是一位女子对她飘忽而冷漠的恋人的渴望：理雅各：《中国经书》Ⅳ《诗经》，144 页。

④ 这一节直接引用了《诗经·鹿鸣》，描绘的是统治者招待贵客；理雅各：《中国经书》Ⅳ《诗经》，245 页。

⑤ 这是关键的一节，在下面的注释 70 中还会讨论。

⑥ 典出《韩诗外传》Ⅲ．31，翻译见海陶玮：《韩诗外传：韩婴对古典歌谣的说教性解释》(*Han shih wai chuan: Han Ying's illustrations of the didactic application of the Classic of Songs; an annotated translation*)，114 页，描写了周公为接见有才能的人士而三次吐哺的故事。

355 操慷慨陈词，将自己与周公相比，在天下寻找可以为国效力的
人才①。

在《三国演义》中，这首诗表达了曹操对自己力量的歌颂，也体现出
他在耻辱的大败前夕的过度自信，诗歌的对象可以被认为是刘备和孙
权，曹操期望他们能够归降。曹操的官员刘馥对明月以及乌鹊南飞无处
可停的画面表示了反感，认为其是不祥之兆，却因此被杀。这种描述是
违反史实的，因为刘馥在此之前就已去世了，但是苏轼在《赤壁赋》中也
引用了这首诗中的句子，并引出了他对于在时间面前人类渺小的感慨②。
然而，没有理由可以使人相信这首诗是写于赤壁的，它也不是专门写给
刘备或其他特别的人的。它仍是一种令人印象深刻的对情感和希望的
表达。

210 年冬，严格来讲是西历 211 年的 1 月，曹操颁布了特别的《让县
自明本志令》，阐述并试图证明他当前获得的权力和地位的合法性。在
其他时候，令是曹操用来宣布政策和法规的，但此时他则给出了自己政
治生涯的详细记录。正如鲍吾刚所指出，这份自辩书是中国最早的自传

---

① 本诗的另一个版本见《宋书》21：610 页，省略了第六、七节，颠倒了第四、五节，而《艺文类聚》
42：1a 中的版本只有第一、五、七、八节。我认同桀溺的观点，认为《文选》中的较长的版本更
为接近原始版，其它版本都是简化重排的，使原作的效果打了折扣。
② 这种意向出现在全诗第七节，只在《文选》的版本中才有，《宋书》中并不见载。月明星稀这一
意向可以被解释为曹操骄傲地将自己比喻为明月，而对手为稀疏的星星，而此节的最后一句
可能更有象征意义。在《文选》的版本中，此句为"何枝可依"，而在《三国演义》中，是"无枝可
依"。在前一个版本中，曹操指人们可以选择一个领袖；在后一个版本中，他暗示了他自己是
唯一的选择。
　　在《三国演义》中，刘馥反对的显然是"月明星稀"反映出的曹操的自大，而更具象征意义
的是，鸟无枝可依的意向暗示着无休止的战争。
　　苏轼在《前赤壁赋》中，仅仅引用了"月明星稀，乌鹊南飞"一句。桀溺的文章中没有提到
《三国演义》中的版本及其可能的解释。

之一①。 　　　　　　　　　　　　　　　　　　　　　　　　*356*

　　孤始举孝廉[174 年]，年少，自以本非岩穴知名之士，恐为海内人之所见凡愚，欲为一郡守，好作政教，以建立名誉，使世士明知之；

　　故在济南[184 年]，始除残去秽，平心选举，违迕诸常侍。以为强豪所忿，恐致家祸，故以病还[187 年]。

　　去官之后，年纪尚少，顾视同岁中，年有五十，未名为老。内自图之，从此却去二十年，待天下清，乃与同岁中始举者等耳。故以四时归乡里，于谯东五十里筑精舍，欲秋夏读书，冬春射猎②，求底下之地，欲以泥水自蔽，绝宾客往来之望。

　　然不能得如意。后徵为都尉，迁典军校尉[188 年]③，意遂更欲为国家讨贼立功，欲望封侯作征西将军，然后题墓道言"汉故征西将　*357*军曹侯之墓"，此其志也。

　　而遭值董卓之难，兴举义兵[190 年]。是时合兵能多得耳，然常自损，不欲多之；所以然者，多兵意盛，与强敌争，倘更为祸始。故汴水之战数千④，后还到扬州更募，亦复不过三千人，此其本志有限也⑤。后领兖州[192 年]，破降黄巾三十万众。

---

①《三国志》1：32—34 页裴松之注引《魏武故事》。柯睿《曹操的肖像：关于曹操及其传说的文学研究》翻译并讨论了这段文献，9—15 页，鲍吾刚（Bauer, Wolfgang）也翻译了这段文献的一部分，《中国面孔：自中国文学产生至今的自传性描述》（*Das Anlitz Chinas：die autobiographische Selbstdarstellung in der chinesischen Literatur von ihren Anfängen bis heute*），131—133 页；《资治通鉴》66：2100—2101 页收录了简要版；拙著《建安年间》，411—413 页。

　　值得注意的是，曹操在自辨书中自称为"孤"，呈现出一名孤独的统治者的形象。

　　曹操此令涉及到的事件在都已经在前文讨论过。必要的参考文献简目会随事件列出，事件的日期则备注于括号中。

②曹操在此处用"精舍"来指代他在乡村的居所，其与被认为是干吉创建的精舍同名，于吉是此时东南方的一名宗教领袖。于吉建立的精舍，就像其它教派中的一样，是休息或涤罪的地方（见本书第五章注释 13）；曹操在此强调了他意图像道家一样避世。

③典军校尉在灵帝建立的西园八校尉中排名第四。

　　《三国志》1：5 页《武帝纪》中暗示了他是直接被任命为西园校尉的，但在此令中他却说自己曾先在首都担任都尉，这一职位可能是此时负责镇压黄巾起义的骑都尉的一员。

④这是指他在荥阳的败绩：本书第二章 55 页。汴水是鸿沟的延伸，与黄河相连。

⑤与本书第 2 章 56—57 页参看。

又袁术僭号于九江[197年]，下皆称臣，名门曰建号门①，衣被皆为天子之制，两妇预争为皇后。志计已定，人有劝术使遂即帝位，露布天下，答言"曹公尚在，未可也"②。后孤讨禽其四将[197年]，获其人众，遂使术穷亡解沮，发病而死[199年]。

及至袁绍据河北，兵势强盛，孤自度势，实不敌之；但计投死为国，以义灭身，足垂于后。幸而破绍[200年]，枭其二子[207年]③。

又刘表自以为宗室，包藏奸心，乍前乍却，以观世事，据有当州，孤复定之[208年]，遂平天下。

身为宰相④，人臣之贵已极，意望已过矣。今孤言此，若为自大，欲人言尽，故无讳耳。设使国家无有孤，不知当几人称帝，几人称王！⑤

或者人见孤强盛，又性不信天命之事⑥，恐私心相评，言有不逊之志，妄相忖度，每用耿耿。

---

① 袁术此时的都城是九江郡的寿春。这座门不见于其它文献。

　袁术没有提及他在193年对袁术的胜仗：本书第二章70页。可能是因为他试图强调自己对朝廷的贡献，而这场战争只是军阀之间的冲突。

② 除了曹操之前的胜利，比如我在上一注释中提到的，我们找不到这条轶事的其它证据，此事可能是为了强调曹操对汉室的助力而设计出的。事实上，袁术确曾自立为帝，但并没有获得广泛认同，反而变得孤立了。

③ 袁绍有三子：袁谭，死于205年与曹操的对战中；袁尚、袁熙，他们最终于207年亡于公孙康之手。公孙康将他们的首级送到了曹操那里，曹操此处提到的可能就是这件事；其意味着袁氏家族的败亡。

④ 宰相一词虽然在汉代不是正式的官名，但意味着是全国的最高臣僚。

⑤ 最终，益州的刘备及长江下游的孙权都称王称帝了。然而，在此时，曹操虽然208年在赤壁吃了败仗，但明显还是期望着将他们控制在自己手里；或至少为了宣传目的是如此宣称的。

⑥ 此段的英译本在理解上有一些问题，主要是因为其中每一句的用词都不太能确定其意。鲍吾刚及柯睿给出的译文略有不同，但曹操此段的基本意思还是很明确的。司马光在《资治通鉴》中对此段有所省并：《资治通鉴》66，2101页；拙著《建安年间》，412页。

　"天命"通常被理解为"Mandate of Heaven"，是成功的王朝所具备的神秘权威，但在此我怀疑它暗指了更为普遍的天意：曹操是说他相信上天会帮助那些向它寻求帮助的人，但人不能不去努力而仅想着凭运气来获得上天的眷顾。

齐桓、晋文所以垂称至今日者，以其兵势广大，犹能奉事周室也①。《论语》云："三分天下有其二，以服事殷，周之德可谓至德矣。" 359 夫能以大事小也②。

昔乐毅走赵，赵王欲与之图燕。乐毅伏而垂泣，对曰："臣事昭王，犹事大王；臣若获戾，放在他国，没世然后已，不忍谋赵之徒隶，况燕后嗣乎！"③

胡亥之杀蒙恬也，恬曰："自吾先人及至子孙，积信于秦三世矣；今臣将兵三十余万，其势足以背叛，然自知必死而守义者，不敢辱先人之教以忘先王也。"④

孤每读此二人书，未尝不怆然流涕也。

孤祖、父以至孤身，皆当亲重之任，可谓见信者矣，以及子桓兄 360 弟，过于三世矣⑤。孤非徒对诸君说此也⑥，常以语妻妾，皆令深知此意。孤谓之言："顾我万年之后，汝曹皆当出嫁，欲令传道我心，使

---

① 齐桓公(前 685—前 643 年执政)、晋文公(前 636—前 628 年执政)是霸主的典型。他们都通过联合其他封建国家宣称效忠于洛阳孱弱的周王室，而建立起了对中原的支配，拥有裁决权、临时组织联军权。

② 在中国传统观念中，公元前 2 千纪的王朝是商代，后来改名为殷。商末时，周文王控制了中国的大半部，但只要殷王的统治仍是正义有德的，他就仍为殷服务：《论语》Ⅷ. 20；理雅各：《中国经书》Ⅰ《论语》，215 页。然而之后桀纣暴政，文王的儿子周武王就推翻了他，建立起新的王朝。

③ 乐毅是燕昭王手下的将军，但昭王的继位者惠王猜忌他，他被迫到敌对的赵国避难。他的传记见《史记》80；2427—2434 页；倪豪士：《司马迁〈史记〉》第七卷，255—259 页，而他对于燕的忠心见 259 页的注释 25。

《史记》2433 页，倪豪士：《司马迁〈史记〉》Ⅶ259 页，注释 25 记载，乐毅向赵王解释，虽然自己被放逐，但仍对过去供职的燕国赤胆忠心。同样，如果他不得不离开给他以庇护的赵国，那么也不会再次对赵国发起战争。

④ 公元前 3 世纪晚期，蒙恬是秦始皇的大将，但秦始皇死后，他的儿子胡亥继位为秦朝第二任皇帝，听信了宦官赵高的劝说，命蒙恬自杀。蒙恬传见《史记》88；2565—2570 页；倪豪士：《司马迁〈史记〉》第七卷，361—366 页。蒙恬饮下了毒药，但对这一不公平的命令作了雄辩感人的回应：《史记》88；2569—2570 页；倪豪士：《司马迁〈史记〉》第七卷，365—366 页。曹操引用了这段文献。

⑤ 曹丕是曹操此时在世的最长子，字子桓。206 年他二十岁时，曾替出征的曹操总邺城之政，自此以后许多大事就多有参议。此外，曹操的长子曹昂，曹丕同父异母之兄，已在 197 年对战张绣的战争中身亡。

⑥ "诸君"指曹操此令面向的广大受众。

他人皆知之。"①孤此言皆肝鬲之要也。

所以勤勤恳恳叙心腹者，见周公有《金縢》之书以自明，恐人不信之故②。然欲孤便尔委捐所典兵众，以还执事，归就武平侯国③，实不可也。何者？诚恐己离兵为人所祸也。既为子孙计，又己败则国家倾危，是以不得慕虚名而处实祸，此所不得为也。

前朝恩封三子为侯，固辞不受，今更欲受之，非欲复以为荣，欲以为外援，为万安计④。

孤闻介推之避晋封，申胥之逃楚赏，未尝不舍书而叹，有以自省也⑤。

奉国威灵，仗钺征伐，推弱以克强，处小而禽大。意之所图，动无违事，心之所虑，何向不济，遂荡平天下，不辱主命。可谓天助汉室，非人力也。

然封兼四县，食户三万，何德堪之⑥！江湖未静⑦，不可让位；至

---

① 柯睿和鲍吾刚对"万年之后"的翻译有所不同：柯睿认为曹操此语是关于未来后世子孙的：他会特别对自己的妻妾言，是因为她们是自己儿子的母亲，负有教养之责。而鲍吾刚则省略了这一段。我则同意卢弼在《三国志集解》1：80b中的注释，认为曹操考虑的是他自己亡故之后的事。"万岁之后"一词也见于《汉书》42：2096页，出现在叙述汉高祖即将去世时：君主被祝福会活到万岁，他死亡时则宣称一万年已经终结。

　　无论曹操宣称自己是如何谦逊、对汉室是何等忠诚，他使用的这一词汇却明确体现出了自己的放肆，就如他使用了"孤"以自称一样：前文注释70。卢弼将这一段文字视作"奸雄欺人之语"。
② 《金縢》是《尚书》中的一章；理雅各：《中国经书》Ⅳ《尚书》，351—361页。曹操稍稍改变了其意。

　　《尚书》中记载了周武王病时，他的兄弟周公如何为他祈祷康复，并献上自己的生命作为交换。祈祷之辞被放入金縢之匮中，其后武王果然痊愈。后来，当年轻的周成王怀疑周公的忠心时，金縢之匮就被打开，祝辞被找到，成王对周公的猜忌也因此消除。而曹操与将自我牺牲的证据密存起来的周公不同，他是要将自己的忠心布告天下的。
③ 196年，曹操曾被封为陈郡的武平侯：《三国志》1：13页。孔融曾建议曹操居于封地：本书第三章117页。
④ 此令颁布后数周，曹操的三个儿子曹植、曹据、曹林都被封侯，食邑五千户：本书第九章382页。
⑤ 《左传》僖公二十五年：理雅各：《中国经书》Ⅴ《春秋》，189、191—192页，其中记载公元前7世纪中叶，介子推随未来的晋文公流亡，而在晋文公即位后，却拒绝了所有赏赐并归隐而去。

　　《史记》66：2177页；倪豪士：《司马迁〈史记〉》第七卷，54—55页、《史记》79：2414页；倪豪士：《司马迁〈史记〉》第七卷，242页，其中记载公元前6世纪晚期，申包胥发起了楚对吴的复仇战争，但拒绝接受对他的封赏。
⑥ 自初封武平侯后，曹操就陆续被赐附近县以增加他的采邑，包括后文提到的阳夏、柘、苦三县；这三县与武平一样，都属陈郡。
⑦ 指在长江下游的孙权及刚刚占领了长江中游荆州的湖泽地区的刘备。

于邑土,可得而辞。今上还阳夏、柘、苦三县户二万,但食武平万户,且以分损谤议,少减孤之责也。

362

虽然曹操此文引经据典文采斐然——所用的典故都恰如其分——但他的散文,就像他的诗作一样,与此时其他辞藻华丽的作品相比是坦率且直接的。他这篇文章首先必须被看做是一种自我辩解以及宣传形式,但其中很大部分是符合实际及合乎情理的。他所在之位意味着他不能抛弃自己的军事力量,这么做也是荒谬可笑的。他似乎真的想要重建中国的秩序,他的礼贤下士与在之前几年掌握相同权力的人形成了鲜明对比:不仅仅是董卓,也包括梁冀、窦武、何进等外戚①。

而人们的核心问题,特别是对那些忠于延续了 400 余年的汉帝国的人来说,是曹操对日薄西山的汉王朝的态度。他表达的意图很清楚:试图重建帝国曾经的权威与辉煌,而自己并不想掌权:他不是西汉的篡位者王莽一样的人物。与之相反,他多次提到过去那些忠心耿耿并试图恢复或保持他们合法君主的地位的人,此外——至少就这篇文章的意图而言——他的理想是被孔子称羡的周公,辅佐侄子成王,但在成王掌权后交出了权力,并因智慧和荣誉感而得到了后人的称赞②。在将近十年后的 219 年,曹操的大臣们为他近期取得的成就歌功颂德,并再次上尊号,曹操答复到:"若天命在吾,吾为周文王矣。"③可见虽然他大权在握,但却并不希望坐上那个真正的位子④。

363

曹操后来享以殊荣,先封公然后又称王。然而,他仍然是汉代的正式臣子,别人可能可以预测他未来会成为像东周或日本幕府时期的霸主一样的人物:是一位控制着国家的大封建主,但会向名义上的国家统治者履行义务。

---

① 关于这些人及他们的奢侈行为,见拙著《东汉三国人物辞典》。
② 例如,《尚书》中的《洛诰》一篇,见理雅各:《中国经书》Ⅳ《尚书》,435—452 页。夏含夷(Shaughnessy, Edward L.)在《西周史》(*Western Zhou History*)中,将周公描述为一个更为进取且有权力心得角色,但关于他的智慧及克己的传奇故事,已经成为了后世众所周知的事情。
③《三国志》1:52—53 页裴松之注引《魏略》;拙著《建安年间》,555 页。关于手握大权但并不篡位的周文王,见上注 83。这段文献也见于《资治通鉴》68:2173 页,司马光最著名的文集《司马氏书仪》也是受其启发而写就的,以表彰汉代的遗产:拙著《建安年间》,555—558 页。
④ 贝克:《汉代的灭亡》,354—355 页,其中讨论了此时的争论,而实际上只要国家的大部分还未统一,接替汉代的天命就是不可能的:"曹操,本质上是一个实际的人,也同意这一点"。

然而,他的继承者曹丕却没有那么多的思虑,仅在曹操去世后几个月,汉王朝就正式改朝换代了。而这已经是另一个故事了,我们将会在之后的章节中讨论其意义①。

政府结构

197年,曹操在南阳败于张绣后,收到了袁绍的一封信件。据记载,其中潜藏轻蔑之意,而曹操也确实陷入了窘境,几近绝望。然而他的谋臣郭嘉向他提起了汉高祖刘邦战胜了强有力的对手项羽的故事,并列举了一系列曹操的优势:

> 嘉窃料之,绍有十败,公有十胜,虽兵强,无能为也。
>
> 绍繁礼多仪,公体任自然,此道胜一也。
>
> 绍以逆动,公奉顺以率天下,此义胜二也。
>
> 汉末政失于宽,绍以宽济宽,故不摄,公纠之以猛而上下知制,此治胜三也。
>
> 绍外宽内忌,用人而疑之,所任唯亲戚子弟,公外易简而内机明,用人无疑,唯才所宜,不间远近,此度胜四也。
>
> 绍多谋少决,失在后事,公策得辄行,应变无穷,此谋胜五也。
>
> 绍因累世之资,高议揖让以收名誉,士之好言饰外者多归之,公以至心待人,推诚而行,不为虚美,以俭率下,与有功者无所吝,士之忠正远见而有实者皆愿为用,此德胜六也。
>
> 绍见人饥寒,恤念之形于颜色,其所不见,虑或不及也,所谓妇人之仁耳,公于目前小事,时有所忽,至于大事,与四海接,恩之所加,皆过其望,虽所不见,虑之所周,无不济也,此仁胜七也。
>
> 绍大臣争权,谗言惑乱,公御下以道,浸润不行,此明胜八也。

364

---

① 本书第十章399页。雷班《天命的操纵:公元220年曹丕即帝位所隐含的天意》("Managing Heaven's Mandate: coded communication in the accession of Ts'ao P'ei, A. D. 220")、古德曼《非凡的曹丕》中,都详细讨论了曹丕的称帝过程。

　　绍是非不可知，公所是进之以礼，所不是正之以法，此文胜九也。

　　绍好为虚势，不知兵要，公以少克众，用兵如神，军人恃之，敌人
畏之，此武胜十也。

　　文献中继续记载，曹操听到这番赞美后笑着说："如卿所言，孤何德以堪
之也！"这段对话充满溢美之词，现实中可能不会如此。然而，就像白乐日指
出的，这段华丽的修辞即使纯粹是虚构的，也会引起人的兴趣，因为其代表了
对于曹操、袁绍这两位伟大的对手性格的总结，特别是对于曹操来说，是通过 ₃₆₅
离他很近的人的眼睛观察的：郭嘉与曹操同时记载了这段对话的文献《傅
子》，是其作者傅玄于 3 世纪中期写就的，也基本与曹操属于同一时期①。

---

① 曹操的十项优势被归结为：道、义、治、度、谋、德、仁、明、文、武。

　　《三国志》14：432 页裴松之注引《傅子》，有白乐日译本：《虚无主义的反抗或神秘主义的
逃避：公元三世纪的中国思想激流》，227—229 页。《资治通鉴》62：1994—1995 页，收录了此
文的节略版；拙著《建安年间》，213—215 页。司马光指出，荀彧和郭嘉都参与了这次对话，但
《三国志》10：313 页荀彧的传记中暗示了虽然他与郭嘉都在场，但他的发言与郭嘉有所不同，
更为强调曹操的忠心：见本书第九章 385 页。

　　曹操应该不会在公开场合表示自己的焦虑，所以我们推测郭嘉和荀彧是私下里向他进
言的。可能其中的一部分被记录了下来，或是在之后被回忆出来并记载下来。曹操对此肯
定没有异议。

　　曹操还曾在一些场合中被与袁绍比较，并认为要优于袁绍：如 199 年西北凉州牧韦端的
官员杨辅（《三国志》25：700 页）、200 年张绣的谋事贾诩（《三国志》10：329 页）；二者都劝说自
己的上司与曹操联盟。

　　雷班：《曹操及魏国的兴起：初期阶段》，282—285 页，其中公平地指出，曹操与袁绍之间
的不同是否如此明显，或者说一些后来的常见文献中的记载是否接受或采纳了这些谋士
的说法而形成的。"曹操比袁绍强，在一、二、三等方面……"可能成为了曹操阵营的一种宣
传模式，并被广泛流传。此外，与此类似的性格上的对比，也在其他场合、其他人身上发上。
例如，191 年袁绍试图从韩馥手中接掌冀州时，他的手下荀谌就强迫韩馥承认自己在三个方
面都不如袁绍：在宽宏大量上、在谋划上、在家族力量上：《后汉书》74/64A：2377—2378 页、
《三国志》6：191 页裴松之注引《汉末英雄记》；拙著《建安年间》，72 页。

　　这种词藻可以被视为人物品评的自然发展，即汉末流行的清议。例见桥玄、何颙、许邵
对曹操的评价：本书第一章 31 页及注释 58。

　　然而，我们还应该注意到桀溺在《中国文学与希腊—拉丁文学：历史与起因》
（"Littérature chinoise et littérature gréco—latine；histoire et raison"）中指出的，许多讨论、
评价和比较与其说是对一场特殊对话的真实记录，不如说是历史学家的虚构。就像据说是
修西得底斯和塔西佗记录下来的对话一样——甚至是莎士比亚的独白——这些段落都是为
了展现出对当下形势的分析而设计的，只是在历史的戏剧中将这些话语宣之于演员之口而
已；它们是解释和理解，而非事实。

无论如何,这段话中描述的曹操的特点是在他的作品和行为中反映出来的。其中的一些,比如他的军事才能和善于谋划,都是个人化的,而宣称以汉帝之名行事,是出于政治目的,但曹操的坚持严格维护法纪、公正对待下属、唯才是举等优点确实是被人认可的。

因为爱才,曹操将曾诽谤过自己的陈琳纳入麾下,也准备原谅魏种的背叛。自然而然的,他对夏侯家族的兄弟们委以重任,但也能接受任何人的支持和建议,并不在乎他们之前是敌是友。荀彧和郭嘉都曾在袁绍手下任职,但是曹操仍对他们的忠诚毫不质疑。张绣曾突袭并大败过曹操,曹操的长子曹昂也殁于其手,但他后来还是对张绣的结盟表示欢迎,任以高官并与他联姻,而张绣的谋士贾诩也成为了曹操最具影响力的谋士之一。

曹操在这方面的政策在三条诏令中陈述的很清楚。其一颁布于 210 年春天,与他的自辩书同年①:

> 自古受命及中兴之君,曷尝不得贤人君子与之共治天下者乎!及其得贤也,曾不出闾巷,岂幸相遇哉?上之人求取之耳。
>
> 今天下尚未定,此特求贤之急时也。"孟公绰为赵、魏老则优,不可以为滕、薛大夫。"②若必廉士而后可用,则齐桓其何以霸世③!

---

① 《三国志》1,32 页,译文见柯睿:《曹操的肖像:关于曹操及其传说的文学研究》,17—18 页,《资治通鉴》66:2100 页则记录了简略版;拙著《建安年间》,410 页。

② 此句引自《论语》XIV.12/11;理雅各:《中国经书》I《论语》,279 页。晋国此时被赵、魏、韩三家控制,不久后就发生了三家分晋之事。然而,此时三家还不是独立的国家,孟公绰也有能力平衡这种次级政治体之间的事情。

而另一方面,虽然滕、薛很弱小,但它们的统治者也是直接从周王室那里受封的,所以他们的大夫必须能够处理国家层面的事情。孟公绰并不胜任这一级别的仪式和责任。

③ 管仲是公元前 7 世纪齐国的重臣,富有且招摇,但齐桓公并不过问他的私行,齐也成为了周朝最有权力的诸侯国。孔子并不赞同管仲的奢侈之风,见《论语》III.22;理雅各:《中国经书》I《论语》,162—163 页,但孔子却赞赏管仲取得的成就,《论语》XIV.17&18(也有的版本是16&17);理雅各:《中国经书》I《论语》,282—283 页。

此外,管仲之前曾与桓公对战并伤了他;李艾林(Rickett, W. Allyn):《管子:早期中国的政治、经济及哲学文章》(*Guanzi: political, economic and philosophical essays from early China: a study and translation*),8—14、289、320 页。管仲的传记见《史记》六二卷;倪豪士:《司马迁〈史记〉》第七卷,9—14 页。

今天下得无有被褐怀玉而钓于渭滨者乎①？又得无盗嫂受金而未遇无知者乎②？

二三子其佐我明扬仄陋，唯才是举，吾得而用之。

第二道颁布于214年冬，曹操在其中重申了自己的意图③：

夫有行之士未必能进取，进取之士未必能有行也。

陈平岂笃行，苏秦岂守信邪？而陈平定汉业，苏秦济弱燕④。由此言之，士有偏短，庸可废乎！有司明思此义，则士无遗滞，官无废业矣。

最后一道颁布于217年八月，在其中重提了这一主题。曹操在再次引用了前世诸人的例子后指出：

及果勇不顾，临敌力战；若文俗之吏，高才异质，或堪为将守；负 368
污辱之名，见笑之行；或不仁不孝而有治国用兵之术：其各举所知，勿有所疑⑤。

这些诏令与之前人们心中的理想形成了鲜明对比。在东汉，候补官

---

① 吕尚出身望族，但家传至他时已较窘迫。他垂钓于渭水之滨，被尚未即位的周文王发现，任其为重要臣僚。他后来协助武王灭商，封于齐国。他的传记以齐太公为名，见《史记》32：1477—1481页，沙畹《史记》Ⅳ，34—36页，其中翻译了大部分关于吕尚被发现并任命的材料；也见本书第七章注释53。关于"怀玉"并无参考文献，但其显然象征着吕尚未来会获得的高位。

② 陈平在被魏无知引荐给汉高祖之前，曾从事过多种职业。当他在刘邦手下初次为官时，有人宣称他盗过嫂子的钱财，且在其他国家时曾收取过美人以给赠送者安排好的官职。汉高祖于是以此质问魏无知。魏无知也同意对陈平过往的这些说法，但指出陈平虽然不是贤人，却是能人。汉高祖同意他的观点，陈平后来也成为了汉代忠心且很有能力的丞相。见《史记》56：2055页，《汉书》40：2041页，鲁惟一：《秦、西汉、新莽时期人物传记辞典（公元前221—公元24年）》，35—37页。

③ 《三国志》1：44页。柯睿：《曹操的肖像：关于曹操及其传说的文学研究》，18页。颁布日期为公元215年1月31日。

④ 陈平见上注105。苏秦是战国时期伟大的战略家，曾供职于多国，也曾因两面派的行为而广受猜疑。但他还是很好地为每一任主上服务。《史记》69：2241—2266页；倪豪士：《司马迁〈史记〉》第七卷，97—111页。

⑤ 《三国志》1：49—50页裴松之注引《魏书》；柯睿：《曹操的肖像：关于曹操及其传说的文学研究》，19页。

员大多数拥有"孝廉"或是相似的名头，虽然这些名称都仅仅是个形式，但曹操选拔官员的方法是与此明显不同的。能力和技术成为了最重要的标准，他重复了多次对有才之士的需求，这也反映出新出现的、却仍处在战乱之中的脆弱政权在招才纳士上的困难。我认为，九品中正制这一选官体系可能可以追溯到 208 年①。210 年及其以后的求才诏令意图鼓励吸收负责任的官员，无论是在中央还是地方，对于他们推荐者的背景以及之前的经历抱持开放的态度。因为人才有限，所以过度的一板一眼是毫无意义的。

这些诏令中最重要的句子可能是第一道中的最后一句话："唯才是举，吾得而用之"。曹操对于使官员服从自己的意志很有信心，因此他们能够为公共事务服务而非为一己之私，他也准备通过自己的权威和正式的监察机构来达到这一目的。

我们不应低估一名军阀在对待属下，尤其是对那些手握兵权的人时所面临的困难。这些军人有胆气——他们也需要具备这种性格——自然也常常派头十足，且通过国内战争起家的将领们也天生易于纪律散漫②。例如曹操的对手东吴，孙权的将军甘宁和贺齐就排场很大，并因此引起了竞争和争吵③。孙权对此种局面的掌控尚有分寸，刘备治下则时有松弛④，但曹操的统治似乎是严厉且更为有效的。早在公元 200 年，形势还很危险不定时，他的手下就与袁绍的将士有了明显区别，后者的谋士和高级将领形成了多个派别；正是许攸在和审配争吵后的背叛给了在官渡的曹操关键性机会。

虽然郭嘉概括的曹操的第六条优势是能够坦率地对待下属，但他对

---

① 本书第六章 247—249 页。

② 见本书第四章 186 页。

③ 见甘宁及贺齐的传记，《三国志·吴书》10：1292—1295 页、15：1380 页，对其的讨论见拙著《南方的将军》，517—521 页。

④ 最明显的是，当刘备在 214 年占领了刘璋的首都成都时，曾允许士兵进行抢夺，其后却又因为国库不足而陷入窘境：《三国志》9：982 页裴松之注引《零陵先贤传》，及《资治通鉴》67：2130 页；拙著《建安年间》，473—474 页。

过分随便或不尊重的行为的容忍还是有限的。官渡之战胜利后的204或205年，许攸在一次公开集会上用了曹操儿时的小名，说："某甲，卿不得我，不得冀州也。"曹操笑着认同了他的说法，但其实却对他表现得如此亲密很生气，不久后就杀死了他①。

孔融的例子也与此类似，且不说他基于保守立场对曹操的挑剔，他还因炫耀自己渊博的古典知识很不受曹操欢迎。据记载，当曹丕迎娶袁熙的夫人甄氏时，孔融向曹操引用了《尚书》中记载的武王克商后将商王的姬妾赐给了他的兄弟周公的故事。因为孔融在学界声名在外，所以最初曹操很相信他，但之后却发现历史事实是武王杀死了这个女人。孔融解释说他只是简单的以现实状况来对过去重新解释，但二者之间的这种比较却绝非赞美之词②。孔融还曾嘲笑曹操对乌桓的胜利，批评他禁止奢侈的法令，并认为他应该退回自己的封邑，曹操终于被迫做出决断，孔融的妙语和雄辩为自己带来的窘迫要甚于处决他后可能为自己带来的傲慢无礼的名声。所以孔融被杀③。

与许攸和孔融一样，《三国志》中还记载曹操早年的朋友娄圭也因利用他们过去的关系而被处决。娄圭是一名聪明的谋士，曾鼓励曹操接受荆州刘琮的投降，并在之后的211年对西北军阀的战争中表现出色。他获得了重赏，但他不小心的无礼行为被报告给了曹操，终被曹操处死④。

要之，在曹操及其更为足智多谋的臣僚心中，虽然广纳人才的名声是值得拥有的，但并不能通过过分的不拘礼节或缺少威严来获得。这将会导致权威的丧失，在曹操这个位置的人不应该纵容任何无礼或恃宠而

_____

① 《三国志》12：373页裴松之注引《魏略》。这段文献中许攸称呼曹操为"某甲"，《魏略》的作者鱼豢在这里显然是避了曹操的讳，并没有把他的小名写出来。

　　曹操字孟德，但《曹瞒传》中记载，他儿时的小字为阿瞒：《三国志》1：1页裴松之注，本书第一章26页。

② 关于曹丕与甄氏的婚姻，见本书第五章218页。孔融的玩笑见载于一封给曹操的书信中：《后汉书》70/60：2271页、《三国志》12：372页裴松之注引《魏氏春秋》。

③ 关于孔融对乌桓之战及禁酒令的评论，见《后汉书》70/60：2272、2273页中注引的他的文集。

④ 《三国志》12：370页、374页裴松之注引《魏略》、《魏书》。

　　关于娄圭建议进取荆州，见本书第六章265页。211年，娄圭在曹操进军华阴攻击马超时提出了修筑堡垒的好方法。见本书第七章注释17。

骄的行为。在他们心中有一条界线,虽然没有被明确画出来,但是任何逾矩的人都会非常危险。

除了个人对属下的控制之外,曹操还建立起来了一个严格的监察体系,特别任用了崔琰和毛玠来管理选官和晋升①。毛玠传中记载:

> 其所举用,皆清正之士,虽於时有盛名而行不由本者,终莫得进。
>
> 至乃长吏还者,垢面赢衣,常乘柴车。军吏入府,朝服徒行。

据记载,曹操对此深表赞叹,说:

> 用人如此,使天下人自治,吾复何为哉!②

然而,不久以后,在曹操接管荆州之后投奔曹操的和洽就提出了不同的看法。和洽认为,曹操的这种做法是用同样的道德强制约束所有人,毛玠和崔琰的政策太过极端:

> 今朝廷之议,吏有著新衣、乘好车者,谓之不清;长吏过营,形容不饰,衣裘敝坏者,谓之廉洁。至令士大夫故汙辱其衣,藏其舆服;朝府大吏,或自挈壶餐以入官寺。

据说他的这番进言对曹操深有触动③。他对官员的约束可能稍稍放松了一点,与此同时也在 210、214/215、217 年反复发布的公告中,表达了相对才能来说,对个人道德是可以在一定程度上有所折损的,我们已在上文中引用了这些材料④。然而,毛玠和崔琰依旧身居原位,他们的威慑力可以使曹操保持对官员一定程度的控制。

---

① 见本书第六章 245 页。
② 第一、三段引文出自毛玠传,《三国志》12:374 页,第二段出自裴松之注引《先贤行状》;《资治通鉴》65:2079 页;拙著《建安年间》,371 页。
③ 《三国志》23:655—656 页,《和洽传》;《资治通鉴》65:2099 页;拙著《建安年间》,408—409 页。司马光补充道,曹操接受了他的建议,而《三国志》二十三卷中并没有特别提到这一点;拙著《建安年间》,409 页注释 15。
④ 见上文 367—369 页。

对这种监察的反对是预料之中的,216 年,崔琰死于政敌们在曹操面前的诽谤,而他的同僚毛玠也失去了曹操的信任①。然而,曹操大概正是在此时创立了校事体系,其拥有监察百官行为的权力。这个部门的首任官员是卢洪和赵达,但他们被法曹掾高柔控告贪污,虽然曹操最初对他们表示了支持,但不久后他们还是被判有罪并处决②。但尽管如此,直到 250 年,这一官位还是一直设置着的③。 *372*

因此,总的来说,曹操维持了一个森严的政府,他偶尔会显示出仁慈,但通常是以惩罚为主的。禁止奢侈的规定不仅要被官员们遵守,大众和曹操自己的家庭成员也需如此,他绝不姑息奢侈浪费的行为。在这方面,崔夫人可能是一个最为悲惨的案例,她是崔琰的侄女、曹植的妻子。虽然崔琰以严苛而著名,但崔夫人显然与他不同,她穿着刺了绣的丝绸长袍,公然藐视了当朝规定。大概在 218 年的一天,曹操在邺城居所的高塔上亲自看见了她如此穿着。她被遣送回家,并被赐自尽④。

整个 2 世纪,随着东汉政府愈发衰落腐败,许多思想家们都试图寻找各种方法,阻止自己所见的社会和政治的继续衰败。王符在 2 世纪中期写就的《潜夫论》中,呼吁法律程序的公正,认为法律的判决不应考虑当事人的身份或影响力,并愤怒地指出宽厚的大赦会允许恶人逃离应受的制裁:

①《三国志》12:369 页、376—377 页,参看《资治通鉴》67:2144—2146 页;拙著《建安年间》,502—504 页。也见本书第九章 415 页。
②《三国志》24:684 页,以及下文 377 页。
　我们已无法讨论校事这一机构的设置是在崔琰和毛玠败亡的之前还是之后:对卢洪和赵达(他们其后的情况并未见载)的任命可能是为了填补崔、毛之后的空白,或是取代他们。然而,这一机构可能是曹操自己的魏国结构的一部分,并不是汉朝丞相府的下属。
③《三国志》14:429—431 页。
④《三国志》12:369 页裴松之注引《魏晋世语》。崔氏可能是因崔琰之事而受了牵连,详见本书第九章 418 页。尽管如此,这个故事也还是很令人震惊的。

夫立法之大要，必令善人劝其德而乐其政，邪人痛其祸而悔其行①。

与此同时，更为年轻的《四民月令》的作者崔寔②在他的《政论》一文中也指出，公众道德日丧，而已经很严峻的法律应该更为严苛③。

四十多年后的205年，掌管图籍的荀悦将他的《申鉴》呈送给了傀儡皇帝献帝。荀悦是曹操的谋臣荀彧、荀攸的远房宗亲，他编辑了西汉的编年史，在《申鉴》中，他试图强调儒家的改革理念，提倡恢复传统以及在汉室统治下的和谐政府。然而，这种保守的方法，不会被很好的接受及产生影响。就像陈启云指出的，荀悦只是"倾向于通过这种方式批评现实"，而他提出的方法并不很适应当下的情况④。

我们上面提及的独裁政府的支持者仲长统，提出了类似的恢复过去严格刑罚的方法，同时也提出要恰当运用法律，仅对十恶不赦的大罪使用死刑：谋杀、叛乱和乱伦⑤。以上所有人关心的都是软弱无能和过分仁慈的政府造成的政治和社会衰败，所以他们要求实行严厉的法律和行政。曹操准备响应这种建议，这也是郭嘉提到的他比袁绍具有优势的一个方面。

曹操在执掌政权后立即进行的一项政治改革就是取消赦免。赦免的形式常有变化，但是在灵帝朝，170年左右时，几乎是每年就要有一次

① 皮尔森（Pearson, Margaret）：《王符和他的〈潜夫论〉》（*Wang Fu and the Comments of a Recluse: a study with translations*），166页、84页；白乐日：《汉末的政治哲学与社会危机》（"La crise sociale et la philosophie politique à la fin des Han"），204—205页。《潜夫论》有多个版本，王符的传记中收录了其概要，《后汉书》49/39：1630—1643页。
② 见本书第一章注释3、第四章注释40。崔寔是汉代的重要文人，去世于170年左右，留下了包括题辞、纪念文章、历史文章在内的大量文字材料。他的传记见《后汉书》52/42：1725—1731页，《政论》见《后汉书》1725—1729页。
③ 白乐日：《汉末的政治哲学与社会危机》，207—210页，陈启云：《东汉的儒家、法家和道家》，788—789页。
④ 陈启云：《东汉的儒家、法家和道家》，804—806页；也见陈教授关于荀悦及其哲学的文章，114页。
⑤ 白乐日：《汉末的政治哲学与社会危机》，213—225页，特别是221页，及本书第348页。

大赦,在混乱的 189 年甚至不下三次——其为政府或人民带来的真正益
处都很小①。然而,从 196 年献帝被曹操掌控后,就没有再批准过大赦, ³⁷⁴
一些减刑的形式,比如输爵等,似乎也都消失了。

　　汉代的法律已很严格,无论是在罚金上还是在对宗亲贵戚犯法行为
的处罚能力上都是如此,也存在着各种各样令人恐惧的严刑拷打,用以
查明案件或加重处罚②。尽管崔寔和仲长统的提议非常热切,但对于曹
操来说大可不必将这个体系变得更为严厉:如果法律在执行中能够避免
人情和宽恕,就应该足以满足他的需求了。当然,关于法律本身还存在
着一些讨论。

　　190 年代,吕布手下的高级官员陈纪很合曹操的胃口,在吕布兵败
后,他成为了曹操控制下的东汉朝廷的大鸿胪。陈纪在任上提出了恢复
西汉肢体刑的建议。但军事是此时的第一要务,这一问题尚不在考虑之
中,陈纪也在不久后就去世了,但约 15 年后曹操又再次提起了这个问
题,并要求陈纪的儿子、御史台的最高长官陈群论述他父亲提出这一做
法的理由③。

　　陈群的论证中反映了崔寔《政论》里的观点④。虽然西汉时文帝因废
除了断手或断脚的肢体刑而备受赞赏,但这种表面上的仁慈是通过增加

---

① 关于赦,见何四维(Hulsewé, A. F. P)《汉律拾零》(*Remnants of Han Law*),225—250 页、马
　伯良(McKnight Brian E)《慈悲的质量:恩赦及传统中国司法》(*The Quality of Mercy:
　amnesties and traditional Chinese justice*),12—36 页、拙著《桓帝和灵帝》,265 页注释 2、拙著
　《建安年间》,2 页。赦是国家对惩罚的惯常宽赦方式,可能是在一定程度上减轻重罚,也可能
　直接赦免一些服刑多年的轻罪犯。赦在一些文献中也称为大赦,但就像何四维指出的,这些
　历史文献应被视为记载了详细的罪行、罪犯、减免程度的文件的简略版;因此就无法判断任
　何一次赦的重要性。
② 例见何四维《汉律拾零》,103、112、341 页(其中翻译了《汉书》23:1104 页的内容);何四维:
　《秦汉法律》,531—533 页。
③ 陈群的传记见《三国志》22:632—638 页。陈纪的生涯见《后汉书》62/52:2067—2068 页;更
　多的情况见拙著《东汉三国人物辞典》,68—69 页,其中引用了碑文。
　　　关于肉刑的讨论,见《三国志》22:634 页、《资治通鉴》66:2124 页、拙著《建安年间》,
　458—461 页。
④ 白乐日《汉末的政治哲学与社会危机》,209 页,其中引用了《后汉书》52/42:1729 页,也引用
　了司马光在《资治通鉴》53:1725—1726 页的评论。

杖刑来平衡的。增加了的杖打常达到数百下,足以杀死罪犯:所以失足断手实际上是被更为痛苦的死亡取代的。另一方面,陈群也指出了肢体刑还有纯粹仅具有象征性的情况;所以一个致使别人残废的罪犯可能仅仅受到剪断头发或刮净胡须的惩罚。合理的刑罚应会使小偷或抢劫者失去他们的手脚,以提醒其他人不要再犯;与此同时,也具有一定的灵活性,这将降低死刑的发生率①。

陈群的提议得到了曹操的大理钟繇的认可②,但却没有获得更广泛的支持,这一问题再次因持续的军事突发事件而搁置了。随后,在214年末,曹操在丞相府设置了理曹,负责提出与法律政策有关的建议,特别是涉及到军队的法律。这是一个新的尝试,不同于汉代的既有结构,其第一任长官是高柔,他上任不久就被要求对一起涉及到军中逃亡的案件发表意见③。

宋金是为防孙策而驻守在合肥的军队中的一名鼓吹,他从军中逃跑了,留下了自己的妻子、母亲以及两个弟弟。根据以前的规定,他的妻子和孩子应被惩罚,而其他的家人不受牵连。然而,曹操曾将这一规定延伸到逃兵的亲属一层,所以在合肥的官员准备处决所有宋金的亲人。高柔认为,这种严苛的制度会适得其反,因为逃兵的同伴会因自己被牵连

① 虽然宫刑在东汉是低于死刑的第二等惩罚,但它却不是常见的肉刑,在此时也没有被恢复:本书第一章注释18。

　　关于杖击的严猛以及经常致死,见陈力强(Sanft, Charles):《半斤八两:汉文帝时期对肉刑的减轻》("Six of One, Two Dozen of the Other: The Abatement of MutilatingPunishments under Han Emperor Wen"),特别是94—97页。

② 曹操此时刚刚建立起自己的魏国的官僚体系:见本书第九章394页。魏国的大理相当于汉代的廷尉。

③ 高柔的传记见《三国志》24:682—690页。曹操关于建立丞相府机构的命令见《三国志》24:683—684页,1:44页也有相似的描述,特别关注于军队中法律机构的质量。这两段文献有所不同,但很可能都是源于一份单独的长文档。《三国志》卷一记其日期为十二月,严格来说是西历的215年初:这很接近曹操发布求才诏令的时间,两者可能是同一天颁布的:上文368页。

　　新设置的官位为理曹。在东汉,每一位三公下都有法曹协助处理事务,但据记载法曹主要处理的是记录等事务:《后汉书》114/24:3559页;毕汉思:《汉代官僚组织》,13—17页。汉代的法律官员主要隶属于廷尉下,例如本书第一章注释18中提到的陈忠。

而非常害怕,以至于也干脆选择逃亡。相反,他建议饶恕逃兵的妻儿,这 *376*
样能够使逃兵有回来的理由。曹操接受了他的说法,至少饶恕了宋金的
母亲和弟弟,而妻子仍因丈夫的逃跑受到了惩罚,这一更为仁慈的政策
挽救了许多人的性命①。

高柔被升迁为颍川太守,但不久后又回到了首都任法曹掾,这一机
构可能是理曹的改头换面,也被认为处于重要位置②。他对新任命的校
事卢洪、赵达的专权和贪污提出了控告,虽然曹操最初支持卢洪等人,但
不久后就不得不承认了他们的错误③。高柔后来继续担任执法和检查官
员,并成为了曹魏政府的三公之一。

203年,曹操仍在黄河以南与袁绍的儿子们对峙,此时他也尚未在北
方站稳脚跟,但就已颁布告令表示了对十五年的内战中被毁坏的教育和
道德的哀叹,并下令建立学校。规定每五百户就应有一所学校,在学校
中由合适的学者教导儒家道德④。这一政策在之后没有再次特别提出,
但可能已经在曹操的所有统治领域中推行了。其并未起到非常好的效
果,但却很有利于宣传,且这种地方性的教育会激励士族对家族忠诚,也
可以为未来提供行政官员资源。

董卓对洛阳的毁坏,标志着汉代太学的结束,国家图书机构也同样
难逃厄运。《后汉书》中记载了洛阳在190年献帝西迁长安后是如何被
洗劫的,许多写在丝织品上的书稿都被做成了帷幕或包袱。王允抢救了
大量文献,并把它们用七十辆马车运到了长安,但仍在路上损失近半,而 *377*
几乎所有到了长安的书籍也在其后的战乱中损失殆尽⑤。

---

① 宋金及其家庭的案子,见《三国志》24:684页;《资治通鉴》67:2134页中简要叙述了这一事
件;拙著《建安年间》,482页。
② 东汉时,各曹的俸禄都是三百石,而郡太守是二千石。因为并没有高柔失宠的证据,所以我
们可以推测这一新的官僚机构的地位当与郡守相似。
③ 见上文373页。
④《三国志》1:24页;柯睿:《曹操的肖像:关于曹操及其传说的文学研究》,27页,见本书第五章
212页对其的引用。
⑤《后汉书》79/69A:2548页;柯睿:《曹操的肖像:关于曹操及其传说的文学研究》,26页。

帝国的形势岌岌可危,恢复太学几无可能——这一愿望最终是在224 年被曹丕年实现的[①]——但曹操时已重新开始对图书的收集。此时私人藏书最巨者是大学者蔡邕,据说他的藏书达到了四千卷。蔡邕将自己的藏书传给了王粲,王粲在荆州避难时可能随身携带了大部分,随后他返回北方投奔了曹操。据记载,曹操命蔡邕的女儿蔡琰复写了一些书籍[②],他很可能同样对王粲的藏书进行了复制。此外,文献中还记载刘表为支持学术,发行了新一版的儒家经典,其中有新的权威注释[③],我们可以推测,当曹操占领荆州时,刘表的收藏也被他接管了,而哲学家荀悦在许被任命为秘书监,这也表明一些著作被以某种形式保留下来或重新发现了,它们也同样可以用来制作副本[④]。

几年后,曹丕于 220 年末登基称帝,他组织编纂了涵盖广泛的《皇览》,把经典及其注释综合到了一起。以秘书监的长官王象和韦诞为首的一批学者参加了这一工作,其大概在曹丕 226 年驾崩前已经完成。最后的纲要中提到,该书总计八百万字,四十余部[⑤]。虽然这一工程并不属于曹操的正式成就,但经典学术的复兴却确实是基于曹操对藏书的兴趣和花费的精力的。

曹操关于书法的看法也从一个方面展现出了他的观点。晋代学者、官员张华是能书之人,他曾刚在 3 世纪中叶指出,曹操不喜欢所有汉末擅长草书的书法家:张芝、他的弟弟张昶,以及崔寔[⑥]。这可能是真实的。

---

① 《三国志》2;84 页、13;420—421 页。

② 见上文注释 29。

③ 《三国志》6;212 页;拙著《学者和统治者:东汉的国家赞助》("Scholars and Rulers: imperial patronage under the Later Han dynasty"),72 页,本书第六章 261 页。

④ 《后汉书》62/52;2058 页。据说,汉献帝曾试图让荀悦给他作单独的建议,但曹操证明了这一办法没有什么实际作用。

⑤ 关于《皇览》,见《三国志》2;88 页,拙著《学者和统治者:东汉的国家赞助》,73—74 页。这部书是对其他作品的汇集和编辑,是一部百科全书式的作品,因此常常只被引用而不注明出处;所以现在仅有一些片段能够判定是出自此书。

⑥ 《三国志》1;54 页裴松之注引张华《博物志》。张芝和张昶的传记见《后汉书》65/55;2144 页;崔寔的传记见《后汉书》52/42;1725—1731 页。张华提到了崔寔的父亲崔骃也擅长草书,但去世于曹操出生前;他的传记见《后汉书》52/42;1722—1724 页。

378

但擅长楷书的钟繇成为了曹操的高级官吏之一,阮瑀成为了深得曹操信任的文书人员,曹操也与梁鹄言归于好;以上这些人都是擅长正规书体的著名书法家。因此,曹操似乎并不是反感书法家本身,而是不喜欢那些此时发展出的古怪和夸张的书法风格①。

在汉代,儒家的圣人统治者的理想已形成悠久的传统,其认为皇帝是教育的支持者,也与学术有着很紧密的联系。国家图书机构、太学的维持,以及偶尔的学术会议,比如章帝时期著名的白虎观会议,都证明了皇帝对学术的关注,也增加了王朝的合法性②。在现在的环境下,曹操无疑能够安排一场大型的学术讨论,但他能够吸引学者和哲学家们来到自己的邺城朝廷,已经大大增加了他政权的合法性。

此外,曹操自己也是位诗人,他的诗作广为流传,他本身也指望着能够借此得到帝国的大族们的认可和一定程度上的尊重,他儿子曹植在之后的成就更增加了这种认同。210年,即使边疆地区还在征战,但曹操已经建立起了一个人才济济的朝廷,也启动了修缮邺城的计划。作为大人物,这些都是适当且在众人期望之中的,虽然他对于奢侈浪费的严格限制与那些之前掌握了汉朝廷的大族们形成了明显差别③。对个人的抑制、公众工程以及精神上的活力结合在一起,形成了非常出色的政策;就曹操而言,这是很值得赞许的。

379

380

---

① 关于钟繇,见本书第三章 106 页;关于阮瑀,见前文 340 页;关于梁鹄,见第一章注释 61。
　　170 年代,汉灵帝洛阳的鸿都门建立了学校,并安排了以书法和赋为重点的课程。这一学校成为了入仕的一条新道路,但自然受到了传统学者型官僚的反对,也随着灵帝的驾崩而取消了:拙著《桓帝和灵帝》,137、145 页,《学者和统治者:东汉的国家赞助》,72 页,《再次应征:东汉任命的公务员》,38—39 页。曹操对书法的态度可能也反映了这种传统的观点。
② 拙著《学者和统治者:东汉的国家赞助》讨论了这一问题,关于白虎观会议的讨论见该书 63—64 页。更多的细节,见曾珠森:《白虎通:白虎观中的全面讨论》。
③ 诸如和帝时的窦氏和顺帝、桓帝时的梁氏等大族的奢侈和傲慢自大已成为了一种传奇,也被历史材料支持。例见拙著《东汉三国人物辞典》窦宪、梁冀、孙寿条。

第九章　紧张的忠诚　210—217 年

大事年表

210 年　冬：曹操在邺城兴建铜雀台

211 年　1 月：曹操发布《让县自明本志令》

211 年　春：曹丕被任命为副丞相；当曹操出征西北时，曹丕留下主持邺城事务

212 年　冬：董昭提议封曹操为魏王，加九锡，但荀彧表示反对；荀彧去世

213 年　春：曹操重新划分了汉代的州

　　　　夏：曹操被封为魏公，加九锡

　　　　秋：魏国建立社稷和宗庙；曹操的三个女儿入献帝后宫

　　　　冬：魏国置尚书、侍中

214 年　春：天子命曹操位在汉代的诸侯王之上

　　　　秋：曹植在曹操攻打孙权时留在邺城主持事务

　　　　冬：曹操杀死献帝伏皇后及其二子

215 年　曹操的女儿曹节封后

216 年　夏：曹操被封为魏王

217 年　曹操被赐天子旌旗、出入称警跸

　　　　冬：曹丕被任命为魏王世子

　　　　此年爆发大瘟疫

在第七章中,我们讨论了曹操在长江中游的赤壁失利后,为巩固自己的权力而在北方进行的战争,而第八章主要关注的是他在邺城建立起的政府及朝廷的特征。从形式上讲,曹操的权力来自于他早在208年就据有的汉丞相之位;他在发表于211年的《让县自明本志令》中表明了自己的忠诚,以及为汉室重建失去的权力及和平的想法。

然而,虽然曹操自动放弃了一些封邑,但难以避免的是,他军事上的成功和对政府的支配就意味着他会被鼓动也被期待着接受一些特殊的荣誉。在其后的几年中,他不仅被封为侯,后又为公、王,也享受到了可与西汉末的篡位者王莽相媲美的荣誉。通过这些动作,就像《让县自明本志令》中预示的,他力图稳固自己及家族在未来的地位;但这样也就加大了人们对于他最终野心的怀疑,他也测试着仍然对汉室效忠的手下们的忠诚。

权力的陷阱

在建安十五年末发布的宣传性质的《让县自明本志令》中,曹操指出,他的终极目标是在衰颓的国家中重建汉王朝的权威,而在自己和家庭方面,只求能够安全。为显示自我约束,他放弃了四个封县中的三个,以及三分之二的食邑。

然而与此同时,虽然他用这种方式削减了自己的利益,却给三个儿子授予了封邑,数周后曹植、曹据和曹林每人都获封五千户的食邑,其总数已经几乎与曹操之前放弃的相当了。曹操最年长的儿子曹丕并未获封,但却被任命为五官中郎将及副丞相;本年秋曹操率军进攻西北的军阀时,曹丕正式掌控了邺城的权力。

此外,212年初,曹操从华阴凯旋,征服了西北,傀儡献帝赏他以殊荣:赞拜不名,入殿不趋,剑履上殿。拥有这些特别权力的先例是萧何,汉高祖建立西汉时的主要功臣,以及之后的包咸,东汉明帝的老师。可能更值得注意的是,类似的特权也曾在145年被授予大将军梁冀,他是掌控汉朝廷的人物，189 年，篡权的董卓也给自己赋予了这些权力①。

这些例子，特别是萧何和包咸的，都代表了重臣在朝堂上的行为和地位，以此观之，曹操仅仅被视为是汉代的一位特别人物。然而，212 年末，一项更重大的行动已在谋划之中。

这一计划的发起人是董昭，在 196 年汉朝廷迁回洛阳时，他是曹操在朝廷中的代言人，并协助他将献帝迁往许置于控制之下。此后，他历任过很多行政职位，并曾因在 206、207 年对北方的战争中修建了供应物资的渠道而被封侯。现在，他是曹操的丞相府的高级官员②。

曹操在西北取得胜利后，开始计划着渡过长江对付东南方的孙权，212 年冬，他率领军队从邺城出发。自然，他将经过许这一名义上的国家首都，可能董昭就是在此时提出了两项建议：国家应重建爵位；曹操应被授予九锡。

383　据信，中国古代在王之下有五等爵位，分别是公、侯、伯、子、男③。汉代规定王室成员可为王，而除了商、周王朝的子孙被荣誉性地封为公外，其他外姓只能为侯。伯、子、男三等并未被使用，"公"更常被用来形容国家的官僚首脑三公，他们的地位崇高，但并非永久的，也不能世袭④。

董昭的建议的主要目的与其说是恢复传说中的爵制，不如说是允许曹操在贵族社会中获得超卓的等级：比王略低，但比侯要高。严格来讲，九锡是另一项事情，但董昭将其一并提了出来，并得到了许多高级官员

---

① 关于对曹操的赏赐，见《三国志》1；36 页。关于萧何，见鲁惟一：《秦、西汉、新莽时期人物传记辞典（公元前 221—公元 24 年）》，603—605 页，《史记》53；2016 页、《汉书》39；2009 页；华兹生：《汉朝大历史学家的记述：司马迁〈史记〉译本》I，94 页。关于包咸、梁冀、董卓的特赐，分别见《后汉书》79/69；2570 页，34/24；1183 页，72/62；2325 页。
② 董昭曾在曹操手下任司空监祭酒，208 年初曹操成为丞相时，可能将他调动为了同等级别的丞相府官员。他的传记见《三国志》十四卷。
③ 然而，这样的等级在古代是否被认可尚存疑问。
④ 德效骞将三公翻译为"Three Dukes"，鲁惟一也采用了这一译法，但我避免使用这一译法，因为它会与公这一爵位混淆（作者在文中对三公的翻译是"Three Excellencies"——译者注）。

的支持①。

九锡是一种殊荣，至少可以上溯至周代。汉代第一次赏赐九锡在公元 5 年，未来的篡位者王莽用以加之己身②。九锡在东汉时没有被完整使用过，但 79 年的白虎观集议中曾对其进行过讨论与整理，其结果在《白虎通》中记录了下来③。在这些故例中，具体的细节有些微不同，但每一次的赏赐在理论上都是与某些行政的或是军事的成就相联系的，而一种特殊的酒也被赐予那些有优秀德行的人。九锡中的物件可以被单独赐予，196 年，袁绍就被赐予了节钺、弓矢以及虎贲④，而我们也在上文中看到了统治者是如何为杰出的臣僚授予其他特权的。传统、先例以及理论，将九锡塑造成了极高且独有的殊荣。

曹操显然接受了董昭的提议，他可能希望在自己对孙权开战前在许停留并接受这一封赐。然而出乎意料地，当董昭给尚书令荀彧修书赞美曹操扶汉匡正的功绩时，荀彧却提出了反对意见。这封信件的全文没有被保存下来，但是董昭的传记中保留了其概要，也呼应了曹操两年前发布的《让县自明本志令》：

---

① 董昭关于恢复五等爵制的建议见《三国志》14：439—440 页，建议授予曹操九锡，见 440 页裴松之注引《献帝春秋》；《资治通鉴》66：2115—2119 页。其引发的讨论，见拙著《建安年间》，438—449 页，及拙著《忠诚问题：荀彧、曹操和司马光》。

② 《汉书》99A：4072—4075 页；德效骞：《汉书》Ⅲ，202—210 页，后文中也会讨论。

③ 这次集议由章帝支持，在洛阳举办，极大地确立了今文经学的地位，见曾珠森：《白虎通：白虎观中的全面讨论》、拙著《学者和统治者：东汉的国家赞助》，63—64 页。曾珠森在《白虎通：白虎观中的全面讨论》Ⅱ，504—509 页中翻译了《白虎通》20：8a—10b 中关于九锡的记载，其中涉及到了《礼纬含文嘉》这本关于《礼记》的伪书（译文中错误地将其称为儒家经典），列出了九锡的内容以及获得它们的方式；《礼纬含文嘉》一书也见《后汉书》9：387 页章怀太子注。

曾珠森在《白虎通：白虎观中的全面讨论》Ⅰ中讨论了关于九锡的早期文献，引用了被认为是公元前 3—2 世纪伏生所著的《尚书大传》[鲁惟一：《秦、西汉、新莽时期人物传记辞典（公元前 221—公元 24 年）》，107 页，夏含夷：《中国古代典籍导读》，381、385 页]，公元前 2 世纪韩婴的《韩诗外传》[鲁惟一：《秦、西汉、新莽时期人物传记辞典（公元前 221—公元 24 年）》，151 页，海陶玮在《中国古代典籍导读》中的译本，125—128 页；德效骞：《汉书》Ⅲ，211 页注释 23.3]。曾珠森在其书Ⅰ，25—29 页进一步讨论了九锡，并翻译了关于 213 年曹操被赏赐九锡的文献。下文将讨论这段文献及其他有关九锡的记载。

④ 本书第二章 89 页、本章 383 页。

384

今曹公遭海内倾覆，宗庙焚灭，躬擐甲胄，周旋征伐，栉风沐雨，且三十年，芟夷群凶，为百姓除害，使汉室复存，刘氏奉祀。方之曩者数公，若太山之与丘垤，岂同日而论乎？今徒与列将功臣，并侯一县，此岂天下所望哉！①

荀彧作为尚书令，可以拒绝草拟必要的公告，虽然这种抗拒在曹操已控制了傀儡朝廷的情况下是很难持久的。更意味深长的是，他是曹操最早的伙伴之一，曾于 194 年吕布造成危机时非常忠心，自此以后也一直是曹操可靠且得力的谋士。荀彧在此时的反对无疑是出乎意料的，也非常令人为难：虽然据记载他与董昭之间的这次通信是私密的，但文献中也记录了董昭曾游说曹操的其他官员，所以荀彧的干预也会被他人知道，或至少是引起了这项提议的尴尬的中断。历史学家们记录曹操因此而感到烦心，这可能是对他的心境比较温和的描述了②。

曹操的回应是迅捷的。当他率领军队接近淮河时，他要求荀彧留在后方"劳军"，荀彧也如期抵达了谯县这一对抗孙权的大本营，曹操任命他为侍中、光禄大夫，持节，参丞相军事。这一新任命是以赞赏的姿态发出的，这些职位在汉代的官僚体系中也确实是要职：侍中地位最高，可随侍帝王左右，光禄大夫是皇帝的高级官僚，持节则意味着在很多方面都拥有了独立行动权。然而，这些职位却都缺乏像荀彧之前所担任的尚书令那样的特殊影响力，尚书令虽然职阶较低，但却已发展成政府的核心部门。此外，参丞相军事这第四个头衔，将荀彧从他之前的官署中调出了，直接置于曹操的控制之下。从此以后，他就失去了独立的身份。

荀彧随军一起到了东南，但在年底抵达淮河流域的寿春时，身染重

---

① 董昭给荀彧的书信见《三国志》14：440 页裴松之注引《献帝春秋》。荀彧传记中对此的记载见《三国志》10：317 页、《后汉书》70/60：2290 页，两者在细微之处有所差异，但其中表达的反对态度却是完全一样的。司马光在《资治通鉴》66：2115 页中引用的是《三国志》10：317 页的记载；拙著《建安年间》，439 页。

② 《三国志》卷十、《后汉书》卷七十/列传第六十，其中记载曹操"心不能平"。《资治通鉴》六十六卷中则更直接地概括为"不悦"。

病滞留了下来。曹操的军队挺进长江，却渡江失败，于 213 年春回师。当曹操再次抵达寿春时，荀彧已经亡故。

荀彧享年 50 岁，他可能是自然死亡的：冬季东南方江河沿岸的潮湿空气并不利于健康，且他显然也承受了与曹操之间产生裂痕所带来的压力。也有说法称他死于自杀甚至谋杀。4 世纪很有道德原则的文官孙盛所著的《魏氏春秋》中，记载了曹操曾拒绝与荀彧单独沟通，但其后又将一食盒送到了他的床边；然而当荀彧打开盖子后，却发现里面空无一物，随后即绝望地服毒自杀了①。也有人说曹操命令荀彧杀害献帝的皇后伏寿，但荀彧不能接受如此做法②。

曹操和荀彧的动机和真正意图是模糊且不能确定的。后世的历史学家们争论于荀彧是否是因对汉的忠心，才在察觉到曹操的野心日益扩大时站到了他的对立面，因而遭此结果——但他扮演的是真正忠心的士大夫角色，还是仅仅因良心上过不去而选择了拒绝呢③？而虽然在曹操看来，整件事情是不如意的，但不论他的心情如何，他导致荀彧死亡一事都是可疑的。可以肯定的是，他在之后给了荀彧及其侄子荀攸至高的地位，既是因为他们的才能和可靠，也因他们对自己观点的不变坚持。

当在许的献帝听说荀彧亡故的消息后，为其全国举哀④。我们无法确定这一举动是出于对长期供职官员的礼貌，还是证明了两者间个人的、政治的联盟关系。而荀彧任尚书令十五余年，抛却他与曹操之间的联系而言，他身处的在许的朝廷、皇室，甚至是献帝本身，都是一种潜在

---

① 《三国志》10：317 页裴松之注引《魏氏春秋》。

② 这个故事是逃亡到孙权那里的人讲述的，见载于《三国志》10：319 页裴松之注引《献帝春秋》。拙著《忠诚问题：荀彧、曹操和司马光》，46—47 页，其中讨论了另一个故事，荀彧隐瞒了伏皇后谋杀曹操的阴谋；这个故事的时间存在问题，很可能是虚构的。

③ 拙著《忠诚问题：荀彧、曹操和司马光》，49—59 页，讨论了后来的历史学家及注释家们的观点，其中包括陈寿、范晔、裴松之这三位史籍的编纂者；4 世纪《后汉纪》的作者袁弘；9 世纪撰短文讨论这一问题的杜牧。此外，司马光在《资治通鉴》及其中的一条特别注释中，将荀彧与齐桓公的重臣管仲作比，认为后者并未致力于辅佐王朝或主上齐桓公，而是将目光系于天下苍生的利益：《资治通鉴》66：2115—2116 页；拙著《建安年间》，440—442 页。

④ 《后汉书》70/60：2290 页。

的麻烦以及反对曹操政府的力量。荀彧可能在这种环境下产生了一些动摇，而现在，尚书令这一位置被曹操的个人僚属华歆取代了，他对曹操的忠诚无可怀疑，并且很快就会得到证明①。

387 　　213 年春季的大部分时间，曹操仍驻扎在东南，于夏初北返邺城。其后的一个月，他到了许都，于 6 月 16 日被封为魏公，并授九锡。随着荀彧的离世，对这一赏赐的反对意见也已销声匿迹，赏赐的诏文颁布，在华丽冗长的序言后，首先以冀州的十郡增为曹操的封地，接着确定了他丞相的地位，随后列出了他得到的奖赏②：

　　　　以君经纬礼律，为民轨仪，使安职业，无或迁志，是用锡君大辂、戎辂各一，玄牡二驷。

　　　　君劝分务本，稼人昏作，粟帛滞积，大业惟兴，是用锡君衮冕之服，赤舄副焉。

　　　　君敦尚谦让，俾民兴行，少长有礼，上下咸和，是用锡君轩县之乐，六佾之舞。

　　　　君翼宣风化，爱发四方，远人革面，华夏充实，是用锡君朱户以居。

　　　　君研其明哲，思帝所难，官才任贤，群善必举，是用锡君纳陛以登。

　　　　君秉国之钧，正色处中，纤毫之恶，靡不抑退，是用锡君虎贲之士三百人。

　　　　君纠虔天刑，章厥有罪，犯关干纪，莫不诛殛，是用锡君鈇钺各一。

　　　　君龙骧虎视，旁眺八维，掩讨逆节，折冲四海，是用锡君彤弓一，彤矢百，玈弓十，玈矢千。

　　　　君以温恭为基，孝友为德，明允笃诚，感于朕思，是用锡君秬鬯
388 一卣，珪瓒副焉。

---

① 华歆的传记见《三国志》13：401—406 页。关于他对伏皇后的处置，见下文 398 页。
② 这份诏书保存在《三国志》1：37—39 页中；曾珠森：《白虎通：白虎观中的全面讨论》Ⅰ，26—27 页。《资治通鉴》66：2119—2120 页中概述了诏书所列的九锡；拙著《建安年间》，449 页。

尽管九锡在汉代的数百年间都很受学者重视，并且公元 5 年还被赐给了王莽，但对于九锡应该是什么以及它们被赏赐的原因一直没有达成统一意见；事实上，授王莽九锡的文告中仅简单地列举了它们，并未尝试将它们与道德或是功业一一对应①。公元 79 年的白虎观集议上，遵从的是公元前 2 世纪的《韩诗外传》中保留下来的条目，而非王莽所用的②，一世纪后士大夫应劭则给出了另一份九锡的名单③：其仅仅在顺序上与《韩诗外传》中的记载不同，但也没有与相关的功绩联系起来。把九锡与个人功绩相联系的文献只有《白虎通》一种，其中记录了九锡的名目和赐予的简单理由，并有更为细节化的一段，增添了与"秬鬯一卣，珪瓒副焉"相关的文献；这两者不仅证明了拥有者的美德，也象征着其精神力量。

授曹操九锡的告令主要沿用了《白虎通》，其中即包括"秬鬯一卣，珪瓒副焉"的说法，虽然两者也有不合的地方，如《白虎通》中将朱户描述为奖赏人口增加而授予的赏赐，但曹操的告令中则是因扩大了华夏文明的影响而被授予。221 年，曹操的儿子及继承者曹丕授予孙权九锡，遵照的自然是曹操时的旧例，并因孙权在东南方而在一些细节上有所更改。总体而言，在华丽辞藻的修饰下，告令将多种美德和成就与相关的赏赐匹配起来：因政府稳定，而赐以车马；因兴农繁盛，而赐以衮服；因重兴礼仪，而赐以乐舞；因广播文明，而赐以朱户；因任命贤良，而赐以纳陛。第六、七、八项赏赐则是为了表彰不同方面的军功；最后一项是因个人的美

389

---

① 《汉书》99A：4072—4075 页；德效骞（Dubs, Homer H.）：《汉书》Ⅲ，202—210 页。德效骞在注释 23.3 中引用了《韩诗外传》和《礼纬含文嘉》（见前文注释 7）及衍生出的文本；这些文献中记载的九锡大体相同，但王莽九锡有一些不同。此外，《汉书》6：168 页的注释中引用了《尚书大传》（也见前文注释 7），其中记载当大臣获得三项成就时，将被赐车服、弓矢。

　　王莽九锡中省略了乐舞一项，代之以九命青玉珪二，一些类别在用语上也有所不同，并有一些增加：例如在被赐虎贲的同时，还赐有宗官、家令丞等；车上伴有旗帜及特别的装饰；而其他版本的九锡中都有衮冕之服，但王莽的版本中却为"绿韨衮冕衣裳，玚琫玚珌，句履"。

② 曾珠森：《白虎通：白虎观中的全面讨论》Ⅱ，504—509 页，上文注释 7。

③ 应劭去世于公元 200 年前后，他的九锡名目保存在《汉书·武帝纪》的注释中，《汉书》6：168 页。这段文献并不见载于今本《风俗通义》中。

德而赏赐的美酒与玉杯①。

　　正如我们之前看到的，告令在赐给曹操九锡的同时，将他封为魏公②。这是董昭最初建议中的一部分，而公之下的伯、子、男等爵级却没有再被提及。曹操的封邑也足够特别：占据了华北平原大半的十郡；而汉代诸侯王的封邑往往不超过一郡之地，还通常是比较小的郡③。

　　此前，在 213 年春颁布的一份告令中，曹操重新划分了国家的州④。
390 北部边境的幽州和并州、司隶的东部被并入冀州，而西北的凉州与司隶的西部合并到一起，形成了新的雍州⑤。更南方的交州被分为两部分，分别归入北边直接接壤的荆州和益州；而这最后一项并没有起到实际效

---

① 《三国志·吴书》2：1122 页；拙著《南方的将军》，414—417 页。

② 《后汉书》9：387 页，其中指出曹操是自立为魏公的，这具有一定的合理性。《后汉书》中紧接着就记下了"大雨水"一笔。司马光《资治通鉴》66：2119—2120 页也遵循了这一记录模式；拙著《建安年间》，449 页。

　　此外，不久后曹操就位列汉代的诸侯王之上，《资治通鉴》67：2126 页记载，四月大旱、五月大涝：这两次灾害在《后汉书》9：387 页都有记载，但其中并未提到曹操的晋位，后一件事只记载于《三国志》1：43 页中；将二者并列在一起是司马光自己的见解。这是司马光的一种间接评论，表示他不同意曹操这种自己晋位的做法。

③ 这十郡是河东、河内、魏郡、赵国、中山、常山、钜鹿、安平、甘陵、平原。

④ 《后汉书》9：387 页、《三国志》1：37 页、《资治通鉴》66：2118 页；拙著《建安年间》，446 页。在《建安年间》446 页的注释 3 中，我指出虽然文献暗示了这次安排是发生在正月的，但曹操正月时应正在长江流域与孙权对战，所以其更可能发生在三月，此时他已返回邺城，也应经过了许都。关于对各州的重新安排，我认同吴增仅《三国郡县表》及杨守敬注释中的意见，王先谦《后汉书集解》一零九卷/列传——九卷中也支持他们的观点。

⑤ 汉末西北的行政区划很混乱。在黄河西部的郡，即今天兰州以西的河西走廊地区，因韩遂及其他军阀的作乱而孤悬，194 年它们从凉州独立了出来，成为雍州；《后汉书》9：376 页。

　　曹操现在将东汉的凉州重新整合到了一起，并加入了司隶的西部，将其重新命名为雍州。

　　此外，220 年，曹操的儿子及继承者曹丕再次将雍州分为两部分，并采用了原来的名称，将西面的称为凉州（河西走廊地区）、东面的称为雍州；《三国志》15：474 页。

　　关于这些变化及其下各郡的情况，见《晋书》14：432—434 页；《三国郡县表》，2888—2903 页，拙著《建安年间》，136—137 页，拙著《北部边疆》，498—499 页注释 58。

用,因为曹操的政府和其控制下的傀儡汉朝廷并没有真正控制这一地区①。

《后汉书》中记载,曹操这次调整意在将现在的十四州减少为《诗经》禹贡一章记载的九州②。虽然这次新分配的州数目是九个,但地域却与经典中的记载不完全对应③,其主要作用是扩大了作为曹操权力中心的冀州的面积。冀州现在已不仅仅领有了整个北部边境,从公孙瓒控制的东北一直到黄河流域的鄂尔多斯高原,同时也向南延伸至了河东、河内,并占据了整个华北平原。

曹操现在身为魏公、丞相,领有大大扩展了的冀州,并享有九锡和其他特权,已与三年前那个谨慎地炮制《让县自明本志令》的小心翼翼的人物不可同日而语了。他也取得了对西北军阀战争的胜利,但孙权仍固守在长江下游,刘备也在谋划占领益州以加强对长江中游及其南方盆地的控制,甚至在汉中的张鲁也还具有以秦岭为凭借而自立的机会。而另一方面,曹操在自己的地盘上掌握着不容置疑的权力,那么这些代表着国家认可的特别封赐所为何意呢？国家现已不复盛况,他要如何才能证明自己精心谋划的奖赏以及与九锡相对应的种种美德呢？谁才是他真正的观众？这种仪式肯定不能强制他的敌人们接受,而他的部下们也可能与荀彧的感受相同:这不是一个适宜的时机,且如此贪婪地追求多余的荣誉,是对过去成就的抹杀而非增加。

然而,曹操却下定决心为自己和继承者们建立起一个国家,使其足够强大以抵御今后的战争及更为强力的敌人。虽然在献帝和他的权臣曹操

391

---

① 公元 200 年后,曹操任命张津为交州刺史,但他被匪徒杀害,208 年后,地方军阀士燮与孙权的官员步骘瓜分了此地的控制权,前者的大本营位于红河,即今天的越南,而后者控制了珠江三角洲:本书前文 275—276 页。士燮去世后,孙权控制了整个交州;他不时将其分为东合浦、西合浦两部分:拙著《南方的将军》,445 页。

② 原文如此,《禹贡》应为《尚书》中的一章。——译者注

③ 理雅各《中国经书》Ⅲ《尚书》,92—128 页。《禹贡》的九州中有梁州,但汉代却是凉州,后者并未在《禹贡》中出现过;而汉代的益州也被沿用,其并不在《禹贡》的体系之中。

地图 19　曹操 213 年重新划分的州

之间已没剩下什么感情,但曹操还是凭借丞相和最高军事首脑的地位毫不费力地处理了这件事情。而为了家族利益,他现在开始在国家内谋求一个不只依赖于自己,但却可以更为长久的地位。这与他在《让县自明本志令》中阐述的有很大差异,但一旦他开始采取行动了,就会一直坚持下去。

但在这一切中,我们不应假定曹操是想要谋朝篡位。他继续将献帝置于自己的控制下,并将对已经很尴尬的皇权介入更深,但汉代的名头仍是有用的,王朝的正统性有助于他在攻击对手时师出有名,并且现在也没有什么好的理由改朝换代——400 余年的传统并不是那么容易抛弃的。然而,在后几个月曹操就再次提高了自己的地位。秋天,他在自己的首都邺城建立了魏的社稷、宗庙。冬天,他任命了九卿、尚书,214 年正月,又举行了耕田仪式①。三月,诏令魏公佩金印赤绶,在国家宗庙中位

393

---

① 《三国志》1:42—43 页。关于对社稷的祭祀和崇拜,见卜德:《古代中国的节日:汉代的新年和其他年度仪式》,56 页;毕汉思:《东汉时期的洛阳》,54—56 页;《剑桥中国史》263 页地图 13。关于东汉的宗庙,见毕汉思:《东汉时期的洛阳》,56 页。关于耕田仪式,见卜德:《古代中国的节日:汉代的新年和其他年度仪式》,223—228 页;毕汉思:《东汉时期的洛阳》,56—57 页。

列所有其他王公之前。

耕作与祭祀社稷是为了鼓励农业以及祈祷丰收，历来由君主在首都举行，而地方长官也要举行相应仪式。然而曹操举行的仪式是想要具有超越地方的意义的，它们反映了他的新国家的广泛权威。同样，虽然曹氏家族在家乡沛国的谯有公共墓地——现在已成丘墟，但宗庙是独立性的标志，其建立再次侵害了帝王的特权[1]。

建立丞相府和尚书台似乎同样是象征意义大于实际作用。曹操的主要官员、已故的荀彧的侄子荀攸，此前一直担任军师一职，现被任命为尚书令，毛玠、崔琰等谋士也入职尚书台，而爱挑毛病的和洽、王粲、卫觊则成为了侍中。在丞相府大臣中，钟繇成为大理，相当于汉廷的廷尉，王修成为了大司农。以自制和荣誉感著称的袁涣，成为了郎中令，相当于汉廷的光禄勋，也任谏议大夫，陈群任御史中丞：最后的两位是魏国监察机关的首脑[2]。

394

另一方面，曹操此时仅任命了六卿，而非汉代的九卿，剩下的三个职位及其人选并未被提及。与其说这些没有被提到的人是与那些见于记载的高级和被信任的官员相比没那么重要，不如说是这三个机构对政府来说并非必要。曹操这样安排的目的在于确立封地的正统性：一般的帝

---

[1] 魏国的宗庙在 229 年末以前都屹立在邺城，其后曹操的孙子曹叡将家族的灵位迁到了洛阳，并在洛阳建立了新的宗庙：《三国志》3：96—97 页。那时的灵位包括曹腾（高帝）、曹嵩（太帝）、曹操（武帝）、曹丕（文帝）。可见曹操仅仅供奉了自己的父亲以及父亲的养父、宦官曹腾。

[2] 曹操任命的官员表见《资治通鉴》66：2123—2124 页，其以《三国志》1：42 页及相关人物传记为基础。拙著《建安年间》456—457 页讨论了其中一些复杂和混乱的情况；特别是，陈群的官职并不在汉代的卿系统之中，所以可以据此推测除了钟繇、王修和袁涣之外，还有三位姓名不具的卿。

汉代的御史大夫、御史中丞常被翻译为 Imperial Counsellor 以及 Palace Assistant Imperial Clerk。然而，因为他们在此时的中央政府中并不备员，反而在魏国出现，所以我在翻译时省略了 "imperial"。他们相当于汉代的监察官员，见拙著《两汉的监察官员》（"Inspection and Surveillance Officials under the Two Han Dynasties"）、《东汉三国人物辞典》，1227 页。

国王侯是不能直接控制他的封邑的，也只拥有规模很小的个人官员①，曹操却建立起了一个仿照汉帝国体系的行政结构。而虽然曹操给了官员们很好看的头衔，但我们一定会怀疑他们是否真的领有其责。真正的权力结构仍然来自于军阀的军事指挥。

216 年，曹操击败了汉中的张鲁凯旋，这种扩张终于为他带来了合理结果。三月，他再次举行了耕田仪式，就像他在被任命为魏公前进行的一样，数周后，5 月 29 日，他晋级为王②。秋天，他的大理钟繇被任命为魏国相，又任命了三卿，魏国现共有九卿了，这一数目与国家的规制一样③。

随着这一晋升，以及自己的丞相官职，曹操确立了他个人的行政机构。作为汉朝的丞相，他正式掌握着国家的权柄，但他自己的魏国现在很大程度上代替了国家政府，后者仅仅是在表面上为这位权臣提供了正统性。在接下来的 217 年，魏王曹操被授予了最高荣誉：天子旌旗，十二旒冕④。他

---

① 关于东汉诸侯王国的行政体系，见《后汉书》118/128：3627—3629 页、毕汉思：《汉代官僚组织》，107 页。在实践中，王国相是被中央政府任命的，拥有与郡守相同的行政权力；诸侯王无权控制他们。诸侯王的朝廷也有郎中令及仆，秩千石，秘书及其他次要官员，但他们也是由中央任命的。

② 《三国志》1：48 页裴松之注引的诏令原文。使人诧异的是，《三国志》1：47 页正文中记载的封赏日期似乎是错误的：其中记载发生在五月，《资治通鉴》67：2144 页也沿用了这一说法；但《后汉书》9：388 页中，却将其记载为四月甲午，即西历 5 月 29 日。此年的五月没有甲午日，因此确切来说，《后汉书》第九卷中的记载可能更为正确。

③ 《三国志》1：49 页裴松之注释 4，1 中引用《魏书》，其中记载 216 年任命了奉常、宗正——很可能与钟繇任相同时，次年任命了卫尉。因此，用排除法可得，上面提到的 213 年设置的未指明的三卿，是太仆、大鸿胪、少府。然而他们的名字都没有留下来，文献中也没有记载谁代替了钟繇任大理。

　　曹操为魏公时的郎中令、行御史大夫事袁涣，在曹操为魏王时可能官居原职，但他其后不久就因病去世了。217 年夏，曹操任命华歆为国家的御史大夫：《三国志》1：49 页。但接替袁涣官位的人并没有被记载下来（下文 325 页会涉及到华歆，他负责了逮捕伏皇后，但此事发生在他被任命为御使大夫以前）。

④ 《三国志》1：49 页、《资治通鉴》68：2150 页；拙著《建安年间》，510 页。冕类似于学位帽，前后的长大于宽，顶部平整、后部弯曲、前面平直。前挂六条由白玉珠构成的旒，后挂六条，只有帝王能够佩戴，东汉明帝是首次佩戴者。高等贵族及三公可以佩戴七条碧玉珠的旒。见《续汉书·舆服志》，《后汉书》120/130：3663 页；贝克：《东汉的志：作者、材料、内容和在中国史学中的地位》，251 页。

出行的道路要警跸，也被允许乘坐六马驾的金根车，以五时副车护卫①。无论在形式上还是实际上，曹操现在都几乎是帝王了，所差的仅仅是一个称号而已。 396

帝后之间

献帝现在已步入三十多岁的年纪，他对于曹操的要求只能接受、签署，无力干涉。在十五年前，他曾试图与董承共谋杀害曹操，但以失败告终，也认清了自己的无力②。尚书令荀彧建议曹操对此事保持隐忍——即使并未成功——而献帝的皇后伏寿却有着更为积极但错误的计划。

伏氏是伏完的女儿，出身于士大夫世家，伏完曾与桓帝的女儿公主刘华成婚。虽然伏寿是妾室盈夫人所出，只能算是公主的养女，但这种与皇室的关系对于她的上位来说已足够有力。她于190年入宫，成为了贵人，并于195年封后，196年一路相随献帝从长安出逃，并最终抵达许都，处于曹操的控制下。

200年，在董承的阴谋事发后，曹操杀死了他的女儿董贵人，即使此

---

① 《续汉书·舆服志》，《后汉书》120/130：3644页，其中记录金根车是汉代的皇家的主要用车。贝克：《东汉的志：作者、材料、内容和在中国史学中的地位》，244—248页中对其进行了讨论，拙著《建安年间》，510—511页中引用了他的观点。这一名字的起源不详，可能是据车本身的特征而命名的，文献中对此有一些矛盾的描述：

《资治通鉴》68：2150页胡三省注引用了当时的学者董巴的观点，认为金根车有朱红色的轮子，侧板及车把以龙虎为饰，车轭上有金鸟。华盖覆以羽毛，侧板上绘以花卉。以六架拉车，建十二旗，上画日月升龙。

然而，蔡邕在几年后写道，金根车有金色的轮子，车板上有象征四方的动物，没有旗帜。

《晋书》25：754页中认同金根车没有旗帜，并在759页说明五时副车成对排列，每辆车上各绘有五行之一。

② 《后汉书》10B：453页，《资治通鉴》67：2133页，拙著《建安年间》，480页：

操后以事入见殿中，帝不任其愤，因曰："君若能相辅，则厚；不尔，幸垂恩相舍。"操失色，俯仰求出。

旧仪，三公领兵朝见，令虎贲执刃挟之。操出，顾左右，汗流浃背，自后不敢复朝请。

执刀相挟这一夸张的行为是因为三公作为行政首脑及军事首脑的超常权威；自然，曹操恰恰处于这一掌握实权的位置。但从另一方面看，无论汉代的旧仪为何，曹操在傀儡皇帝前会将自己置于如此危险和丢脸的位置是很奇怪的。所以我对这一故事抱有怀疑。

时她已有孕在身。伏皇后对于自己的命运非常忧惧，于是力劝父亲反抗曹操。人们可能会觉得董氏的例子应有杀鸡儆猴之效，但伏皇后那时年方二十，也不够聪慧。但伏完机敏地没有采取任何行动，并拒绝了高位，意在避免麻烦。他于 209 年寿终正寝。

五年后，伏皇后的阴谋被揭发，个中原因我们无从知晓。尽管事件已过去很久，但指望着曹操对此疏忽不管却基本是不可能的。错误的仁慈会鼓励其他人，而他希望——尽管对董贵人事件的处理似乎并未发挥对皇后的警示作用——通过对这种事件的坚决处理，把其他更坏的想法扼杀。他强命献帝废后，并派遣御史大夫郗虑亲自执行。与郗虑一起执事的还有华歆，他已接替荀彧成为尚书令，他们率领军队进入宫内，逮捕了皇后。皇后紧闭门户，并试图藏匿在墙壁中，但军士们将她拖拽了出来①。献帝此时坐于外殿中，当他们经过时，伏皇后披散着头发哭泣着向自己的丈夫求救：

> 帝曰："我亦不知命在何时！"顾谓虑曰："郗公，天下宁有是邪？"

伏皇后终于暴室，她所生的两个儿子也被杀，她的母亲盈夫人和其他宗族都被流放②。

后位的空悬给曹操带来了引人注目且几乎是可疑的方便之门，而他已准备好了候补的人选。在前一年，即 213 年，他就安排了自己的三位女儿曹宪、曹节和曹华进宫，214 年初，她们三人都被封为贵人。215 年，

---

① 《后汉书》卷十中记载为"闭户藏壁中，歆就牵后出"。——译者注

② 《后汉书》10B：453—454 页、《资治通鉴》67：2134 页；拙著《建安年间》，480—481 页。司马彪在《续汉书》1：19a 中，记载献帝自己发现了皇后有不敬之罪，但肯定是对形势的误读。

《后汉书》十卷下中记载，伏氏的数百名宗族被杀，但这可能是一个夸张的数字，其依据是《曹瞒传》，见《三国志》1：44 页裴松之注引（其中说伏完也在被杀的人之中，而实际上他已经于五年前去世了）。曹操没必要处决那么多人；他对盈夫人及其家族的放逐似乎更为合理。

伏皇后被废不足两月，曹氏三女中的次女曹节就成了皇后①。 398

文献中没有记载曹氏三女的生母，我们也不知道他们是否是一母所生。曹宪和曹华并不见于其他文献。通常女子入宫的年龄是在十三岁到二十岁之间，因此我们可以推测她们都是十几岁的年纪，而曹华最小，以至于还在曹操的家庭中生活了一年。对她们入宫的赏赐包括由以前的将军、现任汉朝九卿之一的王邑亲自到邺城呈送的五万匹丝绸，以及玉璧等表示等级身份之物②。

新皇后至少比现已年过三十的献帝年轻十岁，而现在的环境也预示着这段婚姻不会幸福。然而，曹后似乎对汉朝的命运十分关注，其中当然也包括自己的后位。几年后的 220 年，她同父的哥哥曹丕强迫献帝禅让皇位，并派出了一名官员收缴皇帝的印玺。曹后开始拒绝交印，但最终将印玺扔到了地上，流泪发誓说："天不祚尔！"侍从们都尴尬地不敢看她，曹丕的官员不得不从栏杆下捡起印玺③。 399

曹后比献帝至少多活了 25 年，于 260 年去世，此时曹魏政权已被司马氏控制。她被谥为穆皇后，并与献帝合葬在一起④。

---

① 《后汉书》9：388 页中记录伏后被废的日期为十一月丁卯，即公历 215 年 1 月 8 日，新的曹皇后在次年正月甲子封后，即 215 年 3 月 6 日。

《续汉书》1：19b 记载曹宪为皇后，但这是错误的，也被同书中后面的记载否定。

本书第一章注释 17 中讨论了曹节的名字与曹腾的父亲，即她的曾祖父相同。

② 关于纳聘的使臣，见《后汉书》10B：455 页、《三国志》1：42 页裴松之注引《献帝起居注》。女子入宫的官方年龄见《后汉书》10A：400 页；关于曹华，见《后汉书》10B：455 页。

3 世纪的傅玄在《傅子》中记载，曹操对奢侈之风的反对也延伸到了婚礼中，因此他的女儿嫁人时仅仅以皂帐，从婢不过十人：《三国志》1：54 页。但尽管如此，与皇帝的联姻还是可能会有更大的排场。

③ 《后汉书》10B：455 页。司马光在《资治通鉴》69：2182 页的考异中怀疑了这一故事的真实性，因其与东汉元帝的遗孀王太后的故事非常相像。王太后的侄子王莽计划篡位，向她索要玉玺，王太后很愤怒并将其扔了地上；玉玺的一角被摔碎了：《汉书》98：4032 页；拙著《南方的将军》，139—140 页；古德曼《非凡的曹丕》，69 页。

④ 《三国志》4：147 页。曹后去世前仅仅三天，司马炎被任命为丞相，封晋公，食邑十郡，受九锡。他于 265 年底正式篡位。

后妃和子嗣

除了上面提到的 3 名女儿外，曹操还至少有 4 女，而她们的名字都没有流传下来。其中最年长的大概出生于 178 年，是刘夫人所生，与曹操的长子曹昂同母。她嫁给了夏侯惇的儿子夏侯楙，并被封清河公主，封地位于甘陵，可能是在曹丕 220 年篡取政权之后获封的。230 年前后，因为丈夫夏侯楙毫无节制的淫乱，她以叛国的罪名诬陷于他，使他差点被处决①。

曹操的第二个女儿可能生于 190 年前后，生母不明。她嫁给了荀彧的儿子荀恽，后来被封安阳公主②。曹操的三女生于 200 年前后，是杜夫人所出，后被封为高城公主③。最小的女儿是尹夫人所生：尹夫人原来是大将军何进的儿媳，并在何家生下过一个儿子：何宴；她后来成为了曹操的妾室，并生下了曹矩和一个女儿。曹操将这个女儿嫁给了她同母的兄弟何宴，她被封为金乡公主。

曹操的女儿似乎不止上述的 7 名④，而普遍认为他与 2 名正妻及 13 名妾室育有 25 子；他还有其他私通的关系。

他的第一任妻子是丁夫人，约 175 年与他成婚⑤。她没有诞下子嗣，但曹操的妾室刘夫人生下了二儿一女，女儿即未来的清河公主。刘氏去世 179 年，可能是死于生产，她的子女被丁夫人养育，而长子曹昂特别得丁夫人宠爱。197 年，曹昂死于与张绣的对战中，丁夫人为此非常悔

---

① 《三国志》9：268—269 页；也见本书第一章 22—23 页。
② 《三国志》10：316 页。她成婚的时间已很难计算，可能发生在 207 年前后，此时应将近 20 岁。
③ 杜夫人之前是秦宜禄的妾室，198 年才落入曹操手中：见下文及《三国志集解》20：1a—b。
④ 《三国志》12：388 页中提到了临汾公主，时值 227 年，《三国志》22：632 页还提到了升迁亭公主，其时间也是 227 年。二者可能都是曹操的女儿，但没有更详细的记载；而后者被封为亭主，也可能是曹操的孙女而非女儿。
⑤ 《三国志》5：156—157 页裴松之注引《魏略》，其中将丁夫人描述为"嫡"。

恨——而曹操与张绣的战争是由于他娶的另一位姬妾引起的,这更加剧了丁夫人的痛苦①。在服丧期间,她对曹操大加斥责,并对他非常排斥,《魏略》中有一段关于他们之间关系的悲伤的记录:

> 子修亡于穰,丁常言:"将我儿杀之,都不复念!"遂哭泣无节。
>
> 太祖忿之,遣归家,欲其意折。后太祖就见之,夫人方织,外人传云"公至",夫人踞机如故。
>
> 太祖到,抚其背曰:"顾我共载归乎!"夫人不顾,又不应。太祖却行,立于户外,复云:"得无尚可邪!"遂不应。
>
> 太祖曰:"真诀矣。"遂与绝。

《魏略》在后面又有"欲其家嫁之,其家不敢"一句。两人之间从此疏远,但据记载,曹操曾后悔待丁夫人至此,并害怕死后与曹昂相见并因此受到谴责②。

二人的最终决裂大概发生于公元 200 年,此后曹操在二十年前迎娶的卞夫人成为了他众多妻妾中的高位者。我们并不能确定此时她是否有了正式的名分③,但她是曹操现在的长子曹丕的生母④,也负责照顾他那些丧母的孩子。据记载,当丁夫人是正妻时,她对卞氏比较无礼,但卞氏并未因此心怀怨恨。她多次邀请丁夫人出席公开场合,并表现出自己最大的恭敬,把她让到正座上。数年后丁夫人去世,卞夫人还向曹操请求将她葬在都城许附近⑤。

401

---

① 关于这场战争的背景,及曹昂的去世,见本书第三章 105—106 页。

② 《三国志》5:156—157 页裴松之注,高德耀、克洛维尔:《皇后与嫔妃:陈寿〈三国志〉裴松之注选译》,91—92 页。

③ 卞后的传记见《三国志》5:156—158 页;高德耀、克洛维尔:《皇后与嫔妃:陈寿〈三国志〉裴松之注选译》,90—95 页。《三国志》第五卷及《魏略》中都记载其为"继室",《白虎通》中讨论了士绅是否能再娶的问题(例见《白虎通》9:5a—6a;曾珠森:《白虎通:白虎观中的全面讨论》Ⅰ,252 页等),指出妾室无论如何都不能成为正妻。然而书中还记载了一位大地主一次娶九妻的情况,我们也知道曹操在此的态度上是比较随意的。

④ 曹昂还有一个弟弟曹铄,由刘夫人生于 179 年,但他似乎不得曹操的欢心。他有二子,似乎都夭折于公元 200 年前;《三国志》20:579 页、本书下文 404 页。

⑤ 曹操自己的陵墓在邺城以西的高陵,卞后应在之后与曹操合葬于此;本书第十章 445 页。

卞夫人此后一直在后宫居长,219 年,曹操在自己生命的最后一年中封她为魏国的王后。下一年,曹丕称帝,封她为皇太后,曹丕之子明帝曹叡登基后,又封为太皇太后。卞夫人去世于 230 年,享年七十。

《三国志·魏书》卷五《后妃传》中记载了曹操魏国后宫中的等级制度,最高的是王后,其次为夫人,再次为昭仪及其他三个更低的等级,这些等级都与男性的官僚级别对应①。然而,卞夫人直到 219 年才被封为王后,这距离曹操成为魏王已有三年之久,所以他的后宫是否有如此规范的组织结构是值得怀疑的。在《三国志》卷二十《武文世王公传》的开头,记载了许多诞下王子的嫔妃之名,但许多只被记录为"姬"。这些信息可以归纳如下:

曹操的第一任正妻丁氏无子女;

刘夫人生二子:曹昂和曹铄,一女:后来的清河公主;

第二任妻子卞氏生四子:曹丕、曹彰、曹植、曹熊;

环夫人生三子:曹冲、曹据、曹宇②;

杜夫人生二子:曹林(或豹)、曹衮,一女:后来的高城公主;

秦夫人生二子:曹玹、曹峻;

尹夫人生一子:曹矩③,一女:后来的金乡公主;

陈妾生一子:曹幹(或良)④;

孙姬生三子:曹子上⑤、曹彪、曹子勤;

李姬生三子:曹子乘、曹子整、曹子京;

周姬生一子:曹均⑥;

刘姬生一子:曹棘;

---

① 《三国志》5:155 页;高德耀、克洛维尔:《皇后与嫔妃:陈寿〈三国志〉裴松之注选译》,89、137 页。
② 文中将曹宇翻译为"Cao Yǔ",以与曹操的兄弟曹玉(翻译为"Cao Yu")区别。
③ 文中将曹矩翻译为"Cao Jǔ",以与环夫人所生的儿子曹据(翻译为"Cao Ju")区别。
④ 见下文注释 62。
⑤ 这里及后面曹操的儿子名字里的"子"字,暗示了他们是以字称呼的,名字并未被记录。然而,令人疑惑地是,在一些文献中"子"字被省略了,例如曹子上也被写作曹上,这就可能是自己的名字了。
⑥ 文中将曹均翻译为"Cao Jūn",以与秦夫人所生的儿子曹峻(翻译为"Cao Jun")区别。

宋姬生一子：曹徽；

赵姬生一子：曹茂。

很多时候，这些女人具体在哪一时期伴随在曹操身边是难以确定的，但她们中的很多人在魏国建国前就已去世了。关于曹操第一任妻子丁氏、刘夫人、后来的王后卞氏的记载相对清晰，但其他女人仅仅留下了姓氏及其儿子的名字。

403

同样，这些王子的出生日期也是混乱而不确定的①。卞氏于 187 年生曹丕，他的传记中记载为"太子"，但他肯定比刘夫人大致生于 177 年的曹昂年轻。此外，据记载刘氏在几年后就去世了，但在这几年中又生下了一儿一女，所以曹丕可能也比她的儿子曹铄年轻，后者可能生于 179 年。曹操从早期到 180 年代中期的子嗣记录中存在缺失——可能这一阶段生的是女儿——紧接着曹丕之后出生的是曹彰（与曹丕同母）、曹植（出生于192 年）、曹熊，曹熊也有可能比曹植年长，但无论怎样他在很早就去世了。

除了曹铄和曹熊，曹操的其他八子也都早薨：冲、矩、玹、子乘、子整、子京、子勤、子上；死亡率达 2/5②。然而，"早薨"一词也并不仅指很小的儿童，曹铄已有二子，他可能是于 190 年代去世的，已十余岁，曹熊也留下了一个儿子③。另外，曹操还有两名儿子死于自己之前，曹整去世于218 年，曹均去世于 219 年。

卞氏的儿子的出生时间是相当确定的，刘夫人的儿子也是如此，曹铄应该是在 180 年前后出生的。而其他人的出生时间则难以推断。曹均于 199 年迎娶了张绣的女儿，这可能意味着他生于 180 年代，曹子整在 203 年娶了袁谭之女；但我们也知道曹彰与孙氏的女儿于 198 年定

---

① 《三国志》卷二《文帝纪》、卷十九中曹彰、曹植、曹熊的传记。卷二十则为曹操其他儿子的传记。

② 这些儿子都有谥号，曹铄、曹子乘、曹子整、曹子勤、曹子上都谥为"殇"（《三国志》20：579、588、586 页），而熊、玹谥为"怀"（《三国志》19：577、20：584 页），曹矩谥为"闵"（《三国志》20：585 页）。我们将在后文中讨论的曹冲，谥为"哀"（《三国志》20：580 页）。

③ 《三国志》19：577、20：579 页。可能"早薨"一词用于指那些尚未举行冠礼的男子，这一仪式在男子十二至二十岁之间举行：拙著《东汉三国人物辞典》曹豹条。

亲，此时他年仅 8 岁，所以对于曹均年纪的计算也并不那么可靠。就像
404　在中世纪和近代早期的欧洲那样，联姻常常是出于外交或王朝的原因，
很少关心个人的意愿或实际情况①。

　　曹均的母亲周姬于 190 年左右归于曹操，曹整的母亲李姬也是如
此，所以我们可以推测李姬的其他儿子曹子乘和曹子京也出生于 190 年
代。此外，曹冲的传记中记载他于 208 年去世，享年十三岁，所以他出生
于 196 年；他同母所出的兄弟曹据和曹宇估计比他略年少。曹彪去世于
251 年，享年五十七岁②，所以他生于 195 年；他的母亲孙姬还有二子：曹
子上比曹彪年长，曹子勤则比曹彪年幼。这意味着，在战争最为激烈的
190 年代，即使曹操此时已四十岁出头，他还至少拥有 6 位姬妾，并生下
13 名孩子。另外，在 198 年，他又纳进了吕布的官员秦宜禄的妻子杜夫人，
她的儿子曹林(或豹)、曹衮以及高城公主可能都生于 200 年前后。

　　关于秦夫人、尹夫人、刘姬、宋姬、赵姬及其所生子女的情况，我们知
道的就没有那么清楚了。然而，曹操似乎在六十多岁时仍宠幸过女人，
405　他最年幼的儿子曹幹(或名良)，大概出生于 215 年前后③。

―――――――――――――――

① 关于曹均的婚姻，见本书第三章 127 页；关于曹整，见本书第五章 214 页。曹操与年轻的军阀
　孙策的联姻，见《三国志·吴书》1：1104 页(其中将曹彰错误地记载为曹章)；拙著《南方的将
　军》，197 页。
② 《三国志》29：809 页。曹彪与他的异母哥哥、卞夫人的儿子曹彰、曹植关系很好。当曹彰于
　223 年去世时，曹彪与曹植都在洛阳，并计划着一起返回封邑。曹丕不允许他们同路，曹植出
　于悲伤作了《赠白马王彪》。
③ 《三国志》20：579 页的导言部分记载，曹幹的母亲是王昭仪，但在曹幹的传记中，裴松之引用
　了《魏略》，其中记载他的亲生母亲是陈妾；曹幹三岁时母亲去世，其后养在王昭仪名下(《魏
　略》中还记载了他还有一个名字叫曹良)。虽然王昭仪自己没有孩子，但却有宠于曹操，也曾
　劝曹操立曹丕为太子(在《三国志》20：585 页曹幹传记的正文中，记载的是"幹母有宠于太
　祖"。然而，我相信陈寿所指的这个"母"，是指王昭仪而非曹幹的生母，他在 579 页的记载也
　证实了这一点)。此外，当曹操病重时，他为曹幹三岁丧母，又要于五岁时丧父而悲伤。他将
　曹幹托付给了曹丕，曹丕也因此对他特别照顾。
　　曹幹早年事件的时间已不可确知。215 年，他被封为亭侯，可能是在他出生之时；他的母
　亲可能是因 217 年流行全国的疫病而去世的，而曹操病重时可能是 220 年早期，不久后他就
　离世了。然而，曹幹的出生也可能比 215 年稍早一两年，曹操说出担忧之言时并不是他最后
　一次病重的时候。但可以确定的是，曹幹是曹操的老来子，并得到了曹丕的特别宠爱。他于
　221 年封公，222 年封王。

曹操的许多妻妾、子女只留下了一个名字,我们也几乎不知道他对她们的感情如何。据记载,曹茂粗鲁傲慢,冒犯了自己的父亲,所以他并没有获得实质性的封爵,在曹丕驾崩后的 227 年才被封为王[1]。

曹操最喜爱的是环夫人的儿子曹冲。曹冲生于 196 年,表现出了超人的聪颖和成人般的智慧。文献记载,他五岁时,孙权向曹操进献了一头大象。曹操想要称一称象的重量,但没有人能提出如何称量,此时曹冲建议将象牵到船上,记录下船的吃水深度,再用其他的东西替换大象,使船达到相同的吃水深度[2]。文献中还记载,曹冲很同情将要受到处罚的人,并经常劝说父亲要仁慈宽大:

> 太祖马鞍在库,而为鼠所啮,库吏惧必死,议欲面缚首罪,犹惧不免。
>
> ……冲于是以刀穿单衣,如鼠啮者,谬为失意,貌有愁色,太祖问之,冲对曰:"世俗以为鼠啮衣者,其主不吉。今单衣见啮,是以忧戚。"
>
> 太祖曰:"此妄言耳,无所苦也。"
>
> 俄而库吏以啮鞍闻,太祖笑曰:"儿衣在侧,尚啮,况鞍县柱乎。"一无所问。

406

许多其他面临死刑威胁的人也请求曹冲施以援手,他挽救了许多人的性命[3]。

然而,208 年,曹冲十三岁时,身染疾病,虽然曹操为其祈祷,但最终

---

[1] 曹茂的传记见《三国志》20:589—590 页。

[2] 曹冲的传记见《三国志》20:580 页。曹冲称象的故事见李约瑟《中国科学技术史》第四卷第一分册,39—40 页,然而其中指出这种以置换来称重的方法在汉代已经应用很广了。

《三国志集解》20:2b 中引用了 18 世纪的注释者邵晋涵的说法,他引用了载于宋代吴曾《能改斋漫录》中保存下的西汉著作《符子》:西周早期燕国的统治者就已经掌握了置换称重的技术。清代早期的何焯也持有这种观点,并评论到这一事件据记载发生在 200 年:虽然孙权此时与曹操之间是松散的盟友关系,但他的手下步骘在 210 年左右才控制了岭南地区,在此之前他不太可能为曹操进献大象:本书第六章 276 页。

[3] 《三国志》20:580、581 页裴松之的注释 1 引用《魏略》(应为《魏书》——译者注),也见本书第十章 445 页。

还是没能挽回他的性命。曹操为此非常哀伤：他安排曹冲与甄氏一名去世了的女孩冥婚，并且后来还把曹冲一母所出的兄弟曹据的儿子曹琮过继到了曹冲名下①。

曹冲死后，曹丕对曹操多有宽慰。曹操曾公开表示他计划传位于曹冲，但此时这一计划被打乱，他对曹丕说："此我之不幸，而汝曹之幸也。"多年后，即使曹丕已经登基称帝，仍言及如果曹冲在世，他将不会得到皇位。221 年，他将曹冲的陵墓迁到曹操的高陵旁，并追封为公②。

继承人问题

随着曹冲的去世，就像曹操所言，他的自然继承人是曹丕，他是曹操最主要的配偶卞氏最为年长的儿子。然而曹操却并不急着做出决定：*407* 208 年时，他仅仅五十出头，身体康健，像许多统治者一样，他不希望有人对他的去世抱有过多的期待。

他总是对曹植表现出兴趣，曹植也给他留下了很好的印象，他是卞氏的第三子，也是曹丕的同母弟③。他在十几岁时就饱读诗书，善属文。一次，曹操问他"汝倩人邪？"曹植答到："言出为论，下笔成章，顾当面试，奈何倩人？"

210 年冬，曹操在邺城建成了三台之一的铜雀台。他率领着儿子们登上了台顶，并命他们各自为此作赋。我们不知道其他人是怎么写的，

① 关于夭折的孩子的冥婚，见本书第一章 24 页。

按照西方算法，曹冲去世时是 12 岁，而曹据是他的弟弟，因此过继发生于很多年后。

在其他的故事中，出生于 193 年的周不疑是可与曹冲比肩的天才。曹操要将自己的女儿嫁给周不疑，但周不疑婉拒了他。曹冲死后，曹操忆及这次被拒，心怀怨恨，于 209 年不顾曹丕的反对，将周不疑杀害：《三国志》6：216 页裴松之注引《零陵先贤传》。周不疑年仅十六，而曹冲去世时才十三岁，他们都展现出了过人的早熟。

②《三国志》20：580，581 页裴松之注释 3 引用《魏书》、《魏略》。

③ 曹植的传记见《三国志》19：557—577 页。

但曹植的《登台赋》被《魏纪》收录，并见载于三国志卷十九的注释中[①]：

> 从明后而嬉游兮，登层台以娱情。
>
> 见太府之广开兮，观圣德之所营。
>
> 建高门之嵯峨兮，浮双阙乎太清。
>
> 立中天之华观兮，连飞阁乎西城。
>
> 临漳水之长流兮，望园果之滋荣。
>
> 仰春风之和穆兮，听百鸟之悲鸣。
>
> 天云垣其既立兮，家原得而获逞……

赋后面的部分对曹操大加赞美，将他与过去的霸主相提并论，称颂了他的军事成就，并将他比之于日月。其藻饰夸张，与之相比，我们上面引用的第一部分，都显得有点次要了[②]。这是一篇即兴的作品，然而给人以深刻印象，并达到了它的目的：曹操坚定了对曹植的喜爱。

数周后，在农历新年伊始，211 年 2 月 11 日，曹操的三位儿子被封侯，每位都食邑五千户：曹植封于平原郡的平原；环夫人的第二子曹据封于涿郡的范阳；杜夫人的长子曹林封于安平的饶阳[③]。曹据是曹操所喜

---

① 《三国志》19：557、558 页裴松之注。高德耀翻译了此赋：《曹植（192—232 年）及其诗作》，12 页（其使用的版本与《三国志》卷 19 中记载的有少许差别），也见邓安佑（Dunn, Hugh）：《曹植：中国的王子诗人》（*Cao Zhi : the life of a princely Chinese poet*），19—21 页。

　　《三国志》卷十九中的记载暗示了这次登台赋诗发生在 210 年，也可能是 211 年初。《邺中记》3a 中的记载也支持这一判断，百科全书《艺文类聚》56：9a 中也引用了《三国志》。然而，高德耀在《曹植（192—232 年）及其诗作》507—508 页中则注意到了《艺文类聚》62：7a—b 中记载了两篇《登台赋》：一篇是上述曹植所著，另一篇的作者则是魏文帝曹丕。此外，曹丕的《登台赋》有一段序言，记载其作于 212 年春，曹操率众登台并要求他们作赋。

　　然而，如果曹操不确定曹植的作品是否是亲自所作，应该肯定会在他受封前测试一番，曹植受封于 211 年初，这在前一年的《让县自明本志令》中也有预示。曹丕的序言可能记错了日期——是 211 年春而非 212 年春——这种文学作品中的偏差屡见不鲜。

　　就像我在本书第八章注释 14 中指出的，《三国志》卷十也引用了曹操自己的《登台赋》的片段。

② 可与王粲的《登楼赋》比较：本书第八章 341 页。

③ 《三国志》1：34 页裴松之注引《魏书》。其中记载曹豹为饶阳侯，但曹豹之名不见于《三国志》十九、二十卷曹操诸子的传记中。然而，《三国志》20：583 页曹林的传记中记载他被封为饶阳侯，所以曹豹可能是曹林的另一个名字。

爱的曹冲的弟弟,可能也是因为这个原因才被封侯的;而曹林被封侯也应该是由于一些原因,虽然我们并不清楚具体是因为什么。特别值得注意的是,当曹植获封时,他的哥哥即卞氏的第二个儿子曹彰并未被封。

曹丕此时也一样没有获得封授,但在同一月中,可能就是在同一天,他被封为五官中郎将、副丞相①。同年秋,曹操出征西北军阀,曹丕正式负责邺城的管理,即使曹操也留下了他富有经验的官员程昱为军师以观察他的行为,徐宣和国渊则分别处理军事和内政。

此时,河间出现叛乱,并有向东北蔓延之势。曹丕想要亲自征伐,但他的属下功曹常林劝说道,这股叛乱势力并不成气候,好好地驻守邺城是更为重要的事情。所以曹丕派出了将军贾信前往处置,并迅速地恢复了当地的统治秩序。

此后,是否应把俘虏处死又成为了大家争论的问题。曹操此前规定,不宽恕那些在被包围后才投降的敌人,但程昱认为这是在真正危机时的一项暂时政策,在如今曹氏已占据了很大地盘的情况下不应继续使用。在臣下们的劝说下,曹丕向曹操汇报了这一情况,曹操直接批准了宽大处理战俘。当曹操于 212 年初回到邺城时,对程昱的建议大加赞扬;这件事也体现了曹丕积极、热情的个性。

我们不知道曹操 212 年冬进攻孙权时,谁负责镇守邺城——这时的形势因为对曹操接受九锡的批评以及荀彧的去世而变得暧昧不明②——但曹丕可能继续领有这一职责。然而在 214 年秋,当曹操再次对东南方发动攻击时,却是曹植而非曹丕负责管理邺城。曹植此时已经二十三

---

① 在汉代,中郎将秩比二千石,负责统帅五支郎官队伍之一。东汉末的此职具有指挥军队实战的权力(如 184 年的朱儁、199 年的王忠),也有负责屯田的(如 196 年的任峻)。

　　对曹丕的这一任命是沿用了汉代的传统:五官中郎将统帅三支郎官军队。然而,我们怀疑曹丕是否真的手握这种监察权力,因为汉代的这种试用系统已经在很大程度上被郡中正取代了;本书第六章 248 页。曹丕被任命的副丞相一职才真正意义,拥有行政权力。

　　《三国志》1:34 页中将曹丕接受这一任命的时间记载为正月;而《三国志》2:57 页中没有记载具体时间。他对于邺城的管理,见载于《三国志》14:429 页裴松之注引《魏书》。

② 上文 385—386 页。

岁,曹操也鼓励他说:

> 吾昔为顿丘令,年二十三。思此时所行,无悔于今。今汝年亦
> 二十三矣,可不勉与!

按中国的算法,此时曹操已经六十岁。虽然此时也有能够活到八十余岁的人,但曹操现在已到了该考虑继承人问题的时候,曹植成为了有力的候选人之一[1]。曹植的传记中记载,曹操曾多次想立他为魏国太子,后来也把他视为最有可能统一全国之人。然而,三年后,他还迟迟没有做出明确的决定,一份此时发布的令体现了他的犹豫,其中指出他想要派遣儿子们驻守寿春、长安和汉中,但是他不能确定谁能遵守他的指令。他强调,最终对继承人的选择,必须不是出于个人情感,而是对国家的益处[2]。

这种不确定对每个人来说都是困境。

嫡长子继承制虽是中国的传统,但实际上曹操任何一位妻妾的任何一名儿子都有成为继承人的机会。此外,虽然卞氏此时位份最高,但也并未得到全部姬妾的承认;我们知道,曹操最初计划传位给曹冲,而他是环夫人的孩子。然而,在 215 年,竞争集中在了曹丕和曹植身上,他们都是卞夫人的孩子。

曹丕的同母弟、曹植的同母兄曹彰并未参与竞争。他没有在 211 年封侯,也并不得宠。他于 216 年因在军事方面的成就而封侯,后又担任过中郎将[3],但曹操显然更看重曹植的文采,而非曹彰的实践技能——这可能向我们展现了曹操某方面的自我想象。

还有另两位王位的候选人:环夫人之子曹据,他是曹操喜爱的曹冲

---

[1]《三国志》19:557、558 页裴松之注引《魏武故事》。这一说法在司马门事件中也被引用,见下文 417 页、注释 91。

[2]《太平预览》429:9a;《曹操集》47 页中也以《诸儿令》为题引用了这段话。

[3] 曹彰的传记见《三国志》19:555—557 页。

411 的同母兄弟；杜夫人之子曹林。他们都在 211 年与曹植一起封侯，曹据的儿子曹琮之后还被过继到了曹冲一支。然而，在 217 年，这两位年轻人都出了局；可能他们或他们的母亲失了宠，但也可能是因为曹操面临着必须选择卞夫人所生的嫡子的压力①。

所以曹丕和曹植现在成为了赢得曹操认可的最主要竞争者，获胜者的奖赏就是那至高的位置。然而，这种竞争以及与之相关的计谋，必须是在私底下进行的。这不仅是因为期望着自己父亲去世后的事情是不孝的，也因为任何结党营私的政治行为都会被认为是具有破坏性且危险的。

据记载，曹操非常慎重地挑选了辅佐儿子们的人选，曹丕和曹植周围也都有一批因文学而聚集在一起的朋友。尽管两人是竞争关系，但他们还是常聚在一起宴饮，在邺城及宫殿中游乐，创作出华美的诗赋，并往来应答。例如，曹丕在《与吴质书》中，向这位河内郡的地方官员回忆了他们乘车驾马去野餐下棋游乐，欣赏丝竹并讨论经典②。在《于玄武陂作》一诗中，他也描绘了同样的游乐情景：

> 兄弟共行游，
> 驱车出西城。
> 野田广开辟，
> 川渠互相经……

其后描述了茂盛的庄稼、绿树以及鸟鸣，最后以自己的愿望作为结
412 束：畅此千秋情③。

这首诗赞扬了邺城乡村的繁荣发展，很容易让我们回想起曹植的《登台赋》，其可能也是在相似的情况下完成的。其中提到的兄弟之情一

---

① 曹据的传记见《三国志》20：581—582 页。在曹丕继位并称帝后，他将曹据、曹林都封为公，不久后又封为王。254 年，司马师逼曹芳退位，曾想立曹据为帝；《三国志》4：130 页。
② 高德耀：《曹植（192—232 年）的宴饮诗》，3—4 页。
③ 此诗见刘逸生、赵福坛：《曹魏父子诗选》，39 页。玄武陂无疑是人工湖玄武湖的一处堤岸。

定能取悦曹操,而其他的诗句中则暗含了这对竞争的兄弟间的宽容甚至是喜爱之情。《文选》中收录了一组被归类为"公宴"的诗作,其中的三首作者分别是曹植、刘桢、应场。据信它们都完成于曹丕举办的一次宴饮上,曹丕也做了一首"芙蓉池作"的诗①。

这是一种由多才多艺的青年人引领的精致生活方式。除了刘桢和应场外,四位之后被曹丕认定的"建安七子"中的人物也在这一群体之中:王粲、陈琳、徐幹、阮瑀;其中还包括杨修和丁仪、丁廙兄弟,他们也都具有文学上的天分。

丁氏兄弟都是丁冲的儿子,丁冲是曹操的旧友——很可能是他第一任夫人丁氏的宗族——曾于 195 年护送献帝从长安出逃,并对献帝入许多有助益。丁冲在此后不久就去世了,但曹操非常喜爱他的儿子们,还曾打算把自己的女儿嫁给丁仪。然而丁仪仅有一目,所以曹丕以此为由反对这次联姻,曹操也接受了这一建议。他任命丁仪为自己丞相府中的西曹掾,很赞赏他的才能,后来也曾后悔听信了曹丕的建议而没有将女儿嫁给他。自然,丁氏兄弟是反对曹丕而支持曹植的②。

杨修并没有像丁氏兄弟那样的厌恶曹丕的理由,但也是曹植阵营中之人。他是前三公杨彪与夫人袁氏之子,袁氏是袁术的姊妹,即使袁氏的声名多少已被篡权失败的袁术连累,但袁家的血统仍属高贵。杨修在曹操的丞相府中担任主簿,与曹操过从甚密,并具有对政府的影响力③。

413

---

① 高德耀:《曹植(192—232 年)的宴饮诗》,7—8 页,其中引用并讨论了《文选》卷二十。曹植及刘桢的诗作皆题为《公宴》,而应场的则为《侍五官中郎将建章台集诗》。曹丕的诗为《芙蓉池作》。

"建章台"不见于其他文献。汉武帝曾在汉长安西墙外建造过建章宫[康达维:《萧统(501—531)〈文选〉:卷一京都》,第 253 行的第 128 注],但似乎这时与汉武帝时的宫廷宴乐的场面不是那么符合,以"建章"为台名,更可能是因为它建造在邺城附近;前揭高德耀注释 36。

② 丁氏兄弟的名字在汉语中都读为 yi,仪为二声,而廙为四声。因此我将后者翻译为 Ding I。丁仪的传记见《三国志》19:561—562 页裴松之注引《魏略》;丁廙的传记见《三国志》19:562 页裴松之注引《文士传》。

《魏略》中记载,丁冲之子丁仪出身于沛。他们与曹操的母亲和第一任妻子既同姓又同郡望:见本书第一章 28 页。

③ 杨彪的传记见《后汉书》54/44:1789—1790 页、《三国志》19:558—560 页裴松之注引《魏略》。

曹植很可能是在214年被委任掌管邺城时,最得父亲的信任,而曹丕面对这位才华横溢且很具吸引力的弟弟时,肯定不那么轻松;据记载,他曾向一位相士咨询以求心安。而曹植身边有一批朋友和支持者,且他也懂得在适当的时候伪饰自己。一次曹操出征,可能就是在214年,曹植做了非常出色的讲话,称颂了曹操的功绩和美德。每个人都很钦佩曹植,曹丕感到了些许失落,但是他的朋友吴质向他耳语:"王当行,流涕可也",曹丕听从了他的建议,在躬身为曹操送行时痛哭,所有随行人员都欷歔流涕。一些人因此觉得曹植的发言过于华美藻饰而缺乏真实的情感①。

当曹操对他的两位儿子进行重点考察时,他的高级谋士们一致更为中意曹丕。邢颙曾是曹植集团中的首脑,但却不赞同他过于轻浮的行为,并认为在王位继承上长子有优先权②。毛玠和崔琰是曹操手下严厉的监察官员,也都认为曹丕是合法的继承人,完全值得委以重任;不选择他将是非常严重的失误。毛玠将现在的情况与袁氏作比,袁绍正是因为宠爱袁尚而疏远年长的袁谭③,才导致了袁氏政权走向毁灭,而崔琰的意见则更为有力,因为他的侄女是曹植的妻子,所以他本应更维护他的姻亲④。

然而,杨修和丁仪一直试图瓦解对曹植的批评意见。215或216年,曾受崔琰举荐的杨训因过度溢美曹操而受到批评,崔琰在一封试图安慰他的信件中错误地使用了"变"一词。他的本意仅仅是人们需要根据时

414

① 《三国志》21:609页裴松之注引《魏晋世语》,《资治通鉴》68:2151页;拙著《建安年间》,513页。

② 关于邢颙早期的官宦生涯及其此时对曹植的评论,见《三国志》12:383页;也见《资治通鉴》67:2133、67:2151页;拙著《建安年间》478、512页。

③ 《三国志》12:375页、《资治通鉴》67:2151页;拙著《建安年间》,512页。

④ 《三国志》12:368—369页、《资治通鉴》67:2151页;拙著《建安年间》,512页。崔琰还引用了《公羊春秋》中的记载(理雅各:《中国经书》V《春秋》,序言54—55页):"立嫡以长不以贤,立子以贵不以长。"
  以此观之,曹操第二任妻子卞夫人的长子曹丕,是唯一的选择。
  关于曹植的夫人崔氏,及其后来的悲惨命运,见本书第八章373页、及下注95。

代来转变自己的想法，但丁仪宣称他使用这个词具有政治寓意，对曹操暗含敌意，并抱有对新政权的希望。崔琰因此被怀疑谋反而下狱，此后更被报告说心怀怨恨试图反抗；他最终被赐死。他的同僚毛玠对此表示了同情，因此也被下狱，虽然其他高级官员都为他求情，但曹操听不进去。毛玠最终被释放，但却被罢免，很快就去世了①。丁仪和杨修显然在这件事上施加了相当大的影响，朝官们在与他们相处时都变得很小心翼翼②。

215年前后，在吴质就职河内郡后，曹丕仍旧向他征询意见，吴质藏在了马车的篮子中返回邺城见他。这显然是违规之事，且被杨修发现，并向曹操报告其意欲冒犯。虽然曹操并未马上展开调查，但曹丕还是因此忧心忡忡。然而吴质为了消除曹操的疑虑，在第二天又找了一辆马车，这次却真的是装满了丝绸。守卫们对马车进行了检查，但一无所获，曹丕证明了自己的清白，而曹操则反而开始对杨修产生疑虑③。

尽管曹植的支持者们不断努力，但他还是逐渐失去了曹操的喜爱。他的传记中记载，他行事常常冲动，不注重自己的言行，饮酒无节，而曹丕却是谨慎且自制的。无论如何，曹操并没有足够的理由废黜众望所归的长子另立幼子，而曹操与自己资深谋士贾诩的一次对话则巩固了邢颙、崔琰和毛玠的意见：

曹操屏退了其他随从并以继承人之事询问贾诩。贾诩并没有回答他，而是报以沉默：

太祖曰："与卿言而不答，何也？"

①关于这件事情的文献，见《资治通鉴》67：2144—2145页；拙著《建安年间》，502—504页，其中引用了《三国志》12：369，376页、23：656—657页的记载。

②《资治通鉴》67：2145—2146页；拙著《建安年间》，504—505页，基于《三国志》12：377，22：632页及12：381页裴松之注引《魏书》。

③《三国志》19：560—561页裴松之注引《魏晋世语》，也见《资治通鉴》68：2162页；拙著《建安年间》，536页。曹丕218年初给吴质的书信，见下文420页，其中显示出他们之间已三年没有见面。

> 诩曰："属适有所思，故不即对耳。"
>
> 太祖曰："何思？"
>
> 诩曰："思袁本初、刘景升父子也。"太祖大笑，于是太子遂定①。

虽然据记载这场对话是私下进行的，但贾诩在之后可能讲了出来，不同政见之争变得非常厉害：曹操新建立的政权的最后一件事，就是在两相对立的候选人中选出一位未来的继位者。217年冬，曹丕正式被宣布为魏国的太子。

曹操现在已六十三岁，并将于两年后去世，所以这个姗姗来迟的决定可谓非常及时。虽然曹丕被立为世子时刚刚年过三十，但曹操仅有两个比他年长的儿子：曹昂于197年被杀，年仅二十左右；曹铄大概也死于一年后。对魏国而言非常幸运的是，曹操活到了他另一个儿子长大成人的年纪。如果是在十年前，立太子之事就不会像现在这么牢靠了。

这一决定对外宣布后，曹丕自然欣喜非常：他搂着辛毗说到："辛君知我喜不"，而辛毗的女儿听到此事，预感到了国家的危机："太子，代君主宗庙社稷者也。代君不可以不戚，主国不可以不惧，宜戚而喜，何以能久！魏其不昌乎？"。

如果我们宽容一点，会相信曹丕是因为得到了父亲的认可而高兴。

与曹丕相反，他的母亲卞氏则一向是守礼克己的典型。左右向她道贺并讨论要用什么昂贵的礼物以示庆祝时，她回答说自己关心的仅仅是培养出了一个有用的儿子——这并不需要特别祝贺。她的反应被报告到了曹操那里，曹操评论到："怒不变容，喜不失节，故是最为难。"司马光也特别评论了母子二人截然不同的反应：女人的智慧要远超男人。

---

① 《三国志》10：330 页《贾诩传》。司马光对这个故事相当重视：《资治通鉴》68：2151 页；拙著《建安年间》，513 页。

对曹植,曹操在他原有一万户封邑的基础上又增加了五千户以示安慰。虽然曹植内心肯定非常失望,但他的行为似乎更证明了父亲的决定是正确的。不久,他未经允许就驾车强闯司马门,强令守卫让他通过,在驰道上纵横驰骋。驰道是一条最宽阔的中央道路,通常只允许帝王使用,其他人只有在得到特别允许时才能使用。而司马门是皇宫的最外门,从其中进出都需要下马下车。曹操对此非常愤怒,因为曹植此举蔑视了规定,又篡夺了他自己的特权。曹操发布了一系列政令,将曹植的行为公之于众,并指出他现在不得不紧密监视曹植的家庭[1]。 *417*

很可能正是由于这种监视,曹操发现了曹植的妻子崔氏违背了禁止奢侈的法令,身穿带刺绣的丝绸。据记载,曹操亲自在高塔上看见了这一事实,无论如何,她被遣送回了自己家中并被赐死[2]。这对曹植的打击是无法想象的。

不久以后,曹植的朋友及盟友杨修也面临着相似的命运。杨修曾凭借着自己在曹操政府中的地位,帮助曹植掌握各种信息以获得竞争力,曹植可以据此提早准备出适当的对策。似乎即使在曹丕一方胜利后,这种部署仍然在继续着,但曹操终于开始怀疑起了杨修,他们的花招也被发现了。众所周知,杨修与曹丕不合——这在早前对吴质的控告中就已经表现出来了——曹操现在又想起了杨修的母亲是之前的篡位者袁术的姐妹这件事。曹操非常敬重杨修的才能,但同样也很在意未来他会给曹丕带来的麻烦。因此这一在之前非常受宠的人物被控以非法交通王

---

[1]《三国志》557—558 页、及 558 页裴松之注引《魏武故事》,其中引用了曹操的三条诏令。
　　高德耀详细地讨论了整件事情:《司马门事件:曹植、继位和文学声誉》,我基本上遵从了他的结论;拙著《建安年间》,514—515 页。虽然《水经注》16:544 页中记载其发生于洛阳,但它更可能是发生在邺城的。
[2]《三国志》12:389 页裴松之注引《魏晋世语》;也见本书第八章 373 页。

418 　侯曹植，处以死刑①。

　　对曹植地位的最后一击发生在 219 年秋。刘备的将军关羽在荆州北部对曹仁发动进攻，突破了他的防御并进围樊城②。曹操想要任命曹植为南中郎将，全权负责解围。然而，曹植被召唤进来时喝得醉醺醺的，无法接受他的指令。曹操把他赶了出去，并取消了任命③。

　　虽然继承人的常年不定使这一问题陷入混乱，但曹操似乎从未对他在 217 年作出的决定表示过遗憾。对于如果曹丕没有胜出，曹植是否能成为继承人一直存在着各种推测，但从文献中记载的曹植的言行举止来

---

① 《三国志》19：561 页裴松之注引《魏晋世语》、《资治通鉴》68：2162 页；拙著《建安年间》，536
　页。高德耀在《司马门事件：曹植、继位和文学声誉》一文中，讨论了杨修之死，引用了不同文
　献中记载的许多其他原因及当时的环境。他对杨修之死是否直接与司马门事件相关表示了
　怀疑，指出许多文献及注释中记载杨修死亡于 219 年。
　　然而，我认为曹丕在 217 年冬被立为世子，而司马门事件似乎发生于 218 年。此外，虽然
　《三国志》19：560 页裴松之注引的《魏略》中记载杨修于建安二十四年秋（219 年）被处死，但
　《三国志》正文 19：558 页中却记载其死于建安二十四年之前。
　　因此，我怀疑司马门事件以及对杨修的贬黜和处死，同崔夫人的死亡一样，都发生在 218
　年初。
　　有两件准虚构的事情与杨修之死相关。其一见《世说新语》Ⅺ：1 注引《文士传》，马瑞志
　在《世说新语》译本中翻译了这段文献，其中记载杨修已准备向曹操辩解，但一阵风吹散了他
　准备好的纸张；然而其中没有提到曹植。
　　此外，6 世纪的殷芸编辑的《小说》中，记载杨修被处决后，曹操向他的父亲杨彪致信，而
　曹操的夫人卞氏也给杨修的母亲袁氏写了信。这些信件很值得注意：曹操为此致歉并呈送
　了礼物，但杨彪答复道，虽然他的儿子确实有过错——他还能说什么呢？——但这些赏赐仅
　仅会增加他的悲伤与恐惧。这段文献被收录在《古小说钩沉》91—92 页，柯睿《曹操的肖像：
　关于曹操及其传说的文学研究》中进行了翻译，288—289 页，但这个故事并不见于更早期的
　文献中，我们也需要怀疑是否确有其事。
　　曹操与杨修之间的关系错综复杂，他既艳羡杨修的才华，但又猜忌他，这成为了后世小
　说的一个主题：如本书第十一章 475、486、503 页。
② 本书第十章中讨论了这场战役。
③ 《三国志》19：558 页。《三国志》19：561 页裴松之注引《魏氏春秋》中记载，是曹丕哄骗曹植醉
　酒的。然而，这仅仅是孙盛对曹丕的诽谤。此时曹植应在洛阳的军中，而曹丕几乎可以肯定
　是在邺城的：219 年九月他刚刚镇压下了一场潜在的叛乱（《三国志》1：52 页裴松之注引《魏
　晋世语》；拙著《建安年间》，535—536 页），次年初曹操去世时曹丕也身在邺城。
　　曹植并非从未负责过军事事务：除了 214 年在邺城被委以的名义上的头衔外，他还曾在
　211 年随父亲征战西北。

看,这种可能性很低。也一直有人认为,曹植的怪诞行为是有意为之:是一种故意的想要将自己从竞争关系中排除的政策,并确保曹操的遗产能够顺利的传到他所支持的曹丕手中。然而,这些理论肯定都是错误的:曹植是一位非常聪明的年轻人,也是一位出色的诗人,但同时也具有特立独行、轻率、不负责任等气质,并常常醉酒①。他的艺术家气质是吸引人的,无论是对于时人还是对于以后的学者们来说都是如此,也不失为中国最伟大的文学家——但这并不意味着曹植能够继承父业成为新建立的魏国的管理者。当时机来临时,能够提供一双坚强双手的那个人, 419 是曹丕。

217 年:瘟疫之年

217 年爆发了一场大瘟疫,虽然《三国志·武帝纪》中并没有提到这场瘟疫,但《后汉书·献帝纪》中却有明确记载②。自 185 年灵帝执政以来,这是第一次出现关于瘟疫的记载,基本经历了一代人时间,但其影响仍然是毁灭性的。在曹丕于 218 年 3 月 18 日写给吴质的书信中,他提到"昔年疾疫,亲故多离其灾,徐(幹)、陈(琳)、应(玚)、刘(桢),一时俱逝"③。信中提到的四人都是"建安七子"中的一员;其余成员中,孔融和阮瑀分别去世于 208 年和 212 年,而王粲也去世于 217 年曹操对战孙权的战争中,曹丕很仰慕的司马朗也殁于此役④。虽然我们不知道更多的

---

① 高德耀:《司马门事件:曹植、继位和文学声誉》,261 页,特别是其中引用的现代学者邓永康的观点。

② 《后汉书》9:389 页;《三国志》1:49—50 页。其中使用的词语是"大疫",也见于早前时期瘟疫的爆发。

③ 这封书信见《三国志》21:608 页裴松之注引《魏略》,时间是建安二十三年。另一个版本见《文选》42:6a—7a,其中记录了具体日期:见高德耀:《曹植(192—232 年)的宴饮诗》,4—5 页,我基本采用了他的翻译。

④ 王粲和钟繇都撰文指出,只有圣人才能建立好的政府,但司马朗却指出只要有足够的贤达,即使他们没有一个人达到圣人的标准,也能取得成功。曹丕很青睐司马朗的文章,当他称帝后,复制了这篇文章收藏于国家图书机构中:《三国志》15:468 页、裴松之注引《魏书》。

信息，但似乎有一定理由相信这种在相对年轻的群体，以及像官员、文人等特权阶级中的高致死率，是广大一般群众的缩影。

像之前爆发的瘟疫一样，我们找不到很好的方法来分析疫病的性质。它可能是几十年前的安东尼瘟疫（Antonine plague）的复发，变得更为猛烈；也可能是一种新的如麻疹等的病毒的入侵，据信麻疹在此时已开始影响到人类。223 年秋、234 年夏，瘟疫又再次爆发，而同时罗马帝国也因此在本世纪中叶走向毁灭①。

217 年的瘟疫也影响到了曹操的军队：王粲和司马朗在年初死于对西南的作战中，司马朗的传记中记载，在军营中曾爆发了特别的疾病。尽管如此，曹操还是不得不迎战孙权的围攻，不久后，刘备也在汉中与夏侯渊展开了对峙②。这两场战役似乎都没有受到新的疫病的困扰。

420

421

---

① 《三国志》2：82、3：101 页，威廉·麦克尼尔：《瘟疫与人》，103—104 页，260 页中引用了 1940 年在上海出版的陈高佣编辑的《中国历代天灾人祸表》。关于在 2 世纪后半期影响中国的疫病，即我上文中提到的安东尼瘟疫，也流行于罗马帝国，见本书第一章 36 页。
② 关于这场与孙权的战争，见本书第七章 318 页；关于与刘备的对战，见本书第十章 426 页。

第十章　最后岁月　218—220 年

大事年表　218—220 年①

218 年　春:许爆发了短暂的叛乱

　　　　刘备派兵攻击汉中;被曹洪击败

　　　夏:乌桓起义,被曹操的儿子曹彰镇压;

　　　　鲜卑轲比能投降

　　　冬:南阳叛乱

219 年　春:曹仁镇压了南阳叛乱

　　　　刘备在定军山击败并斩杀夏侯渊

　　　夏:曹操从汉中撤退;刘备顺汉水向东推进

　　　秋:刘备自称汉中王;关羽攻击荆州北部,围曹仁于樊城

　　　　邺城魏讽叛乱

　　　冬:关羽在樊城被击败;吕蒙为孙权夺下荆州,击垮关羽并将其擒杀

220 年　春(3 月 15 日):曹操薨于洛阳,曹丕继位为魏王

　　　冬(12 月 11 日):曹丕称帝;曹操被追谥为魏武帝

423

大事年表　220 年后

222 年　刘备对孙权发起报复性的攻击,被陆逊击败

---

① 记载曹操 218 年—220 年活动的主要文献为《三国志》1;50—53 页。《资治通鉴》68;2154—
2174 页、69;2175 页中将其以编年的方式呈现;拙著《建安年间》,508—560 页。

226 年　曹丕崩，其子曹叡继位
238 年　曹叡崩，曹芳继位，曹爽摄政
249 年　司马懿打击曹爽，司马氏控制曹魏政权
254 年　司马师废黜曹芳，以曹髦代之
255 年　司马昭继承司马师之位
260 年　曹髦在政变中被杀；曹奂继位
264 年　蜀汉灭亡
266 年　司马炎称晋帝
280 年　晋灭吴

在汉中的刘备　218—219 年

　　虽然曹操通过荣誉、头衔等方式进一步稳固了自己的地位，但他仍然坚称自己对汉朝忠心耿耿，并以汉朝臣下的身份示人——尽管是最为成功和拔群的那一位。然而，对很多人来说，他的这种声明听起来显得空洞，也有一些大胆的人已准备把自己的身家性命压在推翻曹氏匡扶汉室君王之上。217 年，一批关注曹操是否可能篡位的官员计划在许夺取政权，并邀请刘备的将军关羽北上支持他们。

　　这一计划的领导者是京兆的金祎，出身于支持汉室的旧大族[1]，与他背景相同的少府耿纪也参与其中，司直韦晃、太医令吉本及其儿子吉邈、吉穆等也是其中一员。金祎曾与长期随侍曹操、现在许都督御林军马的王必交好，所以他们的行动可能会有出其不意之功，他们显然也期待着关羽的北上能为他们争取到守住许城对抗忠于曹操的力量的时间。关羽确实是一位出色的军事将领，他在荆州的军队也持续给曹操造成了压力，但他最前锋的军队距离许也有 300 公里之遥，所以及时到达许给叛军以支持并不是一件容易做到的事。因此，我们不得不对制订这一

---

[1]《三国志》1；50 页裴松之注引晋挚虞《三辅决录》，其中详细记载了这一事件，并解释说金祎是公元前 1 世纪初的金日磾的后代，金日磾出生于匈奴但却成为了汉武帝忠心耿耿的臣下，并阻止了公元前 88 年的暗杀阴谋；鲁惟一《秦、汉、新莽人物传记辞典（公元前 221—公元 24 年）》，196—197 页。金祎试图效仿他忠心于汉、建立功业。

　　耿纪的家族与汉室关系密切，东汉时有联姻：《后汉书》19/9；718 页。

计划之人,以及为何这一批不起眼的人能够认为自己可以成功产生怀疑。

这一计划很不成功。吉邈率领着一批随从和家臣趁夜对王必的总部发起了进攻,但他们虽然烧毁了大门并重伤了王必,却仍让王必逃走并在城市中集结起了力量。黎明破晓,叛乱者就陷入混乱,而忠于曹操的地方军队也驰援了王必。叛乱者很快就被捕杀,但王必也因伤重几天后就去世了。

在那些理想化的汉室支持者中,一直存在着一批反对曹操主张的人,这并不足为奇,虽然他们很少会像这样爆发出来。伏皇后的悲剧故事就是较早的一次行动,而在吉邈叛乱的一年后,魏讽在邺城又揭竿而起,其他反抗者则可能是被这些行动的悲惨结果震慑到了,因此并未采取行动。曹操总体上是很信任他的将士们的,但却从未完全信任过手下的官僚,特别是那些与汉室有关的人,他们总归是潜在的麻烦。然而,这种风险是相对比较低的,他的主要威胁是外敌,特别是刘备和他的将军关羽。

215 年末,曹操击败张鲁,并在汉中接受了他的投降,但随后不久就离开了。216 年的大部分时间里,曹操身在邺城,肯定也投身到了大量的建筑工程之中,同时还接受了来自许的朝廷所赐的魏王封号。此年末,他发动了对东南方的进攻,使孙权在名义上俯首称臣,在回到邺城后,他的时间又被选择继承人问题占据了。汉中作为一个孤立的、远离曹氏政权中心的地区,并不太重要。

425

在张鲁归降后,曹操立即试图穿过汉水和四川盆地之间的分水岭,在巴郡北部站住脚跟,但他在这一地区的非汉族联盟被击败了,将军张郃也被刘备的将军张飞击退,所以这两个地区仍然以自然界限为界分属曹、刘两方。曹操不能亲自镇守,就将此地全权交给夏侯渊,并试图通过渭水峡谷的运输线为其增援;然而,这一行动却并不是很成功。其后一段时间,双方都在各自巩固力量,但 217 年末,当曹操仍在东方时,刘备下定了挑战夏侯渊的决心①。

在很长一段时间内，汉中对刘备控制益州来说至关重要：如果敌军占领汉水谷地，他们就可以顺嘉陵江而下，或穿越秦岭，造成持久的威胁；但如果他自己占领此地，就等于在秦岭的高峰和狭窄通道之中拥有了一个防御性很强的据点。早在 211 年，曹操对张鲁所在的汉中的觊觎，就成为了刘璋寻求刘备支援的原因——这也造成了刘璋的不幸——现在，刘备也面临着与刘璋相似的实质威胁。

刘备的自然进攻路线是溯嘉陵江而上，其后通过阳平关向东进入汉水谷地；215 年曹操南下的路线也与此相似。217 年冬或 218 年春，刘备首先派张飞和马超出兵。曹操的从弟曹洪驻守在武都郡治下辨，位于刘备进攻方向的左翼，刘备一方的将军吴兰和雷铜对他发起进攻。然而，曹洪重创了吴兰、雷铜，他们的军队之后又遭氐人攻击。吴、雷二人都死于非命，当张飞和马超匆忙撤退时，一位地方首领还传吴兰之首于曹操以示好②。

刘备暂停了攻势，重整旗鼓，其后亲自率军，再次发动攻击。他不费吹灰之力地到达阳平关，但却在关口与曹军僵持了数月之久。他派出一支小分队截断褒斜道，这是曹军穿越秦岭的主要供给和通信通道，但曹操的将军徐晃很快就夺回了道路，而阳平关仍然在张郃的坚守下固若金汤。218 年夏，刘备下令动员成都的所有有生力量参与进攻。

曹操意识到了刘备的野心，于 218 年秋亲自西征，并于九月在长安设立了司令部。然而，他的精力仍被其他事务纷扰。本年夏初，北边的代郡和上谷乌桓叛乱，虽然已被曹操之子曹彰成功镇压下来——这是他第一次指挥作战——但此类潜在问题使曹操难以投身于长线作战之中。

---

① 《三国志·蜀书》7：961 页刘备的谋士法正的传记中，记载他曾向刘备提出了这项建议，但刘备自己也已应早就有这一念头了。

《三国志·蜀书》2：884 页中较详细地记载了这次战争，其中指出其开始于 218 年。但《三国志》1：50 页中将之系于 217 年，此事可能发生于此年末。

② 《三国志》1：51 页，《三国志·蜀书》12：1020 页。

此外,在他抵达长安后不久,南阳也发生了动乱,在宛的守军将领劫持了南阳太守。与前不久在许发生的叛乱一样,叛军也期盼着关羽能够赶来支援,且与许相比,宛城距离关羽更近,也更为脆弱。受命处理此事的是在前线对抗关羽的曹军将领曹仁,但宛城直到 3 个月后的 219 年初才重新被曹军控制。这也成为了曹操待在长安,不能深入秦岭山脉的一个原因。

然而,这一耽搁造成了严重的后果,在 219 年春曹仁重新控制宛后不久,刘备就取得了一场决定性的胜利①。他从在嘉陵江上面对阳平关的位置,向东穿过了丘陵地带,忽然出现在了汉水南岸、南距汉中郡治南郑 40 公里的定军山②,并安营扎寨。凭借这次出人意料的行军,他深入汉中郡的核心地带,夏侯渊出南郑迎敌,在阳平关的张郃也回师救援。然而,刘备趁夜突袭了两营,并焚毁了他们为防守设的鹿角③。张郃军勉力支持,夏侯渊派人向他支援,但这正中刘备下怀:黄忠从高处冲下,一举摧毁了夏侯渊的军队。夏侯渊被杀,魏军覆没。

张郃集合起溃败兵力,但并未重得优势,仅退守到褒斜道及其他向北通道的隘口处,而刘备则占据了开阔地。当曹操在几周后终于抵达时,也找不到什么扭转局势的妙计,刘备已牢牢地控制住了汉水谷地。曹操几次与他对垒,试图寻找到对方的弱点,但都徒劳无功。仲夏,曹操放弃了这一地区,撤退到秦岭以北,同时也在渭水谷地做了部署,并从武都将数千氐人向北迁入渭水谷地。

刘备借战胜之势,也意图展示自己更大的雄心,于秋初自命为汉中

⁴²⁷

---

① 这场战役载于《三国志》的多处,但其中的许多都仅涉及个人的功绩,如在各传记中的那些记录,而非一整场战争。因此,这一事件就存在一些混乱的地方。《资治通鉴》68;2157—2158 页中对其有简述,但完整性却并不令人满意:拙著《建安年间》,524—527 页。我在其中尝试对其进行复原。
② 定军山在今勉县县城对面。
③ "鹿角"是由树枝和灌木组成的防线,将尖角向外,就像现在的铁丝网:这种障碍物可以阻碍敌军进攻,而守军可以在其后面投射弹丸。

王。他向汉献帝呈递了自封之表,并退还了曹操主事下汉室赐给他的将军和宜亭侯印绶。献帝现在还处在曹操的掌控之中,因此刘备派往许的使者可能并不能顺利完成任务,印绶也可能并未退回献帝手中。尽管如此,刘备封王的仪式和宣言却起到了很好的宣传效果,他与曹操具有了相同的地位,而他选择了汉中这一封地,也是对汉朝龙兴之地的回应:汉高祖最初就是在公元前 206 年被封为汉中王的,领有巴、蜀、汉中郡,而这些郡现在正控制在刘备手中①。

刘备也乘胜出兵,向东部荆州的曹军发动进攻。208 年,曹操以在汉水南部支流上东汉汉中郡的房陵县为边郡,作为自己的前线。此时,刘备派遣驻守在长江三峡附近的将军孟达北上房陵②。孟达必须沿魏军的西翼北上百公里,这部分魏军的将领是曹仁,而他正处于位于汉水下游谷地的关羽的威胁之中,无法分兵援救房陵。房陵落入刘备手中,曹操的太守被杀。

与此同时,刘备还派出了他的义子刘封从汉中顺汉水而下,接管孟达的军队③。上庸太守申耽原是与张鲁结盟的地方军阀,后归顺曹操,现又向刘备投诚,仍被任为太守,而他的弟弟申仪则是西城太守。对曹操而言,申氏不可与同患难,仅仅是一支地方力量,不足为惧,但刘封对房陵的控制则威胁到了曹仁在南阳郡和南郡的西方,而更为直接的危险很

①《汉书》1:28 页;德效骞:《汉书》I,66 页。刘备的宣言见《三国志·蜀书》2:884—885 页,但很奇怪的是其中并未记载具体日期。《后汉书》9:389 页也记载了刘备自封之事,并记载日期为七月庚子;然而这个月并没有庚子日。可能"庚子"是"庚午"之误:此年的七月庚午是公元 219 年 8 月 18 日。

② 孟达为益都太守,总部设在秭归,即今天的湖北秭归。此时应运而生了许多这种小镇。而曹操建立的房陵则是另一种形式,与下文中会提到的上庸、西城类似;但它们都没有存在很久。

③ 刘封生于 192 年,属长沙寇氏,寇氏与同郡的刘氏有姻亲关系。201 年,刘备进入荆州,此时他还没有继承人,就收养了刘封为子,是他的准继承人。在刘备从刘璋手中夺得益州的过程中,刘封展现出一些进取之心及能力,但随着刘备自己的儿子刘禅于 207 年诞生,他准继承人的位置也就取消了。

　　董慕达、张磊夫:《中国汉代的收养》,245 页,其中将刘封作为异性养子的例子进行了讨论。

快也到来了。

在荆州的关羽和吕蒙　219 年

对房陵的攻击发生于夏末,是年秋初,刘备自封为王,并封刘禅为太子。其后他返回成都建立朝廷,封赏群臣。八月,驻守荆州的关羽发动北伐。他留下了南郡太守糜芳保卫江陵、将军士仁驻守公安①,自己率领主要兵力和舰船顺汉水而上,向驻守南阳的曹仁发动进攻②。

曹仁的根据地在樊城,位于汉水北岸,与刘表的前首府襄阳隔水而望;是今天襄樊的一部分。他在城外设有七座大营防守,每一营皆由一位将军统帅。战略上这一防守位置很有利,因为在襄阳与樊城以下,汉水东西高耸的河岸形成了相对狭窄的关口。然而,不幸的是,这两座城的开阔地不仅有汉水流经,南阳郡向南的诸多支流也穿行其间,而汉水的狭窄关口恰恰减缓了汇聚而来的水流流速。当关羽攻来时,正值秋雨季节,洪水向曹仁涌来,他的七军被大水击垮了③。

魏军试图在堤坝和高地上避难,但关羽派船发动了攻击,各个击破,各营只得投降。主将于禁被俘,虽然副将庞德坚持得久一些,并拒不投 *430* 降,但最终结果也与于禁一样④。曹仁的左膀右臂被击败,孤守在樊城,被得胜的敌方水军团团包围。

与防御陆地进攻的敌军一样,中国古代城市也有一些防洪设施,但

---

① 另一文献中将士仁记载为傅士仁,但"傅"可能是衍文。(指《资治通鉴》中——译者注)

② 陆威仪:《帝国之间:南北朝》(*China between Empires: the Northern and Southern Dynasties*),35—36 页,其中写到关羽是顺汉水而下。然而,这种说法是前后矛盾的。如上所述,虽然刘备曾对在汉中和南阳之间的房陵用兵,但关羽的进攻是自长江中游出发的,所以他是顺汉水而上。关于这次战役的细节,见拙著《南方的将军》,393—407 页。

③《汉书》105/115:3312 页中记载了这次洪水。袁山松的《后汉书》将之与次年的曹魏代汉联系起来,但对于襄阳的驻军来说,这次洪水的实际影响显然更重要。

④ 于禁投降时,庞德已弹尽粮绝,当他被俘,他忤逆了关羽并被杀死。曹操叹曰:"吾知禁三十年,何意临危处难,反不如庞德邪!"《三国志》17:524 页、18:546 页;拙著《建安年间》,533—534 页。

樊城的夯土墙仅仅比水位线高数尺，面临着被冲垮的危险。关羽的船舰可以直接驶到城墙前，用钩爪等工具破坏城墙，也可以对防御者射箭或发动突袭。随着襄阳已被围攻城破，曹仁被劝说从樊城撤退，但他决定坚守，并把一匹白马作为牺牲溺死与军人盟誓，坚定人们的信心。

尽管士气低迷、危机重重，但樊城还是具备长期坚守的条件的。曹仁麾下仍有数千步兵、骑兵直接听命于自己，他寄希望于洪水像来时一样迅速退去。此外，只要他和他的军队在此，就是对关羽进一步进军的威胁，而如果他们投降，就很难拖住关羽向黄河南岸进军的步伐了。关羽在围困曹仁之际，已向许派遣了侦察部队，一些地方将领也准备与他结盟。一旦他挥师北上，魅力非凡的刘备及其宣称的汉朝宗室身份，就很可能造成不安与动荡①。

在更北方的邺城，以魏讽为首的文官策划了一场政变，他们可能是受到了关羽成功夺得襄阳的影响，也可能仅仅是一种巧合。其成员还包括成卫后来封后的卞夫人居所的长乐卫尉陈祎。这次政变很有威胁，但陈祎临阵犹豫了。主持邺城工作的曹丕逮捕并杀死了数名相涉的人，政变也就结束了②。

我们很难对事态的严重性进行评估，但其显然值得引起注意。关羽已经消灭或俘虏了相当一部分曹军，曹仁也在樊城孤立无援。刘备正率军深入汉水流域，从西面给南阳以压力，而在弘农以及更为重要的许，也爆发了叛乱。如果说满宠所言的樊城失陷会使曹操失去整个黄河以南的地盘有点夸张，但至少南阳郡确实是不堪一击的，且据说曹操也曾考

---

① 樊城战略位置的重要性，展现在汝南太守满宠的一次建议中，他也是关羽第一次进军时曹仁的助手；《三国志》26：722页；拙著《建安年间》，534页。

② 可悲的是，被处决的谋反者中的两位是于两年前去世的大学者、文学家王粲之子。王粲的家财，包括从蔡邕那里承袭来的大批书籍，传给了他的侄子王业，而后王业又传给了自己的儿子王弼，王弼是研究《道德经》的青年才俊。

虑过将献帝从许迁到别的更为安全的地方,可能是自己的王都邺城①。与此同时,曹操也从汉中撤军,十月,他抵达洛阳,并以此为大本营。

在关羽进攻襄阳之初,曹操派出了富有经验的将军徐晃从汉中支援曹仁,但当他到达时,大水已经摧毁了于禁的大营,曹仁也被围于樊城。徐晃的兵力不足以为曹仁解围,但他听从了被曹操派到军中的赵俨的建议,率领将士从外围进逼关羽军,并用射箭的方法给曹仁传递援军已到的消息,鼓舞守军士气。

曹操的主要军队已基本上集结在洛阳,因此能够派遣更多援军对抗关羽。他自己则进驻宛城北约 75 公里的摩陂,但却并未径直加入到战局之中:臣下们献计,停军不前既可以向敌方展示战略资源,也可以表明对曹仁及其他前线将领的信任②。证明己方的资源充沛固然重要,但曹操也可能是感觉到了他最近厉兵秣马的代价——他现在已六十五岁,距离去世也仅有数月之久。

无论如何,即使曹操没有立即督管队伍,徐晃及他率领的援军也已做好了准备。关羽将自己的大本营设在了包围圈的关键部位,其他四个略小的营在四周环绕。徐晃首先逼近了主营,散布谣言说这是他的目标,但随后却对偏远的小营发动了一系列突袭,并在关羽救援之时对他发起进攻。徐晃取得成功后再接再厉,摧毁了敌军的防线并迫使关羽放弃包围。曹仁脱困,魏军也重新集结了起来。

但关羽的军队仍控制着汉水及其南岸的襄阳城,依然很有威慑力。

---

① 这一记载出现在司马懿的传记中,《晋书》1:3 页,以及《三国志》14:450—451 页的蒋济传中,也见《资治通鉴》68:2164—2165 页;拙著《建安年间》,538 页。这些文献后都接着记载,司马懿和蒋济都指出,于禁的失利及其丧命在洪水中的士兵,并不是意味着国家的灭亡,也不需焦虑,曹操此时应该做的是鼓励孙权从后方攻击关羽。而就像我们在后面将要讨论的,这最后一点是不太可能的,这些文献可能是为了增加司马懿和蒋济的预知性而故意设计的。然而,曹操确实警醒于暴露在敌军前方的许都,可能真的计划迁走朝廷。
② 摩陂是今天伏牛山的一处山脉,在汉水盆地和黄河支流之间的分水岭。《三国志》22:632 页中记载,是曹操的侍从桓阶劝说他止步不前的;拙著《建安年间》,545 页。

然而,此时孙权的将军吕蒙加入到了战局之中,发动了中国历史上最具戏剧性的战役之———在一些人眼中是最伟大的一场。

自从最初结成抗曹联盟,并于 208 年大败曹军之后,孙权和刘备之间的关系就变得微妙起来。210 年,刘备不赞同周瑜进攻益州刘璋,但自己却在 214 年占领了这一地区。在 215 年双方短暂的对峙之后,孙权得到了湘江东部的一些地区作为补偿,但关羽仍然控制着荆州的大部分,孙权在荆州的将领鲁肃,主要采取了维持和平的策略,与其说他是将领,不如说是一名外交家。217 年,鲁肃去世,吕蒙接替了他的位子,继续与关羽保持着友好关系。

吕蒙现年四十,从孙策在位时就已追随孙氏,屡建功绩。在 215 年吴、蜀的对峙中,正是他在鲁肃牵制住关羽之时,挥师向南攻占了湘江谷地。显然,吕蒙比鲁肃更为积极,但来自于曹操的威胁对吴蜀两方来说都足以造成毁灭性的打击,所以他在上任之后,特别注意使关羽安心,表示自己无需他多虑。

关羽对自己在军事上的勇猛很有信心,也并没有表现出对鲁肃及其怀柔政策的特别尊重,对其继任者吕蒙也是如此。孙权在长江下游地区并未取得什么引人注意的成绩,这也鼓励了关羽不将吕蒙等将领放在眼里。215 年合肥的陷落及 217 年吴对魏的投降,虽然意味着孙权正式向曹操称臣,但关羽并不认为这对自己的对吴策略会有什么影响。据记载,孙权曾提出让自己的儿子娶关羽的女儿为妻,但关羽拒绝了这一联姻。尽管如此,他还是确信自己的东邻不敢直接对自己发动进攻,且在逼降了于禁及其部属后,他更为志得意满,进而抢占了孙权在湘关的粮草,为这些新俘虏和潜在的兵力提供补给①。

湘关事件成为了导火索,使得孙权和吕蒙开始谋划在关羽与曹仁对峙时向他发动袭击。他们为此进行了密谋与准备,而吕蒙此时身体多

---

① 湘关显然是吴、蜀交界处湘江上的一处堡垒。

病,这也成为了计策施行的助力:他回到了孙权的首都建邺,即今天的南京,而军队和舰船却做好了攻击的准备。

一些材料中记载,孙权对关羽的进攻是受到了曹操的怂恿,后者还承诺了事成后的奖赏①,另一些文献中则称是孙权向曹操提出了这一意图。这两种情况都是不太可能的:无论曹操是否对此抱有期待,对孙权来说,将这一计划泄露给可能将消息更广泛扩散的任何人都是重大的错误。甚至还有人称,孙权写信给曹操这一消息很快就被徐晃知道了,并转而告诉了关羽,但关羽并不相信。即使这一记载似乎有证据支持,但我们仍很难置信孙权会冒如此大的风险——他并不需要征得曹操的同意,两家联合发动进攻也不具备什么可能性,他更可能在最大程度上将自己的意图保密。也可能是徐晃给关羽送去了虚构的信件,以阻止他对曹军的进攻,而虽然关羽因坚信孙权并不敢如此而低估了徐晃送来的消息,但这虚假的威胁却成为了现实②。

闰十月,即 219 年 12 月,吕蒙发动进攻,派兵三万,命他们伪装成商船③。他留下一部分军队驻守在汉水河口,亲自率军顺长江而上至公安、江陵,关羽此时已将主要兵力都调去攻击曹仁,据说他还与驻守此地的太守麋芳和士仁有过争执并威胁过他们。无论如何,吕蒙很快劝降了麋芳和士仁④,他的军队已推进到三峡。当关羽得知这一消息并设法回师时,他已与在益州的刘备失去了联系,而当他的将士听说吕蒙对自己的

① 我们已在上面注释 17 中指出了文献中记载司马懿和蒋济建议曹操鼓动孙权进行这一行动。

② 关于孙权向曹操传递消息的故事,见《三国志》14:440 页《董昭传》、《三国志》1:52 页《武帝纪》、《三国志·吴书》2:1120 页《吴主传》,这几个版本的记载略有不同。关于其翻译及讨论,见拙著《建安年间》,544—545 页。

陆威仪:《帝国之间:南北朝》,36 页,其中认为孙权"放弃了之前的联盟转而与曹操结盟。"然而,就像我们看到的,孙权和刘备/关羽之间的关系并不特别友好,但说他与曹操联盟这一表述可能也太过强烈:他有自己的安排。

③ 吕蒙的这次战役见《资治通鉴》68:2168—2170 页,其中主要引用了《三国志·吴书》9:1278—1279 页他的传记,以及《三国志·蜀书》6:941 页《关羽传》,及相关注释:拙著《建安年间》,546—550 页。拙著《南方的将军》,400—403 页中更详细地讨论了这一战役。

④ 麋芳在投靠刘备前曾在曹操手下任彭城相。他之后又任职于东吴孙权,因此在三国都任过职。

家人甚是善待时,渐渐选择了放弃自己的统帅。关羽在南郡西部的山林中辗转避难数周,但在十二月,最终被俘杀。新年伊始,孙权将他的头颅送到了曹操手上。

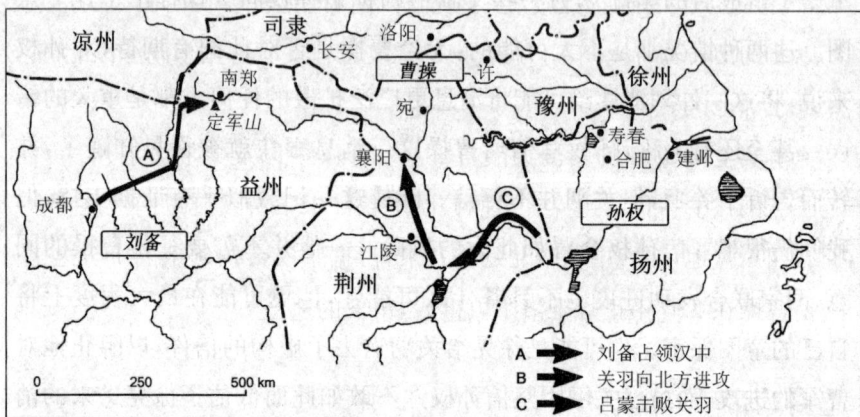

A ➡ 刘备占领汉中
B ➡ 关羽向北方进攻
C ➡ 吕蒙击败关羽

地图 20　219 年的战役

这次大败很快就动摇了刘备在汉中东部的位置。虽然关羽曾多次请求在房陵的刘封和孟达支援,但他们都觉得自己如果派兵支援的话,将无法保证自己地区的安全。关羽败后,他们都感到了压力,也爆发了争吵,而申氏已叛降曹操。次年,孟达也投靠于曹操,带领一支军队返回新城郡任太守①,新城郡理论上是由房陵、上庸、西城三郡合一而成的,郡治房陵,拱卫着汉水之边。刘封撤回到成都,不久后就被赐死,也就没有卷入到他义父的新王朝的继承者之争中。

在南部,吕蒙的军队似乎不费吹灰之力地接管了关羽以前控制的所有地区。他的军纪严明,对抢劫者的处罚极其严厉,地方首脑也接受了新政权的统治,这一行为也暗示了他们对刘备的忠诚有限——现在他已退到了三峡以西很远的地方——而关羽对糜芳和士仁的傲慢态度很可能也引起了当地人民的不满。吕蒙在胜利后不久就去世了,他的亲密部

---

① 孟达为新城太守似是在曹丕当政之时。《三国志》3：93 页裴松之注引《魏略》记载："（文帝）遂与同载。又加拜散骑常侍,领新城太守,委以西南之任。"——译者注

下陆逊接替其位。陆逊很快镇压了一些小规模的骚乱,而在之后的六十年里,汉水下游及长江中游一直都被孙权建立的吴国控制。

魏吴两国间的边界很大部分仍沿袭了关羽控制时的位置:在汉水流域,很接近今天的湖北宜城,位于襄阳以南百余公里;在西面,双方以长江以北的山岭为界①;东南方,曹操的江夏太守文聘占据了湖泽以北的今武汉北部地区。

事实上,219 年的两场大战——刘备夺汉中以及关羽失荆州——决定了三国在下一代的边界。吴国控制了长江中下游及其以南地区,蜀汉拥有四川盆地,而魏国从华北延伸开来,占据了汉帝国领土的十分之七。这是曹操在 220 年正月于洛阳去世后,留下的遗产。

437

追封为帝 220 年

随着关羽败北以及荆州威胁的解除,曹操从南阳班师,于建安二十五年初回到了洛阳。不久后的正月二十三庚子日,曹操崩于旧都洛阳,享年六十六岁。按照西方的公元纪年,这一日是 220 年 3 月 15 日——恺撒大帝也被认为是于两个半世纪前的同一日去世的。

曹操的死因不得而知。他曾患有头疼之症,也曾征召著名的医生华佗随侍左右。华佗用针灸治好了他的病症,但后来试图离开朝廷,被逮捕并处死了②。但据记载,这件事发生在 208 年曹操最宠爱的儿子曹冲重病之前,虽然后来曹操又犯过头疼,但与他数年后的去世并没有必然的直接联系——比如是因脑瘤等病症去世。官方史籍《魏书》中记载,这一时期暴发了多种传染病,这可能是曹操去世的原因③。

此时,在洛阳的关键性人物是贾逵,他追随曹操多年,曾任郡太守,

---

① 《三国志·吴书》13;1345 页,其中记载在吴国对战关羽时,陆逊击败了刘备的房陵太守。然而,这显然仅是枝节问题,而房陵后来肯定是在魏国的控制下的。
② 《后汉书》82/72B;2738 页;吴文学:《中国古代的占卜、魔法与政治》,121 页。
③ 《三国志》15;481 页裴松之注。(应为《魏略》而非《魏书》——译者注)

438 目前是丞相府中的谏议大夫。谏议大夫秩六百石，俸禄并不算高，但贾逵资格很老，对交接时期的政局也深具影响力。他不仅消弭了可能的青州兵大叛乱，更在曹丕的二弟将军曹彰询问先王玺绶在何处时，厉声压下了他的野心："太子在邺，国有储副。先王玺绶，非君侯所宜问也。①"

　　曹彰是从长安奔赴洛阳的，但曹丕仍在邺城，并就地宣布即位魏王。他在自己母亲卞氏的支持下正式即位，并通过大赦确立了自己的权威。无论是《后汉书》还是《三国志》及其注释中所引文献，都没有记载曹丕即位的明确日期，但即位仪式显然是在曹操3月15日去世后的几天内举行的：在《后汉书》的本纪中，随后记载的是二月初一的日食，其发生在3月22日②。

　　这种速度并非异乎寻常。且不说王位继承需要尽可能的快，即使在汉代，皇帝一去世，新帝就要马上登基，登基仪式时通常先皇的棺椁还会在场③。对曹丕而言，汉代的这种旧例没有什么可行性——前往洛阳将会给其他人节外生枝的时间。他的反应十分迅速，未经讨论就宣布为王，而国家的任命诏书却在不久后才下达下来。

　　曹丕继位后，曹操被谥为魏武王④，当同年冬天曹丕自立为帝时，将439 父亲的谥号从王改为了帝。237年，曹操的孙子曹叡又将曹操的庙号封为太祖⑤。

　　二月丁卯，即公元220年4月11日，曹操被葬于邺城以西的高陵，高

---

①《三国志》15:481页《贾逵传》；方志彤：《三国编年（220—265年）》Ⅰ，2页。

②《后汉书》9：390页。

③《后汉书》96/106：3141—3143页；贝克：《东汉的志：作者、材料、内容和在中国史学中的地位》，75—77页。

④ 这一诏令保存在《三国志》2：57—58页裴松之注引袁宏《后汉纪》中。
　　《晋书》37：1082页；方志彤：《三国编年（220—265年）》Ⅰ，3页中都指出，曹操刚去世时曹丕方寸大乱，但司马朗和司马懿的兄弟司马孚劝他应立即采取行动。《三国志》22：644页；方志彤：《三国编年（220—265年）》Ⅰ，3页中记述了尚书陈矫建议曹丕尽快即位，不需等待来自许都的汉廷的认可。

⑤《三国志》2：76页、3：109页；方志彤：《三国编年（220—265年）》Ⅰ，10—11、516—517页。

陵在他去世前就已开始建造。在曹操 205 年颁布的、反映了当时的困难条件的禁奢令中,禁止埋葬过制①,在他的遗诏中,也指出现在天下未平,自己还尚未达到以前的那些统一天下者的成就②,所以殓以时服即可③,不要随葬贵重的金玉珠宝。葬毕即除服:此后所有官员都要各守其职,军人及屯戍者也应不离营地④。

曹操的墓葬也比较简单,与简洁的葬礼保持了一致。在 218 年颁布的另一份诏书中,曹操曾对古代贤人造墓居瘠薄之地、常造坡道、不封不树的行为大加赞赏。在汉代,厚葬之风愈来愈盛,随葬品、石碑以及墓上建筑日渐增多,但曹操却提倡恢复古代薄葬的传统。他对自己的墓葬肯定也是如此要求,地下墓室是通过斜坡进入的。还有文献记载,他为提防盗墓贼,给自己营建了七十二疑冢⑤。

高陵有包括寝殿在内的墓上建筑。《于禁传》中记载于禁投降关羽后,落到了孙权手里,最终得以返回北方。曹丕命他去拜谒曹操高陵,但却在陵屋的四壁上画了于禁投降、庞德愤怒之图,于禁因羞愧而自杀,司

440

---

① 《三国志》1:27 页,本书第五章也讨论了这一问题。

② 《三国志·武帝纪》中的原文为"未得遵古也"。——译者注

③ 此时是春季,曹操可能穿着的是绿色的寿衣。

④ 汉朝皇帝在驾崩前会留下遗诏,曹操遵从了这一习惯,但留下的是遗令;也见本书第五章注释 5。《三国志》1:53 页中记载了不长的内容,其翻译见柯睿:《曹操的肖像:关于曹操及其传说的文学研究》,35 页,但这只是遗令的一部分。《三国志集解》1:126a—127a 中辑出了更多片段。

公元前 157 年汉文帝驾崩,他的遗诏中规定自己下葬后人们仅需服丧三十六日,这成为了汉朝的标准;《汉书》4:132 页、133—134 页颜师古注释 16;德效骞:《汉书》I,270 页。然而,德效骞又引用了《汉书补注》20b 中清代学者阎若璩的说法,认为曹操开了一项先例:文帝将服丧规定在葬礼之后,而曹操则将两者都取消了;现在仅在统治者去世到下葬之间的数周之内。

阎若璩指出后来的服丧日期又延长了,而我们不知道这是从什么时候开始的。曹魏的后世可能继承了曹操的严格规定,虽然曹操并未登基,而他对葬礼及服丧的克制也反映了他形式上的略低等级。

⑤ 《三国志》1:51 页。也见何恩之等:《中国雕塑》,160 页。关于七十二疑冢,见《三国志集解》1:127a,其中引用了很多文献。72 是一个带有神秘性的数字,如果曹操真的建造了它们,可能其中会包含有机关陷阱,或是报警系统。然而,最近所谓的曹操墓的发掘中并没有发现它们。

马光及其他历史学家则批评曹丕此举过于鄙俗恶毒①。

222年,曹丕颁布诏令预建寿陵,选址于洛阳以东的首阳山上。他指出大墓容易被盗,所以将墓葬修建得简单朴素才是子女们对亡者的孝道,因此下令将墓葬建于荒地,不立墓碑、雕塑或其他纪念性建筑。后人将对其一无所知②。他还命令毁掉高陵的寝殿及其他建筑,以前在墓地举行的祭奠以后都在魏国的宗庙中进行③。东汉皇帝的宗庙在洛阳和每座帝陵附近都有——偶尔也会去长安拜谒西汉皇陵④。然而,曹丕将自己的墓地选择在了与父亲曹操高陵距离很远的地方,也就意味着王朝的主要祭祀将只在宗庙中进行⑤。

这是一项对丧葬礼仪的本质上的改革,也强化了曹操之前对厚葬的非议。汉代对丧葬的官方态度是提倡薄葬的,一些学者也试图身体力行,但世家大族并不遵守规定,我们可以看到2世纪后半叶出现了很多奢侈的私人墓葬——比如在沛国谯县的曹氏家族墓群⑥——标志着个人成就或公共影响的墓碑和祠堂广泛流行⑦。然而,曹操在205年颁布的

---

① 《三国志》17:524页;《资治通鉴》69:2192—2193页;方志彤:《三国编年(220—265年)》Ⅰ,54页。

② 《三国志》2:80—81页,方志彤:《三国编年(220—265年)》Ⅰ,129—130页中作了部分翻译,丁爱博:《六朝文明》164页中对此也进行了讨论。

③ 《晋书》20:634页,见丁爱博:《六朝文明》166页中的引用。魏国的宗庙一直在邺城中直至229年,曹丕的儿子及继承者曹叡将其迁往洛阳:《三国志》3:96—97页、本书第九章注释28。

④ 关于东汉帝陵,见毕汉思:《东汉时期的洛阳》,54—56页、83—87页。

⑤ 曹魏时发生过一次试图恢复谒陵传统的尝试。249年,曹芳及曹爽前往洛阳南部曹叡的陵墓高平陵,但他们在途中被埋伏着的司马懿俘获:《三国志》4:123页;方志彤:《三国编年(220—265年)》Ⅱ,31页。然《晋书》20:634中记载这是曹魏皇帝第一次谒陵,此后也没有发生过。

⑥ 关于曹氏墓群,见本书第一章18—19页。也见蒲慕州:《汉代及其以前的死亡与埋葬观念》("Ideas Concerning Death and Burial in Pre-Han and Han China"),47—62页,东汉时期的士人在原则上提倡节葬,但将它落实到实践中是非常困难的事情。

⑦ 文献中记载以及现存有超过三百件各式各样的汉代刻辞,其中的大部分属于公元2世纪,有研究指出它们反映了世家大族的兴盛及日渐增长的独立于中央政府的权力。
　　关于墓碑的研究,见伊佩霞:《东汉的石刻》,王静芬(Wong, Dorothy C.):《中国石碑:一种象征形式在佛教传入之前与之后的运用》(Chinese Steles:pre-Buddhist and Buddhist use of a symbolic form),25—41页,拙著《东汉三国人物辞典》,xii—xiii。关于墓葬及祠堂,见包华石:《早期中国的艺术与政治表达》、巫鸿:《中国古代艺术与建筑中的"纪念碑性"》(Monumentality in Early Chinese Art and Architecture)。

禁令禁止了这种奢侈之风，在陵墓或是墓碑上都是如此①。他的政策被视为是对有权力的家族和个人的控制，但同时也减少了多年战乱的社会的资源浪费；我们也同意当时人们对导致帝国崩溃及内战的无节制消费，是存在着很强烈的道德谴责和厌恶的②。此外，那时的不少军阀都有过盗窃墓葬以酬军的行为，因此曹操试图避免这种侮辱也就不足为奇了③。

　　这一新政被曹丕强化并扩大，维持到了魏国灭亡，建立晋朝的武帝司马炎也在 287 年重申了薄葬之令④。其后几世，墓碑又开始逐渐恢复使用，但墓葬和祠堂要恢复到之前的奢侈豪华则需要很长时间，而是否有朝代能赶上东汉时墓葬的辉煌还是值得讨论的问题。曹操的继承者们可能会因建造地上的宫殿和花园而受到批评，但在地下陵墓方面却未受指摘，而历经两千年，曹操的最后安息之地也正像他所期望的那样，仍是一个秘密。

　　虽然我们知道曹操墓葬的大致方位，但仍未能确认究竟哪一座墓葬是曹操的，许多人相信漳河的改道已把其覆盖或冲毁。然而 2006 年，在邺城遗址西部 15 公里左右的安阳市西高穴村附近，工人在烧砖取土时发现了一座墓葬。这一发现并未被立即上报，其中的许多随葬品被拿走了，但 2008 年，河南省文物考古研究院对其进行了抢救性发掘，这一墓

---

① 也见上引丁爱博的著作，巫鸿：《中国古代艺术与建筑中的"纪念碑性"》，注释 121，其中指出许多 3 世纪的墓葬中将东汉的刻石作为了建筑材料，并认为这是"国家性毁碑运动"的证据。
　　　这一结果也见于金石书籍中。宋代洪适编辑的《隶释》和《隶续》两部金石著作中，收录有二百余东汉刻辞，但曹魏的只有其数的不足六分之一，而现代杨殿珣编纂的石刻目录中，收录了 23 页东汉石刻，每页两栏，而曹魏的只有 3 栏。
② 此时的著名思想家仲长统，就是一位厌恶铺张浪费的人，他提倡对财富及炫富行为严格控制：见本书第八章 348 页。
③ 200 年袁绍的讨操檄文中宣称，曹操盗掘了很多陵墓，甚至任命了专门负责此事的官员。檄文中除自然隐含的敌意外，所指的一些细节可能也是虚假的，但我们知道董卓在 190 年曾盗掘过东汉帝陵，而这种宝藏可以被任何军阀作为资源。无论是否用其酬军，还是简单的据为私有财产，这一行为都肯定是很普遍的。
④《宋书》15：407 页；丁爱博：《六朝文明》，189—190 页。

葬的墓主现在被判定为曹操①。有人非议这一结论，但中国社会科学院的一些专家参与到工作中，他们在 2009 年 12 月初步认可了这个结论，在 2010 年 1 月的一次会议上，社科院考古研究所的人员进一步对此表示了肯定。

在本书写作之时，即 2010 年 6 月，考古发掘仍在进行之中，正式的发掘报告也并未出版。因此，我获得的信息主要来自新闻、杂志以及电视报道，其中很多来自网络②。文字和图片报道中显示，墓葬有前后双室，通过拱门与 4 个耳室相连。墓葬面积约 750 平方米，距地表深 15 米，有一条长 35 米、宽不足 10 米的斜坡墓道。墓底铺石，墙上没有壁画，但墓门最初是用雕刻良好的画像石封门的。

一些随葬品是从墓葬中出土的，而其他的似乎是在盗墓者盗掘并贩卖了之后追回的。因此，有些随葬品的出土位置无法确定。除了金、银、陶、玉的装饰品外，还有一些石质小牌，上面铭刻了随葬品的名单。王教授指出，将这座墓葬的墓主确定为曹操，是以墓葬形制、大小、等级、墓主年龄和出土文物等等为基础的，特别是一些有铭刻的器物；其中最重要的是 8 块记录了武器名称的石牌，上书有"魏武王常用"字样③。

在墓中出土了 3 具头骨，其中的一具男性头骨年龄在 60 岁左右，与曹操的年龄吻合。而虽然曹操之子曹植的墓葬已被发掘，其中出土了一些人骨，但其发现时间较早，保存情况也不好，所以对两墓所出人骨进行

---

① 墓葬所在的村叫做"西高穴"，而曹操的墓葬称"高陵"，墓葬发现的地址也在邺城以西，所以这一村名的意思应该是"在西部的高陵"。（关于西高穴大墓是否为曹操墓，现学术界尚存争论——译者注）

② 例如《人民日报》在线版：http://english. people. com. cn/90002/98669/99315/6856137. html. 《今日中国》：http://www. chinatoday. com. cn/ctenglish/se/txt/2010 - 03/16/content _255090. htm.

现西高穴大墓的发掘报告已出版：河南省文物考古研究院编著：《曹操高陵》，中国社会科学出版社，2016 年。——译者注

③ 武王确实是曹操下葬时所用的谥号；他直到本年末才被追封为帝。当然，也存在用适当的伪造品"改造"墓葬的可能；而展示这种遗迹自然也会为地方带来很大收益。就像在长江流域的赤壁，这种发现就非常有助于旅游业；本书第六章注释 73。

DNA 分析的可行性不高①。另两具头骨都是女性的，其一五十多岁，另一二十多岁：讨论他们的身份没有多大意义：她们可能是曹操的嫔妃、女 ⁴⁴⁴
儿或侍从②。据记载，曹操的遗孀卞夫人与他葬在一处，但她于 230 年去世，年已七十，而将妻子与丈夫埋在距离相近的两个墓中的做法也很常见③。汉代也有将受宠之人及其他与君主有联系的人陪葬于皇陵附近的规定，我们知道曹操的爱子曹冲就葬在高陵；这里很可能还有一些其他陪葬墓④。据报道，在该墓附近至少还有一座墓葬，而目前为止，据说是曹操创制的七十二疑冢的迹象还没有被发现。发掘仍在继续。

---

① 1951 年，在山东的东阿发现了曹植的墓葬：其是双室墓，位于山脚下，可见是遵从了节葬的新规。见丁爱博：《六朝文明》，165 页，其中引用了《华夏考古》1999 年第 1 期。网络上有其图片：http://www. cultural-china. com/chinaWH/heml/en/35History2040. html（2010. 3. 10）。这一遗址于 1981、1985 年两次修复。

　　此时建造过一座大墓。曹叡执政后，想要将自己的母后甄氏封为太后。他为她建造了陵墓及祠堂，可能位于洛阳东面的曹丕陵墓附近，但 230 年又认为她的坟丘过低，迁入了一座更大的墓葬：《三国志》5；162 页；高德耀、克洛维尔：《皇后与嫔妃：陈寿〈三国志〉裴松之注选译》，100—101 页；方志彤：《三国编年（220—265 年）》Ⅰ，320 页。曹叡可能是为了提高自己母妃的地位，虽然这也提高了其被盗的风险。

　　我们也应注意到，2010 年 5 月，曹休墓被发掘，他去世于 228 年，据报道墓葬于 2009 年被发现：http://www. chinadaily. com. cn/photo/2010 - 05/18/content_9863318. htm。这一墓葬也并不奢侈。关于曹休，见本书 458 页。

② 这两名女性可能与曹操同时去世，无论是自然死亡还是自杀。这可能也回应了曹操为自己的爱子曹冲冥婚之事：本书第一章 24 页、第九章 407 页。

　　然而，我们没有理由相信这两位女性是被杀殉葬的。殉葬通常被认为是半野蛮的秦人的习俗，也被许多汉朝以前的文献证实。而西汉禁止了这种行为：《汉书》53；2421—2422 页。在曹操的时代，王粲、阮瑀、曹植都曾以《诗经·黄鸟》为主题创作诗歌，但他们都不认可殉葬的观念：本书第八章 346 页。可见这种屠杀行为在此时是很令人惊奇的，也肯定会给敌人留下把柄；在对于曹操的诸多批评中从未提及这一项，也可作为强力的反证。

　　三国时期留下过一个殉葬的例子：孙权的将军陈武于 215 年去世，孙权命他的一名爱妾殉葬。孙盛严词批评了这一行为，但这个故事可能并不可信：《三国志·吴书》10；1289 页裴松之注 1 引用《江表传》及孙盛的评论；拙著《南方的将军》380 页、《东汉三国人物辞典》79 页中也讨论了此事。

③ 例见郭清华：《中国古代的陵墓建筑：新旧问题》（"Tomb Architecture of Dynastic China: old and new questions"），11 页。关于卞后，见《三国志》5；158 页；高德耀、克洛维尔：《皇后与嫔妃：陈寿〈三国志〉裴松之注选译》，94 页。

④《三国志》20；581 页裴松之注释 3 中引用《魏书》。

《三国志》裴松之注中引用了《魏书》对曹操的赞辞①：

445

太祖自统御海内，芟夷群丑，其行军用师，大较依孙、吴之法，而因事设奇，谲敌制胜，变化如神。自作兵书十万馀言，诸将征伐，皆以新书从事。临事又手为节度，从令者克捷，违教者负败②。

与虏对陈，意思安闲，如不欲战，然及至决机乘胜，气势盈溢，故每战必克，军无幸胜。

知人善察，难眩以伪，拔于禁、乐进於行陈之间，取张辽、徐晃於亡虏之内，皆佐命立功，列为名将；其馀拔出细微，登为牧守者，不可胜数，是以创造大业，文武并施。

御军三十余年，手不舍书，昼则讲武策，夜则思经传，登高必赋③，及造新诗，被之管弦，皆成乐章。

才力绝人，手射飞鸟，躬禽猛兽，尝于南皮一日射雉获六十三头④。

及造作宫室，缮治器械，无不为之法则，皆尽其意。

雅性节俭，不好华丽，后宫衣不锦绣，侍御履不二采⑤，帷帐屏风，坏则补纳，茵蓐取温，无有缘饰。

446

攻城拔邑，得美丽之物，则悉以赐有功，勋劳宜赏，不吝千金，无功望施，分毫不与，四方献御，与群下共之。

常以送终之制，袭称之数，繁而无益，俗又过之，故预自制终亡

---

① 《三国志》1：54 页裴松之注。方志彤：《三国编年（220—265 年）》Ⅰ，15—17 页、柯睿：《曹操的肖像：关于曹操及其传说的文学研究》，119—120 页。

② 见本书第七章"曹操和《孙子兵法》"一节。

③ "登高必赋"被认为是圣人的一项特质：《汉书》30：1955 页（《汉书补注》58b）注引《毛诗·定之方中》（理雅各：《中国经书》Ⅳ《诗经》，81—82 页），对其的讨论见卫德明（Wilhelm, Hellmut）：《学者的挫折：论"赋"的类型》（"The Scholar's Frustration: notes on a type of 'Fu'"），312 页及 399 页注释 8、9，本书第八章注释 48。

④ 见于记载的曹操去南皮仅有一次：205 年他与袁谭进行最终对决时。但他那时可能无暇狩猎，他更可能在别的场合展现了这一技能，也许是在 207 年在对战乌桓后班师回朝的路上。

⑤ 关于刺绣的服装，我们可举出一个悲伤的例子：曹操的儿媳崔氏，此句的后半句则是惯常的说法。

衣服,四筴而已。

作为魏国官方史书中的一部分,可以预见这段文字是极尽称颂的。在其后,裴松之又引用了三段比较短的文献,两段出自傅玄的《傅子》,一段来自于学者、政治家张华在 280 年左右完成的《博物志》。两者都径直记录了曹操性格的某些方面。张华提到了他善围棋,不喜草书,对方术很有兴趣:我们在本书中都有讨论①。他也指出曹操喜欢食用有毒的植物野葛,并能饮毒酒,这无疑是为了预防这些方面的攻击②。

《傅子》中截取的两段则记载了曹操对于没必要的奢侈和装饰的不喜。第一段中记载了他不赞成此时流行的夸张婚礼,并将自己女儿们的出嫁安排得非常简朴——虽然他可能在 213 年自己的三女入后宫时破了一次例,其中的一位还在 215 年成为皇后。第二段记载了袁绍和其他将领多用丝绸织锦装饰自己,但曹操考虑到时局的艰难,仅仅头戴模仿古代皮弁的帽子,用不同颜色显示出等级;但这更适用于军队中而非朝堂。

然而,在这些注释之后,裴松之还引用了一条来自《曹瞒传》的反面评价,这本书是魏国的敌对国吴国编撰的,其中指出曹操对头饰的选择并非是节俭之举,却是他缺乏尊严和地位的证据。其后的攻击则更为强烈③: ₄₄₇

> 太祖为人佻易无威重,好音乐,倡优在侧,常以日达夕。被服轻绡,身自佩小鞶囊,以盛手巾细物,时或冠帢帽以见宾客。

---

① 见本书第八章;关于围棋见 348 页注释 45;关于草书,见 379 页;关于方术,见 350—352 页。

② 野葛也称钩吻,见《三国志集解》1:129a,司徒柯德(Stuart. G. A):《中国药草:植物王国》(*Chinese Materia Medica : vegetable kingdom*),185 页,薛爱华:《朱雀:唐代的南方意像》,171 页,李约瑟:《中国科学技术史》第六卷第一分册,487—488 页。

　　罗马在公元前 1 世纪的大敌米特拉达梯六世据记载也通过这种方式保护自己,许多 20 世纪的侦探小说家都注意到了稳定地摄入砒霜会使机体产生对其的免疫力。然而,更多感到这种威胁的统治者会选择用试味道的人来进行防范。

③《三国志》1:54—55 页裴松之注释。关于《曹瞒传》,也见本书第一章注释 27。方志彤:《三国编年(220—265 年)》Ⅰ,17 页中翻译了这本书的一小部分,柯睿:《曹操的肖像:关于曹操及其传说的文学研究》中则翻译了全文,122—124 页。

　　曹操在其中被以后来曹魏的庙号"太祖"相称,我们怀疑这一称谓是否是原文。

每与人谈论，戏弄言诵，尽无所隐，及欢悦大笑，至以头没杯案中，肴膳皆沾汙巾帻，其轻易如此。

然持法峻刻，诸将有计画胜出己者，随以法诛之[①]，及故人旧怨，亦皆无馀[②]。其所刑杀，辄对之垂涕嗟痛之，终无所活。

初，袁忠为沛相，尝欲以法治太祖，沛国桓邵亦轻之，及在兖州，陈留边让言议颇侵太祖，太祖杀让，族其家，忠、邵俱避难交州，太祖遣使就太守士燮尽族之。桓邵得出首，拜谢於庭中，太祖谓曰："跪可解死邪！"遂杀之[③]。

常出军，行经麦中，令"士卒无败麦，犯者死"。骑士皆下马，付麦以相持，於是太祖马腾入麦中，敕主簿议罪；主簿对以春秋之义，罚不加於尊。太祖曰："制法而自犯之，何以帅下？然孤为军帅，不可自杀，请自刑。"因援剑割发以置地[④]。

又有幸姬常从昼寝，枕之卧，告之曰："须臾觉我。"姬见太祖卧

---

① 这一指控可能反映了任何军阀都会对自己手下产生的不安，以及必须尽力维持的支配性位置。但见于记载的曹操在这种环境下真正处死的官员只有一位，即许攸，他的真正错误在于对曹操表现出了不恰当的随便姿态。

② 如上所见，这一说法是夸张的。曹操确实是有报复心的，但文中提到的袁忠的例子是靠不住的，据文献记载，他反而是原谅了梁鹄（见本书第一章注释60），也对魏种展现出了很大的容忍（第三章127页）。

③ 关于边让，见本书第二章77页。
　　《后汉书》45/35：1526页中，记载了袁忠如何在190年代在曹操的家乡谯县执政。他颇有清名，但之后避乱至会稽。196年，孙策破会稽，他又逃往了远南。《后汉书》四十五卷中继续记载，他在献帝都许后，被征为卫尉，但死于赴任途中。这一记载与《曹瞒传》中的记载不同。
　　桓邵只见于《曹瞒传》。

④ 割发是一种补充刑罚：例如见何思维：《秦汉法律》，533页。它在这个故事里起到了替代斩首的作用。把头发束成髻于头顶是此时的一种习俗，柯睿合理地指出曹操割掉的就是这一部分。
　　《春秋》本身没有特别涉及到将领可以免于刑罚，但《礼记》1：35页中记载有"刑不上大夫"。然而，曹操及其主簿主要关心的是军令是否适用于所有人，即使将领可能在特殊的环境下可以免除一部分处罚。
　　《三国演义》第十七回中记载了一个更长一些的版本——其真实性非常值得怀疑，邓罗翻译了它，也见闵福德：《孙子兵法》，109页。其也出现于京剧《战宛城》中。见本书第十一章499页。

安,未即瘗,及自觉,棒杀之①。

　　常讨贼,廪谷不足,私谓主者曰:"如何?"主者曰:"可以小斛以足之。"太祖曰:"善。"

　　后军中言太祖欺众,太祖谓主者曰:"特当借君死以厌众,不然 449 事不解。"乃斩之,取首题徇曰:"行小斛,盗官谷,斩之军门。"②

　　其酷虐变诈,皆此类也。

这些类似轶事,一些有据可查,而其他一些则仅仅是带有敌意的抹黑,它们在曹操在世时就汇集了起来,并在其后的岁月里混杂在一起。这为后来的作者提供了很多素材,组成了有选择性的传记,而关于曹操的传奇则夸大或贬低了这位人物的真正性格。关于这段漫长的后来历史,我们将在下一章中讨论。

曹魏后来的历史③

　　220 年冬,即西历 12 月 11 日,曹操的儿子及继承者曹丕接受了汉代最后一位皇帝的禅位,宣布建立新的王朝——魏④。曹操抵挡住了这最

---

① 《三国志集解》1:130b 中指出,《世说新语》ⅩⅩⅦ:4 页中也记载了相似的故事,曹操杀死了一位无辜的侍从,用以显示没有人可以在他睡着时突然接近他;马瑞志:《世说新语》,442 页。也见本书第十一章 476 页及注释 39。

② 这则轶事在《世说新语》ⅩⅩⅦ:3 页中被注释者刘峻引用;马瑞志:《世说新语》,442 页。《三国演义》27 页中呈现了一个更长的版本,见邓罗译本,及闵福德:《孙子兵法》121—122 页。其中为了增加故事的真实性,将之放在了曹操围攻袁术的都城寿春时,并将那位倒霉的官员写为王垕。事实上,曹操从未攻击过袁术的寿春,而王垕也不见于任何历史文献记载。这种手法与将董卓的诱惑了吕布的妾室命名为貂蝉很相似:见本书第二章注释 44。

③ 这段历史见方志彤:《三国编年(220—265 年)》,以及拙著:《三国与西晋:3 世纪中国史》(*The Three Kingdoms and Western Jin : a history of China in the third century AD*)、陆威仪:《帝国之间:南北朝》。

④ 古德曼:《非凡的曹丕》及雷班:《天命的操纵:公元 220 年曹丕即帝位所隐含的天意》中讨论了曹丕称帝的过程及安排。贝克:《汉代的灭亡》,355—356 页及以下概述了这一过程及以后的历史。

　　一些研究者认为献帝退位的日期是 11 月 25 日;如《剑桥中国秦汉史》xli 页。这是根据汉献帝发布的请求曹丕掌权的诏书,但曹丕正式成为君主的仪式举行于两周后。

　　献帝被封为山阳公。一直到他 234 年去世都是这一爵位。

后一步的诱惑，而曹丕作出的这一决定在许多方面都存在着危险：他的权威不及乃父，他新建立的国家与国祚绵长的汉代相比也是很脆弱的。

然而，就眼前来说，曹丕的建国宣言在哲学和天意上都得到了支持，他们认为汉德已衰，火德应被土德取代，这一理论巩固了曹丕作为曹操及魏国的继承者的地位①。就像古德曼指出的，对曹丕及其支持者来说，"登基称帝并不是一道合法的或者说世袭的程序，也不仅仅意味着掌握了军事统治权。其意味着获得庄严而神秘的身份……这是一种难以说清的东西——通过个人自己的运势，事实上是一种冒险行为"②。另一方面，为了消解汉室的权威，曹丕不再对其表忠，并重建了曹操的权力的合法性，然而在此时，魏国还未统一天下。6个月后，益州的刘备发布声明，宣称自己才是延续汉祚的帝王，229年，孙权没有假借任何与汉室有关的借口及合法性，而是通过一些预兆及对于自己美德的称誉，也自称为帝③。

孙权最初还维持着名义上的归顺，承认了曹丕的新身份，并接受了吴王封爵。他最切近的关注要点，是为关羽复仇并力图重新掌握曾经失守的荆州地区的刘备，他要确定在两军交战时曹丕会保持中立。在这一点上，他获得了成功，曹丕无法太过招摇地反对自己的封臣。222年夏，孙权的将军陆逊击败了蜀汉的军队，确立了吴在长江中游的控制权④。

① 关于汉代的形而上的权威，见贝克：《汉代的灭亡》，357—362页。我们应该注意到曹丕在称帝之时，改元黄初。两年后，孙权宣布独立，则以黄武为年号。
② 古德曼：《非凡的曹丕》，224页。
③ 关于刘备对曹丕称帝的回应，及其自立为帝，见《三国志·蜀书》2：887—890页。关于孙权，见《三国志·吴书》2：1134—1136页，拙著《南方的将军》，448—455页。
　　《资治通鉴》69：2185—2188页中，司马光讨论了曹丕和刘备两者对延续性和合法性的对立的说辞，并总结到出于编年的需要，他必须优先选择正义的一方。然而，他以曹魏为纪年这一选择饱受争议，特别是受到了朱熹和宋代理学家的批评。见本书第十一章468—469页。
④ 陆逊的传记见《三国志·吴书》十三卷。关于他对战刘备的胜利，见该书1346—1348页、《资治通鉴》69：2202—2205页；方志彤：《三国编年（220—265年）》I，100—104页。拙著《南方的将军》418—425页也对此进行了讨论。

此后,孙权拒绝向曹丕的朝廷派遣质子,又逆转了之前的政策,与敌人蜀汉结成了联盟。

451

汉帝国分成了三国,这一形势持续了 40 年之久。虽然此时在中国四周还存在着独立的军阀和统治者,但基本边界已经确定。在西部,刘备 219 年夺取汉中后控制了汉水上游,并在渭水谷地以南的秦岭一线布置了防线。在长江中游,蜀汉的力量被限制在三峡西部,魏、吴两国对峙,汉水下游成为了固定的边界。在东南,曹操的屯田军牢牢控制了淮河流域,孙权对合肥、寿春这些关键城市的几次进攻都没有获得成功。然而孙权的水军控制了长江流域,并未受到什么严重的威胁,两者之间的无人区成为了两国的分界。

从军事上看,这种三分天下的局面并不是必然的。如果曹魏继续控制汉中,在关羽兵败并失去了长江中游的控制权后,蜀汉小国能否存在下来都是问题,无论怎样,如果从汉水上游南下对它发起进攻,蜀汉是不堪一击的。而如果刘备被灭,孙权很可能在与曹魏的边境荆州地区及长江下游面临着巨大压力。就此而言,是 219 年刘备在定军山击败夏侯渊的战役,而非 208 年的赤壁之战,决定了此时的天下格局①。

然而,不管大战略如何,无论是汉室还是曹魏,重新统一天下都面临着很大困难。之前上演的数次国内战争,包括秦灭亡后的公元前 200 年左右的纷争,以及王莽于公元 23 年覆灭后的战乱,最后都以重建一个统一了全国的政府为结局,在东汉的最后一段日子里,可以看见许多关于天命的讨论,虽然它们在假定汉朝会重振或是被他人替代上存在分歧,但都没有预言整个国家会分崩离析。然而,公元 2 世纪末的混战,带来了两项与之前不同的重大变化。

452

---

① 280 年西晋克吴,发生在蜀汉被灭后 15 年,就是通过东出三峡并沿汉水南下及跨越淮河并举而取得成功的。

首先,政府的崩溃比王莽失败后更为严重。从公元 22 年反抗王莽的起义爆发,到公元 36 年光武帝击败最后一位敌人公孙述,国内战争仅仅持续了 15 年,而虽然赤眉军造成了大面积的破坏,但大部分西汉的郡县结构仍保存完整①。而即使在 207 年曹操确立了对华北平原的控制后,对西北和东北方仍然力有不逮,整个国家也在战火中分裂了近 20 年,传统的行政体系已在军阀及其他地方力量的混战中消失殆尽。

另一项与前代的重大不同,是控制中原的政权不再能够保证对边缘人群具有指挥权。当光武帝控制了黄河流域,他在处理长江中下游问题时并没有遇到太大困难,而公孙述能够自守主要是凭借着长江三峡和秦岭这两处天险,他从来就没有挑战中原政权的力量。然而,在东汉末年,国家北部和长江以南的人口结构发生了很大变化。

《汉书》卷二十八中保存了公元 2 年的国家人口调查数据,此时国家人口为 5800 万,《后汉书》十九卷至二十三卷中则留下了公元 140 年代早期的类似数据,全国人口约 5000 万②。文献以郡、县为单位,记载了户和单独的口数,可以据此评定每一时期中国人口的分布情况。

西汉和东汉人口总数的差别可以被部分归因为东汉裁撤了三个郡;如果这三郡仍然存在,东汉时的人口数可能会增加 100 或 150 万。取消它们的主要原因是北方定居区的收缩:国家的东北界撤到了承德盆地③;西北的羌和匈奴则占据了国家边境内的地区;整个边境线都被战火、抢劫以及越过边境的掠夺所侵扰,因此那里的中原居民再也不想生活在当

453

---

① 此时的国内战争见毕汉思:《汉朝的复兴:〈后汉书〉纪传导论》(The Restoration of the Han Dynasty: with prolegomena on the historiography of the Hou Han shu)、《汉朝的复兴Ⅱ:国内战争》(The Restoration of the Han Dynasty: volume Ⅱ, the civil war)。

② 下文的讨论以毕汉思《公元 2—742 年间的中国人口统计》(The Census of China during the period 2 - 742 A.D.)139—145 页及图版Ⅱ、Ⅲ为根据,拙著《公元后三个世纪中国南方的政区及人口》("Prefectures and Population in South China in the first three centuries AD")中也对此进行了讨论。关于东汉这次人口调查的日期的讨论,见贝克:《东汉的志:作者、材料、内容和在中国史学中的地位》,187—189 页。

③ 关于从今天的承德地区的撤退,见本书第五章 234 页。

地了。匈奴在 1 世纪中期分裂,南单于臣服于汉,四十年后北匈奴覆灭,这使得草原上形成了权力真空,被桀骜不驯的鲜卑趁虚而入,同时南匈奴对自己属民及投降者的管束也比较无力。2 世纪末曹操时,鄂尔多斯地区的大部分已不受控制,政府鞭长莫及。在更西北之处,爆发了两次大规模的羌人起义,其一从 107 年持续至 118 年,另一开始于 140 年代早期,夺取了大量政府控制的地区,并为 184 年凉州军阀的崛起提供了机会。

211 年,曹操击败了西北军阀,216 年他又在匈奴残部所在的鄂尔多斯地区建立了郡县。虽然他重新夺取了渭河谷地的控制权,但汾水以北的地区仍在有效控制之外,而 2 世纪中期开始的人口锐减已相当严重。从那时开始的骚乱更是雪上加霜:北部边疆被鲜卑的铁蹄蹂躏,虽然曹操在 207 年对乌桓的胜利带来了些许和平局面,但损害已经造成,这一地区也已十室九空。

比较而言,长江中下游以南地区的人口则增长颇多。孙氏腹心的长江下游地区,西汉时人口为 175 万,但 140 年已翻番为 350 万,豫章郡的人口更是增长了 6 倍之多。在孙权于 219 年占据的长江中游,公元 2 年仅仅有百万人口,而到 140 年代就增加到了 350 余万。吴国就是凭借了长江及其周围湖沼地区的天险及大量人口资源,与曹操及其继承者分庭抗礼的①。

此外,虽然南方的军队从未成功地顺汉水北上进入南阳,在东部也同样没有越过淮河,但吴国已着手进行攻克及移民更南地域的计划,将控制地区延伸到了今天的浙江和福建地区,并获得了抵御北方的兵源②。与此同时,在南部沿海,孙权的官员步骘建立起与地方首领士燮的联系,在 226 年士燮去世后,接替步骘工作的吕岱从士氏的手中夺得了控制

454

---

① 拙著《南方的将军》。《中国史稿地图集》图 41 展现出了从公元 2 年到 140 年代南方诸郡的人口变化。

②《南方的将军》,328—340 页。

权①。这一地区的贸易财富支持了增加的人口,使得孙权能够抵挡北方的军事力量。

在更西的地方,占据了今天四川的蜀汉因 219 年关羽失荆州及 222 年刘备复仇和夺回失地计划的失败,元气大伤。刘备在这次失利之后含恨而终,他的儿子刘禅即位,此时年仅十七岁。然而,刘禅并非有为青年,刘备托孤给了诸葛亮,令他全权摄政。

224 至 225 年,诸葛亮致力于一系列对南方的战争,至少形式上降服了今天云南省的大部分地区。当地的领袖被赐以玺印及其他标识,正式从属于蜀汉,但虽然很大一部分部落民都已在蜀汉的控制下,这一地区后来仍爆发了叛乱。蜀汉的移民政策不像孙权控制下的吴国那样积极有力,这一地区也没有贡献多少资源。

在西方和北方,蜀汉数次试图突破秦岭防线,或沿汉水南下荆州,但取得的成果却很有限。诸葛亮攻占了武都郡,并于 233 年在渭水谷地建立起了据点,但他被曹魏的将军司马懿阻截,自己也在 234 年去世,这使得蜀汉在这一地区的威胁一去不返。

455 总之,魏和吴的统治者都试图建立起一个效仿汉代传统的政府,而蜀汉仅仅是一个军阀政权,关注于征兵与保障军队供给,以及军事首领的个人利益。值得注意的是,蜀汉主要领导人最初都来自中国的其他地方,其虽然也有行政及文书官员,但并不是一个徐图长远的政府。

对曹魏的统治者而言,吴蜀这两个名义上结盟的敌人的存在,威胁到渭水流域、长江中游盆地、江淮之间,无论是它们突破防线的可能,还是其对当地民众造成的迁徙恐慌,都意味着国家仍处于战备状态之中。这并不是一个繁荣、和平的政府所应有的状态。

---

① 见本书第六章 276 页、第九章注释 25、拙著《南方的将军》,442—446 页。

然而,魏国在除南方之外的其他地方都取得了相当的成就。曹丕接见了来自中亚的使者,并重建了对那一地区形式上的保护,羌人也得到了控制,且虽然政府实际上放弃了鄂尔多斯和桑干河以北的地区,但在草原上,无论是匈奴还是鲜卑都没有形成出色的组织,对中原造成很大威胁。238 年,在东北建立独立国家的公孙氏被司马懿击败,244—245 年间进行的一系列战争则击溃了高句丽这一少数民族政权:中国在这一地区的军事力量已臻自汉武帝以来之极盛。

至少在这一方面,曹魏恢复了中国在东亚的权威。而这些成就大部分应归功于将军司马懿的能量。这增加了他及其家族在曹魏的地位,但魏国权力中心的结构也因此增加了许多不确定性。

司马懿出自屡出高官的河内大族。他的父亲司马防曾以隐逸知名,但后来出仕,在州郡及京都任职[1]。董卓篡权后,司马防不得不与朝廷一起迁往长安,但却命长子司马朗率领家眷返回故乡。司马朗供职于曹操手下,司马防最终也加入了这一阵营。因为年事已高,他此时仅任闲职,但他在 175 年曾任洛阳令,是时任洛阳北部尉的曹操的直接领导。在多年后的 216 年,曹操获封魏王,司马防与他笑谈风水轮流转——曹操至少在这个场合没有感到被冒犯,可能对他们之前的旧谊也心存敬重。

司马防有八子,都在他严格的儒学教育下长大。长子司马朗,成为了兖州刺史,在朝廷有一定的影响力,但却于 217 年对孙权的战争中牺牲。次子司马懿,曾不想接受曹操的征召,但最终还是于 208 年加入曹操阵营[2]。他接受曹操的任命,成为丞相府中的掾属,217 年,曹丕被立为魏国太子,他是太子从属中的一员。他虽然年长曹丕 8 岁,却成为了

456

---

[1] 关于司马氏家族,见《三国志》15:466 页裴松之注引司马彪《续汉书》序传(也见《三国志集解》1:116b—117a),以及《晋书》1:1 页。关于司马防和下面提到的司马朗,也见拙著《东汉三国人物辞典》。

[2] 见本书第六章 246 页。司马懿的传记,见《晋书》卷一《宣帝纪》。

曹丕最亲密的朋友、同伴。

219 年末关羽攻打荆州，司马懿又再次为曹操效忠，当曹操在洛阳去世后，他支持曹丕即位，随送葬的队伍到达邺城。他在对于曹丕称帝是否具有合法性的讨论中发挥了重要作用①，因此被加官晋爵。224、225年曹丕率军攻打乌桓，命司马懿全权负责都城事务。

226 年夏，曹丕病重。曾是袁熙夫人的甄氏虽为曹丕诞下一儿曹叡及一女，自己却因嫉妒而失宠，于 221 年被曹丕赐死②。尽管如此，曹叡仍是曹丕的长子，曹丕临终时命他即位③。

曹叡登基时年届二十，已经成年，但他的父亲仍为他选定了顾命大臣，包括高级官僚陈群、将军曹真、曹休、司马懿。曹真和曹休都不是皇室直系：曹休出身曹氏支系，曹真是秦邵之子，与曹氏有姻亲关系；他是曹操的养子。这些人都曾在曹丕年轻时随侍左右④。

曹丕将他的兄弟都排除出了政府。考虑到他在最初曾与曹植争为继承人，以及曹彰潜藏的野心，曹丕的这一决定并非无理，也延续了汉代将宗室诸王远放封地的传统。曹植多次向自己的哥哥表示忠心，并希望有机会协助他，但每次都失望而归，而在曹操在世时战功彪炳的曹彰也尝到了这种失望之感，可能程度还更为强烈。虽然曹彰于 223 年去世，但曹丕仍坚持对宗室的强硬政策，不停更换他们的封地，以防止他们获得地方上的支

---

① 见《三国志》2：66 页；古德曼：《非凡的曹丕》，111 页。
② 曹叡生于 206 或 207 年，此时甄氏已归曹丕，但袁熙尚在世。
　　甄氏之死见《三国志》1：160 页；高德耀、克洛维尔：《皇后与嫔妃：陈寿〈三国志〉裴松之注选译》，97 页。她身为未来继承人之母，这一处罚是很尴尬的，《三国志》5：161 页裴松之注释中引用了《魏书》，其中记载曹丕欲封甄氏为后，但她拒绝了，并在曹丕还没来得及劝说她之前就因自然原因去世了，然而裴松之指出这一说法是错误的。
③ 根据《三国志》2：86 页的记载，曹丕病于 226 年五月丙辰，即 6 月 28 日。他已没有时间将曹叡封为太子并安排他摄政，因为他在次日就去世了：方志彤：《三国编年（220—265 年）》I，201—213 页。
④ 曹真和曹休的传记见《三国志》9：280—282 页、279—280 页。关于陈群，见本书第六章 249 页、第八章 375—376 页。他的传记见《三国志》22：633—637 页。

持,并坚持与他们保持距离,即使当他们到首都朝觐时也是如此①。同样 458
也是对东汉面临的问题的警觉,曹丕命令自己的母亲卞太后不得干预政
事,后宫嫔妃的外戚也不能居于摄政位置。

虽然曹丕的担心并非多余,但他这种政策对于魏国来说却有一定危
险。宗室虽可能对统治者产生威胁,但他们同时也是王室的支持者,而
为曹叡任命的摄政大臣不仅限制了他的权力,更意味着更多远亲及外臣
分享了皇权。曹休于 228 年去世,曹真去世于 231 年,陈群在 236 年去世
前一直活跃在政坛上,而正是第四位摄政大臣司马懿,成为魏国的首席
人物。

司马懿在曹丕手下并没有掌控主要军权,但他是一位有能力的将
领,曾在对吴的南阳守卫战中取得胜利,随后尽管有一些挫折,但还是在
渭水流域抵御住了蜀汉的进攻。随着诸葛亮于 234 年去世,形势变得缓
和下来,238 年,司马懿又摧毁了东北的公孙氏。

239 年曹叡去世,享年不足四十,并未留下儿子。他的养子曹芳的出
身已经无从考证,当时年仅 7 岁。曹叡曾考虑过在宗室中任用一些人,
但最终被劝说只指定了两人摄政:之前的顾命大臣曹真的儿子曹爽以及
司马懿②。

---

① 关于曹丕对宗室的控制,例见《三国志》19:576、20:591 页;方志彤:《三国编年(220—265
年)》Ⅰ,357—358 页。

曹植在曹彰去世后作了一首著名的诗,在其中表达了对曹彰的悼念以及他和曹彪因在
返回封地时同路而受到曹丕防范的愤怒。这首诗见载于《三国志》19:564—565 页裴松之注
引《魏氏春秋》;也见于《文选》24:3b—5a,以《赠白马王彪》为题。查赫:《中国文选:〈昭明文
选〉译文》Ⅰ,384—387 页中有译文。

同时曹植也最大程度地对曹丕表示了谦卑,希望得到他的青睐并谋得官职,有两首诗为
证:《三国志》19:562—564 页;邓安佑:《曹植:中国的王子诗人》,63—70 页,也见《文选》20:
2a—5b;查赫:《中国文选:〈昭明文选〉译文》Ⅰ,280—285 页。

228 年,曹植给侄子曹叡上疏,同样寻求出仕,231 年他又两次上疏表达同样意图;但它
们也并没有起到什么作用:《三国志》19:565—568 页;569—574 页。231 年上疏的译文见方
志彤:《三国编年(220—265 年)》Ⅱ,339—348 页;228 年的上疏及 231 年的第一封上疏也见
《文选》37:4a—10b;查赫:《中国文选:〈昭明文选〉译文》Ⅱ,667—676 页。

②《三国志》3:113—114 页及其他文献:见方志彤:《三国编年(220—265 年)》Ⅰ,582—584、
610—616 页。

此时曹魏本身的声望和权威已经出了问题,不仅仅是因为曹芳的出身不清不楚,也因为王室比不上司马氏那样的世家大族。这些问题部分是来自从曹操开始的婚姻传统。他的夫人、生下了曹丕的卞氏曾是一位歌姬;曹丕的皇后郭氏出身小族,还曾经做过仆人;而曹叡的母亲甄氏则曾经是别人的妻子;曹叡的第一任皇后毛氏的父亲曾经是造车工人①。虽然曹叡后来又立了出身大族的郭氏取代毛后,但他的一位失宠的嫔妃虞氏,据说曾非常痛苦且直接地跟卞太后说:"曹氏自好立贱,未有能以义举者也。"②

《世说新语》中记载了一个更不利于曹氏的故事,曹丕在曹操死后将他的嫔妃收为己用,这大大违反了习惯、礼节及孝道。据记载,曹丕的母亲卞皇后在他临终前才发现了这一行径,非常不高兴,并拒绝去探望他,只进行了简单的哀悼③。这段记载与《曹瞒传》中的轶事类似,可能仅仅是敌国散布的诽谤,但这种故事流传了下来,具有一定可信度,这是极具危害性的。

曹芳登基的第一年,朝廷的权力掌握在曹爽手中,司马懿则专注于军事方面。曹叡与他的祖父、父亲不同,没有战争经验,而曹爽参加过对蜀汉的战役,却以失败告终④。然而司马懿现在已是一位出色的将领,在军中以及边疆各族中都有很高的支持率。

---

① 关于卞后,见本书第一章34—35页,高德耀、克洛维尔:《皇后与嫔妃:陈寿〈三国志〉裴松之注选译》,95—100页。关于甄氏,见本书第五章218页及上注85,高德耀、克洛维尔:《皇后与嫔妃:陈寿〈三国志〉裴松之注选译》,106—110页。关于曹叡的皇后,见高德耀、克洛维尔:《皇后与嫔妃:陈寿〈三国志〉裴松之注选译》,111—114页。关于毛后的父亲毛嘉的卑微出身,及其后来的荣宠,见《三国志》5:168页、高德耀、克洛维尔:《皇后与嫔妃:陈寿〈三国志〉裴松之注选译》,112页。

②《三国志》5:167页;高德耀、克洛维尔:《皇后与嫔妃:陈寿〈三国志〉裴松之注选译》,111—112页。

③《世说新语》XIX:4;马瑞志:《世说新语》342页。
　　这个故事可能是曹丕在甄氏名义上还是袁熙的夫人时娶了她的映射。《世说新语》XXXV:1;马瑞志:《世说新语》,484页,其中记载曹操自己想娶甄氏;也见本书第十一章474页。

④ 曹爽的传记见《三国志》9:282—288页。

曹爽摄政的 240 年代,文化得到了大发展,此时已被汉室消耗殆尽的儒家传统在道教的影响及与玄学的联系下重又复兴。这一思潮的领导人物是曹爽的密友何晏,及其好友、完成了富有创造性的《易经》注本的王弼。他们与当时的以阮籍、嵇康为代表的竹林七贤并称,这些出身优渥、才思敏捷的士人,试图躲避无意义的繁文缛节,谨慎地对传统进行着反抗。 *460*

然而,这些文人学者的社会态度和个人行为虽然与自己放达自由的哲学相符,却并没有获得广泛的赞同或尊重。特别是何晏,他的母亲后来成为曹操的姜室,自己则娶了同母异父的妹妹为妻①,为人文雅而傲慢,善清谈。他曾任侍中,又为礼部尚书执掌选举,但他更著名的却是放荡的行为,以及与朋友们对于令人狂喜的药物的执着追求②。

何晏似乎是这群人中唯一对为官感兴趣的人,但曹爽及朝廷看中的却只是他的名声。在曹操和曹丕治下的曹魏早期阶段,首都的文坛曾为新政权增添光彩与威严。与之相反,现在何晏及其团体的华丽辞藻却成了尴尬,而司马懿倒是把自己树立成谨守传统道德和政治社会约束的贵族的代表。

经过一系列政治谋划,249 年司马懿在洛阳发动兵变,将曹爽及其同党屠杀殆尽,掌握了曹魏政权。虽然他在两年后就去世了,但长子司马师接替了他的位子,254 年曹芳试图发动政变,却被迫退位,他的堂弟曹髦继位。司马师于 255 年去世,由弟弟司马昭继承职位,260 年曹髦因谋

---

① 《三国志》9:292 页裴松之注引《魏末传》中记载何晏和金乡公主是同母异父兄妹,但同时又言及金乡公主之母是沛王太后(即沛王曹林的母亲杜氏)。裴松之对此进行了辩误:"《魏末传》何晏取其同母妹为妻,此缙绅所不忍言,虽楚王之妻女胥,不是甚也已。设令此言出于旧史,犹将莫之或信,况底下之言乎!案《诸王公传》,沛王出自杜夫人所生。晏母姓尹,公主若与沛王同生,焉得言与晏同母?"另外,《文选·吊魏武帝文》注引《魏略》曰:"太祖杜夫人生沛王豹及高城公主。"也许高城公主是金乡公主曾经的封号,亦可能杜氏另有一女获封高城公主——译者注。

② 关于何晏与曹氏的联系,见本书第九章 400 页;他是大建军何进的孙子。他的传记见《三国志》9:292—293 页,王弼的传记见《三国志》28:795—796 页裴松之注,阮籍和嵇康的传记见《三国志》21:605—607 页、《晋书》四十九卷。

划反抗被杀。264年,司马昭攻灭蜀汉,自己也于不久后去世,长子司马炎完成了始于自己祖父的事业。来年末,即266年2月8日,与之前曹丕接受献帝禅位相似,司马炎接受曹魏末代傀儡皇帝曹奂的禅让,自称晋帝。280年,司马炎接受了孙吴的投降,中国再次——至少有一段时间——得以统一。

461　　曹魏政权重建了在北方的权威,但最终是西晋司马氏重新统一了中国,除了对于其忠诚和合法性的争论之外,其他都自然而然。曹操和曹丕通过军事能力和强大的国家维系着自己的权力,但曹叡并未将军权牢牢地掌握在自己手中。这对于一个在乱世中以军事起家的政权来说,是很危险的,且曹丕建立的把统治者与宗室隔离开来的政策,也意味着治理国家没有了坚固的基础。最后,地方的儒家大族和领袖们感到了他们的权力受到威胁,已准备转而支持通过自己的背景和能力获得成就的司马懿及其家族,反对被认为性格不好且血统混乱,并缺乏真正权威的王室。

　　在分析曹魏的建立及最终灭亡问题时,我们还必须考虑到其中的人为因素:曹操享年65岁,但他的儿子曹丕去世时年仅40岁,孙子曹叡还没有活到35岁。东汉的情况也与此类似,其积弱至少有一部分是因为皇帝轮换过快,自明帝以后至灵帝,没有一位皇帝活过40岁,大部分人在未成年时就已登基。这种意外的夭折可以使任何一个王朝衰弱,特别是刚刚才建国的。与之相较,吴国的孙权统治了很长一段时间,在任期内国家稳定,他于252年去世时年已70——虽然他因晚年时的偏宠而错误地选择了继承人①。如果曹丕能够活得长一点——夺取他生命的病症似乎来得很突然,不在预料之中——他也许就能够建立一个国祚绵长的国家了。

　　在这一点上,我们最后也许可以考虑进行一下"假设":如果曹操与

---

① 拙著《南方的将军》,483—485页。

曹丕一样在 40 岁时就去世了，也就是于 195 年去世，此时他仍在兖州与吕布你争我夺，也还没有将献帝置于自己的掌控下；官渡、白狼山、赤壁之战都没有发生，魏国也并未建立，他的政治改革以及伟大诗篇也都没有完成：如果真是这样的话，他可能仍会被记住，但仅仅是作为混乱年代的一名小军阀。长寿至关重要。 *462*

第十一章 身后之事：历史、轶事和小说

对大多数人而言，死去万事即成空，只有一些关于他们言行和成就的记忆、记录留存后世，一些事实尚可讨论，但整个人生基本已盖棺定论。

然而，对曹操来说，他冲突且矛盾的一生却在许多世纪后仍被讨论、再造。他自身的复杂性格及名不正言不顺的成就，意味着他及其生涯在后世成为一个符号，而对其的判断也在很大程度上受政治环境和主流意见的左右。我们在这里自然不可能将这些都详细地展现出来——这已涉及到广阔的中国文学和其他语言文学中关于三国时期的历史书写及想像了——但本章将扼要地概述曹操的声誉在他身后一千八百年间发生的变化。

裴松之、范晔和《世说新语》

就像我们之前看到的，即使是曹操尚在世时，关于他的故事就已流传开来，一些是有利于他的，但也有许多是敌方编造并传播的。后者中的两种重要文献分别是袁绍在 200 年官渡之战之前发布的檄文，以及出自吴国的《曹瞒传》①。

463

---

① 袁绍的檄文，见本书第三章 128 页。关于《曹瞒传》，见第一章注释 27；关于曹操的否定性的悼词，见第十章 448 页。

在袁绍的檄文中，除了对曹操出身背景的批评，及对其残忍和篡权的一般性指控外，还指责他杀害了边让和赵俨，对杨彪严刑拷打，宣称他盗掘陵墓并为此设立专职官员。《曹瞒传》中则描述了曹操善妒且狡诈、罔顾他人、善于以虚情假意缘饰、在衣着和出行上也标榜简朴，实际上却潜藏祸心。这两份材料也都假装蔑视曹操的武功——袁绍不久就为这种轻视付出了代价——而它们的基本模式是，一个聪明却奸诈的人，将永不会被朋友或敌人信任。

任何一个著名的政治人物都会面对这种敌方宣传材料的传播，在如此的国内战争中，不同形式的谩骂和诋毁也在多位竞争者中互相散布；在 2 世纪早期记述中兴汉代的光武帝的文献中，也可以找到相似的例子①。自然，战争最后胜利者的这种故事很难幸存下来，但曹操建立的魏国并没有统一天下，这就意味着这些负面的故事没有被禁止，仍被敌方传播。而在曹魏的政治和对其的历史编纂中，也形成了对王朝性质及其创立者的命数的讨论，随着魏和蜀汉先后被司马氏接管，政权合法性的问题变得重要起来，对其的讨论将持续数个世纪。

陈寿（233—297 年）是已成为权威史书的《三国志》的作者，他出生于蜀汉，并在此地担任文官②。在他三十岁出头时，蜀汉被魏攻灭后，他也就成了新政府的官员。据记载，他深得张华爱重，280 年吴国也投降后，他遍览了三国政府的档案，以编纂史传。此时也有其他的史籍存在，但尚无印刷术，因此我们无法确定它们是否流传广泛，也没法确定陈寿看到了其中的哪些。此时尚存分别由王沈（去世于 266 年）和韦曜（204—273 年）等编著的魏国和蜀国的官方记录、由私家学者鱼豢编纂的两种重要著作《典略》和《魏略》、数种重要人物的"别传"、世家大族的记录，以及

464

---

① 毕汉思《汉朝的复兴Ⅱ》，232—248 页，其中讨论了此时内战中的多种宣传手段。它们大多数是以预言及凶兆的形式出现的，也有以歌谣诋毁竞争者的情况。

② 陈寿的传记见《华阳国志》11：189—190 页、《晋书》82：2137—2138 页，前者更为习见。两者都被附于中华书局版《三国志》之后，1475—1476 页（《华阳国志》）、1477—1478 页（《晋书》）。

许多佚名氏的文献①。

陈寿的著作共 65 卷,其中魏书 30 卷,是三国之中篇幅最大的,而国祚最长的吴国只有 20 卷。对蜀汉的处理则更为困难,因为虽然蜀汉也保存了档案——陈寿还担任相关职位——却并没有像《魏书》或《吴书》一样的正式官方组织或编纂的历史②。然而,陈寿本人曾编纂过《诸葛亮集》,也曾参与过《益部耆旧传》的编写,这是此时流行的一种地方史类型,收录了与益州有关的人物传的记。但过度强调蜀汉却是错误甚至危险的。作为一个前敌对国家的官员,陈寿不得不在下笔时小心思量。

另一方面,陈寿将这三个国家处理成独立的部分,每国都有自己的一"书",一些时候是单独流传的③。三书都包含有个人传记,没有志和表,但开国者的传记则被以与《汉书》《后汉书》中本纪相同的体例撰写。曹丕及其继承者被称为帝,而刘备、刘禅是先主、后主,对孙权和其他吴国统治者则直呼姓名。曹操最初被以庙号"太祖"相称,但 196 年封公后,就被称为与这种身份相称的"公"了。三国的统治者在各自的疆域内都具有权威,所以他们在疆域内的对手被蔑称为"贼""逆",讨伐他们被称为"平",外部的军事行动则用"攻""出""击"等中立的词汇。虽然陈寿以魏国为尊,但蜀书和吴书并没有像《晋书》中一样,被置于从属的"载记"中,它们的历史很大程度上是被按照自己的说法记载的④。考虑到他面对的来自于三国以前敌对形势以及现实政治的压力,可以说他做到了

---

① 陈寿及其编史的资源,见拙著《三国史》(*The Records of the Three Kingdoms*)、雷班:《曹操及魏国的兴起:初期阶段》,1—44 页,高德耀、克洛维尔等:《皇后与嫔妃:陈寿〈三国志〉裴松之注选译》,61—81 页。拙著《南方的将军》第九章,550—557 页,其中重点考察了吴国历史的文献,以及关于《吴书》的记载。

② 《三国志·蜀书》3:902 页;雷班:《曹操及魏国的兴起:初期阶段》,12 页,高德耀、克洛维尔:《皇后与嫔妃:陈寿〈三国志〉裴松之注选译》,65 页及 186 页注释 35。

③ 《隋书·经籍志》中的"正史"类中记载有陈寿《三国志》及裴松之注:《隋书》33:955 页。然而,《隋书·经籍志》"正史"类中还收录有陈寿的《魏国志》,有注释,《旧唐书》在"编年"类下则收录了《蜀国志》和《魏国志》:《旧唐书》46:1989、1992 页。《新唐书·艺文志》中收录了《魏国志》、《蜀国志》和《吴国志》,都是陈寿所著,裴松之注,位于正史类下:《新唐书》58:1455 页。

④ 《晋书》一百零一至一百三十卷皆为载记,加德纳:《正史》(*Standard Histories*),46 页。

很好的平衡。

然而,司马氏的晋朝并不完全对魏国抱以同情,司马懿、司马昭及其宗族的权力毕竟是从曹操和曹丕手中抢来的。因此,这个新王朝的统治者是乐于强调被他们排挤掉的曹氏的失败的。魏国建立者的任何缺点都是削弱其继承者权威以及证明晋朝夺权合法性的材料。

此外,4 世纪早期,在八王之乱之后,晋朝政府被匈奴刘渊建立的汉赶出了北方①。311 年,刘渊之子刘聪继承他的衣钵,占领了洛阳,316年,又攻下北方最后的重镇长安。劫后余生的民众逃亡到长江流域,在那里重建了政权,并维持了一个世纪,史称东晋。与其说他们是魏国的继承者,倒不如说是被边缘化的蜀汉的回声:占据着核心地区之外的领土,却声称自己具有抗击北方野蛮的伪政权的合法性。在这方面,他们与刘备、诸葛亮以及其他蜀汉的领导层有一致性,也把自己的斗争想像为对曹操这一篡权者的战斗②。

这一看法的一方面,表现在东晋对天命的正统性,以及魏和晋的合法性的讨论上。晋朝是篡魏而立,因此在最初是与曹魏捆绑在一起的,但 4 世纪东晋的历史学家及理论家习凿齿认为,真正的天命是从西汉、东汉传到蜀汉,而又通过 264 年魏灭蜀汉而传到了晋。

《晋书·习凿齿传》的很大一部分就是他讨论此事的文章,认为刘备

---

① 关于西晋的灭亡,见拙著《三国与西晋:3 世纪中国史》Ⅱ,160 页,爱德华·德雷耶:《八王之乱时的军事,300—307 年》("Military Aspects of the War of the Eight Princes,300—307"),特别是其中的 135—136、141—142 页。刘渊常被以字称为刘元海,号称是匈奴单于与汉代公主的后裔。

② 关于东晋,见查尔斯·霍尔库姆:《在汉代的阴影下:南朝初期的文士思想与社会》,关于其对曹操及曹魏的态度,见柯睿:《曹操的肖像:关于曹操及其传说的文学研究》,128、203—204 页注释 31。沈旭晖(Shen, Simon),《创造浪漫主义的国家:〈三国演义〉前蜀汉的复兴与合法化》("Inventing the Romantic Kingdom:the resurrection and legitimization of the Shu Han kingdom before The Romance of the Three Kingdoms"),36 页,其中指出蜀汉在南朝政权证明自己是真正的汉人政府上具有重要意义。

虽然东晋定都今天的南京这一孙权曾经的都城,但它们似乎并不认为自己是吴国的继承者。吴国主要是一个地方性政权,而其也是西晋的最后一个对手,这也是一个问题。关于其在历法上的延续性,见下文的讨论。

建立的政权是继承汉统，这一观点也在他记述了从后汉光武帝到西晋最后一位统治者间历史的《汉晋春秋》中得到了巩固①。自然，他的结论是东晋虽然被驱逐到了南方，却仍保持着统治中国的正统性。

467　　　对魏和蜀汉在纪年上的争议成为证明正统的机会。曹操在 220 年初去世后，曹丕将汉代的建安年号改为延康；但当此年末他正式登基称帝后，又宣布年号为黄初。随后，次年夏刘备称帝，年号章武。结果，曹魏将公元 220 年 2 月 22 日到 221 年 2 月 9 日作为黄初元年，而那些忠于汉室及支持蜀汉的人则认为这年是延康元年，其后一年是章武元年②。

　　公元 263 年，刘备之子刘禅降魏，但蜀汉的残余势力直至次年才被完全攻克，如按照年号继续算下去，应为炎兴二年。266 年 2 月 8 日，即农历 265 年末，司马炎取代曹魏，并将 265 年 2 月 3 日作为泰始元年的第一天。所以曹魏 263 年到 266 年的年号先后是魏景元四年、咸熙元年、晋泰始年间。然而对于那些试图将蜀汉与晋联系起来的人来说，是蜀国的炎兴元年、二年，及晋的泰始年间。吴国就没有这种连贯性的问题，孙权称臣于曹丕，并接受了他的黄初年号，直到他在 233 年宣布独立并制定了自己的纪年；而在晋正式建立及其克吴之间，有 15 年的重叠。

　　有学者认为"现代历史学家对这种争论并不怎么感兴趣"③，但对东晋的政治家和学者来说却并非如此，这一辩论也在后来的几个世纪中屡被提及。唐代的历史学家刘知几公开地把这个问题提了出来④，北宋的

---

① 习凿齿传见《晋书》82:2152—2158 页；他关于王朝继承的观点，见 2154—2158 页。
② 大多数年号都仅仅是抱有希望的口号，虽然所用的字眼各不相同，但表达的意思基本是一致的。本书第二章注释 52 中讨论了"建安"为建立和平之意，而"延康"则是延长和平之意，"章武"是辉煌的武功。同样，下文提到的"炎兴"可以理解为灿烂的繁华，"泰始"是伟大的开始，"景元"是明亮的开始，"咸熙"是共同繁盛。

　　然而魏的第一个年号"黄初"和吴的第一个年号"黄武"是有特殊意义的。许多征兆和谶语都预言了汉代红色的火德会被黄色的土德取代，184 年的黄巾起义就是据此定下了名号和标志物的。魏和吴也都遵循着同样的说法；而刘备自然没有如此做。
③ 格伦·巴克斯特（Glenn W. Baxter）为方志彤《三国编年（220—265 年）》所作序言，xiii。
④ 《史通》7:28b—29a。

欧阳修澄清天命是从汉到魏再到晋的①，与他同时的司马光在编纂《资治 468
通鉴》时也选择了同样的纪年顺序。司马光也在行文中，谨慎地注释了
对刘备宣称自己为汉室后人的怀疑，并指出"非尊此而卑彼，有正闰之辩
也"②。不管怎样，北宋并不太关心流亡政府的合法性问题。

　　一百年后，理学家朱熹对司马光的观点表示了异议，认为蜀汉和刘
备才是汉朝真正的继承者，在他编著的《资治通鉴纲目》的编排中，也反
映了这一观点③。朱熹更像一个道德家而非历史学家，试图像孔子再世
一样对世事加以臧否。然而朱熹的《通鉴纲目》颇具影响力，他自己就是
一位非常重要的思想家，半流亡的政府却具有正统性这种概念在仅占据
了半壁江山的南宋也很盛行，就像在东晋时那样。朱熹的观点成为中国
及后来西方的主流看法。

　　曹操的魏国的地位，及其与刘备和蜀汉后继者的关系，也是一个备
受争议的问题。420 年，将军刘裕从东晋最后一位统治者手中夺取了政
权，在此后数年出版的三种主要著作更增强了这一争论。429 年，裴松之
的《三国志》注释完稿，430 年，王子刘义庆赞助的一批人编著的《世说新
语》问世。几年前的 424 年冬，官员范晔因在国家的葬礼上饮酒而失宠；
他在被外放时开始了《后汉书》的编纂工作，在后来成为东汉的正史④。 469
　　裴松之与刘裕关系密切，在新政权中官居高位，在学界也获得普遍
认可。他在 428 年正式接到命令前，就已经开始着手进行《三国志》的注

---

① 《魏论》，载《欧阳文忠集》，59：14b—15b。
② 《资治通鉴》69：2185—2188 页；方志彤《三国编年（220—265 年）》Ⅰ，45—48 页。
③ 虽然《资治通鉴纲目》被认为是朱熹所作，但其在朱熹逝世后的 1200 年才被他的弟子印行，
　 一些注释者对于它是否真的反映了朱熹的观点有所怀疑。谢康伦（Schirokauer Conrad）：《朱
　 熹的历史观》（"Chu Hsi's Sense of History"），200 页及注释 34。但其中还是把它视为朱熹的
　 作品，它也产生了很大影响。
④ 关于裴松之（372—451 年）及其三国志注释，见前文注释 4 所引用的文献。裴松之的传记见
　 《宋书》六十四卷，中华书局版《三国志》的 1479—1481 页也收录了这一传记。
　　关于刘义庆（403—444 年）及《世说新语》的编纂，见马瑞志《世说新语》的导言。
　　下文中会对范晔及后汉书进行更为具体的讨论。

释工作了，因此完成得很迅速，而这一官方的认可也意味着《三国志》及其注释已可与《史记》及《汉书》比肩。裴松之在《上三国志注表》中指出：

> 寿书铨叙可观，事多审正。诚游览之苑囿，近世之嘉史。然失在于略，时有所脱漏。

> 臣奉旨寻详，务在周悉。上搜旧闻，傍摭遗逸①。

然而，裴松之不仅为《三国志》补充增加了文献，其本身也形成了一种不同于中国一般历史的写作传统。大部分传统的编史者都会将之前的记载融入自己的叙述中，但并不说明其来源，而裴松之却把自己使用的材料通过名字加以区分，对于使用与陈寿不同的材料也毫不犹豫，常常引用观点向左的材料。他在《上三国志注表》中进一步写到：

> 其寿所不载，事宜存录者，则罔不毕取以补其阙。或同说一事而辞有乖杂，或出事本异，疑不能判，并皆抄内以备异闻。若乃纰缪显然，言不附理，则随违矫正以惩其妄。其时事当否及寿之小失，颇以愚意有所论辩②。

尽管抱持着这样的抱负，但裴松之引用的材料也并不都是可靠的。
470 其中一些是宣传材料，也有民间故事、传说以及迷信。18 世纪《四库全书》的编纂者曾抱怨说，裴松之对于奇闻怪事过于喜好③，而以灵异神仙为主题的葛洪的《神仙传》及干宝的《搜神记》确实都在裴注中出现了很多次。

《四库全书》的编纂者也批评裴松之引用了许多无关材料，文献的排列也杂乱无章，尽管这些评价可谓公允，裴松之的确在行文中并不能总是贯彻他的良好愿望，但他对引用的材料确实作出了解释并准备加以讨论。因此，他的注释中保存了曹操去世两百年后流传下来的材料，并为

---

① 中华书局版《三国志》1471—1472 页收录了这篇表文。
②《三国志》1471 页。
③《四库全书总目提要》中对于《三国志》的讨论，也附在了中华书局版《三国志》的最后，1473—1474 页。

后来的学者自己判断这段历史提供了可能。

　　范晔在编纂《后汉书》时，能够利用陈寿和裴松之搜集了的资料，也显然有一些重复之处：它们中都包含了董卓、袁绍、袁术、刘表及其他人的传记，其中一些章节还是完全一样的。然而，它们的范围和视角却很不相同。《后汉书》记载的是两百年间的事情，时限上两倍于《三国志》，体例上则有纪、传，后来还补入了司马彪之前所作的志，与《史记》和《汉书》的安排很接近。毕汉思指出，范晔利用了很多东汉人自己断续编写的史书《东观汉纪》，但也加入了此时的其他史料，像之前一样从新编排了这些材料的顺序①。

　　《后汉书》以汉代的档案为基础，自然反映了东汉时的情况，一个显著的例子就是对曹操的记载。不足为奇，范晔并没有为曹操单独立传，这一工作陈寿已经做的很全面了，但就像柯睿指出的，他在描述曹操时使用的词汇与《三国志》和《魏书》中使用的很不一样。《三国志》中记录曹操获赐封爵或地位，而《后汉书》中则暗指他是自封的，《三国志》记曹操去世为"崩"，这是专用于帝王的词汇，而《后汉书》中则记为用于诸侯的"薨"②。

　　柯睿还进一步指出，曹操的许多次升迁，在《后汉书》中都伴随着或紧接着诸如日蚀、彗星等异象或是干旱、洪水等灾荒③。他将此归因于支

---

① 关于范晔（398—446 年）及《后汉书》，见毕汉思《汉朝的复兴：〈后汉书〉书纪传导论》，14—18 页。在该书 15—16 页中，毕汉思讨论了范晔对待材料的方式，在 13 页中则列出了 22 种记载东汉整个或部分历史的史书。

　　范晔仅仅完成了计划中的纪、传两部分，6 世纪的学者刘昭从 3 世纪司马彪的《续汉书》中摘出了志的部分加入《后汉书》，并增添了自己的注释。7 世纪唐的废太子李贤（651—684 年）发起了《后汉书》的注释工作。因此，现在传世的《后汉书》有纪、传、表三部分，并包含了李贤和刘昭的注释，其中由皇家出面，于 1022 年首次印行。

② 柯睿：《曹操的肖像：关于曹操及其传说的文学研究》，127 页。毕汉思在《汉朝的复兴：〈后汉书〉书纪传导论》47—48 页中，指出"这两种不同的说法仅仅是因为来自两个朝代的不同记载。其中并不掺杂作者本人的判断"。

③ 柯睿：《曹操的肖像：关于曹操及其传说的文学研究》，34—35 页注释 37。

持汉代的历史学家的敌意,但这一论证并不强力。《后汉书》本纪中并没有对这些异象给出解释,而虽然《续汉书·五行志》中提到了一些,刘昭的注释也引用了一些其他的相关记载,但贝克指出,司马彪《五行志》中记载的异象,是经过 3 世纪的编者们筛选以证明自己关于东汉历史的观点的,《五行志》总的来说体现了"对于特定朝堂政策的事后批评";并不能被作为当时观点的反映①。

此外,对天象的操控要比对发生在人类和动物界中的困难的多;例如关于日蚀的报道就必须是真实的②。没有理由相信其他事件是蓄意编造的:这些异象在汉代是被官员们用来提出对现实的批评或警示的,但这种规谏在曹操四处征战时不能起到什么作用,反而是十分危险的。似乎《后汉书》本纪中记录的太史令观测到的现象更可接受,它们没有被太多偏见左右,其与曹操升职进位共同出现,更多的是一种巧合而非蓄意将二者联系起来。

总之,《后汉书》并非特别对曹操抱有敌意,相比那些在他在世时及去世后两个世纪的非官方史书及故事集的偏见要少得多。

《世说新语》是与《后汉书》及裴松之的《三国志注》同时期的作品,但风格却与它们迥异③。虽然裴松之收集了一些不太可靠的故事,范晔也

---

① 贝克:《东汉的志:作者、材料、内容和在中国史学中的地位》,170—171 页。在该书 156 页,贝克指出献帝在 220 年的退位仅在《续汉书·天文志》中提到了一次,被认为与 204、206 年的彗星有关(《后汉书》102/12;3261 页),在《五行志》中也仅提到了两次:164 年一条龙的死亡,以及 202 年一名男孩变成了女孩(《后汉书》3349 页)。司马彪主要关心的是外戚对国家权力的篡夺。

② 柯睿提到了三次:208 年、212 年及 216 年。它们都见于奥伯尔泽(von Oppolzer Theodor)的《食典》(Canon der Finsternisse)中,也被史蒂芬森(Stephenson F. R.)和胡尔登(Houlden,M. A.)描述过。见拙著《建安年间》,386、436、505 页,其中讨论了《后汉书》第九卷 385、386、388 页的记录,也在《资治通鉴》65;2087、66;2113、67;2146 页中记载。

另外,我们也可以注意到,如果对 208 年十月的日食进行解释的话,既可以将之与赤壁之战联系起来,也可以与几个月前曹操被任命为丞相联系起来。

③ 关于《世说新语》,我主要遵从了马瑞志的译本及注释。

曾在传记中加入一些神怪故事①，但刘义庆及其僚属为我们呈现了一系列与可靠的历史相左的奇闻逸事。其中的主要人物都醉心于宗教、哲学和神秘主义，虽然这些故事很大程度上反映了现实，但它们的真实性却是值得怀疑的。就像马瑞志在《世说新语》的导论中指出的，即使故事发生的背景可能是真实的，但其到底是真实发生的，还是以讹传讹的都无法确认：

> 即使是在正史中，人们都会或多或少地期待一定的地方色彩和小说情节……似乎《世说新语》的作者并不以记录历史为己任②。

《隋书》及《唐书》的经籍/艺文志中，都将《世说新语》归为小说类：是一种供消遣的文献，而非真实事件的记录。相同性质的文献在之前就已经存在了，如4世纪裴启所著《语林》，刘义庆也利用了这些文献，但《语林》及类似的文献现在仅有只言片语流传下来③。

《世说新语》涉及的主要是3—4世纪晋朝之事；也有一些关于秦及西汉的，其中最早的人物年代是公元2世纪④。刘备仅出现了1次，诸葛亮出现了4次；东吴的孙策和孙权分别被提到了2次、1次。曹操出场19次，远远高于他同时代的人物⑤。

曹操在《世说新语》的编纂者心中形象良好：有名望、聪明且机警，无

---

① 关于四库馆臣对裴松之爱好鬼神之事的批评，见上文。范晔记载鬼神故事的例子，见《后汉书》81/71：2680—1681页《王忳传》；82/72B：2741—2742页《徐登传》《赵炳传》；拙著《东汉三国人物辞典》。

② 马瑞志：《世说新语》，xiv。

③ 《世说新语》ⅩⅩⅥ：24页；马瑞志：《世说新语》437—438页，xiv，其中记载了《裴子语林》在362年问世时风靡一时，但很快就因其中包含了讽刺时人的材料并有虚假的成分而失宠了。鲁迅的《古小说钩沉》中收集了传世的片段，5—36页。

④ 《古小说钩沉》71—102页中保存的晚一些的作品，是6世纪殷芸的《小说》。它主要关注东汉时的人物故事，与《世说新语》有别。

⑤ 大部分关于曹操的故事下文中都会讨论到；另一些见于《世说新语》ⅩⅩⅥ：11，马瑞志译本433页；《世说新语》ⅩⅩⅦ：2，马瑞志译本442页，以及2段引文：《世说新语》Ⅹ：18，马瑞志译本186页；《世说新语》ⅩⅢ：4；马瑞志译本302页，最后一则是他的《碣石》诗。

　　《世说新语》Ⅻ：2，马瑞志译本297页中记载了曹操的继子何晏拒绝了他的正式收养。然而，其中有些令人惊奇地没有提到曹操天才的儿子曹冲或是大诗人曹植。

论故事是真是假,他都成为了茶余饭后的极好谈资。他与袁绍观人新婚并劫持新娘的故事,与其说是真的在洛阳发生过①,不如说是对国家命运的类比,而曹操在204年占领邺城后,计划抢走袁熙的妻子甄氏,却被儿子曹丕捷足先登的故事则更像个笑话:"今年破贼,正为奴"②。

474

《世说新语·捷悟》中记载了曹操与杨修的三次文字游戏。有一次,在行军中曹操用了比杨修更长的时间才猜出了一个谜题;他叹息着承认"我才不及卿,乃觉三十里"③。本篇中的第四则讲述了两人想方设法用多余的竹条为军队制作盾牌的故事。这些只言片语的文字游戏可以被安排在任何人身上,但历史上杨修很得曹操的信任和赞赏,却在之后因背叛了这种信任而被处死④,这一事实可能更能使人不寒而栗。《世说新语》中还记载了曹操因对祢衡不喜,强迫他为鼓吏,但祢衡完成得很好,孔融也劝说他宽宥祢衡的过错。《三国志》注释中引用了《文士传》的记载,称祢衡在集会时当中脱衣;曹操宽宏地评论说:"本欲辱衡,衡反辱孤"。然而,最后他还是放走了祢衡⑤。

《文士传》记载,曹操曾对孔融说他要因祢衡的无礼而杀了他,但最后却因怕人们认为他偏狭而克制住了这种想法。这就是我们曾讨论过

---

① 《世说新语》XXVII:1;马瑞志译本441页,本书第一章47页。

在《世说新语》XXVII:5;马瑞志译本443页,其中记载了袁绍曾派人在曹操睡觉时刺杀他。刺客把剑掷向他,但是偏低了些。曹操猜测他的下一剑会投得稍高,因此将整个身体贴在了床上,果然再次没有被刺中。这故事在6世纪殷芸的《小说》中再次出现,紧接在新妇的故事之后,《古小说钩沉》76页。然而这个故事并没有讲完——第三剑是什么情况呢?——其似乎表现得比较温和,而注释者刘峻也没有对此过多解释。

② 《世说新语》XXXV:1;马瑞志译本484页,本书第五章218页。然而就像我们在第十章注释92中指出的,这个故事也可能被与曹丕在曹操去世后占有了他的姬妾联系起来:《世说新语》XIX:4;马瑞志译本312页。两者可能都是虚构的。

③ 《世说新语》XI:3;马瑞志译本293页。这则轶事与《裴子语林》中记载的略有出入,《古小说钩沉》8页,《小说》中的版本的主角则换成了祢衡:《古小说钩沉》,91页。其他几则故事见《世说新语》XI:1—4,马瑞志译本292—294年。

④ 见本书第九章。

⑤ 《世说新语》II:8;马瑞志译本30—31页。《文士传》见《三国志》10;312页裴松之注释;拙著《建安年间》,209—210页。关于祢衡,也见本书第三章118页,其中也同样讨论了孔融的命运。

的微妙平衡,但孔融最终却走向了悲剧的结局。另一方面,在《世说新语·方正》中,记载了南阳的道德家宗承拒绝与年少的曹操交往,即使在曹操坐拥朝堂后也依然不改变自己之前的决定。曹操因此没有给他高官厚禄,却命自己的儿子曹丕尊之以师长之礼①。所以曹操内心有被拒绝以及——比如杨修以及文字游戏的例子——被其他人超越的准备,但是他绝不允许有人蔑视或威胁自己的尊严。

475

《世说新语》中也有将曹操描绘为奸诈之人的故事,甚至形容他残忍及麻木不仁。《容止篇》中记载匈奴的使节来朝见,曹操让一位容貌出众的侍臣接待来使,而自己站旁边充当侍从。然而,使节在朝见完毕后却评论说虽然魏王雅望非常,但他的侍从却是真英雄。曹操认为让有如此明断的人供职于敌国可能会很危险,所以在他回国的路上刺杀了他②。

还有更为残忍的故事,曹操杀死了在睡眠时给自己盖毯子的侍从。这可能是《曹瞒传》中那个没有及时叫醒曹操的不幸侍妾的故事的再度演绎,其他文献中也出现了这一主题的变种:曹操似乎睡着了,随后就杀死了一个接近他的无辜的人。这种行为确实阻止了任何刺杀的可能,但却是以丧失人性为代价的③。

---

① 《世说新语》V:2;马瑞志译本146—147页,及刘峻注引3世纪张方《楚国先贤传》。
② 《世说新语》XIV:1;马瑞志译本308页,柯睿《曹操的肖像:关于曹操及其传说的文学研究》,129页。这一故事也见载于《裴子语林》,《古小说钩沉》8页,其与其他故事也见于《小说》,《古小说钩沉》,75—76页。其中记载曹操执刀,译者们对刀的翻译不同,马瑞志将其翻译为剑(sword),而柯睿则译为标志着文官身份的刻刀(stylus)。

　　柯睿指出,《曹瞒传》中曾指控曹操会将任何比自己优秀的官员处死,《世说新语》中的故事可能是受到了这一记载的影响:见本书第十章448页。也见本书第一章注释55。
③ 侍妾的故事,见本书第十章449页及注释67;侍从的故事,见《世说新语》XXVII:4,马瑞志译本442页,也出现在《裴子语林》中,《古小说钩沉》8页;柯睿《曹操的肖像:关于曹操及其传说的文学研究》,282页。

　　这则故事的前一则,《世说新语》XXVII:3,马瑞志译本441页,讲述的是曹操劝他的亲密侍从潜藏刀刃接近自己;自己此时假装有所预感而逮捕他,但之后就会放了他并赐以厚赏。侍从相信了曹操,但最后却被处死了。殷芸的《小说》中也沿袭了这个故事:《古小说钩沉》76页,柯睿:《曹操的肖像:关于曹操及其传说的文学研究》,282页。

　　刘峻对其的注释中复述了《曹瞒传》记载的因公布了供给短缺而被处死以安军心的不幸官员的故事,本书第十章。这些不同版本的故事都展示了同一个主题:永远不要信任曹操。

在《忿狷篇》中，记载曹操有一歌声清高却性情酷恶的妓。曹操并没有因为她的缺点而杀死或赶走她，却选了一百人加以训练，直到其中的一人可以与她相媲美。现在已有人可以继续教练其他人，于是就杀了最初的那个脾气不好的妓。对于宽容的犬儒主义者而言，这一行为很妙，但其记载不见于早期文献，而曹操是否有时间或雅兴来执行这一复杂的解决方案也是存在疑问的①。

《世说新语》中很少提到蜀汉的统治者，这与其对待曹操的态度不同。刘备仅出现了一次，还是略带轻蔑的：刘备在中原时，可以发动起义及叛乱，但却不能组织起一个正式的政权；而如果他避难到有险可守的边疆，却能够成为一方之主②。他勇猛的部下关羽和张飞都没有出现，虽然诸葛亮出现了 4 次，其中的第一个故事却是说他的计策被辛毗破解了，其他 3 次仅是顺便提到他③。

总之，《世说新语》中曹操的形象是一个思维敏捷的骗子。他确实杀了人，但他的决定是经过谋划计算的，且即使是坏脾气歌姬的故事，在某种程度上都是打趣性质的④。如果《世说新语》反映了当时曹操的形象，那么在他去世两世纪后，人们对他是有些钦佩的，而关于他的故事不仅显示了他的残忍，也体现了他的宽容以及偶尔的仁慈。故事很少说他具有传统美德，反而是一个迷人的反派角色，但却没有把曹操塑造成邪恶

476

477

---

① 《世说新语》XXXI：1；马瑞志译本 465 页，柯睿：《曹操的肖像：关于曹操及其传说的文学研究》，131 页。

② 《世说新语》VII：2；马瑞志译本 196—197 页。这一判断被归之于裴潜之口，他曾在荆州追随刘备，但在 208 年归顺了曹操；他的传记见《三国志》23：671—673 页。

　　类似的品评页也于三公桥玄对年轻的曹操的评价。桥玄预感到了乱世将至，虽然自己可能已不能活到那时，但相信曹操能够照顾好自己的家人；《世说新语》VII：1，马瑞志译本 196 页。其最初的版本见《三国志》1：2 裴松之注引《魏书》；本书第一章注释 58。

③ 《世说新语》V：5，马瑞志译本 149 页。其他的几则是《世说新语》VIII：99 页，马瑞志译本 235 页，《世说新语》IX：4，马瑞志译本 250 页，《世说新语》XXV：44，马瑞志译本 418 页。

④ 《世说新语》XXX：1，马瑞志译本 235 页中记载的是真正残忍的故事，西晋的大将军王敦赴富有且招摇的石崇的宴会。石崇以美人侍酒，但规定如果客人不饮，则美人立即被斩首。

　　王敦的堂弟、丞相王导不善饮，但仍强迫自己饮下。而王敦拒绝了三次，平静地看着三位美人赴死。王导责备他，他简单地答道："自杀伊家人，何预卿事！"

的敌人，也没有对刘备及其共建蜀汉的伙伴贴上理想主义的标签①。后者是曹操形象的一次不同的发展。

我们也注意到，历史上的曹操及其在早期准虚构故事中的形象，都有幽默的成分。《曹瞒传》中对他的轻浮给予了尖刻地评论，虽然作者是为显示他不配坐如此高位，但仍有一些引文中暗示这是他开的玩笑，甚至是他的自我消遣。当他试图强迫淮河流域的人民迁徙，反而导致大量人口逃往南方时，他对自己的错误一笑置之，但奖赏了阻止这个计划的蒋济，可能是讽刺地让他担任了丹阳太守②。当他的谋士将他与袁绍一条一条地进行比较的时候，他也曾对这种绚丽夸张之词大笑置之③。

他还笑着接受了曹冲为军械库守卫的说情④，当他考虑将位子传给自己更年轻的儿子曹植时，接受了贾诩拐弯抹角的规劝⑤。文献中还记载，在211年的华阴之战前，他戏弄了韩遂的从属⑥，和司马防开过关于他们的命运的玩笑。《世说新语》中记载了他跟杨修开玩笑，他识破了祢衡的小聪明，并把这个谜题转给了杨修，还曾开过关于在夺取邺城时曹丕先他一步迎娶了甄氏的玩笑⑦。然而，他唯一无法接受的事是对他的冒犯——许攸就是因此受到了惩罚⑧。

所以我们可以明白《曹瞒传》的讽刺性：曹操可以开玩笑，也可以与

478

---

① 柯睿：《曹操的肖像：关于曹操及其传说的文学研究》，131 中反对这一结论，将《世说新语》中的描述定性为"邪恶"，并指出"刘义庆无疑制造及构想了对曹操的评价"。虽然柯睿的讨论是详尽且复杂的，我仍觉得他曲解了材料间的平衡性。
② 本书第七章注释 23。
③ 本书第八章 365 页。
④ 本书第九章 406 页。
⑤ 本书第九章 416 页。
⑥ 本书第七章 299 页。
⑦ 见本章 474、475 页。
⑧ 本书第八章 370 页。

同僚们行为亲昵；但他的脾气不容小觑①。

说书人、诗人、剧作家和平话

《世说新语》中呈现的对曹操相对有利的描述，代表了 5 世纪前半期对曹操的观感；然而，这种例子是有局限的。《世说新语》是上层阶级的娱乐消遣，符合那些想要寻求优雅巧辩及清谈灵感之人的口味；就像马瑞志指出的，"这些故事中的世界是……非常狭窄的：只有帝王和王子、朝臣、官员、将军、文雅的隐士、温文尔雅的僧人"②。

虽然南朝的历史学家可能更为满意习凿齿及《汉晋春秋》中的解释，认为刘备及蜀汉比曹操的魏国更具正统性，但曹操还是被唐朝和北宋的统治者所敬重。唐太宗李世民曾作《祭魏太祖文》，盛赞曹操通过智慧与手段为汉末流离失所的人民带来了秩序及和平③。当然，这一评价出自一位同样结束了数世纪分裂局面的君主，但百年后，诗人杜甫在自己的诗作中也表达了相似的观点④。

与此类似，北宋真宗赵德昌在 1020 年下令重修曹操在家乡的宗庙。

---

① 我非常感谢奥斯陆大学(University of Oslo)的何莫邪教授(Christoph Harbsmeier)向我提示了这一问题。《文心雕龙》15:104 页中记载，曹丕将一些笑话辑成了《笑书》，现已亡佚：施友忠(Shih Vincent Yu-chung)：《刘勰〈文心雕龙〉》(*The Literary Mind and the Carving of Dragons by Liu Hsieh：a study of thought and pattern in Chinese literature*)，80 页。然而，这更像是反映了他关心收集文学材料的一面——就像编纂《皇览》一样：本书第八章 378 页——而并非体现了他父亲的本性。

　　《文心雕龙》的作者刘勰在某种程度上不赞同这种轻浮："这些笑话，虽然有效地制造了宴会上的欢笑，但却没什么实际目的"。然而，笑话和文字游戏是外交场合中的重要部分，机敏的应答，特别是文学上的隐喻，可以大大加强使者在朝堂中的地位；例见拙著《南方的将军》，471—472 页。此外，《世说新语》中的排调篇及其他章节，也证明了文人间这种机智和幽默的受欢迎：马瑞志译本 400 页及以下。

② 马瑞志：《世说新语》，xvi 页。

③《祭魏太祖文》见《初学记》9:31b。墨尔本大学的马兰安(McLaren Anne E)教授在这一文献及其他相关材料中对我帮助良多，她提示了我关注丘振声在《三国演义纵横谈》56—59 页中的《曹操在什么时候成为奸臣》一文。

④《丹青引 赠曹将军霸》，载《御定全唐诗》220:13b—15a。唐太宗于 626—649 年在位，而杜甫的生卒年是 712—770 年。

文学家穆修作《亳州魏武帝庙记》纪念这一功绩，其中认为曹操与汉高祖及东汉光武帝享有同样的荣耀①，五十多年后，诗人张耒写下了《题谯东魏武帝庙》②，这一建筑直到明代还矗立于地表之上③。

　　在长江流域也建有曹操的宗庙：其一位于无为，在淮河以南孙吴的边疆④；其一位于今天的湖北宜昌⑤，还有一处在今天的泸州，在四川南部。这最后一处最为出人意料，位于蜀汉腹地，曹操从未接近过这一地区方圆五百公里之内。然而明代的地理书《一统志》中记载，宋神宗在1080—1081年对地方少数族政权的战役中，曾在这一宗庙祷告，祈求降雨结束，文献中也记载这里有唐太宗的一通石刻⑥。

　　与此同时，许多学者及作家也被蜀汉的统治者吸引。除了像我们之前看到的习凿齿一样对曹操及其魏国的负面评价，以及偏安南方的政权为自己辩护而对蜀汉的偏爱之外，刘备及其属下还构建出了一幅君臣相得的理想图景。关羽和张飞被刘备视为手足，诸葛亮则成为有政治抱负之人的典型：战争时的智囊，文采斐然，又能胜任军事将领之职，在刘备去世后匡扶还

480

---

①《亳州魏武帝庙记》见《河南穆公集》3：1a—3b。汉代的谯县在北宋时称为亳州（即今天的安徽亳州市）。穆修的文章为1023年所作，此时真宗去世已一年。（文章名应为《亳州魏武帝账庙记》。——译者注）

② 载于《柯山集》15：11a—b。

③ 明代的《一统志》7：20a中记载在安徽亳东，有魏武帝庙。

④ 唐代刘禹锡在一首描绘824年自己的旅行的诗作中提到了在濡须附近有曹操祠，而濡须坞的遗迹还可见到：《刘宾客文集·外》8：14a—b，《御定全唐诗》363：7b—10a。关于孙权的濡须坞，见本书第六章285—286页。

　　正如我们在第七章注释22中指出的，曹操曾在巢湖南部，即今天的无为建立军事基地。这里是一个很合适的纪念之所，清代的王世禛也记载了无为有曹操庙：《居易录》32：15a。

　　在这些文献中，"庙"和"祠"似乎是可互换的，"曹操"与"魏武帝"也都有出现。

　　然而，王世禛除了提到曹操庙之外，也引用了刘禹锡的诗句证明在安徽的和县也有魏武祠，其地位于长江以东，在无为的东北70公里处。而实际上，刘禹锡只提到了一处曹操的纪念性建筑，即濡须附近的曹操祠，这就是王世禛在无为见到的曹操庙。这一地区不太可能有两座纪念曹操的建筑，也没有其他证据可以支持王世禛的第二个观点。

⑤ 关于宜昌的曹操庙，见本书489页。

⑥《一统志》72：19a；宋真宗的这场战役见《宋史》16：302—306页。唐太宗的石刻（虽然其中太宗被误写为元宗）见载于明代曹学伶《蜀中广记》16：6a。

处于新生阶段的政权。刘备、张飞、诸葛亮都有宗庙和刻辞,而关羽则早在隋代就成为佛教中的神祇,甚至在 12 世纪的北宋时,也是关羽而非曹操成为官方认可的武神,清朝的雍正帝在 18 世纪早期也曾确认过这一身份①。

此外,对普通人来说,把关羽看作是平民的英雄要比官方的承认更具意义。说书人是很古老的一种职业,虽然在 6 或 7 世纪前,还没有关于三国时期的故事见于记载,但很难相信一些情节和事件在此之前没有流传下来。裴松之的注释暗示了当时有许多轶事存在,它们很适合在市场或其他公共场所讲述并以戏剧化的形式呈现,《世说新语》中精致的小故事也非常受欢迎②。

关于这一题材的经典诗句是 9 世纪中期李商隐的《骄儿诗》中的句子,其中描写儿子取笑客人时写到,"或谑张飞胡,或笑邓艾吃"③:我们可以收集到从说书人的戏剧中——用姿态和动作加强他们的语言——或街头剧场的表演中脱胎出的三国故事。200 年后的北宋时,伟大的诗人苏轼(他的字"东坡"更为人们所知)提到了自己的朋友王彭讲述小孩子被赶去花一些钱听说古话:

> 闻刘玄德败,颦蹙有出涕者;闻曹操败,即喜唱快。以是知君子小人之泽,百世不斩④。

---

① 孔另境:《中国小说史料》,41—42 页,其中引用了清代学者戴延年的观点,以及沈旭晖,《创造浪漫主义的国家:〈三国演义〉前蜀汉的复兴与合法化》,37 页。

② 早期,关于以三国为内容的流行表演的文字记录很少,见柯睿:《曹操的肖像:关于曹操及其传说的文学研究》,139 页。更晚近的佚名所撰《艺俗》中保存了在唐代这种故事流行的证据。也见拙著《南方的将军》,578—579 页。

③ 刘若愚翻译了这首诗,载梅维恒编辑:《哥伦比亚中国古典文学选集》,237—239 页。张飞在其中被形容为"胡",刘若愚将其翻译为暗指张飞面黑:在现代戏剧中,张飞的脸谱就是黑色的,象征着粗鲁残暴。另一个译本中认为其指张飞面阔多须(夏至清:《中国古典小说史论》,328 页),或只是指他笨拙的行为。

邓艾的传记见《三国志》28:775—783 页,他在年少时即已是曹操的属下,后来成为了司马懿手下的将军,在 263 年率领一支军队攻破了蜀汉。传说他患有口吃。

④《东坡志林》1:7 页;浦安迪(Plaks Andrew H.):《明代小说:四大奇书》(*The Four Masterworks of the Ming Novel:Ssu ta ch'i-shu*),368 页及注释。玄德是刘备的字。

我们可以看到，像苏轼及其友人一样的士人都是刘备的拥趸。

苏轼有两首赋及一阕词以赤壁为题，他将这一地点与神秘的英雄传说结合了起来。在词中，他写到：

> 遥想公瑾当年，小乔初嫁了，雄姿英发。羽扇纶巾，谈笑间，樯橹灰飞烟灭①。

苏轼写了孙吴的将军周瑜，而非机智的诸葛亮，这是对历史传统的致敬，但从王彭的故事中我们可以清楚看到，蜀汉的人物更受大众欢迎。

百年后，朱熹的《资治通鉴纲目》问世，使蜀汉的正统性被哲学家和学者们接受；我们也注意到，正因偏安的南宋在中原落入敌手时试图维持帝国正统，刘备才被给予了自然的同情。此后，这种观点成为了主流，即使是在明代重新统一全国之时也并未改变，其也反映在剧作及浪漫小说《三国演义》中。而这种观点在上层中的发展，要远远慢于在说书人及普罗大众中的传播，后者较早地建立了对刘备及其同僚的偏爱。

如果考虑到公众故事的特性，这种偏见的出现就不令人惊奇了。《世说新语》及其他故事集是为上层人士制作的；其中很少提及低级的人员，同样也不是迎合他们的。文字游戏的基础是对书面文字的分析，娱乐的是有文化的人士，而对于目不识丁的人来说就是无法理解的，关于急智和巧辩的故事，甚至那些关乎道德和儒家礼仪的故事，也不能吸引寻求短暂欢愉的平民。他们想要的是情节、活力、英雄主义以及突出的人物性格；就像鄙视曹操而赞美刘备的小孩子一样。

---

① 《赤壁赋》、《赤壁怀古》。葛兰有译本，载于白芝（Birch, Cyril）编辑：《中国文选：十四世纪以前》（*Anthology of Chinese Literature from earliest times to the fourteenth century*），385—388 页、以及宣立敦（Richard Strassberg）的译本，载梅维恒编辑：《哥伦比亚中国古典文学选集》，439—442 页。对于词的分行，见柳无忌（Liu Wu-chi）：《中国文学导论》（*An Introduction to Chinese Literature*），110 页。

周瑜是孙策的密友，这两位年轻人在 199 年分别与庐江的乔氏姐妹完婚；《三国志·吴书》9:1260 页。二乔都被描述为天人之姿；但在 208 年，周瑜很难被描述为新婚。关于苏轼在他的前赤壁赋中对赤壁之战地点的误认，见本书第六章注释 73。

出于这种目的，说书人们就有了许多处理三国历史同时强化蜀汉人物
483 的动因。正统性的观念以及对真正合法性的宣传——不管刘备的汉室血
缘究竟有多疏远——将刘备的形象浪漫化为一个失落了很久的汉室继承
人。同时，他也被呈现为来自人民的人：他默默无闻时曾靠编草鞋为生。
他的著名同伴也很强大：关羽是高贵的骑士；张飞是锄强扶弱的游侠；诸葛
亮是智计过人的谋士，并在后来成为了伟大将领。其他英雄则没有这种待
遇：孙策和周瑜虽是战功卓著的将领，但都英年早逝且没有很长的英雄传
奇——这是确保观众可以从其他插曲中回来的最好方式——而孙权，虽
然勇猛过人，却没什么军事成就。此外，正是孙权和他的将军吕蒙在关
羽背后插了一刀，夺取了荆州，孙吴也因此背上了背叛的罪名。

曹操当然应该是一个正面角色，但他更适合做一个强力的反派恶人。
他是上流社会中的一员，且与宦官有联系——这就限制了他吸引下层观
众——且尽管他是一名武将，但他伴随着残忍的聪明和狡诈，也是使他落
选的原因。刘备则比他优秀许多，他是真正的有强力下属的勇士，同样也
得到了充满智慧的诸葛亮的支持：这种浪漫的组合比曹操要好得多。

根据戏剧的要素，不同类型的人物被设置了出来，而这种对三国的
处理可能在很早就已经开始了。然而，虽然关于三国的口述故事可能很
多，但似乎却没有吸引许多剧作家。在短命的隋代曾经有三国的傀儡戏
484 上演，但直到唐代，也没有强有力的证据证明它曾被搬上真人舞台①。即
使到了宋代，在被记录下名字的近千出戏剧中，也只有四部金国的戏剧

---

① 《太平广记》226：3a 中记载了在隋炀帝以前的剧作。其中有孙权与神仙相会、刘备从刘表处
出逃而在渡檀水时使马奋跃的主题。孙楷第《沧州集》224 页引用了一段唐代文献，其中记载
有傀儡戏，用二尺高的木傀儡，着盛装，通过水来控制它们的活动。
《三国志·蜀书》2；877 页裴松之注引郭颁《魏晋世语》中记载了刘备这一壮举。虽然孙
盛在注释中认为这个故事是不可靠的，但它仍成为了一个广为接受的主题，并进入了郝经的
《续后汉书》中；见下文以及马兰安：《印刷时代对历史的重新包装：〈三国志〉及〈三国演义〉》
（"History Repackaged in the Age of Print：the Sanguozhi and Sanguo yanyi"），306 页。《三
国演义》第三十四回中也记载了这个故事。
更多材料见柯睿：《曹操的肖像：关于曹操及其传说的文学研究》，139、206 页。

明确与三国有关：《刺董卓》《骂吕布》《襄阳会》《赤壁鏖兵》。另一方面，在12世纪早期的北宋末年，就有一位名叫霍四究的说书人以说三国故事而闻名①，13—14世纪，元及明代早期杂剧发展过程中，则产生了大量以这一主题为素材的剧目②。

　　杂剧的结构是为一个主要人物设计的，只有他有独唱的部分。其中也有其他角色类型，与意大利的即兴喜剧有类似之处，但主要演员必须只有一个，也是观众会感同身受的角色。自从蜀汉的忠臣形象在虚构小说中建立起来，几乎所有的戏剧中刘备及其将领都是必不可少的人物，曹操的出场率只有他们的一半。一些时候，他与刘备结盟，这时他的角色是次要的，而更多时候他则担当着最大的反派：野心勃勃而又傲慢，奸诈且狡猾，但却注定会被羞辱、打败；虽然他从未成为男一号，但却有着与别人不同的戏服③。

　　例如，在表现208年刘备接管荆州的《博望烧屯》中，曹操令将军夏侯惇攻击诸葛亮统帅的刘备军队，之后又派人诱使诸葛亮归降自己。这些计划都失败了，被设计成滑稽的坏人的夏侯惇反而被击败并受困④。在《千里独行》中，曹操想要留住关羽不让他重回刘备手下：他赐给关羽精美的战袍，并计划着在他下马接受赏赐时突然抓住他。然而，关羽用 ₄₈₅

① 《东京梦华录》5；3a、《说郛》68A：8b；《霍四究说三分》。

② 见《元曲选》《元曲选外编》《孤本元明杂剧》，柯睿：《曹操的肖像：关于曹操及其传说的文学研究》，221—222页指出了21出剧目，其中的11出有曹操出场。关于三国的剧目名单，也见浦安迪：《明代小说：四大奇书》，371—372页注释35。

③ 柯睿在《曹操的肖像：关于曹操及其传说的文学研究》226—235页中很充分地讨论了这些戏剧，以及曹操这一角色的特征。剧中的主角"正末"或"正旦"，由同一位演员扮演，而曹操的角色是"冲末"或"外"；他的属下如夏侯惇等常常是"净"。

④ 金葆莉（Kimberley Besio）的《诸葛亮与张飞：〈博望烧屯〉及在三国故事中对立的男性典型角色》，讨论了这出剧目的两个不同版本，载金葆莉、董保中（Constantine Tung）编：《三国与中国文化》（Three Kingdoms and Chinese Culture），73—86页。这个故事也出现在《三国演义》的四十一回；这是一种虚构，以为在长坂坡失利的刘备找回些面子：本书第六章266—267页。

刀尖接住了袍子，旋即拍马而走，没有人敢追击他①。在《石榴园》中，曹操邀请刘备赴宴，计划把刘备灌醉并囚禁起来。然而计划被杨修破坏了，在他的安排下，曹操反而喝醉了，杨修还对刘备示警。张飞和关羽赶来营救，曹操不得不向他们求饶，在刘备的劝说下张飞才放了曹操。

这些戏剧中，曹操从不是主角——主角都大有前途——根据大众的需求，每一出剧都有一个大团圆结局。所以，在其中没有很多谨慎安排剧情的空间，许多情节都是夸张的、被扭曲的，或是为取悦天真的观众而设计的。有意思的是，鉴于杨修在历史及《世说新语》等文献中的形象，他仍是一个暧昧的人物，但曹操的其他属下，不仅仅是夏侯淳，也包括聪敏的张辽及勇猛的许褚，都成为被刘备、关羽或诸葛亮威吓住的单薄人物。就像柯睿总结的："杂剧无关历史的真实，或遗憾于记载的缺失。其原则取决于需求，而非历史，以此观之，其中的娱乐和令人满足的成分，我们猜想，肯定是为了赢得观众的掌声"②。

与杂剧的兴起同时，在 14 世纪 20 年代早期，出身于当时印书中心的今天福建的余氏创作出了《三国志平话》。其印制精良，每一页都有一幅插图，它是整个系列中的一种：这一系列中的其他故事还包括武王灭商、周代的诸位英雄、秦始皇、西汉的历史等③。平话杂用文言及白话，间有诗歌，是为了阅读而设计的，虽然书写的风格及事件的顺序有些奇怪甚至不连续，但却能呈现出强有力的主题。它们可能是说书人及其他通

486

---

① 柯睿：《曹操的肖像：关于曹操及其传说的文学研究》234—243 页，讨论了这出剧目，并翻译了第三幕。这个事件发生在 200 年，官渡之战前夕；见本书第三章 140 页。《三国演义》二十七章中也描写了相同的事件，但是曹操开口放关羽走的，这暗示了曹操不情愿地接受了关羽的选择。此外，剧中曹操的护卫许褚也很害怕与关羽正面接战，《三国演义》中则说许褚想要攻击，但被曹操喝止了。

② 柯睿：《曹操的肖像：关于曹操及其传说的文学研究》，244 页。

③ 这五种平话的原始版本，见东京《内阁文库》。每一种都被称为《至治新刊全相》，它们被认为出自建安余氏之手，即今天福建北部的建瓯。北京于 1956 年影印了此书，也可见网络版。伊维德（Idema, W. L.）：《中国白话小说：形成时期》（*Chinese Vernacular Fiction: the formative period*）73、92—93、102 页。

俗文学的台词本，但与传统的口述故事套路有所区别①。

《三国志平话》是以因果报应思想为基础的。西汉初，高祖攻灭了他的三名重要部下：韩信、彭越和英布；400年后，被错杀的他们转生为曹操、刘备和孙权，向高祖转生的不幸的汉献帝刘协展开了报复。这种观念在中国小说中同在西方一样流行②，《平话》富有想象力地将其作为审视从汉灵帝到4世纪初期西晋灭亡以及匈奴所建汉政权攻毁洛阳这段历史的基础③。

撇开迷信成分不说，其中的很多描写也是不恰当的，许多事件都有历史性的错误：例如其中写到曹操强迫汉献帝禅位给曹丕，而实际上这段王朝更替的历史发生在曹操去世之后。另一方面，前三章中先将曹操描绘为在对战吕布时刘备的主公，并写了他如何奖赏张飞的勇猛，但张飞在其他文献中的光芒都不及关羽闪耀。在第二卷的结尾，曹操兵败赤壁，但其强调之处也与众不同：孙权和他的将军周瑜扮演了比在其他小说中更为重要的角色，草船借箭也被认为是周瑜的功劳。

487

> 却说周瑜用帐幕船只，曹操一发箭，周瑜船射了左面，令扮棹人回船，却射右边。移时，箭满于船。周瑜回，约得数百万只箭。周瑜喜道："丞相，谢箭！"曹公听得大怒④。

随后曹操就灰心丧气地评论说："孙权有周瑜，刘备有诸葛；惟有吾一身！"

《三国志平话》中借用并阐释了当时流传的许多奇闻逸事，口头的或

---

① 伊维德：《中国白话小说：形成时期》，97页：

　　并没有证据证明平话与说书之间有着独有的联系。平话是一种由多种资源编纂而成的文本，最开始就是为了阅读而设计的……可能起源于蒙古朝廷，根据现有的版本看，可能是为那些有钱却缺乏文学素养的人设计的。

② 在中国文学中有许多这样的例子，如《金瓶梅》中的人物就在其续集《隔帘花影》中重生了。

③ 伊维德：《中国白话小说：形成时期》87—88页讨论了《三国志平话》，柯睿：《曹操的肖像：关于曹操及其传说的文学研究》141—152页中也有细致的讨论。

④ 除了《三国志平话》中，《三国演义》第四十六回及现代戏剧《草船借箭》中，都是周瑜以箭的问题向诸葛亮挑战，后者派出了一艘载满了稻草的船，解决了这一问题。而这一故事的最初版本将之归功于孙权，见本书第六章284—285页及注释99。

是文本的都有,因此其中曹操的性格也与一般的没什么不同,而其在孙吴和蜀汉之间做了一些微妙的平衡。总体而言,它的主题是因果报应:曹操及其对手的命运是由上天决定的,背叛了天神之人的国家注定会破灭,但他们也将会轮流坐庄①——《平话》结束于曹魏的继承者西晋的灭亡,以及新的匈奴汉政权的建立,这具有重要象征意义。不论匈奴建立的汉与汉朝的关系是多么微弱,《平话》的最后还是告诉我们,刘聪在 316 年占领长安之后,拜谒了汉武帝、光武帝、刘备和刘禅的宗庙②。对元代的蒙古统治者而言,非汉民族可以延续并重建正统这一观点显然是很有吸引力的。

曹操在夷陵的祠堂(今长江流域的湖北宜昌附近)的命运标志着元代时他的声名扫地。我们不确定为什么这里会建立他的祠堂,此地已在魏国的边境以外了,但我们看到同样的祠堂也在今天的四川南部建立过,那里距离他的影响地区更远③。不管怎样,1316 年监察官员申屠駉为此地没有孔庙,却让曹操享有这种殊荣而愤愤不平。因此,他对圣人进行了繁缛的祭祀:曹操的塑像被移走了,刻辞也被改变,并在这里建起了学校④。

这种所谓的"毁坏"曹操宗庙的行为成为了许多有思想的士人们写作诗歌、辞赋、文章的题材。例如,1356 年,诗人成廷圭就创作了一首诗纪念申屠毁曹操祠四十周年,并指出之前的很多人也曾赞扬过此举⑤。

---

① 《三国志平话》中将实际去世于 234 年的汉献帝刘协的生命延长到了 266 年。他最终盼到了西晋取代曹魏,"笑而死"。

② 事实上,根据《晋书》101:2649 页中的记载,刘聪的父亲刘渊于 304 年建立了汉,他发布了一份诏令,祭奠两汉的皇帝及刘备、刘禅。

③ 见上文 480 页。

④ 申屠駉字子迪,在《元史》中并无本传,但于《元史》170:3990 页中附在了其父申屠致远传之后,但也只有历任官名。

⑤ 《居竹轩诗集》1:10b—11a;也见《元诗选》A 13:9b—10a。此时的这类作品中包括吴澄《毁曹操庙诗序》,载《吴文正集》21:8a—b,王世祯在《居易录》33:18b 中也曾引用,以及陈旅(1355 年)的诗作,载《元诗选》A37:27a。

其后的文人们也学习他的样子，纪念申屠蟠的正义行为并诋毁曹操①，这种行为在 300 多年后的清代早期还有流传②。

修正主义历史、传奇和京剧

11 世纪，北宋印行了《三国志》及其他官方史书，其中的大部分在南宋时还能被读书人看到。当《三国志平话》于 14 世纪初印行时，以牟利为基础的出版业已发展起来了。

许多读者心心念念的是汉人的宋朝被异族的金朝赶出了中原腹地，因此在三国的年号及正统传承问题上，朱熹在《资治通鉴纲目》中的安排及其在道德上对司马光的实用主义的反对很受欢迎。然而，甚至在此之前，学者们就对陈寿强调曹魏的做法提出了异议，1167 年，强烈主张北伐的张栻印行了《经世纪年》，也提出蜀汉才是汉朝的真正继承者。其后的历史学家纷纷将陈寿对三国的安排修正为以蜀汉为唯一正统的结构，魏和吴皆处于次要位置。其中的两种主要著作都名为《续后汉书》，但写作意图及性质都有很大差异，南宋萧常写成的在先，其后是元代的郝经③。

郝经的《续后汉书》面世于 1204 年，高官周必大为其作序，还被国家收藏，所以得到了高度认可。该书的直接目的是表达南宋的重要性，并建立刘备的汉室正统地位。刘备在书中形象正面，作者一贯地使用了最为荣耀的词汇来解释他的行为，特别是他对汉室的忠心，以及他对接收刘璋所据益州的勉为其难。但这些解释都是存在问题的，萧常也是如

---

① 例如唐肃的《申屠子迪毁曹操庙文》，其中指出，虽然曹操已不配拥有自己的祠庙，人们也都知道这一点，但以前的官员或是民众都没有胆量为此做些什么：《明文衡》52：9a—10a，也见王世祯《居易录》33：18b。刘基在他的《诚意伯文集》7：47b—48b 中，也指出曹操绑架了皇帝并杀死了很多良臣及其家人。

② 宋琬：《安雅堂记》2：24b—25a。

③ 关于史籍编纂上的发展，见马兰安：《印刷时代对历史的重新包装：〈三国志〉及〈三国演义〉》、《宋元时对正史的挑战：关于三国时期的作品》（"Challenging Official History in the Song and Yuan: the record of the Three Kingdoms"）。我也非常感谢马兰安教授在私下交流中给我的建议。

此，他除了修正文献以支持自己的结论之外，并没有做别的事情。

490 曹操的名誉则与刘备截然相反，萧常在他的《续后汉书》中，致力于显示出曹操强取权力，使魏国失去了正统性。他为了展现曹操嗜血追求权力的形象，引用了吕伯奢的故事，并强调他在徐州的屠杀以及对董承、孔融及其家族的处决，描述了他是如何擅命官员的，最后以曹操命令曹丕篡位作为结束。所以他及其继承者只是在名义上掌握了政权，并不具有合法性与真实性①。

郝经的《续后汉书》虽然名字与萧常的相同，但意图却与其迥异。郝经是一位理学家、哲学家，曾在 1260 年作为忽必烈的使者出使南宋，但却被下了狱，直到 1275 年蒙古人入侵才重获自由。郝经似乎并不知道萧常的著作，而他笔下的历史是为了给统一中国的正义领袖正名而设计的。因此他集中力量将刘备塑造为一位儒家君主，智囊诸葛亮辅佐着他，关羽和张飞则为左膀右臂。曹操在其中似乎再次成为篡位者和暴君，而汉献帝则通过董承向刘备寻求帮助，忠实、侠义的刘备倾尽全力给予帮助。整本书都可以被看作对仁慈且表面上汉化了的忽必烈统一中国的请求。

与萧常的作品一样，郝经的《续后汉书》也被呈送给朝廷。此时还有许多与它们相似的作品，尽管总体来说并不怎么成功②，在宋元之时，也有关于改编的作品是否有权代替陈寿和裴松之的著作或者是与之并驾齐驱的争论。任何读过《三国志》的读者都会发现，其正文与引用了多种材料的裴注一起，加上三分天下的背景，使得一些事件的本来面目已不可辨。甚至在北宋，重臣王安石也曾试图像欧阳修修纂《新唐书》以及

---

① 马兰安：《宋元时对正史的挑战：关于三国时期的作品》。

② 马兰安：《印刷时代对历史的重新包装：〈三国志〉及〈三国演义〉》296—297 页，列出了 8 种著作；氏著《宋元时对正史的挑战：关于三国时期的作品》中则引用了 14 世纪官方历史学家苏天爵的著作。

《五代史》那样,对这段历史进行能够得到官方认可的修订①。

然而最终,虽然两种《续后汉书》都被官方收藏,并在 18 世纪收录于《四库全书》中,却并没有得到完全的认可。它们成书较晚,缺乏一手文献,且对偏在西陲而非像曹魏一样占据了中原的蜀汉的重要地位,未能给出有说服力的论证。任何试图尊崇蜀汉的尝试都必定会导致对流传已久的文献材料的曲解或误用,正如马兰安指出的,修正主义者们更接近文学而非历史②。如果想要推翻陈寿文本在道德和权力上的不平衡,最好的方式就是全然文学的,而非以被广泛接受的史料为基础。

明朝的开国皇帝朱元璋在自己登基前的 1366 年,就已开始下令出版史书,这一行为带有很强的道德意味,有利于他自己的家族及其他大族。它们被用浅显的语言重写:他曾说过,即使士绅们可以无碍地阅读那些深奥的观点,他们也不会遵循的。这种观点对一个从战乱中新兴的国家来说并不值得惊奇,朱元璋在自己控制的地区内就已很注重沟通:他公布于 1368 年的第一条法令,就用白话加了注释③。

就像马兰安观察到的,在 14、15 世纪,大众很需要那些可以被普通读者接受并塑造善恶典型的史书。以此看来,在 14 世纪后半叶朱元璋治下,罗贯中完成的小说《三国演义》极好地契合了当时君主的愿望以及时代风气④。

---

① 欧阳修是《新唐书》的主要编纂者、《新五代史》的作者,后者也被称为《五代史记》。《旧唐书》和《旧五代史》都被从官方认可的书目中移除,直到 18 世纪才得到恢复;《旧五代史》已散佚,后又被重辑出来:见王赓午:《晚期正史》("Later Standard Histories")54—58 页,及恒慕义(Hummel Arthur W)主编:《清代名人传略》(*Eminent Chinese of the Ch'ing Period*(1644—1912)),644—645、636—637 页。

② 马兰安:《印刷时代对历史的重新包装:〈三国志〉及〈三国演义〉》,311 页。

③ 马兰安:《印刷时代对历史的重新包装:〈三国志〉及〈三国演义〉》,299 页,兰德璋(Langlois John D. Jr)《洪武朝,1368—1398》("The Hung-wu Reign, 1368—1398"),134 页。

④ "演义"一词可以被译为"elaboration of the meaning":浦安迪:《明代小说:四大奇书》,372 页。这部小说也以《三国志演义》为名,见下文注释 94。363—364 页。马兰安概括了最近学者们对于"演义"的翻译,见氏著《诸葛亮、道教以及三国历史文献》265—286 页,魏安 1993 年在普林斯顿大学的博士论文中对此进行了更细致的分析,该论文也在修订后于 1996 年在中国出版。

对于罗贯中本人，我们所知甚少，大家普遍接受他大约生卒于
1330—1400年，其作品还有《残唐五代史演义》，也曾完成了《水浒传》的
早期版本①。虽然他的《三国演义》标志着浪漫主义文学的开端，但本身
也历经了长时间的发展，无论是手抄本还是印刷本，其源头可以追溯至
两处：简单的带有插图的志传体，和更为复杂的、用优美的语言和更依赖
历史而非神秘素材的演义体。最后在17世纪中期，即清前期，毛宗岗修
订了这些材料，并加入了自己的评论，形成了一百二十回的版本。他的
版本成为了现在最通行的版本，浦安迪也指出，尽管一般将《三国演义》
认为是罗贯中的作品，"我们知道，《三国志演义》成书于1522年，其后有
多个版本，是16世纪小说的典范，也在明朝的第二个世纪被重新创作或
大量改写了"②。

18世纪的学者章学诚指出，《三国演义》七分史实三分虚构，这在某
种程度上是一个公允的评价，其从汉灵帝迄孙吴投降，讲述了三国时期
的历史，行文流畅，想象丰富。它是一部生动的小说，像《续后汉书》及其
他宋元学者的著述一样，以刘备及其国家蜀汉为尊，拥有广大的读者群，
比复杂的官方史书《三国志》及其注释更易接近。

然而，这部小说却歪曲了历史，虽然其中像官渡之战、赤壁之战，或
是吕蒙夺取荆州等主要事件的顺序是正确的，但对它们的描述中却常常
夸大了刘备和关羽或是智计百出的诸葛亮的作用，这样通常就牺牲了像
孙权和周瑜一样的盟友。其中的虚构和年代错误漏洞百出：曹操在吕伯

---

① 见鲁迅《中国小说史略》，157—158页；夏志清：《中国古典小说史论》（*The Classic Chinese
Novel : a critical introduction*），35—38、77、341—342页；柳无忌：《中国文学导论》197—203
页；柳存仁：《罗贯中及其历史小说》（"Lo Kuan-chung and his Historical Romances"）。据说
他还被认为是一出关于杯酒释兵权的剧目的作者。

② 浦安迪：《明代小说：四大奇书》363—364页。马兰安概括了最近学者们对于演义流传情况
的观点，见氏著《诸葛亮、道教以及三国历史文献》265—286页，魏安（Andrew West）1993年
在普林斯顿大学的博士论文中对此进行了更细致的分析，该论文也在修订后于1996年在中
国出版。

　　毛宗岗的版本以《三国志演义》为名，但"志"常常被省略。柯睿：《曹操的肖像：关于曹操
及其传说的文学研究》157—167页，讨论了毛宗岗对于这部作品的处理。

奢的故事中被描写得很极端，以显示出曹操的残忍；但不久后对抗董卓的联盟却又由他创始，袁绍反而对他效忠；这与事实是完全相反的①。此后，在赤壁之战前夜，曹操杀死了冒险批评他的刘馥；但其实在淮河谷地防御的刘馥，在此前几个月就死于任上了②。草船借箭以及空城计的故事也都是为了给诸葛亮歌功颂德③。这种改编虽然无关要旨，但却频繁地出现，以至于在这种拂去了历史的叙事中，已经没有一个单独的细节或是人物性格是可信的了。

因此，《三国演义》不能被作为三国时期的史料看待，也无助于理解这段历史。然而，以其代替历史的错误却经常发生，这样做的人不仅会错误地理解历史，也会同样无法欣赏小说的复杂和敏感④。虽然宋元及明代早期的说书人和剧作家、编纂《续后汉书》的修正主义历史学家们、以及《三国志平话》和《三国演义》的作者运用了流行的传说，并采用了相同的美化曹操敌人的方法，但他们并不总是有着相似的主题，其选择取舍也很值得注意。特别是，浦安迪给出了一个有力的论述，认为《三国演义》不应仅仅被视为流行小说，而是"对众多材料的严肃的、常常也是讽刺的修订"⑤。 494

以此观之，《三国演义》讲述了一个近乎是滥俗的关于尊贵的刘备、智慧的诸葛亮、英武的关羽的故事，而曹操是自私、具有野心且残忍的。然而，由于这些主题的多次出现，使得它们失去了冲击力甚至是还带上了模仿的味道，蜀汉英雄的才能被极端夸大，以至于自掘坟墓。关羽勇猛善战，但他极度的自信使他先是在曹操 208 年败于赤壁时设伏于华容

---

① 《三国演义》第四、五回；本书第一章 48—49 页、第二章 54 页。

② 《三国演义》第四十八回，其中记载刘馥在赤壁之战前夜抱怨曹操的诗句中有不祥之兆，此诗为《短歌行》，见本书第六章 354—356 页。

③ 《三国演义》第四十六回、九十五回；本书第七章注释 4 及本章注释 78。

④ 夏志清：《中国古典小说史论》41 页，其中讨论了胡适对此的批评："自然，对大多数中国人来说，因看戏或听书而片面的理解小说是非常容易的，他们会毫无怀疑地接受仁慈的刘备、智慧的诸葛亮、威武的关羽。"

⑤ 浦安迪：《明代小说：四大奇书》，375 页。

道截击,却又放走了他,后又在 219 年攻击荆州北部时,低估了吕蒙的威胁①。张飞的活力则将他导向了暴力和残忍,成为比义兄刘备更具缺点的人物,最终被自己的部下背叛身死②。

即使是诸葛亮这一智计百出的人物,也可能因为对待下属和盟友的方式过于功利而失去读者的心,对其机智和谋略的欣赏必然与因他对周瑜的无情嘲弄以及对待敌人的苛刻粗陋而产生出的尴尬感并生。尽管魏国的将军司马懿在他手下屡受挫折,但最终可堪匹敌,诸葛亮进军渭水谷地的行动也已是强弩之末并以死亡告终。同样,关羽和张飞的性格也都是有缺陷的,他们超越常人的才能导致了傲慢和狂妄。正如浦安迪所说,他们的功绩不应被简单地在表面上理解,因为小说中故意描述了这些卓越于常人的特质,却也埋下了他们最终失败的种子③。

当我们对这些美好得过头的英雄产生反感时,曹操似乎就显得更具人性了:虽然他残忍且奸猾,并随时准备大开杀戒,但却也宽宏大量,甚至很幽默,这一切都依从着他的本心。就这一点而言,他可与刘备相对比:后者将自己视为侠义与荣耀的化身,但仍随时准备着追求自己的利益。即使是在吕伯奢这个悲伤的故事中,曹操的"宁教我负天下人,不教天下人负我"也显示出了一种愤世嫉俗的诚实,比刘备最初以援助的名义接近刘璋,实则想要夺权,后又假惺惺的试图为自己的背叛辩护这一行为要更吸引人④。刘备即使在已接受益州的邀请,饱含有上述目的时,还坚持他自己的德行:

---

① 《三国演义》第五十回、七十五回。华容确实位于曹操赤壁战败后的后退路线上,但没有史料表明关羽曾在那里阻截了曹操:本书第六章注释 83,而后文 498 页会引用一出以此为主题的戏剧。

　　夏志清:《中国古典小说史论》41 页中引用了大学者胡适曾抱怨关羽的性格"弱化为傲慢且愚蠢的武夫"。他自己也指出"罗贯中接纳了,并非无意或表面上而是慎重的,陈寿的傲慢且优缺点的英雄"。

② 《三国演义》第八十一回,浦安迪:《明代小说:四大奇书》,416 页。

③ 浦安迪:《明代小说:四大奇书》,446—452 页。

④ 关于吕伯奢,见本书第一章 48—49 页、《三国演义》第四回。关于刘备对刘璋的袭击,见本书第七章 308 页、《三国演义》第六十回。

今与吾水火相敌者，曹操也。操以急，吾以宽；操以暴，吾以仁；操以谲，吾以忠……

然而他的谋士庞统劝说他：

若拘执常理，寸步不可行矣……若事定之后，报之以义，封为大国，何负于信？今日不取，终被他人取耳。

刘备深受感动："金石之言，当铭肺腑。"于是决定西进①。

与自以为正义之师的刘备结盟，不如选择曹操；至少你知道自己将会面临的情境。吕布想必十分同意这一观点②。

496

虽然曹操扮演的是负面角色，但也因选贤任能以及领军能力而被人们认可。相较而言，诸葛亮不太会选择优秀的下属，刘备则经常打败仗。刘备的最后一战，是为了给关羽复仇并夺回荆州，却被吴国年轻的将领陆逊羞辱③。而小说着重描述的赤壁之战中，曹操确实失败了，其后小说也描述了他及魏国军队的一次次惨重伤亡，但这些不幸反而证明了他的韧性以及勇气。虽然彻头彻尾的忠诚人士可能会反对，但反派英雄曹操在很多方面都比足智多谋但傲慢的诸葛亮或是伪善的刘备更为吸引人。最终，就像毛宗岗自己总结的，曹操拥有着大权但却从未篡位；做到了刘备宣称的自己所具有的全部忠诚④。

明末清初，南戏传奇盛行于全中国，其内容更关注浪漫的爱情故事，

---

① 《三国演义》六十回 634 页。浦安迪讨论过这一事件：《明代小说：四大奇书》428—429 页，他指出许多历史学家都对刘备的背信弃义持批评态度。柯睿：《曹操的肖像：关于曹操及其传说的文学研究》189—193 页中也翻译了这一段，并评论说："大多数读者似乎都没有对这一幕产生困扰，也没有对之加以批评……他们从未怀疑刘备的正直诚实，尽管这是罗贯中操纵人物性格的一种技能。然而，对于一名感觉敏锐和具有开放性思维的读者而言，这一幕反而会使他对刘备的印象变得较差而使曹操的形象高大起来。
② 本书第三章 110 页，《三国演义》第十九回。我们可以回忆起以前吕布曾在刘备被袁术重创时施以援手：本书第三章 101 页。关羽因曹操之前的优待而在华容道放走了他，而刘备在吕布于下邳被捕时却没有这么考虑。
③ 《三国演义》第八十四回，本书第十章 451 页。
④ 浦安迪：《明代小说：四大奇书》，469 页。

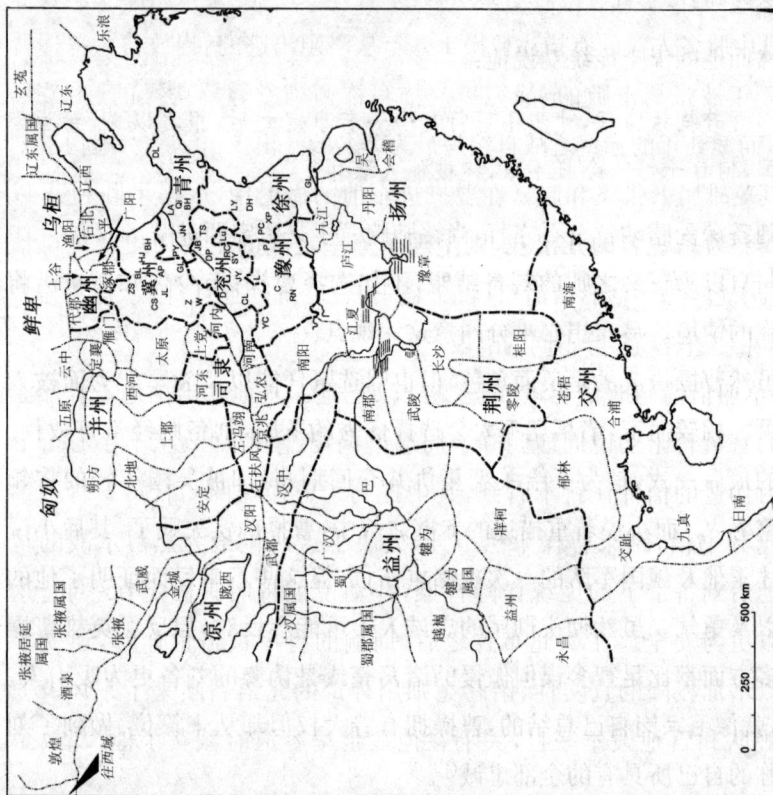

地图 21　189 年的汉帝国

本图展示了在汉帝国写崩的189年，双帝国的郡、县、国、属国。在汉帝国的大部分辖域内，各郡都用明确的边界来表示，但在华北平原，它们是被用郡治所代表。其中简写的郡如下：

冀州		兖州		青州		徐州		豫州	
AP	安平	CL	陈留	BH	北海	DH	东海	C	陈
BH	渤海	D	东郡	DL	东莱	GL	广陵	L	梁
BL	博陵	DP	东平	JN	济南	LY	琅邪	La	鲁
CS	常山	JB	济北	LA	乐安	PC	彭城	P	沛
GL	甘陵	JY	济阴	PY	平原	XP	下邳	RN	汝南
HJ	巨鹿	RC	任城	Q	齐			YC	颍川
JL	魏	SY	山阳						
W	赵	TS	泰山						
Z	中山								
ZS									

注释

汉灵帝刘宏于189年登基时，弘农郡为避讳改为了恒农郡。然而这一名称很少出现在文献中。

安定、北地、上郡、朔方、西河等郡在140年代早期因匈奴的侵扰而内撤，虽然这些郡在正式的地图中还存在，但中国对鄂尔多斯地区的控制是非常薄弱的，此时的。

除上述这些，以及关于版图与顺帝朝140年代所做的边界和边界所做的微小变化外，中国官方版图与顺帝朝140年代所做的人口普查中的基本一致。黄巾起义又反映在战乱开始后，建立了许多新的割据政权。本书中的其他地图反映了这些变化。

而非历史或战争，但在 18 世纪晚期发展起来的京剧重新捡起了历史和战争题材，流行于社会的各个阶层，其中有许多关于三国的剧目①。

其中脍炙人口的有描述曹操 190 年从洛阳出逃的《捉放曹》、描述曹操 197 年被张绣击败的《战宛城》、描写祢衡当堂辱骂曹操的《击鼓骂曹》②，而 208 年的赤壁之战自然是最为著名的一出。《长坂坡》虚构了刘备及其英雄属下张飞和赵云在曹操进军前的撤退中，取得了胜利③，以《群英会》为总题名的几出戏，则呈现了赤壁之战的主要历史及传奇情节。其中包含了《草船借箭》、《蒋干盗书》、《庞统献连环计》、《打黄盖》、《借东风》、《华容道》等不同的唱段④。

《草船借箭》和《华容道》的主题上文已述。其他几出描述了曹操派干练的官员蒋干劝说周瑜归降。周瑜严词拒绝，但却故意不小心留下了一封伪造的信件让蒋干看到，其中提到了曹操的两名官员。蒋干拿走了这封书信，结果曹操果然中计，处决了这两位最为熟习水战的将领。随后刘备手下的庞统诈降曹操，并劝说他将船只固定在一起，这样可以更为安全。在如此布置之后，周瑜的将军黄盖也诈降，还受了鞭笞以增加投降的真实性，诸葛亮则用神奇的咒语召唤来了东风。曹操的舰队和营地毁于一旦，关羽在他败走华容道时截获了他，却放了他一马。

这些戏剧是根据《三国演义》的四十五到五十回创作的，但曹操在其

497

---

① 陶君起列出了 120 部关于三国的剧目，其中的 45 部以曹操为主角，他的军队及将领出现的频率更高：《京剧剧目初探》7：68—101 页。
②《捉放曹》中包括了曹操对吕伯奢及其家人的杀害，阿灵敦（Arlington, L. C.）和艾克敦（Acton）有译本：《中国著名戏剧编译》（*Famous Chinese Plays : translated and edited*）132—151 页；这个故事见载于《三国演义》第四章，也见本书第一章 48—49 页。《击鼓骂曹》的译文见《中国著名戏剧编译》39—52 页；《三国演义》第二十三章、本书第三章 118 页。《战宛城》见下文的讨论。
③《长坂坡》的译文见阿灵敦、艾克敦《中国著名戏剧编译》25—38 页；前文注释 71。
④ 阿灵敦、艾克敦《中国著名戏剧编译》201—210 页，其中包含了对内容的简介及翻译。

中是次要角色，主要的剧情集中在周瑜和诸葛亮的斗智斗勇上①。《战宛城》中则呈现了曹操的多种性格，无论是正面的还是反面的。这出戏以197年曹操与张绣的首次对战为基础，讲述了曹操接受张绣投降，但随后曹操却对张绣的同宗及主公张济的遗孀邹夫人着了迷。张绣感到不安，又背叛了曹操，奇袭打败曹军。曹操的忠诚护卫典韦被杀，曹操的儿子和侄子也没能幸免于难。曹操在逃走时放弃了邹夫人，她最终死于张绣之手②。

这出戏的开始之处似乎采用了《曹瞒传》中记录的事件，曹操的坐骑践踏了麦田，他因此剪短了自己的头发以抵罪；同时也杀死了这匹马③。此后的情节则与《三国演义》描写的很相似，虽然其中加入了曹操的侄子曹安民和邹夫人的女侍之间的次要事件，而《三国演义》中也没有张绣杀死了邹夫人。与最初见载于《傅子》中的故事不同，戏剧中并未提及张绣的侍从胡车儿被收买，但剧中胡车儿却将自己伪装成马夫，偷走了典韦的双戟，削弱了他的战斗力。张绣手下富于智谋的贾诩的戏份相对较少，这个故事的核心是曹操的色欲和对不幸的邹夫人的无情与自私。无论人们关于曹操对自己的马践踏麦地的诡辩处理是何种看法，曹操在整件事中已无法置身事外。曹操这一角色的面具是白色的，上饰以黑色线条，非常适合他有权又狡猾、冷酷的坏人形象。

---

① 《黄鹤楼》的情节与上文提到的杂剧《石榴园》类似。《石榴园》讲述了刘备受到曹操威胁，而《黄鹤楼》则主要展现了周瑜如何设法要回刘备从孙权手中"借"的荆州。《石榴园》中，刘备被杨修提醒，后来张飞和关羽成功救走了主公；而《黄鹤楼》中刘备则是凭借诸葛亮的妙计才脱身的。见阿灵敦、艾克敦《中国著名戏剧编译》230—251页；他们在251页中指出，在很多类似情况下刘备都像一个无用之人，胆小且不知所措。

② 《战宛城》的译本见阿灵敦、艾克敦《中国著名戏剧编译》1—24页；《三国演义》第十六回；其最初记载见《三国志》8：262页及263页裴松之注引《傅子》；本书第三章105—106页。

《三国志》卷八中没有记载张济遗孀的姓氏。《三国演义》中因张济是张绣的叔叔，所以称她为张绣的婶婶。事实上，他们之间并无确定的亲戚关系，联系并非那么密切。

邹夫人自称孤独守寡，她最后被张绣所杀的结局在某些方面上让人联想到《金瓶梅》中武松杀嫂的情节。邹夫人的侍女——也被张绣所杀，与潘金莲的丫鬟竟都叫做春梅，这恐怕并非简单的巧合。

③ 见本书第十章449页。这件事也先后出现于《三国演义》第十七回，而只有京剧中有曹操杀死战马的情节。

马克思主义的争论和现代演员

《三国演义》中描画的曹操形象在京剧中得到了进一步固化，已在 20 世纪深入人心，在中国台湾也继续处于支配地位：具有正统性的流亡政府反对控制着中原腹心的当权篡位者，这对于国民党中的老派理想主义者来说很珍贵。而当新中国在大陆建立后，曹操在历史上的形象以及他的声誉则被置于马克思主义理论及进步的观念中重新评价。中国科学院院长、新中国的知识分子领袖郭沫若是首位提出这一问题的主要人物，他于 1959 年 3 月 23 日在《人民日报》上发表了文章《替曹操翻案》[①]。

从那时起，社会主义政权下的历史研究就一直被马克思主义的奴隶社会、封建社会、资本主义社会、社会主义社会这一发展序列如何与中国的具体实践相适应而困扰。这不仅因为 1949 年共产主义的胜利是以农民为基础的，而非工人无产阶级，更因为从秦汉到明清的两千多年的中央集权国家与任何类型的封建主义都不太相合。此外，政治上对劳动人民斗争的强调，以及与之相伴的对个人的淡化，意味着很多讨论都是为历史分期及很多政治运动的抽象术语服务的；就像费维恺指出的，它们是枯燥乏味且无意义的。然而，对于曹操的讨论，却将这个著名人物推到了批判历史的风口浪尖，学者们指出评价历史人物的标准是他们对于国家和人民发展的贡献，而非现在的想象[②]。

虽然最初许多人反对郭沫若的观点，但他在学界的权威以及政治影响最终左右了这场辩论，曹操也作为历史上的改革分子而被褒扬。郭沫若和翦伯赞编辑的《曹操论集》中收集了许多这方面的文章，翦伯赞是北京大学历史系教授、中国社科院的高层人物。

---

① 这篇文章也载于《新华半月刊》1959 年第 8 期，104—108 页，及《曹操论集》，47—63 页。对其后的相关讨论的该书，见费维恺（Feuerwerker, Albert）：《马克思主义下的中国史》（"China's History in Marxian Dress"），349—350 页。

② 康无为（Kahn Harold）、费维恺：《学术的意识形态化：中国的新史学》（"The Ideology of Scholarship: China's new historiography"），2 页。

500 　　这一争论的核心是曹操生涯中的三个事件:对黄巾军的镇压、207 年摧毁乌桓、建立屯田。最后一件无疑被解释为在战乱中有益于人民的举措,也可能被与后来建立的人民公社联系起来。而另一方面,对乌桓的战争可以被解释为野蛮的入侵,对黄巾起义的镇压则暗示了曹操将自己放在了伟大的农民起义的对立面,后者是新秩序的先驱①。此外,对曹操的反对着重于他爱好杀戮,特别关注他与吕伯奢的故事——就像《三国演义》中对这个故事的强调一样——以及对徐州的屠杀,这一视角仍可扩展:曹操应被控有战争罪么? 也有人认为,曹操并非地主阶级的对抗者,反而是他们的代表②。

　　然而,大家最终达成了一致,黄巾军的宗教性狂热以及混乱组织意味着他们不会为大多数普通民众带来进步,而很多黄巾军在之后加入了曹操旗下这一事实则是对曹操有利的强力证据。黄巾军扮演的是削弱帝国力量以及为像曹操一样的人创造推动未来进步的机会这一历史角色。曹操对乌桓的战争不应该被视为对弱小人民的残忍行为,而是中国对难以控制和未开化的邻居的防御。这一讨论获得了毛泽东的最高指示,他在 1954 年视察位于传说中的碣石附近的北戴河时,作了一首诗回应曹操的功绩:

　　　　大雨落幽燕,白浪滔天,秦皇岛外打渔船。

　　　　一片汪洋都不见,知向谁边?

501 　　　　往事越千年,魏武挥鞭,东临碣石有遗篇。

　　　　萧瑟秋风今又是,换了人间③。

---

① 关于屯田,见本书第二章 89—91 页。关于 206—207 年对乌桓的战争及白狼山之胜,见本书第五章 203—235 页。

② 哈里森·詹姆斯(Harrison, James P.):《中国共产党对于中国农民战争的解释》("Chinese Communist Interpretations of the Chinese Peasant Wars")194 页中引用了林言椒的综述,呈现了许多反对郭沫若的年轻学者的观点(其中引用的林言椒的文章为:《关于曹操评价问题的讨论——综合报道》,载《史学月刊》1959 年 9 期)。

③《北戴河》;关于曹操的碣石诗,见本书第五章 236—239 页。

在此诗中，对曹操的平反被确定了下来，平反的浪涛也波及到了秦始皇、汉武帝、唐太宗，甚至是商代恶劣的最后一位统治者纣王①。然而，曹操可能是在这场运动中获益最多的一位。

郭沫若除了是一位学者之外，还是著名的剧作家，他在为曹操平反的同时，也创作了现代风格的戏剧《蔡文姬》。它于 1959 年 5 月在北京人民艺术剧院首演，讲述了曹操如何将蔡琰从野蛮的匈奴朝廷中赎回。其中强调了曹操对于蔡文姬才华的钦佩以及所有人对故乡的热爱：曹操向匈奴单于请求归还蔡文姬以继承她父亲蔡邕的工作编纂国史；蔡文姬为了这一要求离开了她在匈奴的丈夫和孩子。《蔡文姬》成为了剧院上演的主要剧目，2002 年还拍摄了 32 集的电视剧②。

1973 年，毛主席的前战友、后来却成了叛徒的林彪倒台后，"批林批孔"政治运动开始兴起。这一运动的核心是古代的儒法之争，焦点则在于对儒家的名誉发动攻击，并为秦始皇平反。虽然东汉时期不是争论的焦点，但曹操被视作法家的代表人物，并再次因促进了社会的进步而被赞扬。关于他对黄巾军的态度尚有一些争论，但随后官方将他定性为改革家，是大地主家族的反对者，他的政策有利于经济和国家的发展。曹操的形象在他死后又变成了讨人喜欢的了，虽然这一争论中的一些文章具有学术价值，但更多是牵强附会且武断的，对于历史研究几乎没有价值③。1976 年，毛主席去世，"四人帮"倒台，"文化大革命"的影响逐渐消退，曹操也随之失去了他的政治象征性。

502

---

① 郭沫若早年是研究中国上古史的学者，并出版了关于周代金文的研究著作。他在发表《替曹操翻案》一文后不久，又发表了《对殷纣王的一种看法》，载《新建设》1959 年 4 月 7 日，6—7 页。

② 文姬是蔡琰的字。关于她在 206 年左右从匈奴回国的事情，见本书第八章注释 29。据说郭沫若曾称蔡文姬放弃家庭的行为很有吸引力，他自己也曾在 1937 年抛弃了在日本的妻儿返回中国。

③ 坎德尔：《批林批孔运动中对汉代典籍的新解读》（"New Interpretations of the Han Dynasty Published during the Pi-Lin Pi-Kong Campaign"），其中对此进行了总结，在 110—113 页她也讨论了曹操。也见《历史研究》1974 年第 1 期。

1988 年，上海京剧团上演了一出新剧目《曹操与杨修》。其以《三国演义》中描述的二人之间的关系为基础，主题是这两者之间的紧张关系：曹操由衷地不停寻找为他效劳之人，却不能对聪明且正直的杨修给予完全的欣赏与信任。曹操在剧中并不是传统戏剧中的恶人，也不是郭沫若在《蔡文姬》中正面塑造的理想典范；他是一位有缺陷的伟人。

1995 年，广受欢迎的 84 集电视剧《三国演义》首播，该剧与原著情节很接近，20 世纪八九十年代日本也曾创作了许多三国题材的电视剧；其中的许多已传播到西方。他们所处的年代及战争的主题自然使这些作品涉及武术，同时也具有像大仲马的《三个火枪手》一样的历史性。最近一次关于曹操的大制作是吴宇森导演的分上下两部的《赤壁》，分别上映于 2008、2009 年①，也有更为真实的电视节目，包括最近对安阳曹操墓的新闻报道和纪录片②，以及厦门大学易中天教授的通俗讲座。在这个互联网发达的世界，也有许多以三国历史为基础的游戏，和质量参差不齐的网站。在曹操去世的近两千年后，他的伙伴及对手依然活跃在各种各样的表现形式之中③。

为什么是曹操？

在中国的两千多年的有文字记载的历史中，有无数强大的帝王、勇武的英雄、伟大的学者，而一个既没有统一全国，自己的王国也才存在了不足五十载的军阀，却吸引了那么多的注意力，这似乎有点奇怪。即使是纷乱且不幸的三国时代，也仅是中国历史上的一幕。在西晋被北方民族击溃之后就有很长一段分裂时期，其后数个王朝建立时也争斗不断，

---

① 2008 年还上映了由韩国和中国共同制作的《三国之见龙卸甲》，该片是以刘备的将军赵云为主线的。在多场混乱和血腥却不像战争的战争场面后，赵云最终死于继承了祖父军队的曹操的孙女之手。

② 本书第十章 443—444 页。

③ 我们可以忆及，如今有一位在中国电视上崭露头角的美国演员 Jonathan Kosread 就以曹操为艺名。

宋朝、明朝更曾与北方异族入侵者进行殊死搏斗;其中的人物和行为都值得记载并被赞美。然而,却没有人受到了像曹操一样的关注,甚至那些不喜欢他、轻视他的评论者们也不得不对他表示敬意。

曹操的受欢迎反映出对他的记忆触动了人们混杂的感情,这反过来又导致了对他的重新创造。其他人曾经参加战斗,或写作诗篇,或留下了文字或遗书,但曹操完成了这所有三项内容。他的战争技巧可观:不仅展现出伟大的将才,更亲自参加近战。他的诗作是最早打破传统形式的作品之一,既部分沿袭了汉乐府的非个人风格,又使用了表达个人情感的样式。而通过他的各种告令,时人及后来者都感受到了一位想要表达重要事情和观念之人的个人风格。

无疑,曹操是聪明而又残忍的,他的许多行为是严酷和不公正的。然而,他在战乱时期如此耀眼,他的言行都举世瞩目。事实上,正是他的 ⁵⁰⁴ 天才与个人的失败的融合,使得他拥有了引人着迷的性格,并成为在他死后持续了数世纪的想象素材。总之,他一定会被作为一位试图凭借自己的才能掌控命运的人而为世人铭记。

参考书目

古文献：正史

《后汉书》，范晔（396—446年）著，章怀太子李贤（651—684年）注，志的部分来自司马彪（3世纪）《续汉书》、刘昭（6世纪）补注，北京：中华书局，1965年

《后汉书集解》，王先谦等著，1915年长沙版，上海：商务印书馆，万有文库本

《汉书》，班固（32—92年）著，颜师古（581—645年）注，北京：中华书局，1962年

《汉书补注》，王先谦等著，1900年长沙版，台北：艺文印书馆影印

《旧唐书》，刘昫（887—946年）等著，北京：中华书局，1975年

《晋书》，房玄龄（578—648年）等著，北京：中华书局，1974年

《三国志》，陈寿（233—297年）著，裴松之（371—451年）注，北京：中华书局，1959年

《三国志集解》，卢弼编著，1936年绵阳版，台北：艺文印书馆影印

《史记》，司马迁（约公元前146—86年），北京：中华书局，1959年

《宋史》，脱脱（1314—1355年）等著，北京：中华书局，1977年

《宋书》，沈约（441—513年）著，北京：中华书局，1974年

《隋书》，魏征（580—643年）、颜师古等著，北京：中华书局，1973年

《新唐书》，欧阳修（1007—1072年）等著，北京：中华书局，1975年

《元史》，宋濂（1310—1381年）等著，北京：中华书局，1976年

古文献：曹操的著作

《曹操集》，北京：中华书局，1959年。（本书以丁福保《汉魏六朝名家集本》、严可

430

均《全上古三代秦汉三国六朝文》为基础。其中也包含了曹操对《孙子兵法》的注释，以及《三国志·武帝纪》、江耦《曹操年表》、根据姚振宗《三国艺文志》的《曹操著作考》、《文集补遗》等内容。）

《曹操集译注》，安徽亳县《曹操集》译注小组，北京：中华书局，1979 年（文本根据《曹操集》）

《曹操集逐字索引》，刘殿爵、陈方正、何志华等编著，《魏晋南北朝古籍逐字索引丛刊》第七种，香港中文大学，2000 年

《曹操全书：文白对照全译》，张海雨著，北京：金城出版社，1995 年

《曹操诗文选读》，北京大学中文系编著，北京：人民出版社，1974 年

《魏武帝魏文帝诗注》，黄节编著，北京：人民文学出版社，1958 年

《孙子兵法》，见下文

古文献：其他材料

《安雅堂集》，宋琬（1614—1673 年）著，《四库全书》本

《北堂书钞》，虞世南（558—638 年）编，《四库全书》本

《白虎通》，班固编，卢文昭（18 世纪）编《抱经堂丛书》本

《诚意伯文集》，刘基（1311—1375 年）著，《四库全书》本

《春秋》，见下文理雅各译本

《初学记》，徐坚（唐代）编，《四库全书》本

《东汉会要》，徐天麟（宋代）著，北京：中华书局，1955 年

《东京梦华录》，孟元老（12 世纪）著，《四库全书》本

《东坡志林》，苏轼（1037—1101 年）著，北京：中华书局，1981 年

《风俗通义》，应劭（2 世纪）著，北京：中华书局，1981 年

《孤本元明杂剧》，王季烈编，北京：中国戏剧出版社，1985 年

《古小说钩沉》，鲁迅（20 世纪）编，1909—11 年初版，北京：人民文学出版社，1953 年

《河南穆公集》，穆修（979—1032 年）著，《四部丛刊》本

《后汉纪》，袁宏（328—376 年）著，上海：商务印书馆，万有文库本

《华阳国志》，常璩（4 世纪中期）等著，台湾商务印书馆，《国学基本丛书》，1968 年

《居易录》，王士禛（1634—1711 年）著，《四库全书》本

《居竹轩诗集》，成廷珪（元代）著，《四库全书》本

《柯山集》，张耒（1052—1112 年）著，《四库全书》本

《隶释》、《隶续》，洪适（宋代）编，北京：中华书局，1983 年

《论语》，见下文理雅各各译本

《孟子》，见下文理雅各译本

《裴子语林》，裴启（4世纪）编，载于《古小说钩沉》

《七家后汉书》，汪文台编，台北：文海出版社，1974年

《三国志平话》，载《全相平话五种》，北京：文学古籍刊行社，1956年，及 http://www2. ipcku. kansai-u. ac. jp/～nikaido/sanguo001. html

《三国演义》，罗贯中（14世纪晚期）著，台南：1978年

《诗经》，见下文理雅各译本

《石刻题跋索引》，杨殿珣编，上海：商务印书馆，1957年

《史通》，刘知己（661—721年）著；《史通通释》，浦起龙（清代）编，《四库全书》本

《书经》，见下文理雅各译本

《说郛》，陶宗仪（元代）编，《四库全书》本

《蜀中广记》，曹学佺（明代）著，《四库全书》本

《四库全书》，文渊阁本，香港：迪志文化出版有限公司电子版

《水经注》，郦道元（5—6世纪）著，王国维等编《水经注校》，上海：上海人民出版社，1985年；《水经注疏》，杨守敬、熊会贞著，北京：科学出版社，1957年

《世说新语》，刘义庆（403—444年）著，刘峻（462—521年）注，北京：文学古籍刊行社，1956年

《孙子兵法》，孙武（公元前5世纪）著，《四部备要》本；《十一家注孙子》（包括了曹操的注释），郭化若编，上海：上海古籍出版社，1978年；《孙子兵法大全》，魏汝霖编，台北：黎明文化出版社，1970年

《太平广记》，李昉（925—996年）编，《四库全书》本

《通典》，杜佑（735—812年），《十通》本，上海：商务印书馆，1935年；也见《四库全书》本

《太平御览》，李昉编，《四库全书》本

《文献通考》，马端临（约1250—1325年）编，《十通》本，上海：商务印书馆，1935年

《文心雕龙》，刘勰（6世纪）著，黄叔琳、李详注，杨明照校注拾遗，上海：古典文学出版社，1958；也见下文施友忠英译本

《文忠集》，欧阳修（1007—1072年）著，《四库全书》本

《吴文正集》，吴澄（1249—1333年）著，《四库全书》本

《文选》，萧统（501—531年）编，李善（7世纪）注，《四部备要》本，也见下文康达维及查赫英译本

《续汉书》，司马彪著，《七家后汉书》本；也见上文中华书局本《后汉书》

《小说》，殷芸（6世纪）著，载《古小说钩沉》

《邺中记》，陆翙（4世纪）著，《四库全书》本

《易经》，《四部丛刊》本，也见下文卫理贤英译本

《艺文类聚》,欧阳询(557—641 年)编,北京:中华书局,1959 年(根据 12 世纪中期的宋本)

《元曲选》,臧懋循(1550—1620 年)编,北京:中华书局,1961 年

《元曲选外编》,隋树森编,北京:中华书局,1959 年

《元诗选》,《四库全书》本

《御定全唐诗》,《四库全书》本

《周礼》,《四部丛刊》本;也见下文毕欧英译本,1851 年

《左传》,见下文理雅各英译本

《资治通鉴》,司马光(1019—1086 年)著,司马光考异,胡三省(1230—1302 年)注,北京:中华书局,1956 年;也见下文拙著《桓帝与灵帝》、《建安年间》、方志彤:《三国编年(220—265 年):司马光(1019—1086 年)〈资治通鉴〉第 69—78 章》

今人著作

Ames, Roger T. (安乐哲), Sun-tzu: the Art of Warfare: the first English translation incorporating the recently discovered Yin-ch'üeh-shan texts(《孙子兵法:首次结合了新出土的银雀山汉简的英译本》), translated with an introduction and commentary, New York 1993

——, with D. C. Lau(安乐哲、刘殿爵), Sun Pin: The Art of Warfare(《孙子兵法》), New York 1996

Arase, Judith Kieda(阿拉斯), "The Three Roles of Ts'ao p'ei(A. D. 187 - 226): emperor, literary critic, poet,"(《曹丕的三重身份:皇帝、批评家和诗人》) doctoral dissertation, Georgetown University, Washington DC 1986.

Arlington, L. C. (阿灵敦), and Harold Acton(艾克敦), Famous Chinese Plays: translated and edited(《中国著名戏剧编译》), New York 1963

Balazs, Etienne(白乐日), Chinese Civilization and Bureaucracy: variations on a theme(《中国文明和官僚》)[translated by H. M. Wright(芮沃寿), edited by Arthur F. Wright], Yale UP 1964 [contains English translations of articles as indicated below(其中包含了以下文章的英译版:)]

——(as Stefan Balazs), "Ts'ao Ts'ao, Zwei Lieder,"(《曹操诗二首》) in Monumenta Serica(《华裔学志》) 2(1937), 410 - 420["Two Songs by Ts'ao Ts'ao," in Civilisation and Bureaucracy, 173 - 186]

——, "Entre révolte nihiliste et évasion mystique: les courants intellectuals en Chine au IIIe siècle de notre ére,"(《虚无主义的反抗或神秘主义的逃避:公元三世纪的中国思想激流》) in Etudes Asiatiques(《亚洲研究》) 2(1948), 27 - 55["Nihilistic Revolt or Mystical Escapism: currents of thought in China during the Third Century

A. D.," in Civilisation and Bureaucracy, 226 - 256]

——, "La crise sociale et la philosophie politique à la fin des Han,"(《汉末的政治哲学与社会危机》) in T'oung Pao(《通报》) 39 (1950), 83 - 131 ["Political Philosophy and Social Crisis at the end of the Han dynasty," in Civilisation and Bureaucracy. 187 - 225]

Bauer, Wolfgang (鲍吾刚), Das Anlitz Chinas: die autobiographische Selbstdarstellung in der chinesischen Literatur von ihren Anfängen bis heute(《中国面孔:自中国文学产生至今的自传性描述》), Munich 1990

Besio, Kimberley Ann, and Constantine Tung[eds](金葆莉、董保中编), Three Kingdoms and Chinese Culture(《三国与中国文化》), State University of New York Press, Albany 2007

Bielenstein, Hans(毕汉思), "The Census of China during the period 2 - 742 A. D.,"(《公元 2—742 年间的中国人口统计》) in Bulletin of the Museum of Far Eastern Antiquities[BMFEA](《远东古物博物馆通讯》)19(1947), 125 - 163

——, The Restoration of the Han Dynasty: with prolegomena on the historiography of the Hou Han shu(《汉朝的复兴:〈后汉书〉书纪传导论》), in BMFEA(《远东古物博物馆通讯》) 26(1954); cited as RHD 1

——, The Restoration of the Han Dynasty: volume Ⅱ, the civil war(《汉朝的复兴Ⅱ:国内战争》), in BMFEA(《远东古物博物馆通讯》) 31(1959); cited as RHD Ⅱ

——, The Restoration of the Han Dynasty: volume Ⅲ, the people(《汉朝的复兴Ⅲ:人民》), in BMFEA(《远东古物博物馆通讯》) 39(1967); cited as RHD Ⅲ

——, Lo-yang in Later Han Time(《东汉时期的洛阳》), in BMFEA(《远东古物博物馆通讯》) 48(1976)

——, The Restoration of the Han Dynasty: volume Ⅳ, the government(《汉朝的复兴Ⅳ:政府》), in BMFEA(《远东古物博物馆通讯》) 51(1979); cited as RHD Ⅳ

——, The Bureaucracy of Han Times (《汉代的官僚结构》), Cambridge UP 1980

——, "Wang Mang, the Restoration of the Han Dynasty, and Later Han,"(《王莽,汉及东汉的重建者》) in CHOC,223 - 290

——, "The Institutions of Later Han,"(《东汉的机构》) in CHOC(《剑桥中国史》), 491 - 519

Biot, Edouard(毕欧), Le Tcheou-li ou Rites des Tcheou(《周礼》), 3 vols, Paris 1851 reprinted Taipei 1975

Birch, Cyril[editor](白芝编), Anthology of Chinese Literature from earliest times to the fourteenth century(《中国文选:十四世纪以前》), Penguin 1967:,伦敦,

1982 年

Birrell，Anne(安妮·比勒尔)，New Songs from a Jade Terrace：an anthology of early Chinese love poetry，translated with annotations and an introduction(《玉台新咏：中国早期爱情诗选集》)，London 1982

——，Popular Songs and Ballads of Han China(《中国汉代的歌谣》)，Hawaii UP 1993

Bodde，Derk(卜德)，Festivals in Classical China：New Year and other annual observances during the Han dynasty 206 B. C. - A. D. 220(《古代中国的节日：汉代的新年和其他年度仪式，公元前 206 年至公元 220 年》)，Princeton UP 1975

Boltz，William G.(鲍则岳)，"I li,"(《仪礼》)in Loewe [ed](鲁惟一编)，Early Chinese Texts(《中国古代典籍》)，234 - 241

Boodberg(卜弼德)，"Two Notes on the History of the Chinese Frontier,"(《关于中国边疆的两点看法》)in Harvard Journal of Asiatic Studies(《哈佛亚洲研究学报》)1(1936)，283 - 307

Brewitt-Taylor，C. H(邓罗). [translator]，Lo Kuan-chung's Romance of the Three Kingdoms "San kuo chih yeni,"(《三国演义》)Taipei 1969 [and see Sanguo yanyi in Early Sources：Other Texts above]

Brown，Miranda(董慕达)，The Politics of Mourning in Early China(《中国古代的丧礼》)，State University of New York Press，Albany 2007

——，and Rafe de Crespigny(董慕达、张磊夫)，"Adoption in Han China,"(《中国汉代的收养》)Journal of the Economic and Social History of the Orient(《东方经济社会史杂志》)52(2009)，229 - 266

——，see also sub Yu Xie(见下引谢宇条)

Campbell，J. B.(坎贝尔)，War and Society in Imperial Rome，31 BC - AD 284(《罗马帝国的战争和社会，公元前 31 年—公元后 284 年》)，London 2002

Cao Cao Lunji 曹操论集 "Collected Essays on Cao Cao" by Guo Moruo 郭沫若. Jian Bozan 翦伯赞 and others，Beijing 1959

Cao ji quanping 曹集诠评 "Selected Works of Cao Zhi，with Commentary." hy Ding Yan 丁晏，Beijing 1957

Chang，K. C.(张光直)[editor]，Food in Chinese Culture：anthropological and historical perspectives(《中国文化中的饮食：人类学与历史学的透视》)，Yale UP 1977

Chavannes，Edouard(沙畹)，Les mémoires historiques de Se-ma Ts'ien：traduits et annotés(《史记》)，5 volumes，Paris 1895 - 1905，reprinted Leiden 1967；with supplementary volume Ⅵ，Paris 1969；cited as MH

——，Le T'ai chan：essai de monographie d'un culte chinois(《泰山：中国祭祀专

论》》，Paris 1910

Ch'en Ch'i-yün 陈启云，Hsün Yüeh(A. D. 148 - 209)：the life and reflections of an early medieval Confucian(《荀悦（148—209 年）与中世儒学》)，Cambridge UP 1975

——，Hsün Yüeh and the Mind of Late Han China：a translation of the Shen chien with introduction and annotations(《荀悦与东汉思想》)，Princeton UP 1980

——，"Confucian，Legalist，and Taoist Thought in Later Han"(《东汉的儒家、法家和道家》) in CHOC(《剑桥中国史》)，766 - 807

——，Han-Jin liuchao Wenhua，shehui，zhidu；zhonghua zhonggu qianqi yanjiu 汉晋六朝文化社会制度：中华中古前期史研究 1，Taipei 1997

Chen，Kenneth(陈观胜)，"Inscribed Stele during the Wei，Chin and Nan-ch'ao,"(《魏晋南朝石刻》) in Studia Asiatica：essays in Asian Studies in felicitation of the seventy-fifth anniversary of Professor Ch'en Shou-yi(东亚研究：庆祝陈绶颐教授七十五华诞文集)，edited by Laurence G. Thompson(劳伦斯·汤普森)，San Francisco 1975，75 - 84

Chen Zhengping 陈政平，Sanguo pinghua 三国评话，Taipei 1973

Chittick，Andrew(戚安道)，"The Life and Legacy of Liu Biao：Governor，Warlord，and Imperial Pretender in Late Han China."(《刘表的生前与死后：东汉的州牧、军阀及篡位者》) in Journal of Asian History(《亚洲历史杂志》) 37(2003)，155 - 186

CHOC：the Cambridge History of China，volum 1，The Ch'in and Han empires 221B. C. - A. D. 220(《剑桥中国秦汉史》)，edited by Denis Twitchett(崔瑞德) and Michael Loewe(鲁惟一)，Cambridge UP 1986 [chapters cited by individual authors]]

Chūgoku chūseishi kenkyū(《中国中古史研究》)[Studies on Medieval Chinese History]，Tokyo UP 1970

Ch'ü T'ung-tsu(瞿同祖)，edited by Jack L Dull(杜敬轲)，Han Social Structure (《汉代的社会结构》)，Washington UP，Seattle 1972

CLEAR：Chinese Literature：Essays，Articles，Reviews (《中国文学》) [journal]，Madison，Wisconsin

Connelly，Peter(皮特·康奈利)，Greece and Rome at War(《希腊和罗马的战争》)，London 1981

Crowell，William Gordon(克洛维尔)，"Government Land Policies and Systems in Early Imperial China,"(《早期中国的土地管理政策和体系》) doctoral dissertation，University of Washington，Seattle 1979

—— see also Cutter and Crowell

Cutter, Robert Joe（高德耀）, "Cao Zhi（192－232）and his Poetry,"（《曹植（192—232 年）及其诗作》）doctoral dissertation, University of Washinton, Seattle 1983

——, "Cao Zhi's（192－232）Symposium Poems,"（《曹植（192—232 年）的宴饮诗》）in CLEAR（《中国文学》）6(1984), 1－32

——, "The Incident at the Gate: Cao Zhi, the succession, and literary fame,"（《司马门事件：曹植、继位和文学声誉》）in T'oung Pao（《通报》）71(1985), 41－83

——, "On Reading Cao Zhi's 'Three Good Men,'"（《读曹植〈三良诗〉》）CLEAR（《中国文学》）11(1989), 1－11

——, "The Death-of Empress Zhen: fiction and historiography in early Medieval China,"（《甄后之死：中国中古早期的小说和史学》）in Journal of the American Oriental Society（《美国东方社会杂志》）112(1992), 577－583

——, and Crowell（克洛维尔）, William Gordon（戈登·威廉）, Empress and Consorts: selection from Chen Shou's Records of the Three States translated with annotations and introduction（《皇后与嫔妃：陈寿〈三国志〉裴松之注选译》）, Hawai'i UP 1999

Daudin, P.（道丁）, "Sigillographie sino-annamite,"（《越南的汉文印章》）in Bulletin de la Société des Etudes lndochinoises（《印度支那研究会会刊》）[new series] 12, Saigon 1937, 1－322

de Crespigny, Rafe（张磊夫）[cited as deC], The Biography of Sun Chien（《孙坚传》）, Canberra 1966

——, "Civil War in Early China: Ts'ao Ts'ao at the Battle of Kuan-tu,"（《早期中国的国内战争：曹操的官渡之战》）in Journal of the Oriental Society of Australia（《澳大利亚东方社会杂志》）5.1&2(December 1967), 51－64

——, "Prefectures and Population in South China in the first three centuries AD,"（《公元后三个世纪中国南方的政区及人口》）Bulletin of the lnstitute of History and Philology, Academia Sinica, Taiwan（《"中央研究院"历史语言研究所集刊》）, 40.1(1968), 139－154

——, The Records of the Three Kingdoms（《三国史》）, Canberra 1970

——, "The Chinese Warlord in Fact and Fiction: a study of Ts'ao Ts'ao"（《曹操研究：史实与传说中的中国军阀》）Bulletin of the Chinese Historical Assocation（《中国历史学会通讯》）, Taipei, 4(1972), 304－328 [translated into Chinese by Lu Tianrong, Cao Cao, Taipei 1980, 195－217]

——, "Political Protest in Imperial China: the great proscription of Later Han 167－184,"（《中华帝国的政治逆流：167—184 年间的东汉党锢》）in Papers on Far Eastern History（《远东历史论文集》）11(March 1975), 1－36

——, Portents of Protest in the Later Han Dynasty: the memorials of Hsiang K'ai to Emperor Huan(《东汉党争的预兆:桓帝时襄楷的上书》), Canberra 1976

——, "Politics and Philosophy under the Government of Emperor Huan 159 - 168 AD,"(《159—168 年桓帝朝的政治和哲学》) in T'oung Pao(《通报》) 66(1980), 41 - 83

——, "Inspection and Surveillance Officials under the Two Han Dynasties," (《两汉的监察官员》) in State and Law in East Asia: Festschrift Karl Bünger(《东亚的国家和法律:纪念谢和耐》), edited by Dieter Eikemeier(迪特·艾克迈耶) and Herbert Franke(傅海波), Wiesbaden 1981, 40 - 79

——, Northern Frontier: the policies and strategy of the Later Han empire(《北部边疆:东汉的政治和策略》), Canberra 1984

——, Emperor Huan and Emperor Ling: being the chronicle of Later Han for the years 157 to 189 AD as recorded in chapters 54 to 59 of the Zizhi tongjian of Sima Guang: translated and annotated(《桓帝和灵帝:司马光〈资治通鉴〉卷 54—59 中记录的公元 157—189 年间事》), Canberra 1989

——, Generals of the South: the foundation and early history of the Three Kingdoms state of Wu(《南方的将军:三国时吴国的建立及其早期历史》), Canberra 1990

——, Man from the Margin: Cao Cao and the Three Kingdoms(《边境之人:曹操及三国》): the Fifty-first George Ernest Morrison Lecture in Ethnology, Canberra 1990

——, "The Three Kingdoms and Western Jin: a history of China in the third century AD:"(《三国与西晋:3 世纪中国史》) Part Ⅰ in East Asian History(《东亚历史》)1(Canberra, June 1991), 1 - 36; Part Ⅱ in EAH 2(Canberra, December 1991), 143 - 165

——, "Local Worthies: provincial gentry and the end of Later Han,"(《地方大族及东汉的灭亡》) in Das Andere China: Festschrift für Wolfgang Bauer zum 65. Geburtstag(《另一个中国:鲍吾刚六十五秩祝寿文集》), edited by Helwrig Schmidt Glintzer(施寒微), Wiesbaden 1995, 533 - 558

——, To Establish Peace: being the chronicle of Later Han for the years 189 to 220 AD as recorded in chapters 59 to 69 of the Zizhi tongjian of Sima Guang: translated and annotated,(《建安年间:司马光〈资治通鉴〉卷 59—69 中记录的公元 189—220 年间事》)Canberra 1996

——, "A Question of Loyalty: Xun Yu, Cao Cao and Sima Guang,"(《忠诚问题:荀彧、曹操和司马光》) in Sino-Asiatica: Papers dedicated to Professor Liu Ts'un-yan on the occasion of his eighty-fifth birthday(《柳存仁教授八十五华诞祝寿论文

集》), edited by Wang Gungwu, Rafe de Crespigny and Igor de Rachewiltz(王庚武、张磊夫、罗依国), Canberra 2002, 30 - 59

——, "Some Notes on the Western Regions in Later Han,"(《关于东汉西域的一些注解》) in Journal of Asian History(《东亚历史杂志》) 40.1(2006), 1 - 30

——, "Scholars and Rulers: imperial patronage under the Later Han dynasty,"(《学者和统治者:东汉的国家赞助》) in HanZeit: Festschrift für Hans Stumpfeldt aus Anlaβ seines 65 Geburtstage(《汉朝:司徒汉教授六十五华诞纪念论文集》), edited by Michael Friedrich(傅敏怡), assisted by Reinhard Emmerich(艾默力) and Hans van Ess(叶翰), Wiesbaden 2006, 57 - 77

——, A Biographical Dictionary of Later Han to the Three Kingdoms(23 - 220 AD)(《东汉三国人物辞典》), Leiden 2007; cited as LH3K

——, "Recruitment Revisited: the commissioned civil service of Later Han,"(《再次应征:东汉任命的公务员》) in Early Medieval China(《中国中古研究》)13—14.2(2008), 1 - 48

——, "The Military Culture of Later Han,"(《东汉的军事文化》) in Military Culture in Imperial China(《古代中国的军事文化》), edited by Nicola Di Cosmo(狄宇宙), Harvard UP 2009, 90 - 111

see also sub Brown

邓永康:《魏曹子建先生植年谱》,Commercial Press, Taibei 1981

DeWoskin, Kenneth J.(德沃斯基·肯尼斯), Doctors, Diviners and Magicians of Ancient China: biographies of Fang-shih(《中国古代的占卜和巫师:方士传》), Columbia UP 1983

Dien, Albert E.(丁爱博), "A Study of Early Chinese Armor,"(《古代中国盔甲研究》) in Artibus Asiae(《亚洲艺术》) 43.1 - 2(1981 - 1982), 5 - 56

——, "The Stirrup and its Effect on Chinese History,"(《马镫及其对中国历史的影响》) in Ars Orientalis(《东方艺术》)16(1986), 33 - 56

——[editor], State and Society in Early Medieval China(《中国中古的国家与社会》), Stanford UP 1990

——, Six Dynasties Civilization(《六朝文明》), Yale UP 2007

Diény, Jean-Pierre(桀溺), Les dix-neuf poèmes anciens(《古诗十九首》), Paris 1963

——, Aux origines de la poésie classique en China: étude sur la poésie lyrique à l'époque des Han(《中国古典诗歌的起源:对汉朝抒情诗的研究》), Leiden 1968

——, "Les sept tristesses(Qi ai): à propos des deux versions d'un 'poème à chanter' de Cao Zhi,"(《七哀诗:对曹植诗作两个版本的研究》), in T'oung Pao(《通报》)65(1979), 52 - 65

——, "Littérature chinoise et littérature gréco-latine: histoire et raison"(《中国文学与希腊—拉丁文学:历史与起因》), in Nichi Futsu bunka(日佛文化) 38 (January 1980), 28 - 45

——, "Lecture de Wang Can(177 - 217) ",(《王粲的文学》) in T'oung Pao(《通报》) 73(1987), 286 - 312 [review article on Miao, Early Medieval Chinese Poetry, q. v.]

——, "Une guerre de Cao Cao(193 - 194): note sur la pratique historique dans la Chine ancienne,"(《曹操的一场战争(193—194):中国古代实战史学述评》), in De Dunhuang au Japon: études chinoises et bouddhiques offertes à Michel Soymié(《日本敦煌学:苏远鸣汉学与佛学研究集》), Paris 1996, 317 - 336

——, Les poèm de Cao Cao(155 - 220)(《曹操的诗作》), Paris 2000

Dreyer, Edward L. (爱德华·德雷耶), "The Po-yang Campaign, 1363: inland naval warfare in the founding of the Ming dynasty"(《1363 年鄱阳之战:明朝建立时的内陆海战》) in Kierman and Fairbank[eds](克尔曼、费正清编辑), Chinese Ways in Warfare(《中国的兵法》), 202 - 242

——, "Zhao Chongguo: a professional soldier of the Former Han dynasty,"(《赵充国:西汉的杰出将领》)in Journal of Military History(《军事史杂志》) 72 (2008), 665 - 725

——, "Military Aspects of the War of the Eight Princes, 300 - 307"(《八王之乱时的军事,300—307 年》) in Military Culture in Imperial China(《中国古代的军事文化》), edited by Nicola Di Cosmo(狄宇宙), Harvard UP 2009, 112 - 142

Dubs, Homer H. (德效骞), The History of the Former Han Dynasty by Pan Ku(《汉书》), 3 vols, Baltimore 1938, 1944 and 1955; cited as HFHD

Dunn, Hugh(邓安佑), Cao Zhi: the life of a prinly Chinese poet, Beijing 1983 (《曹植:中国的王子诗人》)[first published as Ts'ao Chih, Taipei 1970]

Ebrey, Patricia(伊佩霞), "Later Han Stone Inscriptions,"(《东汉的石刻》) in HJAS(《哈佛亚洲研究学刊》)40(1980), 325 - 353

——, "The Economic and Social History of Later Han,"(《东汉经济社会史》) in CHOC(《剑桥中国史》), 608 - 648

Eichhorn, Werner(艾士宏), "Bemerkungen zum Aufstand des Chang Chio und zum Staate des Cháng Lu,"(《张角起义和张鲁建立的国家考察》) in Mitteilungen des Instituts für Orientforschung(《东方学研究所纪要》) 3(1955), 292 - 327

Eikenberry, Karl W,(艾江山) "The Campaigns of Cao Cao,"(《曹操的战争》) in Military Review(《军事评论》) 74. 8(Fort Leavenworth, August 1994), 56 - 64

《二十五史补编》,上海:开明书店,1936—1937 年

Fang, Achilles,(方志彤) The Chronicle of the Three Kingdoms(220 - 265):

chapters 69 - 78 from the Tzu chih t'ung chien of Ssu-ma Kuang(1019 - 1086),(《三国编年(220—265 年):司马光(1019—1086 年)〈资治通鉴〉第 69—78 章》)Harvard UP: volume 1, 1952; volume 2, 1965

方北辰,《三国志注译》,西安,1995

Farnum, Jerome H(法农), The Positioning of the Roman Imperial Legions(《罗马帝国军队的配置》), Oxford 2005

Feuerwerker, Albert(费维恺), "China's History in Marxian Dress," (《马克思主义下的中国史》) in The American Historical Review(《美国历史评论》) 66. 2(Jan 1961), 323 - 353; reprinted in Feuerwerker [ed.], History in Communist China(《共产主义中国的历史学》), 14 - 44

——[editor], History in Communist China(《共产主义中国的历史学》), MIT Press 1968

——, and see sub Kahn

Fitzgerald, C. P.(费兹杰罗), Barbarian Beds: the origin of the chair in China(《蛮夷之床:中国座椅起源》), Canberra 1965

Fogel Joshua A.(傅佛果), see Tanigawa Michio(谷川道雄), Medieval society and the local "community," (《中国中古社会与共同体》)

Franke, Herbert(傅海波), "Siege and Defense of Towns in Medieval China,"(《中国中古的城市攻防》) in Kierman and Fairbank[eds](克尔曼、费正清编辑), Chinese Ways in Warfare(《中国的兵法》), 151 - 201

——, Studien und Texte zur Kriegsgeschichte der Südlichen Sungzeit(《南宋战争史的研究与文献》), Wiesbaden 1987

Frankel, Hans H.(傅汉思), "Fifteen Poems by Ts'ao Chih: an attempt at a new approach,"(《曹植诗作十五首:以新的方法进行分析》) in Journal of the American Oriental Society(《美国东方学会会刊》)84(1964), 1 - 13

——, "Cai Yan and the Poems Attributed to Her,"(《蔡琰及其诗作》) in CLEAR(《中国文学》) 5(1 983), 133 - 156

——, "The Development of Han and Wei Yüeh-fu as a High Literary Genre,"(《汉魏时期作为高雅的文学类型的乐府诗的发展》) in Shuen-fu Lin and Stephen Owen[eds](林顺夫、宇文所安编辑), The Vitality of the Lyric Voice: shih poetry from the Late Han to the T'ang(《汉唐诗新论》), Princeton UP 1986, 255 - 286

Frodsham, John(傅德山), with the collaboration of Ch'eng Hsi, An Anthology of Chinese Verse: Han Wei Chin and the Northern and Southern Dynasties(《中国汉魏晋南北朝诗选》)[translated and annotated], Oxford UP 1970

高敏,《曹魏士家制度的形成与演变》,《历史研究》,1989.5, 61 - 75

Gardiner, K. H. J(加德纳). The Early Hisory of Korea: the historical development of the peninsula up to the introduction of Buddhism in the fourth century A. D.《朝鲜的早期历史：4 世纪佛教传入前朝鲜半岛的历史》，Canberra 1969

——，"The Kung-sun Warlords of Liao-tung(189 - 238)"《辽东公孙氏(189—238 年)》Part Ⅰ，in Papers on Far Eastern History《远东历史论文集》5 (Canberra, March 1972), 59 - 107

——，"The Kung-sun Warlords of Liao-tung(189 - 238)" Part Ⅱ，in Papers on Far Eastern History《远东历史论文集》6(September 1972), 141 - 201

——，"Standard Histories,"《正史》in Leslie, Mackerras, and Wang[eds](李渡南、马克林、王庚武编辑)，Essays on the Source of Chinese History《中国历史论文集》，42 - 52

Gawlikowski, Krzysztof, and Loewe, Michael,（石施道、鲁惟一）"Sun tzu ping fa,"《孙子兵法》in Loewe[ed], Early Chinese Texts《中国古代典籍》，446 - 455

Giles, Lionel,（贾尔斯）Sun Tzu on the Art of War《孙子兵法》，London 1910

Goldsworthy, Adrian(阿德里安)，The Complete Roman Army《完美的罗马军队》，London 2003

Goodman, Howard L. (古德曼)，Ts'ao P'i Transcendent：the political culture of dynasty-founding in China at the end of the Han《非凡的曹丕》，Seattle 1998

——，"Sites of Recognition：Burial, Mourning, and Commemoration in the Xun Family of Yingchuan, AD 140 - 305,"《颍川荀氏的丧葬及仪式，140—305 年》in Early Medieval China《中古早期的中国》15(2009), 49 - 90

Goodrich, Chauncey S. (顾传习)，"Riding Astride and the Saddle in Ancient China,"《中国古代的马镫和马鞍》in HJAS《哈佛亚洲研究》44 (1984), 279 - 306

Graff, David A. (戴维·格拉夫)，Medieval Chinese Warfare《中国中古的战争》，300 - 900, London 2002

Grafflin, Dennis,（丹尼斯·格拉夫林）"Reinventing China：pseudobureaucracy in the early Southern Dynasties,"《中国的革新：南朝早期的伪官僚主义》in Dien (丁爱博)[ed]，State and Society《中国中古的国家与社会》，139 - 170

Graham, William T. Jr(葛兰)，"Mi Heng's 'Rhapsody on a Parrot',"《祢衡的〈鹦鹉赋〉》in HJAS 39(1979), 39 - 54

Greatrex, Roger,（王罗杰）The Bowu Zhi：an annotated translation《抱朴子注译》，Stockholm, 1987

Griffith, Samuel B(塞缪尔·格里菲斯)，Sun Tzu：the Art of War《孙子兵法》，translated and with an introduction, Oxford UP 1963

顾櫰三，《补后汉书艺文志》，载《二十五史补编》，2131 - 2304

Guo, Qinghua(郭清华)，"Tomb Architecture of Dynastic China：old and new questions,"(《中国古代的陵墓建筑：新旧问题》) in Architectural History：Journal of the Society of Architectural Historians of Great Britain(《建筑史：建筑史学家学会志》) 47(2004)，1-24

Hanson, Victor Davis(维克托·戴维斯·汉森)，A War Like No Other：how the Athenians and Spartans fought the Peloponnesian War(《独一无二的战争：雅典人和斯巴达人怎样打伯奔尼撒战争》)，New York 2006

Harrison, James P.(哈里森·詹姆斯)，"Chinese Communist Interpretations of the Chinese Peasant Wars,"(《中国共产党对于中国农民战争的解释》) in The China Quarterly(《中国季刊》) 24(Oct-Dec 1965)，92-118，reprinted in Feuerwerker(费维恺)[ed]，History in Communist China(《共产主义中国的历史学》)，189-215

何兹全，《魏晋南北朝史略》，上海 1958

——，《读史集》，上海 1982

Hervouet, Yves(吴德明)，Un poéte de cour sous les Han：Sseu-ma Siang-jou(《宫廷诗人司马相如》)，Bibliothèque de l'Institut des Hautes Études Chinoises(高等汉学研究所文丛)，Paris 1964

——，Le chapitre 117 du Che-ki(Biographie de Sseu-ma Siang-jou)(《史记 117 卷(司马相如列传)》)，Bibliothèque de l'Institut des Hautes Études Chinoises(高等汉学研究所文丛)，Paris 1972

Hightower, James Robert(海陶玮)，"The Fu of T'ao Ch'ien,"(《陶潜的赋》) in Harvard Journal of Asiatic Studties(《哈佛亚洲研究学刊》) 17(1954)，169-230

——，Han shih wai chuan：Han Ying's illustrations of the didactic application of the Classic of Songs；an annotated translation(《韩诗外传：韩婴对古典歌谣的说教性解释》)，Harvard UP 1952

Holcombe, Charles(查尔斯·霍尔库姆)，In the Shadow of Han：literati thought and society at the beginning of the Southern Dynasties(《在汉代的阴影下：南朝初期的文士思想与社会》)，Hawaii UP 1994

Holzman, Donald,(侯思孟) "Les sept sages de la forêt des bambous et la société de leur temps,"(《竹林七贤和他们所处时代的社会》) in T'oung Pao(《通报》) 44(1956)，317-346

——，"Les débuts du système médiéval de choix et de classement des fonctionnaires：les neuf catégories et l'Impartial et Juste,"(《九品中正考》) in Mélanges publiés par l'Institut des Hautes Études Chinoises(《中国高等研究院论集》) 1(Paris 1957)，387-414

——，La vie et la pensée de Hi Kang(223-262 ap. f. c.)(《嵇康的生平和思想》)，Leiden 1957

——，review of Rogers, The Chronicle of Fu Chien(q. v.)(《苻坚载纪》)，in

T'oung Pao(《通报》) 57(1971),182 - 186

——, Poetry and Politics: the life and works of Juan Chi A. D. 210 - 263(《诗歌与政治:阮籍的生平与作品》), Cambridge UP, 1976

——, "Ts'ao Chih and the Immortals,"(《曹植与洛神》)in Asia Major(《泰东》)[Third Series] 1(1988), 15 - 57

——, Landscape Apprecianon in Ancient and Early Medieval China: the birth of land scape poetry(《中国上古与中古早期的山水欣赏:山水诗的产生》), National Tsing Hua UP, Taiwan 1996

Hopkins, Donald R. (唐纳德·霍普金斯), Princes and Peasants: smallpox in history(《王子与农民:历史上的天花》), Chicago UP 1983

Howard, Angela Falco, Li Song, Wu Hung and Yang Hong(何恩之、李崧、巫鸿、杨泓), Chinese Sculpture(《中国雕塑》), Yale UP 2006

Hsia, C. T. (夏志清), The Classic Chinese Novel: a critical introduction(《中国古典小说史论》), Columbia UP 1968(已有中译本:胡益民、石晓林、单坤琴译,江西人民出版社,2001 年)

邢义田,《秦汉的律令学——兼论曹魏律博士的出现》,《"中央研究院"历史语言研究所集刊》54.4(Taipei 1983): 51 - 101

Hsü Cho-yün [Cho-yun Hsu](许倬云), Han Agriculture: the formation of Chinese agrarian economy(206 B. G. - A. D. 220)(《汉代农业:早期中国农业经济的形成》), edited by Jack L Dull(杜尔), Washington UP, Seattle 1980(已有中译本:程农、张鸣译,江苏人民出版社,1998 年)

Huang, Ray(黄仁宇), "The Lung-ching and Wan-li Reigns, 1567 - 1620,"(《隆庆及万历朝,1567—1620 年》) in The Cambridge History of China, volume 7, The Ming Dynasty 1368 - 1644, Part 1(《剑桥中国明代史》), edited by Frederick W Mote and Denis Twitchett(牟复礼、崔瑞德编), Cambridge UP 1988, 511 - 584

黄永年,《邺城和三台》,《中国历史地理论丛》1995.2,167 - 176

Hulsewé, A. F. P(何四维). Remnants of Han Law volume Ⅰ(《汉律拾零》), Leiden 1955

——, "Notes on the Historiography of the Han period,"(《汉代的史学编纂》)in W. G. Beasley and E, G Pulleyblank(比利斯、蒲立本)[eds], Historians of China and Japan(《中国和日本的史学家》), Oxford UP 1961, 31 - 43

——, "Ch'in and Han Law,"(《秦汉法律》) in CHOC(《剑桥中国史》), 520 - 544

——, "Han chi,"(《汉纪》)in Loewe(鲁惟一)[ed], Early Chinese Texts(《中国古代典籍导读》), 113 - 114(已有中译本:李学勤等译,辽宁教育出版社,1997 年)

Hummel, Arthur W(恒慕义). [editor], Eminent Chinese of the Ch'ing Period

(1644－1912)(《清代名人传略》)，Washington 1943(已有中译本：中国人民大学清史所译，青海人民出版社，1990 年)

Hyland，Ann(安·海兰德)，Equus：the horse in the Roman world(《罗马帝国的马》)，London 1990

Idema，W. L.(伊维德)，Chinese Vernacular Fiction：the formative period(《中国白话小说：形成时期》)，Leiden 1974 ［the second part of this work，"Some Remarks and Speculations concerning p'ing-hua,"(《对平话的一些评论及猜测》) was originally published in T'oung Pao(《通报》) 60(1974)，121－172］

剑生，《三国人物故事评论》，香港 1961

江耦，《曹操年表》，载《曹操集》1959.3

焦智勤、谢世平，《曹魏五铢考》http://ay. henanews. org. cn/special/Currency/index5. htm

Jugel，Ulrike(尤格尔·乌里克)，Politische Funktion und Sociale Stellung der Eunuchen zur Späteren Hanzeit(25－220 n. Chr.)(《东汉时期宦官的政治功能与社会地位》)，Wiesbaden 1976

Jupp，David(贾大韦)，Brian Lees(李布朗)，Li Rui(李锐) and Feng Suiping(冯岁平)［eds］，The Collected Papers of the International Symposium on Historical Research of Plank Roads and Applications of 3S Technology ［Pland Roads Papers］(《3S 技术在历史栈道研究中的应用国际会议论文集》)，Hanzhong 2008

Kahn，Harold，and Albert Feuerwerker(康无为、费维恺)，"The Ideology of Scholarship：China's new historiography,"(《学术的意识形态化：中国的新史学》) in The China Quarterly(《中国季刊》) 22(1965)，1－13；reprinted in Feuerwerker ［ed. ］，History in Communist China(《共产主义中国的历史学》)，1－13

Kaltenmark，Max(康德谟)，"The Ideology of the Tai-p'ing-ching,"(《〈太平经〉的思想体系》) in Holmes Welch and Anna Seidel(唯慈、索安)［eds］，Facets of Taoism：essays in Chinese religion(《道教面面观·中国宗教论文集》)，Yale UP 1979，19－45

Kandel，Barbara(坎德尔)，"New Interpretations of the Han Dynasty Published during the Pi-Lin Pi-Kong Campaign"(《批林批孔运动中对汉代典籍的新解读》) in Modern China(《现代中国》) 4. 1(Jan 1978)，91－120

———，Taiping Ting the origin and transmission of the "Scripture on General Welfare"—the history of an unofficial text(《太平经的起源和流传——一种非官方文本的历史》)，Hamburg 1979

Karlgren，Bernhard(高本汉)，Grammata Serica Recensa(《古汉语字典》)，in BMFEA(《远东古物博物馆通讯》)29(1957)［GSR；cited by characters，not by pagination］

Kawakatsu Yoshio 川勝義雄，Sōsō gunkoku no kōsei ni tsuite 曹操军國の構成について[On the formation of Cao Cao's military state]《《曹操的军事国家的建立》》，in Studies in Commemoration of the 25th Anniversary of the establishment of the Research Centre of the Humanities(《人文研究中心建立二十五周年纪念文集》)，Kyoto 1954，201 - 220

——，Kizokusei shakai to Son Go seikanka no Kōnan 貴族制度社會と孫吳政權下の江南[Aristocratic Society and South China under the Sun Wu regime]《《孙吴政权下江南的贵族制社会》》，in Chúgoku chūseishi kenkyū，Tokyo 1970

——，Gi-Shin nanbokuchō：sōdai na bunretsu jidai 魏晉南北朝壯大な分製時代[Wei, Jin, Northern and Southern Dynasties：a period of great disunity]《《魏晋南北朝：大分裂时期》》，Kyoto 1974

——，"L'aristocratie et la société féodale au début des six dynasties"《《六朝的特权阶层与封建社会》》in Zinbun(《人文》)17(1981)，107 - 160

Keegan，John(约翰·基根)，The Face of Battle(《战争的一面》)，London 1976

Keen，M. H.（基恩)，The Laws of War in the Later Middle Ages(《中世纪晚期的战争法则》)，London 1965

Kierman，Frank A. jr(克尔曼)，and Fairbank，john K(费正清)[eds]，Chinese Ways in Warfare(《中国的兵法》)，Harvard UP 1974

Kinney，Anne Behnke(金尼)，The Art of the Han Essay：Wang Fu's Ch'ien-fu lun；a study with translations(《汉代文章的艺术：王符的〈潜夫论〉》)，Arizona State University 1990

Knechtges，David R.（康达维)，Wen xuan or Selections of Refined Literature：volume one，rhapsodies on metropolised and capitals；by Xiao Tong(501 - 531)(《萧统(501—531)〈文选〉：卷一京都》)，translated with annotations and introduction，Princeton UP 1982

——，Wen xuan or Selection of Refined Literature：volume two，rhapIsodies on sacrifices，hunting，travel，sighteeing，palaces and halls，rivers and seas；by Xiao Tong(501 - 531)，translated with annotations(《萧统(501—531)〈文选〉：卷二郊祀、耕籍、田猎》)，Princeton UP 1987

Kow Meikao（辜美高)，《明清小说与中国文化丛论》，Nanyang UP，Singapore 2009

Kroll，Paul William(柯睿)，"Portraits of Ts'ao Ts'ao：literary studies on the man and the myth,"(《曹操的肖像：关于曹操及其传说的文学研究》) doctoral dissertation，University of Michigan，Ann Arbor 1976

Kuan Yu-chien(关愚谦)，Cao Caos Leben und seine gegenwartige Bewertung(《曹操正反论》)，Gesellschaft für Natur-und Völkerkunde Ostasien，Hamburg 1978

孔另境,《中国小说史料》,上海 1957

Langlois, John D., Jr(兰德璋), "The Hung-wu Reign, 1368 - 1398,"(《洪武朝,1368—1398》) in The Cambridge History of China, volume 7, The Ming Dynasty 1368 - 1644, Part 1(《剑桥中国明代史》), edited by Frederick W. Mote and Denis Twitchett(牟复礼、崔瑞德), Cambridge UP 1988, 107 - 181

劳幹,《魏晋南北朝史》,台北 1972

Leban, Carl(卡尔·雷班), "Ts'ao Ts'ao and the Rise of Wei: the early years,"(《曹操及魏国的兴起:初期阶段》) doctoral dissertation, Columbia University, New York 1971

——, "Managing Heaven's Mandate: coded communication in the accession of Ts'ao P'ei, A. D. 220,"(《天命的操纵:公元 220 年曹丕即帝位所隐含的天意》) in Ancient China: studies in early civilization(《古代中国:早期文明研究》), in David T. Roy and Tsuen-hsuin Tsien[eds](芮效卫、钱存训编), Chinese UP, Hong Kong 1978, 315 - 341

Lee Jen-der(李贞德), "Women and Marriage in China during the Period of Disunion,"(《中国分裂时期的女性及婚姻》) doctoral dissertation, University of Washington, Seattle 1992

Leslie, Donald, Colin Mackerras and Wang Gungwu[editors](李渡南、马克林、王庚武), Essays on the Sources for Chinese History(《中国历史论文集》), Canberra 1973

Legge, James(理雅各), The Confucian classics(《中国经书》), reprinted Hong Kong 1960:

Ⅰ: The Confucian Analects, The Great Learning, The Doctrine of the Mean (《论语、大学、中庸》)

Ⅱ: The Works of Mencius(《孟子》)

Ⅲ: The Shoo King, or the Book of Historical Documents(《尚书》)

Ⅳ: The She King, or the Book of Poetry(《诗经》)

Ⅴ: The Ch'un Ts'ew with the Tso Chuen(《春秋》)

Lewis, Mark E. (陆威仪), "The Han Abolition of Universal Military Service," (《汉代对普遍兵役的废除》) in Hans van de Ven(方德万)[eds]. Warfare in Chinese History(《中国历史上的战争》), Leiden 2000, 33 - 75

——, The Early Chinese Empires: Qin and Han(《早期中华帝国:秦与汉》), Harvard UP 2007

——, China between Empries: the Northern and Southern Dynasties(《帝国之间:南北朝》), Harvard UP 2009

Lau, D. C. see sub Ames

LH3K：Rafe de Crespigny, A Biographical Dictionary of Later Han to the Three Kingdoms(23－220 AD), Leiden 2007

李充阳，《曹操研究》，台北 1976

林言椒，《关于曹操评价问题的讨论——综合报道》，载《史学月刊》1959.9，35—40

Liu Ts'un-yan(柳存仁)，"Lo Kuan-chung and his Historical Romances,"(《罗贯中及其历史小说》) in W. L. Yang and C. P. Adkins[eds](杨立宇、艾德金)，Critical Essays on Chinese Fiction(《中国小说批评论集》)，Chinese UP, Hong Kong 1980，85－114

——, "On the Authenticity of the Historical Romances of Lo Kuan-chung"(《罗贯中的历史小说的真实性》) in New Excursions from the Hall of Harmonious Wind (《和风堂散策新集》)，Leiden 1984，211－288

Liu Wu-chi(柳无忌)，An Introduction to Chinese Literature(《中国文学导论》)，Indiana UP 1966

刘逸生、赵福坛，《曹魏父子诗选》，香港 1982

Loewe, Michael(鲁惟一)，"The Measurement of Grain during the Han period,"《汉代粮食的测量》) in T'oung Pao(《通报》) 49(1961)，64－95

——, Records of Han Administration(《汉代行政记录》)，2 vols, Cambridge UP 1967；cited as RHA(该书已有中译本：于振波、车今花译，广西师范大学出版社，2005 年)

——, Crisis and Conflict in Han China 104 BC to AD 9(《公元前 104 年至公元 9 年汉代中国的危机和冲突》)，London 1974

——, "The Campaigns of Han Wu-ti,"(《汉武帝的征战》) in Kierman and Fairbank(克尔曼、费正清)[eds]，Chinese Ways in Warfare(《中国的兵法》)，67－122

——, Ways to Paradise: the Chinese quest for immortality(《天堂之路：中国长生之道研究》)，London 1979

——, "The Concept of Sovereignty,"(《主权的概念》) in CHOC，726－746

——, [editor]，Early Chinese Texts: a bibliographical guide(《中国古代文献：书目导论》)，Berkeley CA 1993

——, A Biographical Dictionary of the Qin, Former Han and Xin Periods(221 BC－AD 24)(《秦、西汉、新莽时期人物传记辞典（公元前 221—公元 24 年)》)，Leiden 2000，cited as QHX

《历史研究》杂志，北京

卢建荣，《曹操》，台北 1980

鲁迅/周树人，《中国小说史略》，人民文学出版社，Beijing 1973；translated as A

Brief History of Chinese Fiction, Honolulu 2000; see also GXSGC in Early Sources: Other Texts above

Luttwak, Edward N. (爱德华·勒特韦克), The Grand Strategy of the Roman Empire from the first century A. D. to the third(《罗马帝国的大战略:从公元一世纪到三世纪》), John Hopkins UP 1976(该书已有中译本:时殷弘、惠黎文译,商务印书馆,2008 年)

——, The Grand Strategy of the Byzantine Empire(《拜占庭帝国的大战略》), Harvard UP 2009

Mair, Victor H. (梅维恒), [editor], The Columbia Anthology of Traditional Chinese Literature(《哥伦比亚中国古典文学选集》), Columbia UP 1994

Makeham, John(梅约翰), Name and Actuality in Early Chinese Thought(《早期中国思想中的名实论》), Albany NY 1994

——, Balanced Discourses: an annotated translation of Xu Gan's (170 - 217) Zhonglun(《徐幹〈中论〉》), Yale UP 2002

Mansvelt Beck, B. J. (贝克), "The Date of the Taiping jing,"《〈太平经〉的年代》in T'oung Pao(《通报》) 66(1980), 147 - 182

——, "The Fall of Han,"(《汉代的灭亡》) in CHOC, 317 - 376

——, The Treatises of Later Han: their author, sources, contents and place in Chinese historiography(《东汉的志:作者、材料、内容和在中国史学中的地位》), Leiden 1990

Mather, Richard B. (马瑞志), Shih-shuo Hsin-yü: A New Account of Tales of the World, by Liu I-ch'ing with commentary by Liu Chün, translated with introduction and notes(《世说新语》), Minnesota UP 1976

McKnight, Brian E. (马伯良), The Quality of Mercy: amnesties and traditional Chinese justice(《慈悲的质量:恩赦及传统中国司法》), Hawai'i UP 1981

McLaren, Anne E. (马兰安), "Zhuge Liang, Daoism and the Textual History of The Narrative of the Three Kingdoms,"(《诸葛亮、道教以及三国历史文献》) in A Daoist Florilegium: a Festschrift dedicated to Professor Liu Ts'un-yan on his eighty-fifth birthday(《道苑缤纷录:柳存仁教授八十五岁祝寿论文集》), edited by Lee Cheuk Yin and Chan ManSing(李焯然、陈万成), Hong Kong 2002, 234 - 286

——, "History Repackaged in the Age of Print: the Sanguozhi and Sanguo yanyi,"(《印刷时代对历史的重新包装:〈三国志〉及〈三国演义〉》) in Bulletin of the School of Oriental & African Studies, University of London(《伦敦大学亚非学院通讯》), 69. 2(2006), 293 - 313

——, "Challenging Official History in the Song and Yuan: the record of the Three Kingdoms"(《宋元时对正史的挑战:关于三国时期的作品》) in Hilde de

Weerdt and Lucille Chia［eds］（魏希德、贾晋珠），First Impressions：the cultural history of print in imperial China(8th - 14th centuries)（《第一印象：中华帝国印刷文化史(8—14 世纪)》），forthcoming

McNeill，William H.（威廉·麦克尼尔），Plagues and Peoples（《瘟疫与人》），New York［Doubleday Paperback］1976(该书已有中译本：余新忠、毕会成译，中国环境科学出版社，2010 年)

Miao，Ronald C.（缪文杰），Early Medieval Chinese Poetry：the life and verse of Wang Ts'an（A. D. 177 - 217)（《王粲生平及其创作：中国中古诗歌研究》），Wiesbaden 1962

缪钺，《读史存稿》，北京 1963

Michaud，Paul（米肖·保罗），"The Yellow Turbans,"（《黄巾起义》）in Monumenta Serica（《华裔学志》）17(1958)，47 - 129

Minford，John（闵福德），The Art of War：Sun-tzu（Sunzi)（《孙子兵法》），edited，translated，and with an introduction，Penguin 2002

Miyakawa Hisayuki 宫川尚志，Rikuchō shi kenkyū，seiji shakai hen 六朝史研究 政治社會篇［Studies in Six Dynasties history，volume on political and social problems］，Tokyo 1956

Miyazaki Ichisada 宫崎市定，Kyūhin kanjin hō no kenkyū：kakyo zenshi 九品官人法研究：科举前史［The Mechanism of the Aristocracy in China：installation of mandarins before the establishrnent ofthe competitive exarnination systern］，Kyoto 1974(此书已有中译本：韩昇、刘建英译，中华书局，2008 年)

Mote，Frederick W.（牟复礼），"Yüan and Ming"（元、明时期）in Chang［ed］（张光直编），Food in Chinese Culture（《中国文化中的饮食》），193 - 257

Needham，Joseph(李约瑟)，and others，Science and Civilisation in China（《中国科学技术史》），Carnbridge UP

——，Ⅳ.1［Physics and Physical Technology；Physics］（《物理学》），1962(已有中译本：戴念祖主编，科学出版社，2001 年)

——，Ⅳ.3［Physics and Physical Technology；Civil Engineering and Nautics］（《物理学及相关技术；土木工程与航海技术》），1971(已有中译本：汪受琪等译，科学出版社、上海古籍出版社，2008 年)

——，V. 1（by Tsien Tsuen-hsuin）［Chemistry and Chemical Technology；Paper and Printing］（《化学及相关技术；纸和印刷》），1985(已有中译本：刘祖慰等译，科学出版社、上海古籍出版社，1990 年)

——，V. 6（with Robin D. S. Yates）［Chemistry and Chemical Technology；Military Technology：Missiles and Sieges］（《化学及相关技术；军事技术：抛射武器和攻守城技术》），1994［including a section on "Chinese Literature on the Art of War" with Krzysztof Gawlikowski](已有中译本:钟少异等译,科学出版社、上海古籍出版社,2002 年)

——, V. 7 [Chemistry and Chemical Technology; Military Technology: the Gunpowder Epic](《化学及相关技术;军事技术:火药的史诗》),1986(已有中译本:刘晓燕等译,科学出版社、上海古籍出版社,2005 年)

——, Ⅵ. 1(with Lu Gwei-djen and Huang Hsing-tsung)[Biology and Biological Technology: Part 1, Botany](《生物学及相关技术:植物学》),1986(已有中译本:袁以苇等译,科学出版社、上海古籍出版社,2006 年)

Nienhauser, William H. Jr(倪豪士)[editor with translators], The Grand Scribe's Records, by Ssu-ma Ch'ien(《司马迁〈史记〉》), Indiana UP; cited as GSR:

——, Volume Ⅰ, the Basic Annals of Pre-Han China(《第一卷,汉代以前的本纪》),1994

——, Volume Ⅱ, the Basic Annals of Han China(《第二卷,汉代的本纪》),2002

——, Volume Ⅶ, the Memoirs of pre-Han China(《第七卷,汉代以前的列传》),1994

Nishijima Sadao(西嶋定生), "The Economic and Social History of Former Han,"(《西汉的社会经济史》) in CHOC, 545 – 607

Ngo Van Xuyet(吴文学), Divination, magie et politique dans la Chine ancienne(《中国古代的占卜、魔法与政治》), Paris 1976

Nylan, Michael(戴梅可), "Ying Shao's Feng su t'ung yi: an exploration of problems in Han dynasty political, philosophical and social unity,"《应劭的〈风俗通义〉:对汉代政治、哲学和社会团结问题的探索》 doctoral dissertation, Princeton University, 1982

O'Connell, Robert L.(奥康奈尔), Of Arms and Men: a history of war, weapons and aggression(《武器与男人:战争、武器及侵略史》), Oxford UP 1989

Ochi Shigeaki(越智重明), Gi-Shin nanchō no tonden 魏晋南北朝の屯田 [The tuntian of Wei, Jin and the Southern Dynasties], in Shigaku zasshi 史学雑誌, [Journal of Historical Science] 70(1961), 238 – 261

Okazaki Fumio 岡崎文夫, Nanbokuchō ni okeru shakai keizaiseido 南北朝における社會經济制度[Social and economic institutions in the Northern and Southern Dynasties], Kyoto 1935

Pearson, Margaret(皮尔森), Wang Fu and the Comments of a Recluse: a study with translations(《王符和他的〈潜夫论〉》), Arizona State University 1989

Petersen, Jesφstergard(彼得森), "The Early Traditions Relating to the Han Dynasty Transmlation of the Taiping jing,"(《有关〈太平经〉在汉代传播的早期传

统》) in Acta Orientalia(《东方学报》), Copenhagen：Part 1(1989)；Part 11(1990)

Plaks, Andrew H. (浦安迪), The Four Masterworks of the Ming Novel：Ssu ta ch'i-shu(《明代小说：四大奇书》), Princeton UP 1987

Poo, Mu-chou(蒲慕州), "Ideas Concerning Death and Burial in Pre-Han and Han China,"(《汉代及其以前的死亡与埋葬观念》) in Asia Major(《泰东》), 3rd series 3. 2(1990), 25 - 62

Powers, Martin J. (包华石), Art and Political Expression in Early China(《早期中国的艺术与政治表达》), Yale UP 1991

QHX：Michael Loewe(鲁惟一), A Biographical Dictionary of the Qin, Former Han and Xin Periods(221 BC - AD 24)(《秦、汉、新莽人物传记辞典(公元前221—公元24年)》), Leiden 2000

丘振声,《三国演义纵横谈》,南宁 1983

Rickett, W. Allyn (李艾林), Guanzi：political, economic and philosophical essays from early China：a study and translation, vol. 1(《管子：早期中国的政治、经济及哲学文章》), Princeton UP 1985

Riegel, Jeffrey K. (王安国), "Li chi,"(《礼记》) in Loewe [ed], Early Chinese Texts(《中国古代典籍导读》), 293 - 297

Rogers, Michael c. (迈克尔·罗杰斯), The Chronicle of Fu Chien：a case of exemplar history(《苻坚载记》), California UP 1968

——, "The Myth of the Battle of the Fei River,"(《淝水之战的神话》) in T'oung pao(《通报》) 54(1968), 50 - 72

Rosenstein, Nathan(内森·罗森斯坦), Rome at War：farms, familily and death in the middle Republic(《战争中的罗马：共和中期的家庭、农业和死亡》); North Carolina UP 2004

Salazar, Christine F. (克里斯汀·萨拉查), The Treatment of War Wounds in Graeco-Roman Antiquity(《希腊化罗马文物中所见对战伤的处理方法》), Leiden 2000

Sanft, Charles(陈力强), "Six of One, Two Dozen of the Other：The Abatement of Mutilating Punishments under Han Emperor Wen,"(《半斤八两：汉文帝时期对肉刑的减轻》) in Asia Major(《泰东》) 3rd series 18. 1(2005), 79 - 100

Sawyer, Ralph D. (苏炀悟), with Mei-chün Sawyer(李梅春), The Seven Military Classics of Ancient China：translation and commentary(《武经七书》), Boulder CO 1993

——, The Complete Art of War：Sun-tzu, Sun Pin：translated, with historical introduction and commentary(《战争的完美艺术：孙子、孙膑》), Boulder CO 1996

Schafer, Edward H. (薛爱华), The Vermilion Bird：T'ang images of the south

《朱雀：唐代的南方意像》），California UP 1967（此书有中译本，程章灿、叶蕾蕾译，三联书店，2014 年）

Seidel，Anna（索安），"The Image of the Perfect Ruler in Early Taoist Messianism：Lao-tzu and Li Hung,"（《早期道教的完美统治者图像：老子和李弘》）in History of Religions（《宗教史》）9. 2/3（November 1969 – February 1970），216 – 247

Shanghai renmin chubanshe 上海人民出版社，Cao Cao zhuan zhu 曹操传注，Shanghai 1975

Shaughnessy，Edward L.（夏含夷），"Western Zhou History,"（《西周史》）in Michael Loewe and Edward L. Shaughnessy（鲁惟一、夏含夷）[eds]，The Cambridge History of Ancient China：from the origins of civilization to 221 B. C（《剑桥中国先秦史》），Cambridge UP 1999，292 – 351

Shen，Simon（沈旭晖），"Inventing the Romantic Kingdom：the resurrection and legitimization of the Shu Han kingdom before The Romance of the Three Kingdoms,"（《创造浪漫主义的国家：〈三国演义〉前蜀汉的复兴与合法化》）East Asian History（《东亚历史》）25/26(2003)，25 – 42

史仲文、胡晓林，《百卷本中国全史》，北京 1994

Shih Hsio-yen（时学颜），"I-nan and Related Tombs,"（《沂南地区墓葬》）in Artibus Asiae（《东亚艺术》）22. 4(1959)，277 – 312

Shih，Vincent Yu-chung（施友忠），The Literary Mind and the Carving of Dragons by Liu Hsieh：a study of thought and pattern in Chinese literature（《刘勰〈文心雕龙〉》），translated with an introduction and notes，Columbia UP 1959

Schirokauer，Conrad（谢康伦），"Chu Hsi's Sense of History,"（《朱熹的历史观》）in Rohert P. Hymes and Conrad Schirokauer（韩明士、谢康伦）[eds]，Ordering the World：approaches to state and society in Sung dynasty China（《燮理天下：走近宋代的国家与社会》），California UP，193 – 220

Stein，Rolf A.（石泰安），"Remarques sur les mouvements du Taoisme politico-religieux au IIe siècle ap. J.-C."（《关于二世纪道教的政治宗教方面的运动》），in Toung Pao（《通报》）(1963)，1 – 78

Stephenson，F. R.，and Houlden，M. A.（史蒂芬森、胡尔登），Atlas of Historical Eclipse Maps：East Asia 1500 BC – AD 1900（《历史上的月食图集：东亚，公元前 1500 年—公元 1900 年》），Cambridge UP 1986

Stuart，G. A（司徒柯德），Chinese Materia Medica：vegetable kingdom（《中国药草：植物王国》），Taipei 1976 [reprint of Shanghai 1911]

苏渊雷，《三国志今注今译》，长沙 1992

Sumption，Jonathan（乔森纳），The Hundred Years War Ⅰ：trial by battle（《百

年战争Ⅰ:武力决斗》),pennsylvania UP1991

——, The Hundred Years War Ⅱ: trial by fire(《百年战争Ⅱ:火器决斗》),Pennsylvania UP 1999

——, The Hundred Years War Ⅲ: divided houses(《百年战争Ⅲ:分裂》),Pennsylvania UP 2009

孙楷第,《沧州集》,北京 1965

——,《元曲家考略》,上海 1981

——,《中国通俗小说书目》,北京 1982

宋郁文,《三国杂谈》,台北 1966

Syvänne, Ilkka(伊卡·萨维尼), "Sun Bin/Pin and the Han Battle Tactics c. 140 - 118 BCE/BC," (《孙膑和汉代的战术》) in Saga 116(Dec 2008), 5 - 18

Takeda Akira 竹田晃, So So: sono kōdō to bungaku 曹操:そのと行動文學, Tokyo 1973

唐长孺,《魏晋南北朝史论丛》,北京 1955

Tanigawa Michio 谷川道雄, Chugoku chūsei shakai to kyōdōtai 中國中世社會と共同體, Tokyo 1976; part translated by Joshua A Fogel(傅佛国), Medieval society and the local "community"(中世社会与地方"共同体"), California UP 1985.(此书已有中译本:马彪译,中华书局,2004 年)

陶君起,《京剧剧目初探》,北京 1963

丁树仁,《曹操父子编译》,台北 1978

Tjan Tjoe Som(曾珠森), Po hu t'ung: the comprehensive discussion in the White Tiger Hall(《白虎通:白虎观中的全面讨论》), Leiden: volume 1, 1949; volume 2, 1952

Trunkey, Donald D. (唐纳德), "The Emerging Crisis in Trauma Care: a history and definition of the problem"(《创伤护理中的新兴危机:历史和定义的问题》), in Clinical Neurosurgery(《临床神经外科学》) 54, 200 - 205

Twitchett, Denis(崔瑞德), "Population and Pestilence in T'ang China"(《唐代的人口与瘟疫》), in Studia Sino-Mongolica: Festschrift für Herbert Franke(《中国与蒙古研究:傅海波纪念文集》), edited by Wolfgang Bauer(鲍吾刚), Wiesbaden 1979

Uchida Gimpu 内田吟風, "On the Five Tribes of Hsiung-nu in the Third Century A. D." 後漢末期より五胡亂勃發に至る匈奴五部の狀勢に就いて"(《东汉末年至五胡乱华时期的匈奴五部》), in Shirin 史林 19.2(1934.4), 271 - 295 [also in his Studies on the History of North Asia 北アジア史研究(2 vols), Kyoto 1975, 1, 263 - 305]

Vladimirtsov, B. (弗拉基米尔佐夫), Le régime sociale des Mongols(《蒙古社会制度史》), translated from the Russian by Michel Carsow, Paris 1948(本书有中译

本:刘荣焌译,中国社会科学出版社,1980 年)

von Oppolzer,Theodor(奥伯尔泽),Canon der Finsternisse(《食典》),Vienna 1877; republished New York 1962

von den Steinen,Diether(斯泰那恩),"Poems of Ts'ao Ts'ao"(《曹操诗集》)in Monumenta Serica(《华裔学志》)4(1939),125 - 181

von Zach,Erwin(查赫),[edited by Ilse Martin Fang(方马丁)],Die Chinesische Anthologie:Übersetzungen aus dem Wen hsüan(《中国文选:〈昭明文选〉译文》),2 volumes,Harvard UP 1958

Wakeman,Frederick Jr(魏斐德),"The Canton Trade and the Opium War"(广州贸易与鸦片战争 in The Cambridge History of China,volume 10,Late Ch'ing 1800 - 1911(《剑桥中国晚清史》),Part Ⅰ,edited by John K. Fairbank(费正清),Cambridge UP 1978,163 - 212

Wang Gungwu(王赓武),"Later Standard Histories"(《晚期正史》)in Leslie(李渡南),Mackerras(马克林)and Wang [eds],Essays on the Sources for Chinese History(《中国历史资料论文集》),53 - 63

王大错,《戏考》,台北 1980

王仲荦,《曹操》,上海 1956

——,《魏晋南北朝史》,上海 1980

Wason,David(戴维·瓦森),Battlefield Detectives(《战场密探》),London 2003

Watson,Burton(华兹生),Chinese Lyricism:shi poetry from the second to the twelfth century,with translations(《中国抒情诗:从 2 世纪到 12 世纪》),Columbia UP 1971

——,Chinese Rhyme-Prose:poems in the fu form from the Han and Six Dynasties periods,translated and with an introduction(《汉魏六朝赋选》),Columbia UP 1971

——,Records of the Grand Historian:Han Dynasty;translated from the Shih chi of Ssu-ma Ch'ien [revised edition](《汉朝大历史学家的记述:司马迁〈史记〉译本》),Renditions,Hong Kong,and Columbia UP 1993;cited as RGH

Welch,Holmes(唯慈),The Parting of the Way:Lao Tzu and the Taoist movement(《道之分歧:老子和道教运动》),Boston 1966

《文物》杂志

1978/8:32 - 45《亳县曹操宗族墓葬》李灿,安徽省博物馆

1978/8:46 - 50《读曹操宗族墓砖刻辞》田昌五

Wilbur,Clarence Martin(韦慕庭),Slavery in China during the Former Han dynasty 206 BC - AD 25(《中国东汉的奴隶制》),Field Museum ofNatural History,Chicago 1943

Wilhelm, Hellmut（卫德明）, "The Scholar's Frustration: notes on a type of 'Fu'"（《学者的挫折：论"赋"的类型》）in John K. Fairbank（费正清）[ed], Chinese Thought and Institutions（《中国的思想和制度》）, Chicago UP 1957, 310 - 319 and 398 - 403

Wilhelm, Richard（卫理贤）, The I Ching or Book of Change: the Richard Wilhelm translation rendered into English by Cary F Baynes（《易经》）, with Foreword by C. G. Jung（荣格）and Preface to the Third Edition by Hellmut Wilhelm（卫明德）, Princeton UP 1966

Wong, Dorothy C.（王静芬）, Chinese Steles: pre-Buddhist and Buddhist use of a symbolic form（《中国石碑：一种象征形式在佛教传入之前与之后的运用》）, Hawaii UP 2004(本书有中译本：毛秋瑾译，商务印书馆，2011 年)

Wu, An-chia（吴安佳）, "The New Image of Ts'ao Ts'ao: Controversies over The Reappraisal of Historical Figures," 曹操新貌：驳曹操再评估, in Issues and Studies（《问题与研究》）11: 11(November 1975), 39 - 47

Wu Hung（巫鸿）, Monumentality in Early Chinese Art and Architecture（《中国古代艺术与建筑中的"纪念碑性"》）. Stanford UP 1995(本书有中译本：郑岩、李清泉译，上海人民出版社，2009 年)

吴九龙，《银雀山汉简释文》，北京 1985

吴增仅，《三国郡县表》，杨守敬考证，载《二十五史补编》，2821 - 2968

项罗，《曹操》，上海 1975

徐德嶙，《三国史讲话》，上海 1955

徐天麟（宋），《东汉会要》，北京 1955

阎步克，《品位与职位：秦汉魏晋南北朝官阶制度研究》，北京 2002

Yang Chung-I（杨中一）, "Evolution of the Status of Dependents"（《家属结构的演变》）in E-tu Zen Sun（孙任以都）and John De Francis（德范克）[eds], Chinese Social History（《中国社会史论著选译》）, Washington DC 1956, 142 - 156 [first published as Buqu yanke luekao 部曲沿革略考 in Shihuo 食货 1. 5(January 1935), 97 - 107]

Yang Lien-sheng（杨联陞）, Studies in Chinese Institutional History（《中国制度史研究》）, Harvard UP 1961 reprinted 1963; includes: "Hostages in Chinese History"（《中国历史上的人质》）at 43 - 57, and "Notes on the Economic History of the Chin Dynasty"（《晋代经济史注解》）at 119 - 197(本书有中译本：彭刚、程刚译，江苏人民出版社，2007 年)

杨彭年，《平剧戏目汇考》，上海 1933

杨树达，《汉代婚丧礼俗考》，上海 1933

杨晨，《三国会要》，台北 1975

Yates, Robin D. S.（叶山），"New Light on Ancient Chinese Military Texts: notes on their nature and evolution, and the development of military specialization in Warring States China"（《古代中国兵书新论》），in T'oung Pao（《通报》）74(1988)，212 - 248

———, "The Horse in Early Chinese Military History"（早期中国军事史中的马）in Huang Kewu(黄克武)[ed], Military Organisation and War: papersfrom the Third international Conference on Sinology, History Section（《军事组织与战争：第三届国际汉学会议，历史部分》），Taipei 2003，1 - 78

姚振宗，《后汉艺文志》载《二十五史补编》，2305 - 2445

———，《三国艺文志》，载《二十五史补编》，3189 - 3300

严耕望，《中国地方行政制度考》，台北 1961：

Part Ⅰ，The Ch'in and Han Dynasties 秦汉地方行政制度(2 vols)

Part Ⅱ，The Wei, Tsin, —Southern and Northern Dynasties 魏晋南北朝地方行政制度(2 vols)

一粟，《谈唐起源问题故事》，载《文学遗产增刊》10，北京 1972，117 - 126

Yu, Anthony c.（余国藩），"History, Fiction and the Reading of Chinese Narrative"（《历史、小说和中国故事的阅读》），in CLEAR（《中国文学》）10(1988)，1 - 19

俞伟超，《邺城调查记》，载《考古》，北京 1963.1:15，24

谢宇、董慕达，《天地之间：汉代官员的双重责任》manuscript to be published

Yü Ying-shih(余英时)，"Han"（《汉朝》），in Chang（张光直）[ed]，Food in Chinese Culture（《中国文化中的饮食》），53 - 83

张侯生，《魏晋南北朝政治史》，台北 1982—1983

张道勤编，《后汉书》，杭州 2000

张维华，《试论曹魏屯田与西晋占田上的某些问题》，载《历史研究》1956.9，29 - 42

张习孔，《曹操》，北京 1980

章新建，《曹丕》，合肥 1982

Zhang Xiugui(张修桂)，"Ancient 'Red Cliff' battlefield: a historical-geographic study"（《赤壁古战场历史地理研究》），in Frontiers of History in China（《中国历史学前沿》）1.2(June 2006)，214 - 235

张亚新，《曹操大传》，北京 1994

《中国历史地图集》，谭其骧等编

第二册，秦西汉东汉时期，上海 1982

第三册，三国西晋东晋时期，上海 1980

《中国史稿地图集》郭沫若，第一卷，上海 1979

《中国钱币》,杂志,北京

周一良,《魏晋南北朝史论集》,北京 1963

Zi, Etienne(艾特尼·资,中文名:徐劻), Pratique des examens militaires en Chine(《中国武举制度》),上海 1896;台北重印 1971

Zinsser, Hans(秦瑟), Rats, Lice and History(《老鼠、虱子与历史》), Penguin 2000 [first published 1935]

邹志谅,《侵轮五铢钱非官铸论——兼谈曹魏五铢》,《中国钱币》1998/03：43—48+86

译后记

中国历史是由一些人物所串联起来的,这是人的历史,也是围绕着人的周边环境所塑造的历史。三国故事就是如此。关于三国的故事贯穿着我们的童年、青年、成年时代,在某种程度上塑造了我们对于人生与社会的最初现象。这里有美人的故事,这里有英雄的传说,这里的滚滚长江,说尽天下故事。

毛主席在《浪淘沙·北戴河》中曾这样写道:"大雨落幽燕,白浪滔天,秦皇岛外打渔船。一片汪洋都不见,知向谁边? 往事越千年,魏武挥鞭,东临碣石有遗篇。萧瑟秋风今又是,换了人间。"曹操是一位英雄,这是没有疑义的,但每个人心中的曹操又都不一样。一个曹操,各自表述,这是我们这个时代的典型特质。如果说历史充满着启示的话,那么曹操就是这种启示的个人化载体,他承载着我们每个人对于英雄命运、时代精神的期许,他穿越时代,又超越时代。

我一直以来很喜欢三国历史,后来又有机会在北大读书,以汉唐作为专业研究时段,因此,当刘东老师将张磊夫关于曹操的这部著名作品交我翻译的时候,我突然觉得,自己与历史上的这位英雄形成了个人化的关联,也跟曾经影响过自己的三国故事达成了历史性的接续,这种感觉与期待给了我信心,要把这本书完整详实地翻译出来,介绍给国内的朋友。翻译的过程也是我自己进一步学习的过程,同时也得到了来自各方面的支持和鼓励,这里要特别感谢我所在的北京大学考古文博学院杭侃、孙庆伟、李崇峰、韦正、陈冲、秘密等各位老师的帮助,感谢清华大学刘东老师的信任和江苏人民出版社王保顶、卞清波、王翔宇老师的大力支持,最后,感谢父母一直以来的鼓励和袁老师的学术指点。期待后续与各位朋友的交流,我的邮箱是 fangxiaotian@pku.edu.cn。

方笑天

2018 年 7 月 5 日于北京家中

此次重印,顺带又修订了书中的一些错漏之处,感谢各位师友提供的宝贵意见。今年适逢曹操去世 1800 周年,谨以此纪念这位过去的英雄。

2020 年 3 月 22 日补记